neukirchener

Bernd Janowski

Gottes Gegenwart in Israel

Beiträge zur Theologie des Alten Testaments

Neukirchener

Umschlaggestaltung: Klaus Detjen
Gesamtherstellung: Breklumer Druckerei Manfred Siegel KG
Printed in Germany
ISBN 3-7887-1464-6

Die Deutsche Bibliothek - CIP-Einheitsaufnahme

Janowski, Bernd:
Gottes Gegenwart in Israel: Beiträge zur Theologie des Alten Testaments / Bernd Janowski. - Neukirchen-Vluyn: Neukirchener, 1993
ISBN 3-7887-1464-6

Vorwort

»Gottes Gegenwart in Israel« - nicht das Problem, ob Gott existiert, sondern die Frage seiner Gegenwart hat das alte Israel immer wieder umgetrieben. Die Antworten, die es darauf gab, entsprechen seinem dynamischen Gottesbild. JHWH offenbarte sich nicht nur in Gewitter- oder Vulkanerscheinungen (Ex 19,16-20), sondern - jene Vorstellungen transformierend - auch in der geheimnisvollen Stimme, die Elia am Gottesberg vernahm (1 Kön 19,11f). Nach dem alten Tempelweihspruch hatte JHWH sogar erklärt, im Dunkel des Allerheiligsten wohnen zu wollen (1 Kön 8,12f). Und in spätnachexilischer Zeit wurde schließlich der Himmel sein Thron und die Erde der Schemel seiner Füße (Jes 66,1). Gottesberg, Tempel und Himmel sind nicht die einzigen, aber doch markante Bezugspunkte des ursprünglich familien- und sippenorientierten Israelgottes. Sie bezeugen eine dramatische Metamorphose des alttestamentlichen Gottesbildes, die ihresgleichen sucht.

Eine ähnliche Dynamik prägt auch die Rede vom Handeln JHWHs - der erschafft und erhält, der erlöst und vergibt, der aber auch sein Angesicht verbirgt und dem Schuldigen zürnt. Das Alte Testament ist darin unverwechselbar, daß es die dunklen Seiten Gottes nicht verschweigt, weil auch sie Aspekte seiner Gegenwart sind. Vielen Zeitgenossen ist das unangenehm. Der »Gott der Gerechtigkeit«, dem gern der neutestamentliche »Gott der Liebe« gegenübergestellt wird, ist aber kein anderer als der »Gott der Barmherzigkeit« - der oft genug und wider Erwarten seinen Vernichtungsbeschluß zurücknimmt, um den Menschen (Gen 8,21) und Israel (Hos 11,8f) am Leben zu erhalten. Von beiden Seiten Gottes, auch der dunklen, ist im folgenden immer wieder die Rede.

Der vorliegende Band vereinigt zehn Beiträge aus den letzten zehn Jahren, die die verschiedenen Aspekte der Gottesgegenwart anhand ausgewählter Texte und Traditionen des Alten Testaments verfolgen. Sie gruppieren sich um drei Themenbereiche: Während die ersten vier Aufsätze verschiedenen »Wegen der Versöhnung« wie der Auslösung des verwirkten Lebens, der Sündenvergebung, der Reinigung/Entsühnung und der Fürbitte nachgehen, werden in den folgenden Beiträgen unterschiedliche »Aspekte der Gottesgegenwart« wie die Einwohnung Gottes in Israel,

das JHWH-Königtum, die Weltschöpfung und die Zionstradition vorgestellt, die jeweils um Fragen der Tempeltheologie kreisen. Die beiden letzten Aufsätze zu Lev 16 und Jes 53 stellen zwei »Konzeptionen der Stellvertretung« einander gegenüber, die auf je eigene Weise über das Alte Testament hinaus bedeutungsvoll geworden sind. Der Beitrag über Jes 53 lenkt in gewisser Weise zum ersten Aufsatz zurück, gibt ihm aber mit der Leidensthematik eine andere Spitze. Am Geschick des Gottesknechts erkennt Israel seine eigene Errettung als die Frucht der Tat eines anderen, durch die es in die Gottesgemeinschaft zurückkehren kann.
Bis auf den neunten Beitrag wurden die Aufsätze unverändert übernommen, durch einführende Zwischentexte miteinander verbunden und im Anhang um Nachträge und Berichtigungen ergänzt. Zu danken habe ich der Badischen Landeskirche für die Gewährung eines namhaften Druckkostenzuschusses, den Mitarbeitern und Mitarbeiterinnen des Neukirchener Verlags für die gute Zusammenarbeit und dem Freund Prof. Dr. H. Lichtenberger, Tübingen, dafür, daß er dem Wiederabdruck des gemeinsamen Qumran-Aufsatzes zugestimmt hat. Mein besonderer Dank gilt aber meinem Mitarbeiter Herrn P. Riede für die umsichtige Hilfe beim Korrekturenlesen und für die Anfertigung der Register.

Heidelberg, im August 1993 Bernd Janowski

Inhalt

III Gottesknecht und Sündenbock - Konzeptionen der Stellvertretung . . . 281

Zur Einführung . . . 283

9 Azazel und der Sündenbock. Zur Religionsgeschichte von Leviticus 16,10.21f . . . 285
10 Er trug unsere Sünden. Jesaja 53 und die Dramatik der Stellvertretung . . . 303

Abkürzungen . . . 327

Nachträge und Berichtigungen . . . 329

Bibelstellenregister (Auswahl) . . . 339
Sachregister . . . 341
Wortregister . . . 346

Nachweis der Erstveröffentlichungen . . . 349

I
Erlösen und Vergeben – Wege der Versöhnung

Zur Einführung

In seiner Dissertation »Erlösen und Vergeben. Eine begriffsgeschichtliche Untersuchung« (Bern 1940) hatte J.J. Stamm die alttestamentlichen Erlösungs- und Vergebungstermini גאל und פדה bzw. כפר und סלח untersucht und dabei nicht nur ihre Bedeutung (einschließlich des Bildgehalts), sondern auch ihr gegenseitiges Verhältnis bestimmt. Im Blick auf die Frage, ob die Themen »Erlösung« und »Vergebung« immer an jene Leitbegriffe gebunden sind oder auch unabhängig von ihnen vorkommen, kam er zu dem Ergebnis, daß »Erlösung« auch durch Parallelbegriffe wie ישע hif. »helfen, retten«, נצל hif. »herausreißen, retten« oder רפא »heilen« ausgesagt und »Vergebung« auch in der Aufhebung einer Strafe, in der Rettung aus Krankheit oder im Kommen des endzeitlichen Heils gefunden werden kann. Maßgeblich für dieses Ergebnis war die Beachtung des jeweiligen Kontextes, des Wortfeldes und der Redeformen, also die umsichtige Handhabung der semantischen Methode (K. Koch, Was ist Formgeschichte? Methoden der Bibelexegese, Neukirchen-Vluyn [5]1989, 298-312).
Ähnlich komplex ist auch das Thema »Versöhnung«. Das Alte Testament kennt verschiedene Wege der Versöhnung und ordnet ihnen unterschiedliche Termini und (bildliche) Wendungen zu. Es kennt »1. den Weg des Rechts mit der Wiedergutmachung des angerichteten Schadens, 2. den Weg des Kultus mit dem Opfer und anderen Reinigungsmitteln, wobei Blut und Wasser eine große Rolle spielen, 3. den Weg der Fürbitte, welche eine Vertiefung und Vergeistigung des Opfers ist, in der Gott durch einen Mittler selber den zerbrochenen Bund wiederherstellt« (E. Jacob, Art. Versöhnung, BHH III, 1966, 2097). Alle drei Wege der Versöhnung, denen sich weitere an die Seite stellen lassen (R. Albertz, Täter und Opfer im Alten Testament, ZEE 28, 1984, 146-166), zeigen, wie ernst die Schuld und ihre Bewältigung genommen wurde. Überdies gibt es vielfältige Verbindungslinien zwischen der Versöhnungs- und der Erlösungsthematik. Ein Beispiel dafür ist der Begriff »lösen«, der den Loskauf von Personen (Schuldner), den Rückkauf von Immobilien (Landbesitz), die Auslösung der Erstgeburt oder die Erlösung/Errettung eines Volkes aus Unfreiheit (Israel aus Ägypten/Exil) meinen kann, also eine rechtliche und eine theologische Komponente hat. Darauf geht der Aufsatz »Auslösung des

verwirkten Lebens« ein. Er versucht zu zeigen, daß die biblische Lösegeldvorstellung (כֹּפֶר, פִּדְיוֹן) ihren Ausgang bei der Wiedergutmachung des Schadens durch ein materielles Kompensat nimmt, also im Bereich des Schadensrechts beheimatet ist (»erstatten, auslösen«), nach und nach aber theologisches Profil gewinnt (»erretten, erlösen«). Der Kontext menschlicher Schulderfahrung und die sachliche Nähe zu anderen soteriologischen Termini wie »retten«, »helfen« u.a. macht die Rezeption des alttestamentlichen Lösegeldbegriffs in der neutestamentlichen Theologie der Versöhnung verständlich (P. Stuhlmacher, Biblische Theologie des Neuen Testaments, Bd. 1, Göttingen 1992, 125-143).
Die beiden Aufsätze »Sündenvergebung ›um Hiobs willen‹« und »Psalm 106,28-31 und die Interzession des Pinchas« wenden sich am Beispiel der Interzession dem Thema »Vergebung« zu. Der Interzessor ist ein Mittler, der - bis zur Gefährdung der eigenen Existenz - in den durch menschliche Schuld zwischen Gott und Mensch entstandenen »Riß« tritt in der Absicht, durch sein »Eintreten« ein heilvolles Gottesverhältnis zu inaugurieren und Vergebung der Schuld zu erwirken. Nach dem Hiobtargum aus Qumran und der Hiobseptuaginta geschieht dies aufgrund der Interzession Hiobs für seine Freunde - eben »um Hiobs willen«, nach Ps 106,28-31 dagegen aufgrund des mittlerischen Eintretens (עמד, פלל pi.) des Pinchas, der damit die »Plage« zum Stillstand brachte. Inwiefern Interzession ein Tat- oder ein Worthandeln ist und wodurch ihre Wirkung zustandekommt, ist in der Spätzeit des Alten Testaments und im antiken Judentum immer wieder reflektiert worden. Die großen Interzessoren der biblischen Zeit, Abraham, Mose, Samuel, Elia, Elisa und Jeremia, prägten auch die nachbiblische Überlieferung (R. Le Déaut, Aspects de l'intercession dans le Judaïsme Ancien, JSJ 1, 1970, 35-57).
Ein anderes Konzept des Zusammenhangs von Schuld und Versöhnung führt schließlich der Aufsatz »Enderwartung und Reinheitsidee« anhand des Qumranschrifttums vor Augen. Die Qumrangemeinde, die den zweiten Tempel als entweiht betrachtete, verstand sich selbst als »geistiger Tempel« mit weitreichender Reinigungs- und Sühnefunktion - nicht nur für sich selbst, sondern auch für das Land und für Israel. Als Vorbedingung dafür wurde von ihr die innere Haltung, die Reinheit des Geistes (»Umkehr«) gefordert. Ritueller und moralischer Rigorismus gingen in diesem geschlossenen Weltbild Hand in Hand und ermöglichten ein toragemäßes Leben in tempelloser Zeit. Die Nähe und die Distanz zur biblischen Gottes- und Weltauffassung werden an dieser Versöhnungskonzeption beispielhaft deutlich (J. Maier, Schuld und Versöhnung im Judentum, in: B. Mensen [Hg.], Schuld und Versöhnung in verschiedenen Religionen, Nettetal 1986, 21-37).

Auslösung des verwirkten Lebens

Zur Geschichte und Struktur der biblischen Lösegeldvorstellung [1]

Das Bewußtsein bedrückender, ja die Existenz gefährdender Schuld-Tatfolge-Verstrickung gehört zur Grunderfahrung des durch Vergehen und Fehlhandlungen schuldig gewordenen Menschen. Wie schwer eine Verschuldung im Einzelfall wiegt, in welcher Weise eine bestimmte Gesellschaft Regelverletzungen interpretiert und zum Zwecke der Ordnungsrestituierung auf sie reagiert, hängt von der inneren und äußeren Struktur dieser Gesellschaft, von ihren sozialen und moralischen Normen,

[1] Die folgenden Darlegungen wurden in Auszügen am 4. 12. 1980 am Institut Biblique der Universität Fribourg/Schweiz vorgetragen. Für wertvolle Anregungen und Hinweise danke ich Herrn Privatdozenten Dr. A. SCHENKER, Herrn Prof. Dr. O. KEEL sowie Herrn Dr. D. KELLERMANN (Tübingen). – Die Transkription des Hebräischen richtet sich nach den Regeln der ZAW. Für die verwendeten Abkürzungen zur assyriologischen Literatur s. R. BORGER, Handbuch der Keilschriftliteratur I. II, 1967. 1975. Darüber hinaus werden im folgenden abgekürzt zitiert: BEAUCAMP, Rachat = E. BEAUCAMP, Aux origines du mot »rédemption«. Le »rachat« dans l'Ancien Testament (LTP 34, 1978, 49–56); BOEKKER, Recht = H. J. BOECKER, Recht und Gesetz im Alten Testament und im Alten Orient, 1976; BOWMAN, Lösegeld = J. BOWMAN, Art. Lösegeld, BHH II, 1104 f; GESE, Tod = H. GESE, Der Tod im Alten Testament (in: DERS., Zur biblischen Theologie. Alttestamentliche Vorträge [BEvTh 78], 1977, 31–54); DERS., Sühne = DERS., Die Sühne (ebd. 85–106); GRIMM, Verkündigung Jesu = W. GRIMM, Weil ich dich liebe: die Verkündigung Jesu und Deuterojesaja (ANTJ 1), 1976; GREENBERG, Postulates = M. GREENBERG, Some Postulates of Biblical Criminal Law (in: FS Y. Kaufmann, Jerusalem 1960, 5–28); HORST, Recht = F. HORST, Recht und Religion im Bereich des Alten Testaments (in: K. KOCH [Hg.], Um das Prinzip der Vergeltung in Religion und Recht des Alten Testaments [WdF 125], 1972, 181–212); JACKSON, Reflections = B. S. JACKSON, Reflections on Biblical Criminal Law (in: DERS., Essays in Jewish and Comparative Legal History, Leiden 1975, 25–63); DERS., Goring Ox = DERS., The Goring Ox (ebd. 108–152); JEPSEN, Begriffe des »Erlösens« = A. JEPSEN, Die Begriffe des »Erlösens« im Alten Testament (in: DERS., Der Herr ist Gott. Aufsätze zur Wissenschaft vom Alten Testament, 1978, 181–191); JEREMIAS, Lösegeld = J. JEREMIAS, Das Lösegeld für viele (Mk 10, 45) (in: DERS., Abba. Studien zur neutestamentlichen Theologie und Zeitgeschichte, 1966, 216–229); LIEDKE, Rechtssätze = G. LIEDKE, Gestalt und Bezeichnung alttestamentlicher

von ihrem Begriff der Autonomie menschlichen Handelns ab. Sofern angerichteter Schaden durch restitutives Handeln des Missetäters bzw. der an einer devianten Handlung Beteiligten wiedergutgemacht werden kann, ist jener Schuld-Tatfolge-Zusammenhang unterbrochen und werden die Konsequenzen einer Fehlhandlung aufgefangen. Allerdings kann der einzelne oder eine soziale Gemeinschaft in eine Situation kommen, in der aufgrund rechtlicher, moralischer oder religiöser Verschuldung die individuelle oder die national-kollektive Existenz verwirkt und die »Verantwortlichkeit des Menschen im Regelkreis von Individuum und Gesellschaft« [2] suspendiert ist. Das dem Übeltäter aus diesem Schuld-Unheil-Zusammenhang [3] zukommende Lebensgeschick wird als Bedrohung der Existenz, als Dilemma des verfehlten Lebens erfahren. Von dieser Grundsituation der Verstrickung in Schuld zeugen erschreckend viele Phä-

Rechtssätze (WMANT 39), 1971; Lohse, Märtyrer = E. Lohse, Märtyrer und Gottesknecht. Untersuchungen zur urchristlichen Verkündigung vom Sühntod Jesu Christi (FRLANT 64), 1963²; McKeating, Homicide = H. McKeating, The Development of the Law on Homicide in Ancient Israel (VT 25, 1975, 46–68); Paul, Studies = Sh. M. Paul, Studies in the Book of the Covenant in the Light of Cuneïform and Biblical Law (VT.S 18), 1970; Philipps, Criminal Law = A. Philipps, Ancient Israel's Criminal Law. A New Approach to the Decalogue, Oxford 1970; Ders., Murder = Ders., Another Look at Murder (JJS 28, 1977, 105–126); Procksch, *lyō* = O. Procksch, Art. *lyō* usw., ThWNT IV, 329–337; Scharbert, Fleisch = J. Scharbert, Fleisch, Geist und Seele im Pentateuch. Ein Beitrag zur Anthropologie der Pentateuchquellen (SBS 19), 1967²; Schüngel-Straumann, Tod = H. Schüngel-Straumann, Tod und Leben in der Gesetzesliteratur des Pentateuch unter besonderer Berücksichtigung der Terminologie von »töten« (masch. Diss. Bonn), 1969; Schulz, Todesrecht = H. Schulz, Das Todesrecht im Alten Testament. Studien zur Rechtsform der Mot-Jumat-Sätze (BZAW 114), 1969; Stamm, Erlösen = J. J. Stamm, Erlösen und Vergeben im Alten Testament. Eine begriffsgeschichtliche Untersuchung, o. J. (1940); Ders., *pdh* = Ders., Art. *pdh*, THAT II, 389–406; Stuhlmacher, Existenzstellvertretung = P. Stuhlmacher, Existenzstellvertretung für die Vielen: Mk 10, 45 (Mt 20, 28) (in: Werden und Wirken des Alten Testaments. FS C. Westermann, hg. v. R. Albertz u. a., 1980, 412–427); Weismann, Talion = J. Weismann, Talion und öffentliche Strafe im Mosaischen Rechte (in: K. Koch [Hg.], Um das Prinzip ..., 325–406). Gelegentlich wird auf die masch. Diss. des Verfassers hingewiesen: Janowski, Sühne als Heilsgeschehen = B. Janowski, Sühne als Heilsgeschehen. Studien zur Sühnetheologie der Priesterschrift und zur Wurzel KPR im Alten Orient und im Alten Testament (Buchausgabe für WMANT in Vorbereitung).

[2] D. Mieth, Die Welterfahrung des einzelnen Christen (in: A. Hertz u. a. [Hg.], Handbuch der christlichen Ethik I, 1978, 217–227), 224.

[3] Zusammenfassend dazu jetzt K. Koch-J. Roloff, Art. Tat-Ergehen-Zusammenhang (in: K. Koch-E. Otto-J. Roloff-H. Schmoldt [Hg.], Reclams Bibellexikon, 1978, 486–488).

nomene menschlichen Handelns und Seins. Sie verweisen insgesamt darauf, daß der Mensch, soll er zur Gestaltung sinnvollen Lebens fähig sein, auf die Versöhnung mit Gott, Welt und Mitmensch angewiesen bleibt[4]. Aber gibt es aus Situationen des verfehlten, verwirkten Lebens überhaupt einen Ausweg, gibt es eine heilvolle Unterbrechung des Schuld-Tatfolge-Zusammenhangs, einen Freispruch zum Leben oder muß es bei einer Verurteilung, bei der Konstatierung unversöhnter Gegensätze bleiben? Diese Frage stellt sich heute nicht weniger dringlich als in früheren Zeiten[5].

Für das Alte Israel gab es mehrere Wege, aus Situationen der Unversöhntheit und Schuldverstrickung herauszufinden: »1. den Weg des *Rechts* mit der Wiedergutmachung des angerichteten Schadens, 2. den Weg des *Kultus* mit dem Opfer und anderen Reinigungsmitteln, wobei Blut und Wasser eine große Rolle spielen, 3. den Weg der *Fürbitte*, welche eine Vertiefung und Vergeistigung des Opfers ist, in der Gott durch einen Mittler selber den zerbrochenen Bund wiederherstellt. Alle drei Wege zeigen, wie die Sünde ernst genommen wird und nur durch Aufwand aller göttlichen und menschlichen Kräfte überwunden wird.«[6] Trotz der großen, wenn auch im einzelnen umstrittenen und deshalb interpretationsbedürftigen Bedeutung dieser »drei Wege der Versöhnung« hat man es sich in der alttestamentlichen Wissenschaft nicht immer leicht damit gemacht, insbesondere den zur Versöhnung führenden Weg des Rechts (Versöhnung durch Wiedergutmachung des angerichteten Schadens) in angemessener Weise auch theologisch zu würdigen. Sofern einmal, was selten geschah, im Blick auf die Geschichte der alttestamentlichen Erlösungsvorstellung der Terminus *kopaer* »Lösegeld« herangezo-

[4] Vgl. dazu aus neuerer Zeit bes. G. SAUTER, Versöhnung und Vergebung. Die Frage der Schuld im Horizont der Christologie (EvTh 36, 1976, 34–52); G. EBELING, Dogmatik des christlichen Glaubens II, 1979, 223 ff; E. WIESNET, Die verratene Versöhnung. Zum Verhältnis von Christentum und Strafe, 1980; D. MIETH, Wie kann man »Schuld« und »Sünde« trennen? (TThQ 160, 1980, 184–191); zur Gesamtproblematik s. auch P. RICOEUR, Symbolik des Bösen. Phänomenologie der Schuld II, 1971 und die Themenhefte Conc (D) 6, 1970, H. 6/7; TThQ 155, 1975, H. 1; EvTh 36, 1976, H. 1.

[5] Das Bedürfnis oder die Notwendigkeit, die durch Regelverletzungen gefährdete bzw. in Frage gestellte »einmal gesetzte Weltordnung« in ihrer vollen Gültigkeit wiederherzustellen, gehört zu den Konstituenten der sozialen Evolution, s. dazu ausführlicher R. DÖBERT, Systemtheorie und die Entwicklung religiöser Deutungssysteme, 1973, 87 ff, bes. 99 ff; DERS., Zur Logik des Übergangs von archaischen zu hochkulturellen Religionssystemen (in: K. EDER [Hg.], Seminar: Die Entstehung von Klassengesellschaften, 1973, 330–363), bes. 347; K. EDER, Die Entstehung staatlich organisierter Gesellschaften, 1976, 158 ff.

[6] E. JACOB, Art. Versöhnung, BHH III, (2096 f) 2097.

gen wurde [7], wurden doch wieder interpretatorische Einschränkungen gemacht, da dieser Begriff eher den Gedanken der Bußgeldzahlung, der Bußleistung [8] als den der Erlösung, der Befreiung von Schuld zu implizieren scheint: »Als ›Deckung‹ steht kopaer stets im Sinne eines Äquivalents, wie man im Deutschen von ›Deckung‹ einer Schuld redet, so daß es sich dabei immer um einen Wertbegriff handelt. Damit hängt der Stellvertretungsgedanke zusammen, der mit kopaer immer gegeben ist. Es erfolgt nicht einfach Befreiung von Schuld, sondern die Schuld wird in der Ersatzgabe anerkannt und gebüßt.« [9] Die Scheu, dieses »Wort von bürgerlich-juristischer Natur« [10] als Bestandteil der alttestamentlichen Erlösungsterminologie zu betrachten, ist für die Unterschätzung seines soteriologischen Aussagegehalts signifikant [11].

[7] Explizit von JEPSEN, Begriffe des »Erlösens«, bes. 183. 185.

[8] Im älteren Recht ist das sog. Kompositionssystem »das System, das Unrecht durch Bußleistung (Wergeld, Buße) ausgleicht. Es wird im Mittelalter durch das System der peinlichen Strafen einerseits und des privatrechtlichen Schadensersatzes andererseits abgelöst.« (G. KÖBLER, Juristisches Wörterbuch für Studium und Ausbildung, 1979, 159 s. v. Kompositionssystem, vgl. 51 s. v. Buße.) Für eine sachgemäße Beurteilung der Begriffe »Buße« und »Wergeld« ist zu beachten, daß »die Bußzahlungen, etwa das ›Wergeld‹, im Rahmen der Sühneverträge ... noch keine eigentliche Strafbedeutung (hatten), sie waren – soferne sie nicht überhaupt eher ideellen Wertausgleich herstellen sollten – eine Sühneleistung an den Verletzten. Erst die Bußen, die an das Gericht zu zahlen waren, auch als Ablöse für die peinlichen Strafen, waren echte Geldstrafen.« (W. SCHILD, Alte Gerichtsbarkeit. Vom Gottesurteil bis zum Beginn der modernen Rechtsprechung, 1980, 208, vgl. 153 f, ferner DRW II, 1932–35, 655 ff s. v. Buße; G. HOLTZ, Art. Bußbücher, RGA² IV, Lfg. 3/4 [o. J.], 276 ff; G. GRESHAKE, Erlösung und Freiheit. Zur Neuinterpretation der Erlösungslehre Anselms von Canterbury [TThQ 153, 1973, 323–345], bes. 326 ff.) Das Problem, auf das hier hingewiesen werden soll, besteht in einer unkritischen Übernahme des strafrechtlich qualifizierten Bußbegriffs, die eine adäquate Erfassung der biblischen Lösegeldvorstellung nicht nur erschwert, sondern u. E. verhindert.

[9] PROCKSCH, *lyō*, 330, vgl. H. CLAVIER, Notes sur un mot-clef du Johannisme et de la sotériologie biblique: hilasmos (NT 10, 1968, 287–304), 289 f, s. dazu die kritischen Einwände von BEAUCAMP, Rachat, 49. 50.

[10] STAMM, Erlösen, 62.

[11] Vgl. etwa K. KOCH, der wegen des dem *kopaer*-Begriff inhärierenden »Gedanken(s) der Kompensation« auf eine Analyse von *kopaer* in seinen Arbeiten zum alttestamentlichen Sühnebegriff ganz verzichtet (Die israelitische Sühneanschauung und ihre historischen Wandlungen [Habil.-Schr. Erlangen], 1956, 83 f [Masch.]; vgl. DERS., Sühne und Sündenvergebung um die Wende von der exilischen zur nachexilischen Zeit [EvTh 26, 1966, 217–239], 219 Anm. 5). Zur Frage des etymologisch-sachlichen Zusammenhangs von *kopaer* mit *kippaer* s. JANOWSKI, Sühne als Heilsgeschehen, 15 ff. 110. 125. 125 ff (mit den Übersichten 71. 129). Eine umfangreiche Arbeit u. a. zum Zusammenhang zwischen zivilrechtlicher *kopaer*-Zahlung und kultischer Sühnung wird (unter dem Titel: »Ver-

Daß *kopaer* ursprünglich ein »Wort von bürgerlich-juristischer Natur« ist, soll nicht bestritten werden. Ob aber mit der Annäherung an den strafrechtlich qualifizierten Bußbegriff sein eigentlicher und in den biblischen Traditionen wirksam gewordener Sinngehalt zutreffend erfaßt ist, muß demgegenüber gefragt werden. Diese Frage wirft ihrerseits allerdings mehrere Probleme auf. So ist von vornherein zu bedenken, daß der Ausdruck »Lösegeld(zahlung)«, auch wenn man der Qualifizierung von *kopaer* als Bußgeldzahlung skeptisch gegenübersteht, einen weiten Raum für definitorische Beschreibung läßt, da es – gerade im Bereich des Alten Orients und des Alten Testaments – außerordentlich differente Formen von »Auslösung« gab: Loskauf oder Ablösung von Personen (eines Kriegsgefangenen, eines freizulassenden Sklaven, eines Freien, eines Schuldners) oder von Immobilien (Rückkauf von verlorenem Familienbesitz), Auslösung der Erstgeburt, Erlösung oder Errettung eines Volkes aus Unfreiheit, u. a.[12]. So gibt es etwa im ugaritischen Recht, aber nicht nur dort, das Institut des Personenfreikaufs mit Dienstantichrese, d. h. die durch eine Geldzahlung ausgelösten Personen sind grundsätzlich von Dienstpflichten frei, müssen diese aber bis zur Erstattung der Lösungssumme leisten. Der Sachverhalt, daß dabei der Terminus *pdj* begegnet, dessen hebräisches Äquivalent *pdh* »auslösen, befreien« in den alttestamentlichen *kopaer*-Texten eine zentrale Rolle spielt, verdient in unserem Zusammenhang besonderes Interesse; KTU 3, 4 lautet in Übersetzung[13]:

»(1–11) An diesem Tage hat Iwarikalli ausgelöst *(pdj)* Agidenna, den Sohn des NWGN, und Janḫamu, seinen Bruder, und Ba'lānu, seinen Bruder, und Ḥatatānu, seinen Sohn, und Bittašuja, seine Tochter, und Ištarummija, die Tochter des 'abdimilku, und SNT, eine Ugariterin, (12–15) und es hat sie ausgelöst

söhnung und Sühne. Wege gewaltfreier Konfliktlösung im Alten Testament. Mit einem Ausblick auf das Neue Testament«) von A. Schenker für den Druck vorbereitet, vgl. auch unten Anm. 35.

[12] Vgl. für die biblischen Traditionen überblickshalber B. Reicke, Art. Erlösung, BHH I, 430 ff; Boecker, Recht, 193 ff s. vv. Ersatzleistung, Erstattung, Freikauf, Freilassung, Geldbuße, Lösegeld(zahlung), Schadenersatz; X. Léon-Dufour, Wörterbuch zum Neuen Testament, 1977, s. vv. binden und lösen, Erlösung, freikaufen, freilassen, Lösegeld, lösen, Löser, retten, verzeihen; J. L. Cunchillos-M. Carrez, Art. rachat (DBS IX, 1979, 1045–1064), u. a.

[13] Textbearbeitung jetzt bei B. Kienast, Rechtsurkunden in ugaritischer Sprache (UF 11, 1979, 431–452), 448 ff, vgl. 432. 434 f. 444, ferner R. Yaron, A Document of Redemption from Ugarit (VT 10, 1960, 83–90); Ders., Redemption of Persons in the Ancient Near East (RIDA 6, 1959, 155–176); M. Dietrich-O. Loretz, Die soziale Struktur von Alalaḫ und Ugarit I (WO 3, 1964–66, 188–205), 196 f.

(pdj. h[m]) Iwarikalli für einhundert (Seqel) Silber aus der Hand der Leute von Beirut. (16–19) Lehnspflicht *(unṯ)* besteht nicht für sie. Bis sie das Silber des Iwarikalli zurückgeben, sind sie zu ihrer Lehnspflicht *(unṯhm)* zurückgekehrt.«

Dieser Text besagt, daß durch die Auslösung ein Schuldverhältnis neu begründet wurde, das zur Rückzahlung der Lösungssumme von 100 Seqel verpflichtet. Läßt sich solche Neubegründung eines Schuldverhältnisses auch den alttestamentlichen »Lösegeld«-Belegen entnehmen oder ist sie für diese gar konstitutiv? Analoge Verstehensprobleme können sich einstellen, wenn man einfach von außerbiblischen *lytron*-(»Lösegeld«-)Belegen ausgeht und von ihnen her eine sachliche Verbindung zum LXX-Äquivalent (vor allem *lytron/lytra,* dann *allagma/allagmata, dōra, exhilasma* und *perikatharma*) [14] des alttestamentlichen *kopaer* sucht. So bemerkt etwa Philo von Byblos/Sanchunjaton in einer bei Euseb von Caesarea überlieferten Notiz:

»Bei den Alten war es Sitte, daß bei großen gefährlichen Unglücksfällen an Stelle des Verlustes aller *(anti tēs pantōn phthorās)* die Herrscher einer Stadt oder eines Volkes das liebste von ihren Kindern als Opfer und Lösegeld für die strafenden Dämonen darbrachten *(eis sphagēn epididonai lytron tois timōrois daimosi)*; die Dargebrachten aber wurden auf eine geheimnisvolle Weise geopfert.« [15]

Ist dies auch der Sinngehalt des alttestamentlichen *kopaer*-Begriffs: Abwendung einer akuten Notlage von der Gemeinschaft durch die Darbringung eines bestimmten, als »Lösegeld« fungierenden Opfers an die Gottheit [16]?

Was also meint der alttestamentliche Lösegeldbegriff? Und ist dieser Begriff für das Logion von der stellvertretenden Lebenshingabe des Menschensohnes »als Lösegeld *(lytron)* für viele« (Mk 10, 45 par. Mt 20, 28) traditionsbildend geworden? Unsere Überlegungen zur Geschichte und Struktur der biblischen Lösegeldvorstellung, die darauf eine Antwort zu geben versuchen, gliedern sich in folgende Abschnitte: I. *Kopaer als Terminus der Rechtssprache:* 1. Die Auslösung des verwirkten Lebens durch einen materiellen Gegenwert (Ex 21, 30; Num 35, 31 f; Ex 30, 12); 2. Das unrechtmäßig angenommene Lösegeld (Am 5, 12; 1Sam 12, 3; Spr 6, 35).

[14] S. unten S. 34 f.

[15] Euseb, Praep. evang. I, 10, 44 (= IV, 16, 1), übers. v. C. Clemen, Die phönikische Religion nach Philo von Byblos (MVÄG 42, 3), 1939, 31, vgl. J. Ebach-U. Rüterswörden, ADRMLK, »Moloch« und Baʿal ADR. Eine Notiz zum Problem der Moloch-Verehrung im alten Israel (UF 11, 1979, 219–226), 220 mit Anm. 5–6.

[16] Zu diesem Typ des (Menschen-)Opfers s. jetzt Ebach-Rüterswörden, aaO passim (Lit.).

– II. *Kopaer als Terminus der theologischen Sprache:* 1. Israels Auslösung durch Jahwe (Jes 43, 3 f); 2. Das vom angelus intercessor »gefundene« Lösegeld (Hi 33, 24; 36, 18); 3. Die Negation einer Selbsterlösung des Menschen (Ps 49, 8). – III. *Das Lösegeld (lytron) für die Vielen* (Mk 10, 45 par. Mt 20, 28). – IV. *Zusammenfassung.*[17]

I

1. Im Bundesbuch (Ex 20, 22 – 23, 33) wird innerhalb der kasuistisch formulierten Rechtssätze Ex 21, 1 – 22, 16 (außer Ex 21, 12–17) auch die Rechtsmaterie: *Tötung eines Menschen durch ein stößiges Rind mit/ohne Verschulden seines Eigentümers* (Ex 21, 28–32)[18] abgehandelt. Seiner sprachlichen Gestalt nach stellt dieser Abschnitt ein kunstvolles Gefüge verschiedener Haupt- und Unterfälle dar[19]: Während V. 28 und V. 29 als die beiden Hauptfälle gleichgeordnet sind, kennzeichnet das auf den zweiten Teil der Rechtsfolgebestimmung V. 29b sich zurückbeziehende Suffix von *'alâw* (V. 30a) den V. 30 als Unterfall zu dem zweiten Hauptfall V. 29. V. 31 und V. 32 stellen jeweils Unterfälle zu V. 29 f dar. Nach dem ersten Teil (V. 28bα) der dreigliedrigen Rechtsfolgebestimmung (V. 28b) des ersten Hauptfalles V. 28 (Thema: Tötung durch ein stößiges Rind *ohne Verschulden* seines Eigentümers) muß das Rind, das einen Menschen (Mann oder Frau) zu Tode stößt, ebenfalls getötet werden, und zwar durch die von der Gemeinschaft zu vollziehende Fluchstrafe der Steinigung *(saqăl)*[20]. Obwohl im vorliegenden Fall (Tötung eines

[17] Abgesehen von den 13 alttestamentlichen *kopaer*-(»Lösegeld-, Bestechungsgeld«-)Belegen sieht BEAUCAMP (Rachat, 50) in dem *kopaer* 1Sam 6, 18 noch einen zusätzlichen Beleg; es handelt sich dabei aber um *kopaer* I »offenes Dorf«, vgl. KBL³, 471 s. v.; H. J. STOEBE, KAT VIII/1, 1973, 146.

[18] Zu Ex 21, 28–32 (und seiner literarischen Problematik) s. zuletzt GREENBERG, Postulates, 13 ff; PAUL, Studies, 78 ff; PHILLIPS, Criminal Law, 24. 32. 90 ff. 101; DERS., Murder (passim); LIEDKE, Rechtssätze, 27 f. 33 f. 46 f. 49 f. 50 f. 52 f; JACKSON, Reflections, 41 ff; DERS., Goring Ox, 108 ff; DERS., Travels and Travails of the Goring Ox (in: Y. AVISCHUR-J. BLAU [ed.], Studies in Bible and the Ancient Near East. FS S. E. Loewenstamm, Jerusalem 1978, 41–56); MCKEATING, Homicide, 56; BOECKER, Recht, 141 ff; F. C. FENSHAM, Transgression and Penalty in the Book of the Covenant Code (JNWSL 5, 1977, 23–41), 31 f. 35 f, dort auch jeweils Nennung und Diskussion der altorientalischen Parallelen CH (Codex Hammurabi) §§ 250–252 und CE (Codex von Ešnunna) §§ 54–55.

[19] Siehe dazu im einzelnen LIEDKE, aaO 33 f.

[20] Vgl. HORST, Recht, 190. Zu der in Ex 21, 28–32 dreimal erwähnten Strafe der Steinigung (V. 28. 29. 32) s. noch A. JEPSEN, Untersuchungen zum Bundesbuch

Menschen durch ein *Tier*) die Frage eines subjektiven Verschuldensmomentes nicht gestellt werden kann, wird das Rind dennoch als »Täter« des Tötungsaktes betrachtet [21] und gesteinigt, wobei hier noch Vorstellungen über den »objektiven Frevelcharakter eines Fehlhandelns« [22] leitend sind. So archaisch diese sein mögen, so sehr ist der magische Charakter der Schuld doch darin bereits zurückgewichen, daß »die auf dem Tier liegende Schuldrealität ... nicht ohne weiteres den Eigentümer (infiziert)« [23]: dieser bleibt straffrei (*naqî* V. 28bγ), sofern er nicht fahrlässig seine Aufsichtspflicht über das stößige Tier vernachlässigt hat.

Hat aber der Besitzer des stößigen Rindes keine Konsequenzen aus der ihm bekannt gemachten Gefährlichkeit des Tieres gezogen, so tritt als Rechtsfolge die Todesstrafe für den Viehbesitzer zu der Steinigung des Rindes hinzu (V. 29b). Weil der Viehbesitzer durch sein Verhalten (Fahrlässigkeit) die Tötung eines Menschen zwar nicht verursacht, wider besseres Wissen aber auch nicht verhindert hat, ist der Tatbestand eines *konkurrierenden Verschuldens* [24] gegeben, der mit der Todesstrafe belegt wird: »er wird sterben« *(jûmăt)*. Wie im Falle der Tötung ohne menschliches Verschulden wird auch hier das Tier, als der *unmittelbar Schuldige*, durch Steinigung getötet.

Diese Rechtssituation wird auch von dem als Unterfall zu dem zweiten Hauptfall (V. 29) formulierten Rechtssatz V. 30 vorausgesetzt. Dieser eröffnet die Möglichkeit, die »Sekundärschuld des Eigentümers« [25], d. h. das infolge fahrlässigen Verhaltens *verwirkte Leben* des Viehbesitzers, durch ein (wohl von der Familie des Getöteten [26] auferlegtes) »Lösegeld« – dessen Höhe für jeden einzelnen Fall möglicherweise nach Analogie von Ex 21, 22 festgesetzt wurde [27] – auszulösen:

»Falls ihm ein Lösegeld *(kopaer)* auferlegt wird, so soll er (es) als Auslösung für sein Leben *(pidjon năpšô)* geben in der vollen Höhe, die ihm auferlegt wird.«

(BWANT 41), 1927, 35 f; Greenberg, Postulates, 15 mit Anm. 20; Schüngel-Straumann, Tod, 127 ff, bes. 130 f. 140; Paul, Studies, 78 f; Phillips, Murder, 109 f. 111 f; Liedke, aaO 49 f; Boecker, Recht, 141 ff, vgl. 31 ff, u. a.

[21] Vgl. Horst, aaO 191 f; Boecker, aaO 143; Schüngel-Straumann, aaO 38. 112 ff und jetzt ausführlich Phillips, Murder (passim).

[22] Horst, aaO 191, vgl. Boecker, aaO 143.

[23] Horst, aaO 190 f.

[24] Siehe dazu bes. Horst, aaO 190 f, vgl. Boecker, aaO 143; Phillips, Criminal Law, 90 ff; Ders., Murder (passim); McKeating, Homicide, 58.

[25] Horst, aaO 191.

[26] Vgl. Paul, Studies, 82 Anm. 1, ferner Jepsen, aaO (s. Anm. 20) 36; F. Horst, Art. Gerichtsverfassung in Israel, RGG^3 II, 1427 ff.

[27] Siehe dazu Phillips, Criminal Law, 89 f; Ders., Murder, 115 f, aber auch Weismann, Talion, 364.

Für das Verständnis dieser Bestimmung und insbesondere des Terminus *kopaer* ist dreierlei zu beachten: (1) Aufgrund des Sachverhalts, daß die Tötung eines Menschen nach Ex 21, 12 als ein durch nichts (anderes als den Tod des Mörders) auszugleichendes Verbrechen gilt [28], ist deutlich, daß der Rechtssatz Ex 21, 30 nicht eine alltägliche Schadensregulierung formuliert, sondern eine *Ausnahmeregelung* trifft: eine Ausnahme nicht von der Bestimmung, daß, wer einen Menschen erschlägt, dem Tode verfallen ist (*môt jûmăt* Ex 21, 12) – denn nach Ex 21, 28 ff wird das Rind als der unmittelbar Schuldige behandelt (und gesteinigt: V. 28. 29. 32), hinsichtlich seines Besitzers kann »nur« von konkurrierendem Verschulden gesprochen werden –, sondern eine Ausnahme, die sich allein auf die Tatbestandsdefinition Ex 21, 29a (schuldhaftes Verhalten = Fahrlässigkeit des Besitzers eines als stößig bekannten Rindes) bezieht [29]. – (2) Da der in dieser Weise rechtswidrig Handelnde in die Situation gerät, daß er sein Leben für das Leben des getöteten Menschen schuldet (V. 29bβ), ist das, was durch *kopaer* ausgelöst werden soll (Wurzel *pdh*), nicht das Leben des Getöteten, sondern sein eigenes Leben [30]. Zugleich aber dient die *kopaer*-Summe der geschädigten Familie als Kompensation für das Leben des Getöteten. *Kopaer* meint demnach nicht nur eine *Kompensation (»Wergeld«) für das Leben des Getöteten* [31], sondern auch – und vor allem! – die *Lösung des eigenen Lebens aus Todesverfallenheit.* Dies geht aus der den Terminus *kopaer* explizierenden Wendung *pidjon năpšô* »Auslösung für sein (sc. des Mittäters) Leben« hervor [32]. – (3) Auch wenn der (Mit-)Schuldige (bei der Familie des Getöteten) durch die Erstattung eines »Lösegeldes« eine Änderung der Rechtsfolgebestimmung (*jûmăt* V. 29bβ) erwirken kann, so zeigt doch die zweimalige Passivformulierung (*jûšăt ʿalâw* V. 30a. bβ), daß er der Situation der Todesverfallenheit nur entgeht, wenn die Familie des Getöteten bestimmt, *ob* diese »Auslösung« und *zu welchem Preis* sie möglich sein soll. Auch wenn also der Schuldige scheinbar sich selber auslöst (»so gibt er es ...«), wird die Auslösung doch als eine *von außen* auf ihn zukommende Möglichkeit der Befreiung aus Todesverfallenheit und darum nicht als Strafe, sondern als Geschenk, als »Begnadigung« empfunden [33].

Für das Verständnis von *kopaer* in Ex 21, 30 heißt dies: In einer Situation, die von seiten des (in der beschriebenen Weise) schuldig geworde-

[28] Zur Rechtsform der sog. *môt-jûmăt*-Reihe s. zuletzt SCHULZ, Todesrecht, 5 ff; V. WAGNER, Rechtssätze in gebundener Sprache und Rechtssatzreihen im israelitischen Recht (BZAW 127), 1972, 16 ff.

[29] Vgl. GREENBERG, Postulates, 13 ff; PAUL, Studies, 78 ff; PHILLIPS, Criminal Law, 90 ff; DERS., Murder, bes. 108 ff, u. a. Anders JACKSON, Reflections, 41 ff; DERS., Goring Ox, 108 ff.

[30] Vgl. WEISMANN, Talion, 364 ff; PAUL, aaO 82.

[31] So etwa PROCKSCH, *lyō*, 330, vgl. zur Sache auch WEISMANN, ebd.; KOCH, Die isr. Sühneanschauung [s. Anm. 11], 83 f; DERS., Der Spruch »Sein Blut bleibe auf seinem Haupt« und die israelitische Auffassung vom vergossenen Blut (in: DERS. [Hg.], Um das Prinzip [s. Anm. 1], 432–456), 450; PAUL, ebd.; PHILLIPS, Murder, 115 f.

[32] Vgl. JEPSEN, Begriffe des »Erlösens«, 182 ff. 185 f. 190; STAMM, Erlösen, 10 f; DERS., *pdh*, 392 f; GESE, Sühne, 87, ferner SCHARBERT, Fleisch, 36 f; C. WESTERMANN, Art. *naepaeš*, THAT II, 86 f.

[33] Vgl. JEPSEN, aaO 182 f. 185.

nen Menschen irreparabel ist, so daß er dem Tode verfallen ist (*jûmăt* Ex 21, 29bβ), bewirkt die *kopaer*-Gabe – neben der Kompensation für das Leben des Getöteten – die *Lösung des eigenen Lebens aus Todesverfallenheit:* sie ist *pidjon năpšô* »Auslösung seines Lebens«. Obwohl »von außen auferlegt«, ist dieses *kopaer* dennoch weder eine *Buß*leistung (das wäre eher der verdiente Tod: Ex 21, 29bβ) noch einfach eine dem Schuldigen auferlegte Geld*strafe* [34]; vielmehr wird die *kopaer*-Summe, die Errettung vom drohenden Tode bewirkt, schon in diesem frühen Rechtstext nicht nur als eine die Schuld ausgleichende Ersatzgabe, sondern vor allem als *Auslösung des verwirkten individuellen Lebens (pidjon năpšô)* und d. h.: als *Existenzstellvertretung,* als *Lebensäquivalent* [35] verstanden. Dieser Aspekt gab dem Terminus *kopaer* auch seinen über rein rechtliche Kategorien (»Schadensregulierung«) hinausweisenden, traditionsgeschichtlich wirksam gewordenen Sinngehalt.

Der Aspekt der Stellvertretung spiegelt sich z. T. auch in der *Übersetzung von kopaer* durch die *alten Versionen* wider: so wird *kopaer* von der *Septuaginta* übersetzt [36] mit *allagma* »das Vertauschte, der Tausch; das vom Verkauf Gelöste« (Jes 43, 3), pl. *allagmata* (Am 5, 12 LXX^B: *antallagmata*) [37], *dōra* »Geschenke« (Hi 36, 18), *exhilasma* »Sühnung, Sühnemittel« (1Sam 12, 3; Ps 48 [49],

[34] So J. Pedersen, Seelenleben und Gemeinschaftsleben (in: K. Koch [Hg.], Um das Prinzip [s. Anm. 1], 8–87), 30 f, vgl. Procksch, *lyō,* 330 und P. Garnet, Atonement Constructions in the Old Testament and the Qumran Scrolls (EvQ 46, 1974, 131–163), 134.

[35] Vgl. Gese, Sühne, 87. Ein etwas anderes Verständnis von Ex 21, 30 und der *kopaer*-Problematik, dem ich nur teilweise folgen kann, wird von A. Schenker in seinem demnächst erscheinenden Aufsatz »Que signifie le mot *kopaer*? Qu'est-ce qu'une ›expiation‹?« vorgeschlagen (vgl. zur Orientierung bereits Ders., Was ist ein *kofär*? Der Zusammenhang zwischen zivilrechtlicher *kofär*-Zahlung und kultischer Sühnung, in: X. Kongreß der International Organization for the Study of the Old Testament, Wien 1980, Short Communications: Abstracts, 27). Aus Raumgründen muß die Darstellung (und Kritik) des Ansatzes von Schenker in der Druckfassung meiner Diss. (s. Anm. 1) erfolgen.

[36] Siehe dazu im einzelnen Bauer, WB^5, 1963; EWNT und ThWNT jeweils s. vv., ferner die Literaturnachträge in ThWNT X/2, 1120 f (zu *exhilasma*). 1125 (zu *perikatharma*). 1165 f (zu *lytron*), dort (noch) nicht genannt sind Bowman, Lösegeld; Beaucamp, Rachat, 49. 50 f. 55 f; C. Spicq, Notes de lexicographie néotestamentaire I–II (OBO 22/1–2), 1978, 36 Anm. 4; 681 f; K. Kertelge, Art. *apolytrōsis,* EWNT I, 331 ff; M. Carrez, Art. Rachat, DBS IX, 1979, 1055 ff. Weitere Lit. in den folgenden Anmerkungen.

[37] Zu *allagma* in LXX (außerdem Wiedergabe von *m^{e}ḥir* »Gegenwert, Kaufpreis« [5mal] und *t^{e}rûmā* »Abgabe« [3mal]) s. G. B. Caird, Towards a Lexicon of the Septuagint I (in: R. A. Kraft [ed.], Septuagintal Lexicographie [SCSt 1], Missoula/Montana 1972, 110–132), 114.

8)[38], *lytron* »Lösegeld(zahlung)« (Spr 6, 35; 13, 8), pl. *lytra* (Ex 21, 30; 30, 12; Num 35, 31. 32)[39] und *perikatharma* »Reinigung(smittel)« (Spr 21, 18)[40]. Hi 33, 24 wird von LXX abweichend und z. T. erweiternd wiedergegeben[41]. Die palästinischen und die in Babylonien redigierten *Targume* übersetzen hebr. *kopaer* nirgends mit jüd.-aram. *kwpr'* »Sühnegeld, Lösegeld« (so aber bBQ 40a. 41b), statt dessen finden sich als Äquivalente *mmwn'/h* »Besitz, Geld, Vermögen«[42] (CN/TPSJ/TO Ex 21, 30; CN/TO Num 35, 31. 32), *mmwn dšqr* »Mammon der Ungerechtigkeit« (jeweils TJon 1Sam 12, 3; Am 5, 12), *pwrqn'* »Auslösung, Loskaufung«[43] (CN/PsJ/TO Ex 30, 12; TPsJ Num 35, 31. 32; Targ Ps 49, 8; Targ Hi 33, 24[44]; 36, 18; Targ Spr 13, 8), *ḥyllwp'* »(das Entgegengesetzte, Eingetauschte >) für, anstatt« (TJon Jes 43, 3), *mwhb'* »Geschenk (das zu besänftigen vermag)« (Spr 6, 35) und *šlḥwp'* »(das) Wechseln, Ersatz« (Targ Spr 21, 18). Das *samaritanische Pentateuchtargum* übersetzt samar.-hebr. *kwpr/kpr (kūfar)* »Lösegeld« in Ex 21, 30; 30, 12; Num 35, 31. 32 jeweils mit aram. *slwḥ* »Vergebung«[45], während die syrische Übersetzung des Alten Testaments, die

[38] Dies sind die einzigen LXX-Belege für *exhilasma*.

[39] Außerdem ist *lytron/lytra* Übersetzung von *pidj^{e}ô'n/padā* (qal/hof.)/*p^{e}dûjim/pidjôm* (7mal), von *g^{e}'ullā/ga'ăl* (5mal) und von *m^{e}ḥir* (1mal). *lytra autou esontai* Num 3, 12 LXX ist Texterweiterung nach dem Vorbild von Num 3, 46 ff, s. unten Anm. 106.

[40] Dieses *perikatharma* (»das, wodurch Reinigung/Befreiung von Schuld erzielt wird > Lösegeld; das, was man durch Reinigung wegbringt > Schmutz, Auswurf, Unrat«) ist nach G. Kuhn »abgeleitet von kpr aram. wegwischen. ›Der Gottlose ist für den Gerechten ein Wegwurf‹« (Beiträge zur Erklärung des salomonischen Spruchbuches [BWANT 57], 1931, 36), vgl. P. Walters (formerly Katz), The Text of the Septuagint. Its Corruptions and their Emandation, Cambridge 1973, 179 Anm. 27.

[41] Siehe dazu D. H. Gard, The exegetical Method of the Greek Translator of the Book of Job, Philadelphia 1952, 55 ff, vgl. G. Fohrer, KAT XVI, 1963, 455 und zu einem griechischen Fragment mit engerer Anlehnung an MT: J. W. Wevers, Septuaginta-Forschungen (ThR 22, 1954, 85–138), 133 f.

[42] Siehe dazu H. P. Rüger, *Mamonas* (ZNW 64, 1963, 127–131); Ders., Art. Aramäisch II, TRE III, (602–610) 607.

[43] Siehe dazu J. van Zijl, The Root *prq* in Targum Isaiah (JNWSL 2, 1972, 60–73), vgl. Bowman, Lösegeld, 1104 f.

[44] 11QtgJob col. XXIII, 1 (*wy'mr pṣhy mn ḥb[l*]) weist leider eine Textlücke auf, s. im einzelnen M. Sokoloff, The Targum to Job from Qumran Cave XI, Jerusalem 1974, 132; B. Jongeling-C. J. Labuschagne-A. S. van der Woude, Aramaic Texts from Qumran with Translations and Annotations (SSS 4), Leiden 1976, 43 ff (mit den Anmerkungen zu Z. 1–2) und die Konjektur bei P. Grelot, RdQ 8, 1972–75, (105–114) 110 f.

[45] Vgl. auch den M^{e}lîṣ (Glossar aus dem 10./11. Jh. n. Chr.) in der Ausgabe von Z. Ben-Hayyim, Literary and Oral Tradition of Hebrew and Aramaic amongst the Samaritans II, Jerusalem 1957, 491 Z. 188 mit der Entsprechung: hebr. *kwpr* Ex 21, 30 – aram. *slwḥ* – arab. *dīya*. In der arabischen Pentateuchübersetzung des Saadja Gaon wird hebr. *kopaer* mit arab. *dīya* »Entschädigung, Sühnegeld« (Ex 21, 30; Num 35, 31. 32) und mit arab. *fidya* »Ersatzleistung, Lösegeld« (Ex 30, 12) wiedergegeben (Ausgabe: J. Dérenbourg, Version arabe du Pentateuque, Paris 1893). Zu *dīya* und *fidya* s. EI^{1,2} jeweils s. v.

sog. *Peschitta,* folgende Äquivalente hat: *ḥlap̄* »für« (+ Suff.) (Jes 43, 3), *māmōnā* »Besitz, Geld, Vermögen« [46] (Ex 21, 30), *purqānā* »Heil, Erlösung« [47] (Ex 30, 12; Ps 49, 8; Spr 13, 8; Hi 33, 24; 36, 18), *qurbānā* »(Opfer-)Gabe, Darbringung« [48] (Spr 6, 35), *šuḥda* »Bestechung(sgeschenk)« (1Sam 12, 3; Am 5, 12; Num 35, 31. 32) und *taḥlūp̄ā* »res permutata, compensatio« (Spr 21, 18). Insgesamt fällt auf, daß »in den alten Übersetzungen ... die Unterscheidung der beiden Bedeutungen von kopher [sc. »Loskauf, Erlösung« und »Stellvertretung«] nicht ganz einhellig« [49] ist.

Ein *kopaer* entsprechender Terminus ist auch in *späteren Sprachschichten des Hebräischen* belegt: im Mittelhebräischen *(kôpaer),* im Hebräischen des samaritanischen Pentateuchs *(kwpr/kpr[kūfar])* und im Hebräischen der nichtbiblischen Schriften von Qumran *(kwpr/kpr)* [50]. Darüber hinaus wurden auch aus den *anderen semitischen Sprachen* einige von einer Basis *KPR* gebildeten Wortformen zum Vergleich herangezogen, deren Bedeutung »Lösegeld, Bestechungsgeld« allerdings durchweg fraglich bleibt: so *kpr* im Keilalphabetischen von Ugarit und von Tell Taʿannek [51], *kpr* im Ägyptisch-Aramäischen [52] und im Palmyrenischen [53] sowie *kfr* im Sabäischen [54]. Abgesehen von der Problematik dieser Belege fällt das Fehlen eines von der akkadischen Verbalwurzel *kapāru* [55] deverbierten Vergleichswortes auf. Daß dem alten Mesopotamien Begriff und Sache des »Lösegeldes« aber nicht unbekannt waren, zeigt die vor allem mit *paṭāru* »(ab)lösen, auslösen« und den Derivaten *ipṭīru* »Ablösung« (dazu *kasap ipṭīri* »Silber für die Ablösung, Lösegeld«), *napṭarūtu* »Auslösung«, z. T. auch mit *kaspu* »(Löse)Geld« und *padû(m)* »verschonen, loslassen«, *pīdu* »Verschonung« [56] gebildete *akkadische Loskauf- und Lösegeldterminologie* [57]: Das »Lösen« *(paṭāru)*

[46] Vgl. oben Anm. 42.

[47] Vgl. oben Anm. 43.

[48] Siehe dazu H. P. Rüger, Zum Problem der Sprache Jesu (ZNW 59, 1968, 113–122), 121; Ders., Art. Aramäisch (s. Anm. 42), 607.

[49] Bowman, Lösegeld, 1104.

[50] 1QH 15, 24; 1Q 25, 4, 4(?); 1Q 34, 3, 1, 5; 4Q Ord 2, 6, s. dazu Janowski, Sühne als Heilsgeschehen, 187 Anm. 403.

[51] Ugarit: KTU 1. 3 II 2; KTU 1. 7, 15. 35; Tell Taʿannek: TT 433, 2, s. Ders., aaO 44 f. 45 f. 47 f.

[52] AP 37, 14, s. Ders., aaO 48 f.

[53] CIS II 3913, 122, s. Ders., aaO 50 f.

[54] CIH 600 A, 5, s. Ders., aaO 62 und die tabellarische Übersicht 73.

[55] Zur Wurzel KPR im Akkadischen s. Ders., aaO 20 ff.

[56] Siehe dazu unten Anm. 114.

[57] Siehe dazu AHw und CAD jeweils s. vv., ferner J. J. Stamm, Die akkadische Namengebung (MVÄG 44), 1939, 301 f; Ders., Art. *g'l,* THAT I, 385 f; Ders., *pdh,* 397; H. Petschow, Neubabylonisches Pfandrecht (ASAW. PH 48, 1), 1956, 34 f. 40. 94 f; R. Yaron, Redemption of Persons in the Ancient Near East (RIDA 6, 1959, 155–176); G. Cardascia, Les lois assyriennes (LAPO 2), Paris 1969, 238; J. Krecher, Neue sumerische Rechtsurkunden des 3. Jahrtausends (ZA 63, 1973, 145–271), 154 ff; Ders., Die Aufgliederung des Kaufpreises nach sumerischen Kaufverträgen der Fara- und der Akkad-Zeit (AAH 22, 1974, 29–32); Ders., Art. Kauf, RLA V, (490–498) 492; G. Kestemont, Diplomatique et droit international en Asie occidental (1600–1200 av. J. C.) (PIOL 9), Lou-

kann sich, wie J. J. Stamm[58] zusammenfassend feststellte, auf Dinge (wie z. B. Ketten, Fesseln), aber auch auf geistige Realitäten (wie Sünde, Zorn, Strafe) beziehen. In den Bereichen von Politik und Recht bedeutet *paṭāru* »(Gefangene) freilassen«, »(Soldaten) beurlauben« oder »durch Geld auslösen, einlösen«. Diese Auslösung kann von einem Familienmitglied (z. B. Ehemann/Vater) zugunsten eines Angehörigen (Ehefrau/Sohn) oder auch einer Sache (z. B. Rückkauf von Grundbesitz) geschehen oder von einem Herrn zugunsten eines Sklaven bzw. von einem Höhergestellten (z. B. König) zugunsten eines Untergebenen als Personenfreikauf getätigt werden. Als Textbeispiel für die Auslösung eines gefangenen Soldaten sei Codex Hammurabi § 32 zitiert:

»[We]nn einen *rêdûm* oder einen *bā'irum,* der auf einem Feldzug des Königs weggeführt worden ist, ein Kaufmann (aus)gelöst und ihn seine (Heimat)stadt erreichen hat lassen – wenn in seinem Hause zum Loskaufen (etwas) vorhanden ist, so wird er sich selbst loskaufen; wenn in seinem Hause zum Loskaufen nichts vorhanden ist, wird er im Hause des Gottes der Stadt losgekauft; wenn im Hause des Gottes der Stadt zum Loskaufen nichts vorhanden ist, wird ihn der Palast loskaufen. Sein Feld, seinen Garten oder sein Haus werden sie zu seinem Loskauf nicht geben.«[59]

Die Auffassung, daß *ein zum Tode bestimmter Mensch durch »Lösegeld« (ipṭīru, kasap ipṭīri) errettet werden* kann, ist in Mesopotamien demgegenüber nur vereinzelt belegt. Dennoch vermitteln die wenigen Textstellen ein deutliches Bild von der mesopotamischen Vorstellung der Auslösung verwirkten Lebens durch eine Lösegeldzahlung:

(a) Nach der zweiten Ritualanweisung (Rs. 25–33) der jungbabylonischen Gebetsbeschwörung AMT 72, 1 (Beschwörungsritual mit Hymnus an Šamaš)[60] muß der von Bann und Pest tödlich bedrohte Mensch sich seiner Kleider entledigen, diese auf eine Waage legen und dann – nachdem er sich mit einem reinen Gewand wieder bekleidet hat – die Waage ausbalancieren, indem er das Šamaš als »Ab-

vain-La-Neuve 1974, 579 s. v. *paṭāru*; M. Heltzer, Mortgage of Land Property and Freeing from it in Ugarit (JESHO 19, 1976, 89–95); W. F. Leemans, Quelques remarques à propos d'une étude sur *tidennutu* personelle à Nuzu (ebd. 95–101); E. Szlechter, Codex Hammurapi (Studia et Documenta 3), Rom 1977, 65 ff (CH § 32); B. Kienast, Die altbabylonischen Briefe und Urkunden aus Kissura (Freiburger Altoriental. Forschungen 2/I), 1978, 95 ff. 114; Ders., Rechtsurkunden in ugaritischer Sprache (UF 11, 1979, 431–452), bes. 448 ff; A. Tsukimoto, Untersuchungen zur Totenpflege (kispu(m)) im alten Mesopotamien (Masch. Diss. Tübingen), 1980, 11 Anm. 84; 101 mit Anm. 42; H. Klengel, Mord und Bußleistung im spätbronzezeitlichen Syrien (in: B. Alster [Hg.], Death in Mesopotamia [CCRAI 26], 1980, 189–197); C. Wilcke, *šumṣulum* »den Tag verbringen« (ZA 70/I, 1981, 138–140), 140.

[58] *Pdh*, 397.

[59] Übersetzung R. Haase, Die keilschriftlichen Rechtssammlungen in deutscher Fassung, 1979², 35.

[60] Siehe dazu E. Ebeling, Ein neuassyrisches Beschwörungsritual gegen Bann und Tod (ZA 51, 1955, 167–179), vgl. CAD I/J, 172 s. v. *ipṭīru* 1b2' b'; E. Reiner, La magie babylonienne (in: Le monde du sorcier [SOr 7], Paris 1966, 69–98), 85; M.-J. Seux, Hymnes et prières au Dieux de Babylonie et d'Assyrie (LAPO 8), Paris 1976, 454 Anm. 1.

lösung« *(ipṭīru)* für sich und seine Familie dargebrachte Silber *(kaspu)* gegen seine Kleider aufwiegt [61] mit den Worten:

28 »(...) Šamaš, König des Himmels und der Erde, m[ache mich gesund]!
29 Mein Lösegeld *(ka-sap ip-ṭi-ri-ia?)*, (das) meiner ebenbürtigen Gattin, (das) meiner Gemahlinnen, meiner Söhne und meiner Töchter
30 ist dir (hiermit) gegeben worden (...)«

Nachdem der Beschwörungspriester weitere Ritualhandlungen (mit Räucherbekken und Fackel) an diesem Menschen durchgeführt hat, wird dieser erlöst *(pašāru)* nach Hause gehen, der böse Bann *(māmītu)* wird von seinem Haus getrennt, und die Pest wird ausgerissen werden.

(b) Die Vorstellung der das tödlich bedrohte Leben restituierenden Kraft des »Lösegeldes« *(kasap ipṭīri)* enthält auch die – ebenfalls jungbabylonische – Gebetsbeschwörung IV R^2 59, 1 (Beschwörungsritual mit Hymnus an Šamaš) [62]: Wenn sich gegenüber einem Menschen und seinem Haus »Zauber, Spuk, Hexerei, (böse) Machenschaften ... und ›Lebensabschneidung‹ immer wieder gezeigt hat« (Z. 1 f), soll – nach dem das Gebet begleitenden Ritual – dieser Mensch sein »Lösegeld« hochheben (*[kasa]p* (Kù. BARBAR) *ip-ṭi-ri-šu i-na-aš-ši-ma* Z. 24, vgl. Z. 11 f: »1 Seqel Silber legst du als Lösegeld (1 GIN *kasap* (Kù. BABBAR) *ip-ṭi-ri*) zusammen mit einer Waage, Zwiebeln, Palmstricken, Datteln (12) neben den Rohraltar«) und zu Šamaš sprechen:

29 »Du hast mein Lösegeld *(kasap* [Kù. BABBAR] *ip-ṭi-ri-ia)* empfangen, (jetzt) schenke mir Leben!«

Dies soll er sagen, dann wird Šamaš günstig gesinnt sein (Z. 30).

(c) Während die beiden zitierten Texte davon sprechen, daß ein Mensch durch das Šamaš dargebotene (und richtig abgewogene!) »Lösegeld« vom drohenden Todesgeschick errettet werden kann, gibt es in Mesopotamien auch die *Vorstellung eines »Lösegeldes« für den Toten:* Unter den Gegenständen, die der Tote als *kispum* (»Totenbeigabe«) für seine Reise in die Unterwelt benötigt, wird in der altbabylonischen Liste CT 45, 99 auch das »Lösegeld« (*kasap* [Kù. BABBAR] *ipṭīri* Z. 10) [63] genannt. Daß auch diesem »Lösegeld« eine das verwirkte Leben auslösende Funktion zukam, läßt sich bislang nur dem Mythos »Inannas/Ištars Gang zur Unterwelt« entnehmen, dessen akkadische Version in zwei Rezensionen (Ninive-Rezension CT 15, 45–47 und Assur-Rezension KAR 1) vorliegt [64].

[61] In rituellem und rechtlichem Kontext bedeutet das Ablegen des alten und das Anlegen eines neuen Gewandes »Änderung der Persönlichkeit«, da das Kleid als »Persönlichkeitszeichen« fungiert, s. dazu H. PETSCHOW, Art. Gewand(saum) im Recht, RLA III, 318 ff (Lit.), ferner EBELING, aaO 169. Die Wägung von Persönlichkeitssymbolen ist auch sonst belegt: W. FARBER, Beschwörungsrituale an Ištar und Dumuzi. *Attī Ištar ša ḫarmaša Dumuzi*, 1977, 27 mit Anm. 2 (Stirnhaar und Gewandsaum), vgl. auch H. LUTZMANN, OLZ 75, 1980, 448 f.

[62] Lit. dazu bei R. BORGER, HKL I, 405 z. St., ferner CAD I/J, 172 s. v. *ipṭīru* 1b2'b'; REINER, ebd.; SEUX, aaO 258 Anm. 1; W. MAYER, Untersuchungen zur Formensprache der babylonischen »Gebetsbeschwörungen« (StP.SM 5), Rom 1976, 510 ff.

[63] Siehe dazu jetzt TSUKIMOTO (s. Anm. 57), 101 ff; DERS., Aspekte von kispu(m) als Totenbeigabe (in: ALSTER [s. ebd.], 129–138).

[64] Textbearbeitung bei R. BORGER, BAL II, 86 ff, Lit. bei BORGER, HKL I,

Die in die Unterwelt hinabgestiegene und dort ihrer sieben »göttlichen Kräfte« beraubte Göttin Ištar kann das Reich der Ereškigal nur unter der Bedingung wieder verlassen, daß sie einen Ersatz für sich selbst findet. Unter der Führung des Türhüters Namtar kann sie daraufhin die Unterwelt durch die sieben Tore, durch die sie hereinkam, wieder verlassen, und bei jedem dieser Tore wird ihr eine ihrer sieben verlorenen Kräfte zurückgegeben. Die Assur-Rezension KAR 1, Rs. 35 f (Borger, BAL II, 92 Ass. Rs. 36) formuliert den »Lösegeld«-Passus folgendermaßen (es spricht Ereškigal zu Namtar):

»[Wen]n sie (sc. Ištar) die Ablösungs(summe) für sich *(ip-ṭí-ri-šá)* nicht gi[bt, bring sie zu]rück (sc. in die Unterwelt)!«[65]

Ob diese Auslösung Ištars aus dem Totenreich durch einen materiellen Gegenwert oder durch ein lebendes Substitut, eine Ersatzperson, geschieht, lassen die jungbabylonische und die neuassyrische Version offen. Nach der sumerischen Version[66] geschieht die Auslösung durch eine Ersatzperson (sum. s a g = akk. *pūḫu*)[67].

(d) Beachtung verdient schließlich die Wendung *ana napištīšu* »für sein Leben« in dem Ölomen ÖB 2, 14, 6 (= G. Pettinato, Die Ölwahrsagung bei den Babyloniern II [SS 22], Rom 1966, 14 Z. 6) im Zusammenhang einer Forderung der Sonnengöttin Šamaš an den Menschen:

31, s. ferner A. FALKENSTEIN, Der sumerische und der akkadische Mythos von Inannas Gang zur Unterwelt (in: FS W. Caskel, hg. v. E. GRÄF, Leiden 1968, 96–110); J. BOTTÉRO, in: AEPHE.HP 1971–72, Paris 1972, 79–116; W. R. SLADEK, Inanna's Descent to the Netherworld (Masch. Diss. Baltimore/Maryland), 1974; C. WILCKE, Art. Inanna/Ištar (A. Philologisch), RLA V, 74 ff, bes. 83.

[65] Die Ninive-Rezension CT 15, 47 Rs. 46 (BORGER, BAL II, 93 Nin. 126) formuliert mit *napṭiru*, s. dazu AHw, 742 s. v. *napṭaru* 4 und zum Schlußstück der Ninive-Rezension W. v. SODEN, Kleine Beiträge zu Text und Erklärung babylonischer Epen (ZA 58, 1967, 189–195), 192 ff; vgl. FALKENSTEIN, aaO 103. Weder in der neuassyrischen noch in der jungbabylonischen Version werden Höhe und Art der Ablösung näher bestimmt, s. dazu S. GELLER, Die Rezension von »Ištars Höllenfahrt« aus Assur (OLZ 20, 1917, 41–48); A. L. OPPENHEIM, Mesopotamian Mythology III (Or. 19, 1950, 129–158), 138 Anm. 2; BOTTÉRO, aaO 82. 85. 91 ff.

[66] S. N. KRAMER, »Inanna's Descent to the Nether World« continued and revised (JCS 5, 1951, 1–17).

[67] Siehe dazu BOTTÉRO, aaO 85; SLADEK, aaO 23 f. 216 (Lit.), vgl. CAD I/J, 173 s. v. *ipṭīru* 2b. Daß zwischen der Lösegeldterminologie/-vorstellung und der Stellvertretungsterminologie/-vorstellung engste Beziehungen bestehen, liegt auf der Hand und kann für Mesopotamien (Termini für »Ersatz(bild)«, »Tausch«, »Substitut«, »Stellvertretung«: *andunānu, dinānu, nakkuššu, pūḫu,* u. a.) auch textlich belegt werden durch den altassyrischen Brief CCT 4, 2a Z. 28–31: »... Zehn Minen Silber, (29) welche du mir absonderst, mögen (30) zur Stellvertretung deines Lebens (31) gehen *(a-dí-na-an na-pá-áš-tí-kà* (31) *li-li-ik* ...)«, Text und Übers. bei H. HIRSCH, Untersuchungen zur altassyrischen Religion (AfO. B 13/14), 1972², 19 (mit den Nachträgen 12).

»Wenn das Öl sich nach Sonnenaufgang hin auflöst und drei Tropfen herauskommen: Šamaš fordert von dem Betreffenden eine Sonnenscheibe für sein Leben.« [68]

Die Sonnenscheibe (aus Gold, Silber, Kupfer, Lapislazuli oder Bronze) fungiert hier als eine Art Ex-voto-Weihegabe des Betreffenden für Šamaš [69].

Kehren wir nach diesem Exkurs zu Ex 21, 30 und dem von diesem Text formulierten Rechtsproblem zurück! Der rechtsgeschichtliche Ausnahmecharakter von Ex 21, 30 wird durch die auf den vorsätzlichen und den unvorsätzlichen Totschläger *(roṣe*^{a}*ḥ)* bezogenen Prohibitive Num 35, 31 f [70] bestätigt. Der Grund für die Anwendung dieses Verbotes der Annahme eines *kopaer* auf den unvorsätzlichen Totschläger V. 32 ist darin zu sehen, daß nach den Rechtsbestimmungen Num 35, 22–29 der unvorsätzliche Totschläger in seiner Asylstadt bis zum Tod des Hohenpriesters bleiben mußte (V. 28: »Denn in seiner Asylstadt soll er bleiben bis zum Tod des Hohenpriesters; erst nach dem Tod des Hohenpriesters darf der Totschläger auf seinen Grund und Boden zurückkehren«, vgl. V. 25b) [71] und (vorher) nicht durch ein *kopaer* ausgelöst werden durfte:

[68] Übers. Ders., aaO 25, vgl. den Kommentar aaO 33.

[69] Vgl. G. Pettinato, Die Ölwahrsagung bei den Babyloniern I (SS 21), Rom 1966, 196. 208 ff.

[70] Nach M. Noth (Überlieferungsgeschichtliche Studien, 1967^{3}, 192 ff. 199 f. 217; vgl. Ders., ATD 7, 1966, 218 f) ist Num 35, 16–34 als ein (in sich geschichteter) sekundärer Zusatz zu Num 35, 9–15 zu betrachten, der seinerseits schon die späte Zusammenarbeitung von $P^{g} + P^{s}$ mit DtrG, also die Schlußredaktion des Pentateuch (R^{P}), voraussetzt bzw. dieser angehört. Zur literarischen Problematik s. auch Schüngel-Straumann, Tod, 29 ff. 52 f und Schulz, Todesrecht, 9 Anm. 14. Im Unterschied zur altisraelitischen Rechtspraxis (Ex 21, 12) war im spätbronzezeitlichen Syrien bei Tötungsdelikten eine Kompensation möglich und offenbar auch üblich: in dem akkadisch geschriebenen Brief KBo I 10 + KUB III 72 des Ḫattušili III. an Kadašman-Enlil II. wird als Entschädigung (»Wergeld«) für einen durch Mord getöteten Mann eine bestimmte (*kasap mullê* »Silber der Kompensation« genannte) Summe vorgeschrieben (und bei deren Nichtannahme eine Versklavung des Delinquenten erwogen); eine Straftötung schließt der Text expressis verbis aus, s. dazu Klengel (s. Anm. 57), vgl. auch Paul, Studies, 72 Anm. 6; AHw, 671 s. v. *mullû* e; CAD M/II, 189 f s. v. *mullû* A.

[71] Zum Asylproblem s. zuletzt Schulz, aaO 9 ff; Schüngel-Straumann, aaO 25 ff; Phillips, Criminal Law, 99 ff; J. de Vaulx, Art. Refuge, DBS IX, 1979, 1479–1510, u. a., vgl. auch die wichtigen Ausführungen von Weismann, Talion, 371 ff. Der Grund für den Verbleib des unvorsätzlichen Totschlägers in der Asylstadt bis zum Tod des Hohenpriesters bestand darin, »to secure the purity of the worshipping community from a man who had shed blood until atonement could be made for his inadvertent act« (Phillips, Murder, 119 Anm. 54). Da der unvorsätzliche Totschläger die Blutschuld weder durch ein sühnendes Tieropfer noch durch die Erstattung eines *kopaer* aus der Welt zu schaffen

»Auch dürft ihr kein Lösegeld *(kopaer)* zu dem Zweck annehmen, daß einer nicht in seine Asylstadt zu fliehen braucht, (wie auch) zu dem Zweck, daß er wieder im Land wohnen darf – (dies gilt) bis zum Tod des 'Hohen'priesters.« (V. 32)

Dem gedanklichen Zusammenhang zwischen V. 28 und V. 32 zufolge stand V. 32 »zunächst zwischen v. 28 und v. 29 und war die letzte Bestimmung zum Recht des unvorsätzlichen Totschlägers« [72], d. h. zu den Rechtsbestimmungen V. 22–28 (+ Schlußnotiz V. 29). Der Terminus *kopaer,* der nach dieser ursprünglichen Textfolge V. 22–28 (32). 29 *vor,* nach dem jetzigen Textzusammenhang aber *nach* der Bestimmung über den vorsätzlichen Totschläger V. 30 f genannt wird, führte dazu, das zunächst nur hinsichtlich des unvorsätzlichen Totschlägers formulierte Verbot der Annahme eines *kopaer* – entsprechend der Grundunterscheidung: unvorsätzliche – vorsätzliche Tötung (Num 35, 9 ff) – auch auf den vorsätzlichen Totschläger, d. h. den Mörder, auszudehnen:

»Ihr sollt aber kein Lösegeld für das Leben eines Mörders *(kopaer* l^e*naepaeš roṣe*^{a}*ḥ)* annehmen, der des Todes schuldig ist; vielmehr ist er dem Tode verfallen.« (V. 31)

Das Verbot der Auslösung eines Mörders (der kein Recht auf Asylgewährung hat) bedeutet die Preisgabe an den die Blutrache vollziehenden *go'el hăddam* (vgl. V. 16–21. 30a).

Num 35, 30 f. 33 f »schlossen sich an den v. 29, den ursprünglichen Schlußsatz, an, nahmen aber v. 32, die Stelle, die den Anlaß bot, in sich

vermochte, sondern er ihrer nur mit dem Tod des Hohenpriesters ledig wurde, hat man angenommen, daß »der Tod des Hohenpriesters ... als Sühne für alle während seiner Amtszeit begangenen unvorsätzlichen Tötungen« galt (Weismann, aaO 380, vgl. auch – mit z. T. anderer Gewichtung – Noth, ATD 7, 1966, 220 f; Horst, Recht, 192 f; K. Koch, Der Spruch »Sein Blut bleibe auf seinem Haupt« und die israelitische Auffassung von vergossenem Blut [in: Ders., Um das Prinzip (s. Anm. 1), 432–456], 451; Schüngel-Straumann, aaO 34; Phillips, Criminal Law, 107 f; de Vaulx, aaO 1498). Darüber, ob dieser Tod des Hohenpriesters als stellvertretender Sühnetod (so Schüngel-Straumann, ebd.) zu verstehen ist, schweigt der Text (V. 25b. 28) allerdings, s. dazu Lohse, Märtyrer, 64 ff. Angesichts des Sachverhaltes, daß der Asylinstitution die Funktion zukam, »den, der eine fahrlässige Tötung begangen hat, vor der Blutrache zu *schützen«* (W. Beyerlin, Die Rettung der Bedrängten in den Feindpsalmen der Einzelnen auf institutionelle Zusammenhänge untersucht [FRLANT 99], 1970, 47 [Hervorhebung von mir], vgl. auch Horst, Recht, 193, der von einer »›Schutzhaft‹ für den Täter« spricht), ist die Deutung der Rechtsbestimmungen Num 35, 26 ff als »Sühnehaft, also als eine Art *Strafe«* (L. Delekat, Asylie und Schutzorakel am Zionheiligtum, Leiden 1967, 247 [Hervorhebung von mir]) m. E. eine unsachgemäße Exegese.

[72] Schüngel-Straumann, aaO 37.

hinein«[73]. Nach dem jetzigen Textzusammenhang V. 30–34 geben somit V. 33 f für das in V. 31 (Mörder), aber auch für das in V. 32 (unvorsätzlicher Totschläger) formulierte Verbot: *lo'-tiqᵉḥû kopaer* »ihr sollt kein Lösegeld annehmen!« dieselbe, auf Gen 9, 5 f (P)[74] anspielende Begründung. Diese ist nicht nur rechtlich (zu Num 35, 33b vgl. den Talionsrechtssatz Gen 9, 6a), sondern auch – und vor allem! – theologisch gefaßt, weil das *Land, in dem Jahwe inmitten der Israeliten »wohnt«* (*šakän* V. 34aβ.b)[75], durch schuldhaftes Blutvergießen nicht verunreinigt (*ṭm'* pi. V. 34aα) und entweiht (*ḥnp* hif. V. 33aα.b) werden darf. Da nach diesem umfassenden theologischen Verständnis die Tötung eines Menschen ein gewaltsamer Eingriff in die heilvolle Ordnung der Schöpfung ist, weil sie unmittelbar das Land als die Israel von Jahwe verliehene Existenzbasis verletzt, kann diese Ordnung nur wiederhergestellt werden, indem dem Land Sühne geschaffen wird durch den rechtmäßigen Tod des Urhebers jener Verletzung:

»Ihr sollt das Land nicht entweihen, in dem ihr euch befindet. Denn das (schuldhaft vergossene) Blut ist es, das das Land entweiht; und dem Land kann für das Blut, das in ihm vergossen worden ist, nicht Sühne geschaffen werden *(lo'-jᵉ-kuppär)* außer durch das Blut (= den rechtmäßigen Tod) dessen, der es vergossen hat.« (V. 33)

In diesem rechtliche und theologische Kategorien miteinander verbindenden Text erscheint *kpr* pu. nicht unter dem Aspekt einer dem Täter zusätzlich (von außen) auferlegten Strafe – die Gültigkeit der Todesstrafe im Falle von Menschentötung (Ex 21, 12) wird ebenso vorausgesetzt wie das Verbot der Annahme eines *kopaer* für den Mörder und für den unvorsätzlichen Totschläger (Num 35, 31 f) –, sondern unter dem Aspekt der dem Land geltenden restitutio in integrum. Der elementare Wert, den das Land, in dem Jahwe inmitten seines Volkes »wohnt«, für den Fortbestand menschlichen Lebens hat, kommt nach Num 35, 33 f darin zum Ausdruck, daß jede blutige Gewaltausübung von Menschen auf Menschen, die zur »Entweihung« und »Verunreinigung« des Landes als der Basis

[73] SCHÜNGEL-STRAUMANN, ebd.

[74] Siehe dazu außer den Kommentaren (bes.: C. WESTERMANN, BK I/1, 1974, 623 ff) SCHARBERT, Fleisch, 73 ff; SCHULZ, Todesrecht, 76 Anm. 314; PAUL, Studies, 61 f; PHILLIPS, Criminal Law, 95 f; DERS., Murder, 122 f; MCKEATING, Homicide, 64 f; H. CHRIST, Blutvergießen im alten Testament. Der gewaltsame Tod des Menschen untersucht am hebräischen Wort *dām* (ThDiss 12), 1977, 17. 19. 21 f. 61. 62. 123. 139 f. 146.

[75] Zur priesterschriftlichen Vorstellung vom *šakän* Jahwes inmitten der Israeliten s. JANOWSKI, Sühne als Heilsgeschehen, 213 ff.

heilvoller menschlicher Existenz führt, von Israel in Wahrnehmung schöpfungsgemäßer Bestimmung (vgl. Gen 9, 6!) geahndet werden soll [76] – und zwar durch den Tod des Urhebers jener Bluttat.

Ein besonderes Interpretationsproblem stellt die Anweisung für die Erhebung einer »Kopfsteuer« Ex 30, 11–16 (P^s) dar [77]. In diesem Text ist von einer »Musterung« [78] der erwachsenen männlichen Mitglieder der Kultgemeinde die Rede, bei der von jedem Gemusterten ein halber Seqel erhoben wird, der als *kopaer năpšô* (V. 12) Jahwe gegeben werden soll. Die Schwierigkeiten des Textverständnisses resultieren u. a. daraus, daß es sich bei dieser Abgabe, die im Fortgang des Textes *t^{e}rûmăt l^{e}JHWH* (V. 13b) bzw. *t^{e}rûmăt JHWH* (V. 14b. 15b) genannt wird, *ursprünglich* um »eine in der nachexilischen Gemeinde laufend erhobene Kultsteuer« [79], mit dem Zweck, »den Israeliten zu einem Gedenken *(zikkarôn)* vor Jahwe« zu verhelfen (V. 16b), nach dem *jetzigen Textzusammenhang* aber um die »sekundäre und merkwürdig auf urtümliche Vorstellungen zurückgreifende Begründung« [80] jener allgemeinen Tempelsteuer handelt. Dieser (sekundären) Begründung zufolge hat die von jedem erwachsenen Israeliten erhobene »Kopfsteuer« die Funktion, ein »Lösegeld für sein

[76] Vgl. O. H. Steck, Welt und Umwelt (Biblische Konfrontationen), 1978, 84, ferner T. Frymer-Kensky, The Atrahasis Epic and its Significance for our Understanding of Genesis 1–9 (BA 40, 1977, 147–155), 154.

[77] Zum Nachtragscharakter von Ex 30, 11–16 s. M. Noth, ATD 5, 1965^3, 193 f, vgl. Ders., Überlieferungsgeschichte des Pentateuch, 1966^3, 18; M. Görg, Das Zelt der Begegnung. Untersuchungen der sakralen Zelttraditionen Altisraels (BBB 27), 1967, 36 f; V. Fritz, Tempel und Zelt. Studien zum Tempelbau in Israel und zu dem Zeltheiligtum der Priesterschrift (WMANT 47), 1977, 158, u. a.

[78] Zur Volkszählung (im AT) s. G. v. Rad, Der heilige Krieg im alten Israel, 1965, 37 f; C. Colpe, Art. Volkszählung, BHH III, 2115 f; G. Cornfeld-G. J. Botterweck (Hg.), Die Bibel und ihre Welt II, 1969, 1464–1472; D. Kellermann, Die Priesterschrift von Numeri 1, 1 bis 10, 10 literarkritisch und traditionsgeschichtlich untersucht (BZAW 120), 1970, 4 ff. 32 ff. 49 ff. 159 ff; M. Barnouin, Les recensements du livre des Nombres et l'astronomie babylonienne (VT 27, 1977, 280–303).

[79] M. Noth, ATD 5, 1965^3, 193. Die alte Frage, »ob das Geld ein- für allemal zum Bau des Zeltes verwendet werden soll, oder eine beständige Abgabe für die Bedürfnisse des Kultus ist« (E. Reuss, Das Alte Testament übersetzt, eingeleitet und erläutert III, 1893, 364 Anm. 5), ist zuletzt von J. Milgrom (Studies in Levitical Terminology, I: The Encroacher and the Levite. The Term Aboda, Berkeley-Los Angeles-London 1970, 81. 86) im ersteren Sinn beantwortet worden; demzufolge übersetzt er Ex 30, 16aβ nicht: »und du sollst es (sc. das Sühnegeld) für den Dienst am Zelt der Begegnung aufwenden«, sondern: »and assign it for the construction of the Tent« (81). Doch ist bei Milgrom der hinsichtlich seiner Motive *uneinheitliche Charakter* von Ex 30, 11–16 nicht gesehen (vgl. auch Ders., Studies, 29 ff, bes. 30 Anm. 108), s. dazu außer Noth noch W. Schottroff, »Gedenken« im Alten Orient und im Alten Testament (WMANT 15), 1967^2, 306 f.

[80] M. Noth, ATD 5, 1965^3, 193, vgl. Schottroff, aaO 307.

(sc. des Gemusterten) eigenes Leben« zu sein, »damit unter ihnen keine Plage *(naegaep)* entstehe, wenn man sie mustert« (V. 12aβ. b). Hinter dieser Anweisung steht die (u. a. auch in 2Sam 24 überlieferte) Vorstellung, daß die Zählung und Konskription von Personen etwas Gefährliches ist, da sie (den Zorn Gottes und als dessen Manifestation) eine »Plage« über die Gezählten heraufbeschwören kann. Aus diesem Grunde ist jeder Gemusterte verpflichtet, einen halben Seqel als »Lösegeld für sein Leben« zu geben, damit unter den Gezählten keine »Plage« entstehe [81].

Wie in Ex 21, 30 (*kopaer* expliziert durch *pidjon năpšô*) und in Num 35, 31 *(kopaer lenaepaeš).* 32 *(kopaer),* so meint auch hier die Wendung *kopaer năpšô* die Auslösung des individuellen Lebens aus einer Situation, in der es um *Leben und Tod* des einzelnen und der Gemeinschaft geht. Neu gegenüber Ex 21, 30 (und auch gegenüber Num 35, 31 f) ist, daß der dem priesterlichen Verfasser von Ex 30, 11–16 vorgegebene *kopaer*-Begriff von ihm (oder einer späteren Hand?) mit Hilfe des *kippaer-* und des *kippurîm*-Begriffs exegesiert wird: Die als *kopaer năpšô* gezahlte Abgabe – die deshalb auch direkt *kaesaep hăkkippurîm* »das Sühnegeld« genannt werden kann (V. 16aα) [82] – soll dazu dienen, »um für eure (einzelnen) Personen = für (jeden von) euch Sühne zu schaffen« (*lekăpper căl-năpšotêkaem* V. 15bβ und V. 16bβ) [83]. Daß dies nicht der ursprüngliche Zweck der *lezikkarôn lipnê JHWH* (V. 16b) geleisteten allgemeinen Tempelsteuer (*terûmā* V. 13b. 14 .15b) ist, liegt auf der Hand.

2. Die Rechtsbestimmung, daß dem (des Todes) Schuldigen ein *kopaer* auferlegt und von ihm als Lösegeld für sein eigenes Leben *gegeben* werden kann, gilt ausschließlich für den in Ex 21, 29 f definierten Fall konkurrierenden Verschuldens. Das *Verbot der Annahme eines kopaer* »für das Leben eines Mörders« (Num 35, 31) ist spätere Präzisierung des alten Rechtsgrundsatzes, daß, wer einen Menschen erschlägt, dem Tode verfallen ist (Ex 21, 12).

Wo, wie in Am 5, 12, dennoch von der *Annahme (laqăḥ)* eines *kopaer* gesprochen wird, kann demnach nur eine mit Ex 21, 29 f vergleichbare oder eine gegenüber diesem Rechtsfall veränderte Rechtssituation vorlie-

[81] Siehe dazu auch K. Koch, Die israelitische Sühneanschauung (s. Anm. 9), 21 f mit Anm. 2.

[82] Es sei denn, daß mit LXX *kaesaep terûmā* vorauszusetzen ist, vgl. Schottroff, aaO 307.

[83] Vgl. Scharbert, Fleisch, 65, ferner C. Westermann, Art. *naepaeš,* THAT II, 86 f. Es bedeutet eine (folgenreiche) Verzerrung des Aussagegehalts von *kopaer,* wenn man urteilt, daß »zur Abwendung der durch die Zählung heraufbeschworenen ›Plage‹ *Jahwe* durch Erhebung einer Abgabe *versöhnt werden*« soll (Schottroff, aaO 307 [Hervorhebung von mir]), vgl. auch Cornfeld-Botterweck (s. Anm. 78), 1466. 1469, die gar von »Versöhnung der göttlichen Macht« durch Darbringung eines »›Sühne‹-Opfer(s) (kofaer in Ex 30, 12 f)« sprechen. Weder die Textformulierung Ex 30, 12 noch der *kopaer*-Begriff gibt für Hypothesen dieser Art irgendeinen Anhalt.

gen. Daß für Am 5, 12b nur die zweite Möglichkeit in Frage kommt, zeigt die formale Struktur dieses Verses, derzufolge die zwischen *ṣorᵉrê ṣăddîq* und *'aebjônîm băššăʿăr hiṭṭû* stehende Wendung *loqᵉḥê kopaer* zusammen mit diesen Parallelausdrücken die Beschuldigungen Am 5, 12a expliziert: Die *Annahme eines kopaer* wird in einem Atemzug mit *Rechtsbeugung* und *Bedrückung der Bedürftigen* genannt. Diese Korrumpierung der Rechtspflege wird in dem Weheruf Jes 5, 20. 23. 24a als *Verkehrung der Wahrheit* geschildert [84] und sowohl in Jes 1, 23 (*šoḥăd // šălmonîm*, vgl. *šoḥăd* Jes 5, 23) als auch in Am 5, 12 *(kopaer)* [85] durch den Ausdruck *»Bestechungsgeld, -geschenk«* verdeutlicht. »Sei es, daß man den Begüterten auf diese Weise ermöglichte, sich von der Todesstrafe zu befreien, sei es, daß man Sühnegeld annahm, um jemanden von einer schweren, aber rechtlicherweise unumgänglichen Verpflichtung, etwa vom Zwang zur Leviratsehe, zu entbinden« [86] – offenbar wurde *kopaer* »zur Sühnung von allerlei Verbrechen entgegengenommen, für die keine Sühnung mit Geld zulässig gewesen wäre« [87].

Diese Gefahr der Zerrüttung des Rechtswesens durch die Annahme von *kopaer* [88], durch widerrechtliche Aneignung fremden Gutes, durch Bedrük-

[84] Siehe dazu etwa H. WILDBERGER, BK X/1, 1972, 195 ff.

[85] Zu der Beobachtung WOLFFS, daß »Bestechung« bei Jesaja *šoḥăd*, bei Amos dagegen *kopaer* heißt, s. C. HARDMEIER, Texttheorie und biblische Exegese (BEvTh 79), 1973, 98 Anm. 71. Zu *šălmonîm* Jes 1, 23 s. die Hinweise bei B. JANOWSKI, Erwägungen zur Vorgeschichte des israelitischen *šᵉlamîm*-Opfers (UF 12, 1980, 231–259), 242 Anm. 73.

[86] V. MAAG, Wortschatz und Begriffswelt des Buches Amos, Leiden 1951, 230. In Am 5, 12 (und vielleicht auch in 1Sam 12, 3) scheint die Situation einer Mordtat (oder Mordabsicht) vorausgesetzt zu sein, so daß die Wendung *laqăḥ kopaer* mit »Wergeld (für Mord) entgegennehmen« übersetzt werden könnte (s. dazu K. KOCH, Die Entstehung der sozialen Kritik bei den Propheten [in: H. W. WOLFF (Hg.), Probleme biblischer Theologie. FS G. v. Rad, 1971, 236–257], 244 Anm. 35). Diese Übersetzung findet Unterstützung in der Parallelität der *kopaer*-Formulierung 1Sam 12, 3; Am 5, 12 einerseits (jeweils unrechtmäßig angenommenes Lösegeld als Signum der Rechtsverletzung) und Num 35, 31 f andererseits (Verbot der Annahme von Lösegeld im Falle von Mord/Totschlag, s. dazu oben S. 40 ff). Das schroffe Urteil KOCHS: »Die übliche Übersetzung ›Bestechungsgeld nehmen‹ ist ganz falsch und erklärt sich nur aus der Juridomanie der Alttestamentler, die hinter allem und jedem bei den Propheten einen Prozeß wittern« (aaO 244 Anm. 35) ist u. E. deshalb nicht gerechtfertigt, weil die verbotene (Num 35, 31 f!) Annahme von »Wergeld« für Mord oder Totschlag unrechtmäßig und also nur aufgrund verdrehter Rechtsverhältnisse möglich ist; mit dem Ausdruck »Bestechung« ist aber nicht anderes als diese Situation der Rechtsbeugung gemeint.

[87] MAAG, ebd.

[88] Zur Richterbestechung in Mesopotamien s. die Hinweise bei BOECKER, Recht, 45. 70 f.

kung und Mißhandlung der sozial Schwachen hat noch die Frage Samuels 1Sam 12, 3 [89] im Blick, der als Amtsträger der vorköniglichen Zeit vom versammelten Volk die Bestätigung seiner korrekten Amtsführung erwartet:

»Da bin ich, erhebt Anklage gegen mich vor Jahwe und vor seinem Gesalbten! Wessen Rind habe ich genommen, wessen Esel habe ich genommen? Wem habe ich Unrecht getan, wen mißhandelt? Von wem habe ich (unrechtmäßig) Lösegeld angenommen *(ûmijjăd-mî laqăḥtî kopaer)* 'oder ein Paar Sandalen [90]? Erhebt Anklage gegen mich' [91], ich will es erstatten!« [92]

[89] Zur dtr Herkunft (bzw. Bearbeitung) von 1Sam 12, 1–5 s. H. J. Boecker, Die Beurteilung der Anfänge des Königtums in den deuteronomistischen Abschnitten des 1. Samuelbuches (WMANT 31), 1969, 64 ff, vgl. H. J. Stoebe, KAT VIII/1, 1973, 234 ff und F. Crüsemann, Der Widerstand gegen das Königtum (WMANT 49), 1978, 11 f. 60. 62 ff.

[90] Gegen MT: *w^{eʾ}ă^{c}lîm ^{c}ênăj bô* »daß ich meine Augen damit verhüllte« folgt LXX *kai hypodēma* wohl einem ursprünglicheren Textvertreter, der auch von Sir 46, 19 hebr bezeugt wird *(kwpr wn^{c}lm mm[j lqḥ]tj* »von [wem habe] ich Lösegeld (oder) auch nur ein Paar Sandalen [genommen]«) und u. E. MT vorzuziehen ist, vgl. auch Boecker, aaO 67 Anm. 3; Stoebe, aaO 230 f. 232 (z. St.), ferner R. Gordis, »Na^{ca}lam« and other Observations on the Ain Feshka Scrolls (JNES 9, 1950, 44–47), der allerdings (unter Hinweis auf S. R. Driver, Notes on the Hebrew Text of the Book of Samuel, Oxford 1890, 69) *nă^{ca}lam* konjiziert und dieses von *^{c}lm* derivierte Nomen als ein Synonym zu *kopaer* auffaßt: »From whose hand have I taken ransom-money or a bribe; testify against me« (aaO 45). Doch sprechen sowohl die Textgestalt von Sir 46, 19 hebr *n^{c}lm* (gr.: *hypodēmatōn,* vgl. 1Sam 12, 3 LXX und zu *n^{c}lm* Sir 46, 19 jetzt auch T. Penar, Northwest Semitic Philology and the Hebrew Fragments of Ben Sira [BibOr 28], Rom 1975, 82, mit Lit.) als auch die Bedeutung von *nă^{ca}lăjim* in Am 2, 6; 8, 6 (»›ein Paar Sandalen‹ ist offenbar eine stehende Wendung für eine Kleinigkeit, einen ›Pfifferling‹, ähnlich wie der Schuhriemen von Gen 14, 23«; W. Rudolph, KAT XIII/2, 1971, 141, vgl. ebd. Anm. 5) für die Ursprünglichkeit von *nă^{ca}lăjim* in 1Sam 12, 3: Die Korrektheit der Amtsführung Samuels findet auch darin eine Bestätigung, daß er sich nicht einmal ein Paar Sandalen (als »das geringste mögliche Bestechungsgeschenk« [Rudolph, aaO 141]? Oder allgemeiner: als ein Objekt ohne Wert?), geschweige denn ein Rind, einen Esel usw. widerrechtlich angeeignet hat, vgl. dazu E. Cassin, Symboles de cession immobilière dans l'ancien droit mésopotamien (ASoc 3e série 1952, Paris 1955, 107–161), 131 ff.

[91] Lies mit LXX *apokrithēte kat'emou* = *^{ca}nû bî* (statt *^{c}ênăj bô* MT).

[92] Ob *kopaer* in Spr 13, 8 (»*kopaer* für eines Mannes [oder: jemandes] Leben ist sein Reichtum, aber der Arme hört kein Schelten«) ebenfalls »Bestechungsgeschenk« bedeutet, ist nicht mit letzter Sicherheit zu sagen: ». . . here wealth is not seen as an asset but a liability. This means, that the mashal cannot be about the possibility of having enough money to ransom one's life. In fact it concerns the likelihood of blackmail. While the poor man is immune from such a threat, having nothing with which to buy the blackmailer off, the rich

In diesem Zusammenhang ist auch auf die in Spr 6, 35 geschilderte Nichtannahme eines *kopaer* (V. 35a // *šoḥăd* »Bestechungsgeschenk« V. 35b) im Falle des Ehebruchs mit einer verheirateten Frau hinzuweisen: Der »Grimm« *(ḥemā)* und die »Rache« *(naqam)* des betrogenen Ehemannes (V. 34) können weder durch *kopaer* noch durch *šoḥăd* abgewendet werden. Verständnisschwierigkeiten an Spr 6, 35 bereitet vor allem Versteil a: *lo'-jiśśa' p*^{e}*nē kål-kopaer.* Während BHK^{3}/S (z. St.), A. B. Ehrlich und C. Steuernagel [93] die Lesung *panǣka l*^{e}*kopaer* vorschlagen [94], nehmen wir als ursprünglichen Text *lo'-jiśśa' panâw kål-kopaer* an [95]. Denn die von Ehrlich gegebene Begründung, die Wendung *naśa' panîm* könne »nur mit Bezug auf Personen, nicht aber mit Bezug auf Sachen« gebraucht werden [96], ist insofern nicht stichhaltig, als ein *kopaer* als materielle Ersatzgabe *immer* von einer Person gegeben wird. Demnach wird V. 35 zu übersetzen sein: »Keine Entschädigung (oder: kein Bestechungsgeld) vermag (sein Angesicht zu erheben >) ihn günstig zu stimmen/zu beschwichtigen, nicht willigt er ein (oder: ist er geneigt), daß du Bestechung mehrst.« Die – doppelt formulierte (V. 35a // V. 35b) – negierte Akzeptation eines *kopaer-šoḥăd* ist inhaltlich mit »Rache« (*naqam* V. 34b, als Folge von *ḥemā* V. 34a) identisch. So faßt Spr 6, 35 (insbesondere wenn man den Gesamtzusammenhang V. 32–35 beachtet) mit der Nichtakzeptation eines *kopaer* das verwirkte Leben (V. 32b!) des Ehebrechers ins Auge [97].

man can constantly be preyed upon to make cover up payments« (PHILLIPS, Murder, 117), vgl. W. MCKANE, Proverbs. A new Approach, London 1970, 458, s. zu *ge*^{c}*arā* aber A. CAQUOT, Art. *g*^{c}*r*, ThWAT II, 53; M. OGUSHI, Der Tadel im Alten Testament (EHS.T 115), 1978, 33 ff. In der Regel wird für das *šamă*^{c} *g*^{ec}*arā* des MT die Emendation *lo' maṣa' g*^{e}*'ullā* vorgeschlagen, so C. STEUERNAGEL, HSAT, 1923, 296; B. GEMSER, HAT I/16, 1963, 62; G. LIEDKE, Art. *g*^{c}*r*, THAT I, 429; vgl. BHS App. z. St., s. dazu aber die Kritik bei MCKANE, aaO 458 und zuletzt M. SCHWANTES, Das Recht der Armen (BET 4), 1977, 218 f.

[93] A. B. EHRLICH, Randglossen zur hebräischen Bibel VI, 1913, 35; C. STEUERNAGEL, HSAT, 1923, 287.

[94] Übersetzung bei EHRLICH: »er wird dir keinen Gefallen erweisen mit Bezug auf ein Reuegeld« (ebd.).

[95] Vgl. auch H. WIESMANN, HS, 1923, 25.

[96] Vgl. auch W. FRANKENBERG, HK, 1898, 50, u. a.

[97] Vgl. dazu auch H. SCHWEIZER, Elischa in den Kriegen. Literaturwissenschaftliche Untersuchung von 2Kön 3; 6, 8–23; 6, 24–7, 20 (STANT 37), 1974, 140 f, vgl. 1Q 34, 3, 1, 5. Zu der in Spr 6, 35 geschilderten Rechtssituation s. HORST, Recht, 195 f; PHILLIPS, Murder, 117 f; DERS., Another Example of Family Law (VT 30, 1980, 240–245), 243 Anm. 15; B. LANG, Die weisheitliche Lehrrede. Eine Untersuchung von Sprüche 1–7 (SBS 54), 1972, 96–99, bes. 98 f; DERS., Grundrechte des Menschen im Dekalog (in: DERS., Wie wird man Prophet in Israel? Aufsätze zum Alten Testament, 1980, 80–89), 84 f; H. MCKEATING, Sanctions against Adultery in Ancient Israelite Society (Journal for the Study of the OT 11, 1979, 57–72), ferner zur Sache M. FISHBANE, Accusations of Adultery: A Study of Law and Scribal Practice in Numbers 5: 11–31 (HUCA 45, 1974, 25–45), 44 f.

II

1. Im Unterschied zur Verwendung von *kopaer* im Kontext rechtlicher Bestimmungen geht es im theologischen Verwendungsbereich dieses Wortes um die *Auslösung durch Gott.* Weil Gott selbst es ist, der dieses *kopaer* gibt, »übersteigt es jedes menschliche Maß, ein vernünftiges Wertverhältnis zwischen dem Losgekauften und dem bezahlten Preis besteht nicht« [98]. Diesen spezifisch theologischen Gehalt des mit der göttlichen Gabe eines *kopaer* verbundenen Vorgangs bringt Jes 43, 3b. 4 in singulärer Weise zum Ausdruck. Seiner formalen Struktur nach besteht dieses zweite Unterthema (Auslösung Jakob-Israels durch Jahwe) des deuterojesajanischen Heilsorakels Jes 43, 1–7 [99] aus der perfektisch formulierten, aber präsentisch zu übersetzenden [100] Heilszusage V. 3b, der Begründung V. 4a und der imperfektisch formulierten Folge V. 4b:

3b »Ich gebe Ägypten als *Lösegeld für dich (kåpr^{e}ka)* [101], Kusch und Seba *an deiner Statt (tăḥtæ̂ka),*
4a weil du teuer bist in meinen Augen, wertgeachtet, und ich dich liebe.
4b So gebe ich Menschen [102] *für dich (tăḥtæ̂ka)* und Nationen *für dein Leben (tăḥăt năpšaeka).«*

[98] STAMM, Erlösen, 40.

[99] Zur Herkunft und gattungsmäßigen Einordnung s. K. ELLIGER, BK XI/1, 1978, 275 ff. 281 ff. 303 f, zur Interpretation von Jes 43, 1–7 s. außerdem STAMM, aaO 40 ff; H. E. v. WALDOW, »... denn ich erlöse dich«. Eine Auslegung von Jes 43 (BSt 29), 1960, 10 ff. 12 f. 15 ff. 38 ff; C. STUHLMUELLER, Creative Redemption in Deutero-Isaiah (AnBib 43), Rom 1970, 17. 19 ff. 110 ff. 185 ff; D. BALTZER, Ezechiel und Deuterojesaja (BZAW 121), 1971, 92 ff; A. SCHOORS, I am God Your Saviour (VT.S 24), 1973, 76 ff; H. D. PREUSS, Deuterojesaja, 1976, 70 ff; GRIMM, Verkündigung Jesu, 234 ff. 238 ff; J. M. VINCENT, Studien zur literarischen Eigenart und zur geistigen Heimat von Jesaja, Kap. 40–55 (BET 5), 1977, 188 ff; R. P. MERENDINO, Der Erste und der letzte. Eine Untersuchung von Jes 40–48 (VT.S 31), 1981, 290 ff. Zur Exegese von Jes 43, 3 f im rabbinischen Judentum s. JEREMIAS, Lösegeld, 222 f; LOHSE, Märtyrer, 78 und GRIMM, aaO 242 ff.

[100] ELLIGER, aaO 270. 297, vgl. 293.

[101] 1QIs^{a} hat die umgekehrte Wortfolge: *mṣrjm kwprk.*

[102] Entgegen der üblichen Textherstellung *ʾ^{a}damôt,* »Länder« (so zuletzt STUHLMUELLER, aaO 111 mit Anm. 388 und die dort genannten Ausleger, vgl. BHK^{3}/S App. z. St.) für *ʾadam* MT (beibehalten von SCHOORS, aaO 68; PREUSS, aaO 70; VINCENT, aaO 188, vgl. GRIMM, aaO 239; STUHLMACHER, Existenzstellvertretung, 422 mit Anm. 40, u. a., s. ferner 1QIs^{a} *hʾdm,* 1QIs^{b} *ʾdm)* schlägt ELLIGER (aaO 274. 299) *ʾijjîm* »Inseln« vor. Auch bei dieser Lesart wäre – wie bei Ägypten, Kusch usw. – von personalen Größen (den dort lebenden Menschen) die Rede.

Der Heilszusage V. 3b zufolge gibt Jahwe (an Kyros als den Empfänger des *kopaer*) Ägypten, Kusch und Saba, d. h. das ganze damals bekannte Nordost-Afrika [103] zur Auslösung Jakob-Israels aus dem Exil und damit zur Bewahrung des Lebens Israels (vgl. auch Jes 45, 14–17). Versteht man V. 4b als (imperfektisch formulierte) Folge dieser Heilszusage, dann besagt dieser Vers »nicht nur in anderer Gestalt dasselbe wie V. 3b, sondern geht darüber hinaus« [104], weil auch die fernen (Länder mit ihren) Menschen und Völker in das Heilshandeln Gottes an Israel einbezogen werden. Diese beiden Aussagen, die Heilszusage V. 3b und die Folge V. 4b, bei denen kaum an konkrete politische Verhältnisse, sondern an die unvergleichliche Größe der göttlichen Heilszuwendung gedacht ist [105], bilden eine inkludierende Klammer um den die Begründung für dieses Handeln Gottes enthaltenden V. 4a: Die Auslösung Jakob-Israels aus dem Exil hat ihren Grund in der *Liebe Gottes zu seinem Volk*, sie ist das den ersten Exodus überhöhende, gnädige Handeln des Schöpfers und Bildners Israels (Jes 43, 1a). An der Lösegeldaussage V. 3b ist bedeutsam, daß hier, im Unterschied zu Ex 21, 30 und zu Ex 30, 12, nicht der Urheber der Verschuldung, sondern der Geschädigte (Jahwe) das *kopaer* zur Auslösung des Schuldigen (des aufgrund eigener Verschuldung ins Exil geratenen Volkes Israel) gibt. Das mit *natăn kopaer* umschriebene Handeln Gottes ist Erweis seiner Liebe zu seinem Volk und deshalb *Erlösungshandeln* (vgl. die *g'l*-Formulierung Jes 52, 3).

Dieser Aussagegehalt von Jes 43, 3b. 4 läßt sich anhand der Komposition von V. 3b und V. 4b noch vertiefen. Denn der *kopaer*-Begriff V. 3bα wird im Parallelstichos V. 3bβ sowie in V. 4bα von dem suffigierten *tăḥăt* und in V. 4bβ (chiastische Stellung zu V. 3bα) von der Wortverbindung *tăḥăt năpšaeka* aufgenommen [106]. Das aber bedeutet: Der zentrale Aus-

[103] Siehe dazu ELLIGER, aaO 297 f.

[104] DERS., 299.

[105] Zur Frage der Konkretion der Heilszusage s. bes. v. WALDOW, aaO 40 ff, vgl. STAMM, Erlösen, 40 f; SCHOORS, aaO 73 f; ELLIGER, aaO 297 ff; GRIMM, Verkündigung Jesu, 240 f; MERENDINO (s. Anm. 99), 293. 296.

[106] Auch in Spr 21, 18 ist *tăḥăt* als Äquivalent von *kopaer* zu verstehen: »Lösegeld *(kopaer)* für den Gerechten – der Frevler, und an Stelle *(tăḥăt)* der Redlichen – der Treulose« (vgl. 1Q 34, 3, 1, 5); s. dazu außer den Kommentaren noch JEREMIAS, Lösegeld, 219; LOHSE, Märtyrer, 97; H.-J. HERMISSON, Studien zur israelitischen Spruchweisheit (WMANT 28), 1968, 147 mit Anm. 1; MCKANE (s. Anm. 92), 561; GRIMM, aaO 239 ff. Hinzuweisen ist in diesem Zusammenhang auch auf Num 3, 12, wo im LXX-Text die *anti*-Aussage – »ich habe die Leviten aus der Mitte der Israeliten herausgenommen anstelle (MT: *tăḥăt*) jedes Erstgeborenen ...« – durch eine *lytra*-(»Lösegeld«-)Aussage erweitert wird, s. dazu und zur Exegese von Num 3, 12 LXX bei Philo, De sacrificiis

sagegehalt des *kopaer*-Begriffs liegt, wie das synonyme *tăḥăt* zeigt, im *Stellvertretungsgedanken* [107]. Wo Lösegeld *(kopaer)* an die Stelle *(tăḥăt)* eines verwirkten Lebens tritt, erwirkt es die Lösung des Menschen aus Todesverfallenheit. Hierin bestätigt sich, daß *kopaer* als *Existenzstellvertretung*, als *Lebensäquivalent* zu verstehen ist [108].

2. Nach den bisher untersuchten alttestamentlichen »Lösegeld«-Belegen bewirkt die Gabe eines *kopaer* immer die *Lösung des verwirkten Lebens aus einem den Schuldigen existentiell gefährdenden Unheilsgeschehen* – sei es, daß der Schuldige sich durch Erstattung eines begrenzten, ihm auferlegten materiellen Äquivalents auslösen kann (Ex 21, 30; 30, 12; bzw. sich nicht auslösen kann: Num 35, 31 f), oder sei es, daß nicht der Schuldige, sondern Gott das Subjekt der Auslösung, der Geber eines (inkommensurablen) *kopaer* ist (Jes 43, 3f). Daß Auslösung des verwirkten Lebens inneralttestamentlich auch von dem stellvertretenden Handeln eines interzessorischen Mittlers erhofft wurde, geht aus Hi 33, 24 hervor:

22 »Da naht seine Seele sich der Grube
und sein Leben den Todesboten.
23 Wenn ihm dann ein Bote zur Seite steht,
ein Mittler, einer von tausend,
die dem Menschen seine Pflicht kundtun sollen,
24 und er ist ihm gnädig und sagt:
'Errette ihn (oder: laß ihn frei[?]) [109] vor dem Abstieg in die Grube,
ich habe ein *kopaer* [110] gefunden!'
25 Fett wird [111] sein Fleisch vor Jugend . . .«

Abelis et Caini 121 (vgl. 128): JEREMIAS, aaO 219 f; LOHSE, aaO 81 Anm. 9; GRIMM, aaO 235. 239 Anm. 636.

[107] Vgl. GRIMM, aaO 235 f mit Anm. 624; 238 ff.

[108] Entgegen ELLIGER (aaO 299, vgl. 202 Anm. 1) ist es u. E. nicht belanglos, daß die die *kopaer*-Aussage Jes 43, 3b explizierende *tăḥăt*-Aussage Jes 43, 4bβ durch die Hinzufügung von *naepaeš* erweitert wird. Denn der *naepaeš*-Begriff begleitet von Anfang an die *kopaer*-Aussage und ist für diese geradezu konstitutiv: Ex 21, 30; 30, 12; Num 35, 31; Ps 49, 9; Spr 13, 8, vgl. (Hi 33, 28: *padā* + *naepaeš*, und) *psychē* Mk 10, 45 par. Mt 20, 28.

[109] Für das $p^{e}da^{c}eh\hat{u}$ des MT wird z. T. (unter Hinweis auf V. 28) die Lesung $p^{e}deh\hat{u}$, z. T. (unter Hinweis auf 2 MSS^{Ken}) die Lesung $p^{e}ra^{c}eh\hat{u}$ vorgeschlagen, vgl. die Kommentare, ferner zuletzt J. LEVÊQUE, Job et son Dieu II, Paris 1970, 579 Anm. 8 ($p^{e}ra^{c}eh\hat{u}$); H. BOBZIN, Die »Tempora« im Hiobdialog (Diss. Marburg), 1974, 424 f ($p^{e}ra^{c}eh\hat{u}$); J. F. ROSS, Job 33, 14–30: The Phenomenology of Lament (JBL 94, 1975, 38–46), 40 mit Anm. 14 ($p^{e}deh\hat{u}$); vgl. auch 11QtgJob col. XXIII, 1 (zu Hi 33, 24): *pṣhy*, s. dazu oben Anm. 44. Für Beibehaltung von MT plädiert neuerdings L. L. GRABBE, Comparative Philology and the Text of Job, Missoula/Montana 1977, 105 ff.

[110] »Da der Ausdruck sonst unvollständig ist«, fügt G. FOHRER, KAT XVI, 1963, 455 z. St. hinter *kopaer* ein *năpšô* ein.

[111] Siehe dazu FOHRER, aaO 455 z. St.

Nach K. Seybold hat man in dem fürbittenden *măl'ak melîṣ* von Hi 33, 23 f »eine prophetische Gestalt oder vielmehr einen priesterlichen Amtsträger« [112] zu sehen. Doch spricht u. E. nichts gegen die traditionelle Deutung dieser Gestalt als Fürsprecher*engel (angelus intercessor)* – auch nicht der möglicherweise kultisch-rituelle Hintergrund der in Hi 33, 25–30 berichteten Restitution des Kranken [113]. Bei dem vom Fürsprecherengel bei dem Todkranken gefundenen »Lösegeld«, dessen Empfänger nach dem Kontext von Hi 33, 19–30 Gott ist, handelt es sich weder um die Krankheit oder das Leiden (das Gott als *kopaer* anrechnet) noch um ein Sühnopfer des Kranken noch gar um ein vom *angelus intercessor* stellvertretend beigebrachtes Lösegeld, sondern allein um das die Interzession ermöglichende Bußverhalten des Kranken, d. h. um dessen Umkehr [114].

[112] Das Gebet des Kranken im Alten Testament (BWANT 99), 1973, 61, vgl. 46 f. 60 ff. 83 f. 91 ff. 95 f; vgl. auch E. S. Gerstenberger, Der bittende Mensch (WMANT 51), 1980, 138 f. Zur Auslegung von Hi 33, 23 f im rabb. Judentum s. Jeremias, Lösegeld, 218 f.

[113] Zur Mittlerfigur von Hi 33, 23 s. Fohrer, aaO 459 f; Levêque, aaO 548 ff, vgl. H.-P. Müller, Das Hiobproblem (EdF 84), 1978, 52. 63. 92 und zu der in priesterlichen Termini beschriebenen Interzession der Engel TestLev 3, 5 f E. Sjöberg, Gott und die Sünder im palästinensischen Judentum (BWANT 79), 1938, 243 f. 247. Zur Fürsprecherengel-Vorstellung im antiken Judentum s. zuletzt A. J. B. Higgins, The Priestly Messiah (NTS 13, 1966/67, 211–239); Ross (s. Anm. 109), 45 f; P. Schäfer, Rivalität zwischen Engeln und Menschen (SJ 8), 1975, 28 ff. 62 ff.

[114] Vgl. Fohrer, aaO 460 mit Anm. 17; 461. 477; A. Weiser, ATD 13, 1968⁵, 223 f (der allerdings V. 24 auf Gott bezieht); Levêque, aaO 551 f; F. Hesse, ZBK AT 14, 1978, 180 f; Seybold, aaO 84 Anm. 45; Ross, aaO 41 f. Seybolds Hinweis auf die »babylonische Analogie« W. G. Lambert, AfO 19, 59, 159 ist mit Vorsicht zu behandeln, denn bei *mu-ḫur kàd-ra-šú li-qí pi-de-e-šu* (»Marduk nimm an sein [sc. des Kranken] Begrüßungsgeschenk, nimm entgegen sein Lösegeld«) ist für *pi-de-e-šu* höchstwahrscheinlich *igisê-šu* »seine Gabe« zu lesen, s. Seux (s. Anm. 60), 179 Anm. 66. Auch der altbabylonische Brief B. Kienast (s. Anm. 57) 2/II, 1978, 139 (Nr. 148) hat mit der Formulierung *a-na pí-di na-pí-iš-ti-šu* (Z. 9') nicht die Auslösung des verwirkten Lebens, sondern die Schonung der Gesundheit im Auge. Deutlicher in Richtung auf den Stellvertretungs- und Auslösungsgedanken weisen dagegen Enūma eliš VII 29 (Marduk schuf die Menschen »zu ihrer [sc. der gefangenen Götter] Auslösung/Verschonung« *[a-na pa-di-šu-nu]*, Lit. dazu bei Borger, HKL I, 260; II, 151 f; s. ferner H.-P. Müller, Mythische Elemente in der jahwistischen Schöpfungserzählung [ZThK 69, 1972, 259–289], 275) und der neuassyrische *šar pūḫi*-(»Ersatzkönig«-)Brief ABL 437, 12 (»Um sie zu erlösen *[ana pi-di-šú-nu]*, ist ihm sein [Todes-]Schicksal bereitet worden«, Lit. dazu bei Borger, HKL I, 179; II, 102). Auf die gemeinsemitische Basis *PDH/Y* kann hier nicht weiter eingegangen werden, s. dazu vorläufig den Überblick bei Stamm, *pdh* und die in Frage kommenden Speziallexika jeweils s. v.

Auch wenn der *kopaer*-Begriff nur in Hi 33, 24; 36, 18 im Zusammenhang der *Restitution eines Kranken* begegnet, so entsprechen diese »Lösegeld«-Stellen doch in ihrem Aussagegehalt den übrigen alttestamentlichen *kopaer*-Belegen: Die Gabe eines *kopaer* bewirkt Errettung aus Todesverfallenheit [115], durch sie geschieht Existenzstellvertretung (vgl. die *padā*-Formulierung Hi 33, 28). Die Warnung Elihus Hi 36, 18 vor Spott und »hohem Lösegeld« *(råb-kopaer)* impliziert die Bitte an Hiob, nicht das zu verweigern, was nach Hi 33, 23 f als das *wahre* Lösegeld gilt: umzukehren und nach *Gottes* Willen zu leben [116].

3. Gegenüber dem Stellvertretungsgeschehen Hi 33, 24 geht es in dem verbleibenden *kopaer*-Beleg Ps 49, 8 nicht darum, ob das verwirkte individuelle Leben in einer *akuten* Notlage und d. h.: *noch einmal* vor dem Tode bewahrt werden kann, sondern vielmehr um die *Frage, ob durch die Erstattung eines kopaer Errettung vom Todesgeschick überhaupt möglich ist.*

Der spätnachexilische Weisheitspsalm Ps 49 [117] beginnt nach der *Überschrift* (V. 1) mit einer ausführlichen *Einleitung* (V. 2–5). die, in Form eines »Lehreröffnungsrufes«, eine Aufforderung zum Hören (V. 2 f) und die Ankündigung eines »Lebensrätsels« (V. 4 f) enthält. Der durch den Kehrvers V. 13. 21 in zwei Teile (V. 6–12 und V. 14–20) untergliederte *Hauptteil* (V. 6–20) führt mit V. 6 f zunächst in die Thematik des Psalms ein: die aus persönlichem Erleben des Psalmisten heraus gestellte Frage nach der Furcht vor der Bedrängnis durch reiche und gottlose Menschen. Die *Lösung des Lebensrätsels* (das Geschick des Menschen angesichts des Todes und nach dem Tode) und damit der Grund dafür, warum letztlich kein Anlaß zur Furcht vor den Reichen besteht, wird in zwei Schritten entfaltet, aus *negativer Sicht:* mit Reichtum kann sich niemand bei Gott vom Todesgeschick loskaufen, die Reichen besitzen deshalb keinen Vorteil (V. 8–10); aus *positiver Sicht:* Bekenntnis der Zuversicht, daß Gott den Beter (d. h. den armen Frommen) aus der Macht der Scheol errettet (V. 16), während die selbstsicheren Reichen der Macht des Todes verfallen sind (V. 14–16). In V. 17–20 (mit dem Kehrvers V. 21) ergeht an den/die Zuhörer eine *weisheitliche Mahnrede,* die sinngemäß V. 8–15 wiederholt.

Die an dem Kehrvers V. 13. 21 erkennbare Wiederholungstendenz des gesamten Psalms [118] ist auch für die Relation: V. 8 – V. 16 zu beachten und

[115] Zur Situation der Todesverfallenheit s. innerhalb von Hi 33, 13–30 bes. V. 18. 22. 24. 28. 30, vgl. dazu Stamm, *pdh,* 399 f.

[116] Vgl. Fohrer (s. Anm. 110), 477; Hesse (s. Anm. 114), 188.

[117] Zur Gattung von Ps 49 s. H.-J. Kraus, BK XV/1, 1978^{5}, 518 f und jetzt ausführlich A. Schmitt, Entrückung – Aufnahme – Himmelfahrt (FzB 10), 1973, 200 ff (zur Datierung ebd. 249 ff); zur Auslegung im rabbinischen Judentum s. Jeremias, Lösegeld, 222 f; Grimm, Verkündigung, 242 ff.

[118] Siehe dazu ausführlich Schmitt, aaO 195 ff.

als Korrespondenz von Wiederaufnahme (*padā* V. 8a – *padā* V. 16a)[119] und Gegenüberstellung (Negation des *padā* // des *natăn kopaer* durch den Menschen V. 8a. b: *padā* // *laqăḥ* allein durch Gott V. 16a. b) zu beschreiben:

8 »'Doch' niemand kann je 'sich loskaufen'[120],
nicht kann er 'Jahwe'[121] sein Lösegeld geben.«
16 »Doch Jahwe wird meine Seele loskaufen,
aus der Gewalt der Scheol[122], fürwahr, nimmt er mich (oder:
der Gewalt ... entreißt er mich).«

Sofern man in der Auslegungsgeschichte von Ps 49 nicht die Ursprünglichkeit von V. 16 bezweifelte[123], hat man diesen Vers sehr oft auf die Befreiung aus der Macht der Feinde (repräsentiert durch die Scheol-Sphäre), auf die Bewahrung vor einem vorzeitigen und bösen Tod, auf die Rettung aus einer akuten Notlage, auf die Überwindung des Todes durch eine ausgestaltete Jenseitshoffnung oder auf die Unsterblichkeit des Frommen gedeutet[124]. Doch sprechen der sonst für die »Entrückung« durch Gott verwendete Terminus *laqăḥ* V. 16b (vgl. Gen 5, 24; 2Kön 2, 3. 5. 9 f; Ps 73, 24; Sir 48, 9)[125] und die Einbindung von V. 16 in den Gesamtkontext[126] für die Erwartung einer endgültigen, mit einer Errettung aus der Macht der Scheol verbundenen *Erlösung (padā) der naepaeš vom To-*

[119] V. 9: »Zu teuer ist der Loskauf *(pidjôn)* ›seiner Seele‹, er muß es aufgeben für immer« ist sekundäre Glosse zu V. 8, s. KRAUS, aaO 518. Mit LXX ist *năpšô* für *năpšam* zu lesen, vgl. KRAUS, 517 z. St.; BHK³/S App. z. St.

[120] Die Lesung *'ăk* (c 8 MSS) für das *'aḥ* des MT und (damit zusammenhängend) die Umpunktierung des *jipdae* in das impf. nif. *jippadae* wird von der Mehrzahl der Ausleger vertreten bzw. vorgeschlagen, vgl. BHK³/S App. z. St.; KRAUS, aaO 517; SCHMITT, aaO 197 Anm. 16 (mit Lit.). Zu der ungewöhnlichen, aber auch sonst belegten Verbindung eines inf. abs. qal mit einer nif.-Form s. GK, § 113w, vgl. SCHMITT, ebd. M. DAHOOD, AB 16, 1965, 295 behält das *'aḥ* des MT bei, übersetzt es aber als emphatische Partikel (»alas«), zustimmend SCHMITT, 197 f. Für Beibehaltung des MT sind zuletzt eingetreten: H. GROSS, Selbst- oder Fremderlösung. Überlegungen zu Psalm 49, 8–10 (in: Wort, Lied und Gottesspruch. FS J. Ziegler [FzB 2], hg. v. J. SCHREINER, 1972, 65–70); GARNET (s. Anm. 34), 150; DERS., Salvation and Atonement in the Qumran Scrolls (WUNT II, 3), 1977, 132.

[121] *JHWH* statt *'aelohîm* im elohistischen Psalter.

[122] Gegen die masoretische Akzentuierung ist *mijjăd-še'ôl* zum zweiten Halbvers zu ziehen, vgl. dazu SCHMITT, aaO 218 ff.

[123] Siehe dazu SCHMITT, aaO 193 ff.

[124] Zu diesen verschiedenen Interpretationsmodellen s. KRAUS, aaO 522 f, vgl. L. G. PERDUE, The Riddles of Psalm 49 (JBL 93, 1974, 533–542), 541 f.

[125] Siehe dazu ausführlich SCHMITT, aaO 85 ff. 165ff. 232 f. 300 ff, ferner KRAUS, aaO 522 f; H. H. SCHMID, Art. *lqḥ*, THAT I, 878 f; GESE, Tod, 45 f.

[126] Siehe dazu SCHMITT, aaO 233 ff.

desgeschick und d. h.: für die Hoffnung auf die postmortale Jahwegemeinschaft. Dieser »Erwartung des ›ewigen Lebens‹ in der Transzendenz der Gottesgemeinschaft« [127] kontrastiert die in V. 8 gezeichnete *Realität des allgemeinen Todesgeschicks:* Dem Schicksal des *Sterbenmüssens* kann der Mensch nicht entrinnen, auch nicht durch die Erstattung eines noch so großen »Lösegeldes« (vgl. V. 7!); hinsichtlich der Verfallenheit an die *Macht des Todes* aber gibt es für den Frommen, den Jahwetreuen, die Hoffnung auf eine Gemeinschaft mit Gott über den Tod hinaus. So sehr die Gabe eines *kopaer* das durch eine rechtliche, religiöse oder moralische Verschuldung verwirkte Leben auslösen kann – das menschliche Todesgeschick kann diese Gabe nicht aufheben.

III

»Denn was kann ein Mensch als Gegenwert für sein Leben *(antallagma tēs psychēs autou)* geben?« (Mk 8, 37 par. Mt 16, 26b) Die in gedanklicher Anlehnung an Ps 49 formulierte und negativ zu beantwortende Frage nach dem *antallagma* (»Tauschmittel, Gegenwert«) [128] für das eigene verwirkte Leben [129] weist im Kontext der markinischen Leidensweissagungen (Mk 8, 31; 9, 31; 10, 33 f) implizit darauf hin, daß dieses Lösegeld stellvertretend ein anderer zu geben vermag: der Menschensohn. Entfaltet wird dieser soteriologische Sachverhalt in dem durch Stichwortanschluß mit der Jüngerbelehrung Mk 10, 41–44 verbundenen Logion Mk 10, 45 (par. Mt 20, 28), das die Aussage vom Dienen des Menschensohnes (V. 45a) mit dem Lösegeldwort (V. 45b) sachlich verklammert: »Denn auch der Menschensohn ist nicht gekommen, um bedient zu werden, sondern um zu dienen und sein Leben zu geben als Lösegeld für viele« (V. 45b: *kai dounai tēn psychēn autou lytron anti pollōn*) [130]. Die direkte

[127] GESE, Tod, 46, vgl. G. v. RAD, Theologie des Alten Testaments I, 1966^5, 418 ff; DERS., Weisheit in Israel, 1970, 263 f; G. STEMBERGER, Das Problem der Auferstehung im Alten Testament (Kairos 14, 1972, 273–290), 286 ff; U. KELLERMANN, Überwindung des Todesgeschicks in der alttestamentlichen Frömmigkeit vor und neben dem Auferstehungsglauben (ZThK 73, 1976, 259–282), 275 f; N. FÜGLISTER, Die biblische Anthropologie und die postmortale Existenz des Individuums (Kairos 22, 1980, 129–145), 144.

[128] *antallagma* begegnet im NT nur hier. In LXX ist *allagma* (pl. *allagmata*) Äquivalent für *kopaer* in Jes 43, 3; Am 5, 12 (LXX^B: *antallagmata*), vgl. oben Anm. 37.

[129] Zur Auslegung von Mk 8, 35–37 s. R. PESCH, HThK II/2, 1977, 63 f; J. GNILKA, EKK II/2, 1979, 24 f.

[130] Zur Auslegung von Mk 10, 45 s. zuletzt GRIMM, Verkündigung Jesu, 231 ff; M.-L. GUBLER, Die frühesten Deutungen des Todes Jesu (OBO 15), 1977, 231 ff;

Herleitung dieser Dahingabeformel aus dem hellenistischen Diasporajudentum (speziell aus der Märtyrertradition 2Makk 7, 37 f; 4Makk 6, 27–29; 17, 21 f) [131] ist nicht nur nicht zwingend [132], sondern gegenüber der Annahme eines traditionsgeschichtlichen Anschlusses an genuin alttestamentlich-jüdische Traditionen (besonders Jes 43, 3 f; 53, 10–12) wenig wahrscheinlich. Wie P. Stuhlmacher unter Aufnahme der Analyse W. Grimms [133] detailliert gezeigt hat, steht »Mk 10, 45 (Mt 20, 28) ... im Schnittpunkt beider deutero-jesajanischer Textstellen: Jes 43, 3 f liefert dabei aber den Hauptakzent« [134]. Die Aussageabsicht von Mk 10, 45 (par. Mt 20, 28) besteht dann darin, daß der Menschensohn nicht etwas, einen

PESCH, aaO 162 ff; GNILKA, aaO 103 f und STUHLMACHER, Existenzstellvertretung. Zur gräzisierten Variante 1Tim 2, 5 f (statt *lytron* steht hier das singuläre Kompositum *antilytron*) s. STUHLMACHER, 414 f.

[131] Zu dieser Herleitung s. zuletzt H. FRANKEMÖLLE, Art. *anti*, EWNT I, (259–261) 261.

[132] Überdies ist zu bedenken, daß die genannten Makkabäertexte »weit ältere Wurzeln haben, als zuweilen angenommen wird« (STUHLMACHER, aaO 423 Anm. 41), s. dazu J. GNILKA, Martyriumsparänese und Sühnetod in synoptischen und jüdischen Traditionen (in: Die Kirche des Anfangs. FS H. Schürmann, hg. v. R. SCHNACKENBURG u. a., 1978, 223–246), bes. 236 ff; M. HENGEL, Der stellvertretende Sühnetod Jesu (IKaZ 9, 1980, 1–25. 135–147), 135 ff; DERS., The Atonement, 1981, 60 f; TH. BAUMEISTER, Die Anfänge der Theologie des Martyriums (MBTh 45), 1980, 39 ff. 45; U. KELLERMANN, Zum traditionsgeschichtlichen Problem des stellvertretenden Sühnetodes in 2Makk 7, 37 f (Biblische Notizen. Beiträge zur exeg. Diskussion 13, 1980, 63–83); H. SCHÜRMANN, Jesu Todesverständnis im Verstehenshorizont seiner Umwelt (ThGl 70, 1980, 141–160), 155 f. Auf den Beleg 11QtgJob col. XXXVIII, 2 f (zu Hi 42, 9 f), der in diesem Zusammenhang eine nicht unwichtige Rolle spielt, soll an anderer Stelle eingegangen werden, vgl. vorläufig HENGEL, Der stellvertretende Sühnetod, 138; DERS., The Atonement, 61 mit Anm. 40; STUHLMACHER, ebd.

[133] Mit u. E. überzeugenden Argumenten – die bei W. G. KÜMMEL (Jesusforschung seit 1965 [IV] [ThR 43, 1978, 233–265], 248 ff) leider nicht Gegenstand kritischer Nachprüfung sind – hat GRIMM (Verkündigung Jesu, 231 ff, vgl. DERS., Die Preisgabe eines Menschen zur Rettung des Volkes [in: Josephus-Studien. FS O. Michel, hg. v. O. BETZ u. a., 1974, 133–146], 141 ff) gezeigt, daß das Lösegeldwort Mk 10, 45b – außer auf Jes 53, 10 ff und andere Überlieferungen – sprachlich und sachlich vor allem auf Jes 43, 3 f Bezug nimmt, vgl. schon PROCKSCH, *lyō*, 331; BOWMAN, Lösegeld, 1104 f und jetzt STUHLMACHER, Existenzstellvertretung; HENGEL, Der stellvertretende Sühnetod, 11. 21. 24. 146; DERS., The Atonement, 36. 49 f, s. ferner PESCH (s. Anm. 129), 163 f (Hinweis auf *kopaer*, allerdings ohne historische Einordnung) und GNILKA (s. ebd.), 104 Anm. 23 (»*lytron* ist nicht Äquivalent zu *ašm*«). Eine kritische Stellungnahme zu den Ansätzen von P. STUHLMACHER und M. HENGEL, der sich allerdings wenig Konstruktives entnehmen läßt (vgl. auch die folgenden Anm.), findet sich jetzt bei W. G. KÜMMEL, Jesusforschung seit 1965 (VI) (ThR 45, 1980, 293–337), 334 ff.

[134] Existenzstellvertretung, 423.

materiellen Gegenwert, sondern seine *psychē* ($\triangleq$ *naepaeš*), d. h. sich selbst als Lösegeld *(lytron)* für die Vielen, zur Auslösung der Menschen in der Gottferne hingibt, deren Leben ohne dieses *lytron* im Endgericht dem Tode verfallen wäre (vgl. äthHen 98, 10). Indem er sein Leben stellvertretend [135] für die Vielen preisgibt, »bewahrt Jesus sie vor dem Tode des Gerichts und schenkt ihnen eine neue Existenz vor Gott. In seiner Existenzstellvertretung für die Vielen ist Jesus das Opfer, das Gott selbst ausersieht, aber auch selbst auf sich nimmt und darbringt, um die Sünder vor der Vernichtung zu bewahren. Eben diese Opferbereitschaft macht den inneren Kern der messianischen Sendung Jesu aus.«[136] Die alttesta-

[135] Zutreffend bemerkt H. FRANKEMÖLLE, daß die Bedeutung der Präposition *anti* bestimmt wird »durch den Kontext sowie durch das Wortfeld vor allem verwandter Präpositionen, durch die soteriologische Aspekte beim Tod Jesu umschrieben werden *(dia, peri, hyper)*. Nur in diesem semantischen Feld theologisch qualifizierter Präpositionen und in der Beziehung zu Substantiven gewinnt *anti* sein semantisches Profil.« (Art. *anti*, EWNT I, [259–261] 259) In LXX sowie im NT ist der Lösegeldbegriff in dieser Weise semantisch qualifiziert: *antallagma* (Mk 8, 37 par. Mt 16, 26b; vgl. Am 5, 12LXX^{B}), *antilytron hyper* (1Tim 2, 6), *lytron anti* (Mk 10, 45 par. Mt 20, 28), *perikatharma* Spr 21, 18LXX, vgl. *antipsychon* 4Makk 6, 29; 17, 21; IgnEph 21, 1; Sm 10, 2; Pol 6, 1; *peripsēma* Tob 5, 19; IgnEph 8, 1. Entsprechendes gilt für den alttestamentlichen *kopaer*-Begriff, der in Jes 43, 3 f; Spr 21, 18 durch *tăḥăt* expliziert wird, s. oben Abschnitt II; vgl. zur Sache J. SCHREINER, Anti in der Septuaginta (in: Wort, Lied und Gottesspruch [s. Anm. 120] [FzB 1], 1972, 171–176). Dieses »für, anstelle von« ist der Kern des biblischen Lösegeldbegriffs, so daß man im Blick auf Mk 10, 45 par. Mt 20, 28 mit H. SCHÜRMANN (Jesu ureigenes Todesverständnis [in: Begegnung mit dem Wort. FS H. Zimmermann (BBB 53), hg. v. J. ZMIJEWSKI-E. NELLESSEN, 1979, 273–309]; DERS., Jesu Todesverständnis [s. Anm. 132]) von der »Proexistenz« Jesu, von seinem »proexistenten« Leben und Sterben sprechen kann. Die Feststellung, daß »der Gedanke des Todes Jesu als Lösegeld ›für die Vielen‹ . . . in der sicher erkennbaren Verkündigung Jesu keine Parallele« hat (KÜMMEL [s. Anm. 133], 336), sollte deshalb u. E. nicht einfach übernommen werden: Das dienende (*diakonein*!) Grundverhalten Jesu weist schon in seinem Leben jene »proexistente« Struktur auf; wenn die Heilsbedeutung seines Todes u. a. in den Lösegeldbegriff gefaßt wird, so liegt der Sachgrund dafür in seinem »proexistenten«, liebenden Grundverhalten, das sein Leben kennzeichnet. Von daher wäre auch die üblicherweise betonte Dichotomie zwischen Jesu Basileia-Verkündigung und der Heilsbedeutung seines Todes zu relativieren, s. dazu W. KASPER, Jesus der Christus, 1974, 140 ff. 254 ff; SCHÜRMANN, Jesu Todesverständnis, 156 ff; R. PESCH, Das Abendmahl und Jesu Todesverständnis (QD 80), 1978, 13 ff. 103 ff.

[136] STUHLMACHER, Existenzstellvertretung, 426. STUHLMACHERS Aussage, Jesus sei »das Opfer, das Gott selbst ausersieht«, ist nach KÜMMEL (ebd.) »eine Überdeutung des Textes, die erst recht einen Fremdkörper in der Verkündigung Jesu darstellt«. Diese Kritik unterschlägt allerdings den im Kontext der Ausführungen STUHLMACHERS unmittelbar vorhergehenden Satz: »Jesus ist also

mentliche Lösegeldvorstellung, die mit Ps 49, 8 an eine innere Grenze gelangt ist, erfährt durch die u. a. auf Jes 43, 3 f zurückgreifende Dahingabeformel Mk 10, 45 (par. Mt 20, 28) einen neuen, nicht mehr zu überbietenden soteriologischen Sinn.

IV

Unsere Überlegungen zur Geschichte und Struktur der biblischen Lösegeldvorstellung können wir abschließend zusammenfassen:

1. Der *ursprüngliche Sitz im Leben* des Verbalnomens *kopaer* »Lösegeld; Bestechungsgeld« (Ex 21, 30; 30, 12; Num 35, 31. 32; 1Sam 12, 3 [vgl. Sir 46, 19hebr]; Jes 43, 3; Am 5, 12; Ps 49, 8; Spr 6, 35; 13, 8; 21, 18; Hi 33, 24; 36, 18) ist im *privaten Schadensersatzrecht* Altisraels zu sehen. Sowohl im Falle konkurrierenden Verschuldens (Ex 21, 29 f) als auch im Falle unmittelbaren Verschuldens (Ex 30, 12) bewirkt die Gabe eines *kopaer* – neben der Kompensation für das Leben des Getöteten Ex 21, 30 – die *Lösung des individuellen Lebens (naepaeš) aus Todesverfallenheit.* Dabei ist bedeutsam, daß »das Lösen als Geschenk empfunden (wird). Am deutlichsten an der einen Stelle, wo scheinbar der Mensch sich selber löst, Ex 21, 30; denn gerade hier ist Lösung gleich Begnadigung« [137] – nicht Bestrafung. Der Ausnahmecharakter der in Ex 21, 30 für den Fall konkurrierenden Verschuldens formulierten Rechtsbestimmung wird durch Num 35, 31 f gleichsam via negativa bestätigt: Die Annahme eines *kopaer* ist weder im Falle vorsätzlicher noch im Falle unvorsätzlicher Tötung erlaubt. Bedeutet das Verbot der Auslösung eines Mörders Num 35, 31 Preisgabe an den die Blutrache vollziehenden *go'el hăddam* (vgl. Num 35, 16–21. 30a), so steht hinter der Verbotsformulierung Num 35, 32 die Asylrechtsbestimmung für den unvorsätzlichen Totschläger (Num 35, 22–29). Die durch die positive Bestimmung Ex 21, 30 – wie auch durch die negativen Bestimmungen Num 35, 31f – genau definierte Rechtssituation konkurrierenden Verschuldens wird im

selbst die Verkörperung jener neuschaffenden und aufopfernden Liebe Gottes, die sich in Jes 43, 3 f. klassischen Ausdruck verschafft.« Was mit dem Zusammenhang beider Sätze zumindest angedeutet ist, ist die trinitätstheologische Problematik der Rede von der Hingabe des Sohnes, s. dazu jetzt Kasper, ebd.; E. Jüngel, Das Sein Jesu Christi als Ereignis der Versöhnung Gottes mit einer gottlosen Welt (EvTh 38, 1978, 510–517); N. Hoffmann, »Stellvertretung«, Grundgestalt und Mitte des Mysteriums (MThZ 30, 1979, 161–191); J. Moltmann, Trinität und Reich Gottes. Zur Gotteslehre, 1980, 96 ff; K. Stock, Gott der Richter (EvTh 40, 1980, 240–256), 254 ff.

[137] Jepsen, Begriffe des »Erlösens«, 185, vgl. 182.

Zuge der Korrumpierung der Rechtspflege schließlich ihres singulären Charakters beraubt (Am 5, 12; vgl. 1Sam 12, 3). So wird es möglich, daß *kopaer* als »Bestechungsgeld« auch im Falle des Ehebruchs mit einer verheirateten Frau angeboten (aber seitens des betrogenen Ehemannes abgelehnt) wird (Spr 6, 35).

2. Hinsichtlich der Bedeutung von *kopaer* im theologischen Sprachbereich (nur nachexilische Belege) ist zwischen verschiedenen Aspekten zu unterscheiden: (a) In Jes 43, 3 meint *kopaer* die *Auslösung durch Gott* (Erlösung Israels aus dem Exil). Die Aufnahme des *kopaer*-Begriffs Jes 43, 3bα durch den *tăḥăt*-Begriff Jes 43, 3bβ (vgl. Jes 43, 4bα. β und Spr 21, 18) zeigt, daß der zentrale Aussagegehalt von *kopaer* im *Stellvertretungsgedanken* liegt: Wo Lösegeld »an die Stelle« *(tăḥăt)* des verwirkten Lebens tritt, bewirkt es die Lösung des Menschen aus Todesverfallenheit. – (b) Von stellvertretendem Handeln zugunsten eines (durch schwere Krankheit) dem Tode preisgegebenen Menschen ist in Hi 33, 24 (vgl. Hi 36, 18) die Rede, denn hier meint *kopaer* die Auslösung durch ein vom *angelus intercessor* bei dem Todkranken »gefundenes« und an Gott gezahltes Lösegeld (die Umkehr). – (c) Im Unterschied zu *kopaer* in Jes 43, 3 und Hi 33, 24 (36, 18) meint *kopaer* in dem spätnachexilischen Beleg Ps 49, 8 nicht die Auslösung aus einer akuten Notlage (wie Exil oder schwerer Krankheit), sondern die – allerdings negierte – *Selbsterlösung des Menschen vom Todesgeschick überhaupt.* Der Realität des Sterbenmüssens kontrastiert die Hoffnung des Beters auf eine Gemeinschaft mit Gott über den Tod hinaus (Ps 49, 16). In dieser neuen Theologie einer »Erwartung des ›ewigen Lebens‹ in der Transzendenz der Gottesgemeinschaft«[138] hat der »Lösegeld«-Begriff lediglich noch als Gegenbegriff zum göttlichen *padā*-Handeln eine Funktion.

3. Die neutestamentliche Traditionsbildung kann eine breite und in sich differenzierte alttestamentliche Lösegeldvorstellung voraussetzen, die mit dem Abweis einer Selbsterlösung des Menschen (Ps 49, 8) an eine innere Grenze gelangt ist. Inneralttestamentlich begegnet die Lösegeldzahlung (deren Wirksamkeit im Rechtsbereich auf den Fall konkurrierenden Verschuldens eingeschränkt ist) durchgängig im *Kontext menschlicher Schulderfahrung.* Da es dabei nie um einen Teilaspekt menschlichen Seins, sondern um das Sein des Menschen selbst geht, kommt die Nichtannahme eines *kopaer* einer Todesdeklaration (Spr 6, 35), die Gabe eines Lösegeldes dagegen einer heilvollen Unterbrechung des Untat-Unheil-Zusammenhangs, einer Begnadigung gleich (Ex 21, 30; Jes 43, 3 f; Hi 33, 24). Dieser *soteriologische Aussagegehalt* des alttestamentlichen *kopaer*-Be-

[138] Gese, Tod, 46.

griffs (»Auslösung des verwirkten Lebens, Existenzstellvertretung, Lebensäquivalent«) ist auch für das *lytron*-Wort Mk 10, 45 (par. Mt 20, 28) leitend: Der Menschensohn gibt nicht etwas, einen materiellen Gegenwert, sondern seine *psychē*, d. h. sich selbst hin für die Vielen, deren Leben ohne diese stellvertretende Lebenshingabe endgültig verwirkt, im Endgericht dem Tode verfallen wäre.

Sündenvergebung »um Hiobs willen«

Fürbitte und Vergebung in 11QtgJob 38 2f. und Hi 42 9f. LXX*

Die Frage, ob im antiken Judentum Palästinas um das Jahr 30 n. Chr. die Vorstellung von der universalen stellvertretenden Sühne durch den Tod des Messias entstehen konnte[1], ist in den vergangenen zwei Jahrzehnten – vor allem unter Hinweis auf die »fehlende«[2] Wirkungsgeschichte von Jes 52 13–53 12 im nachbiblischen Judentum[3] – zunehmend negativ beantwortet worden[4]. Für die traditionsgeschichtliche Herleitung

* Der vorliegende Aufsatz war Bestandteil einer privaten Freundesgabe, die Herrn Prof. Dr. P. Stuhlmacher zum 50. Geburtstag am 18. 1. 1982 überreicht wurde. Für wertvolle Hinweise danke ich Herrn Prof. Dr. O. Hofius und Herrn Dr. H. Lichtenberger.

1 Vgl. M. Hengel, Der stellvertretende Sühnetod Jesu. Ein Beitrag zur Entstehung des urchristlichen Kerygmas, IKaZ 9, 1980, 1–25.135–147, hier: 136.

2 S. etwa M.-L. Gubler, Die frühesten Deutungen des Todes Jesu. Eine motivgeschichtliche Darstellung aufgrund der neueren exegetischen Forschung, OBO 15, Freiburg (Schweiz)/Göttingen 1977, 252f.: »Zwar ist Jes 53 der älteste Beleg für die Vorstellung eines stellvertretenden Sühneleidens, kommt jedoch als *Quelle* für die Sühnetodaussagen *nicht* in Betracht, da eine Wirkungsgeschichte fehlt und in der Schriftbegründung für den Sühnetod bei den Rabbinen nicht auf Jes 53 Bezug genommen wurde. Selbst die spätere antichristliche Polemik nahm nur punktuell Bezug auf Jes 53 und nirgends wurde der Gedanke der Universalität dieses Sühnetodes aufgenommen« (Hervorhebung im Original), vgl. 266 und zuletzt auch U. Kellermann (Zum traditionsgeschichtlichen Problem des stellvertretenden Sühnetodes in 2 Makk 7 37f., BN 13, 1980, 63–83), der für das vorchristliche Palästina zumindest mit der »Kenntnis vom stellvertretenden Sühnetod des Einzelnen für die Gesamtheit« rechnet, »ohne ihren Ursprung im hellenistischen Diasporajudentum in Abrede zu stellen« (68).

3 S. den forschungsgeschichtlichen Überblick bei Gubler, a.a.O. 259ff.

4 Der Versuch einer positiven Antwort wurde bekanntlich immer wieder von J. Jeremias unternommen, zusammengefaßt in: Neutestamentliche Theologie, I. Teil: Die Verkündigung Jesu, Gütersloh [2]1973, 263ff., vgl. neuerdings auch J. Gnilka, Martyriumsparänese und Sühnetod in synoptischen und jüdischen Traditionen, in: Die Kirche des Anfangs (FS H. Schürmann), hrsg. von R. Schnackenburg, J. Ernst und J. Wanke, Freiburg/Basel/Wien 1978, 223–246, hier: 239ff.; H. Schürmann, Jesu Todesverständnis im Verstehenshorizont seiner Umwelt, ThGl 70, 1980, 141–160, hier: 150ff.; M. Hengel, a.a.O. (oben Anm. 1) 136ff.; ders., The Atonement. A Study of the Origins of

der soteriologischen Deutung des Todes Jesu wurden demgegenüber verstärkt jüdisch-hellenistische Texte (besonders 2 Makk 7 37f. 4 Makk 6 27–29 17 21f.) herangezogen, weil sich in ihnen am ehesten explizite Hinweise auf die stellvertretende Sühnewirkung des Märtyrertodes zu finden schienen. Nach dieser These hat die Vorstellung vom stellvertretenden Sühnetod als Proprium des hellenistischen Diasporajudentums zu gelten: »Die Vorstellung vom stellvertretenden Sühnetod wurde nicht im palästinischen, sondern im hellenistischen Judentum ausgebildet. Sie ist eine Verbindung des alttestamentlich-jüdischen Sühnegedankens mit der Sinngebung des gewaltsamen Todes großer Männer im Griechentum, was sich an den betreffenden Texten des 2. und 4. Makkabäerbuches feststellen läßt«[5].

Die Wirkungsgeschichte von Jes 52 13–53 12 steht im folgenden ebensowenig zur Diskussion wie die Traditionsgeschichte der soteriologischen Deutung des Todes Jesu. Was dagegen erörtert werden soll, ist eine bestimmte Form des *Stellvertretungsgedankens im vorchristlichen Palästina*, die ihrerseits – wenn auch nur indirekt – am Entstehen der Vorstellung von der stellvertretenden Lebenshingabe des Messias mitbeteiligt gewesen sein könnte. Dabei ist angesichts der beschriebenen Problemkonstellation »palästinisch« – »hellenistisch« von vornherein zu fragen, ob »man die Grenze zwischen dem ›hellenistischen‹ und ›palästinischen‹ Judentum so scharf ziehen (kann)«[6], wie dies noch immer häufig geschieht. Denn gegen eine allzuscharfe Trennung zwischen diesen beiden Traditionsbereichen spricht unter anderem[7] auch der Sachverhalt, daß in jüdischen Schriften, die – wie das griechisch geschriebene Gebet Asarjas/der drei Männer im Feuerofen Dan 3 24f.26–45 LXX/»θ′«[8] oder das aramäisch geschriebene Hiobtargum aus Qumran 11QtgJob – im vorchristlichen Palästina entstanden sind bzw. dort rezipiert wurden, der Stellvertretungsgedanke unabhängig von der Sprachenfrage (aramäischsprechen-

the Doctrine in the New Testament, London 1981, 57ff.; P. Stuhlmacher, Die neue Gerechtigkeit in der Jesusverkündigung, in: ders., Versöhnung, Gesetz und Gerechtigkeit. Aufsätze zur biblischen Theologie, Göttingen 1981, 43–65, hier: 55ff.

[5] K. Wengst, Christologische Formeln und Lieder des Urchristentums, Gütersloh ²1973, 70, vgl. die bei Schürmann, a.a.O. 155, Anm. 68 genannten Autoren, ferner Gubler, a.a.O. (oben Anm. 2) 258.

[6] Hengel, a.a.O. (oben Anm. 1) 138. Für 2 Makk 7 37f. rechnet auch Kellermann (a.a.O. [oben Anm. 2] 67f.) mit einer »Überlagerung und Durchdringung« von palästinischer und hellenistischer Tradition.

[7] Vgl. zur Sache M. Hengel, Judentum und Hellenismus, WUNT 10, Tübingen ²1973; ders., Juden, Griechen und Barbaren. Aspekte der Hellenisierung des Judentums in vorchristlicher Zeit, SBS 76, Stuttgart 1976, ferner G. Delling, Perspektiven der Erforschung des hellenistischen Judentums, HUCA 45, 1974, 133–176, hier: 136.175f.; Gnilka, a.a.O. 225, Anm. 4; Schürmann, a.a.O. 155 und Kellermann, a.a.O. 67f.

[8] S. unten S. 259ff.

des – griechischsprechendes Judentum) formuliert wurde. Um dieses Traditionselement soll es im folgenden anhand eines Vergleichs zwischen dem »palästinischen« Hiobtargum aus Qumran (11QtgJob 38 2f.) und der »hellenistischen« LXX-Version des alttestamentlichen Hiobbuches (Hi 42 9f. LXX) unter der Fragestellung des *Zusammenhangs von menschlicher Interzession und göttlicher Vergebung* gehen[9].

I

Das Hiobtargum aus Qumran (11QtgJob), das – als Kopie einer älteren Autographie – von den Herausgebern der editio princeps[10] im Anschluß an F. M. Cross (u.a.) paläographisch in die spätherodianische Periode (vor 70 n.Chr.) datiert werden konnte[11], ist hinsichtlich seiner Sprache jünger als die aramäischen Teile von Daniel (Dan 2 4b–7 28)[12], aber älter als das Genesis Apocryphon aus Qumran (1QGenAp). Ist seine Entstehung somit am ehesten in die 2. Hälfte des 2. Jh.s v.Chr. anzusetzen[13], so bedeutet dies, daß 11QtgJob das bisher älteste Targum zu

[9] Zur Bedeutung von 11QtgJob 38 2f. und Hi 42 9f. LXX für die Stellvertretungsproblematik vgl. zuletzt Hengel, a.a.O. (oben Anm. 1) 138; ders., a.a.O. (oben Anm. 4) 61 mit Anm. 40; P. Stuhlmacher, Das Evangelium von der Versöhnung in Christus. Grundlinien und Grundprobleme einer biblischen Theologie des Neuen Testaments, in: P. Stuhlmacher – H. Claß, Das Evangelium von der Versöhnung in Christus, Stuttgart 1979, 22; ders., Existenzstellvertretung für die Vielen: Mk 10 45 (Mt 20 28), in: ders., Versöhnung, Gesetz und Gerechtigkeit. Aufsätze zur biblischen Theologie, Göttingen 1981, 27–42, hier: 38, Anm. 41.

[10] Le targum de Job de la grotte XI de Qumrân, édité et traduit par J. P. M. van der Ploeg et A. S. van der Woude, avec la collaboration de B. Jongeling, Leiden 1971; Neubearbeitung: M. Sokoloff, The Targum to Job from Qumran Cave XI, Jerusalem 1974; Studienausgaben: B. Jongeling – C. J. Labuschagne – A. S. van der Woude, Aramaic Texts from Qumran, vol. I, Leiden 1976, 3ff.; J. A. Fitzmyer – D. J. Harrington, A Manual of Palestinian Aramaic Texts, BibOr 34, Rome 1978, 10ff. Eine (bis 1977–78 reichende) Bibliographie zu 11QtgJob findet sich bei Fitzmyer–Harrington, a.a.O. 195ff., dort noch nicht genannt bzw. später erschienen sind folgende für unser Thema wichtigen Arbeiten: E. Kutsch, Der Epilog des Hiobbuches und 11QtgJob, ZDMG Suppl. III/1, 1977, 139–148; E. Puech – F. García, Remarques sur la colonne XXXVIII de 11QtgJob, RdQ 9, 1977–78, 401–407; J. A. Fitzmyer, The Aramaic Language and the Study of the New Testament, JBL 99, 1980, 5–21, hier: 16f.

[11] A.a.O. 2f.

[12] Zum Daniel-Aramäischen und zur Frage des Sprachenwechsels im Danielbuch s. jüngst K. Koch, Das Buch Daniel, EdF 144, Darmstadt 1980, 34ff.; J. Lebram, Art. Daniel/Danielbuch, TRE VIII, 1981, 334ff.

[13] So die Vermutung der Herausgeber der editio princeps (a.a.O. 3ff.), zustimmend Sokoloff, a.a.O. 24f.; T. Muraoka, BiOr 35, 1978, 318–322, hier: 318; Puech–García, a.a.O. 401; J. A. Fitzmyer, The First-Century Targum of Job Qumran Cave XI, in: ders.,

einem biblischen Buch ist[14]. Die hebräische Vorlage, deren aramäische Übersetzung 11QtgJob darstellt, steht dem alttestamentlichen Hiobbuch nahe, ohne mit diesem vollständig übereinzustimmen. Die Differenzen zwischen 11QtgJob (bzw. seiner Vorlage) und Hi MT sind auf die Übersetzungstechnik des Targumisten, auf Verlesungen durch den/die Kopisten[15] oder auf abweichende Interpretationen bestimmter Wörter und Wendungen zurückzuführen[16]. In einigen Fällen, in denen 11QtgJob vom alttestamentlichen Text abweicht, korrespondiert es mit der Hiobseptuaginta[17]; dazu gehört der Schlußabschnitt in 11QtgJob 38 2–8.

11QtgJob col. 38 bietet einen Text, der umfangmäßig Hi 42 9b–11 MT entspricht. Während dabei sieben Zeilen (= Z. 2–8) fast vollständig erhalten sind, lassen minimale Zeichenreste erkennen, daß noch wenigstens eine Zeile (≙ Hi 42 9a?) über Z. 2–8 stand. Die Tatsache, daß Z. 8

A Wandering Aramean. Collected Aramaic Essays, SBL Monograph Series 25, Ann Arbor/Mich. 1979, 161–182, hier: 164f. Unter Kritik von E. Y. Kutschers (The Language of the »Genesis Apocryphon«, ScrHier 4, 1958, 1–35) Datierung von 1QGenAp (1. Jh. v. Chr.), die dieser zeitlichen Ansetzung von 11QtgJob u. a. zugrunde liegt, kommt S. Kaufman (The Job Targum from Qumran, JAOS 93, 1973, 317–327, hier: 325ff.) zu einer ›Spätdatierung‹ von 11QtgJob (1. Jh. n. Chr.). Nach der Periodisierung des Aramäischen durch J. A. Fitzmyer (The Genesis Apocryphon of Qumran Cave I: A Commentary, BibOr 18A, Rome 1966, 19f., Anm. 60) würde die Sprache von 11QtgJob zum »Mittelaramäischen« (200 v. Chr. – 200 n. Chr.) gehören; allerdings ist diese Bezeichnung nicht unbestritten geblieben, s. dazu J. C. Greenfield, Art. Aramaic, IDB Suppl. Volume, Nashville 1976, 39ff.; S. Kaufman, The Akkadian Influences on Aramaic, AS 19, Chicago-London 1974, 7ff. 152ff. Zur Gesamtdiskussion hat J. A. Fitzmyer neuerdings wieder Stellung genommen: The Phases of the Aramaic Language, in: ders., A Wandering Aramean . . ., 57–84.

[14] Vgl. auch P. Schäfer, Art. Bibelübersetzungen II, TRE VI, 1980, 216–228, hier: 218. Zu dem fragmentarischen Leviticustargum aus Qumran Höhle IV (4QtgLev) s. J. A. Fitzmyer, The Targum of Leviticus from Qumran Cave 4, Maarav 1/1, 1978, 5–23; ders., a. a. O. (oben Anm. 10) 17f.; A. Angerstorfer, Ist 4QTgLev das Menetekel der neueren Targumforschung?, BN 15, 1981, 55–75.

[15] Fitzmyer (The First-Century Targum . . . [oben Anm. 13], 165) rechnet mit mehreren Kopien dieses Targums. Unbeantwortet bleiben muß hier die Frage nach dem Entstehungsort von 11QtgJob, für nicht-essenischen Ursprung plädieren beispielsweise Fitzmyer, a. a. O. 166; Muraoka, a. a. O. 318, Anm. 1; R. Weiss, The Targum of Job, Tel-Aviv 1979 (hebr.) [engl. summary VI]; s. dazu auch die Hinweise bei Puech–García, a. a. O. (oben Anm. 10) 401., Anm. 4.

[16] Ausführlich dazu F. J. Morrow, 11Q Targum Job and the Massoretic Text, RdQ 8, 1972–75, 253–256; J. Gray, The Masoretic Text of the Book of Job, the Targum and the Septuagint Version in the Light of the Qumran Targum (11Q targ Job), ZAW 86, 1974, 331–350. Eine monographische Behandlung dieses Problems wird von B. Zuckerman angekündigt, vgl. bereits ders., Two Examples of Editorial Modification in 11QtgJob, in: Biblical and Near Eastern Studies (FS W. S. LaSor), ed. G. A. Tuttle, Grand Rapids/Mich. 1978, 269–275.

[17] S. unten S. 263f.

dieser Kolumne zur Hälfte freigelassen ist, führte zu der Frage, ob damit der literarische Schluß des Targums vorliegt oder ob ursprünglich noch eine Übersetzung von Hi 42 12–17 (und somit möglicherweise eine 39. Kolumne) folgte[18]. Der (vermutliche) Schlußabschnitt 11QtgJob 38 (1?) 2–8 lautet folgendermaßen:

1 [ ] . [ ] . [ ]
2 *ʾlhʾ wšmʿ ʾ[l]hʾ bqlh dy ʾyywb ẇš̊bq̇*
3 *lhwn ḥṭʾyhwn bdylh wtb ʾlhʾ lʾyywb brḥmyn*
4 *wyhb lh ḥd tryn bkl dy hwʾ lh wʾtwn lwt*
5 *ʾyywb kl rḥmwhy wkl ʾḥwhy wkl ydʿwhw wʾklw*
6 *ʿmh lḥm bbyth wnḥmwhy ʿl kl bʾyšth dy*
7 *hyty ʾlhʾ ʿlwhy wyhbw lh gbr ʾmrh ḥdh*
8 *wgbr qdš ḥd dy dhb* *(vacat)*

1 »[(42 9) *Da gingen Eliphas aus Teman, Bildad aus Schuach und Zophar aus Naama hin und taten, wie zu ihnen geredet hatte*][19]
2 Gott, und G[o]tt hörte auf die Stimme Hiobs und vergab
3 ihnen ihre Sünden um seinetwillen. (42 10) Und Gott wandte sich wieder Hiob zu in Barmherzigkeit
4 und gab ihm das Doppelte von allem, was er besessen hatte. (42 11) Da kamen zu
5 Hiob alle seine Freunde und alle seine Brüder und alle seine Bekannten, und sie aßen
6 mit ihm Brot in seinem Haus; und sie trösteten ihn wegen all des Unheils, das
7 Gott über ihn hatte kommen lassen. Und sie gaben ihm ein jeder ein Schaflamm
8 und ein jeder einen goldenen Ring« *(vacat)*

Bevor wir auf diesen Text – und hier speziell auf Z. 2f. – näher eingehen, ist ein Blick auf den Epilog des alttestamentlichen Hiobbuches (Hi 42 7–10.11–17) zu werfen.

Daß dieser Epilog nicht von einer Hand stammt, ist unverkennbar[20]: Während der ursprüngliche Schluß der Rahmenerzählung des Hiobbuches

[18] S. dazu die unterschiedlichen Stellungnahmen von Kutsch (oben Anm. 10) und von Puech–García (oben Anm. 10) jeweils mit der älteren Lit.

[19] Vgl. A. Dupont-Sommer, Notes qoumraniennes, Sem. 15, 1965, 71–78, hier: 72; Jongeling–Labuschagne–van der Woude, a. a. O. (oben Anm. 10), 73, neuerdings aber auch Puech–García, a. a. O., 402.

[20] Zum neueren Diskussionsstand s. O. Kaiser, Einleitung in das Alte Testament. Eine Einführung in ihre Ergebnisse und Probleme, Gütersloh ⁴1978, 345ff.; R. Smend, Die Entstehung des Alten Testaments, ThW 1, Stuttgart/Berlin/Köln/Mainz 1978, 207f.; H.-P. Müller, Das Hiobproblem. Seine Stellung und Entstehung im Alten Orient und im Alten Testament, EdF 84, Darmstadt 1978, 23ff., ferner zuletzt L. Schmidt, »De Deo«. Studien zur Literarkritik und Theologie des Buches Jona, des Gesprächs zwischen

(Hi 1 1–2 13 + 42 7–17) – allerdings in überarbeiteter Form – in Hi 42 11–17 vorliegt, weisen mehrere Indizien darauf hin, in Hi 42 7–10 einen jüngeren redaktionellen Zusatz zu sehen, der die Hiobdichtung bereits voraussetzt und damit zu den jüngsten Bestandteilen des Hiobbuches überhaupt zählt[21]. Diesem Zusatz, der sich nach einer neueren *opinio communis* mit Hi 42 1–6 und dem Inhalt der Hiobdichtung nicht vereinbaren läßt[22], »liegt offenbar die Anschauung zugrunde, daß Jahwe durch seine Reden an Hiob die Auseinandersetzung zwischen Hiob und den Freunden im Sinne Hiobs entschieden hat. Das bedeutet aber, daß dieser

Abraham und Jahwe in Gen 18 22ff. und von Hi 1, BZAW 143, Berlin-New York 1976, 169ff.; F. Crüsemann, Hiob und Kohelet. Ein Beitrag zum Verständnis des Hiobbuches, in: Werden und Wirken des Alten Testaments (FS C. Westermann), hrsg. von R. Albertz, H.-P. Müller, H. W. Wolff und W. Zimmerli, Göttingen 1980, 373–393, hier: 383ff.; F. Hesse. Hiob, ZBK. AT 14., Zürich 1978, 209; R.-E. Hoffmann, Eine Parallele zur Rahmenerzählung des Buches Hiob in I Chr 7,20–29?, ZAW 92, 1980, 120–132; P. Weimar, Literaturkritisches zur Ijobnovelle, BN 12, 1980, 62–80; A. de Wilde, Das Buch Hiob, eingeleitet, übersetzt und erläutert, OTS 22, 1981, 403ff.; Hi 42 7–9(10) wird von W. Berg (Gott und der Gerechte in der Rahmenerzählung des Buches Ijob, MThZ 32, 1981, 206–221) nicht berücksichtigt.

21 Nach Weimar (a. a. O. passim), der innerhalb von 42 7–10 (und 42 11–17) nochmals differenziert, gehört 42 10aα.b zu einer älteren Fassung der Rahmenerzählung, die Hi 1 1f.3b.6–9 + 2 5–13* (ohne v. 11aβ) + 42 10aα.b.16f. umfaßte. Dieser Textbestand wurde redaktionell bearbeitet (Hi 1 3a.4f.10 – 2 4 + 42 11–13) und später um die Zusätze Hi 42 7–9.10aβ.14f. erweitert (s. die Zusammenfassung 75f.). Zu der These, daß in Hi 42 7–10 der Rest einer älteren (durch die Einfügung des Dialogs ersetzten) Erzählung von der Versuchung Hiobs durch seine Verwandten vorliege, s. zuletzt H.-P. Müller, Hiob und seine Freunde. Traditionsgeschichtliches zum Verständnis des Hiobbuches, ThSt 103, Zürich 1970, 23ff.; ders., a. a. O. 39ff. und die bei Weimar, a. a. O. 63, Anm. 9 genannten Autoren.

22 Vgl. Schmidt, a. a. O. 169f.: »Das Urteil Jahwes, daß die Freunde nicht das ›Rechte‹ über ihn geredet haben wie sein Knecht Hiob (so nochmals in v. 8), läßt sich mit den Reden Hiobs in Kap. 3ff. nicht in Übereinstimmung bringen. Tatsächlich muß Hiob in 42,6 selbst zugeben, daß seine Worte falsch waren: ›Deshalb widerrufe ich und bereue in Staub und Asche‹. Stärker kann er sich von dem, was er zuvor gesagt hat, kaum distanzieren«, vgl. auch Crüsemann, a. a. O. 382f. 383ff. Ohne damit die Ergebnisse der Analysen von L. Schmidt, F. Crüsemann, P. Weimar u. a. auf den Kopf stellen und d. h.: Rahmenerzählung und Hiobdichtung etwa im Sinne W. Zimmerlis (Grundriß der alttestamentlichen Theologie, ThW 3, Stuttgart/Berlin/Köln/Mainz 1978, 145) zusammendenken zu wollen, muß doch gefragt werden, ob man in Hi 42 6 wirklich von einem »Widerruf« Hiobs sprechen kann, so daß Hi 42 7–10, wo Hiob grundsätzlich und offen recht bekommt, die »Korrektur« der Hiobdichtung darstellt (so Crüsemann, a. a. O. 385), s. dazu jetzt ausführlich I. Willi-Plein, Hiobs immer aktuelle Frage, in: Der Herr ist Einer, unser gemeinsames Erbe, hrsg. von K.-J. Illmann – J. Thurén, Åbo 1979, 122–136; dies., Hiobs Widerruf? – Eine Untersuchung der Wurzel נחם und ihrer erzähltechnischen Funktion im Hiobbuch (erscheint in FS I. L. Seeligmann, Jerusalem).

Redaktor die Worte Hiobs in Kap. 3ff. nicht mehr als eine Herausforderung Gottes verstanden hat, wie sie von dem Dichter gemeint waren, sondern in ihnen eine Rechtfertigung Jahwes durch Hiob gesehen hat. In Kap. 38ff. stimmt Jahwe nach seiner Auffassung Hiob zu. Dadurch werden für ihn die Freunde zu Leuten, die unangemessen von Gott reden. Dazu kann Jahwe nicht schweigen, er muß auch ihnen mitteilen, daß sie und nicht Hiob Unrecht haben«[23]. Nach diesem Passus (Hi 42 7–10) ist Hiob der exemplarische Fromme, der von Jahwe mit »mein Knecht« (עַבְדִּי : v. 7.8[ter], vgl. Hi 1 8 2 3) tituliert wird und dessen besondere Stellung vor Gott an seiner Fürbitte für die Freunde, die »nicht das Rechte« über Gott geredet haben (v. 8), deutlich wird.

Das Motiv der Fürbitte ist dabei in einen klar gegliederten Textzusammenhang eingebettet, der – nach der *Einleitungsnotiz* (v. 7a.bα_1: וַיְהִי mit nachfolgender Zeitbestimmung und Redeeröffnungsformel) – aus einer *Jahwerede* an Eliphas (v. 7–8) und einem *Ausführungsbericht* (v. 9–10)[24] besteht. Die Jahwerede wiederum ist deutlich zweigeteilt: nach der *Konstatierung des Gotteszornes* über die Freunde (v. 7bα_2), die – wie die auf die Finalbestimmung v. 8bα bezogene *Begründung* v. 7bβ verdeutlicht – nicht distanziert erfolgt, sondern implizit bereits die Strafandrohung enthält[25], werden in v. 8a.bα verschiedene *Anweisungen zur Abwendung des Gotteszornes* gegeben, die ihrerseits in v. 8bβ mit dem (zu v. 7bβ wortgleichen) Hinweis auf das Fehlverhalten der Freunde gegenüber Gott *begründet* werden. Diese Anweisungen betreffen die Darbringung eines Brandopfers (עוֹלָה) der Freunde für sich selbst (בְּעַד + Suffix) in Gegenwart Hiobs (v. 8aα) und das interzessorische Eintreten Hiobs für die schuldigen Freunde (v. 8aβ.bα). Ist an dieser Zusammenstellung schon auffallend, daß ein Brandopfer – das nach Auffassung des Textes für den Gesamtvorgang alles andere als entbehrlich ist – allein nicht genügt, um den tödlichen (vgl. die negierte Finalbestimmung v. 8bα!) Gotteszorn abzuwenden[26], so zeigt erst die Struktur von v. 8aβ.bα, warum die Fürbitte Hiobs so entscheidend ist und worauf ihre Wirksamkeit beruht:

וְאִיּוֹב עַבְדִּי יִתְפַּלֵּל עֲלֵיכֶם	8aβ	(Fürbitte Hiobs)
כִּי אִם־פָּנָיו אֶשָּׂא	8bα_1	(Akzeptation durch Jahwe)
לְבִלְתִּי עֲשׂוֹת עִמָּכֶם נְבָלָה	8bα_2	(Verschonung der Freunde)

[23] Schmidt, a.a.O. 173, vgl. 177.

[24] Zur literarkritischen Analyse von v. 10 durch Weimar s. oben Anm. 21.

[25] Vgl. G. Fohrer, Das Buch Hiob, KAT XVI, 1963, 539.

[26] Zum Motiv vom »Ablassen« bzw. von der »Abwendung« des göttlichen Zorns s. B. Janowski, Sühne als Heilsgeschehen. Studien zur Sühnetheologie der Priesterschrift und zur Wurzel KPR im Alten Orient und im Alten Testament, WMANT 55, Neukirchen-Vluyn 1982, S. 152.

8aβ »Und mein Knecht Hiob soll Fürbitte für euch tun,
$8b\alpha_1$ denn nur[27] auf ihn will ich Rücksicht nehmen,
$8b\alpha_2$ daß ich nichts Schimpfliches an euch tue«.

Daß die Anweisungen von v. 8 ihre Sinnmitte in dem Gebet (פלל hitp.)[28] des Gottesknechtes Hiob[29] »für« seine Freunde (עַל + Suffix, v. 10aβ [txt.em.]: בְּעַד רֵעָיו) haben, zeigt der mit begründendem כִּי eingeleitete Ausnahmesatz v. $8b\alpha_1$ (»denn nur auf ihn will ich Rücksicht nehmen«[30]), dessen positiver Gehalt durch den nachfolgenden negierten Finalsatz *e contrario* unterstrichen wird: Die Wirksamkeit der Fürbitte Hiobs beruht auf deren Akzeptation durch Jahwe, ihr verdanken die Freunde die Rücknahme der göttlichen Strafandrohung:

9b וַיִּשָּׂא יְהוָה אֶת־פְּנֵי אִיּוֹב
10aβ בְּהִתְפַּלְלוֹ בְּעַד רֵעָיו

9b »Und Jahwe nahm Rücksicht auf Hiob,
10aβ als er für ›seine Freunde‹ Fürbitte tat«[31]

[27] Zur Einführung von Ausnahmesätzen, die von einem anderen Satz abhängig sind, durch כִּי אִם s. GesK[27] § 163c–d.

[28] Zur Wurzel פלל s. die Hinweise bei B. Janowski, Psalm 106 28–31 und die Interzession des Pinchas (erscheint in VT 32, 1982), Anm. 30. Die hier vorliegende Konstruktion הִתְפַּלֵּל + עַל der Person begegnet noch in Neh 1 6 und 2 Chr 30 18, vgl. F. Hesse, Die Fürbitte im Alten Testament, Masch. Diss. Erlangen 1949 (Mikrodruck 1952), 93 mit Anm. 2; der von Crüsemann (a.a.O. [oben Anm. 20] 385, Anm. 68) genannte Beleg 2 Chr 32 20 ist anders zu verstehen (עַל־זֹאת »deswegen«).

[29] Nach Fohrer wurzelt »die Kraft der Fürbitte Hiobs ... nicht in seinem Leiden und ist daher nicht mit dem Wirken des Knechtes Jahwes zusammenzustellen (Jes 52 13–53 12) ...« (a.a.O. [oben Anm. 25] 540 Anm. 4). Gleichwohl wäre es lohnend, den עֶבֶד-Aussagen Hi 1 8 2 3 42 7f. sowie »den Parallelen zwischen den Gottesknecht-›Liedern‹ und den vielfachen Anklängen daran in Dialog und Rahmen des Hiobbuches Aufmerksamkeit zu schenken« (V. Kubina, Die Gottesreden im Buche Hiob. Ein Beitrag zur Diskussion um die Einheit von Hiob 38 1–42 6, FThSt 115, Freiburg/Basel/Wien 1979, 166, Anm. 18), vgl. zur Sache auch Hesse, a.a.O. 138ff.; J. Levêque, Job et son Dieu. Essai d'exégèse et de théologie biblique, Études bibliques, Paris 1970, 140ff. 393; E. Jacob, Prophètes et Intercesseurs, in: De la Tôrah au Messie (Mélanges H. Cazelles), Paris 1981, 205–217, hier: 213f.

[30] Bei der Wendung נָשָׂא פָּנִים »(jemandes Angesicht erheben >) jemandem günstig gesinnt sein, auf jemanden Rücksicht nehmen« sind das Subjekt des Verbs und der Träger von פָּנִים verschieden in Gen 19 21 32 21 Lev 19 15 Dtn 10 17 28 50 1 Sam 25 35 Mal 1 9 2 9 Ps 82 2 Hi 13 8.10 32 21 34 19 42 8.9 Prov 6 35 18 5 Thr 4 16, s. dazu die Lit.-Hinweise bei Janowski, a.a.O. (oben Anm. 26), Anm. 391.

[31] Zur Lesart רֵעָיו s. BHK[3]/BHS App. z.St. Weil der Ausführungsbericht v. 9b auf v. 8bα zurückgreift, während die aufgrund von v. 8aβ *zuvor erwartete* Fürbitte Hiobs erst in v. 10aβ nachgetragen wird, folgert Weimar, daß sich damit zugleich der Bedeutungsgehalt der Aussage v. 9b gegenüber v. 8 verändert habe, »insofern 42 9b nur auf das persönliche Geschick des Ijob bezogen werden kann und nicht auf die Erhörung seiner

Der in Hi 42 8f. begegnende Zusammenhang von *Brandopfer* (nach begangener Schuld) und *Fürbitte* (des Gottesknechtes Hiob)[32] findet sich – mit einer bestimmten Akzentverlagerung – auch in jüdischen Märtyrertexten der hellenistischen Zeit. So erwägt U. Kellermann[33], ob die Vorstellung vom Lebensopfer der Märtyrer 2 Makk 7 37f., das hier als Fürbitte in sühnender Funktion vorgestellt wird, nicht mit der Spiritualisierung der alttestamentlich-jüdischen Opfervorstellung im Diasporajudentum zusammenhängt: »Läßt sich die Verbrennungsfolter der Brüder, die zum Tode führt, als ein vom Tier auf den Menschen übertragener Brandopfertod verstehen? Man findet im Text leider kaum eine direkte Andeutung«[34]. Als möglichen Beleg für diese Anschauung weist Kellermann[35] aber außer auf SapSal 3 1–6[36] auch auf das ursprünglich wohl hebräisch überlieferte Gebet Asarjas/der drei Männer im Feuerofen Dan 3 24f.26–45 LXX/»θ'« hin, das an Dan 3 23 MT angeschlossen wurde[37]. Bei diesem Gebet – das nach Dan 3 24f. »θ'« von Asarja allein, nach Dan 3 24f. LXX von den drei Männern gemeinsam (aber mit Asarja als Vorbeter) gebetet wird –

Fürbitte zugunsten der Freunde« (a.a.O. oben [Anm. 20] 65). Demgegenüber kann es aber W. Schweizer zufolge »als abkürzende Ausdrucksweise gewertet werden, daß nicht – wie nach v. 8 zu erwarten – mitgeteilt wird, Jahwe habe die Freunde nicht bestraft. Die Zitierung der Formel [sc. נָשָׂא פָּנִים] in Parallele zu v. 8 wird die Schonung der Freunde beinhalten« (Elischa in den Kriegen. Literaturwissenschaftliche Untersuchung von 2 Kön 3 6 8–23 6 24–7 20, StANT 37, München 1974, 137). Abgesehen von dieser Frage hat die Verhältnisbestimmung von v. 9.10aβ zu v. 10aα.b (Jahwe wendet das Geschick Hiobs, *nachdem* dieser für seine Freunde gebetet hat) von jeher Verständnisschwierigkeiten bereitet, s. dazu C. Kuhl, Neuere Literarkritik des Buches Hiob, ThR NF 21, 1953, 163–205, hier: 199f.; Hesse, a.a.O. 75; ders., a.a.O. (oben Anm. 20) 210; Fohrer, a.a.O. 543; Levêque, a.a.O. 126; Schmidt, a.a.O. (oben Anm. 20) 174.177; Weimar, ebd., u.a.

32 Zur Verbindung von Opfer und Fürbitte s. Hesse, a.a.O. 99ff.; Fohrer, a.a.O. 539f. mit Anm. 3; K. Seybold, Das Gebet des Kranken im Alten Testament. Untersuchungen zur Bestimmung und Zuordnung der Krankheits- und Heilungspsalmen, BWANT 99, Stuttgart/Berlin/Köln/Mainz 1973, 94f.; Kellermann, a.a.O. (oben Anm. 2) 77ff.; H. Stadelmann, Ben Sira als Schriftgelehrter. Eine Untersuchung zum Berufsbild des vor-makkäischen Sōfēr unter Berücksichtigung seines Verhältnisses zu Priester-, Propheten- und Weisheitslehrertum, WUNT 2/6, Tübingen 1980, 68ff., bes. 99ff.

33 Ebd.

34 A.a.O. 78.

35 A.a.O. 78f.

36 Vgl. dazu ders., Auferstanden in den Himmel. 2 Makkabäcr 7 und dic Auferstehung der Märtyrer, SBS 95, Stuttgart 1979, 102f.

37 S. dazu im einzelnen J. Schüpphaus, Das Verhältnis von LXX- und Theodotion-Text in den apokryphen Zusätzen zum Danielbuch, ZAW 83, 1971, 49–72, hier: 69ff.; O. Plöger, Zusätze zu Daniel, JSHRZ I/1, Gütersloh 1973, 63ff.; M. Gilbert, La prière d'Azarias, Dn 3,26–25 Théodotion, NRTh 96, 1974, 561–582; Gnilka, a.a.O. (oben Anm. 4) 240.241; C. A. Moore, Daniel, Esther and Jeremiah: The Additions (AB 44), Garden City/NY 1977, 39ff.; H. P. Rüger, Art. Apokryphen I, TRE III, 1978, 306f. 316 (Lit.); Hengel a.a.O. (oben Anm. 1) 138f.; ders., a.a.O. (oben Anm. 4) 60f.; Koch a.a.O. (oben Anm. 12) 24f.; Th. Baumeister, Die Anfänge der Theologie des Martyriums, MBTh 45, Münster 1980, 298. 299. 300; Lebram, a.a.O. (oben Anm. 12), 341. 343f. 349 (Lit.).

handelt es sich um ein Klagelied des Volkes mit den Gattungselementen: Anrufung Gottes (3 26–28), Sündenbekenntnis (3 29–33) und Bitte um Erbarmen und Rettung (3 34–45)[38]. Während die διά-Formulierungen in 3 35 (Bitte um die göttliche Gnadenzuwendung *um* Abrahams, Isaaks und Jakobs *willen*, vgl. etwa 2Kön 13 23 MT [לְמַעַן]/LXX[διά]) noch kein Stellvertretungsmotiv enthalten[39], sondern Gott an seine den Vätern gegebenen Bundesverheißungen (3 34.36 vgl. Jub 24 22!) erinnern, findet sich der Stellvertretungsgedanke deutlich in 3 38ff.: Da wegen der Zerstörung des Tempels keine Opfer (»weder Brandopfer noch Schlachtopfer, weder Opfergabe noch Räucherwerk«, 3 38) dargebracht werden können, um Gnade zu finden, bittet Asarja, daß sie selbst »mit büßendem Herzen und gedemütigtem Geist« von Gott angenommen werden »wie mit Ganzopfern von Widdern und Stieren, wie mit Zehntausenden fetter Schafe (40). So sei unser Opfer vor dir heute καὶ ἐξιλάσαι ὄπισθέν σου [LXX]« (»θ'«: καὶ ἐκτελέσαι ὄπισθέν σου, vgl. Sy^h)[40]. Wie schwierig 3 40b LXX zu verstehen ist, zeigen die verschiedenen Übersetzungsversuche, z. B.: »(So möge unser Opfer heute vor dir gelten) und dich versöhnen«[41], ». . . und dich gnädig stimmen«[42], ». . . um Sühne zu wirken vor dir«[43]. Erwägenswert ist u. E. die Konjektur von W. Rothstein[44]: καὶ ἐξιλάσαι τὸ πρόσωπόν σου »(so laß heute unser Opfer vor dich kommen) und ›freundlich stimmen dein Angesicht‹«, für die als Parallelen auf Mal 1 9 Sach 7 2 8 22 LXX (MT jeweils חִלָּה פָנִים) verwiesen werden könnte[45]. Ein anderer Vorschlag (mit Diskussion der älteren Literatur) wurde vertreten von C. Kuhl[46]: »Das soll unser Opfer sein heut vor deinem Angesicht; tilgen möge es ›deinen Zorn‹« (Annahme eines zu אַחֲרֶיךָ = ὄπισθέν σου verschriebenen ursprünglichen חֲרֹנְךָ »dein Zorn«). Trotz dieser Textproblematik ist deutlich, daß in Dan 3 26ff. LXX/»θ'« der mögliche Märtyrertod (3 28 MT), der interzessorische Funktion hat (Bitte um Abwendung des göttlichen Gerichtes: 3 31f.), mit der Darbringung eines Opfers verglichen wird. Der hier interessierende Abschnitt 3 37–40 LXX lautet in der Übersetzung von O. Plöger[47]:

> 37 »Denn wir, Herr, sind geringer geworden als alle Völker und sind jetzt gedemütigt auf der ganzen Welt wegen unserer Verfehlungen.

[38] S. dazu besonders O. H. Steck, Israel und das gewaltsame Geschick der Propheten. Untersuchungen zur Überlieferung des deuteronomistischen Geschichtsbildes im Alten Testament, Spätjudentum und Urchristentum, WMANT 23, Neukirchen-Vluyn 1967, 119f..121ff. u.ö.

[39] Anders Hengel, a.a.O. (oben Anm. 1), 138, vgl. ders., a.a.O. (oben Anm. 4), 61.

[40] Zum Verständnis des Theodotion-Textes s. Schüpphaus, a.a.O. 69f. mit Anm. 100–101; M. Delcor, Le livre de Daniel (SBi), Paris 1971, 101; Gilbert, a.a.O. 572ff.; Moore, a.a.O. 59.

[41] Plöger, a.a.O. 72.

[42] Kellermann, a.a.O. (oben Anm. 2) 78.

[43] Hengel, a.a.O. (oben Anm. 1) 139, zur Begründung s. ders., a.a.O. (oben Anm. 4) 61, Anm. 41: »In individual instances in LXX ὀπίσω can stand for *ʿim* or *lipne*: I Kings 1 8; I Sam. 17 31 and above all Dan. 8 4 (LXX)«, vgl. auch K. Grayston, ἱλάσκεσθαι and related words in LXX, NTS 27, 1981, 640–656, hier: 649.

[44] In: APAT I, 180 mit Anm. n.

[45] S. dazu die bei Janowski, a.a.O. (oben Anm. 28) Anm. 25 genannte Lit.

[46] Die drei Männer im Feuer (Daniel Kapitel 3 und seine Zusätze). Ein Beitrag zur israelitisch-jüdischen Literaturgeschichte, BZAW 55, Gießen 1930, 146f. 152. 153.

[47] A.a.O. (oben Anm. 37) 72.

38 Gibt es doch in dieser Zeit kein Oberhaupt, keinen Propheten noch einen Leiter,
weder Brandopfer noch Schlachtopfer, weder Opfergabe noch Räucherwerk,
und auch keinen Ort, um Erstlingsfrüchte dir darzubringen und Gnade zu finden.
39 Doch laß uns Annahme finden mit büßendem Herzen und gedemütigtem Geist
wie mit Opfern von Widdern und Stieren und
von zahllosen Fettschafen.
40 So möge unser Opfer heute vor dir gelten und dich versöhnen; denn keine Schande trifft die, die dir vertrauen und dir gehorchen.«

Wie Abraham in Gen 20 1–18 (besonders v. 7aβ, vgl. v. 17), so ist nach Hi 42 7–10 auch Hiob der exemplarische Fromme[48], dessen besondere Stellung vor Gott an seiner erhörten Fürbitte für seine schuldigen Freunde deutlich wird: »Indem Gott dem Hiob ›das Haupt erhebt‹, wird *ihnen* geholfen. Sie stehen wie Hiob dem lebendigen Gott gegenüber, vor dem das fromme Dogma genau so zusammenbricht wie die anklagende Empörung, vor dem die Freunde neben Hiob sich nur neigen und Ja zu ihm sagen können«[49].

Gegenüber Hi 42 7–10 MT weisen nun sowohl das Hiobtargum aus Qumran als auch die Hiobseptuaginta auffallende Differenzen auf (vgl. die Synopse auf Seite 265)[50]. So bietet 11QtgJob 38 (1?)2–8 zunächst einen Text, der umfangmäßig Hi 42 9a*(letztes Wort).9b–11 entspricht[51]. Das bedeutet, daß von dem Textgefüge Hi 42 7–10 MT – bestehend aus der Einleitungsnotiz v. 7a.bα_1, der Jahwerede v. 7–8 und dem Ausführungsbericht v. 9–10 – lediglich ein Teil des Ausführungsberichtes (11QtgJob 38 2–4 ≙ Hi 42 9a*.b–10), nichts aber von der Jahwerede erhalten ist. Während dabei der masoretische Text Hiobs Akzeptation durch Jahwe (v. 9b) sowie Hiobs Restitution (v. 10aα.b)[52] berichtet, unterscheidet sich 11QtgJob 38 3b–4 von Hi 42 10 MT zunächst darin, daß hier

[48] Die thematische Nähe zwischen Gen 20 1ff. und Hi 42 7ff. ist öfter beobachtet worden, s. bereits Hesse, a.a.O. (oben Anm. 28) 75.108.138f., ferner Schmidt, a.a.O. (oben Anm. 20) 174, Anm. 36; Willi-Plein, a.a.O. (oben Anm. 22) 131f., u.a. Allgemein zur Interzession im Alten Testament und im antiken Judentum s. die Lit.-Hinweise bei Janowski, a.a.O. (oben Anm. 28) Anm. 1. Zur Fürsprache Abrahams Gen 20 7.17 vgl. die etwas anders akzentuierte Erzählung 1QGenAp 20 21.28f., s. dazu W. Kirchschläger, Exorzismus in Qumran?, Kairos NF 18, 1976, 135–153, hier: 136ff.

[49] C. Westermann, Der Aufbau des Buches Hiob, CThM A/6, Stuttgart ^{2}1977, 127f. (Hervorhebung im Original).

[50] Die Unterschiede zwischen MT und den übrigen alten Versionen sind in dem hier interessierenden Textbereich dagegen weniger gravierend, s. speziell zu dem späteren palästinischen Hiobtargum (sog. »Targum II«) und zur syrischen Übersetzung des Hiobbuches die Hinweise bei Fitzmyer, a.a.O. (oben Anm. 13: The First-Century Targum ...) 167ff. 174 mit Anm. 75.

[51] Vgl. oben S. 254f.

[52] Zum Verhältnis von v. 10aβ–v. 10aα.b s. oben Anm. 31.

die Wendung בְּהִתְפַּלְלוֹ בְּעַד רֵעָיו. (Hi 42 10aβ MT) unübersetzt bleibt[53]. Gravierender sind die Unterschiede zwischen 11QtgJob 38 2–3a und Hi 42 9b(10aβ) MT, die auch jene »Auslassung« von Hi 42 10aβ MT im Hiobtargum erklären:

2 *ʾlhʾ wšmʿ ʾ[l]hʾ bqlh dy*[54] *ʾyywb ẇṧḃq̇*[55]
3a *lhwn ḥṭʾyhwn bdylh*

2 »Gott, und G[o]tt hörte auf die Stimme Hiobs, und er vergab
3a ihnen ihre Sünden um seinetwillen«

Im Unterschied zu Hi 42 9b MT (Bericht über die Akzeptation durch Jahwe) enthält 11QtgJob 38 2–3a die Elemente: Hören Gottes auf die Stimme Hiobs und Vergebung der Sünden (*šbq* pe. »(er)lassen« [Subjekt Gott] + *ḥṭʾyn* »Sünden« [+ Suffix])[56] durch Gott. Weil dabei die die göttliche Akzeptation ausdrückende Wendung *wšmʿ ʾ[l]hʾ bqlh dy ʾyywb* die zuvor erfolgte Fürbitte Hiobs voraussetzt, implizit also enthält, war zugleich der mit dem Fürbittemotiv verbundene Stellvertretungsgedanke (Hi 42 10aβ MT: »als er [sc. Hiob] für ›seine Freunde‹ Fürbitte tat«, vgl. v. 8aβ innerhalb der Jahwerede) präsent, so daß es für den Targumisten nahelag, diesen auch auszuformulieren – und zwar, als unmittelbare Konsequenz des göttlichen »Hörens« auf die Stimme Hiobs, in Form des Gedankens der Sündenvergebung »um Hiobs willen« (*bdyl* »um ... willen« + Suffix 3.m.sg.)[57]. Obwohl das Targum den allgemeinen Aussagegehalt von Hi 42 9b–10 MT bewahrt, tritt mit dieser Paraphrase eine deutliche Sinnverschiebung ein: Wo der masoretische Text von der durch die Interzession Hiobs bewirkten *Rücknahme der göttlichen Strafandrohung gegen die Freunde Hiobs* sprach (Hi 42 8 MT)[58], spricht nun das Hiob-

[53] Vgl. A. Caquot, Un écrit sectaire de Qoumrân: le »Targoum de Job«, RHR 185, 1974, 9–27: hier 15. Die Septuaginta löst die mit v. 10aβ MT gegebene Problematik auf andere Weise, s. im folgenden.

[54] Zur Aufsprengung einer Constructus-Verbindung durch *dy* s. Sokoloff, a.a.O. (oben Anm. 10) 168.189; Fitzmyer, a.a.O. 172 mit Anm. 71; zur Übersetzung der Wendung vgl. auch T. Muraoka, BiOr 35, 1978, 318–322, hier: 320.322.

[55] Diese Lesung ist paläographisch gesichert, s. dazu – unabhängig voneinander – Dupont-Sommer, a.a.O. (oben Anm. 19) 71ff.; R. Le Déaut, Liturgie juive et Nouveau Testament. Le témoignage des versions araméennes, Rome 1965, 64, Anm. 77 und E. E. Urbach, The Sages. Their Concepts and Beliefs, Jerusalem 1975, 410, Anm. 63 (auf 866), vgl. neuerdings Sokoloff, a.a.O. 168 und Puech–García, a.a.O. (oben Anm. 10) 402.

[56] Zur Wurzel *šbq* s. unten Abschnitt II.

[57] Vgl. Sokoloff (a.a.O. 168), demzufolge die Wendung *ẇṧḃq̇ lhwn ḥṭʾyhwn bdylh* der Wendung בְּהִתְפַּלְלוֹ בְּעַד רֵעָיו Hi 42 10aβ MT *der Sache* (nicht der Position) *nach* entspricht, s. auch die editio princeps, a.a.O. (oben Anm. 10) 86 Anm. z.St.

[58] Hi 42 8bα₂ besagt nur, daß die Freunde – aufgrund der Rücksichtnahme Jahwes auf die Interzession seines Knechtes Hiob – nicht bestraft werden, nicht aber, »sie würden ebenfalls die satisfactio erlangen« (Schweizer, a.a.O. [oben Anm. 31] 137) wie Hiob.

targum *expressis verbis* von der *den Freunden gewährten Sündenvergebung »um seinet(= Hiobs)willen«* (*bdyl* + Suffix)[59]. Die Vergebung der Sünden kommt allein von Gott, sie hat aber ihren Anlaß in dem stellvertretenden Eintreten Hiobs für seine schuldigen Freunde: ». . . hier geschieht also Vergebung, weil Gott sein positives Verhältnis zu Hiob, das Hiob fürbittend für seine Freunde einsetzt, auch an diesen wirksam sein läßt«[60]. Diese mit *bdylh* »um seinetwillen« formulierte Auslegungstradition findet sich auch in der griechischen Übersetzung des alttestamentlichen Hiobbuches.

Wo, wie in 11QtgJob 38 2f. und Hi 42 9f.LXX, gemeinsame Züge zwischen dem Hiobtargum und der Hiobseptuaginta auftreten, handelt es sich kaum um literarische Abhängigkeit des einen Textes vom anderen, sondern eher um eine gemeinsame exegetische Tradition, die beiden Überlieferungsgrößen zugrunde liegt[61]. Die größte Ähnlichkeit besteht dabei hinsichtlich des Gedankens der Sündenvergebung[62] »um Hiobs willen«, der mit dem Fürbittemotiv verbunden wird:

9b καὶ ἔλυσεν τὴν ἁμαρτίαν αὐτοῖς διὰ Ιωβ
10aα ὁ δὲ κύριος ηὔξησεν τὸν Ιωβ·
10aβ εὐξαμένου δὲ αὐτοῦ καὶ περὶ τῶν φίλων αὐτοῦ
ἀφῆκεν αὐτοῖς τὴν ἁμαρτίαν·
9b »Und er (sc. der Herr) vergab ihnen die Sünde um Hiobs willen.
10aα Der Herr aber ließ Hiob gedeihen;
10aβ und als dieser für seine Freunde bat,
vergab er ihnen die Sünde«[63]

Wie nach 11QtgJob 38 2.3a (*wšbq lhwn ḥṭ'yhwn bdylh*) geschieht auch nach der griechischen Version die Sündenvergebung »um Hiobs willen«

[59] 11QtgJob 38 3 ist – neben 11QtgJob 29 7 (*b*]*dyl dy*) – der älteste Beleg für die zusammengesetzte Präposition *bdyl* »um . . . willen« im Aramäischen, s. dazu Sokoloff, a. a. O. 23.145.168; A. Díez Macho, in: Neophyti I, t.V: Deuteronomio, Madrid 1978, 118*f., ferner Ch.-F. Jean – J. Hoftijzer, Dictionnaire des inscriptions sémitiques de l'ouest, Leiden 1965, 74 s.v. *zy* B5 und J. Margain, Les particules causales dans le Targum Samaritain, Sem. 30, 1980, 69–87, hier: 72.77f.81.85f.

[60] K.-Th. Kleinknecht, Der leidende Gerechtfertigte. Untersuchungen zur alttestamentlich-jüdischen Tradition vom ›Leidenden Gerechten‹ und ihrer Rezeption bei Paulus, Masch. Diss. Tübingen 1981, 79.

[61] Vgl. z. B. die editio princeps, a. a. O. (oben Anm. 10) 7 und Puech–García, a. a. O. (oben Anm. 10) 401f.403.

[62] Dies hängt in LXX damit zusammen, daß in Hi 42 7 – im Unterschied zu MT – bereits das Sündigen (ἁμαρτάνειν) der drei Freunde in den Vordergrund gerückt wird, vgl. auch TestHi 42 4–8, s. dazu B. Schaller, Das Testament Hiobs, JSHRZ III/3, Gütersloh 1979, 362.

[63] Zum Wechsel λύω (τὴν ἁμαρτίαν) – ἀφίημι (τὴν ἁμαρτίαν) s. Dupont-Sommer, a. a. O. (oben Anm. 19), 74.

(διὰ Ιωβ)[64], d.h. aufgrund des stellvertretenden Eintretens Hiobs für seine schuldigen Freunde[65]. Hiob gehört damit zu den »Rechtschaffenen und heiligen Propheten«, von denen syrBar 85 2 im Rückblick auf die Heilsgeschichte sagt:

> »Wir waren damals freilich auch in unserem eigenen Lande, und jene (gerechten Helfer) halfen uns, wenn wir in Sünde fielen, und legten Fürbitte für uns ein bei dem, der uns geschaffen hat, weil sie auf ihre (guten) Werke trauen konnten. Und der Allmächtige hörte sie und nahm uns unsere Schuld.«[66]

Der mit der Präposition »um ... willen« formulierte Stellvertretungsgedanke[67] begegnet – allerdings ohne das Fürbittemotiv – noch in Jub 5 19: Noahs exemplarische Gerechtigkeit führte nicht nur zur eigenen Errettung, sondern auch zur Errettung seiner Söhne aus der Sintflut:

> »Und bei allen, die ihre Wege verdorben hatten und ihren Willen vor der Sintflut, wurde ihre Person nicht beachtet, außer der des Noah allein. Denn seine Person wurde ihm beachtet wegen seiner Söhne, die er gerettet hat aus dem Wasser der Sintflut

[64] Vgl. dazu Fitzmyer: Die Wendung διὰ Ιωβ »is ambiguous in the LXX Greek. It could possibly also mean ›through Job‹, and then it would express an idea similar to that in 4QOrNab 1–3:4. It should more likely be understood as the targum has understood it« (a.a.O. [oben Anm. 10], 17, Anm. 58), also im Sinne von διά = »wegen, um ... willen«, zu 4QOrNab I 4 s. im folgenden.

[65] Den Stellvertretungsgedanken enthält bereits v. 8: εἰ μὴ γὰρ δι'αὐτόν, ἀπώλεσα ἂν ὑμᾶς. Zu beachten ist auch, daß sich Hiobs Mittlertum nach LXX – deutlicher als nach MT – schon bei der eigentlichen Opferhandlung auswirkt: καὶ ποιήσει (Subjekt Hiob) κάρπωσιν περὶ ὑμῶν (MT: וְהַעֲלִיתֶם עוֹלָה בַּעַדְכֶם), noch deutlicher – und zwar unter Zurückdrängung des Fürbittemotivs! – wird das in TestHi 42 6.8.

[66] Vgl. die Übersetzung von A. F. J. Klijn, Die syrische Baruch-Apokalypse, JSHRZ V/2, Gütersloh 1976, 182, und von E. Kautzsch, in: APAT II, 445, zum Zusammenhang s. R. Le Déaut, Aspects de l'intercession dans le Judaïsme Ancien, JSJ 1, 1970, 35–57, hier: 44f.

[67] Zum Zusammenhang von Interzession und Vergebung vgl. auch die Interzession Jeremias ParJer 2 3: »Sooft das Volk sündigte (ἡμάρτανεν), streute Jeremias Staub auf sein Haupt, und betete für das Volk (καὶ ηὔχετο ὑπὲρ τοῦ λαοῦ), bis diesem die Sünde vergeben war (ἕως ἂν ἀφεθῇ αὐτῷ ἡ ἁμαρτία)«, s. dazu G. Delling, Jüdische Lehre und Frömmigkeit in der Paralipomena Jeremiae, BZAW 100, Berlin 1967, 20.63.70. In der samaritanischen Literatur der aramäischen Periode findet sich der den Textzusammenhang Ex 32 10–12 exegesierende Gedanke einer Rücknahme (*nḥm* ethpe.) des göttlichen Vernichtungsbeschlusses aufgrund eines interzessorischen Gebetes (*bdyl ṣlwth* »um seines Gebetes willen«) des Mose: »By reason of his prayer God repents of all the affliction which threatened to take place« (MM IV 101 6: ed. J. MacDonald, Memar Marqah, vol. I: The Text, BZAW 84, Berlin 1963, 101; vol. II: The Translation, BZAW 84, Berlin 1963, 167). Weitere Belege nennt O. Hofius in seinem Aufsatz »Kennt der Targum zu Jes 53 einen sündenvergebenden Messias?« (wird im Rahmen einer für WUNT geplanten Monographie erscheinen).

Synopse: Die Fürbitte Hiobs

Hi 42 9b–10 MT			*11QtgJob 38 2–4*		*Hi 42 9b–10 LXX*
וַיִּשָּׂא יְהוָה אֶת־פְּנֵי אִיּוֹב׃	9b	2	*ʾlhʾ wšmʿ ʾ[l]hʾ bqlh dy ʾyywb ẘšb̊q̇*	9b	καὶ ἔλυσεν τὴν ἁμαρτίαν αὐτοῖς διὰ Ιωβ.
		3a	*lhwn ḥṭʾyhwn bdylh*		
וַיהוָה שָׁב אֶת־שְׁבוּת אִיּוֹב	10aα	3b	*wtb ʾlhʾ lʾyywb brḥmyn*	10aα	ὁ δὲ κύριος ηὔξησεν τὸν Ιωβ·
בְּהִתְפַּלְלוֹ בְּעַד רֵעֵהוּ	10aβ			10aβ	εὐξαμένου δὲ αὐτοῦ καὶ περὶ τῶν φίλων αὐτοῦ ἀφῆκεν αὐτοῖς τὴν ἁμαρτίαν·
וַיֹּסֶף יְהוָה אֶת־כָּל־אֲשֶׁר לְאִיּוֹב לְמִשְׁנֶה׃	10b	4	*wyhb lh ḥd tryn bkl dy hwʾ lh* (...)	10b	ἔδωκεν δὲ ὁ κύριος διπλᾶ ὅσα ἦν ἔμπροσθεν Ιωβ εἰς διπλασιασμόν.
9b	»Und Jahwe nahm Rücksicht auf Hiob.	2	»Gott, und G[o]tt hörte auf die Stimme Hiobs und vergab	9b	»Und er (sc. der Herr) vergab ihnen die Sünde um Hiobs willen.
		3a	ihnen ihre Sünden um seinetwillen.		
10aα	Und Jahwe wendete das Geschick Hiobs	3b	Und Gott wandte sich wieder Hiob zu in Barmherzigkeit	10aα	Der Herr aber ließ Hiob gedeihen;
10aβ	als er für ›seine Freunde‹ Fürbitte tat.			10aβ	und als dieser für seine Freunde bat, vergab er ihnen die Sünde;
10b	Und Jahwe vermehrte alles, was Hiob besessen hatte, auf das Doppelte«	4	und gab ihm das Doppelte von allem, was er besessen hatte (...)«	10b	und der Herr gab das Doppelte von dem, was Hiob vorher besessen hatte, bis zur Verdoppelung«

um seinetwillen (*bäʾəntīʾāhû*). Denn gerecht war sein Herz auf allen seinen Wegen, gleichwie ihm geboten war darüber. Und er hat nicht übertreten von allem, was ihm angeordnet war.«[68]

Als Parallele zu dem hier formulierten Gedanken der Erettung des Frevlers durch den Gerechten verweist R. H. Charles[69] auf Gen 18 22–33. Im Hinblick auf unser Thema (göttliche Sündenvergebung aufgrund menschlicher Interzession) ist aber zu beachten, daß es in dem Gespräch zwischen Abraham und Jahwe Gen 18 22ff. nicht um eine Interzession Abrahams[70], sondern um die »Rechtfertigung des göttlichen Gerichtshandelns«[71] geht: Darf Jahwe, der ein Gott des Rechts und nicht der Willkür sein will, eine ganze Stadt und d.h.: den Gerechten zusammen mit dem Frevler vernichten? Die den Frevlern *um* der Gerechten *willen* (לְמַעַן v. 24, בַּעֲבוּר v. 26.29.31.32, בְּ v. 28) gewährte Vergebung ist »hier eine Forderung, die sich zwangsläufig aus dem Postulat ergibt, daß der Gerechte nicht zusammen mit dem Frevler sterben darf. Sie ist weder eine Bitte noch eine unabweisbare Forderung, der Gott nachkommen muß, weil er nur so seinem eigenen Wesen gerecht werden kann«[72].

Im Unterschied zu dieser Vorstellung (: kein Gerechter darf zusammen mit dem Frevler sterben) geht es in Gen 6 9ff. und Ez 14 12ff. darum, daß der exemplarische Gerechte (nach Gen 6 9ff.: Noah und seine Familie, nach Ez 14 12ff.: Noah, Daniel und Hiob als die Frommen der Vorzeit), der in einer schuldigen Gemeinschaft lebt, gerettet wird (Ez 14 14.20: בְּצִדְקָתָם »wegen ihrer Gerechtigkeit«), während kein Schuldiger dem göttlichen Gericht entkommen kann[73]. In Jub 5 19 wird der in Gen 6 9ff. der Sache nach vorhandene Gedanke der Errettung vieler aufgrund der exemplarischen Gerechtigkeit eines einzelnen mit Hilfe der Präposition *bäʾəntīʾāhû* »um seinet-(= Noahs)willen« auf den Begriff gebracht. In dieser Tendenz zu begrifflicher Zuspitzung ist Jub 5 19 mit 11QtgJob 38 2f. vergleichbar.

II

Der Gedanke der von Gott gewährten Sündenvergebung »um Hiobs willen« wird im Hiobtargum mit der aramäischen Wurzel *šbq* (+ acc.rei *ḥṭʾyn* »Sünden«) formuliert[74]. Aufgrund ihrer Häufigkeit nimmt diese

[68] Übersetzung K. Berger, Das Buch der Jubiläen, JSHRZ II/3, Gütersloh 1981, 352f. Zur zusammengesetzten Präposition *bäəntû* (»quod attinet, de; ob, propter, causa, gratia«) s. A. Dillmann, Lexicon Linguae Aethiopicae, Leipzig 1865, Sp. 775f. s.v.

[69] The Book of Jubilees or the little Genesis. Translated the Editor's Ethiopic Text, Nachdruck Jerusalem 1972, 46 Anm. z.St.

[70] Zu dieser traditionellen Interpretation s. die Hinweise bei C. Westermann, Genesis 12–36, BK I/2, 1981, 354.

[71] Schmidt, a.a.O. (oben Anm. 20) 143, vgl. Westermann, a.a.O. 346ff.

[72] Ders., a.a.O. 150. Etwas anders jetzt: E. Haag, Abraham und Lot in Gen 18–19, in: M. Delcor – A. Caquot, Mélanges Bibliques et Orientaux. En l'Honneur de M. Henri Cazelles, AOAT 212, Neukirchen-Vluyn 1982, 173–199, hier 196f.

[73] S. dazu die Ausführungen von Schmidt, a.a.O. 131ff.

[74] Zu den weiteren *šbq*-Belegen im Hiobtargum (col. 31 4: *šbyqh*, wohl elliptisch für *ʾrʾ šbyqh* »verlassenes Land« s. Sokoloff, a.a.O. (oben Anm. 10) 150; Jongeling–Labuschagne–van der Woude, a.a.O. (oben Anm. 10) 59 Anm. z.St. Die Zugehörig-

Wurzel unter den – nicht allzu zahlreichen – Termini des Mittel- und Spätaramäischen[75] für »vergeben« (Subjekt Gott) wie *kpr* pa./etpha., *mḥl* pe., *slḥ* pe., pa., *šrʾ/šry* pe. (öfter in Parallele zu *šbq*), u.a.[76] eine hervorragende Stellung ein. Vornehmlich ein Ausdruck der Rechtssprache (»aus einem Rechtsverhältnis entlassen«)[77], ist dieses *šbq* »lassen, erlassen, verlassen« (pe./ethpe.[pass.] + Sündenterminus) in den späteren Targumen[78], im Midrasch (LevR 5 8 zu Lev 4 14f.: **הא שרי לך והא שביק לך**), in der Peschitta[79], im Christlich-Palästinischen[80] sowie im Mandäischen[81] häufiger in der Bedeutung »(die Sünde/Schuld erlassen >)

keit von *šbq* 2Q24 frag. 1 2; 5Q15 frag. 1 I 1 (»Peristyle«?, so Fitzmyer–Harrington, a.a.O. [oben Anm. 10] 51.55) zu derselben Wurzel ist strittig, vgl. etwa J. C. Greenfield, The Small Caves of Qumran, JAOS 89, 1969, 128–141, hier: 134.

75 Zu dieser Bezeichnung s. oben Anm. 13.

76 S. dazu M. J. Jastrow, A Dictionary of the Targumim, the Talmud Babli and Yerushalmi, and the Midrashic Literature, 2 Bde, New York 1903; J. Levy, Neuhebräisches und Chaldäisches Wörterbuch über die Talmudim und Midraschim, 4 Bde, Leipzig 1876–1889; ders., Chaldäisches Wörterbuch über die Targumim und einen großen Theil des rabbinischen Schriftthums, 2 Bde, Breslau 1866, jeweils s.vv., vgl. zur Sache auch die Lit. in den folgenden Anmerkungen. Zur Vergebungsterminologie des AT und der Qumrantexte s. demnächst B. Janowski – H. Lichtenberger, Enderwartung und Reinheitsidee. Zur eschatologischen Deutung von Reinheit und Sühne in der Qumrangemeinde (erscheint in JJS 34, 1983).

77 Für das Reichsaramäische (und das Nabatäische) s. Jean–Hoftijzer, a.a.O. (oben Anm. 59), 289 s.v.; E. Vogt, Lexicon Linguae Aramaicae Veteris Testamenti Documentis Antiquis Illustratum, Roma 1971, 136f. s.v., ergänzend s. B. Porten, Archives from Elephantine. The Life of an ancient Jewish Military Colony, Berkeley/Los Angeles 1968, 261f.; Y. Muffs, Studies in the Aramaic Legal Papyri from Elephantine, Studia et Documenta 8, New York 1973, 36.40. Zu dem neuen reichsaramäischen Beleg *šbyq* (pt.pass.pe.) in Z. 18 der Trilingue aus dem Letoon von Xanthos s. A. Dupont-Sommer, in: Fouilles de Xanthos t. VI: La stèle trilingue du Létôon, Paris 1979, 150f.

78 Für die Belege s. die oben Anm. 76 genannten Wörterbücher jeweils s.v. *šbq* pe./ethpe., ferner J. A. Emerton, Binding and Loosing – Forgiving and Retaining, JThS 13, 1962, 325–331; A. Díez Macho, Targum y Nuevo Testamento, in: Mélanges E. Tisserant, vol. I, Roma 1964, 153–185, hier: 163f.; ders., in: E. Schweizer – A. Díez Macho, La iglesia primitiva. Medio ambiente, organización y culto, Salamanca 1974, 142f.; R. Le Déaut, Introduction à la littérature targumique I, Rome 1966, 177f.; ders., Targumic Literature and New Testament Interpretation, BTB 4, 1974, 243–289, hier: 246; M. McNamara, Targum and Testament. Aramaic Paraphrases of the Hebrew Bible: A Light on the New Testament, Shannon 1972, 129f.; G. Vermes, The Targumic Versions of Genesis 4:3–16, in: ders., Post-Biblical Jewish Studies, SJLA 8, Leiden 1975, 92–126, hier: 121ff.

79 Vgl. P. Smith, Thesaurus-Syriacus, Oxonii 1879, Sp. 4073ff.; K. Brockelmann, Lexicon Syriacum, Halle ²1928, 753f. s.v. *šbq* pe. 8/ethpe. 4.

80 Vgl. F. Schulthess, Lexicon Syropalaestinum, Berlin 1903, 200f. s.v. *šbq* pe. 4/ethpe. 2.

81 Vgl. E. S. Drower – R. Macuch, A Mandaic Dictionary, Oxford 1963, 447f. s.v.; E. Segelberg, in: R. Macuch, Zur Sprache und Literatur der Mandäer, Studia Man-

vergeben, verzeihen« (Subjekt Gott) belegt. Abgesehen von 11QtgJob 38 2f., dem bislang ältesten frühjüdischen Beleg für diesen Sinngehalt von *šbq*, begegnet der Zusammenhang von menschlicher Interzession und göttlicher Vergebung noch in späteren aramäischen Texten, die ebenfalls die Konstruktion *šbq* pe. + Sündenterminus (*ḥwbyn/ḥṭ'yn*) verwenden: TargJon Jes 52 13–53 12 und TargJon Am 7 2[82]. Die Frage, ob in diesem Zusammenhang auch das vorchristliche Gebet des Nabonid 4QOrNab[83] herangezogen werden kann, muß im folgenden etwas ausführlicher erörtert werden.

(1) Nach dem nur fragmentarisch erhaltenen Text von 4QOrNab verbrachte der babylonische König Nabonid einen siebenjährigen Aufenthalt in der arabischen Oase Tema, wo er an einem Geschwür litt, das trotz seines Flehens zu den Göttern »aus Silber und Gold, Erz, Eisen, Holz, Stein. Ton« (I 7f.) nicht wich. Die Wende bahnt sich erst an, als ein *gzr*[84] aus der Schar der jüdischen Exulanten in Babylon dem König zum Bewußtsein bringt, daß seine Krankheit die Strafe für seine Sünden ist. Nachdem sich Nabonid zu jenem »allerhöchsten Gott« (*'lh' 'ly'*) bekehrt hat, wird ihm die Vergebung seiner Sünden und die Befreiung von seiner Krankheit zuteil. Nach der Textwiedergabe des Erstherausgebers J. T. Milik lautet der hier interessierende Passus 4QOrNab I 3f. folgendermaßen:

3 (...) [*wkdy hwdyt 'wyty*]
4 *wḥṭ'y šbq lh gzr whw'* [*gbr*] *yhwdy m*[*n bny glwt' bbbl whw'*]

Das Verständnis dieser beiden Zeilen wird durch die Tatsache erschwert, daß hinsichtlich der Konjektur von Z. 3 fin und der Frage der Subjektbindung von *šbq* Z. 4 in der Forschung gegensätzliche Auffassungen vertreten werden. Bei der folgenden Zusammenstellung soll die Frage nach

daica 1, Berlin-New York 1976, 171–244, hier: 188f. 240, vgl. G. Furlani, Peccati e peccatori presso i Mandei, AANL.M 8,3, 1951, 303–393, hier: 308f. 337ff. u.ö.

[82] S. unten S. 273ff.

[83] Textveröffentlichung: J. T. Milik, »Prière de Nabonid« et autres écrits d'un cycle de Daniel. Fragments aramées de Qumrân 4, RB 63, 1956, 407–415; Studienausgaben: Jongeling–Labuschagne–van der Woude, a.a.O. (oben Anm. 10) 121ff.; Fitzmyer–Harrington, a.a.O. (oben Anm. 10) 3f.. Eine Bibliographie zu 4QOrNab findet sich bei Fitzmyer–Harrington, a.a.O. 191ff., s. ferner P. Grelot, La prière de Nabonide (4QOrNab), RdQ 9, 1977–78, 483–495; A. S. van der Woude, Bemerkungen zum Gebet des Nabonid, in: M. Delcor (éd.), Qumrân. Sa piété, sa théologie et son milieu, BEThL 46, Paris-Leuven 1978, 121–129; P. W. Skehan, Art. Qumran, DBS IX, 1979, Sp. 826; M. Delcor, Art. Qumran, ebd. Sp. 913f.; E. Haag, Der Traum des Nebukadnezzar in Dan 4, TThZ 88, 1979, 194–220, hier: 217ff.; Fitzmyer, a.a.O. (oben Anm. 10) 15f.; Koch, a.a.O. (oben Anm. 12) 27f.

[84] S. dazu im folgenden.

dem Subjekt von *šbq*, bei der ein Konsens am ehesten möglich scheint, im Vordergrund stehen:

(a) *Gott als Subjekt von šbq*: Der Herausgeber J. T. Milik[85] ergänzt Z. 3fin zu *wkdy hwdyt ʿwyty* (»aber, als ich meine Sünden bekannt hatte, ...«), korrigiert das *lh* Z. 4 in *ly*[86] und unterstellt das *ḥṭʾy* Z. 4 der Rektion des konjizierten *hwdyt*: »[Mais, quand j'eus confessé mes péchés] et mes fautes, (Dieu) m'accorda un devin; c'était un [homme] Juif d'[entre les exilés de Babylonie. Il] ...« Diese Konjektur von Z. 3fin sowie die Auffassung von *šbq* als »schicken, gewähren« wird von E. Vogt[87] übernommen: »[Sed postquam confessus sum delicta mea] et peccata mea, (*Deus*) concessit (šbq: *cf. Esd 6,7*) ei (*lege*: mihi) hariolum, et is erat [vir] iudaeus e[x filiis captivitatis in Babel; et is] ...« Auch W. Dommershausen[88] und A. Mertens[89] folgen Milik in der Konjektur von Z. 3fin, übersetzten Z. 4 aber mit R. Meyer[90], der *ḥṭʾy* aufgrund des nachfolgenden »rückbezüglichen pronominalen Objektes« *lh* singularisch auffaßt und *šbq* mit »verzeihen« wiedergibt: »[Doch als ich bekannt hatte meine Verkehrtheit] (4) und meine Sünde, verzieh er sie. Ein Seher, und zwar ein jüdischer [Mann] v[on der Exulantenschaft in Babylon] ...«[91]. Alle diese Ausleger verstehen *gzr* Z. 4 als »Wahrsager, Seher, Schicksalsbestimmer«.

(b) *gzr als Subjekt von šbq*: Weder in der Konjektur von Z. 3fin noch in der Übersetzung von *šbq* schließt sich A. Dupont-Sommer[92] dem Vorschlag von J. T. Milik an. Überdies wird von ihm – im Unterschied zu den soeben genannten Autoren – die Frage der Subjektbindung von *šbq* (Objekt: *ḥṭʾy*) zugunsten von *gzr* Z. 4 entschieden: »[Aber ich betete zum allerhöchsten Gott] (4) und meine Sünden erließ ein Beschwörer; er war ein jüdischer [Mann], einer v[on den Verbannten. Und er sagte zu mir] ...[93].« Diesem Rekonstruktions- und Übersetzungsversuch folgt

[85] S. oben Anm. 83.

[86] A. a. O. 408, Anm. 4.

[87] Precatio regis Nabonid in pia narratione iudaica, Bib. 37, 1956, 532–534, hier: 532, vgl. ders., a. a. O. (oben Anm. 77) 164 s. v. *šbq* 5, ferner die bei Kirchschläger, a. a. O. (oben Anm. 48), 146, Anm. 60 genannten Autoren.

[88] Nabonid im Buche Daniel, Mainz 1964, 69.70, vgl. Haag, a. a. O. (oben Anm. 83) 217.

[89] Das Buch Daniel im Lichte der Texte vom Toten Meer, SBM 12, Würzburg/Stuttgart 1971, 35.36.

[90] Das Gebet des Nabonid. Eine in den Qumran-Handschriften wiederentdeckte Weisheitserzählung, SSAW.PH 107/3, Berlin 1962, 23ff.

[91] Meyer, a. a. O. 33.

[92] Exorcismes et guérisons dans les écrits de Qoumrân, VT.S 7, 1960, 246–261, hier: 253ff., vgl. ders., Die essenischen Schriften vom Toten Meer, Tübingen 1960, 347ff.; ders., a. a. O. (oben Anm. 19) 73.

[93] Die essenischen Schriften ..., 384f. (mit dem Kommentar ebd. Anm. 3).

neuerdings J. A. Fitzmyer[94] mit Ausnahme des von Dupont-Sommer als dativus ethicus (Bezugswort *gzr*) verstandenen *lh*, das sich Fitzmyer zufolge vielmehr auf Gott beziehe und deshalb mit »for Him« wiederzugeben sei: »[And I prayed to the Most High God,] and an exorcist remitted my sins for Him; he (was) a Jew f[rom (among) the deportees, and he said to me,] . . .[95].« Nach Fitzmyer wäre somit die Wendung *wḥṭ'y šbq lh gzr* »und ein Beschwörer vergab/erließ meine Sünden für Ihn (sc. Gott)« ein vorchristlicher, genuin jüdischer (palästinischer) Beleg für die Auffassung, daß ein menschliches Wesen »could be the instrument of God's forgiveness of sin; that forgiveness could be mediated through a human agent«[96]. Im Unterschied zu 11QtgJob 38 2f. (vgl. Hi 42 9f. LXX) und dem dort thematisierten Zusammenhang von menschlicher Interzession und göttlicher Sündenvergebung wäre danach der *gzr* 4QOrNab I 4 der direkte menschliche Mittler der göttlichen Vergebung (». . . an instrument or intermediary of God's pardon of human sin«)[97] – vorausgesetzt, *gzr*[98] bedeutet wirklich »Beschwörer, Exorzist«.

[94] Fitzmyer–Harrington, a.a.O. (oben Anm. 107) 3; Fitzmyer, a.a.O. (oben Anm. 10) 15f.; ders., JBL 97, 1978, 464, vgl. auch Delcor, a.a.O. (oben Anm. 40), 110f.; A. Lacocque, Le livre de Daniel, CAT XV b, 1976, 64 (Anm. zu Dan 4,4); Seybold, a.a.O. (oben Anm. 32) 94, Anm. 104; P. Garnet, Salvation and Atonement in the Qumran Scrolls, WUNT 2/3, Tübingen 1977, 12.97, Anm. 4, u.a. (die ältere Lit. bei Kirchschläger, a.a.O. [oben Anm. 48], 146, Anm. 60). Die Argumentation von Kirchschläger, der in der Interpretation von *wḥṭ'y šbq lh gzr* ebenfalls Dupont–Sommer folgt (a.a.O. 145f.), ist in sich nicht widerspruchsfrei.

[95] Fitzmyer–Harrington, ebd.; Fitzmyer, a.a.O. 15.

[96] A.a.O. 16.

[97] Ders., a.a.O. 17. Was bei dem Verständnis von 4QOrNab I 4 am meisten Schwierigkeiten bereitet, ist nach Fitzmyer nicht die aramäische Syntax, sondern vielmehr »the Christian subconsciousness recalling Mark 2:7b (and parallels)« (JBL 97, 1978, 464), d.h. die Frage der jüdischen Schriftgelehrten: »Wer kann Sünden vergeben außer Einem: Gott?« (Mk 2 7). In dem Zuspruch der Sündenvergebung durch einen »jüdischen Exorzisten« 4QOrNab I 4 sieht Dupont–Sommer (a.a.O. [oben Anm. 92] 259ff., vgl. ders., a.a.O. oben [Anm. 19] 73) eine direkte Parallele (»un parfait parallèle«) zu Mk 2 5 par. Mt 9 2 (etwas anders die Formulierung in Lk 5 20), s. dazu H.-J. Klauck, Die Frage der Sündenvergebung in der Perikope von der Heilung des Gelähmten (Mk 2, 1–12 parr), BZ NF 25, 1981, 223–248 (Lit.).

[98] Zur Wurzel *gzr* »(ab-, be-)schneiden > entscheiden, dekretieren, bestimmen« in den semitischen Sprachen s. G. Furlani, Aram. *gazrin = scongiuratori*, AANL.R 8,3, 1948, 177–196, hier: 181ff.; Jean–Hoftijzer, a.a.O. (oben Anm. 59), 49 s.v.; M. Görg, Art. גָּזַר usw., ThWAT I, Sp. 1001ff.; R. A. Brauner, A Comparative Lexicon of Old Aramaic, Masch.Diss. Ann Arbor/Mich. 1974, 122ff.; D. Cohen, Dictionnaire des racines sémitiques, fasc. 2, Paris/La Haye 1976, 111f. s.v.; M. Dietrich – O. Loretz, *gzr* »abschneiden, abkneifen« im Ugar. und Hebr., UF 9, 1977, 51–56 und für die innerhebräische Bedeutungsentwicklung A. Vivian, I campi lessicali della »separazione« nell'Ebraico Biblico, di Qumran e della Mishna, QuSem 4, Firenze 1978, 351, ferner

Für seine Übersetzung von *gzr* mit »Beschwörer, Exorzist« beruft sich A. Dupont-Sommer[99] – sehr pauschal und leider auch unkritisch – auf die diesbezüglichen Ausführungen von G. Furlani[100]. Furlani, der für aram. *gzr* die Bedeutungsentwicklung »schneiden > entscheiden > beschwören« annahm[101], hat selber nur die Möglichkeit (!) der Übersetzung »beschwören« erwogen – dies wird von W. Kirchschläger[102] zu Recht betont – und dafür (α) drei Belege aus dem Jerusalemer Talmud, (β) zwei Belege aus den aramäischen und (γ) drei Belege aus den mandäischen Beschwörungstexten herangezogen, im einzelnen: (α) An allen drei Stellen des Jerusalemer Talmud (ySan K7 H19 S. 25d yDem K1 H3 S. 22a yShevi K9 H1 S. 38d) wird *gzr* mit der Präposition *ʿl* konstruiert; aber selbst diese Konstruktion, die möglicherweise der Anstoß für Furlanis Überlegungen war, führt nicht notwendigerweise zur Wiedergabe von *gzr* mit »beschwören«. So ist die Wendung **וגזר רבי יוהושע על שריה דימא** ySan K7 H19 S. 25d eher folgendermaßen zu übersetzen: »(Da ließ Rabbi Yehoshuaʿ) über den Fürsten des Meeres einen Beschluß ergehen ...«[103]. Auch bei den beiden anderen *gzr*-Belegen (yDem K1 H3 S. 22a yShevi K9 H1 S. 38d) liegt die Bedeutung »entscheiden, dekretieren, bestimmen« näher als die Bedeutung »beschwören«; zu vergleichen ist auch die bei P. Fiebig[104] gesammelte rabbinische Wundergeschichte »Ḥanina ben Dosa und die Dämonin ʾAgrat« (bPes 112b), in der dieselbe Konstruktion *gzr ʿl* (+ Suffix) in der Bedeutung »dekretieren, bestimmen« begegnet: »Da sagte er (sc. der Rabbi) zu ihr (sc. der Dämonin): wenn ich so angesehen bin im Himmel, so bestimme ich über dich (**גוזר אני עליך**), daß du nie mehr herumstreifen darfst in bewohnter Gegend«. – (β) Auch die beiden von Furlani herangezogenen *gzr*-Belege der aramäischen Beschwörungstexte aus Nippur: *dgzyrtyh gzyrʾ* (jetzt Isbell, Corpus, Text 3 13) und *wgzrnʾ* (jetzt Isbell, Corpus, Text 14 1) sind nicht mit »beschwören« (so Furlani für den ersten Text: »del quale lo scongiuro è scongiurato«), sondern mit »dekretieren, bestimmen« (so die Erwägung Furlanis für den zweiten Text: »decreto«) wiederzugeben[105]. – (γ) Die verbleibenden *gzr*-Stellen der mandäischen Beschwörungstexte (jetzt Yamauchi, Mandaic Incantation Texts, Text 7 [= Pognon, 1898, 15] Z. 13; Text 8 [= Pognon, 1898,

E. Kutsch, Verheißung und Gesetz. Untersuchungen zum sogenannten »Bund« im Alten Testament, BZAW 131, Berlin/New York 1973, 48.

99 A.a.O. (oben Anm. 92) 256ff.

100 S. oben Anm. 98.

101 Vgl. J. Carmignac, Un équivalent français de l'araméen »gazir«, RdQ 4, 1963, 227f. mit der (durch Belege aus der französischen Folklore gestützten) Bedeutungsnuancierung: »schneiden > den Weg abschneiden > den bösen Geistern den Weg abschneiden«.

102 A.a.O. (oben Anm. 48) 147 mit Anm. 74.

103 So jetzt: Übersetzung des Talmud Yerushalmi, hrsg. von M. Hengel, J. Neusner, P. Schäfer, Bd. IV/4: Sanhedrin Gerichtshof, übersetzt von G. A. Wewers, Tübingen 1981, 209, vgl. auch P. Schäfer, Rivalität zwischen Engeln und Menschen. Untersuchungen zur rabbinischen Engelvorstellung, SJ 8, Berlin/New York 1975, 57, Anm. 102 (»befehlen«).

104 Rabbinische Wundergeschichten des neutestamentlichen Zeitalters, KIT 78, Berlin ²1933, 9; (deutsche Übersetzung:) ders., Jüdische Wundergeschichten des neutestamentlichen Zeitalters unter besonderer Berücksichtigung ihres Verhältnisses zum Neuen Testament bearbeitet, Tübingen 1911, 25f.

105 S. dazu jetzt Ch. D. Isbell, Corpus of the Aramaic Incantation Bowls, SBL Diss. Series 17, Missoula/Mont. 1975, 21.22 (Text 3 13: »whose ban is invoked«) und 50 (Text 14 1: »I decree«), vgl. auch die weiteren *gzr/gzyrtʾ*–Belege 162 s.vv.

16] Z. 20; Text 9 [= Pognon, 1898, 18] Z. 10) vermögen die von Furlani und Dupont-Sommer vertretene Übersetzung »beschwören« ebenfalls nicht zu stützen; überall empfiehlt sich hier die Wiedergabe von *gzr* mit »entscheiden, dekretieren, bestimmen«[106]. Faßt man diese Überlegungen zusammen, so hat die Annahme, in dem *gzr* 4QOrNab I 4 sowie in den גָּזְרִין Dan 2 27 5 11/גָּזְרַיָּא Dan 4 4 5 7 mit mantischen Fähigkeiten begabte Personen (»Wahrsager, Seher, Mantiker«) zu sehen, u. E. die größte Wahrscheinlichkeit für sich[107].

Furlanis wiederholtes Argument: »Wer einem Dämon befiehlt, beschwört ihn« mag, sofern ein *Beschwörungskontext* vorliegt, religionsphänomenologisch berechtigt sein; sofern es aber wie in 4QOrNab I 4 um die *Wortbedeutung* von *gzr* in einem solchermaßen neutralen Kontext geht – für eine »Beschwörung« findet sich in 4QOrNab kein Hinweis, es sei denn, dieser wird mittels der Gleichung *gzr* = »Beschwörer, Exorzist« eingetragen! –, kann dieses Argument nicht überzeugen[108]. Bei Annahme der Bedeutung »Wahrsager, Seher, Mantiker« für *gzr* ist diese Schwierigkeit nicht gegeben, weil hier eine semantische Entwicklung aus der Grundbedeutung »schneiden« durchaus vorstellbar ist.

(c) *wḥṭ'y šbq lh gzr* . . .: Neuerdings haben sowohl P. Grelot[109] als auch (B. Jongeling – C. J. Labuschagne –) A. S. van der Woude[110] die – schon von anderen Auslegern vertretenen – Argumente gegen J. T. Miliks Verständnis von *šbq* (»schicken, gewähren«) und gegen A. Dupont-Sommers Deutung von *gzr* (»Beschwörer, Exorzist«) erneuert und mit guten Gründen für die Übersetzung »vergeben, verzeihen« (für *šbq*)[111]

[106] S. dazu die Neubearbeitung von E. M. Yamauchi, Mandaic Incantation Texts, AOS 49, New Haven/Connec. 1967, 316 s.v. *gzr* »to decide« (mit den dortigen Querverweisen und 22 zu den mandäischen Termini für »Beschwörung«, »Eid«, »Fluch«, usw.), vgl. zur Wurzel im Mandäischen noch Drower–Macuch, a. a. O. (oben Anm. 81), 87 s.v. *gzr* pe.pf.

[107] Für die Dan-Stellen s. H.-P. Müller, magisch-mantische Weisheit und die Gestalt Daniels, UF 1, 1969, 79–94, hier: 84.87; ders., Mantische Weisheit und Apokalyptik, VT.S 22, 1972, 268–293, hier: 275ff.; ders., Art. חַרְטֹם, ThWAT III, Sp. 189ff., hier: Sp. 191, vgl. van der Woude, a. a. O. (oben Anm. 80) 125; E. Lipiński, VT 28, 1978, 233–241, hier: 236.

[108] Aus diesem Grunde ist auch Dupont–Sommers Hinweis (a. a. O. [oben Anm. 92], 258) auf den mesopotamischen Beschwörungspriester (*āšipu, mašmāšu*) wenig hilfreich (zu dessen Funktion s. Janowski, a. a. O. [oben Anm. 26] 38f. [Lit.]); denn dem *āšipu* entspricht im (Daniel-)Aramäischen der אָשַׁף (Dan 1 20; 2 2: אָשְׁפִים), s. dazu Kaufman, a. a. O. (oben Anm. 13), 38f. s.v. *āšipu* und die vorhergehende Anmerkung. *Gzr*/גָּזְרַיָּא/גָּזְרִין und *āšipu*/אָשְׁפִים für beinahe synonym zu erklären (so Dupont–Sommer, ebd.), ist u. E. philologische Willkür.

[109] A. a. O. (oben Anm. 83), 488f.

[110] A. a. O. (oben Anm. 83), 124f., vgl. Jongeling–Labuschagne–van der Woude, a. a. O. (oben Anm. 10), 128f.

[111] Diese Übersetzung vertritt bereits Dupont-Sommer, a. a. O. 256.258f., vgl. ders., a. a. O. (oben Anm. 92: Die essenischen Schriften . . .) 348, Anm. 3: »in einem Satz, wie ihn Milik versteht, müßte ein Verbum wie *j^e hăb* ›geben‹ oder noch besser *š^e lăḥ* ›senden‹ stehen«. Der Hinweis von Vogt (a. a. O. [oben Anm. 77] 164 s.v. *šbq* 5) auf AP 30 23 und Esr 6 7 überzeugt nicht, weil die dortigen *šbq*-Formulierungen – z. B. AP 30 23: *l' šbqn ln lmbnyh* »sie erlauben uns nicht, ihn (sc. den Tempel) zu bauen« – mit 4QOrNab

und »Wahrsager« (für *gzr*)[112] plädiert: »Et ap[rès cela,] Di[eu] dirigea [sa face vers moi et il me guérit,] (4) et mon péché, il le remit. Un devin – et celui-ci [était . . .« (Grelot) bzw. »[Ich aber betete zum allerhöchsten Gott,][113] (4) und Er verzieh meine Sünden. Er hatte einen Weissager, einen jüdischen [Mann] . . .« (van der Woude). Auch wenn Grelot und van der Woude hinsichtlich der Konjektur von Z. 3fin und der Satzgliederung von Z. 4 (Grelot: Einschnitt hinter *lh*, Interpretation dieses *lh* als auf *ḥṭ'y* »meine Sünde« [sg.!] zurückbezogenes pronominales Objekt; van der Woude: Einschnitt hinter *šbq*, Interpretation von *lh gzr* als Nominalsatz) voneinander abweichen, so stimmen sie doch – gegen A. Dupont, J. A. Fitzmyer u. a. – darin überein, daß sich für 4QOrNab die Vorstellung eines (im Namen Gottes mittlerisch tätigen)[114] sündenvergebenden »Exorzisten« nicht erweisen läßt.

Der für 11QtgJob 38 2f. und Hi 42 9f. LXX konstitutive Zusammenhang von menschlicher Interzession und göttlicher Sündenvergebung ist in 4QOrNab I 3f. – auch unter Annahme der von J. A. Fitzmyer herausgestellten Sinnverschiebung (11QtgJob 38 2f.: Hiobs stellvertretendes Gebet als Grund für die göttliche Sündenvergebung; 4QOrNab I 3f.: die göttliche Sündenvergebung vermittelt durch einen *gzr* und dessen Beschwörungskunst) – nicht zu belegen. Es ist Gott, der die menschliche Sünde vergibt (*šbq* + Sündenterminus), der anonyme »Wahrsager« (*gzr*) aber hat die Funktion, »d'amener le roi à abandonner les idoles et à honorer le vrai Dieu«[115].

(2) In der späteren Targumliteratur findet sich der in 11QtgJob 38 2f. mit *šbq* pe. »vergeben« (Subjekt Gott) + Sündenterminus (*ḥṭ'yn* »Sünden«) und der Präposition *bdyl* »um . . . willen« (+ Suffix) formulierte Zusammenhang von menschlicher Interzession und göttlicher Sündenvergebung außer in TargJon Am 7 2:

qbyl bʿwty YHWH 'lhym šbwq kʿn lḥwby š'r' dbyt yʿqb
mn yqwm wybʿy ʿl ḥṭ'yhwm

»Erhöre mein Gebet, Jahwe, Gott! Vergib doch die Sünden des Restes des Hauses Jakobs!
Wer wird aufstehen und Fürbitte tun für ihre Verfehlungen?«[116]

I 4 nicht vergleichbar sind, s. auch Jean–Hoftijzer, a.a.O. (oben Anm. 59), 290 s.v. *šbq* qal 10.

112 Diese Übersetzung vertritt bereits Meyer, a.a.O. (oben Anm. 90), 24, vgl. Vogt, a.a.O. 34 s.v. *gzr* (pt.sg.m. *gazăr*); Kirchschläger, a.a.O. (oben Anm. 48) 164f.; S. Segert, Altaramäische Grammatik, Leipzig 1975, 529.

113 Ebenso konjizieren Dupont–Sommer, Fitzmyer, u. a., s. oben S. 269f.

114 S. oben Abschnitt b.

115 Grelot, a.a.O. (oben Anm. 83), 494.

116 Vgl. Le Déaut, a.a.O. (oben Anm. 66), 43 (mit Hinweis auf ParJer 2 3, s. dazu oben Anm. 67).

vor allem in TargJon Jes 52 13–53 12[117]. Im Jesajatargum wird die *Interzession des Messias* mit *bʿy* pe. »Fürbitte tun«[118] und präpositional (*ʿl*) angeschlossenem Sachobjekt (*ḥwbyn* »Schulden«) (53 4.11.12 53 7: *bʿy* pe. abs.)[119] und die *göttliche Sündenvergebung* mit dem passivum divinum *šbq* ethpe. »vergeben werden« (53 4.5.12 53 6: *šbq* pe.inf. [Subjekt Gott]) + *bdylh* »um seinet-(= des Messias)willen« (53 4.6.12) ausgedrückt, z.B. 53 4.12[120]:

4aα *bkn ʿl ḥwbnʾ hwʾ ybʿy*
β *wʿwytnʾ bdylyh yštbqn*

12bα *whwʾ ʿl ḥwbyn sggyʾyn ybʿy*
β *wlmrdwdyʾ yštbyq bdylyh*

4aα »Dann wird er für unsere Schulden Fürbitte tun,
β und unsere Verschuldungen werden um seinetwillen vergeben werden«

12bα »Und er wird für viele Sünden Fürbitte tun,
β und den Empörern wird um seinetwillen vergeben werden«

Während der masoretische Text in Jes 53 4a (»tragen« [נשׂא] der Krankheiten // der Schmerzen). 12b (»tragen« [נשׂא] der Sünde // »getroffen werden« [פגע nif.] für die

[117] Zu TargJon Jes 53 s. zuletzt K. Koch, Messias und Sündenvergebung in Jes 53 – Targum. Ein Beitrag zu der Praxis der aramäischen Bibelübersetzung, JSJ 3, 1972, 117–148; S. H. Levey, The Messiah: An Aramaic Interpretation. The Messianic Exegesis of the Targum, Cincinnati 1974, 63ff. (s. zu dieser Arbeit R. Le Déaut, Bib. 56, 1975, 421ff.); Gubler, a.a.O. (oben Anm. 2) 268f.272.273ff.; Kellermann, a.a.O. (oben Anm. 2) 69.83 und besonders den oben Anm. 67 genannten Beitrag von O. Hofius (dort die ältere Lit.).

[118] Zu *bʿy* pe. (+ *ʿl*) in der Bedeutung »Fürbitte tun« s. Levy, a.a.O. (oben Anm. 76: Chaldäisches Wörterbuch ...), 105 s.v. *bʿy* pe. 3; zur Wurzel *bʿh*/*bʿy* (»suchen, fordern, [er]bitten«) im Semitischen s. Jean–Hoftijzer, a.a.O. (oben Anm. 59), 39f. s.v. *bʿy*; KBL³, 135f. s.v. בעה; Vogt, a.a.O. (oben Anm. 77) 29f. s.v. *bʿy*; E. Lipiński, Studies in Aramaic Inscriptions and Onomastics I (Orientalia Lovaniensia Analecta 1), Leuven 1975, 147.150; P. W. Coxon, The Distribution of Synonyms in Biblical Aramaic in the Light of Official Aramaic and the Aramaic of Qumran, RdQ 9, 1977–78, 497–512, hier: 504f., u.a.

[119] Der masoretische Text verwendet hier jeweils das Bild vom stellvertretenden »Tragen« (נשׂא) der Krankheiten (53 4) bzw. der Schulden/Sünden (53 11.12), s. dazu etwa W. Zimmerli, Zur Vorgeschichte von Jes 53, in: ders., Studien zur alttestamentlichen Theologie und Prophetie. Gesammelte Aufsätze II, TB 51, München 1974, 213–221, vgl. H. Hegermann, Jesaja 53 in Hexapla, Targum und Peschitta, BFChTh.M 2/56, Gütersloh 1954, 78f. und S. Lyonnet, Expiation et intercession. A propos d'une traduction de Saint Jérôme, Bib. 40, 1959, 885–901, hier: 892, Anm. 4.

[120] Vgl. die Übersetzung von Koch, a.a.O. 134.145.

Frevel)[121] jeweils parallel formuliert wird, wird im Targum die Aussage des jeweils ersten Satzes (53 4aα.12bβ) durch den zweiten Satz (53 4aβ.12bβ) im Sinne einer inhaltlichen consecutio weitergeführt: Der Messias tut Fürbitte für die Schulden/Sünden der Vielen, »um seinetwillen« geschieht von Gott her die Vegebung. Dabei *könnte* der Targumist auf die sogenannte נִסְלַח־כִּפֶּר-Formel Lev 4 20.26.31.35 5 10.13 u. ö. (Wortfolge in MT: כִּפֶּר – נִסְלַח in CN/TPsJ/TO: *kpr* pa. – *šbq* ethpe.) zurückgegriffen haben[122] – mit dem bemerkenswerten Unterschied, daß er statt des כִּפֶּר des masoretischen Textes in Jes 53 4.7.11.12 mit aram. *bʿy* ein Verb des interzessorischen Bittens verwendet hat[123]. Der Frage, ob das auf die göttliche Sündenvergebung gerichtete interzessorische Wirken des Messias nach dem targumischen Textzusammenhang als Ausübung eines (hohe-)priesterlichen Amtes verstanden werden darf[124], kann hier nicht weiter nachgegangen werden. Es ist aber deutlich, daß das Eintreten des Messias TargJon Jes 52 13–53 12 als Sühne (nicht in kultischer, sondern) in fürbittender, deprekativer Funktion beschrieben wird[125].

Nach TargJonJes 52 13–53 12 tritt der Messias in Wort und Tat ein für die Schuld der »Vielen« (= Gesamtheit der umkehrwilligen Sünder in Israel), denen »um seinetwillen« Gottes Vergebung zuteil wird. Dieser Gedanke eines durch Wort und Tat Sündenvergebung erwirkenden Messias ist sonst »in spätisraelitischer Zeit und nachher bei den Rabbinen nir-

121 Vgl. K. Elliger (Nochmals Textkritisches zu Jes 53, in: Wort, Lied und Gottesspruch. Beiträge zu Psalmen und Propheten [FS J. Ziegler], hrsg. von J. Schreiner, Würzburg 1972, 137–144, hier: 143 f.), der für das masoretische וְלַפֹּשְׁעִים יַפְגִּיעַ »und für die Frevler trat er ein« – als sachliche Entsprechung zu 53 6 MT: »aber Jahwe ließ ihn treffen (הִפְגִּיעַ בּוֹ) ›unsere Vergehen‹« – den Textänderungsvorschlag וּלְפִשְׁעֵיהֶם יִפָּגַע »und er wurde für ihre Frevel getroffen« macht, vgl. 1QIs[a]: ולפשעיהמה יפגע (1QIs[b] hat dagegen ולפשעיהם יפגיע), zu Jes 53 6 MT s. K. Elliger, Textkritisches zu Deuterojesaja, in: Near Eastern Studies in Honour of W. F. Albright, ed. H. Goedicke, Baltimore/London 1971, 113–119, hier: 115 ff. Im Lichte der vieldiskutierten These von einem Fürbitteamt des Gottesknechtes kommt Elligers Vorschlag besondere Bedeutung zu, s. zur Sache C. Westermann, Das Buch Jesaja Kap. 40–66, ATD 19, ²1970, 217; E. Haag, Das Opfer des Gottesknechtes (Jes 53 10), TThZ 86, 1977, 81–98, hier: 97 f., u. a.

122 Vgl. zuletzt Koch, a. a. O. 134 f., s. auch unten Anm. 124.

123 Ein analoger Vorgang ist in der Vulgata zu beobachten, die in Lev 4 20.26.31.53 5 6.10.13.16.18 u. ö. כִּפֶּר jeweils mit *orare* bzw. *rogare* wiedergibt, s. dazu Lyonnet, a. a. O. (oben Anm. 119), 885 ff.; ders., Expiation et intercession. Note complémentaire: le témoignage des anciennes versions latines, Bib. 41, 1960, 158–167 und Le Déaut, a. a. O. (oben Anm. 66), 55 f.

124 So explizit Koch, a. a. O. 134 f. 135 f. 137. 140. 141 f. 143. 144. 147 f., ferner Lyonnet, a. a. O. (oben Anm. 119) 890 ff.; Le Déaut, a. a. O. 47, Anm. 3, vgl. auch A. J. B. Higgins, The Priestly Messiah, NTS 13, 1966–67, 211–239, hier: 214. Kritisch zur These einer *priesterlichen* Interzession des Messias in TargJon Jes 53 äußert sich J. Becker, Messiaserwartung im Alten Testament, SBS 83, Stuttgart 1977, 84 f. (vgl. die Gesamtargumentation 82–87).

125 Vgl. Kellermann, a. a. O. (oben Anm. 2), 69.83.

gendwo mit Sicherheit zu greifen«[126]. Auch gegenüber 11QtgJob 38 2f. (Interzession des die Sündenvergebung erwirkenden Gottesknechtes Hiob) markiert die Messianität des für die »Vielen« eintretenden Gottesknechtes des Jesajatargums die entscheidende Differenz.

Hat man im antiken Judentum einem eschatologischen Heilsbringer die Vollmacht der Sündenvergebung zuerkannt? Zur Beantwortung dieser Frage, die bereits P. Billerbeck, P. Volz, G. F. Moore, u.a.[127] verneint haben[128], wurden – abgesehen von TestLev 18 9 (G. Friedrich)[129] und TargJon Jes 52 13–53 12 (K. Koch) – von A. Dupont-Sommer und J. A. Fitzmyer noch weitere Texte herangezogen, auf die abschließend kurz eingegangen werden soll:

(a) Seine Annahme, daß in 4QOrNab I 3f. Sündenvergebung (*šbq* + acc.rei *ḥṭ'y*) durch die Vermittlung eines menschlichen Subjektes (*gzr*) geschehe, versucht J. A. Fitzmyer[130] durch den Hinweis auf die in 11QMelch beschriebene Gestalt Melchisedeks zu stützen, deren richterliches Auftreten am Ende des zehnten Erlaßjahres zur Zeit des großen Versöhnungstages in 11QMelch 8–10 angekündigt wird[131]. In der Textkonstruktion (und

[126] Koch, a.a.O. 148 (der statt unseres »Sündenvergebung erwirkenden Messias« vom »sündenvergebenden Messias« spricht). Zu dieser These vom »sündenvergebenden Messias« gelangt Koch v.a. aufgrund seiner Interpretation von Jes 53 5b/TargJon Jes 53 5b: »*ḥbrtw* wird wohl mit *hªbûrā* ›Genossenschaft in Lehrhallen‹ in Beziehung gesetzt und deshalb auf ein sündenvergebendes Wort des Messias bezogen an diejenigen, die ihm nachfolgen« (a.a.O. 138). Abgesehen davon, ob diese Interpretation zu halten ist (s. Hegermann, a.a.O. [oben Anm. 119] 80f.; J. Jeremias, Art. παῖς θεοῦ, ThWNT V, 676–713, hier: 692 und jetzt ausführlich O. Hofius [oben Anm. 67]), legen es die Formulierungen in v. 4 und v. 12, die die Unterschiedenheit von messianischer Interzession (*b'y* pe.) und göttlicher Vergebung (*šbq* ethpe., vgl. *šbq* pe.inf. [Subjekt Gott]) deutlich wahren, nahe, von dem die *göttliche Sündenvergebung* durch seine Interzession *erwirkenden* Messias zu sprechen, vgl. auch P. Fiedler, Jesus und die Sünder, BET 3, Frankfurt a.Main/Bern 1976, 95 und Klauck, a.a.O. (oben Anm. 97), 238f.

[127] S. dazu die Nachweise bei Klauck, a.a.O. (oben Anm. 97), 237f. mit Anm. 49 und Hofius (oben Anm. 67).

[128] Vgl. auch H. Thyen, Studien zur Sündenvergebung im Neuen Testament und seinen alttestamentlich-jüdischen Voraussetzungen, FRLANT 96, Göttingen 1970, 49, Anm. 8.

[129] Beobachtungen zur messianischen Hohepriestererwartung in den Synoptikern, in: ders., Auf das Wort kommt es an. Gesammelte Aufsätze, hrsg. von J. H. Friedrich, Göttingen 1978. 56–102, hier: 84f. In TestLev 18 9 (»Unter seinem Priestertum wird die Sünde aufhören, und die Gesetzlosen werden ruhen, Böses zu tun«) ist die Rede von der Sündlosigkeit der messianischen Zeit (vgl. auch PsSal 17 27.30.36.40f. Jub 5 11f.), nicht aber von der Sündenaufhebung oder -vergebung durch den Priester-Messias, vgl. Thyen, ebd.; Klauck, a.a.O. 238 und zum Verständnis der Priestergestalt in TestLev 18 jetzt W. R. G. Loader, Sohn und Hoherpriester. Eine traditionsgeschichtliche Untersuchung zur Christologie des Hebräerbriefes, WMANT 53, Neukirchen–Vluyn 1981, 231ff.

[130] A.a.O. (oben Anm. 10), 16, Anm. 56.

[131] Zur Melchisedek-Gestalt in Qumran s. M. Delcor, Melchizedek from Genesis to the Qumran Texts and the Epistle to the Hebrews, in: ders., Etudes bibliques et orientales de religions comparées, Leiden 1979, 444–464, hier: 435f. und Loader, a.a.O. 217ff., vgl. 231f.

Übersetzung) Fitzmyers[132] – die an dieser Stelle mit der Neubearbeitung durch J. T. Milik[133] bis auf kleinere Details übereinstimmt[134] – lautet der für unsere Fragestellung entscheidende Passus Z. 7f.[135]:

(7) (...) וי]ום(?) הכפו]רים ה[וא]ה [ ] ..... [יו]בל ה[ע]שירי

(8) לכפר בו על כול בני [אור ו]אנש[י ג]ורל מל[כי] צדק (...)

(7) »(...) and that is the d[ay of Atone]ment [ ] .....the [t]enth [ju]bilee

(8) to atone in it for all sons of [light and] men [of the l]ot of Mel[chi]zedek (...)«

Nach Fitzmyer tritt Melchisedek hier als »an agent ... of the expiation of the iniquities of the people of his inheritance (lines 8–10)«[136] auf. Wenn aber der messianische Hohepriester Melchisedek ein »agent of the expiation« ist, so bedeutet dies zunächst nur, daß er (als himmlischer Erlöser) die eschatologische Sühne vollzieht (כפר pi.), während Gott die Vergebung gewährt. Es ist allerdings fraglich, ob Melchisedek überhaupt Subjekt von לכפר Z. 8 sein kann, weil מלכי צדק nomen rectum in der Constructus-Verbindung ו]אנש[י ג]ורל מל[כי] צדק ist, sachlich also der Rektion eines anderen Subjektes unterstehen wird[137]. Es legt sich daher die Vermutung nahe, daß (nicht Melchisedek, sondern) der das zehnte Erlaßjahr liturgisch beschließende große Versöhnungstag (und dessen Sühneriten) die Sühne schafft (vgl. zur Konstruktion Lev 23 28: כִּי יוֹם כִּפֻּרִים הוּא

[132] Further Light on Melchizedek from Qumran Cave 11, in: ders., Essays on the Semitic Background of the New Testament, Missoula/Mont. ²1974, 245–267, hier: 247.249, vgl. den Kommentar 251.253.259.

[133] Milkî-ṣedeq et Milkî-rešaʿ dans les écrits juifs et chrétiens, JJS 23, 1972, 95–144, hier: 98.99, vgl. den Kommentar 103f.

[134] Zum Einzelvergleich der beiden Bearbeitungen s. J. A. Sanders, The Old Testament in 11Q Melchizedek, JANES 5, 1973, 373–382.

[135] Ein von A. S. van der Woude (Melchisedek als himmlische Erlösergestalt in den neugefundenen eschatologischen Midraschim aus Qumran Höhle XI, OTS 14, 1965, 354–373, hier: 358.359.363, vgl. M. de Jonge – A. S. van der Woude, 11Q Melchizedek and the New Testament, NTS 12, 1965–66, 301–326, hier: 302f.) und von Fitzmyer (a.a.O. 247.249.259) in Z. 6 emendiertes לכפר wird von Milik (a.a.O. 89.103) abgelehnt, vgl. J. Carmignac, Le document de Qumran sur Melkisédeq, RdQ 7, 1970, 343–378, hier: 348.350.358, aber auch A. Caquot, in: ACF 73ᵉ année 1973–74, Paris 1973, 387 (demzufolge die Sündenvergebung Z. 6 von Gott durch Vermittlung des Gottesboten, der nicht identisch ist mit Melchisedek, proklamiert wird).

[136] A.a.O. (oben Anm. 10) 16, Anm. 56. Nach Thyen (a.a.O. [oben Anm. 128] 125 Anm. 6) spielt Melchisedek hier »die Rolle, die in 1QM 13,9f. Michael innehat«: die des himmlischen Mittlers, s. zur Sache A. J. B. Higgins, The Priestly Messiah, NTS 13, 1966–67, 211–239; P. Schäfer, Rivalität zwischen Engeln und Menschen. Untersuchungen zur rabbinischen Engelvorstellung, SJ 8, Berlin/New York 1975, 28ff. 62ff.; D. Sänger, Art. μεσίτης EWNT II, 1981, Sp. 1010ff. K. Grayston, The Meaning of PARAKLÉTOS, Journal for the Study of the New Testament 13, 1981, 67–82, u.a.

[137] Vgl. Garnet, a.a.O. (oben Anm. 94), 107ff., ferner G. Theissen, Untersuchungen zum Hebräerbrief, StNT 2, Gütersloh 1969, S. 139 und Loader, a.a.O. (oben Anm. 130), 217f., die in dem (u.a. auch in Z. 18 erwähnten) Gottesboten das Subjekt der Sühnung sehen.

...לְכַפֵּר עֲלֵיכֶם »denn da ist Versöhnungstag, euch Sühne zu schaffen ...«). So übersetzt denn auch Milik abweichend von Fitzmyer: »(7) (...) Et ›le j[our des Expia]tions‹ (Lev 25 9) est la f[in du] dixième [ju]bilé (8) où l'Expiation sera faite pour tous les fils de [Dieu et] pour les hommes du lot de Mil[kî-]ṣedeq (...)«[138].

(b) A. Dupont-Sommer[139] hat, ebenfalls im Rahmen seiner Analyse von 4QOrNab I 3f.[140], auf andere ›Paralleltexte‹ zu jenem Gedanken der Sündenvergebung durch ein menschliches Subjekt hingewiesen, und zwar auf CD 13 10 (»sündenvergebender« Mebaqqer) und auf CD 14 19 (»sündenvergebender« Messias aus Aaron und Israel). Zu den Aufgaben des Mebaqqer gehört es nach CD 13 7ff. u. a., daß er den »Vielen« ihre fesselnden Bande »lösen« (נתר hif.) soll:

> »Und er soll ihre fesselnden Bande lösen, damit kein Bedrückter und Zerschlagener in seiner Gemeinde sei (לבלתי היות עשוק ורצוץ בעדתו)«

Dupont-Sommer sieht in diesen Banden »Fesseln der Sünde« (»chaînes du péché«). Doch spricht die לבלתי-Formulierung dafür, daß »›die Bande, mit denen sie gebunden sind‹ auf das erlittene Unrecht der Unterjochten sich beziehen«[141]. Der Mebaqqer, der die hier formulierte »Regel« (סרך, vgl. CD 13 7) des »Lösens« zu beachten hat, soll nicht eine Absolution erteilen, sondern dafür sorgen, daß in der ihm anvertrauten Gemeinde soziale Unrechtstatbestände aufgehoben werden; er ist demnach auf seine Verantwortung für die Gemeinschaft angesprochen[142].

Wegen des lückenhaft erhaltenen Textes von CD 14 18f. bleibt das Subjekt von יכפר Z. 19 (Text nach Ch. Rabin[143]: עמוד משי]ח אהרן וישראל ויכפר עונם) und damit die Interpretation dieses Textes unklar. Grammatisch möglich ist der (u. a. auch von Dupont-Sommer gemachte) Vorschlag, den »Messias Aarons und Israels« (vgl. CD 12 23; 19 10f.; 20 1) als Subjekt der Sühne aufzufassen: »... bis aufsteht der Gesalb]te Aarons und Israels,

[138] A. a. O. S. 99, vgl. auch (mit einer geringfügigen Ergänzung in Z. 8 Anfang) Caquot, ebd. Welche Bedeutung in diesem Zusammenhang dem von J. Starcky zur Publikation vorbereiteten Text 4QAhA zukommt, muß vorläufig noch offenbleiben, s. dazu J. Starcky, Les quatres étappes du messianisme à Qumran, RB 70, 1963, 481–505, hier: 492, vgl. Garnet, a. a. O. 108f.; Hengel, a. a. O. (oben Anm. 4) 58f. Beachtenswert ist u. a. die sühnetheologische Aussage über den Hohenpriester der messianischen Zeit 4QAhA Z. 2: *wykpr ʿl kwl bny drh wyšlḥ lkwl bny* [ ] »il fera l'expiation pour tous les fils de sa génération et il sera envoyé à tous les fils de ...« (Transkription und Übersetzung J. Starcky; beides wurde mir dankenswerterweise von Herrn Prof. Dr. M. Hengel in Fotokopie zur Verfügung gestellt). Das Sühnehandeln dieses Hohenpriesters der messianischen Zeit ist auf die Vergebung (durch Gott) gerichtet; daß es selbst sündenvergebend wäre, sagt auch dieser Text nicht.

[139] A. a. O. (oben Anm. 92), 260 mit Anm. 3.

[140] S. oben S. 269ff.

[141] L. Ginzberg, Eine unbekannte jüdische Sekte, I. Teil, New York 1922, 123.

[142] Vgl. J. Maier, Die Texte vom Toten Meer, Bd. II: Anmerkungen, München/Basel 1960, 59; E. Cothenet, in: Les textes de Qumran, traduits et annotés, par J. Carmignac, E. Cothenet et H. Lignée, Paris 1963, 201 und B. E. Thiering, *Mebaqqer* and *Episkopos* in the Light of the Temple Scroll, JBL 100, 1981, 59–74, hier: 66f. und C. G. Kruse, Community Functionaries in the Rule of the Community and the Damascus Document (A Test of Chronological Relationships), RdQ 10,4, 1981, 543–551, hier: 547f.551.

[143] The Zadokite Documents, Oxford ²1958, 71.

und ihre Sünde wird er entsühnen [. . .]«[144]. Das muß, in Analogie zu der obigen Erwägung zu 11QMelch 7f., aber noch nicht heißen, daß der »Messias Aarons und Israels« in eigener Autorität die Sünde vergibt: er *vollzieht* vielmehr die eschatologische *Sühne*. Nach J. Maier[145], E. Cothenet[146], u.a.[147] ist dagegen Gott als Subjekt von יכפר zu ergänzen, was dem sonstigen Gebrauch von כפר in der Damaskusschrift (CD 2 4f. 3 18 4 6f.9.10 20 34, jeweils mit präpositional angeschlossenem Sach-/Personalobjekt und in der Bedeutung »vergeben«)[148] entsprechen würde. Der Zusammenhang zwischen dem Kommen des Messias und der göttlichen Vergebung wäre dann so zu denken, daß das Kommen des Messias »is God's final act in forgiving Israel«[149]. Was bei diesem Deutungsvorschlag etwas stört, ist die Tatsache, daß das aktive כפר (»vergeben« [Subjekt Gott]) in CD mit einem Sach-/Personalobjekt immer durch eine Präposition (על בעד) verbunden wird. Man könnte diese Schwierigkeit durch die Annahme einer (defektiven) Puʿal-Form mit waw-copulativum (וִיכֻפַּר »und es wird gesühnt werden«) und von עונם als grammatischem Subjekt lösen: ». . . bis aufsteht der Gesalb]te Aarons und Israels, und (= so daß) ihre Sünde gesühnt (= von Gott vergeben) wird (. . .)[150].« Letzte Sicherheit ist an diesem Punkt allerdings nicht zu erreichen.

III

Ausgangspunkt für unsere Überlegungen war die Frage, ob »man die Grenze zwischen dem ›hellenistischen‹ und ›palästinischen‹ Judentum so scharf ziehen (kann)«[151], wie dies hinsichtlich der neutestamentlichen Stellvertretungs- und Versöhnungsthematik noch immer häufig geschieht. Als Beispiel für die Legitimität dieser Frage wurde das »palästinische« Hiobtargum aus Qumran (11QtgJob), die »hellenistische« Hiobseptuaginta und der in ihnen formulierte Stellvertretungsgedanke (Vergebung durch stellvertretende Interzession) gewählt. Dabei hat ein Vergleich von 11QtgJob 38 2f. und Hi 42 9f. LXX mit Hi 42 7–10 MT (und anderen Überlieferungen) gezeigt, daß – unabhängig von der Sprachenfrage (aramäischsprechendes – griechischsprechendes Judentum) – die Vorstellung des stellvertretenden, für andere Vergebung der Sünden erwirkenden Eintretens des Gerechten und d.h.: der Zusammenhang von

144 So auch Rabin, ebd.; G. Vermes, The Dead Sea Scrolls in English, Harmondsworth 1962, 117; E. Lohse, Die Texte aus Qumran, Darmstadt 1964, 97, u.a.

145 A.a.O. 64.

146 A.a.O. 204.

147 Vgl. Ginzberg, a.a.O. (oben Anm. 141) 129 (mit anderer Konjektur), s. dazu aber A. S. van de Woude, Die messianischen Vorstellungen der Gemeinde von Qumran, SSN 3, Assen 1957, 31f.

148 S. dazu Janowski–Lichtenberger (oben Anm. 76).

149 Garnet, a.a.O. (oben Anm. 94) 97, vgl. 99.115.

150 Vgl. van der Woude, a.a.O. 30.31f. Zur Konstruktion כפר pu. + Sündenterminus (als grammatisches Subjekt) vgl. Jes 6 7 22 14 27 9.

151 Hengel, a.a.O. (oben Anm. 1) 136.

menschlicher Interzession und göttlicher Vergebung im vorchristlichen Judentum Palästinas entstanden ist bzw. dort tradiert wurde[152].

Die weitergehende Frage, welche Bedeutung jüdischen Texten wie 11QtgJob 38 2f. Hi 42 9f. LXX 2 Makk 7 37f. 4 Makk 6 27ff. Dan 3 39f. LXX/»θ'« TargJon Jes 52 13–53 12 u. a. für die Traditionsgeschichte der soteriologischen Deutung des Todes Jesu zukommt, bedarf im einzelnen noch eingehender Erörterung[153]. Dabei dürfte hinsichtlich der Quellenfrage dem sogenannten »Konvergenzargument«, d.h. dem Sachverhalt vermehrt Aufmerksamkeit zu schenken sein, daß »›die entscheidende Kontrolle über die Richtigkeit‹ aller Einzelerkenntnisse ›nur der Nachweis sein (kann), daß sich aus der Zusammenordnung der so gewonnenen Überlieferungsstücke ein geschichtlich verständliches, einheitliches Bild Jesu und seiner Verkündigung ergibt, das auch die weitere Entwicklung des Urchristentums verständlich macht‹ . . . Wichtig ist dabei die Absage an den verbreiteten Methoden-Monismus, positiv: der Konvergenzbeweis, der Aufweis, daß sich die verschiedenen Beobachtungen und Erkenntnisse – seien sie hypothetischer, wahrscheinlicher oder moralisch sicherer Art – zu einem verstehbaren *Gesamtbild* zusammenfügen[154].« Die das Neue Testament prägende Gewißheit der Vergebung eigener Schuld durch den Tod Jesu ist traditionsgeschichtlich nicht einfach ableitbar[155]. Es fördert aber die Einsicht in ihr Werden und in ihre Gestalt, wenn die historische Exegese versucht, den einzelnen, noch so unscheinbaren Spuren des Stellvertretungsgedankens im nachbiblischen Judentum zu folgen und deren jeweiligen Anteil an jenem intendierten Gesamtbild der neutestamentlichen Versöhnungsbotschaft sorgfältig zu bestimmen.

[152] Vgl. Stuhlmacher, a.a.O. (oben Anm. 9: Existenzstellvertretung . . .) 38, Anm. 41. Die Ursprünge dieses thematischen Zusammenhangs im alttestamentlich-jüdischen Traditionsbereich zu ergründen, wäre eine eigene – dringend erforderliche – Aufgabe, s. dazu die z.T. überzeugenden Ansätze bei U. Kellermann (oben Anm. 2).

[153] S. dazu aus neuerer Zeit besonders die (oben Anm. 2 und 4 genannten) Arbeiten von J. Gnilka, M. Hengel, U. Kellermann, H. Schürmann und P. Stuhlmacher.

[154] H. Schürmann, Jesu ureigener Tod. Exegetische Besinnungen und Ausblick, Freiburg/Basel/Wien 1975, 25 (Hervorhebung im Original), vgl. 52. Das Zitat bei Schürmann bezieht sich auf W. G. Kümmel, Die Theologie des Neuen Testaments nach seinen Hauptzeugen Jesus – Paulus – Johannes, NTD Ergänzungsreihe 3, Göttingen ³1976, 24.

[155] Dies ist deshalb nicht möglich, weil grundsätzlich mit (sprach-)schöpferischen Innovationen bei Jesus (und der frühen Urgemeinde) zu rechnen ist: »Geschichtlich neu ist die Kristallisation all dieser einzelnen Überlieferungen in dem messianischen Rechtshandeln des leidenden Menschensohnes Jesus von Nazareth. Jesus hat durch seine Bereitschaft zur stellvertretenden Sühne der alttestamentlichen Erfahrungs- und Sprachgeschichte gerade in Hinsicht auf die Gerechtigkeit Gottes, die Gerechtigkeit der Menschen vor Gott und ihr Rechttun in der Welt eine neue Richtung gegeben« (Stuhlmacher, a.a.O. [oben Anm. 4] 61), vgl. zur Sache Hengel, a.a.O. (oben Anm. 2) 137.141.144.

Enderwartung und Reinheitsidee

Zur eschatologischen Deutung von Reinheit und Sühne in der Qumrangemeinde

*Prof. Yigael Yadin zum 65. Geburtstag**

I. Vorbemerkung

In vielen antiken Religionen wurden die Gefahren, die von äußerer Verunreinigung und Befleckung ausgehen, nicht als etwas Äußerliches, sondern als Angriff auf das individuelle Leben, als Infragestellung des gesamten sozialen Gefüges erlebt. Die Verbote, die sich eindämmend auf jene negativen Kräfte bezogen, sollten die Gesundheit des 'sozialen Körpers' schützen und dessen innere Kohärenz erhalten. Ihre absichtliche oder unabsichtliche Übertretung bedeutete die Aktivierung derjenigen Mächte, die jenseits der (jeweiligen) sozialen Ordnung und ihrer Sinnhaftigkeit walteten und ebendiese Ordnung in einen Bereich tiefgreifender Desorientierung zu verwandeln drohten. Die Furcht vor "Unreinheit", "Schmutz" und "Makel", die zum Leitmotiv einer ganzen Gemeinschaft werden konnte, läßt sich darum als Ausdruck eines zum Schutz der sozialen Ordnung geschaffenen Symbolsystems verstehen,[1] das sich in rituellen Geboten und Verboten konkretisierte. Was aber ist das "Unreine", und wie kann seinem Vordringen im Einzelfall gewehrt werden?

Jener Zusammenhang von sozialer und kultsymbolischer Ordnung läßt sich an zahlreichen Dokumenten des antiken Judentums, in exemplarischer Weise aber an den Reinheits- und Unreinheitsaussagen der Qumrangemeinde ablesen: "Wer die sozialen Vorschriften der Essenergemeinde von

* Dieser Beitrag konnte aus drucktechnischen Gründen leider nicht, wie vorgesehen, in der Festschrift für Y. Yadin erscheinen. Teil II stammt von H. Lichtenberger, Teil III von B. Janowski, die Teile I und IV wurden gemeinsam verfaßt. Die im Anhang aufgeführte Literatur wird in den Anmerkungen jeweils mit Kurztitel zitiert; die verwendeten Abkürzungen richten sich nach S. Schwertner, *Theologische Realenzyklopädie. Abkürzungsverzeichnis,* Berlin-New York 1976.

[1] Zur religionswissenschaftlichen Problematik s. M. Douglas, *Purity and Danger. An Analysis of Concepts of Pollution and Taboo,* London 1966; dies., in: Neusner, Purity, S. 137ff.; *Proceedings of the XIth International Congress of the International Association for the History of Religion,* vol. II: *Guilt or Pollution and Rites of Purification,* Leiden 1968; J. Henninger, Art. "Pureté et impureté", *DBS* IX (1979), Sp. 399-430 (Lit.); s. zur Sache auch P. Ricoeur, *Symbolik des Bösen. Phänomenologie der Schuld II,* Freiburg/München 1971 (bes. S. 9-173).

Qumran verletzt, wird für tatsächlich unrein erklärt und darf die reinen Dinge der Gemeinde nicht mehr berühren''.[2] Bei dem Versuch einer textgemäßen Verifizierung dieser Beobachtung stößt man allerdings schnell auf das Problem, ob und wie die dem kultischen Vorstellungsbereich zugehörigen Reinheits- und Unreinheitsaussagen mit anderen Grundelementen der Theologie der Qumrangemeinde wie der Torafrömmigkeit und der Endzeiterwartung verbunden sind:[3] stehen diese verschiedenen Theologumena in unausgeglichener Spannung nebeneinander oder läßt sich ein innerer Zusammenhang etwa zwischen der *gegenwärtigen Existenz* der (reinen) Gemeinde und ihrer *endzeitlichen Erwartung* erkennen?

Die Gemeinde vom Toten Meer hat sich in ihrem Denken und Handeln an der Leitidee eines toragemäßen Lebens und d.h.: eines Lebens ''in Reinheit'' ausgerichtet. Sie tat dies offenbar in Erwartung des bevorstehenden Endes der Zeit. Im folgenden sollen, zentriert um eine Analyse der Wurzeln *ṭhr* (Teil II) und *kpr* (Teil III), die für das Verständnis der Verbindung von Enderwartung und Reinheitsidee konstitutiven Aspekte nach ihrem inneren Zusammenhang dargestellt werden.

II. Rituelle Reinheit als Wesensbestimmung der Gemeinde[4]

1. ''Reinheit'' und ''reinigen'' im Qumranschriftum

Um die besondere Bedeutung der Reinheitsidee zu erfassen, werfen wir zunächst einen Blick auf die Reinheits- und Reinigungsaussagen der Texte.[5]

(a) *ṭhr qal ''rein sein, werden''* (15 Belege)
— Reinheit des Menschen als Ergebnis eines Reinigungsvorgangs *11QT* 45:15. 17.18; 49:20; 50:4.8.16; 51:3.5[6]

[2] Neusner, Geschichte und rituelle Reinheit, S. 121 Anm. 3.

[3] In den Gesamtdarstellungen der Theologie der Qumrangemeinde werden die Aspekte des Kultischen und des Eschatologischen zwar jeweils ausführlich behandelt, die Frage einer möglichen Verbindung der beiden Themen wird dagegen nur andeutungsweise berührt, vgl. z.B. Milik, Ten Years, S. 106; Vermes, Qumran in Perspective, S. 97; in noch größerem Maße gilt dies für Einzelstudien, vgl. z.B. Dupont-Sommer, Schuld.

[4] S. Neusner, History, S. 37f.: ''Purity is a central and definitive constituent of the ethos of the community. (. . .) . . . for the Essene community at Qumran the category of clean and unclean finds a central place in the core of its self-definition and interpretation of its collective life''.

[5] Die Wurzel *zkh* erscheint gegenüber der Wurzel *ṭhr* relativ selten: *1QS* 3:4; 8:18; 9:9; *1QHf* 4:10: *CD* 10:3; *5Q13* 4:2. Zum Reinheitsgedanken s. Braun, Radikalismus I, S. 29 A 5; O. Betz, ''Le ministère cultuel dans la secte de Qumrân et dans le Christianisme primitif'', in: *La secte de Qumrân et les origines du Christianisme, Recherches Bibliques 4,* Paris-Brügge 1959, S. 163-202, hier: S. 175ff; s. besonders Neusner, History, S. 37-49. Die verschiedenen Stufen der Reinheit beim Eintritt in die Gemeinde brauchen hier nicht besonders erörtert zu werden, s. dazu die unten Anm. 103 genannte Literatur.

[6] Im Gegensatz dazu von Geräten, die nicht wieder rein werden *11QT* 50:18.

— Das Sich-Reinigen des Menschen *11QT* 50:6.7 (s. auch hitp.)
— Im Zusammenhang der Angabe eines Reinheitsgrades *11QT* 47:15.16.

(b) *ṭhr pi. "reinigen, für rein erklären"* (20 Belege)[7]

Fast die Hälfte der Belege (9) findet sich in *1QH,* immer mit Gott als Subjekt,[8] wie auch an den beiden Stellen aus *1QS* (4:21; 11:14), an zwei der drei Stellen aus *11QPsa* (19:14; 24:12) und *4QDibHam* 6:2.

Der Mensch als Subjekt des Reinigens begegnet an den drei Stellen in *11QT* und jeweils in *CD* (10:12) und *1QM* (7:2). Schließlich wird noch Zion zur Reinigung aufgefordert (*11QPsa* 22:6). Im folgenden soll eine genauere Aufschlüsselung des Gebrauchs nach Subjekt, Objekt, Reinigungsmittel und Verfehlung, von der gereinigt wird, gegeben werden:

I. Gott als Subjekt von *ṭhr* pi. (immer mit direktem Personalobjekt bzw. Personalsuffix beim Verbum)

1. Lediglich mit Objekt *1QHf* 63:3 *nmh[ry* (Text nach Ed. *Stegemann, Fragm.* C 9:3).

2. + Reinigungsmittel
1QH 11:30 Verbalsuffix 1. sg. + *beth* instrumenti (*ṣdqtkh*)
1QH 16:12 Verbalsuffix 1. sg. + *beth* instrumenti (*rwḥ qwdšk*)

3. Präpositional: das, wovon (*mn*) gereinigt wird
1QH 1:32 Objekt *npš 'bywn, mrwb 'wwn*
1QH 3:21 Objekt *rwḥ n'wh, mpš' rb*
1QH 11:10 Objekt *'nwš, mpš'*
11QPsa 19:14 Verbalsuffix 1. sg., *m'wwny*
11QPsa 24:12 Verbalsuffix 1. sg., *mng' r'*
4QDibHam 6:2 Verbalsuffix 1. pl., *mḥṭtnw*

4. Das, wovon gereinigt wird + Reinigungsmittel
1QH 4:37 Objekt *'nwš, m'šmh* + *beth* instrumenti (*ṣdqtkh*)
1QS 4:21 Verbalsuffix 3. m.sg, *mkwl 'lylwt rš'h* + *beth* instr. (*rwḥ qwdš*)
1QS 11:14 Verbalsuffix 1. sg. *mndt 'nwš wḥṭ't bny 'dm* + *beth* instr. (*ṣdqtw*)
1QH 7:30 Verbalsuffix 3. m.pl. *mpš'yhm* + *beth* instr. (*rwb ṭwbkh, hmwn rḥmykh*)

Diese Aufstellung macht deutlich, daß überall da, wo von Gottes Reinigen gesprochen wird, *Sündenbegriffe* stehen, nur gelegentlich sind diese mit Begriffen der Unreinheit verbunden.[9]

II. Der Mensch als Subjekt von *ṭhr* pi.

1. Verbum + Objekt

[7] Der Beleg der Konkordanz Kuhn *1QHf* 12:1 entfällt entsprechend der Edition Stegemann. Wir danken Herrn Prof. Dr. Dr. H. Stegemann, Göttingen, daß er uns Einblick in das Handexemplar seines rekonstruierten Textes der Hodayot gewährt hat.

[8] 1QH 5:16 ist Gott im Bild logisches Subjekt.

[9] S. Dupont-Sommer, Schuld, S. 267; J. Licht, "Die Lehre des Hymnenbuches", in: *Qumran,* S. 276-311, hier: S. 302-304 (engl.: *IEJ* 6 [1956], S. 1-13. 89-101, hier: S. 96f.), vgl. ders., *Megillat ha-Hodayot. The Thanksgiving Scroll,* Jerusalem 1957, S. 41f.

1QM 7:2 part.m.pl.cstr. + *h'rṣ*
11QT 45:5 part.m.pl.abs. + *hnškwt*
11QT 49: 14 Verbum + *hbyt* usw
11QT 47:14 Verbum ("für rein erklären") + *'yr*

2. Verbum + Objekt + Reinigungsmittel
CD 10:12 Verbum + *kly* + *bmh* (zu *bhm* zu emendieren, Bezug auf *mym* V.11)

III. Der Zion wird aufgefordert, aus seiner Mitte *ḥms* zu reinigen: *11QPs^a* 22:6.

Der Vergleich der Aufstellungen I und II zeigt, daß überall da, wo Gott das Subjekt des Reinigens ist, *Sündenbegriffe* das bezeichnen, wovon gereinigt wird,[10] daß dagegen dort, wo Menschen das Subjekt des Reinigungsvorgangs sind, kultische Vorstellungen leitend sind. Den Sonderfall von Zion (III) wird man der Sache nach zu den Vorkommen stellen müssen, in denen Gott Subjekt ist. Bei *rḥṣ* "waschen"[11] und *kbs* "waschen"[12] ist dagegen immer der Mensch handelndes Subjekt.[13]

(c) *ṭhr* nif. *"gereinigt werden"* (4 Belege) und hitp. *"sich reinigen"* (2 Belege) Zu den Vorkommen von *ṭhr* nif. (*1QS* 3:7.8) und hitp. (*1QS* 3:4.5) im Zusammenhang von *1QS* 2:25ff. s. im folgenden;[14] ebenso zu *1QH* 6:8.[15] Entscheidend für das Verständnis von Reinheit ist *1QS* 5:13: Reinheit kann nur aufgrund der Umkehr erlangt werden:[16] *ky' lw' yṭhrw ky 'm šbw mr'tm* "Denn sie werden nicht rein, wenn sie nicht umkehren von ihrem Bösen".

(d) *Das Adjektiv ṭhwr "rein"* (25 Belege)
Außer bei Metallen[17] wird *ṭhwr* in Qumran immer in kultisch-rituellem Sinn gebraucht; es wird bezogen auf Menschen (*11QT* 49:8), Opfertiere (*CD* 12:9; *11QT* 47:7; 52:11.13.17; 53:4), Wein, Öl und Getränke (*11QT* 47:6f.), überhaupt auf alles, was nach Jerusalem gebracht wird (*11QT* 47:6), oder auf Jerusalem selbst (*11QT* 47:4) und andere Städte (*11QT* 47:3).[18]

[10] H. Bietenhard, "Die Handschriftenfunde vom Toten Meer (Ḥirbet Qumran) und die Essener-Frage. Die Funde in der Wüste Juda (Eine Orientierung)", *ANRW* II,19,1, S. 704-778, hier: S. 741.

[11] *1QM* 14:2; *CD* 10:11; 11:1; *11QT* 26:10; 34:10; 45:8.9.16; 48:17.18.20; 50:8.14 (bis).15; 51:3.5; 63:5.

[12] *1QM* 14:2; *CD* 11:4 (vgl. auch 11:22); *11QT* 45:8.9.15; 49:13.16.17.18.20; 50:8.13.14.15; 51:3.4.

[13] Der Zusammenhang von *kbs* pi., *rḥṣ* qal und *ṭhr* qal "rein sein" (*11QT* 50:8f; 51:3-5; 49:20, vgl. 45:7-10.15-17; 50:13-16) ist alttestamentlich vorgegeben, s. *Lev.* 14:8.9; 15:13; 17:15; vgl. *Lev.* 16:26.28 (auch 17:16); ferner *kbs, rḥṣ, ṭm' 'd h'rb Lev.* 15:5.6.7.8.10.11.16.21.22.27; 17:15; *Num.* 19:7.8 (ähnlich 19:19).

[14] S. unten S. 48f.

[15] S. unten S. 45.

[16] Vgl. *CD* 10:3. Zu Recht betont Braun, Radikalismus I, S. 30 im Blick auf *1QS*, "daß rechte Reinheit nicht rituell, sondern erst durch den Bekehrungswandel im *yḥd* möglich ist".

[17] *zhb ṭhwr 1QM* 5:10.12; *11QT* 3:8.9.12; 36:11.17; *brzl brwr ṭhwr 1QM* 5:11; [*nḥw*]*št ṭhwr 11QT* 3:15.

[18] Zu *CD* 6:17 und 20:20 s. unten S. 36; der Bezug ist nicht sicher deutbar in *4Q185* 1-2 I:4.

(e) *Substantiv ṭhrh/ṭhwrh "Reinheit"* (21 Belege)[19]
Eine besondere Bedeutung kommt im Qumranschrifttum dem Substantiv *ṭhrh/ṭhwrh* zu, das in zwei Hauptbedeutungen gebraucht wird:

1. Allgemein die Reinheit
1QS 4:5 "herrliche Reinheit"; *11QT* 49:15 bei Geräten; *11QT* 49:21 Reines überhaupt; *11QT* 50:2 Reinigungswasser; *11QT* 63:14 Reines berühren; *11QT* 47:10 Reinheit eines Tieres (Fleisches); *11QT* 47:12 Reinheit(sstufe) des Heiligtums; *11QT* 45:15 Reinigung von Ausfluß.

2. Die andere Bedeutung ist sehr spezifisch und in der Forschung kontrovers. Sie begegnet in *1QS* und *CD,* am häufigsten als *ṭhrt hrbym 1QS* 6:16.25; 7:3.16.19, daneben *ṭhrt 'nšy hqwdš 1QS* 5:13; 8:17; absolut *1QS* 6:22; 8:24; *CD* 9:21.23; mit Suffix *1QS* 7:25.

Die Deutungsvorschläge sind vor allem: (a) die Reinheitsriten, speziell das Tauchbad;[20] (b) die Kultmahle der Gemeinde, speziell die reinen Speisen[21] und (c) die reinen Gegenstände überhaupt, insbesondere die Speisen.[22]

Am Ende dieser Übersicht über die Wurzel *ṭhr* in den Qumrantexten[23] erhebt sich die Frage nach der Funktion der starken Betonung der Reinheit: Ist sie einfach Erfordernis des Lebens entsprechend der Tora, oder kommt ein darüber hinausweisender Gesichtspunkt zum Ausdruck? Im folgenden Abschnitt soll aufgezeigt werden, in welcher Weise in den Reinheitsaussagen eine innere Dynamik, eine "Teleologie" wirksam ist.[24]

2. Die Unterscheidung von rein und unrein als eschatologische Qualifizierung der Gemeinde

Im Zusammenhang von *CD* 6:11ff. (die Ordnungen für "alle, die in den Bund gebracht worden sind", Z.11, im einzelnen: die Erfüllung der Tora in

[19] S. Huppenbauer, *ṭhr,* S. 350f.: Licht, Megillat has-Serachim, S. 148f.; Dupont-Sommer, Schuld; A. R. C. Leaney, *The Rule of Qumran and its Meaning, NTLi,* London 1966, S. 190ff.

[20] So. z.B. Dupont-Sommer, aaO S. 265 Anm. 4; Huppenbauer, aaO S. 351; Maier, Texte vom Toten Meer, II, S. 23 (zu *1QS* 5:13).

[21] So. z.B. Vermes, The Dead Sea Scrolls in English, S. 27; Licht, Megillat has-Serachim, S. 148; ders., "Some Terms and Concepts of Ritual Purity in the Qumran Writings", in: *Sefer Segal. Studies in the Bible presented to Professor M. H. Segal, Publications of the Israel Society for Biblical Research,* vol. 17, Jerusalem 1964, S. 300-309. Nach Licht ist *ṭhrt hrbym* alle *Speise* der Vollmitglieder, im Unterschied zu dem höhere Reinheit zukommenden *Getränk* (*mšqh rbym*) bzw. zu Speisen mit Flüssigkeitsgehalt, vgl. Baumgarten, Avoidance of Oil, S. 92; Rabin, Qumran Studies, S. 8.

[22] S. Lieberman, "The Discipline in the So-called Dead Sea Manual of Discipline", *JBL* 71 (1952), S. 199-206, hier: S. 203: "In DSD *ṭhrt hrbym* refers to the ritually clean articles and, particularly, to the clean food of the *yḥd*".

[23] Zu den Reinheitsvorstellungen der Essener nach Josephus s. *Bellum* II: 129.138.149f. 159-161; *Ant.* 18:19; s. Neusner, History S.42ff.

[24] Zum Begriff der Teleologie s. Neusner, Geschichte und rituelle Reinheit, S.121ff.

dieser Zeit des Frevels,[25] die Trennung von den "Söhnen des Verderbens" [vgl. *1QS* 5:1.10; 8:13], das Sich-Fernhalten von Besitz, der unrein ist; das Verbot, Arme und Witwen zu berauben und Waisen zu morden) definiert *CD* 6:17[26] in deutlicher Anlehnung an *Ez.* 22:26 und in Antithese zum frevelhaften Treiben der Priester (*Ez.* 22:24ff.) die Aufgabe priesterlichen Amtes (*Lev.* 10:10 für die Söhne Aarons):[27]

> *wlhbdyl byn hṭm' lṭhwr wlhwdy' byn hqwdš lḥwl*
> "Und zu unterscheiden zwischen dem Reinen und dem Unreinen und zu belehren (über den Unterschied) zwischen dem Heiligen und dem Profanen".

Die Fortsetzung lehnt sich wieder an *Ez.* 22:16 an, insofern dort die Sabbatentweihung der Priester angeklagt wird; in *CD* 6:18f. wird dies weiter ausgeführt:[28] Den Sabbattag zu halten, die Feste, den Fasttag (= Versöhnungstag) nach den Ordnungen der Gemeinde.[29] Mit ihrer Unterscheidung zwischen rein und unrein erfüllt die Gemeinde die Merkmale der Priester im Heiligtum des Ezechiel (*Ez.* 44:23). Somit erhält die Gemeinde ihre Definition[30] aus der Bestimmung priesterlichen Dienstes (*Lev.* 10:10) im Kontrast zur prophetischen Kritik an der Nichterfüllung durch die Priesterschaft (*Ez.* 22:26) und schließlich aus dem Entwurf Ezechiels für einen zukünftigen Tempel (*Ez.* 42:20) und eine Priesterschaft, für die die Unterscheidung von rein und unrein, heilig und profan konstitutiv ist.[31] Für diese Funktion ist der eschatologische Aspekt bestimmend: In dieser Zeit des Frevels (*CD* 6:14) ist die Gemeinde der Ort — man muß sagen: der einzige Ort — an dem entsprechend priesterlicher und prophetischer Weisung der Gotteswille geschieht.

J. Neusner[32] hat für *1QM* herausgestellt, in welcher Weise Reinheit und Heiligkeit als Voraussetzung "für die Teilnahme am messianischen Eschaton"[33] zu gelten haben. Er entfaltet die eschatologische Dimension der Reinheit im Blick auf die Trennung der Gemeinde vom Jerusalemer Heiligtum, das für sie verunreinigt war:

25 "Zeit des Frevels" ist für die Qumrangemeinde wie "die Tage der Herrschaft Belials" (*1QS* 2:19, vgl. auch 1:18; *1QM* 14:9) die bedrängte Gegenwart vor dem Ende.

26 Leider geht Paschen, Rein und unrein auf diese Stelle nicht explizit ein.

27 Doppelglieder in umgekehrter Reihenfolge, vgl. auch *Lev.* 11:47.

28 S. Schiffman, Halakhah, S. 35f.; vgl. *Jub.* 6:27; s. auch: M. Smith, "The Dead Sea Sect in Relation to Ancient Judaism", *NTS* 7 (1960-61), S. 347-360, hier: S. 354.

29 Wörtl.: "Entsprechend dem Finden derer, die in den neuen Bund eingetreten sind im Lande Damaskus". Zu *mṣ'* s. Schiffman, aaO 32ff.

30 S. auch die wörtliche Wiederaufnahme in *CD* 12:19f.

31 Eschatologisch ist die analoge Struktur von *Mal.* 3:18 und dessen Zitation in *CD* 20:20f.: *w]šbtm [wr'ytm] byn ṣdyq wrš' byn 'bd ['[]l l' šr l' 'bdw*. S. auch *1QH* 7:12 *lhbdyl by byn ṣdyq lrš'* (vgl. *1QH* 14:11; *Apost. Konst.* VIII: 12,17; *slav.Hen.* 30:15; *Ps.Sal.* 2:34. S. auch den Gegensatz von *CD* 1:19 und 4:17).

32 S. Neusner, Geschichte und rituelle Reinheit, S. 121ff.

33 Neusner, aaO S. 122.

"Daher ist das ewige und sich wiederholende System der Reinheit schon jetzt durchbrochen. Das ist, wenigstens zum Teil, der Grund dafür, daß die Essener es zu einem bestimmten Zeitpunkt notwendig fanden, ein eigenes Reich der Heiligkeit, und damit der Reinheit, außerhalb des Tempels zu gründen. Sobald das System aber auch nur ein einziges Mal aus dem ewigen Zyklus herausgebrochen war, wurde ein historisch-eschatologischer Faktor in das System hineingetragen. Reinheit ist nun der natürliche Zustand nicht mehr für Israel, sondern nur noch für jenen Teil, der sich in der Gemeinde zusammengeschlossen hat. Die Reinheit soll schließlich durch die Wirksamkeit dieses erlösenden und in seinem Bereich reinen und reinigenden Restes wiederhergestellt werden. Jetzt ist die Reinheit nur vorläufig, als dauernder Zustand wird sie erst in der Endzeit und nach dem Ende der Geschichte errichtet werden".[34]

Beide Textbereiche, *CD* und *1QM,* zeigen eine verwandte Struktur der eschatologischen Funktion der Reinheit: In *1QM* ist die Reinheit die Voraussetzung für die Teilnahme am eschatologischen Krieg;[35] in *CD* erfüllt die Gemeinde unter Aufnahme der ezechielschen Unterscheidung zwischen rein und unrein wahre priesterliche Funktion.[36] Ist dieser Aspekt auch für andere Aussagenbereiche bestimmend?

3. Die Unreinheit des Menschen[37]

Der geforderten und angestrebten Reinheit des einzelnen und der Gemeinde stehen die potentielle und die tatsächliche Unreinheit des Menschen gegenüber. In seiner Unreinheit ist der Mensch nicht kulttauglich.[38] Das bedeutet nach der Tempelrolle nicht nur, daß der Unreine den Tempel nicht betreten darf, sondern daß auch Jerusalem vor Unreinheit geschützt ist, sei es im Blick auf die Anlage der Toiletten außerhalb der Stadt,[39] sei es im Blick auf besondere Plätze im Osten der Stadt für Aussätzige, Ausflußbehaftete und Männer, die eine Pollution hatten.[40] Grundsätzlich gilt die Bestimmung:

"Aber die Stadt, [d]ie ich (dazu) weihe, daß mein Name und [mein (?)] Heil[igtum . . .] gegenwärtig sei, soll heilig und rein sein von jeder Sache, die mit einer Unreinheit verbunden ist, mit der man sich verunreinigen kann".[41]

So entfaltet die Tempelrolle ein ganzes System der Reinheit und Unreinheit

[34] Neusner, ebd.
[35] S. auch unten S.38.
[36] S. oben S.36.
[37] Neusner, History, S. 40f.
[38] *11QT* 45:10 vom Priester nach einer Pollution; zur Verunreinigung des Heiligtums s. unten S.39.
[39] *11QT* 46:13ff.
[40] *11QT* 46:16-18.
[41] *11QT* 47:3-5, Übersetzung Maier, Tempelrolle, S. 49.

und regelt die Bedingungen und Bestimmungen zur Wiedererlangung der Reinheit.

Ein weiterer wichtiger Bereich, der die Reinheit des Menschen voraussetzt, ist der des Heiligen Krieges.[42] Hier geben *1QM* und *11QT* genaue Regelungen zum Ausschluß Unreiner und der Unreinheit. Die Heiligkeit der Priester verbietet es ihnen, sich bei ihrem Trompetendienst im Heiligen Krieg den erschlagenen Feinden zu nähern (*1QM* 9:7f.); explizierend heißt es weiter, daß das "Blut von nichtigem Volk" ihre priesterliche Weihe profanieren würde (Z.8f.).[43] Wer durch Pollution verunreinigt ist ("Und jeder der nicht rein ist von seiner 'Quelle' am Tage des Krieges" [*wkwl 'yš 'šr lw' yhyh ṭhwr mmqwrw bywm hmlḥmh*] *1QM* 7:6f., vgl. *Dtn.* 23:11), darf ebensowenig wie andere kultisch Unreine[44] am endzeitlichen Kampf teilnehmen:

> "Denn die heiligen Engel sind in ihrem Heer mit ihnen zusammen (*ky' ml'ky qwdš 'm ṣb'wtm yḥd"*.[45]

11QT 58:17 verlangt von denen, die in den Krieg ziehen:

> "Und sie bewahren sich vor jedweder unreinen Sache und vor jeglicher Schändlichkeit und vor jeder Verschuldung und Schuld".[46]

Unreinheit des Menschen kann aber auch in enger Verbindung mit Aussagen der Sündhaftigkeit erscheinen. Hier ist in erster Linie der Schlußpsalm aus *1QS* zu nennen, besonders 11:11ff.,[47] aber auch die Elendsbeschreibungen und Niedrigkeitsdoxologien aus *1QH*.[48] Niedrigkeit, Unreinheit und Schuldverfallenheit werden z.B. in *1QH* 1:21-23 bekannt:[49]

[42] Neusner, Geschichte und rituelle Reinheit, S. 121f., ders., History, S. 45f.; G. W. Buchanan, "The Role of Purity in the Structure of the Essene Sect", *RdQ* 4 (1963-64), S. 397-406, hier: S. 402.

[43] *1QM* 9:8f.: [*lw*]' *yḥlw šmn mšyḥt khwntm.* Zur Bedeutung der priesterlichen Salbung s. besonders *Ex.* 29:7.21; 30:30f.; 40:9-15; *Lev.* 8.

[44] *1QM* 7:4-5: Hinkende, Blinde, Lahme, wer ein dauerndes Gebrechen hat, wer geschlagen ist mit Unreinheit des Fleisches (*'yš mnwg' bṭm't bśrw*); s. dazu Y. Yadin, *The Scroll of the War of the Sons of Light against the Sons of Darkness,* Oxford 1962, s. 290f.

[45] Zu den Ausschlußlisten *1QSa* 2:4-9 aus der Ratsversammlung, *CD* 15:15ff. aus der Gemeinde, *11QT* 45:15-17 Verbot des Zugangs zur Heiligen Stadt im Verhältnis zu *Lev.* 21:16-24; *Num.* 5:1-4; *Dtn.* 23:10f., s. Lichtenberger, Menschenbild, S. 226f. und jüngst im Blick auf die Jesusverkündigung P. Stuhlmacher, "Die neue Gerechtigkeit in der Jesusverkündigung", in: ders., *Versöhnung, Gesetz und Gerechtigkeit,* Göttingen 1981, S. 43-65, hier: S. 53f. Ist in *1QM* die Reinheit eindeutig in eschatologischem Rahmen zu sehen, so ist dieser Zusammenhang in *1QSa* eher implizit gegeben. Kultische Reinheit und Unversehrtheit sind die Voraussetzung, in die *'dt 'nšy hšm* zu kommen. Auch hier findet sich die Begründung dafür in der Gegenwart der Engel. Milik, Ten Years, weist im Zusammenhang des endzeitlichen Mahles auf eine Verbindung zwischen Gegenwart und Eschaton hin: "One of the Qumrân texts describes the eschatological banquet, and we can see that it was not essentially different from the normal sacred meal. The latter, accordingly, was for the Essenes a foretaste of the banquet to be held in the Last Days" (S.106).

w'ny yṣr ḥḥmr wmgbl hmym
swd h'rwh wmqwr hndh
kwr h'wwn wmbnh hḥṭ'h
rwḥ htw'h wn'wh bl' bynh
wnb'th bmšpty ṣdq

"Aber ich, ich bin ein Gebilde aus Lehm und Geknetetes in Wasser,
ein Rat der Schande und eine Quelle der Unreinheit,
ein Haufen der Schuld und ein Bau der Sünde,
ein Geist der Verirrung und verkehrt ohne Einsicht
und erschreckt durch die gerechten Gerichte".

Der dies bekennt, dankt Gott danach für die Reinigung von seiner vielen Schuld (*ṭhrth mrwb 'wwn* Z.33). Gott allein ist es, der den Menschen reinigen und ihm vergeben kann.[50]

4. Die Verunreinigung der Heiligen Stadt, des Heiligtums und des Altars[51]

Im Gegensatz zur geforderten bzw. tatsächlichen Reinheit steht für die Qumrangemeinde das verunreinigte Jerusalemer Heiligtum. Seine Verunreinigung war wohl ein Grund für die Trennung der Gemeinde vom offiziellen Kult gewesen, ganz sicher aber war sie der entscheidende Gesichtspunkt zur Fortsetzung der Trennung.[52] Israel ist gefangen in den drei Netzen Belials (Auslegung von *Jes.* 24:7): Hurerei (*znwt*), Reichtum (*hwn*) und Verunreinigung des Heiligtums (*ṭm' hmqdš*) *CD* 4:14ff.; die Verunreinigung des Heiligtums besteht im Geschlechtsverkehr mit menstruierenden Frauen[53] (*Lev.* 15:25; 18:19) und in — nach Auffassung der Gemeinde — inzestuösen Verbindungen (*CD* 5:6-11).[54] Überhaupt ist Geschlechtsverkehr in Jerusalem verboten:

[46] Zur Bedeutung der Reinheitsforderung von *11QT* in Verbindung mit der Enderwartung s. unten S. 54.

[47] S. unten S. 47f.

[48] S. Kuhn, Enderwartung, S. 27ff.; Lichtenberger, Menschenbild, S. 73ff.

[49] Zur Interpretation s. Lichtenberger, aaO S. 75ff.; zu *ndh* in den Qumrantexten s. Jeremias, Lehrer, S. 40f.; Lichtenberger, aaO S. 85. L. Schiffman in: J. Neusner, *A History of the Mishnaic Law of Purities (SJLA* 6,16: *Niddah)* Leiden 1977, S. 205 Anm. 1.

[50] S. J. K. Zink, "Uncleanness and Sin. A Study of Job XIV 4 and Psalm LI 7", *VT* 17 (1967), S. 354-361, hier: S. 361: "The hope, therefore, lies outside of man in the fond expectation that God will grant purification".

[51] Vgl. dazu M. Smith, "The Dead Sea Sect in Relation to Ancient Judaism", *NTS* 7 (1960-61), S. 347-360, hier: S. 353; Neusner, History, S. 46.

[52] S. zur Sache auch unten S. 53.

[53] J. Neusner, *A History of the Mishnaic Law of Purities (SJLA* 6,16: *Niddah),* Leiden 1977, S. 205f.

[54] Interessant ist die Parallele *Jub.* 30:15f.: Verbotene geschlechtliche Beziehungen entweihen das Heiligtum (s. dazu K. Berger, Das Buch der Jubiläen [*JSHRZ* II/3], Gütersloh 1981, S. 473 Anm. 15g). Zur Affinität der Reinheitsvorstellungen von Qumran zum Jubiläenbuch s. Neusner, Idea of Purity, S. 50-58; Cothenet, Pureté et impureté, Sp. 509 (s. insgesamt Sp. 509-518). Verunreinigung des Heiligtums allgemein *Jub.* 3:10-14.

"Nicht darf ein Mann mit einer Frau in der Stadt des Heiligtums schlafen (was zur Folge hätte), daß sie mit ihrer Unreinheit die Stadt des Heiligtums verunreinigen (*'l yškb 'yš 'm 'šh b'yr hmqdš lṭm' 't 'yr hmqdš bndtm*)" (*CD* 12:1).

Das heißt, mit der Unreinheit (*ndh*), die sich die Beteiligten zuziehen, verunreinigen sie ihrerseits die Heilige Stadt.[55]

Die Taten des Frevelpriesters sind (in Auslegung von *Hab.* 2:17)

"Taten der Abscheulichkeit, und er verunreinigte das Heiligtum Gottes" (*1QpH* 12:8).

Im Blick auf das Verunreinigen des Heiligtums ist es nicht sicher, ob dabei in erster Linie an kultische Vergehen zu denken ist.[56] Eher wird man annehmen können, daß die Z. 3-10 genannten Freveltaten das Heiligtum beflecken. Einen Hinweis darauf gibt die oben[57] genannte Jubiläenstelle 30:15f., nach der auch ungesetzliche (hier: geschlechtliche) Taten im Lande das Heiligtum verunreinigen. Ein deutlicher Beleg für eine solche Auffassung ist *11QT* 51:13-15. In Anlehnung an *Dtn.* 16:19 wird dort die Begründung für das Verbot, Bestechungsgelder anzunehmen, weitergeführt mit der Wendung *wmṭm hbyt b'wwn hḥṭ'h.* Der ganze Passus lautet:

"Denn Bestechungsgeld beugt Recht und verfälscht die Worte der Gerechtigkeit und blendet die Augen der Weisen und verursacht große Schuld und verunreinigt das Haus durch Sündenschuld".[58]

"Das Haus" bezieht sich sicher auf den Tempel,[59] d.h. das sündhafte Verhalten der Annahme von Bestechung beeinträchtigt die Reinheit des Tempels. Wiederum wird die Orientierung aller Erscheinungen und Vorgänge (hier: des sozial-rechtlichen Bereichs) an der Heiligkeit und Reinheit des Tempels deutlich.

[55] S. J. Neusner, *A History of the Mishnaic Law of Purities (SJLA* 6,16: *Niddah),* Leiden 1977, S. 205f. Rabin, Zadokite Documents, S. 59 deutet die Bestimmung lediglich auf Pilger, nicht die Einwohner Jerusalems, da sonst *CD* 5:6 sinnlos würde. Freilich braucht man die ursprünglich verschiedenen Einheiten zugehörigen Stellen *CD* 5:6 (im Rahmen der Geschichtsdarstellung 1-8, Handschrift A_1, und 19-20, Handschrift B) und *CD* 12:1 (innerhalb einer Gemeindeordnung 9-16, Handschrift A_2) nicht zu harmonisieren (zu den Einleitungsfragen und der Literatur zu *CD* s. Lichtenberger, Menschenbild, S. 37 und Anm. 139).

[56] S. Jeremias, Lehrer, S. 63: ". . . diese Schändung . . . braucht nicht ein besonderes Vergehen des Frevelpriesters gewesen zu sein, da wir aus der Damaskusschrift wissen, daß die Gemeinde manches für eine Verunreinigung hielt, was dem orthodoxen Judentum nicht anstößig war".

[57] S. oben Anm. 54.

[58] Maier, Tempelrolle, S. 53.

[59] Maier, aaO S. 118 deutet auf die Verunreinigung des Landes; Yadin, Temple Scroll, vol. II, S. 161 verweist dagegen mit Recht auf das Heiligtum.

Pauschal trifft das "Haus Peleg" der Vorwurf der Verunreinigung des Heiligtums,

> "die (. . .) die heilige Stadt verlassen und sich in der Zeit, als Israel (. . .) abtrünnig wurde, auf Gott gestützt (. . .) haben, dann (. . .) den Tempel verunreinigten und wieder zum Wandel des Volkes (. . .) zurückkehrten" (*CD* 20:23f.)[60]

Danach wird die religiöse Praxis außerhalb Qumrans schlechthin als Verunreinigen des Heiligtums verstanden.[61] Gegenüber dem verunreinigten Heiligtum, wie es besonders in *CD* und *1QpH*[62] begegnet, finden sich in *CD* und vor allem in *11QT* Bestimmungen, die seine Verunreinigung durch kultisch unreine Menschen, Tiere oder Gegenstände verhindern sollen.[63] Die Tempelrolle nennt überaus strenge Bestimmungen zum Schutz der Reinheit und Heiligkeit des Tempels, besonders des Allerheiligsten. J. Maier[64] spricht darum sachgerecht von "der konzentrischen Heiligkeit, die sich nach innen Zone für Zone verdichtet und im Allerheiligsten des Tempels als dem Sitz der Gottesgegenwart kulminiert".

Um die Gegenwart Gottes in einer reinen Gemeinde mit einem geheiligten Tempel geht es der Qumrangemeinde also ganz entscheidend. Diese Grundorientierung äußert sich in dem Bedürfnis nach einer umfassenden Reinigung von Schuld, nach der endgültigen Entsühnung und Vergebung der Sünden. Im folgenden soll, ausgehend von einer Untersuchung der Wurzel *kpr* im Qumranschrifttum, erörtert werden, wie sehr dieses Bedürfnis das gegenwärtige Leben des einzelnen in der Gemeinde bestimmte, und welche Funktion dabei dem Tempel zukam.

[60] Text, Übersetzung und Deutung nach Stegemann, Entstehung der Qumrangemeinde, S. 179f.; S. A 124, Anm. 607.

[61] Zur Verunreinigung des Altars sei noch *CD* 11:19f. genannt, wonach ein Unreiner, durch den Opfer, Räucherwerk oder Opferholz zum Altar geschickt werden, den Altar verunreinigt. Die begründende Schriftstelle zeigt den besonderen Aspekt, unter dem ein Unreiner (und als Gegensatz ein Reiner) betrachtet werden: *ky ktwb zbḥ rš'ym tw'bh wtplt ṣdqm kmnḥt rṣwn*
"Denn es steht geschrieben:
'Das Schlachtopfer der Frevler ist ein Greuel, aber das Gebet der Gerechten ist ein wohlgefälliges Speisopfer'" (*Prov.* 15:8) In gleicher Weise darf man sich nicht im Zustand der Unreinheit, die eine Waschung erfordert (*ṭm' kbws*), ins "Bethaus" begeben (*CD* 11:22).

[62] S. aber auch *4Q183* II:1 (Tempel).

[63] Bezogen auf die Heilige Stadt: *CD* 12:1; *11QT* 47:10.17; 45:13; auf den Tempel: *11QT* 45:10; (3:6?); auf den Altar: *CD* 11:20, sämtliche Stellen mit Verbum *ṭm'* pi.

[64] Maier, Tempelrolle, S. 12; weiter ders., "Die Hofanlagen im Tempel-Entwurf des Ezechiel im Licht der 'Tempelrolle' von Qumran", in: *Prophecy* (FS G. Fohrer) ed. J. Emerton (*BZAW* 150), Berlin-New York 1980, S. 55-67.

III. Reinigung von Schuld und Sühnegeschehen

1. "Sühne" und "sühnen" im Qumranschrifttum

Im nichtbiblischen Schrifttum von Qumran einschließlich der Tempelrolle (*11QT*) ist das Verb *kpr* pi. "sühnen, Sühne schaffen" (pu. pass.) insgesamt 40 (42?) mal belegt.[65] Dabei fällt auf, daß dieses Verb in den frühen Schriften *1QH, 1QM* und *1QS*[66] zwar häufiger begegnet, hier aber keineswegs einheitlich verwendet wird: so kommt *kpr* in *1QH* (4:37; 17:12, vgl. *1QHf* 2:13) ausschließlich in nichtkultischer Bedeutung, in *1QM* (2:5)[67] in kultischer und in *1QS* (2:8; 3:6f.8; 5:6; 8:6.10; 9:4; 11:14, vgl. *1QSa* 1:3) sowohl in kultischer als auch in nichtkultischer Bedeutung vor.[68] Wenn man bei diesen Belegen auf die jeweilige *Subjektbindung* (Gott/Mensch) der vom Verb beschriebenen Handlung achtet, so ist festzustellen, daß bei *kpr* in nichtkultischer Verwendung (*1QH* 4:37; 17:12; *1QHf* 2:13; *1QS* 11:14) jeweils Gott als grammatisches Subjekt fungiert, während bei der Verwendung von *kpr* in kultischem Kontext das grammatische/logische Subjekt wechselt (Gott: *1QS* 2:8; pass, divin.: *1QS* 3:6f.8; bestimmte Laien: *1QM* 2:5; die Gemeinde: *1QS* 5:6; 8:6.10; 9:4; *1QSa* 1:3). Um darüberhinaus zu einer präziseren Erfassung der syntaktisch-semantischen Funktion von *kpr* zu gelangen, sind vor allem das *Objekt,* auf das sich die Handlung des Verbs richtet, und die — diese Handlung bedeutungsmäßig differenzierenden — *Präpositionalbestimmungen* zu berücksichtigen.[69] Somit ergeben sich für *kpr* im Qumranschrifttum (abgesehen von den Belegen der Tempelrolle)[70] folgende syntaktisch-semantischen Zuordnungen:[71]

[65] *kpr* pi.: *1QS* 2:8; 5:6; 8:6.10; 9:4; 11:14; *1QM* 2:5; *1QH* 4:37; 17:12; *1QHf* 2:13; *1Q22* 24:1; *1Q27* 6:2.3; *1QSa* 1:3; *4QOrd* 2:2; *4QDibHam* 2:9; *11QMelch* 7f.; *CD* 2:4f.; 3:18; 4:6f.9.10; 14:19; 20:34; *11QT* 14:11; 16:14; 18:[7]; 21:8; 22:02; 26:7.9; 32:6; dazu komnt *11QT* 63:6 (= *Dtn.* 21:8a). Ein weiterer Picel-Beleg könnte aus *11QT* 27:1 erschlossen werden, vgl. Yadin, Temple Scroll, vol.II, S.85 z.St. — *kpr* pu.: *1QS* 3:6f.8; *1Q22* 3:11; 4:3; *1Q25* 4:4 (?, oder *kwpr* "Lösegeld"?); *11QT* 17:2; 22:15; dazu kommt *11QT* 63:7 (= 21:8b[*nkpr*]). — Zu den *kpr*(pa)-Belegen im Qumran-Aramäischen (*2Q24* 8:5; *1QGenAp* 10:13; *4QAhA* Z.2) s. unten Anm. 110.144 und Janowski, Sühne als Heilsgeschehen, S. 259ff..

[66] Zur zeitlichen Ansetzung s. Lichtenberger, Menschenbild, S.13ff.

[67] S. dazu unten Anm. 74.

[68] Vgl. Lichtenberger, Atonement, S.159.

[69] Vgl. zu diesem Verfahren H. F. Fuhs, *Sehen und Schauen. Die Wurzel ḥzh im Alten Orient und im Alten Testament. Ein Beitrag zum prophetischen Offenbarungsempfang* (*FzB* 32), Würzburg 1978, S.73ff.91ff.

[70] S. unten S.54f.

[71] Weitgehend unklar bleiben *1Q22* 3:11; 4:3 (s. dazu Janowski, Sühne als Heilsgeschehen, S.260 Anm. 402 und den von der editio princeps abweichenden Rekonstruktionsvorschlag von J. Carmignac, "Quelques détails de lecture dans la *Règle de la Congrégation,* le *Recueil des Bénédictions* et les *Dires de Moïse", RdQ* 4[1963/64], S.83-100, hier: S.95); *1Q27* 6:2.3 und *4QOrd* 2:2 (s. dazu Garnet, Atonement Constructions, S.158f., vgl. ders., Salvation, S.111.

I. *Gott als Subjekt von kpr*

1. mit direktem Sachobjekt: *1QS* 2:8 (*'wwn* pl. + Suff.); *1QH* 4:37 (*'wwn* + *beth* instrumenti (*ṣdqh* + Suff.)); *1QHf* 2:13 (*'šmh*)
pass. divin.: *kpr* pu. *1QS* 3:6f. (gramm.Subj. *drky 'yš,* + *beth* instrumenti (*rwḥ 'ṣt 'mt 'l*); *1QS* 3:8 (gramm.Subj. *ḥṭt* + Suff., + *beth* instrumenti (*rwḥ ywšr w'nwh*); *CD* 14:19(?)[72]
2. mit präpositional angeschlossenem Objekt:
(Sachobjekt)
b'd: "für, zugunsten von": *1QS* 11:14 (*kwl 'wwnwt* + Suff., + *beth* instrumenti (*rwb ṭwbw*); *1QH* 17:12 (Sündenterminus);[73] *CD* 3:18 (*'wn* + Suff.)
'l: "für, zugunsten von": *CD* 4:9f. (*'wnwt* + Suff.)
(Personalobjekt)
b'd: CD 2:4f. (*sby ps'*); 4:6f. (+ Suff. [die früheren Mitglieder der Gemeinde]); 4:10 (+ Suff. [die späteren Mitglieder]; 20:34 (+ Suff. [diejenigen, die an den Satzungen der Gemeinde festhalten])

II. *Der Mensch (Gemeinde/Laie/Mose) als Subjekt von kpr*
(Sachobjekt)
b'd: 1QS 8:6.10; *1QSa* 1:3 (jeweils *'rṣ*); *4QDibHam* 2:9 (*ḥṭ't* + Suff. [die Väter])
'l:1QS 9:4 (*'smt pš' wm'l ḥṭ't*)
(Personalobjekt)
b'd: 1QM 2:5 (*kwl 'dtw*)[74]
l: 1QS 5:6 (*kwl hmtndbym*)[75]
l: 11QMelch 7f. (*kwl bny 'l*)[76]

Vergleicht man diese Übersicht mit der syntaktisch-semantischen Funktionsaufgliederung von *kpr* pi./pu. in der Priesterschrift, im Verfassungsentwurf Ezechiels *Ez.* 40-48 und im sog. Chronistischen Geschichtswerk,[77] so fällt ein zweifacher Unterschied auf: zum einen das — bemerkenswerte,

[72] Zu *CD* 14:18f. s. demnächst B. Janowski, "Sündenvergebung 'um Hiobs willen'. Fürbitte und Vergebung in 11QtgJob 38,2f. und Hi 42,9f.LXX" (erscheint in *ZNW* 73 [1982].

[73] Vgl.dazu Garnet, Salvation, S.49f. mit Anm.1.

[74] Mit den "Anführern der Wachabteilungen" (*1QM* 2:4), die im eschatologischen Kult (*1QM* 2:1-6!) für die ganze Gemeinde Sühne schaffen sollen, sind Laien gemeint, s. dazu Klinzing, Umdeutung des Kultus, S.34ff., vgl.K.Müller, *Anstoss und Gericht. Eine Studie zum jüdischen Hintergrund des paulinischen Skandalon-Begriffs* (*StANT* 19), München 1969, S.26; Sanders, Paul, S.299 Anm. 172; anders J. Carmignac, "L'utilité et l'inutilité des sacrifices sanglants dans la 'Règle de la Communauté' de Qumrân, *RB* 63 (1956), S.524-532; Nötscher, Terminologie, S.189f.

[75] Zu *mtndbym* als Selbstbezeichnung der Gemeindeglieder von Qumran s. P.von der Osten-Sacken, *Gott und Belial. Traditionsgeschichtliche Untersuchungen zum Dualismus in den Texten aus Qumran* (*StUNT* 6), Göttingen 1969, S.219f.; A. Fitzgerald, "MTNDBYM in 1QS", *CBQ* 36 (1974), S.495-502, vgl. Nötscher, Terminologie, S.192.

[76] Auf die Frage, ob in *11QMelch* 6 ein *lkpr* zu emendieren ist, soll an anderer Stelle eingegangen werden (s. oben Anm.72).

[77] S. dazu Janowski, Sühne als Heilsgeschehn, S. 186ff.

im Horizont der Umdeutung von Tempel und Kult[78] aber konsequente — Fehlen eines Priesters als Subjekt der Sühnehandlung;[79] und zum anderen der Sachverhalt, daß in den Qumrantexten häufig, in der Priesterschrift dagegen nie[80] Gott als Subjekt von *kpr* pi./pu. erscheint (*1QS* 2:8; 11:14; *1QH* 4:37; 17:12; f 2:13; *CD* 2:4f.; 3:18; 4:6f.9.10; 20:34). Dies gilt auch für den passivischen Gebrauch (Umschreibung des göttlichen Subjekts) von *kpr* in 1QS 3:6f.8. Wie *1QS* 2:8 — *kpr* pi. im Kontext einer negierten Vergebungsbitte gegen "alle Leute vom Lose Belials": "Gott sei dir nicht gnädig, wenn du ihn anrufst, und er vergebe nicht, deine Sünden zu sühnen" (*wlw' yslḥ lkpr 'wnyk*)[81]— und besonders eindrücklich *CD* 2:4f. zeigen, ist *kpr* an den genannten Stellen gleichbedeutend mit "vergeben":

> *'rk 'pym 'mw wrwb slyḥwt*
> *lkpr b'd šby pš'*
>
> "Langmut ist bei ihm und reiche Vergebungen,
> um die zu entsühnen, die sich von der Sünde abgewandt haben"

Wenden wir uns zunächst den Texten zu, in denen Gott grammatisches/logisches Subjekts von *kpr* ist.

2. *Gott reinigt von Schuld und sühnt die Sünden*

Gottes Vergebung konkretisiert sich in der Entsühnung derer, die sich von der Sünde abgewandt und d.h.: der Tora zugewandt haben.[82] So preist die hymnische Prädikation *1QH* 14:24 Gott als den, der den *šby pš'* vergibt. Dieser Vergebungsaspekt des göttlichen Sühnehandelns kommt auch in der synonymen Wendung *nś'* + *ḥṭ'h/'wwn/ps'* "die Verfehlung/Sünde/Auflehnung (eines anderen weg)tragen→vergeben" (*1QH* 16:16 ; 17:12; *CD* 3:18) und weiteren bildlichen Wendungen zum Ausdruck. In welchem Maße diese qumranische Vergebungsterminologie (a) dabei auf alttestamentliche Sprachformen (b) zurückgreift, soll die folgende Zusammenstellung deutlich machen:

(a) Abgesehen von den insgesamt 13 Belegen, an denen *kpr* pi./pu. mit Gott als Subjekt begegnet (*1QS* 2:8; 11:14; *1QH* 4:37; 17:12; *f* 2:13; *CD* 2:4f.; 3:18;

[78] S. unten S.50.

[79] Zu den *kpr*-Aussagen der Tempelrolle s. unten S.54f.

[80] Außerhalb der Priesterschrift ist Jahwe 13 (bzw. 14) mal grammatisches/logisches Subjekt von *kpr*: *Dtn.* 21:8a; 32:43; *1Sam.*3:14; *Jes.* 6:7; 22:14; 27:9; (28:18); *Jer.* 18:23; *Ez.* 16:63; *Ps.* 65:4; 78:38; 79:9; *Dan.* 9:24; *2Chr.* 30:18, s. dazu Janowski, Sühne als Heilsgeschehen, S. 115ff.

[81] Zu der ungewöhnlichen Form *'wnyk* "deine Sünden (statt *'wnwtyk*) vgl. etwa *Ez.* 28:18 (zum Text s. aber W. Zimmerli, *Ezechiel 25-48* [*BK* XIII/2], Neukirchen-Vluyn ²1979, S.676).

[82] Vgl. Fabry, ŠÛB, S.27f.

4:6f. 9.10; 20:34; pass.divin.; *1QS* 3:6f.8), wird in den Qumrantexten die göttliche Vergebung vor allem mit *slḥ* qal/nif. und *slyḥh/slyḥwt* ausgedrückt: *slḥ: 1QS* 2:8 (negierte Vergebungsbitte: *lw' ḥnn // lw' slḥ* + *kpr* pi.inf.[+ 'wwn]; *1QH* 14:24 (:: *pqd 'wn rš'ym*); *11QPs*^{a} 19:13f. (*slḥ* qal[*lḥṭ'ty // ṭhr* pi. + *m'wwny) 11QT* 18:(8); 26:10; 27:2 (jeweils im Kontext der *kpr* pi. — *slḥ* nif.-Formel);[83] *11QT* 53:21; 54:3 (jeweils *slḥ* qal); *slyḥh/slyḥwt* (öfter in Parallele zu Ausdrücken wie *'rk 'pym, ḥsdym, ṭwb* und *rḥmym*)[84]: *1QS* 2:14f. (negiert); *1QH* 5:2; 6:8f. (*// zqq* pi. + *ṭhr* nif.inf. (*m'smh*)); 7:18.30 (+*ṭhr* pi.inf. (*mpš'yhm*)); 7:35; 9:13.34; 10:21; 11:9.31f.; *CD* 2:4f. (+ *kpr* pi.inf. (*b'd šby pš'*)). Die Aufhebung menschlicher Schuld/Sünde durch ein gnädiges Eingreifen Gottes kann darüberhinaus auch durch *ṭhr* pi. "reinigen", *mḥh* nif. "abgewischt, getilgt werden", *nś'* (+ Sündenterminus) "die Verfehlung (eines anderen weg)tragen→vergeben" und *šlk* hif. (+ Sünderterminus) "(die) Sünde/n wegwerfen" ausgedrückt werden, im einzelnen: *ṭhr* pi.: *1QS* 11:14f.;[85] *1QH* 1:32; 3:21; 4:37 (*m'šmh, // kpr 'wwn*);[86] 5:16 (Vergleich der Reinigung mit der Läuterung von Silber); 6:8 (*zqq* pi. + *ṭhr* nif.inf.); 7:30 (s. unter *slyḥh/slyḥwt*); 11:10f (+ *qdš* hitp.inf.); 11:30f.; 16:12;[87] *1Qf* 65:3[88] *mḥh* nif.: *1QS* 11:3 (*pś'y*). — *nś'* (+ Sündenterminus): *1QH* 16:16 (*nwś' pš', // rḥwm // 'rwk '[py]m // ḥsd w'mt*); 17:12 (*[lś']t 'wwn wḥṭ'h, // lkpr b'd pš'*) und *CD* 3:18 (*// kpr b'd 'wnm). — slk* hif.: *1QH* 17:15 (*kwl '[wnwtyh]m*).[89]

(b) Im Alten Testament bilden die 13 (bzw. 14) Belege für die Konstruktion *kpr* + JHWH als grammatisches/logisches Subjekt[90] eine zahlenmäßig nur kleine Textgruppe unter den sonstigen Termini und bildlichen Wendungen für das Vergebungshandeln Jahwes.[91] Alttestamentlicher Hauptterminus für

[83] Vgl. *Lev.* 4:20.26.31.35; 5:10.13.16.18.26, ferner *Lev.* 19:22; *Num.* 15:25.28.

[84] S. dazu im einzelnen Becker, Heil Gottes, S.160ff., für das rabbinische Material s. jetzt K. E. Grözinger, "Middat ha-din und Middat ha-raḥamim. Die sogenannten Gottesattribute 'Gerechtigkeit' und 'Barmherzigkeit' in der rabbinischen Literatur", *FJB* 8 (1980), S.95-114.

[85] S. zu diesem Text unten S.47f.

[86] Vgl. unten S.48.

[87] Vgl. zur Sache Maass: "In 1QH bedeutet 'reinigen' stets die Tilgung der Sünde . . ." (*ṭhr*, Sp.651f.), ferner Ringgren, *ṭhr*, Sp.315.

[88] Zur Verbindung der Reinigungs-/Reinheitsthematik mit der Erlösungsthematik s. Becker, aaO S.146ff.

[89] Zu aram. *šbq* pe. "verzeihen, vergeben" (Subjekt Gott) in *4QOrNab* I:3f. und *11QtgJob* 38:2f. s. demnächst B. Janowski (s. oben Anm.72).

[90] S. oben Anm.80.

[91] Die folgende Zusammenstellung dürfte repräsentativ, aber nicht vollständig sein, s. zur Sache besonders J. J. Stamm, *Erlösen und Vergeben im Alten Testament. Eine begriffsgeschichtliche Untersuchung*, Bern o.J., S.66ff. (vgl. S.47ff.86.105ff.142ff.); ders., "Art. slḥ", in: E. Jenni - C. Westermann (Hrsg.), *Theologisches Handwörterbuch zum Alten Testament*, Bd.II, München-Zürich 1976, Sp.150-160, hier: Sp.152f., ferner K. Koch, "Sühne und Sündenvergebung um die Wende von der exilischen zur nachexilischen Zeit", *EvTh* 26 (1966), S.217-239, hier: S.219ff.; R. Knierim, *Die Hauptbegriffe für Sünde im Alten Testament*, Gütersloh ^{2}1967, S.44ff.50ff.114ff.117ff.186.191f.202ff.204.222ff.; W. Schottroff, *"Gedenken" im Alten Orient und im Alten Testament. Die Wurzel zākar im semitischen Sprachkreis* (*WMANT* 15), Neukirchen-Vluyn ^{2}1967, S.233ff.; J. Jeremias, *Die Reue Gottes. Aspekte alttestamentlicher Gottesvorstellung* (*BSt* 65), Neukirchen-Vluyn 1975 S.63.78.111 (vgl. S.69ff.109ff.); Chr.Göbel, "'Denn bei dir ist Vergebung . . .' — *slḥ* im Alten Testament", ThV 8 (1977), S.21-33. Für das rabbinische Judentum s. Bill.I, S.495; II, S.363ff.585.

"vergeben" ist *slḥ* (33mal qal, 13mal nif.) mit den Derivaten *slḥ Ps.* 86:5 (*//ṭwb, rb ḥsd*) und *slyḥh Ps.* 130:3 (*//ḥsd, pdwt* v. 7; *pdh mn ʻwn,* v. 8); *Sir.* 5:5, bzw. *slyḥwt Dan.* 9:9 (*// rḥmym*); *Neh.* 9:17 (*// ḥnwn, rḥwm, ʼrk ʼpym, rb ḥsd*). Weitere Termini und bildliche Wendungen sind: *nśʼ* + Sündenterminus "die Verfehlung/Sünde (eines anderen weg) tragen→vergeben": *Ex.* 32:32; *Jos.* 24:19; *Jes.* 33:24; *Ps.* 25:18; 32:5; 85:3 (+ *ʻwn, // ksh* pi. + *ḥṭʼt*); 14:3; *Hi.* 7:21 (+ *ʻwn, // hʻbyr ʼt ʻwn*); doxologisch; *Ex.* 34:7 (+ *ʻwn, pšʻ, ḥṭʼt, // rhwm, ḥnwn, ʼrk ʼpym, rb ḥsd wʼmt, nṣr ḥsd lʼlpym* v. 6.7aa, :: *lʼ nqh, pqd ʻwn* v. 7b); *Num.* 14:18 (+ *ʻwn, pšʻ, // ʼrk ʼpym, rb ḥsd.,* :: *lʼ nqh, pqd ʻwn* v. 18b); *Mi.* 7:18 (+ *ʻwn, // ʻbr ʻl pšʻ,* s. unter *ʻbr*); *Ps.* 32:1 (+*pšʻ, // ksh* pi. + *ḥṭʼh* [jeweils pass.], *// lʼ ḥšb* v. 2); absolut: *Gen.* 18:24.26; *Num.* 14:19 (*// slḥ ʻwn*); *Hos.* 1:6; *Ps.* 99:8; vom Malʼak JHWH: *Ex.* 23:21. -*ʻbr* hif. + Sündenterminus "die Sünde vorbeigehen lassen": 2*Sam.* 12:13; 2*Sam.* 24:10 = 1*Chr.* 21:8; *Hi.* 7:21(s. unter *nśʼ*); *Sir.* 47:11; vom Malʼak JHWH: *Sach.* 3:4, vgl. auch *ʻbr ʻl pšʻ* "an der Sünde vorbeigehen" *Mi.* 7:18 (s. unter *nśʼ*) und *ʻbr l* "verschonen" *Am.* 7:8 (*// slḥ* v. 2, *ḥdl* v. 4, vgl. *nḥm* nif. v. 3.6); 8:2. — *swr* hif. + Sündenterminus "die Sünde entfernen": *Jes.* 27:9 (+*ḥṭʼt, // kpr* pu. + *ʻwn*).— *hstyr pnym mn ḥṭʼh* "das Antlitz vor der Sünde verbergen": *Ps.* 51:11(s. unter *mḥh*).— *rḥq* hif. + Sündenterminus "die Sünden fern sein lassen": *Ps.* 103:12.— *šlk* hif. + Sündenterminus "die Sünde (hinter den Rücken/in die Tiefe des Meeres) werfen": *Jes.* 38:17: *Mi.* 7:19 (+ *ḥṭʼt* pl., *// rḥm pi., kbš ʻwn*).— In den Umkreis der genannten bildlichen Ausdrücke gehören auch die Wendungen *ṭhr* pi./*ṭpl*/*kbs* pi/*ksh* pi./*mḥh* + Sündenterminus "die Sünde reinigen/zuschmieren/abwaschen/bedecken/abwischen", im einzelnen: *ṭhr* pi.: *Jer.* 33:8 (+ *ʻwn, // slḥ ʻwnwt*); *Ez.* 36:33; *Ps.* 51:4 (s. unter *kbs* pi.), vgl. *Ez.* 36:25a.b; 37:23(abs.); *Mal.* 3:2f., ferner die Wendung *nqh mʻwn* "für unschuldig erklärt werden, frei sein von Schuld": *Num.* 5:31 (::*nśʼ ʼt ʻwn* "die [eigene] Schuld tragen"), vgl. *Ps.* 19:13; Gegenbegriff ist *lʼ nqh Ex.* 34:7; *Num.* 14:18 (s. jeweils unter *nśʼ; Hi.* 10,14.— *ṭpl: Hi.* 14:17 (+ *ʻwn, // ḥtm pšʻ*).— *kbs* pi.: *Ps.* 51:4 (+ *ʻwn//ṭhr* pi. + *ʻwn*). 9 (Resultat: *ʼlbyn // ḥṭʼ,* Resultat: *ʼṭhr*).— *ksh* pi.: *Ps.* 32:1 (s. unter *nśʼ*); 85:3 (s. unter *nśʼ*); *Neh.* 3:37 (+ *ʻwn, // mḥh ḥṭʼt*).— *mḥh: Jes.* 43:25 (+*pšʻ, // lʼ zkr ḥṭʼt*); 44:2 (+*pšʻ* pl., *ḥṭʼt* pl., *// gʼl*); *Jer.* 18:23 (+*ḥṭʼt // kpr* pi. *ʻl ʻwn* [jeweils negiert]; *Sach.* 3:9; *Ps.* 51:3 (+*pšʻ* pl., *// ḥnn.* 11 (+ *ʻwn* pl., *// hstyr pnym mn ḥṭʼh*); 109:14 (*lʼ mḥh*+*ḥṭʻt, // zkr ʻwn*); *Neh. 3:37 (s. unter ksh* pi.).— Neben diesen bildlichen Wendungen stehen Ausdrücke mehr begrifflicher Art, im einzelnen begegnen: *ḥnn* "gnädig sein, sich gnädig erweisen": *Ps.* 41:5 (*//rpʼ*); 51:3 (s. unter *mḥh*). 11; 59:6 (*lʼ ḥnn//pqd*).—*lʼ zkr* + Sündenterminus "der Sünde nicht gedenken": *Jes.* 43:25 (s. unter *mḥh*); 64:8 (+ ʻwn, *// lʼ qṣp*); *Jer.* 31:34 (+ *ḥṭʼt, // slḥ ʻwn*); *Ps.* 25:7 (+*ḥṭʼt* pl., *pšʻ* pl., zahlreiche Parallelwendungen ab v. 6ff.); 79:8 (+ *ʻwn* pl., *qdm* pi. + *rḥmym // ʻzr, hṣyl, kpr* pi. *ʻl ḥṭʼt* v. 9); *Ez.* 18:22; 33:16; vgl. auch die Wendung *lʼ hšb* + Sündenterminus "die Sünde nicht anrechnen": *Ps.* 32:2 (+*ʻwn, // nśwy pšʻ kswy ḥṭʼh* v. 1).— *ʻśh/nṣr ḥsd (lʼlpym)* "der (Tausenden) Gnade, Huld bewahrt/erweist": *Ex.* 20:6; 34:7 (s. unter *nśʼ; Dtn.* 5:10; *Jer.* 32:18 (:: *šlm,* pi. + *ʻwn,* vgl. *Ps.* 89:33. -*rpʼ* "heilen": *Ps.* 41:5 (s. unter *ḥnn*); 103:3 (*// slḥ ʻwn*), vgl. *Jes.* 53:5; 57:18; *Jer.* 3:22; *Hos.* 7:1; 14:5; *Ps.* 107:17.20; 147:3; 2*Chr.* 30:20(vgl. v. 18 die mit *kpr* pi. formulierte Vergebungsbitte), u.a. — *rṣh* nif. +

Sündenterminus "vergeben werden": *Jes.* 40:2; Gegenbegriff ist *l'rṣh Jer.* 14:10 (*// zkr 'wn, pqd 'wn*); *Hos.* 8:13 (*// zkr 'wn, pqd ḥṭ'wt*).— *šm'* "erhören": *Dtn.* 10:10 (vgl. 9:19) // *nḥm* nif. *Ex.* 32:14 (vgl. v. 12) // *slḥ Num.* 14:20 (vgl. v. 19); 1*Kön.* 8:33f. (*// slḥ ḥṭ't*).35f., u.ö.[92]

In *1QS* 2:8; 3:6f.8; 11:14; *1QH* 4:37; 17:12; *1QHf* 2:13; *CD* 2:4f.; 3:18; 4:6f.9.10 und 20:34 ist nie ein Priester, sondern ausschließlich Gott Subjekt des Sühnegeschehens. Diesem Sachverhalt korrespondiert das Fehlen kultischer Sühnemittel in dieser Textgruppe; als (nichtkultische) Mittel des göttlichen Sühnehandelns werden dagegen genannt: die "Gerechtigkeit Gottes" (*1QH* 4:37, vgl. *1QS* 11:3.14; *1QH* 11:30f.),[93] der "heilige Geist Gottes" (*1QHf* 2:13, vgl. *1QS* 3:7; *1QH* 16:12; 17:26)[94] und der "Geist des wahrhaftigen Rates Gottes" (*1QS* 3:6, vgl. *1QS* 4:20ff.), "Langmut und reiche Vergebungen (Gottes)" (*CD* 2:4f., vgl. *1QH* 16:16-18),[95] "seine (sc. Gottes) wunderbaren Geheimnisse" (*CD* 3:18) und schließlich der "Reichtum seiner (sc. Gottes) Güte" (*1QS* 11:14). Besonders eindrücklich wird innerhalb des Schlußpsalms der Gemeinderegel (*1QS* 10:9-11:22) die Errettungsgewißheit des Beters mit der Gerechtigkeit Gottes und dem göttlichen Sühnehandeln verbunden:

> "(13) Und wenn er (sc. Gott) meine Bedrängnis löst,
> so wird er meine Seele aus der Grube ziehen
> und meine Schritte auf den Weg lenken.
> Durch sein Erbarmen hat er mich nahe gebracht,
> und durch seine Gnadenerweise ergeht (14) das Urteil über mich.
> Durch die Gerechtigkeit seiner Wahrheit hat er mich gerichtet
> und durch den Reichtum seiner Güte sühnt er alle meine Sünden
> (*'wbrwb ṭwbw ykpr b'd kwl 'wwnwty)*
> und durch seine Gerechtigkeit reinigt er mich von der Unreinheit
> (15) des Menschen

[92] Vereinzelt kann sich die Vergebungsthematik mit der Erlösungsthematik verbinden: *Jes.* 44:22 (s. oben unter *mḥh*); *Ps.* 130:4.7f. (s. oben unter *slḥ*), vgl. *Ps.* 34:23 (*pdh//l' 'šm*), s. dazu Stamm, *Erlösen . . .*, S.142ff.

[93] Zur Sache s. Betz, Rechtfertigung, S.16 Anm.5; S.31ff.; ders., "Rechtfertigung und Heiligung", in: *Rechtfertigung-Realismus-Universalismus in biblischer Sicht* (FS A. Köberle), hrsg. von G. Müller, Darmstadt 1978, S.30-44; Sanders, Paul, S.305ff.; Garnet, Salvation, S.73ff., vgl. auch Nötscher, Terminologie, S.190; P. Stuhlmacher, *Gerechtigkeit Gottes bei Paulus* (*FRLANT* 87), Göttingen ²1966, S.148ff.

[94] Zum Ausdruck "Heiliger Geist (Gottes)" in Qumran s. Nötscher, Terminologie, S.191; ders., "Heiligkeit in den Qumranschriften", in: ders., *Vom Alten zum Neuen Testament. Gesammelte Aufsätze* (*BBB* 17), Bonn 1962, S.126-174, hier: S.133.167ff.; Garnet, aaO S.152 s.v. 'spirit of holiness'; Betz, To Worship God, S.62ff.

[95] S. dazu D. Zeller, Sühne und Langmut. Zur Traditionsgeschichte von Röm 3,24-26, ThPh 43 (1968), S.51-75, hier: S.64ff. Zu der für die Ethik der Qumrangemeinde zentralen Stelle *1QH* 16,16-18 s. Fabry, ŠÛB, S.40ff.

und von der Verfehlung der Menschenkinder (*wbṣdqtw yṭhrny mndt 'nwš wḥṭ't bny 'dm*),
um vor Gott zu loben seine Gerechtigkeit
und vor dem Höchsten seine Herrlichkeit" (*1QS* 11:13-15)[96]

Die Güte Gottes sühnt (*kpr* pi) die Sünden und seine Gerechtigkeit reinigt (*ṭhr* pi.) von Unreinheit und Verfehlung, d.h. von rituellen *und* ethischen Vergehen. Dieser Gedanke der den sündigen Menschen sühnenden und reinigenden Gerechtigkeit Gottes findet sich auch anderen Stellen:

ky tkpr 'wwn wlṭ[hr 'nw]š m'šmh bṣdqtkh
"Denn du (sc. Gott) sühnst Sünde und rei[nigst den Men]schen von Verschuldung durch deine Gerechtigkeit" (*1QH* 4:37)[97]

Für das Verständnis dieser Formulierung ist zu beachten, daß die "Gerechtigkeit Gottes . . . nicht nur imputativ (wirkt), indem sie den Erwählten für gerecht erklärt, sondern auch sanativ, weil sie ihn von der Sünde reinigt und zum gerechten Wandel in der Gemeinde führt".[98] Wie aber wird dieses Handeln Gottes in der Gemeinde Wirklichkeit, und worin hat die Umdeutung der Kultbegriffe "sühnen" und "reinigen" ihren Grund?

3. *Die reine Gemeinde und ihre Sühnefunktion*

Die Frage, wie die Gerechtigkeit Gottes im Leben der Gemeinde Wirklichkeit wird, beantwortet der Abschnitt *1QS* 2:25-3:12. Dessen Einleitung (2:25-3:4) macht zunächst deutlich, daß jemand, der nicht "in den Bund Gottes eintreten will" (2:25f), auch nicht die Möglichkeit hat, Mitglied der Gemeinde zu werden. In *1QS* 3:4-12[99] werden mit Hilfe der Viererreihe Z.4f. zunächst die negativen Konsequenzen aus dieser Haltung gezogen:

I "(4) Nicht kann er sich läutern (*zkh* nif.)[100] durch Sühnungen (*bkpwrym*),

[96] Zum Verständnis dieses Abschnitts s. Garnet, Salvation, S.73ff., vgl. Betz, Rechtfertigung, S.29ff.

[97] Vgl. zur Textgestalt Becker, Heil Gottes, S.145 Anm.1, zur Interpretation Garnet, aaO S.24ff., bes S.26.

[98] Betz, Rechtfertigung, S.32.

[99] Zur Analyse von *1QS* 3:4-12 s. besonders Klinzing, Umdeutung des Kultus, S.99ff.110f. 179ff. u.ö.; J. Schmitt, La pureté sadocite d'après 1QS III,4-9, RevSR 44 (1970), S.214-224; Garnet, aaO S.57ff.; Lichtenberger, Menschenbild, S.118ff.211; ders., Atonement, S.162f.; Thiering, Cleansing.

[100] Wörtliche Parallele *5Q13* 4:2. Vgl. zur Formulierung *1QS* 8:18; 9:9; *CD* 10:3; zum Gebrauch von *zkh* im Qumranschrifttum s. oben Anm.5.

II nicht sich reinigen (*ṭhr* hitp.) durch Reinigungswasser (*bmy ndh*)[101]
III nicht sich heiligen (*qdš* hitp.) in Meereswasser (5) und Flüssen (*bymym wnhrwt*)
IV und nicht sich reinigen (*ṭhr* hitp.) durch irgendein Wasser der Waschung (*bkwl my rḥṣ*)''

Für einen solchen Beitrittswilligen ist die Erlangung von Reinheit aufgrund kultisch-ritueller Maßnahmen nicht möglich: solange er die göttlichen Gebote zurückweist, bleibt er ''unrein'' (*ṭm'* Z.5f.). Wie demgegenüber Reinheit und Sühne zu erlangen sind, zeigt die folgende Viererreihe (Z.6-9), die das Thema ''der in der Gemeinde wirksame Geist Gottes'' entfaltet:

I ''(6) Denn durch den Geist der Gemeinde der Wahrheit[102]. . . werden gesühnt (*kpr* pu.) alle (7) seine Sünden, so daß er das Licht des Lebens schaut;
II und durch den heiligen Geist (,der) der Gemeinschaft in seiner Wahrheit (gegeben ist,) wird er gereinigt (*ṭhr* nif.) von allen (8) seinen Sünden;
III und durch den Geist der Rechtschaffenheit und Demut wird seine Verfehlung gesühnt (*kpr* pu.)
IV und durch die Demütigung seiner Seele unter alle Gebote Gottes wird gereinigt (*ṭhr* nif.) (9) sein Fleisch, so daß man (ihn) besprenge (*nzh* nif.) mit Reinigungswasser und er sich heilige (*qdš* hitp.) mit Wasser der Reinheit''[103]

Sühne und Reinheit sind demnach nicht von kultischen Reinigungsriten, sondern allein von dem der Gemeinde verliehenen Geist Gottes abhängig, der die Glieder der Gemeinde zur rechten Demut (*'nwh*)[104] bringt, die ihrerseits auf die Erfüllung der Gebote gerichtet ist.[105] Erst dann wird derjenige, der auf diese Weise dem ''Bund Gottes'' angehört (vgl. dazu die

[101] Zu *my ndh* ''Reinigungswasser'' in Qumran s. jetzt Baumgarten, Purity, S.161 mit Anm.15-16.

[102] S. dazu Lichtenberger, Menschenbild, S.120 Anm.8.

[103] Die ''Besprengung'' mit Reinigungswasser und die ''Heiligung'' durch das Wasser der Reinheit hat die Unterwerfung unter den Gotteswillen zur Voraussetzung (vgl. auch *1QS* 5:8.13). Zum Verhältnis: innere Reinigung (Z.6-8) — äußere Reinigung (Z.8f.) s. besonders Thiering, aaO passim; dies., Qumran Initiation and New Testament Baptism, NTS 27 (1981), S.615-631; vgl. auch E. Cothenet, ''Art. Qumran'', *DBS* IX (1979), Sp.981ff., bes. Sp.988ff.; G. Barth, *Die Taufe in frühchristlicher Zeit* (*BThSt* 4), Neukirchen-Vluyn 1981, S.32f.

[104] Vgl. F. Böhl, ''Die Demut (*'nwh*) als höchste der Tugenden. Bemerkungen zu Mt 5,3.5'', *BZ NF* 20 (1976), S.217-223, hier: S.218. Zum Phänomen der Geistbegabung in Qumran s. J. Schreiner, ''Geistbegabung in der Gemeinde von Qumran'', *BZ NF* 9 (1965), S.161-180, bes. S.175ff.; Lichtenberger, aaO S.120ff., vgl. Thyen, Sündenvergebung, S.94; Klinzing, Umdeutung des Kultus, S.101.103.

[105] S. dazu Klinzing, aaO S.93ff.143ff.; Sanders, Paul, S.299f.302f.304; Lichtenberger, S.120ff.211f.

Negativformulierungen *1QS* 2:25-3:4), Wohlgefallen finden (*rṣh* nif.)[106] "durch angenehme Sühnungen vor Gott" (*bkpwry nyḥwḥ lpny 'l*), d.h. dadurch, daß er in der Gemeinde Sühnefunktion für Israel (*1QS* 8:6) bzw. für die Gesamtgemeinde (*1QS* 5:6) übernimmt. Im Unterschied zu dem eschatologisch ausgerichteten Abschnitt *1QS* 3:13-4:26[107] wird nach *1QS* 3:6-12 *präsentisch* Sühne gewirkt: der vollkommene Wandel und das Halten der Gebote — die ihrerseits zur geistbestimmten Entsühnung des einzelnen führen — sind Voraussetzung für die Wirksamkeit der Sühne, die die Gemeinde in ihrer *gegenwärtigen Existenz* für Israel bzw. für sich selbst vollzieht.

Auch an den Stellen, nach denen die aus "Aaron" und "Israel" bzw. aus priesterlichen Zadokiden und Laien bestehende und mit alttestamentlichen Baumetaphern beschriebene Gesamtgemeinde (die Priester bilden das Allerheiligste, die Laien den *hêkal*) an die Stelle des gesamten Opfersystems tritt und in dieser Eigenschaft präsentisch Sühne wirkt — und zwar nicht für die, die außerhalb des Bundes stehen,[108] sondern für sich selbst (*1QS* 5:6)[109] bzw.

[106] Vgl. die *rṣwn*-Aussage in *1QS* 8:6.10; 9:4 (jeweils mit der *kpr*-Aussage verbunden, s. dazu Klinzing, aaO S.38 Anm.100; S.59; Sanders, aaO S.303 Anm.192). Nach *Ps.* 154 (=*Syr.II*): 10f. führt das Gotteslob zum "Wohlgefallen" (*rṣh* nif.) bei Gott: "Und ein Mensch, der den Allerhöchsten lobt, ist Ihm wohlgefällig wie einer, der ein Speiseopfer darbringt, (11) und wie einer, der Böcke und Rinder darbringt, und wie einer, der den Altar fett macht mit einer Menge von Brandopfern, und wie Duft von Wohlgerüchen aus der Hand der Gerechten" (Übersetzung A. S. van der Woude, *Die fünf syrischen Psalmen* [*JSHRZ* IV/1], Gütersloh 1974, S.44), s. dazu Garnet, Salvation, S.12. Auf einen Einzelvergleich mit den sachlich und formal nahestehenden Wendungen in *1QS* 9:4f. (zu beachten sind die jeweiligen "wie"-Formulierungen) muß hier verzichtet werden, s. dazu Klinzing, aaO S.38ff.; Sanders, aaO S.299f. mit Anm.175; S.301; Lichtenberger, Atonement, S.161f., ferner Paschen, Rein und unrein, S.139; H. Bardtke, "Literaturbericht über Qumrān VII. Teil", *ThR NF* 38 (1973), S.257-291, hier: S.286f. Auch die Frage, ob und in welchem Sinn in *1QS* 8:3 und *4Q 183* 1 II:7 (jeweils *rṣh* pi. + *'wwn*) die Leidensproblematik thematisiert wird, muß hier ausgeklammert werden, s. dazu Klinzing, aaO S.59 Anm.54; S.104; Sanders, aaO S.301.302. 306; Garnet, Salvation. S.1f.43 Anm.5; S.54f.66f.80f.108f.119.121ff.

[107] S. dazu im einzelnen Lichtenberger, Menschenbild, S.123ff.209f.211f.233f. u.ö.; Thiering, Cleansing, S.271ff. Zur differenzierten Reinigungsterminologie in *1QS* 4:18-22 s. Huppenbauer, *ṭhr*, S.350f.; Sanders, aaO S.298f.; Thiering, aaO S.274; es handelt sich um folgende Termini: *brr* pi. (Z.20), *zqq* pi. (Z.20, vgl. *1QH* 5:16; 6:8; 14:3), *ṭhr* pi. (Z.21), *nzh* hif. (Z.21, vgl. *1QHf* 2:13: Sprengen des Geistes der Heiligkeit, um Schuld zu sühnen [*lkpr 'šmh*], s. dazu Garnet, Salvation, S.54f.55f) und *tmm* hif. (Z.20).

[108] Für diese gibt es keine Sühne und Vergebung, vgl. Sanders, aaO S.303.320.

[109] Anders zuletzt Garnet (aaO S.60ff.; ders., Atonement Constructions, S.155), der *w''m 1QS* 5:5 als Subjekt von *kpr 1QS* 5:6 auffasst; statt *w''m* ist aber *ky' 'm* zu lesen, s. Klinzing, Umdeutung des Kultus, S.67 Anm.1; Sanders, aaO S.300.

für das "Land (Israel)"[110] (*1QS* 8:6.10; 9:4; *1QSa* 1:3 [txt.em.][111]) —, ist die von der Gemeinde wahrgenommene Sühnefunktion[112] ermöglicht durch den in ihr wirksamen Geist Gottes. Für die (frühe) Entstehung[113] des in diesen Texten

[110] Nach Dupont-Sommer (Schuld, S.70f. mit Anm.10) kommt in der Wendung *kpr b'd h'rṣ* der Gedanke einer universalen Sühne ("für die ganze Erde") zum Ausdruck, doch widerspricht dem der Kontext der auf das verunreinigte "Land Israel" bezogenen Texte *1QS* 8:4-7; 8:8-10, s. dazu A. Jaubert, *La notion d'Alliance dans le Judaïsme aux bords de l'ère chrétienne*, Paris 1963, S.171 mit Anm.206; Paschen, Rein und unrein, S.145ff.; Klinzing, aaO S.50ff.; Garnet, aaO S.155; Lichtenberger, Menschenbild, S.211f., Sanders, Paul, S.300ff., bes. S.302f. Von der durch einen Menschen (Noah) gewirkten universalen Sühne ist in *1QGenAp* 10:13 die Rede: *lkwl 'r" kwlh' kprt* . . . "ich schuf Sühne für alles Land . . .", s. dazu J. A. Fitzmyer -D. J. Harrington, *A Manual of Palestinian Aramaic Texts* (*BibOr* 34), Rome 1978, S.109 und den Kommentar von J. A. Fitzmyer, *The Genesis Apocryphon of Qumran Cave I: A Commentary* (*BibOr* 18A), Rome ²1971, S.99, vgl. auch *Jub.* 6:2: "Und er (sc. Noah) erschien auf der Erde. Und er nahm einen Ziegenbock. Und er sühnte mit seinem Blut für alle Sünden der Erde. Denn alles, was auf ihr war, war vernichtet, außer denen, die in dem Kasten mit Noah waren" (Übersetzung K. Berger, *Das Buch der Jubiläen* [*JSHRZ* II/3], Gütersloh 1981, S.355). Nach *Num.* 35:33 verlangt das Land Israel als Jahwes Eigentum und Basis heilvoller menschlicher Existenz Sühne für das auf ihm schuldhaft vergossene Blut (s. dazu B. Janowski, "Auslösung des verwirkten Lebens. Zur Geschichte und Struktur der biblischen Lösegeldvorstellung", *ZThK* 79 [1982], S.25-59). Möglicherweise findet sich dieselbe Vorstellung in *Jub.* 6:2 wieder, nur in universaler Ausweitung; vom schuldhaft vergossenen Blut "auf der Erde" ist in *Jub.* 7:25.33 (vgl. 5:9) die Rede, s. dazu Berger, ebd. Anm. zu. 6:2.

[111] Zur Textherstellung s. D. Barthélemy, in: *DJD* I (1955), S.109, vgl. Garnet, Salvation, S.85f.; Sanders, aaO S.302.303.

[112] Zu der Frage, ob die ganze Gemeinde oder nur bestimmte 'Auserwählte' Subjekt des Sühnevollzuges sind, s. jetzt ausführlich Sanders, aaO S.300ff., ferner Garnet, aaO S.82ff. Subjekt der Sühne in *1QS* 8:3f. (s. oben Anm.106) sind im Unterschied zu *1QS* 8:4ff. *kpr* pi.: Z.6.10) eindeutig die "Fünfzehn", s. Sanders, aaO S.302.323ff.326f., vgl. auch Garnet, aaO S.64ff.

[113] Eine relativ frühe Entstehung dieser Vorstellung haben Kuhn (Enderwartung, S.188) und Klinzing (Umdeutung des Kultus, S.92.152) wahrscheinlich zu machen gesucht. Klinzing vertritt (aaO S.155ff.) darüberhinaus die These, daß diese qumranische Tempeltheologie innerhalb des antiken Judentums singulär war, räumt aber ein, daß es in der Geschichte des Judentums "noch einmal eine Situation (gab), in der solche Beweggründe für die Umdeutung des Kultus hätten aufkommen können, die denen der Qumrangemeinde entsprechen. Gemeint ist die Zerstörung des Tempels 70 n. Chr." (S.166). Gegenüber einer verengten Auslegung der rabbinischen Torafrömmigkeit ist dabei aber zu beachten, daß die — zunehmend an die Stelle der Kultausübung tretenden—Gesetzesbefolgung gerade der "Ausdruck der Überzeugung (ist), daß die Gemeinschaft jetzt anstelle des Tempels getreten ist. Der Untergang des Kultes bedeutete schließlich doch nicht das Ende des Kollektivlebens Israels. Was überlebte, war *das Volk*. Der Genius des rabbinischen Judentums war es, zu erkennen, daß das Volk in seinem eigenem Gemeinschaftsleben den Tempel ersetzen könne" (Neusner, Torah und Messias, S.125f. [Hervorhebung im Original], vgl. S.33f.117ff.120f. und ders., Early Rabbinic Judaism, S.34ff.; C. Thoma, "Auswirkungen des jüdischen Krieges gegen Rom (66-70/73 n.Chr.) auf das rabbinische Judentum", *BZ NF* 12 1968, S.30-54.186-210; ders., "Der Pharisäismus", in: J. Maier — J. Schreiner [Hrsg.], *Literatur und Religion des Frühjudentums. Eine Einführung*, Würzburg 1973, S.254-272, bes. S.271f.; Maier, Tempel und Tempelkult, S.382f.386f.390). Die diesbezügliche Differenz zwischen rabbinischer und qumranischer Anschauung hat Y. Yadin prägnant so ausgedrückt: "Für die Essener fanden die Ereignisse des Jahres 70 n.Chr. schon lange vor 70 statt" (zitiert nach Neusner, Geschichte und rituelle Reinheit, S.122 Anm.5).

(*1QS* 5:4-7; 8:4-7.8-10; 9:3-6; *1QSa* 1:3, dazu *1QS* 11:8;[114] *CD* 3:18ff. und *1QpH* 12:3f.)[115] greifbaren Selbstverständnisses der Qumrangemeinde — sie versteht sich als 'geistigen Tempel', als den heiligen Ort in Israel, an dem das zukünftige Heil schon gegenwärtig wirksam ist[116]— sind vor allem zwei Faktoren ausschlaggebend: zum einen, als auslösendes Moment, die Trennung der entstehenden Gemeinde von dem durch die Makkabäer entweihten Jerusalemer Heiligtum und dessen Opferkult (*CD* 4:15-18; 5:6f.; *1QpH* 12:7-9, vgl. *CD* 6:11b-16a, u.a.), die zu einer umfassenden Ersetzung von Opfer und Kult[117] durch den vollkommenen Wandel und den Toragehorsam führte; und zum anderen "eine Voraussetzung im theologischen Denken der Gemeinde, ohne die die Umdeutung des Tempels nicht möglich gewesen wäre. Für die Gemeinde waren nicht nur die letzten Zeiten schon angebrochen, sie lebte auch in der Gewißheit, zukünftiger Heilsgüter schon teilhaftig zu sein".[118] Damit wurde die Gemeinde von Qumran "dem Kult gleichwertig und nicht mehr nur ähnlich",[119] denn in dem 'geistigen Tempel', den die Gemeinde bis zur Vollendung des zukünftigen Heiligtums[120] darstellt, werden Lobpreis und vollkommener Wandel anstelle kultischer Opfer zur Entsühnung Israels dargebracht:

"um zu sühnen für Auflehnungs-Schuld und Übertretungs-Sünde (*lkpr ʻl*

[114] Anders z.B. O. Betz ("Felsenmann und Felsengemeinde", *ZNW* 48 [1957], S. 49-77, hier: S.50), der für *1QS* 11:8 ein futurisches Verständnis annimmt, s. aber Klinzing, aaO S.74f.129 und H. Muszyński, *Fundament, Bild und Metapher in den Handschriften aus Qumran. Studie zur Vorgeschichte des neutestamentlichen Begriffs ΘΕ Λ Σ (AnBib* 61), Rome 1975, S.189ff. Anders z.B. J. Murphy-O'Connor, *RB* 79 (1972), S.434-440, hier: S:438f., s. aber Klinzing, aaO S.75ff.; Paschen, Rein und unrein, S.140.

[115] In ihrer Beziehung zur Vorstellung der Gemeinde als Tempel umstritten sind *1QH* 6:24ff.; *1QM* 12:1ff.; *4QFlor* 1:1-7 (s. dazu unten S.56 mit Anm. 145); *4QPJes^d* 1-3 und *4QPs 37* 2:15f., s. dazu die in der folgenden Anm. genannte Lit.

[116] Zur Vorstellung der Gemeinde als Tempel s. besonders B. Gärtner, *The Temple and the Community in Qumran and the New Testament. A Comparative Study in the Temple Symbolism of the Qumran Texts and the New Testament* (*MSSNTS* 1), Cambridge 1965, S.16ff.; Kuhn, Enderwartung, S.45f.137f.167f.181ff.204; Klinzing, aaO S.50ff.143ff.; Neusner, Idea of Purity, S.50ff.; ders., "The Idea of Purity in the Literature of the Period of the Second Temple", *Acta Iranica* 5 (1975), S.123-138, hier: S.123.129.131; Paschen, aaO S.125ff.; E. Schüssler Fiorenza, "Cultic Language in Qumran and in the NT", *CBQ* 38 (1976), S.159-177, hier: S.164ff.176f.; Sanders, Paul, S.298ff.323ff.326f.; Baumgarten, Essenes, S.61ff.; Lichtenberger, Atonement, S.161ff., u.a.

[117] Zur Frage eines in Qumran praktizierten Opferkultes s. zuletzt Klinzing, aaO S.20ff.; H. Bardtke, "Literaturbericht über Qumrān VII.Teil", *ThR NF* 38 (1973), S.257-291, hier: S.286ff.; Lichtenberger, Atonement, S.160f. 164; H. Stadelmann, Ben Sira als Schriftgelehrter. *Eine Untersuchung zum Berufsbild des vor-makkabäischen Sōfēr unter Berücksichtigung seines Verhältnisses zu Priester-, Propheten- und Weisheitslehrertum* (*WUNT* 2/6), Tübingen 1980, S.104ff.; J. Nolland, "A Misleading Statement of the Essene Attitude to the Temple", *RdQ* 9 (1977-78), S.555-562.

[118] Klinzing, aaO S.89f., vgl. auch J. Neusner: "The Qumran community believed that the presence of God had left Jerusalem and had come to the Dead Sea. The *community* now constituted the new temple" ("Judaism after the Destruction of the Temple", in: J. H. Hayes - J. M. Miller [ed.], *Israelite and Judean History,* Philadelphia 1977, S.663-677, hier: S.668).

[119] Neusner, Geschichte und rituelle Reinheit, S.121. Anm.3.

[120] S. unten S.56f.

'šmt pš' wm'l ḥṭ't) und zum Wohlgefallen (*rṣwn*) für das Land ohne[121] das Fleisch von Brandopfern und ohne das Fett von Schlachtopfern; ist doch ein Hebeopfer (5) der Lippen nach der Vorschrift (dargebracht) wie Opferduft der Gerechtigkeit und vollkommener Wandel wie ein wohlgefälliges freiwilliges Opfer''.

Aufgrund der Distanz zum Jerusalemer Heiligtum vom äußeren Kult getrennt, mußte sich die Qumrangemeinde in einer 'Welt ohne Tempel' zurechtfinden.[122] Sie tat dies, indem sie die Kultfrömmigkeit nicht eliminierte, sondern unter dem Aspekt des Toragehorsams und der Erwählungsheiligkeit radikalisierte.[123] Daß die Gemeinde trotz jener Distanz zu Tempel und Kult dem Opferkult grundsätzlich positiv verbunden blieb, zeigt mit aller Deutlichkeit die Tempelrolle (*11QT*), deren Bauanweisungen — in Form eines an Mose gerichteten Gotteswortes am Sinai — sich nicht auf einen idealen Tempel der Zukunft, sondern auf den — nichtexistenten — Tempel der Jetztzeit beziehen, den nach der Landnahme zu erbauen Salomo versäumt hat: ''. . . so wie hier in der Tempelrolle beschrieben, hätte Salomo eigentlich den ersten Tempel bauen müssen. Was er wirklich gebaut hat und was infolge des Kyrosediktes nach dem Muster des salomonischen Tempels als 2.Tempel wiederaufgebaut worden war und zur Zeit des TR (=Tempelrollen)-Verfassers in mehr oder minder veränderter Form real vorhanden war, ist demnach nicht gemäß Gottes Angaben gebaut worden und daher unzulänglich. So fallen schroffste Kritik am bestehenden Tempel mit höchster Bejahung des Tempelkultes ineins''.[124] Diese Spannung zwischen illegitimem Heiligtum (das in Jerusalem steht) und legitimem, aber nichtexistentem Tempel (wie er in *11QT* entworfen ist)[125] drängt innerhalb der Qumrangemeinde zu einer Lösung, die — mit Rücksicht auf die Reinheits- und Sühneproblematik — abschließend skizziert werden soll.

[121] Zur privativen Bedeutung von *mn* s. Klinzing, aaO S.38ff., vgl. Paschen, Rein und unrein, S.139; Lichtenberger, Atonement, S.161ff.; anders z.B. Baumgarten, Essenes, S.67.

[122] Yadin (Militante Herodianer, S.356) spricht in diesem Zusammenhang von einem ''Judentum ohne Ritual'', vgl. zur Sache auch Neusner, Early Rabbinic Judaism, S.39ff. Wie Klinzing herausgestellt hat, läßt ''keine der Stellen, die einen Tempelbegriff enthalten, . . . auf ein dem Tempel (in Jerusalem) entsprechendes Heiligtum in Qumran oder an einem anderen Ort schließen'' (aaO S.22).

[123] Vgl. Lichtenberger, Menschenbild, S.211f.; Maier, Kultfrömmigkeit, S.34ff.

[124] Maier, Tempelrolle, S.67f., vgl. zur Sache Yadin, Le rouleau du Temple, S.117f.; M. Delcor, ''Art. Qumran'', *DBS* IX (1979), Sp.947f., u.a.

[125] Zur Tempelanlage der Tempelrolle s. J. Maier, ''Die Hofanlagen im Tempel-Entwurf des Ezechiel im Licht der 'Tempelrolle' von Qumran'', in: *Prophecy* (FS G. Fohrer), ed. J. Emerton (*BZAW* 150), Berlin-New York 1980, S.55-67.; vgl. Th. A. Busink, Der Tempel von Jerusalem von Salomo bis Herodes, Bd.II, Leiden 1980, S.1420ff.

4. Reinheit und Sühne jetzt und in der Endzeit

Nach dem Heiligtumsentwurf der Tempelrolle ist das Allerheiligste (*dbyr*) das Zentrum eines Sakralbereichs, dessen "rituelle Heiligkeit nach außen hin stufenweise abnimmt".[126] Konstitutiv für die mit diesem Kultort verbundene Frömmigkeit war die Annahme, daß "Kultordnung und Tempelanlage der kosmischen Ordnung entsprechen",[127] daß zwischen Kultordnung und von Gott gesetzter Weltordnung ein Wechselverhältnis besteht, auf dessen sorgsamer Beachtung der Fortbestand von Natur und Gesellschaft beruht.[128] In dieser Kultsymbolik liegt auch der Sachgrund für die Entstehung der detaillierten Vorschriften über die rituelle Reinheit/Unreinheit (in der Tempelrolle: 45:7-47:18 [ritueller Schutz des Heiligtums und der heiligen Stadt] und 48:1[?]-51:18[Reinheitstora]).[129] Diese Reinheitsbestimmungen und ihre tägliche Anwendung sind — zumindest ihrer ursprünglichen Intention nach — nicht das Ergebnis einer theologischen Verengung ("Gesetzesgehorsam"), sondern praktischer Ausdruck einer fundamentalen Einsicht: "Es war eben diese Symbolik, die den Einzelnen im Vollzug der Torafrömmigkeit eine kaum zu erschütternde Geborgenheit vermittelte, aus dem Bewußtsein heraus, durch den Toragehorsam, auch im kleinsten Detail, in Harmonie mit der göttlichen Welt- und Lebensordnung zu stehen, und somit letztlich auf alle Fälle auf dem richtigen Weg zu sein; nicht bloß als Individuum, sondern als Mitglied des zum Toragehorsam erwählten Gottesvolkes".[130] Unter diesem Aspekt sind auch die *kpr* -Belege der Tempelrolle[131] zu sehen:

> (a) Innerhalb der Überlieferung des großen Versöhnungstages (*11QT* 25:10-27:10)[132] begegnet *kpr* in *11QT* 26:7.9: Als Sündopfer[133] der Gemeinde soll der Hohepriester den durch Los für Jahwe bestimmten Ziegenbock schlachten und mit dessen Blut verfahren wie mit dem Blut seines eigenen

[126] Maier, Kultfrömmigkeit, S.34.

[127] Ders., "Art. Tempelsymbolik", in: Ders.-P. Schäfer, *Kleines Lexikon des Judentums,* Stuttgart 1981, S.296.

[128] S. dazu v.a. Maier, Tempel und Tempelkult, S.378f.383ff.; ders., Kultfrömmigkeit, S.43ff.

[129] S. dazu die Kommentare von Yadin, Temple Scroll, vol.I, S.215ff. und Maier, Tempelrolle, S.115ff., ferner J. Milgrom, "Studies in the Temple Scroll", *JBL* 97 (1978), S.501-523, hier: S.512ff.; van der Woude, Tempelrol II, S.284ff. und Baumgarten, Purity.

[130] Maier, Kultfrömmigkeit, S.44.

[131] S. die Belege oben Anm.65.

[132] S. dazu im einzelnen Yadin, Temple Scroll, vol.I, S.106ff. Zum Versöhnungstag in Qumran s. die Belege und die Literatur bei Janowski, Sühne als Heilsgeschehen, S. 260 Anm. 402.

[133] Zum *ḥṭ't* -Opfer in *11QT* s. Yadin, aaO S.114ff., vgl. ders., Temple Scroll, vol.II, S.82 (zu *11QT* 25:14f.).

Sündopferfarren (26:3ff.):[134] "... und sühnt damit für das ganze Vo[lk der] Gemeinde" (*wkpr bw 'l kwl 'm hqhl*)" (26:7)[135], vgl Z. 9 und die Hinzunahme der Vergebungsaussage in Z. 10: "Das Sündopfer der Gemeinde ist es, und er sühnt damit für das ganze Volk der Gemeinde, (10) so daß ihnen vergeben wird (*ḥṭ't hqhl hw' wykpr bw 'l kwl 'm hqhl wnslḥ lhmh*).[136]

(b) Innerhalb der Überlieferung anderer Feste begegnet *kpr* zunächst in *11QT* 14:9ff: Unter den "am ersten Tag des ersten Monats" (an dem keine Arbeit verrichtet werden darf) darzubringenden Opfern soll auch ein Ziegenbock als Sündopfer zugerichtet werden (*'śh* nif.), "um Süh[ne zu schaffen für euch] (*lkp[r 'lykmh)*" (Z.11);ferner in *11QT* 18:1-10: Ebenfalls ein Ziegenbock ist am Fest des Garbenschwingens darzubringen, um zu entsühnen "d]as Volk der Gemeinde von all ihr[en] Verschuldungen [und es wird ihnen vergeben werden nach all ihren Geschlechtern] ('*]l 'm hqhl mkwl 'šmt[m]* (8) [*wnslḥ lhmh ldwrwtmh*)" (Z,7f.). Bislang ganz singulär sind die Sühneaussagen im Zusammenhang mit dem Fest neuen Weins (*tyrwš: 11QT* 21:7f., und mit dem Fest des neuen Öls (*yṣhr*): *11QT* 22:15f. (vgl. Z.O2).[137]

Insgesamt unterscheidet sich die syntaktisch-semantische Funktion von *kpr* in der Tempelrolle (der Priester als Subjekt von *kpr,* kultischer Kontext) in nichts von der Bedeutung dieser Wurzel in der Priesterschrift, in *Ez.* 40-48 und im Chronistischen Geschichtswerk,[138] aber erheblich von deren Verwendung im übrigen Qumranschrifttum.[139] Dieser Sachverhalt ist auf dem Hintergrund der oben genannten Problematik (illegitimes Jerusalemer Heiligtum auf der einen Seite, legitimer, aber nichtexistenter Tempel der Tempelrolle auf der anderen Seite) und deren Lösung durch die Qumrangemeinde zu sehen.

Der mit der Distanzierung vom entweihten Jerusalemer Heiligtum für die Qumrangemeinde lebensnotwendig gewordene Übergang von der Kultfrömmigkeit zur nichtkultischen Torafrömmigkeit stellt — da die Torafrömmigkeit von vornherein durch die Kultfrömmigkeit mitgeprägt war[140]— nicht einfach einen Bruch mit der Tradition dar: Begriffe wie

[134] Im Unterschied zu Kol. 16:15ff. wird der Blutritus in Kol. 26:6f. nicht präzisiert, vgl. Yadin, Temple Scroll, vol. II, S.83 z.St.

[135] Vgl. die Aufnahme der Formulierung von *Lev.* 16:33 in *11QT* 16:14f.: Der Priester soll den "zweiten", d.h. den für das Volk bestimmten Sündopferfarren nehmen "und mit ihm [für das ganze Volk] der Gemeinde Sühne schaffen", vgl. ferner *11QT* 14:10f.; 18:7f.; 22:02; 32:6 und vielleicht auch 17:2 und 32:6: "ihr Schuldopfer (?), um (damit) Sühne zu schaffen für das Volk", zum Text s. Yadin, aaO S.98 z.St.; J. Milgrom, "Further Studies in the Temple Scroll", *JQR* 71 (1980), S.89-106, hier: S.91.

[136] Vgl. Kol.18:7f. und Kol.27:2 (wahrscheinlich ist dort Z.1 die *kpr*-Aussage zu ergänzen, vgl. oben Anm.1). *slḥ* qal ist 2mal belegt: Kol.53:21; 54:3; zu den *slyḥh/slyḥwt*-Belegen in *11QT* s. oben S.45.

[137] S. dazu Yadin, aaO S.68f.73 (jeweils z.St.); zu den beiden Festen s. ders. Temple Scroll, vol.I, S.88ff., bes. S.89f.; Maier, Kultfrömmigkeit, S.39ff. und zum Zusammenhang: Öl/neuer Wein — Reinheitsgesetzgebung in Qumran Baumgarten, Essene Avoidance of Oil, S.191f.mit Anm.42; M. Delcor, "Art. Qumran", *DBS* IX (1979), Sp.947.

[138] S. dazu Janowski, Sühne als Heilsgeschehen, S. 183ff.

[139] Vgl. die Übersicht oben S.43.

[140] S. dazu etwa Maier, Kultfrömmigkeit, S.43ff.

Tempel und Kult wurden nicht eliminiert, sondern *umgedeutet*, d.h. auf die Gemeinde (als Tempel) und deren Handeln (Lobpreis und vollkommener Wandel) bezogen. Die bleibende Bedeutung des Kultischen kommt auch darin zum Ausdruck, daß die Zeit des nicht-materiellen Opferkultes als ein Zwischenstadium galt, nach dessen Ablauf die Gemeinde auf eine reale, geheiligte Kultausübung im endzeitlichen Heiligtum hoffte. Von diesem Heiligtum der Endzeit ist in *11QT* 29:8-10 die Rede:

> "Und ich will heiligen mein [Heili]gtum mit meiner Herrlichkeit, da ich wohnen lassen werde (9) über ihm meine Herrlichkeit bis zum Tag der Schöpfung,[141] an dem ich (neu) schaffe mein Hei[ligtum (?),] (10) um es mir zu bereiten für all[ez]eit entsprechend dem Bund, den ich geschlossen habe mit Jakob in Bethel".

Am "Tag der Schöpfung" (*ywm hbryh*),[142] der die Wüstenemigration der Qumrangemeinde beendet,[143] wird der regelmäßige Tempeldienst — mit von den Zadokiden dargebrachten Sühnopfern[144]— im eschatologischen Heiligtum wiederaufgenommen (vgl. *4Q 174 (4 QFlor)* 1-2 I:1-7;[145] *4Q 171 (4QpPs 37)* 1,3-4 III.1Of.,[146] ferner *1QM* 2:3; 7:11; *1QSb* 3:26; *äthHen* 90:29; *Jub*

[141] Die Lesung *bryh* "Schöpfung" ist paläographisch wahrscheinlicher als die Lesung *brkh* "Segen", dieser Vorschlag bereits bei van der Woude, Tempelrol II, S.284 mit Anm.9, vgl. Yadin, Temple Scroll, vol.III, pl.44; vol.III Supplementary Plates, pl.14*.

[142] Die Formulierung in Z.8f.könnte eine Kombination des deuteronomisch-deuteronomistischen Theologumenons vom "Wohnen-lassen" des Namens (z.B. *Dtn.* 12:5; 11:21; 14:23.24; 16:2.6.11; 26:2, vgl. *Jer.* 7:12, u.a., s. dazu H. Weippert, "'Der Ort, den Jahwe erwählen wird, um dort seinen Namen wohnen zu lassen'. Die Geschichte einer alttestamentlichen Formel", *BZ NF* 24 [1980], S.76-94) mit dem priesterschriftlichen Herrlichkeitsbegriff (z.B *Ex.* 29,42b-46, s. dazu Janowski, Sühne als Heilsgeschehen, S. 303ff) darstellen. Der Zusammenhang von Tempel und Schöpfung findet sich bereits in der Priesterschrift (s. Janowski, aaO S. 309ff), in ausgestalteter Form dann im rabbinischen Schrifttum, s. dazu P. Schäfer, "Tempel und Schöpfung. Zur Interpretation einiger Heiligtumstraditionen in der rabbinischen Literatur", in: Ders., *Studien zur Geschichte und Theologie des rabbinischen Judentums* (*AGJU* 15), Leiden 1978, S.122-133, hier: S.131.ff.

[143] Vgl. Lichtenberger, Atonement, S.166f.

[144] S. dazu den aramäischen Text *2Q24* 8, der in Z.2-4 vom (Brandopfer-) Altar und dessen Maßen (s. Klinzing, Umdeutung des Kultus, S.37 Anm.96) und in Z.5 von der Sühne auf (?) dem Brandopferaltar des eschatologischen Heiligtums spricht: *wlhywn mkpryn bh ᶜlw*[*hy*]; zur Interpretation des Textes s. J. A. Fitzmyer — D. J. Harrington, *A Manual of Palestinian Aramaic Texts* (*BibOr* 34), Rome 1978, S.53, vgl. auch M. Baillet, in: *DJD* III (1962), S.89; ders., "Fragments araméens de Qoumrân 2. Description de la Jérusalem Nouvelle", *RB* 62 (1955), S.222-245, hier: S.242. Eine etwas andere Übersetzung bietet H. Bardtke, *Die Handschriftenfunde am Toten Meer. Die Sekte von Qumrān,* Berlin 1958, S.172.

[145] S. dazu Klinzing, aaO S.80ff.; Schwartz, Three Temples; anders neuerdings wieder J. M. Baumgarten, *JBL* 97 (1978), S.584-589, hier: S.589 (Rezension von Y. Yadin, The Temple Scroll).

[146] S. dazu Lichtenberger, Atonement, S.160.

1:15-17.27.29).[147] Die "Erschaffung" (*br'*) dieses endzeitlichen Heiligtums ist die Erfüllung der Bundesverheißung, die Jahwe Jakob in Bethel gab (*Gen.* 28:10-22; 35:1-15).[148] Bis zum Anbruch des Eschatons aber bleibt die Gemeinde in ihrem Wandel darauf gerichtet, nach der Tora zu leben und Gott zu loben — den Gott, der die Sünden vergibt und von Schuld reinigt (*1QS* 11:13-15).[149] Dieser vollkommene Wandel des einzelnen in der Gemeinde der Reinheit war die Vorwegnahme des eschatogischen Gottesdienstes am "Tag der (Neu-) Schöpfung", auf den hin die Gemeindeglieder in ihrem Denken, Handeln und Hoffen orientiert waren:

> "Und dann wird Gott durch seine Wahrheit alle Werke des Menschen läutern (*brr* pi.)
> und wird sich einige aus den Menschenkindern reinigen (*zqq* pi.),
> indem er allen Geist des Frevels aus dem Innern (21) ihres Fleisches tilgt (*tmm* hif.)
> und sie reinigt (*ṭhr* pi.) durch heiligen Geist von allen gottlosen Taten.
> Und er wird über sie sprengen (*nzh* hif.) den Geist der Wahrheit wie Reinigungswasser (zur Reinigung) von allen Greueln de Lüge und dem Sich-Wälzen (22) in unsauberem Geist,
> um die Rechtschaffenen zu unterweisen in der Erkenntnis des Höchsten
> und in der Wahrheit der Söhne des Himmels, um klug zu machen die, die vollkommen im Wandel sind" (*1QS* 4:20-22).[150]

IV. Schluss

Wir waren von der Beobachtung ausgegangen, daß sich die Qumrangemeinde in ihrem Denken und Handeln an der Leitidee eines toragemäßen Lebens — und d.h.: eines Lebens "in Reinheit" — ausgerichtet und dabei den Zusammenhang mit der Erwartung des bevorstehenden Endes der Zeit gewahrt hat. Abschließend soll die Frage nach dem Verhältnis von Enderwartung und Reinheitsidee noch einmal aufgenommen und in einen größeren Rahmen hineingestellt werden.

Die Hauptergebnisse verschiedener Einzelstudien zum Thema

[147] Zur rabbinischen Auffassung vom Tempel der messianischen Zeit, der "kein ideeller Tempel . . ., kein 'himmlisches Jerusalem', sondern der konkrete irdische Tempel mit seinen Opfern und seinem Hohenpriester" sein wird, s. P. Schäfer, "Zur Geschichtsauffassung des rabbinischen Judentums", in: Ders., aaO (oben Anm.142) S.23-44 (das Zitat auf S.41, vgl. A. Goldberg, "Die Heiligkeit des Ortes in der frühen rabbinischen Theologie", *FJB* 4 (1976), S.26-31); Schwartz, Three Temples, S.91 Anm.28, zur Sache ferner Neusner, Map without Territory.

[148] Vgl. Maier, Tempelrolle, S.90; Lichtenberger, Atonement, S.167; Betz, To Worship God, S.65.

[149] S. oben S.47f.

[150] Zur Interpretation dieses Textes s. die oben Anm.107 angegebene Lit.

"Eschatologie und Friedenshandeln"[151] resümierend, hat jüngst U.Luz[152] mehrere Eschatologietypen (des alten Israel, des antiken Judentums und des Urchristentums) miteinander verglichen und im Hinblick auf Qumran festgestellt, daß die Konstitution der Qumrangemeinde auf der "Korrelation zwischen geschlossenem Zukunftsbild mit universal- und endgeschichtlicher Dimension, hierarchischem Organisationstyp, verfügendem Handlungstyp, sektenhafter Abgeschlossenheit und missionarischem Impetus"[153] beruhe:

> "Hier entsprechen sich: Bescheidwissen über den himmlischen Weltplan und die eigene Stellung in ihm (vgl. 1QS 3,13ff), strikte Absonderung nach außen, extreme Differenz zwischen 'in-group' – und 'out-group' – Verhalten (Liebe gegenüber den Söhnen des Lichts bis hin zu weitestgehender Minimierung von Not innerhalb der Gruppe durch Besitzgemeinschaft; Haß gegenüber den Söhnen der Finsternis). Dem entspricht weiter die hierarchische Organisation und ein detailliert geregeltes, extrem verfügendes Handeln. Daß Qumran eine ausgeführte Prädestinationslehre kennt und vom Außenseiter Josephus als deterministisch beschrieben wurde, paßt ins Bild. Geistesgeschichtliche Voraussetzung des 'geschlossenen' Welt- und Zukunftsbildes der Qumransekte ist die apokalyptische Eschatologie".[154]

Auch wenn die Qumransekte nach außen gewirkt hat, indem sie eine große Attraktivität auf Außenstehende ausübte, war ihr Handeln dennoch nicht aktiv nach außen gerichtet, also nicht in dieser Weise weltbezogen. Angesichts ihres dualistischen Weltbildes, der prädestinatianischen Trennung der Söhne des Lichts von den Söhnen der Finsternis ist eine missionarische Tätigkeit, die das der Gemeinde schon jetzt und in Zukunft zuteil werdende Heil auch anderen zuwendet, kaum vorstellbar und die Wahrnehmung einer aus eigener Heilserfahrung resultierenden Verantwortung für Gesamtisrael (und darüber hinaus) bei ihr nicht zu finden. Einschränkend ist aber zu fragen, ob in der Theologie der Qumrangemeinde nicht doch — bei gar nicht zu bestreitender Dominanz des "Innenbezuges" ihrer Ethik — einzelne Strukturelemente vorhanden sind, die jene "Geschlossenheit" ihres Welt- und Zukunftbildes in einem etwas anderen Licht erscheinen lassen. Folgende Aspekte wären hier noch einmal zu nennen:

[151] *Eschatologie und Friedenshandeln. Exegetische Beiträge zur Frage christlicher Friedensverantwortung. Mit Beiträgen von U. Luz, J. Kegler, P. Lampe, P. Hoffmann* (*SBS* 101), Stuttgart 1981.

[152] "Die Bedeutung der biblischen Zeugnisse für kirchliches Friedenshandeln", in: aaO S.195-214.

[153] AaO S.204.

[154] AaO S.203.

1. Wie die Gemeindekonzeption (die Gemeinde als "geistiger" Tempel)[155] zeigt, ist (nicht nur die christliche Eschatologie,[156] sondern mutatis mutandis) auch die qumranische Eschatologie von einer geschichtlichen Antizipation des Eschatons bestimmt: Die Gemeinde ist dem Kult nicht nur ähnlich, sondern gleichwertig;[157] in dieser Funktion wirkt sie präsentisch Sühne für sich selbst und "für das Land (= Israel)".[158]
2. In der innerhalb der Gemeinde geschehenden "Sühne für das Land (= Israel)" wird eine Dimension stellvertretenden Handelns sichtbar, die über den der Gemeinde sonst eigenen Partikularismus weit hinausgeht. Noch deutlicher wird diese Handlungskonzeption in der Tempelrolle, derzufolge Gesamtisrael an der im Tempel vollzogenen Entsühnung teilhat.
3. Die Reinheits- und Sühneaussagen haben ihre Sinnmitte in der sogenannten Kultsymbolik.[159] Der Verweisungszusammenhang von Kultordnung und Weltordnung, der diese Symbolik bestimmt, öffnete die Torafrömmigkeit der Gemeinde so zur Schöpfungswelt hin, daß der Lobpreis des Schöpfers zum Sinn des menschlichen Daseins wurde.[160]

Daß die Qumrangemeinde auf aktive Weltgestaltung verzichtet hat, ist nicht zu übersehen. Ebensowenig ist aber auch zu übersehen, daß mit Prädikaten wie "weltfeindlich" und "pessimistisch" noch nicht alles über das Selbst- und Weltverständnis dieser religiösen Gruppierung des antiken Judentums gesagt ist. Die künftige Forschung an den Qumrantexten, deren Verständnis der verehrte Jubilar in eminenter Weise gefördert hat, wird sich auch in dieser Hinsicht für differenzierende Sachaspekte offen halten müssen.

POSTSCRIPTUM: Zum Teil zusätzliches Material bietet jetzt M. Baillet, *Qumrân Grotte 4,* t.III (4Q482-4Q520) (*DJD* VII), Oxford 1982, S.322f. s.vv. *ṭhwr, ṭhr, ṭwhr, ṭhrh* und S.325 s.vv. *kpr, kprym.*

[155] S. oben S.48. mit der dort genannten Literatur.
[156] S. dazu Luz, aaO S.205ff.
[157] Vgl. Neusner, Geschichte und rituelle Reinheit, S.120f.
[158] S. oben S.50f.
[159] S. oben S.54 mit der dort genannten Literatur.
[160] S. dazu M. Limbeck, "Der Lobpreis Gottes als Sinn des Daseins", *ThQ* 150 (1970), S.349-357, vgl. ausführlicher ders., *Die Ordnung des Heils. Untersuchungen zum Gesetzesverständnis des Frühjudentums,* Düsseldorf 1971, S.119ff.

LITERATURVERZEICHNIS

J. M. Baumgarten, "Sacrifice and Worship among the Jewish Sectarians of the Dead Sea (Qumran) Scrolls", in: Ders., Studies in Qumran Law (*SJLA* 24), Leiden 1977, S.39-56.

--------, "The Essenes and the Temple — A Reappraisal", in: Ders., aaO, S.57-74.

--------, "The Essene Avoidance of Oil and the Laws of Purity", in: Ders., aaO, S.88-97.

--------, "The Pharisaic-Sadducean Controversies about Purity and the Qumran Texts", *JJS* 31 (1980), S.157-170.

J. Becker, Das Heil Gottes. Heils- und Sündenbegriffe in den Qumrantexten und im Neuen Testament (*StUNT* 3), Göttingen 1964.

O. Betz, "Rechtfertigung in Qumran", in: *Rechtfertigung* (FS E. Käsemann), hrsg. von J. Friedrich - W. Pöhlmann - P. Stuhlmacher, Tübingen 1976, S.17-36.

---------, "'To Worship God in Spirit and in Truth': Reflections on John 4, 20-26", in: *Standing before God. Studies on Prayer in Scriptures and in Tradition with Essays* (FS J. M. Oesterreicher), ed. A. Finkel - L. Frizzel, New York 1981, S.53-72.

H. Braun, *Spätjüdisch-häretischer und frühchristlicher Radikalismus. Jesus von Nazareth und die essenische Qumransekte,* 1. Band: Das Spätjudentum, *BHTh* 24,1, Tübingen [2]1969.

E. Cothenet, "Art. Pureté et impureté", *DBS* IX (1979), Sp. 509-518.

M. Delcor, "Art. Qumran", *DBS* IX (1979), Sp. 828-980.

--------, "Le vocabulaire juridique, cultuel et mystique de l' 'initiation' dans la secte de Qumran", in Ders., *Religion d'Israël et Proche Orient Ancien. Des Phéniciens aux Esséniens,* Leiden 1976, S.363-388.

A. Dupont-Sommer, Schuld und Reinigungsriten in der jüdischen Sekte von Qumran, in: *Qumran* (*WdF* 410), hrsg. von K. E. Grözinger - N. Ilg - H. Lichtenberger - G.-W. Nebe - H. Pabst, Darmstadt 1981, S.263-275.

H.-J. Fabry, *Die Wurzel ŠÛB in der Qumran-Literatur. Zur Semantik eines Grundbegriffes* (*BBB* 46), Köln-Bonn 1975.

P. Garnet, *Salvation and Atonement in the Qumran Scrolls* (*WUNT* 2/3), Tübingen 1977.

--------, "Atonement Constructions in the Old Testament and the Qumran Scrolls", *EvQ* 46 (1974), S.131-164.

H. Huppenbauer, "*ṭhr* und *ṭhrh* in der Sektenregel von Qumran", *ThZ* 13 (1957), S.350f.

B. Janowski, *Sühne als Heilsgeschehen. Studien zur Sühnetheologie der Priesterschrift und zur Wurzel KPR im Alten Orient und im Alten Testament* (*WMANT* 55), Neukirchen-Vluyn 1982.

G. Jeremias, *Der Lehrer der Gerechtigkeit, StUNT* 2, Göttingen 1963.

G. Klinzing, *Die Umdeutung des Kultus in der Qumrangemeinde und im Neuen Testament* (*StUNT* 7), Göttingen 1971.

H.-W. Kuhn, *Enderwartung und gegenwärtiges Heil. Untersuchungen zu den Gemeindeliedern von Qumran mit einem Anhang über Eschatologie und Gegenwart in der Verkündigung Jesu* (*StUNT* 4), Göttingen 1966.

J. Licht, *Megillat has-Serachim. The Rule Scroll. A Scroll from the Wilderness of Judaea. 1QS, 1QSa, 1QSb,* Jerusalem 1965.

H. Lichtenberger, *Studien zum Menschenbild in Texten der Qumrangemeinde* (*StUNT* 15), Göttingen 1980.

--------, "Atonement and Sacrifice in the Qumran Community", in: W. S. Green (ed.), *Approaches to Ancient Judaism,* vol. II, Ann Arbor/Mich. 1980, S.159-171.

J. Maier, *Die Texte vom Toten Meer,* 2 Bände, München-Basel 1960.

--------, "Tempel und Tempelkult", in: J. Maier - J. Schreiner (Hrsg.), *Literatur und Religion des Frühjudentums. Eine Einführung,* Würzburg 1973, S.371-390.

--------, *Die Tempelrolle vom Toten Meer* (*UTB* 829), München 1978.

--------, "Aspekte der Kultfrömmigkeit in Lichte der Tempelrolle von Qumran", in: H. H. Henrix (Hrsg.), *Jüdische Liturgie. Geschichte - Struktur - Wesen* (*QD* 86), Freiburg/Basel/Wien 1979, S.33-46.

J. T. Milik, *Ten Years of Discovery in the Wilderness of Judaea, SBT* 26, London 1959.

J. Neusner, *The Idea of Purity in Ancient Judaism* (*SJLA* 1), Leiden 1973.

--------, *Early Rabbinic Judaism. Historical Studies in Religion, Literature and Art* (*SJLA* 13), Leiden 1975.

--------, "The Idea of Purity in Ancient Judaism", in: *JAAR* 43 (1975), S.15-26.

--------, "The Idea of Purity in the Jewish Literature of the Period of the Second Temple", *Acta Iranica* 5 (1975), S.123-138.

--------, "Torah und Messias — Versuch einer Interpretation der Geschichte des Judentums", *Jud.* 33 (1977), S.30-35.117-126.

--------, "Method and Substance in the History of Judaic Ideas: An Exercise", in: *Jews, Greeks and Christians. Religious Cultures in Late Antiquity* (FS W. D. Davies), *SJLA* 21, Leiden 1976, S.89-111.

--------, *A History of the Mishnaic Law of Purities. Part 22: The Mishnaic System of Uncleanness. Its Context and History, SJLA* 6,22, Leiden 1977.

--------, "Geschichte und rituelle Reinheit im Judentum des 1. Jahrhunderts n.Chr.", *Kairos NF* 21 (1979), S.119-132.

--------, "Map without Territory: Mishnah's System of Sacrifice and Sanctuary", *HR* 19 (1979), S.103-127.

F. Nötscher, *Zur theologischen Terminologie der Qumrantexte* (*BBB* 10), Bonn 1956.

W. Paschen, *Rein und unrein. Untersuchung zur biblischen Wortgeschichte* (*StANT* 26), München 1970.

Qumran, *WdF* 410, hrsg. von. K. E. Grözinger - N. Ilg — H. Lichtenberger - G.-W. Nebe - H. Pabst, Darmstadt 1981.

Ch.Rabin, *Qumran Studies, ScJ* 2, Oxford 1957, Reprint 1976.

--------, *The Zadokite Documents,* Oxford 1958.

E. P. Sanders, *Paul and Palestinian Judaism,* London 1976.

L. H. Schiffman, *The Halakhah at Qumran, SJLA* 16, Leiden 1975.

D. R. Schwartz, "The Three Temples of 4Q Florilegium", *RdQ* 10/1 (1979), S.83-91.

H. Stegemann, *Die Entstehung der Qumrangemeinde,* Diss.theol.Bonn 1965.

B. E. Thiering, "Inner and Outer Cleansing at Qumran as a Background to New Testament Baptism", *NTS* 26 (1980), S.266-277.

H. Thyen, *Studien zur Sündenvergebung im Neuen Testament und seinen alttestamentlichen und jüdischen Voraussetzungen* (*FRLANT* 96), Göttingen 1970.

G. Vermes, *The Dead Sea Scrolls in English,* Harmondsworth ^{2}1975.

--------, *The Dead Sea Scrolls. Qumran in Perspective.* With the collaboration of Pamela Vermes, London 1977/Philadelphia 1981.

A. S. van der Woude, "De Tempelrol van Qumrân", *NThT* 34 (1980), S.177-190 (I); S.281-293 (II).
Y. Yadin, *Megillat ham-Miqdaš. The Temple Scroll* (Hebrew Edition), vol.I-IIIA, Jerusalem 1977.
--------, "Le rouleau du Temple", in: M. Delcor (ed.), *Qumrân. Sa piété, sa théologie et son milieu* (*BEThL* 46), Paris-Leuven 1978, S.115-119.
--------, "Militante Herodianer aus Qumran. Die Essener zwingen Christen und Juden zum Umdenken", *LM* 18 (1979), S.355-358.

PSALM CVI 28-31 UND DIE INTERZESSION DES PINCHAS

Sowohl im Alten Testament als auch im nachbiblischen Judentum wird von großen Fürsprechergestalten (wie Abraham, Mose, Samuel oder Propheten wie Elia, Elisa, Jeremia, u.a.) erzählt, die aufgrund ihrer Vollmacht in einer Tat- oder Worthandlung vor Gott für andere eintreten.[1] Ihr interzessorisches Wirken vollzieht sich jeweils in einer Situation, die durch eine bestimmte Verschuldung eines einzelnen oder einer Gemeinschaft gegen Gott und durch ein ahndendes Eingreifen Gottes als unheilvoll qualifiziert und von seiten des Schuldigen irreparabel ist. Der Interzessor ist ein Mittler, der — bis zur Gefährdung der eigenen Existenz — stellvertretend in den durch jene Verschuldung zwischen Gott und Mensch entstandenen "Riß" tritt in der Absicht, durch sein "Dazwischentreten" den Vernichtungswillen Jahwes abzuwenden und so ein heilvolles Gott-Mensch-Verhältnis zu inaugurieren. Als stellvertretendes Handeln vollzieht sich das "Eintreten für andere" immer in einer Zone besonderer Gefährdung, weil es für den Schuldigen nicht um ein beliebiges Geschick, sondern um Tod oder Leben geht. So trat Aaron "zwischen die Toten und die Lebenden, da wurde die Plage zum Stillstand gebracht" (Num. xvii 13), und so wandte auch der Aaronide Pinchas durch sein interzessorisches Handeln den tödlichen Grimm Jahwes von Israel ab (Num. xxv 6-15).[2]

Von den alttestamentlichen Erzählungen, in denen Pinchas, der Sohn Eleazars und Enkel Aarons (Ex. vi 25), eine entscheidende

Rolle spielt (Num. xxv 6-15 [vgl. Ps. cvi 29-31; 1 Makk. ii 54; Sir. xlv 23f.], xxxi 1-54; Jos. xxii 1-34; Ri. xx 28, vgl. auch die Grabtradition Jos. xxiv 33), kommt nach inhaltlichem Gewicht und theologiegeschichtlicher Wirkung Num. xxv 6ff. die größte Bedeutung zu: Pinchas brachte eine die Jahwegemeinde bedrohende Plage (*măggepā*) dadurch zum Stillstand, daß er den abtrünnigen Israeliten Zimri und die Midianiterin Kozbi, die dieser ins israelitische Lager mitgenommen hatte, mit einem Speer tötete. Für dieses "Eifern" (*qnʾ* pi.) für Jahwe wird ihm und seinen Nachkommen das ewige Priestertum zugesichert. Die Erinnerung an diese Eifertat des Pinchas und die ihm von Jahwe gegebene Verheißung einer *b^erît k^ehunnăt ʿôlam* (Num. xxv 13) blieb im gesamten antiken Judentum lebendig.[3] In der samaritanischen Religion der aramäischen Periode[4] war sie so stark, daß sich ausgesprochen soteriologische Erwartungen mit ihr verbanden. Nach samaritanischer Auffassung gliederte sich das Priestertum in eine auf Aaron-Eleazar-Pinchas zurückgehende und über das gewöhnliche Priestertum hinausgehobene hohepriesterliche und in eine von Ithamar sich herleitende levitische Linie, die mit der Aufsicht über alle heiligen Geräte betraut war (MM V 121, 18-22).[5] Das Anrecht der Eleazar-Söhne auf das Hohepriestertum formuliert MM VI 139, 23f. — im Anschluß an Num. xxv 6ff. — mit folgenden Worten:

> Und ich (sc. die Gottheit des Alls) verherrlichte Pinehas, bereitete ihm eine Stelle und werde ihn in Ewigkeit nicht von ihr entlassen, denn er ist die Wurzel der Erlösung (*šrš h dprqnh*), und ihm und seiner Nachkommenschaft nach ihm gehört das Hohepriestertum.[6]

Dieser Hochschätzung des Pinchas gibt nach MM V 120, 15-17 sogar Mose in seiner Abschiedsrede kurz vor seiner Verherrlichung auf dem Nebo (MM V 124, 5) Ausdruck:

> Fände sich doch wieder ein heiliger Priester, der vergeben könnte, wie mein Bruder Aaron, damit es keine Plage (*ngp*) mehr gebe! Fände sich doch ein heiliger Priester wie Eleazar, welcher der Gemeinde Sühne schaffen könnte, damit die Barmherzigkeit (*rḥwth*) nicht weiche! Fände sich doch ein Priester wie sein Sohn Pinehas, der im Eifer aufstünde (*yqwm bqnʾh*), damit die Tage der Barmherzigkeit (*ymy rḥwth*) nicht aufhörten![7]

Inneralttestamentlich fand die in Num. xxv 6-15 geschilderte Eifertat des Pinchas einen Nachhall in dem nachexilischen, wahrscheinlich in zeitlicher Nähe zur Endredaktion des Pentateuchs stehenden Geschichtspsalm Ps. cvi.[8] In dessen Geschichtsbericht (*v* 7-46) wird innerhalb des Rückblicks auf die — als Geschichte des ständig neuen Abfalls von Jahwe erzählten — Ereignisse der Wüstenzeit (*v*. 13-33) resümierend auch die Pinchas-Episode eingeflochten:

28 Sie unterjochten sich dem Baᶜal Peor und aßen Totenopfer.
29 Sie reizten (ihn)[9] durch ihre Taten, da brach die Plage über sie herein.[10]
30 Doch Pinchas trat auf *wăyᵉpăllel*, da wurde die Plage zum Stillstand gebracht.
31 Und es wurde ihm als Gerechtigkeit angerechnet, von Geschlecht zu Geschlecht in Ewigkeit.

Steht in Num. xxv 8b die Wendung *wătteᶜaṣăr hămmăggepā* ("da wurde die Plage zum Stillstand gebracht") am Ende der durch die Verben *raʾā - qûm - laqăḥ - bôʾ - daqăr* (Subjekt jeweils Pinchas) bezeichneten Handlungsabfolge (*v*. 7, 8a), so folgt dieselbe Wendung in Ps. cvi 30b auf die jenes Handeln interpretierenden Verben *ᶜamăd* und *pillel* (*v*. 30a). Wie aber ist dieser Halbvers und vor allem die Verbform *wăyᵉpăllel* zu verstehen? Ein Blick in ältere und neuere Übersetzungen und Kommentare vermittelt ein durchaus uneinheitliches Bild: Während dieses *pillel* von der Zürcher Bibel, der Einheitsübersetzung, R. Kittel,[11] A. Weiser,[12] H.-J. Kraus[13] u.a.[14] mit "richten, Gericht halten" und von der Lutherbibel, der *Bible de Jérusalem*,[15] M. Mannati[16] u.a.[17] mit "schlichten, (schiedsrichterlich) entscheiden" wiedergegeben wird, übersetzen die *New English Bible*[18] und M. Dahood[19] mit "eintreten für, Fürsprache einlegen", H. Gunkel,[20] O. Loretz[21] u.a.[22] gar mit "Sühnung bringen".

Zieht man darüberhinaus auch die alten Versionen zum Vergleich heran, so läßt sich eine eindeutige Antwort auf die Frage nach der Bedeutung von *wăyᵉpăllel* Ps. cvi 30 beispielsweise Ps. cv(cvi) 30 LXX nicht entnehmen, da die Septuaginta dieses *pillel* mit ἐξιλάσκεσθαι "sühnen, Sühne schaffen" übersetzt: καὶ ἔστη Φινεες καὶ ἐξιλάσατο καὶ ἐκόπασεν ἡ θραῦσις. Während ἐξιλάσκεσθαι in LXX sonst immer Wiedergabe eines hebräischen Verbs des "Sühnens", "Entsündigens" oder "Vergebens" ist,[23] gibt es in der griechischen Übersetzung des Alten Testaments — von der singulären Äquivalenz ἐξιλάσκεσθαι ≙ *pillel* in Ps. cv(cvi) 30 LXX abgesehen[24] — drei Belege, bei denen das ἐξιλάσκεσθαι einem hebräischen Verb entspricht, das die Septuaginta sonst mit einem

Terminus des "Betens" oder "Bittens" (δεῖσθαι, [ἐκ]ζητεῖν, u.a.) wiedergibt: Sach. vii 2, viii 22; Mal. i 9 (MT jeweils *ḥillā panîm*). Wie immer ἐξιλάσκεσθαι an diesen Stellen zu interpretieren ist[25] — der Sinngehalt des *pillel* Ps. cvi 30 bleibt, trotz der in Ps. cv(cvi) 30 LXX mit ἐξιλάσκεσθαι ("sühnen, Sühne schaffen") vorliegenden Exegese, fraglich. Eindeutiger sind demgegenüber die Vetus Latina (*exorare* "inständig bitten, flehen"; Vulgata: *placare* "besänftigen, beschwichtigen"), das Targum und die Peschitta (jeweils *ṣly* pa. "beten, bitten"), die das *pillel* von Ps. cvi 30 mit einem Ausdruck des "Betens, Bittens" wiedergeben und so die sühnende Eifertat des Pinchas als interzessorisches Gebet verstehen.[26]

Ein Interzessionsaspekt der Tat des Pinchas läßt sich aber nicht nur dieser Exegese eines Teiles der alten Versionen, sondern u.E. auch dem masoretischen Text von Ps. cvi 29f. entnehmen. Dafür sprechen folgende Überlegungen:

(1) In Num. xxv 6-15 bezeichnet die Wendung *hešîb ḥemā min* ("den [göttlichen] Zorn abwenden von": *v.* 11aα, vgl. Jer. xviii 20; Ps. cvi 23; Sir. xlvi 7 hebr.)[27] nicht ein strafendes Richten,[28] sondern das Israel zugute kommende interzessorische Handeln des Pinchas: "Sühne für die Israeliten" (Num. xxv 13bβ) ist die durch das "Eifern" für Gott (*qn*ʾ pi. Num. xxv 11aβ, 13bα) bewirkte Abwendung des Zornes Gottes (Num. xxv 11aα) als des Israel geltenden göttlichen Vernichtungswillens (Num. xxv 11b). Da Ps. cvi 28-31 thematisch auf Num. xxv 1ff., 6ff. Bezug nimmt,[29] lag es nahe, diesen Aspekt des Israel zugute kommenden Eingreifens des Mittlers Pinchas auch terminologisch zum Ausdruck zu bringen; vermutlich geschah dies mit Hilfe des Lexems *pll* pi. Auch wenn man dabei über eine Vermutung zunächst nicht hinauskommt, bleibt aber zumindest zu fragen, ob die Bedeutung des objektlosen *wăy*^{e}*păllel* Ps. cvi 30 von vornherein und einseitig auf einen streng juridischen Aspekt ("richten, Gericht halten") festzulegen ist.

(2) Das Lexem *pillel* ist im Alten Testament insgesamt 4mal belegt: Gen. xlviii 11; 1 Sam. ii 25a; Ez. xvi 52 und Ps. cvi 30.[30] Während sich für *pillel* in Gen. xlviii 11 die Übersetzung "urteilen, vermuten"[31] und in Ez. xvi 52 die Übersetzung "(Schiedsrichter sein >) eintreten für"[32] nahelegt, haben — mit je verschiedener Argumentation — jüngst H. J. Stoebe[33] und C. Houtman[34] für das *pillel* in 1 Sam. ii 25a die Übersetzung "Sachwalter sein" bzw. "vermittelnd, fürbittend eintreten" wahrscheinlich gemacht. So wird der umstrittene Vers 1 Sam. ii 25a von Stoebe folgendermaßen übersetzt:

> Wenn ein Mensch am andern fehlt, "so ist Gott sein Sachwalter", wenn aber ein Mensch an Jahwe sündigt, wer darf dann als sein Fürsprecher auftreten? ...[35]

Nach Houtman ist dieses "Sachwalter- oder Fürsprecher-Sein" aber "nicht im (streng) juristischen Sinne zu verstehen, sondern mehr im allgemeinen Sinne", so daß mit den Parallelformulierungen 1 Sam. ii 25a (*pll* pi.) // 1 Sam. ii 25b (*pll* hitp.) gemeint sein dürfte: "wenn ein Mensch gegen einen Menschen gefrevelt hat, gibt es gewöhnlich wohl irgendeinen außerordentlichen Menschen, der es wagt, für den Frevler einzutreten, damit das gute Verhältnis zwischen den fraglichen Personen wiederhergestellt wird; aber wenn ein Mensch gegen Jahwe sündigt, gibt es einen solchen gewiß nicht, denn Fürbitter von der Rangstufe des Abraham und Mose sind doch sehr selten".[36] Auch Ps. cvi 30 ist u.E. nicht im streng juridischen Sinne auszulegen.

(3) Einen Hinweis auf das Verständnis von *pillel* in Ps. cvi 30 als "eintreten für" (o.ä.) gibt das unmittelbar vorhergehende Verb *ᶜamăd*.[37] Dieses *ᶜamăd* ist kaum — etwa analog zu dem *qûm* ("aufstehen") von Num. xxv 7b — im wörtlichen Sinne ("sich hinstellen, [aufrecht] stehen"), sondern eher im technischen Sinne[38] und zwar vermutlich als Breviloquenz für *ᶜamăd băppaeraeṣ* "in die Bresche treten"[39] zu verstehen. Das zeigt der weitere wie der nähere Kontext: Nach Sir. xlv 23f. (hebr.)[40] trat Pinchas im Eifer für Gott "in den Riß seines Volkes", indem er aus eignem Antrieb Sühne für die Israeliten erwirkte:

> Und weiter Pinchas, der Sohn des Eleasar,
> in Vollmacht erhielt er als dritter Erbe in Herrlichkeit
> wegen seines Eifers für den Gott des Alls,
> und weil eintrat in den Riß seines Volks (*wăyyăᶜᵃmod bᵉpaeraeṣ ᶜămmô*),
> der seinem Herzen bereitwillig folgte
> und Sühne erwirkte für die Israeliten.
> Darum richtete er auch ihm eine Ordnung auf,
> einen Bund des Heils, um das Heiligtum zu versorgen,
> daß ihm und seinen Nachkommen gehören solle
> das Hohepriesteramt in Ewigkeit.[41]

Und ebenso wandte nach Ps. cvi 23[42] Mose den vernichtenden Gotteszorn von Israel ab, weil er vor Gott für Israel "in den Riß" trat:

> Und er (sc. Jahwe) gedachte, sie zu vertilgen,
> wäre nicht Mose gewesen — sein Erwählter.

> Der trat in die Bresche vor ihn (*ʿamăd băppaeraes lᵉpanâw*),
> um abzuwenden seinen Grimm vom Vernichten (*lᵉhašîb ḥᵃmatô mehăšḥît*).

Von diesem durch eine bestimmte Verschuldung zwischen Gott und Mensch entstandenen "Riß" (*paeraeṣ*)[43] und dem mittlerischen Eintreten eines Interzessors sprechen aber nicht nur Ps. cvi 23 und Sir. xlv 23 oder Ez. xiii 5 (*ʿalā băppaeraeṣ*) und Ez. xxii 30 (*ʿamăd băppaeraeṣ*), [44] sondern u.E. auch Ps. cvi 29b-30a:

> 29b *wăttiprâṣ-bam măggepā*
> 30a *wăyyăʿᵃmod pînᵉḥas wăyᵉpăllel*

In den "Riß", den die von Jahwe gewirkte Plage unter den Israeliten hervorbrachte — *v.* 29b: "da riß die Plage unter ihnen eine Bresche (oder: da brach eine Plage unter ihnen auf)" —, trat der Aaronenkel Pinchas (*v.* 30a),[45] so daß die Plage zum Stillstand kam (*wătteʿaṣăr hămmăggepā v.* 30b, vgl. Num. xvii 13, 15, xxv 8; 2 Sam. xxiv 21, 25; 1 Chr. xxi 22). Diesem sachlichen Zusammenhang von *v.* 29b-30a zufolge — er wird stilistisch durch die Symmetrie von *v.* 29b und *v.* 30b unterstrichen — ist das die Wendung *wăyyăʿᵃmod pînᵉḥas* aufnehmende und fortführende *wăyᵉpăllel* am ehesten als Interpretament des "Auftretens/Hintretens" des Pinchas zu verstehen.

(4) In Num. xxv 8b beschreibt die Wendung *wătteʿaṣăr hămmăggepā* das Ergebnis des an dem Israeliten (Zimri *v.* 14) und an der Midianiterin (*v.* 15) vollzogenen. Gerichtshandelns, durch das Pinchas den gegen seine Volksgenossen gerichteten Vernichtungsbeschluß Jahwes abwandte und so Sühne für Israel erwirkte (vgl. oben S. 239f.) Gerichtsaspekt (Tötung des abtrünnigen Israeliten und der Midianiterin) und Interzessionsaspekt (Eintreten für Israel durch Abwenden des Gotteszornes) liegen dabei untrennbar ineinander: *Durch* jenes richterliche Einschreiten gegen "Nicht-Israel", das ein mittlerisches Eintreten für "Israel" und dessen (durch Fremdkult ungetrübtes) Gottesverhältnis bedeutete, wurde der vernichtende Gotteszorn von der Jahwegemeinde abgewendet. In Ps. cvi 29-31 wird das Gerichtshandeln von Num. xxv 7-8 nicht weiter erwähnt (s. dazu im folgenden). Wenn, wofür der sachlogische Zusammenhang von *v.* 29b und *v.* 30 spricht, das *ʿamăd v.* 30a (nicht im wörtliche Sinne das "Stehen" oder "Sich-Hinstellen", sondern) das mittlerische Eintreten, das "in-den-Riß-Treten" des Pinchas meint, dann wird — dem resultativen Aussa-

gegehalt des *pll* pi.[46] entsprechend — mit der Verbform *wăyᵉpăllel* eine reflektierende Sinndeutung der mit *ᶜamăd* bezeichneten Tat des Pinchas gegeben: *Indem* Pinchas in den durch die Plage entstandenen "Riß" (*părăṣ v.* 29b) trat (*ᶜamăd v.* 30a), handelte er als *Sachwalter, Anwalt*[47] Israels, der für seine abtrünnigen Volksgenossen *vermittelnd eintrat* (*pillel v.* 30a) und so die unter den Israeliten wütende Plage zum Stillstand brachte (*v.* 30b, vgl. Num. xvii 12f.). Man kann dieses *pillel* deshalb entweder mit "Sachwalter sein, als Sachwalter auftreten" oder mit "Interzession leisten, fürbittend eintreten" übersetzen und die Wendung *wăyyăᶜᵃmod pînᵉḥas wăyᵉpăllel* im Deutschen als Hendiadyoin wiedergeben:

> Doch Pinchas trat als Sachwalter auf/fürbittend ein,
> da wurde die Plage zum Stillstand gebracht. (*v.* 30)

Dieses interzessorische Handeln wurde dem Aaroniden Pinchas — ebenso wie dem Abraham das *haeʾaemîn* (Gen. xv 6) — als "Gerechtigkeit" (*ṣᵉdaqā*) angerechnet (*v.* 31).[48]

(5) Eine letzte Beobachtung, die die bisherigen Überlegungen zu stützen vermag, schließt sich an. Die Übersetzung von *pillel* Ps. cvi 30 mit "richten, Gericht halten" setzt eigentlich die Erwähnung eines konkreten Vergehens — wie etwa dasjenige des abtrünnigen Israeliten Num. xxv 6 — voraus, gegen das — wie in Num. xxv 7-8 geschildert — richtend eingeschritten wird.[49] In Ps. xvi 29f. fällt nun auf, daß die Tat, die zum Hervorbrechen der Plage führt (*v.* 29b), nicht näher gekennzeichnet wird: der Text spricht *summarisch* von "ihren (sc. der Israeliten) Taten" (*măᶜălléhaem*). Welche Taten sind hier gemeint, und ist überhaupt noch das *konkrete* Geschehen von Num. xxv 6ff. im Blick?

Da in *v.* 28 der religiöse Abfall zum Baᶜal Peor, speziell das Essen von Totenopfern (*zibḥê metîm*), erwähnt wird, könnten dies die Taten sein, mit denen Israel Jahwe "reizte" (*kaᶜăs* hif.)[50] und die das Hervorbrechen der Plage bewirkten. Gegenüber Num. xxv 6ff. ergäbe sich damit aber eine Unstimmigkeit, weil die dort geschilderte Plage das Ergebnis eines anderen Geschehens, nämlich der Tat Zimris (Num. xxv 6) ist. Dieses Unstimmigkeit ist allerdings deshalb nicht so groß, weil jene Tat für den Jahweglauben auf derselben Ebene jahwefeindlichen Verhaltens lag wie der Abfall zum Baᶜal Peor Num. xxv 1-5.[51] Mit den "Taten" Ps. cvi 29a könnte darum der Abfall zum Baᶜal Peor (Ps. cvi 28a) mit seinen verschiedenen Erscheinungsformen (wie dem Essen von Totenopfern Ps. cvi

28b, vgl. Num. xxv 2) oder überhaupt *jedes götzendienerische Tun Israels* — also implizit auch das Vergehen Zimris Num. xxv 6 — gemeint sein, das das Volk dem Zorn Jahwes preisgab. Ein expliziter Hinweis auf das Vergehen Zimris fehlt in Ps. cvi 29f. ebenso wie eine Schilderung des Gerichtshandelns des Pinchas. Im Unterschied zu der *Beispielerzählung* Num. xxv 6-15 mit ihrem Ineinander von Gerichtsaspekt und Interzessionsaspekt wird in dem Geschichtsbericht Ps. cvi 28-31 ganz *summarisch* von *den jahwefeindlichen Taten Israels in der Wüste* geredet und kontrapunktierend das Mittlertum des Aaronenkels in den Vordergrund gerückt:[52] Pinchas ist neben Mose (Ps. cvi 23!, s. dazu unten Anm. 41) der große Interzessor der Wüstenzeit, der sich zum Anwalt der abtrünnigen Israeliten machte und diese vor den tödlichen Auswirkungen des Gotteszornes bewahrte.

Ein Teil der alten Versionen (Vetus Latina, Targum und Peschiṭta) hat diesen Aspekt der Tat des Pinchas aufgenommen, aber — ausgehend von dem *ʿamăd* Ps. cvi 30a (vgl. Sir. xlv 23hebr.; Num. xvii 13, u.a.) — jene *interzessorische Tathandlung* in ein *Fürbittegebet* uminterpretiert.[53] So dokumentieren auf ihre Weise diese verschiedenen Akzentverlagerungen die Lebendigkeit der alttestamentlich-jüdischen Pinchas-Tradition.

[1] Zur Interzession im Alten Testament und im antiken Judentum s. die bei O. Michel, Art. "Gebet II (Fürbitte)", *Reallexikon für Antike und Christentum* 9 (1976), Sp. 1-19, 33-6, hier: Sp. 35f. genannte Lit., dort (noch) nicht aufgeführt sind: J. Scharbert, Art. "Fürbitte", *BL*², Sp. 501; ders., "Die Fürbitte in der Theologie des Alten Testaments", *Theologie und Glaube* 50 (1960), S. 321-38; ders., *Heilsmittler im Alten Testament und im Alten Orient* (Freiburg-Basel-Wien, 1964); S. Lyonnet, "Expiation et intercession. A propos d'une traduction de saint Jérôme", *Bib.* 40 (1959), S. 885-901; ders., "Expiation et intercession. Note complémentaire: le témoignage des anciennes versions latines", *Bib.* 41 (1960), S. 158-67; ders., in S. Lyonnet-L. Sabourin, *Sin, Redemption, and Sacrifice. A Biblical and Patristic Study* (Rome, 1970), S. 141ff., 155, 258; J. Jeremias, *Kultprophetie und Gerichtsverkündigung in der späten Königszeit Israels* (Neukirchen-Vluyn, 1970), S. 3f., 139ff.; ders., "Die Vollmacht des Propheten im Alten Testament", *EvTh* 31 (1971), S. 305-22; R. Le Déaut, "Aspects de l'intercession dans le Judaïsme Ancien", *JSJ* 1 (1970), S. 35-57; U. Kellermann, "Zum traditionsgeschichtlichen Problem des stellvertretenden Sühnetodes in 2Makk 7, 37f", *Biblische Notizen* 13 (1980), S. 63-83; E. Jacob, "Prophètes et intercesseurs", in *De la Torah au Messie* (FS H. Cazelles) (Paris, 1981), S. 205-17; ferner die Artikel *pgʿ, pll, ʿmd, ʿtr* u.a. in *THAT*, weitere Lit. in den folgenden Anmerkungen. Zur Fürsprecherengel-Vorstellung im antiken Judentum s. A. J. B. Higgins, "The Priestly Messiah", *NTS* 13 (1966-67), S. 211-

39; J. F. Ross, "Job 33: 14-30: The Phenomenology of Lament", *JBL* 94 (1975), S. 38-46, hier: S. 45f.; P. Schäfer, *Rivalität zwischen Engeln und Menschen. Untersuchungen zur rabbinischen Engelvorstellung* (Berlin-New York, 1975), S. 28ff., 62ff.

[2] S. dazu B. Janowski, *Sühne als Heilsgeschehen. Studien zur Sühnetheologie der Priesterschrift und zur Wurzel KPR im Alten Orient und im Alten Testament* (Neukirchen-Vluyn, 1982), S. 137ff.

[3] Zur innerjüdischen Rezeption der Pinchas-Tradition s. M. Hengel, *Die Zeloten. Untersuchungen zur jüdischen Freiheitsbewegung in der Zeit von Herodes I. bis 70 n. Chr.*, (Leiden-Köln, [2]1976), S. 151ff., 394, 396, 400ff. (mit der älteren Lit.), ferner C. Colpe, "Das samaritanische Pinehas-Grab in Awerta und die Beziehungen zwischen Ḫaḍir- und Georgs-Legende", *ZDPV* 85 (1969), S. 162-96, hier: S. 168ff. Zur samaritanischen Pinchas-Tradition s. die folgenden Hinweise, für Qumran vgl. P. Garnet, *Salvation and Atonement in the Qumran Scrolls* (Tübingen, 1977), S. 59f., 66f., 80 (Anm. 1), 100f., 110f.

[4] S. dazu die Gesamtdarstellung von H. G. Kippenberg, *Garizim und Synagoge. Traditionsgeschichtliche Untersuchungen zur samaritanischen Religion der aramäischen Periode* (Berlin, 1971).

[5] MM = J. MacDonald, *Memar Marqah. The Teaching of Marqah, vol. I: The Text, BZAW* 84, (Berlin, 1963). Zum samaritanischen Priestertum s. Kippenberg, S. 176ff., zur samaritanischen Pinchas-Tradition s. ders., S. 61ff., 64, 68f., 177, 282, ferner Colpe, S. 173ff.

[6] Übersetzung Kippenberg, S. 177.

[7] Übersetzung Colpe, S. 175.

[8] Zur Datierung und Analyse von Ps. cvi s. H.-J. Kraus, *BK* XV/2 ([5]1978), S. 896ff.; O. H. Steck, *Israel und das gewaltsame Geschick der Propheten* (Neukirchen-Vluyn, 1967), S. 112, 121ff.; W. Zimmerli, "Zwillingspsalmen", in ders., *Studien zur alttestamentlichen Theologie und Prophetie. Gesammelte Aufsätze* II (München, 1974), S. 261-71, hier: S. 267ff. J. Kühlewein, *Geschichte in den Psalmen* (Stuttgart, 1973), S. 122ff.; W. Beyerlin, "Der nervus rerum in Psalm 106", *ZAW* 86 (1974), S. 50-64; O. Loretz, *Die Psalmen Teil II. Beitrag der Ugarit-Texte zum Verständnis von Kolometrie und Textologie der Psalmen* (Kevelaer-Neukirchen-Vluyn, 1979), S. 123ff.

[9] Sechs hebräische Handschriften und einige Versionen ergänzen sinngemäß das Suffix der 3.Pers.sing.masc., s. *BHK*[3]/*BHS* App. z. St.

[10] Zur Übersetzung von *v.* 29b s. auch im folgenden.

[11] *KAT* XIII ([5-6]1929), S. 346.

[12] *ATD* XV ([8]1973), S. 465.

[13] *BK* XV/2 ([5]1978), S. 897, 904.

[14] *GB*[17], S. 644 s.v. *pll* I 1; *KBL*[2], S. 63 s.v. *pll* 1, ferner K. Haacker, "Die Berufung des Verfolgers und die Rechtferigung des Gottlosen. Erwägungen zum Zusammenhang zwischen Biographie und Theologie des Apostels Paulus", *ThBeitr* 6 (1975), S. 1-19, hier: S. 13f.; ders., "Paulus und das Judentum", *Jud.* 33 (1977), S. 161-77, hier: S. 164f.; P. Garnet, "Atonement Constructions in the Old Testament and the Qumran Scrolls", *EvQ* 46 (1974), S. 131-63, hier: S. 145, Anm. 21; N. Ilg. "Überlegungen zum Verständnis von Berît in den Qumrântexten", in M. Delcor (éd.), *Qumrân. Sa piété, sa théologie et son milieu* (Paris-Leuven, 1978), S. 257-63, hier: S. 260f., u.a.

[15] *SB(J), Le livre de Job et Psaumes* (Paris, [2]1957), S. 392.

[16] *Les Psaumes* III: *Psaumes 73 à 106* (Paris, 1967), S. 292.

[17] D. R. Ap-Thomas, "Notes on Some Terms relating to Prayer", *VT* 6 (1956), S. 225-41, hier: S. 230ff.; E. Jenni, *Das hebräische Piᶜel. Syntaktisch-semasiologische Untersuchung einer Verbalform im Alten Testament* (Zürich, 1968), S. 272.

[18] Vgl. J. W. Rogerson-J. W. McKay, *Psalms 101-150* (Cambridge, 1977), S. 45, 47.

[19] *Psalms III: 101-150* (Garden City, 1970), S. 65.

[20] *Die Psalmen* (Göttingen, [5]1968), S. 463.

[21] (oben Anm. 8), S. 129.

[22] P. A. H. de Boer, *De voorbede in het Oude Testament, OTS* 3 (1943), S. 129: "Toen stond Pinḥas op, en hij verrichtte de verzoeningsdaad".

[23] S. dazu Lyonnet (oben Anm. 1: *Bib.* 40 [1959]), S. 893f. Zu (ἐξ)ιλάσκεσθαι in LXX s. zuletzt die Übersicht bei H.-G. Link-C. Brown, Art. "Reconciliation", in C. Brown (ed.), *The New International Dictionary of New Testament Theology* III (Exeter-Grand Rapids Mich., 1978), S. 148-66, bes. S. 151, vgl. auch M. Wolter, *Rechtfertigung und zukünftiges Heil. Untersuchungen zu Röm 5, 1-11* (Berlin-New York, 1978), S. 37f.

[24] Zur sonstigen Übersetzung von *pll* pi./hitp. durch LXX s. Lyonnet, S. 895, Anm. 1.

[25] S. dazu ders., S. 893ff.; ders. (oben Anm. 1: *Bib.* 41 [1960]), S. 166f.; ders. (oben Anm. 1: in Lyonnet-Sabourin), S. 141ff.; K. Seybold, "Reverenz und Gebet. Erwägungen zu der Wendung *ḥillā panîm*", *ZAW* 88 (1976), S. 2-16, u.a.

[26] S. dazu im einzelnen Lyonnet, S. 894f., S. 166; Le Déaut (oben Anm. 1), S. 55f. TPsJ Num. xxv 13 fügt ein interzessorisches Gebet des Pinchas für Israel ein: *wṣly bpmyh ʿl ʿmʾ byt yśrʾl* "... und (weil) er gebetet hat mit seinem Mund für das Volk des Hauses Israel", s. dazu Le Déaut, S. 47, vgl. auch CN/TPsJ Num. xviii 13 und die syrische Übersetzung von Sir. xlv 23 (s. dazu die Hinweise unten Anm. 40), die das *kippaer* der hebräischen Vorlage (LXX: ἐξιλάσκεσθαι) mit *bʿʾ/bʿy* "beten, bitten" wiedergibt, vgl. Le Déaut, S. 55f. Anlaß für diese Interpretation dürfte v.a. die Wendung *wăyyăʿamod* (Ps. cvi 30; Sir. xlv 23 hebr., vgl. Num. xviii 13 und die entsprechenden Formulierungen Sap. Sal. xviii 21, 23) gegeben haben, s. dazu Lyonnet (oben Anm. 1: *Bib.* 40 [1959]), S. 895. Zu der in SifBam Num. 25 vorliegenden rabbinischen Exegese s. K. G. Kuhn, *Der tannaitische Midrasch Sifre zu Numeri* (Stuttgart, 1959), S. 502ff.; Hengel (oben Anm. 3), S. 160ff.; Colpe (oben Anm. 3), S. 169.

[27] Zum Motiv vom "Ablassen" (*šûb min*) bzw. von der "Abwendung" (*hešîb min*) des menschlichen/göttlichen Zorns s. Janowski (oben Anm. 2), S. 152.

[28] So K. Heinen, *Das Gebet im Alten Testament. Eine exegetisch-theologische Untersuchung zur hebräischen Gebetsterminologie* (Roma, 1971), S. 117. Das Straf- und Gerichtshandeln des Pinchas bezieht sich auf den Israeliten und die Midianiterin, mit der dieser sich eingelassen hatte (Num. xxv 6-8).

[29] Vgl. Kraus, *BK* XV/2 ([5]1978), S. 899, 904, s. dazu oben S. 243f.

[30] In der Regel wird eine Aufspaltung der Wurzel *pll* in ein *pll* I und in ein *pll* II vertreten, so von *GB*[17], S. 643f.; *KBL*[2], S. 763 (jeweils s.v.), vgl. Kraus, S. 899; J. Heller, "Das Gebet im Alten Testament (Eine Begriffsanalyse)", *CV* 19 (1976), S. 157-62, u.a.; s. dagegen aber Heinen, S. 123ff.; G. Chr. Macholz, "Jeremia in der Kontinuität der Prophetie", in H. W. Wolff (Hrsg.), *Probleme biblischer Theologie* (FS G. von Rad) (München, 1971), S. 306-34, hier: S. 318, Anm. 44; H.-P. Stähli, Art. *pll, THAT* II, Sp. 427ff., hier: Sp. 427f.; C. Houtman, "Zu I Samuel 2,25", *ZAW* 89 (1977), S. 412-17, s. zur Wurzel *pll* außerdem: F. Hesse, *Die Fürbitte im Alten Testament* (Masch. Diss. Erlangen, 1951), S. 92ff.; E. A. Speiser, "The Stem *Pll* in Hebrew", *JBL* 82 (1963), S. 301-6; J. F. A. Sawyer, "Types of Prayer in the Old Testament. Some Semantic Observations on Hitpallel, Hithannen, etc.", *Semitics* 7 (1980), S. 131-43; Ch. Toll, "Ausdrücke für 'Kraft' im Alten Testament", *ZAW* 94 (1982), S. 111-23, hier: S. 119f.; zu *pll* als Element der Personennamenbildung s. neuerdings J. J. Stamm, "Namen rechtlichen Inhalts II", in Ders., *Beiträge zur hebräischen und altorientalischen Namenkunde* (Freiburg/Schweiz-Göttingen, 1980), S. 179-98, hier: S. 179ff. Zur Wurzel *pll* im Akkadischen s. außer Stamm (S. 183ff.) noch E. A. Speiser, "Pālil and Congeners: A Sampling of

Apotropaic Symbols", in *Studies in Honor of B. Landsberger on his Seven-fifth Birthday April 21, 1965* (Chicago, 1965), S. 389-93; M. Weippert, "Elemente phönikischer und kilikischer Religion in den Inschriften vom Karatepe", *ZDMG* Suppl. 1, 1 (1968), S. 191-217, hier: S. 211, Anm. 94. Die Wurzel ist offenbar auch im Eblaitischen belegt in der Namesform *ì-da-palil* (Dahood: "the Mediator knows") TM.75.G.336 Rs. I 12 (= *RSO* 50 [1976], S. 6: G. Pettinato-P. Matthiae, "Aspetti amministrativi e topografici di Ebla nel III millenio av.Cr.", *RSO* 50 [1976], S. 1-30), s. dazu M. Dahood, "Ebla, Ugarit and the Old Testament", *SVT* 29 (1978), S. 81-112, hier: S. 104f.

31 S. dazu Ap-Thomas (oben Anm. 17), S. 237f.; Stamm, S. 181f.

32 S. dazu ders., S. 236f.; W. Zimmerli, *BK* XIII/1 (²1979), S. 333, 340, 367. Dafür spricht auch die Verwendung der Präposition *lᵉ*: *pillălt lăᵓᵃḥôtăyik* "du bist für 'deine Schwestern' eingetreten", vgl. auch 1 Sam. ii 25a (txt. em.). b.

33 *KAT* VIII/1 (1973), S. 108, 110, 114 mit Anm. 33, vgl. z.T. auch E. F. de Ward, "Superstition and Judgement: Archaic Methods of Finding a Verdict", *ZAW* 89 (1977), S. 1-19, hier: S. 12.; P. K. McCarter, *I Samuel* (Garden City, 1980), S. 77f.

34 S. oben Anm. 30.

35 S. 108. Für *pilᵉlû* MT liest Stoebe *pillel lô* (S. 110); zum Verständnis von *ᵓᵃlohîm* (Stoebe: "Gott") s. ausführlich Houtman, S. 412ff.

36 S. 417, vgl. Stoebe, S. 114 mit Anm. 33. Der Bedeutungsaspekt des (fürbittenden) Eintretens wird für *pll* pi. kategorisch ausgeklammert von G. Chr. Macholz ("Gerichtsdoxologie und israelitisches Rechtsverfahren", *DBAT* 9 [1975], S. 52-69, vgl. auch ders. [oben Anm. 30] S. 318, Anm. 44): Für *pillel* in 1 Sam. ii 25a wird man "weder ad-hoc-Bedeutungen des Verbs unterstellen dürfen, noch ist vom Hitpael in der spezifischen Bedeutung 'beten' oder 'Fürbitte tun' auszugehen. Auszugehen ist vielmehr von der auch sonst im AT sich zeigenden Grundbedeutung des Wortes. Und die ist im pi 'eine Entscheidung fällen, urteilen', im hitp 'eine Entscheidung einholen' oder, in der reflexiven Bedeutung des Stamms, 'sich als Urteilender betätigen' " (Gerichtsdoxologie ..., S. 61). Auch wenn man mit Macholz für *pll* pi. von der angenommenen Grundbedeutung "eine Entscheidung fällen, urteilen" ausgeht, kommt man u.E. aufgrund sachlicher Überlegungen — und ohne den Bedeutungsgehalt des *pillel* 1 Sam. ii 25a von dem *hitpăllel* 1 Sam. ii 25b her zu präjudizieren — eher zu der Auffassung, daß *pillel* hier den Gedanken eines vermittelnden Eintretens ausspricht, so daß man das Verb entweder mit "Sachwalter sein" (Stoebe, S. 108, vgl. S. 114 mit Anm. 33) oder mit "richtend, entscheidend, urteilend eintreten" (Hesse [oben Anm. 30] S. 92) oder mit "vermittelnd, fürbittend eintreten" (Houtman, S. 416f.; McCarter [oben Anm. 33], S. 77), Übersetzen kann. Dem juridischen Aspekt widerstreiten diese Übersetzungen nicht, sie fassen ihn lediglich etwas allgemeiner. Dies gilt u.E. auch für die Übersetzung (!) von Hesse, obwohl dieser gegen de Boer betont (ebd.), daß mit *pillel* 1 Sam. ii 25a ein eindeutig "rechtliches Handeln" gemeint sei. Demgegenüber räumt Hesse ein, daß "man bei den drei anderen Stellen (sc. Gen. xlviii 11; Ez. xvi 52; Ps. cvi 30) in der Tat verschiedener Meinung sein (kann)" (ebd.).

37 Zur Wurzel *ᶜmd* s. S. Amsler, Art. *ᶜmd*, *THAT* II, Sp. 238ff.

38 S. dazu Ap-Thomas (oben Anm. 17), S. 225; M. I. Gruber, *Aspects of Nonverbal Communication in the Ancient Near East* (Rome, 1980), S. 146ff., bes. S. 150; vgl. zur Sache auch Hesse (oben Anm. 30), S. 90f.: "Wenn Jer 15,1; 18,20 das einfache *ᶜamăd* die äußere Haltung beim Gebet für das ganze Gebet setzen (vgl. auch Gn 18, 22), so ist damit zunächst gesagt: Der Gottesmann kann beim Gebet aufrecht stehen bleiben. Aber für die Jeremiastellen gilt auch: In dem 'Stehen' liegt schon ein stark mittlerisches Moment".

39 Zur bildlichen Wendung "in den Riß treten" s. immer noch Hesse, S. 56f., bes. S. 57: "Warum tritt man in einen Riß? Sicher schon darum, um auf ihn auf-

merksam zu machen, vor allem aber, um die Bresche, wenn auch nur notdürftig, auszufüllen. Wieder also ist das Wächter- und das Fürbitteamt der Propheten gemeint. Hätten sie diesen Dienst getan, so hätte der Zorn Jahwes keine Angriffsfläche gefunden; Jahwe hätte die Mauer angesehen, als sei sie unversehrt'' (zu Ez. xiii 5, xxii 30); vgl. dazu auch G. von Rad, *Theologie des Alten Testaments* II (München, [5]1968), S. 285f.

[40] Zur Textform s. ausführlich F. V. Reiterer, *''Urtext'' und Übersetzungen. Sprachstudie über Sir 44, 16-45, 26 als Beitrag zur Siraforschung.* (St Ottilien, 1980), S. 215ff.; zur Interpretation s. jetzt H. Stadelmann, *Ben Sira als Schriftgelehrter* (Tübingen, 1980), S. 126f., 146ff., vgl. ferner Hesse (oben Anm. 30), S. 84f.; Ilg (oben Anm. 14), S. 261.

[41] Übersetzung G. Sauer, *Jesus Sirach* (Gütersloh, 1981, S. 619f. Nach Th. Maertens, *L'Éloge des Pères* (Bruges, 1956), S. 118, hat Sirach das Element des mittlerischen Eintretens von Mose (Ps. cvi 23, s. im folgenden) auf Pinchas übertragen, vgl. Stadelmann, S. 127.

[42] S. dazu außer den Kommentaren auch Hesse (oben Anm. 30), S. 71f.

[43] Zur Wurzel *prṣ* s. zuletzt Ch. Toll, ''Die Wurzel PRṢ im Hebräischen'', *Or Suec* 21 (1972), S. 73-86.

[44] S. dazu Hesse, S. 55ff.; Zimmerli (oben Anm. 32). S. 283, 291, 526, vgl. auch die sachentsprechende Formulierung *ᶜamăd ben ... ben ...* in Num. xvii 13: ''Er (sc. Aaron) trat zwischen die Toten und die Lebenden, da wurde die Plage zum Stillstand gebracht''.

[45] Das Fehlen eines *băppaeraeṣ* bei *wăyyăᶜᵃmod* (vgl. demgegenüber die vollständige Wendung *ᶜamăd băppaeraeṣ* Ez. xxii [Ps. cvi 23; Sir. xlv 23 hebr.]) erklärt sich zwanglos aus der Nennung der Wurzel *prṣ* im vorhergehenden Halbvers *v.* 29b. Zum Zusammenhang von *v.* 29b und *v.* 30a s. auch Toll, S. 80.

[46] Vgl. Jenni, demzufolge *pillel* (''Schiedsrichter sein'') zu den denominierten Verben gehört, die ''eine Berufstätigkeit ausdrücken, aber nicht vom hergestellten oder behandelten Objekt abgeleitet sind. Das Piᶜel dürfte hier als Resultativ die einzelnen Akte der Berufstätigkeit zusammenfassen ...'' (oben Anm. 17, S. 272).

[47] Vgl. auch die Übersetzung von *pillel* in 1 Sam. ii 25a durch Stoebe (s. oben S. 240f.).

[48] Zur Traditonsgeschichte dieser Formel s. F. Hahn, ''Genesis 15,6 im Neuen Testament'', in H. W. Wolff (Hrsg.), *Probleme biblischer Theologie* (FS G. von Rad) (München, 1971), S. 90-107; W. Schottroff, Art. *ḥšb, THAT* I, Sp. 641ff. hier: Sp. 644f.; K. Seybold, Art. *ḥšb, ThWAT* III, Sp. 243ff., hier: Sp. 258ff.

[49] So begründet z.B. Kraus seine Übersetzung von *pillel* mit einem Hinweis auf Num. xxv 7ff.: es ''sollte im Hinblick auf Num 25,7ff. nicht bezweifelt werden'', daß in Ps. cvi 30 eine Form von *pll* I ''richten, Gericht halten'' vorliegt (*BK* XV/2 [[5]1978], S. 899, vgl. S. 904). Zur Aufspaltung der Wurzel *pll* in ein *pll* I und in ein *pll* II s. oben Anm. 30.

[50] Zum ''Reizen'' (*kᶜs* hif.) Jahwes s. W. Berg, ''Die Eifersucht Gottes — ein problematischer Zug des alttestamentlichen Gottesbildes'', *BZ* N.F. 23 (1979), S. 197-211, hier: S. 202ff., ferner F. Stolz, Art. *kᶜs, THAT* I, Sp. 838ff., hier: Sp. 840ff.

[51] Darin liegt ja auch der Sachgrund für die redaktionelle Zusammenarbeitung beider Überlieferungen, s. dazu M. Noth, *ATD* 7 (1966), S. 170ff.

[52] Diese Akzentverlagerung liegt durchaus in der Gesamttendenz des Psalms: ''Die gesamte Geschichte Israels erscheint als ein einziges verzögertes, immer wieder aus Barmherzigkeit unterbrochenes Gericht. (...) Die aufhaltenden, verzögernden Momente waren das Einschreiten Moses (23) und des Pinehas (30)'' (Kraus [oben Anm. 49], S. 906).

[53] S. dazu oben S. 3 mit Anm. 26 — Für weiterführenden Hinweise danke ich Herrn Dr D. Kellermann, Tübingen.

II
JHWH und Tempel – Aspekte der Gottesgegenwart

Zur Einführung

Bis auf die Jahrzehnte zwischen 587/6 und 515 v.Chr. war der Jerusalemer Tempel über 900 Jahre lang das religiöse und geistige Zentrum Israels. Aber auch in der tempellosen Zeit des babylonischen Exils waren die Hoffnungen und Sehnsüchte auf die Stätte gerichtet, an der einst das salomonische Heiligtum stand und an der als sein Nachfolgebau der zweite Tempel erstehen sollte. Es ist immer wieder erstaunlich zu sehen, mit welcher Intensität die Bilder vom Tempelbau die Literatur jener Epoche bestimmen und die Herzen der Gläubigen erfüllen. Man denke nur an die Klagelieder (Threni), an Texte wie Ps 74, an den Heiligtumsentwurf Ex 25-31.35-40 oder an die Nachtgesichte Sach 1-8. Alle diese Texte verraten nicht nur eine intime Vertrautheit mit den baulichen Gegebenheiten, sie zeugen auch von der nicht versiegenden Liebe zu dem Ort, den JHWH einst erwählt hat, »um dort seinen Namen wohnen zu lassen« (H. Weippert, »Der Ort, den Jahwe erwählen wird, um dort seinen Namen wohnen zu lassen«. Die Geschichte einer alttestamentlichen Formel, BZ 24, 1980, 76-94).

Auch außerhalb Israels war der Tempel nicht nur ein Gebäude aus Holz und Stein, sondern Ort der Gottesgegenwart und Bereich des Lebens (O. Keel, Die Welt der altorientalischen Bildsymbolik und das Alte Testament. Am Beispiel der Psalmen, Zürich u.a. ^{4}1984, 99-155). Die Kultordnung war wie die architektonische Anlage, das Bildprogramm und die Namengebung des Tempels ein Spiegelbild der kosmischen Ordnung, erstellt nach einem ›himmlischen‹ Modell und durchsetzt von Schöpfungsmotiven. Israel hat diese Symbolik übernommen, aber nach Maßgabe seines JHWH-Glaubens transformiert. Die Tempelsymbolik war eng mit dem agrarischen Lebenszyklus verbunden (Kultkalender) und über Feste und Riten auf die Alltagswelt bezogen. Feste und Riten waren »primäre Organisationsformen des kulturellen Gedächtnisses«, dazu bestimmt, den gleichförmigen Strom der Zeit zu gliedern und die Kohärenz der Gemeinschaft im Festgeschehen zu sichern (J. Assmann, Das kulturelle Gedächtnis. Schrift, Erinnerung und politische Identität in frühen Hochkulturen, München 1992, 56-58).

Die vier Aufsätze dieses Teils thematisieren verschiedene Aspekte der Gottesgegenwart, die jeweils um Fragen der Tempeltheologie kreisen.

Die »Einwohnung« (Schekina) Gottes ist nicht erst in der Exilszeit zum Thema geworden, hat hier aber ein gegenüber der vorexilischen Zeit ganz eigenes Profil gewonnen. Parallel zu anderen Erscheinungen der Exilszeit tritt auch in der Schekinatheologie der Israel-Bezug in den Vordergrund: JHWH will inmitten seines Volkes wohnen. In einen anderen Vorstellungszusammenhang führt der Aufsatz über das »Königtum Gottes in den Psalmen«. Während Vorstellung und Begriff der Königsherrschaft Gottes in der vorstaatlichen Frühzeit fehlen und erst mit dem Aufkommen der Monarchie in Juda und Israel entstanden sind, ist Jes 6,1-5 als (erster) Kulminationspunkt einer Tradition anzusprechen, die möglicherweise älter ist und »sich aus der ›Tempeltheologie‹ und einigen Psalmen erschließen läßt« (E. Zenger, Art. Herrschaft Gottes / Reich Gottes II, TRE XV, 1986, 177). Die Vorstellung dürfte also mit oder nach dem Bau des salomonischen Tempels entstanden sein und sich vor allem mit der Konzeption der Keruben als Thronsitz des unsichtbaren Ziongottes verbunden haben. Das ist das Thema des Aufsatzes »Keruben und Zion«. Die neuere Forschung zur Ikonographie des Jerusalemer Tempels in der Eisen II A-Zeit (10. Jh. v.Chr.) hat die mit den Thronkeruben verbundene Herrschaftsmotivik bestätigt und als integralen Bestandteil eines religiösen Symbolsystems erkannt. »Der auf ihm thronende Bewohner des Tempels wurde als übermächtiger Herrscher vorgestellt, neben dem andere numinose Größen bestenfalls Dienstfunktionen ausüben konnten« (O. Keel / Chr. Uehlinger, Göttinnen, Götter und Gottessymbole. Neue Erkenntnisse zur Religionsgeschichte Kanaans aufgrund bislang unerschlossener ikonographischer Quellen, Freiburg u.a. 1992, 195).
Der Aufsatz »Tempel und Schöpfung« schließlich nimmt alte und neue Beobachtungen der jüdischen und christlichen Exegese zum Anlaß, über das Verhältnis von Weltschöpfung und Heiligtumsbau nachzudenken. Das Fallbeispiel ist die priesterschriftliche Heiligtumskonzeption. Nach ihrem Gesamtaufriß drückt sich der Schöpfungsbezug des Tempels nicht - wie in den Religionen des Alten Orients - in dessen Anlage und Ausstattung, sondern in den vielfältigen Beziehungen aus, die die Schöpfungsgeschichte (Gen 1,1-2,4) und die Sinaigeschichte (Ex 16,1-Lev 9,24*) auf kompositorischer und theologischer Ebene miteinander verbinden. Diese Beziehungen besagen, daß die in der Schöpfung grundgelegte Hinwendung Gottes zu Welt und Mensch am Sinai als Gemeinschaft des Schöpfers mit Israel ihr Ziel erreicht hat: Der Schöpfergott will in seinem Heiligtum inmitten seines Volkes wohnen (P. Weimar, Sinai und Schöpfung. Komposition und Theologie der priesterschriftlichen Sinaigeschichte, RB 95, 1988, 337-385).

»Ich will in eurer Mitte wohnen«

Struktur und Genese der exilischen *Schekina*-Theologie*

»Warum, ›Jahwe‹, hast du (uns) auf ewig verworfen,
raucht dein Zorn wider die Schafe deiner Weide?
Gedenke deiner Gemeinde, die du einst erworben (. . .),
des Berges Zion, auf dem du Wohnung genommen hast«.

Ps 74,1f

I. *Problemstellung*

Der Zusammenbruch des Staates und seiner Institutionen, der Juda/Jerusalem 587 v.Chr. heimsuchte, hat Israels Bewußtsein weit über dieses Datum hinaus entscheidend geprägt. Denn als Israel den Weg ins babylonische Exil antrat, war mehr als nur der Staat und seine Institutionen zerstört und der unsichtbare Schaden, den der Fall der Gottesstadt mit sich brachte, unermeßlich groß: Exil ist die Verbannung des jüdischen Volkes »nicht bloß aus seinem Lande und Zusammenhange, sondern auch aus seiner Aufgabe . . .«; das Volk mußte »wahrlich erkennen, daß nicht es selbst bloß, daß auch die Schechina, die dem menschlichen Element einwohnende göttliche Gegenwart, ins Exil gegangen war. Denn da nur ist die Schechina behaust, wo der Wille zum Bunde mit Gott, das Streben nach seiner Verwirklichung mächtig ist, wo der Mensch sich unterfängt, im Angesicht des Absoluten zu leben; wo der Bund sich lockert, das Streben erschlafft, wo der Mensch im Rücken des Absoluten lebt, da ist die Schechina im Exil«[1].

Diese Sätze, mit denen M. Buber die Situation des europäischen Judentums zu Beginn dieses Jahrhunderts skizzierte, erhellen in prägnanter Weise auch das im folgenden zu erörternde traditionsgeschichtliche Problem. Denn als die Neubabylonier 587 v.Chr. die Gottesstadt, den Jahwetempel und das Königshaus zertraten, wurde mehr als die Hauptstadt Judas und deren sakralarchitektonischer Mittelpunkt zerstört. Der unsichtbare Schaden war weitaus größer, weil er »die ›Mächtigkeit‹ – wir würden

* Klaus Koch zum 60. Geburtstag. – Die folgenden Ausführungen wurden in Grundzügen am 19. 12. 1984 vor dem Fachbereich Evangelische Theologie der Universität Hamburg vorgetragen und waren dann Bestandteil einer »Freundesgabe des Alttestamentlichen Seminars Hamburg«, die Herrn Kollegen K. Koch am 4. 10. 1986 überreicht wurde. Sie stellen eine Vorstudie zu einer geplanten Traditionsgeschichte der alttestamentlich-jüdischen *Schekina*-Vorstellung dar. Für weiterführende Hinweise danke ich den Kollegen N. Lohfink (Frankfurt a.M.) und P. Weimar (Münster).

1 *M. Buber,* Der Heilige Weg. Ein Wort an die Juden und an die Völker, Frankfurt a.M. 1920, 51.52, vgl. *Sh. Talmon,* »Exil« und »Rückkehr« in der Ideenwelt des Alten Testaments, in: *R. Mosis* (Hg.), Exil – Diaspora – Rückkehr. Zum theologischen Gespräch zwischen Juden und Christen, Düsseldorf 1978, 30–54, hier 32.

vielleicht sagen: die Existenz – Gottes betraf, auf den dies alles bezogen war«[2]. Warum hatte Jahwe dem Niedergang aller sichtbaren Zeichen seiner Gegenwart (Zion/Jerusalem, Tempel und Daviddynastie) so tatenlos zugesehen, und wie lange würde das geschlagene und zerstreute Volk ohne die tröstliche Nähe seines Gottes leben können? Oder in der Sprache der Threni und der zeitgenössischen Volksklagelieder des Psalters:

20 »Warum willst du uns für immer vergessen,
uns lebenslang verlassen?
21 Bring uns, Jahwe, zu dir zurück, damit wir umkehren![3]
Erneuere unsere Tage wie früher!
22 Es sei denn, du hättest uns gänzlich verworfen,
hättest gegen uns gezürnt über alle Maßen« (Klgl 5,20–22)[4].

1 »Warum, ›Jahwe‹, hast du (uns) auf ewig verworfen,
raucht dein Zorn wider die Schafe deiner Weide?
2 Gedenke deiner Gemeinde, die du einst erworben,
[die du zum Stamm deines Eigentums dir erlöst,]
des Berges Zion, auf dem du Wohnung genommen hast!«[5]
(Ps 74,1–2)[6]

2 *L. Perlitt*, Anklage und Freispruch Gottes. Theologische Motive in der Zeit des Exils, ZThK 69 (1972) 290–303, hier 291. Zur (Theologie-)Geschichte der Exilszeit s. außer den neueren Darstellungen der Geschichte Israels v.a. *E. Janssen*, Juda in der Exilszeit. Beitrag zur Frage der Entstehung des Judentums (FRLANT 69), Göttingen 1956; *P. R. Ackroyd*, Exile and Restoration. A Study of Hebrew Thought of the Sixth Century BC, London ^{3}1976; *P. D. Hanson*, The People Called. The Growth of Community in the Bible, New York 1986, 215ff und zusammenfassend *B. Oded*, Judah and the Exile, in: *J. H. Hayes – J. M. Miller* (Ed.), Israelite and Judean History, London 1977, 435–480; *R. Schmid*, Art. Exil I, TRE X (1982) 707–710; *W. Schottroff*, Zur Sozialgeschichte Israels in der Perserzeit, VF 27 (1982) 46–68; *J. M. Schmidt*, Exil und nachexilisches Israel, in: *H. J. Boecker – H.-J. Hermisson – J. M. Schmidt – L. Schmidt*, Altes Testament, Neukirchen-Vluyn 1983, 58–79; *S. Herrmann*, Art. Geschichte Israels, TRE XII (1984) 698–740, hier 723ff (Lit. 738) und *W. H. Schmidt*, Alttestamentlicher Glaube in seiner Geschichte, Neukirchen-Vluyn ^{6}1987, 311ff. Zu 587 v.Chr. als Jahr der Eroberung Jerusalems s. jetzt *E. Kutsch*, Das Jahr der Katastrophe: 587 v.Chr. Kritische Erwägungen zu neueren chronologischen Versuchen, in: *Ders.*, Kleine Schriften zum Alten Testament (BZAW 168), Berlin / New York 1986, 3–28 und *S. Herrmann*, Jeremia (BK XII, Lfg. 1), Neukirchen-Vluyn 1986, 27ff.

3 Lies mit dem Q^{e}rē, s. BHK^{3}/BHS App. z.St. und Klgl 3,40, ferner GK^{28} § 108a.

4 Zur Auslegung s. die Kommentare z.St. Zur kontroversen Interpretation des כִּי אִם V. 22 s. *R. Gordis*, The Conclusion of the Book of Lamentations (5:22), JBL 93 (1974) 289–293; unsere Übersetzung folgt dem Vorschlag von *O. Plöger*, Die Klagelieder (HAT I/18), Tübingen ^{2}1969, 160; *W. Rudolph*, Das Buch Ruth; Das Hohelied; Die Klagelieder (KAT XVII/1–3), Gütersloh 1962, 257.258 und *H.J. Boecker*, Klagelieder (ZBK.AT XXI) Zürich 1985, 87.95.

5 MT: הַר־צִיּוֹן זֶה שָׁכַנְתָּ בּוֹ. Zum Nebeneinander von Gottesbergvorstellung (V. 2) und Heiligtumsvorstellung (V. 7, das Heiligtum als Wohnung des Jahwenamens: מִקְדָּשֶׁךָ // מִשְׁכַּן־שְׁמֶךָ) s. *M. Metzger*, Himmlische und irdische Wohnstatt Jahwes, UF 2 (1970) 139–158, hier 152f; *H. Weippert*, »Der Ort, den Jahwe erwählen wird, um dort seinen Namen wohnen zu lassen«. Die Geschichte einer alttestamentlichen Formel, BZ 24 (1980) 76–94, hier 78 Anm. 6; s. auch im folgenden.

6 Zu Ps 74 s. außer den Kommentaren zuletzt *L. Vosberg*, Studien zum Reden vom Schöpfer in den Psalmen (BEvTh 69), München 1975, 24ff; *C. Petersen*, Mythos im Alten Testament. Bestimmung des Mythosbegriffs und Untersuchung der mythischen Elemente in den Psalmen (BZAW 157), Berlin / New York 1982, 124ff; *P. Auffret*, Essai sur la structure littéraire du Psaume LXXIV, VT 33 (1983) 129–148; *G. Sharrock*, Psalm 74: A Lite-

Klagen und Bitten wie diese sind typisch für die Jahre unmittelbar nach dem Zusammenbruch des judäischen Restisrael[7].
Allerdings: »Zeiten radikalen Zusammenbruches können für den, der sie zu überstehen vermag, Zeiten neuer Möglichkeiten werden«[8]. Es ist erstaunlich genug, daß jene nationale Katastrophe nicht das Ende Israels und seines Gottesglaubens bedeutete. Noch erstaunlicher aber ist, daß – wie die stark aufblühende Literatur jener Epoche eindrücklich belegt – ausgerechnet in der Exilszeit neu von Jahwe als dem »Israel gegen Israel liebenden Gott«[9] gesprochen wurde. Dies soll im folgenden anhand einer Thematik verdeutlicht werden, die sowohl in Babylonien als auch in Palästina formuliert wurde und die in beiden Überlieferungsbereichen[10] als Vorstellung vom *Wohnen Jahwes »inmitten der Israeliten«* (שָׁכַן [+ Subj. יְהוָה] + בְּתוֹךְ [+ בְּנֵי־יִשְׂרָאֵל/Suffix]) belegt ist[11]. Abgesehen von den ent-

rary-Structural Analysis, AUSS 21 (1983) 211–233 und *O. Loretz,* Leberschau, Sündenbock, Asasel in Ugarit und Israel. Leberschau und Jahwestatue in Psalm 27, Leberschau in Psalm 74 (Ugaritisch-Biblische Literatur 3), Altenberge 1985, 81ff. Zum sekundären Charakter von V. 2aβ s. *Petersen,* a.a.O. 127 und *Loretz,* a.a.O. 88.

7 S. dazu *Perlitt,* Anklage 291ff; *ders.,* Die Verborgenheit Gottes, in: Probleme biblischer Theologie (FS G. von Rad), hg. v. *H. W. Wolff,* München 1971, 367–382, hier 375ff; *E. Gerstenberger,* Der klagende Mensch. Anmerkungen zu den Klagegattungen in Israel, in: Probleme biblischer Theologie . . ., 64–72, hier 66ff; *R. Albertz,* Persönliche Frömmigkeit und offizielle Religion. Religionsinterner Pluralismus in Israel und Babylon (CThM A 9), Stuttgart 1978, 178ff und jetzt v.a. *T. Veijola,* Verheißung in der Krise. Studien zur Literatur und Theologie der Exilszeit anhand des 89. Psalms (AASF B/20), Helsinki 1982; *ders.,* Das Klagegebet in Literatur und Leben der Exilsgeneration am Beispiel einiger Prosatexte, VT.S 36 (1985) 286–307; *O. Fuchs,* Die Klage als Gebet. Eine theologische Besinnung am Beispiel des Psalms 22, München 1982, 322ff.329ff; *H. Graf Reventlow,* Gebet im Alten Testament, Stuttgart/Berlin/Köln/Mainz 1986, 189ff. Zum Motiv des Gotteszorns in Ps 74,1 (und allgemein in der Volksklage) s. z.B. *C. Westermann,* Boten des Zorns. Der Begriff des Zornes Gottes in der Prophetie, in: *Ders.,* Erträge der Forschung am Alten Testament. Gesammelte Studien III (TB 73), München 1984, 96–106, hier 104.

8 *W. Zimmerli,* Planungen für den Wiederaufbau nach der Katastrophe von 587, in: *Ders.,* Studien zur alttestamentlichen Theologie und Prophetie. Gesammelte Aufsätze II (TB 51), München 1974, 165–191, hier 165.

9 Zur Formulierung vgl. *N. Lohfink,* Gott im Buch Deuteronomium, in: *J. Coppens* (éd.), La notion biblique de dieu. Le dieu de la Bible et le dieu des philosophes (BEThL 41), Leuven 1976, 101–125, hier 116. *G. Braulik* (Weisheit, Gottesnähe und Gesetz – Zum Kerygma von Deuteronomium 4,5–8, in: Studien zum Pentateuch [FS W. Kornfeld], hg. v. *G. Braulik,* Wien/Freiburg/Basel 1977, 165–195, hier 194) spricht in diesem Zusammenhang von der »Gnade des Nullpunktes, die eine tiefgreifende Besinnung auf die bleibenden und damit wesentlichen Fundamente des Glaubens ermöglicht«, vgl. bereits *Zimmerli,* Planungen 165.191 und unten S. 182.

10 Zu den theologiegeschichtlichen Zusammenhängen s. die knappe Übersicht bei *O. H. Steck,* Das Problem theologischer Strömungen in nachexilischer Zeit, EvTh 28 (1968) 445–458, hier 451ff; *ders.,* Strömungen theologischer Tradition im Alten Israel, in: *Ders.,* Wahrnehmungen Gottes im Alten Testament. Gesammelte Studien (TB 70), München 1982, 291–317, hier 309f und ausführlicher *ders.,* Israel und das gewaltsame Geschick der Propheten. Untersuchungen zur Überlieferung des deuteronomistischen Geschichtsbildes im alten Testament, Spätjudentum und Urchristentum (WMANT 23), Neukirchen-Vluyn 1967, 110ff.137ff.184ff.196ff.

11 Zu den relevanten Belegen s.u. S. 190 Ziffer b. Auf die z.T. andere Traditionen repräsentierenden בְּקֶרֶב-Belege wird an anderer Stelle (s.o. Anm. *) einzugehen sein, vgl. vorläufig u. Anm. 75.119. Der Kürze halber sprechen wir im folgenden auch von »*Schekina*-Vorstellung« – obwohl die Nominalbildung שְׁכִינָה nachbiblischen Ursprungs ist.

sprechenden priesterschriftlichen Belegen[12] konzentrieren wir uns dabei auf die beiden - der Früh- bzw. Spätphase der Exilszeit zugehörenden - Texte Ez 43,7-9 und 1Kön 6,11-13, die zunächst je für sich analysiert (II) und dann auf ihre gemeinsame Grundintention hin befragt werden sollen (III). Eine Zusammenfassung versucht schließlich, die Ergebnisse auf den gesamtbiblischen Horizont zu beziehen und d.h. speziell: für das Verständnis der Inkarnationsaussage Joh 1,14 fruchtbar zu machen (IV). So fragmentarisch dieser Ausblick hier sein muß[13] - er unterstreicht die biblisch-theologische Relevanz der alttestamentlichen *Schekina*-Theologie.

Da Ezechiel der »Prophet an der Schwelle zweier Zeiten«[14] ist, und das Ezechielbuch seine Wirkung an ebendieser Schwelle des Neuanfangs entfaltet hat, setzen wir mit der Analyse von Ez 43,7-9 ein.

II. *Die Schekina-Vorstellung in der Literatur der Exilszeit*

1. *Jahwes Rückkehr zum Zion - Ez 43,7-9*

Nach der chronologischen Notiz Ez 40,1f[15] wird Ezechiel im Jahr 574 v.Chr. durch die »Hand Jahwes« ins Land Israel auf einen sehr hohen Berg entrückt, wo er den zukünftigen Tempel, dessen Grundriß und kultische Bestimmung schaut (Ez 40-48). In einer großen Führungsvision, die den Grundbestand von Ez 40-42 umfaßt[16], wird der Prophet dann von einer himmlischen Gestalt - dem »Mann« - vom äußeren Osttor über die weiteren Torbauten des äußeren und inneren Vorhofs bis zum dreigeteilten Tempel geführt, der als dritten Raum das Allerheiligste birgt (Ez 41,3f). An diese Führungsvision, die ihr inneres Gefälle vom äußeren Osttor zum Allerheiligsten hin hat[17], knüpft in Ez 43,1-11(.12) die Be-

12 S. dazu u. S. 184ff.

13 Vgl. dazu o. Anm. *.

14 Vgl. *W. Zimmerli,* Ezechiel. Gestalt und Botschaft (BSt 62), Neukirchen-Vluyn 1972, 153ff.

15 Zum System der chronologischen Notizen in Ez s. *W. Zimmerli,* Ezechiel. 1. Teilband (BK XIII/1), Neukirchen-Vluyn ²1979, 12*ff; *B. Lang,* Ezechiel. Der Prophet und das Buch (EdF 153), Darmstadt 1981, 32ff und jetzt v.a. *E. Kutsch,* Die chronologischen Daten des Ezechielbuches (OBO 62), Freiburg, Schweiz / Göttingen 1985 (vgl. dazu *B. Gosse,* RB 93 [1986] 441-445); speziell zu Ez 40,1f s. *Kutsch,* a.a.O. 33ff.

16 Zu den literarkritischen Problemen s. *H. Gese,* Der Verfassungsentwurf des Ezechiel (Kap. 40-48) traditionsgeschichtlich untersucht (BHTh 25), Tübingen 1957, 8ff und *W. Zimmerli,* Ezechiel. 2. Teilband (BK XIII/2), Neukirchen-Vluyn ²1979, 979ff.1240ff. Einen anderen Ansatz vertritt *M. Greenberg,* The Design and Themes of Ezekiel's Program of Restauration, Interp. 38 (1984) 181-208.

17 Vgl. *Zimmerli,* a.a.O. 1075. Zu den archäologischen und architektonischen Fragen s. *W. Zimmerli,* Ezechieltempel und Salomostadt, in: *Ders.,* Studien zur alttestamentlichen Theologie und Prophetie. Gesammelte Aufsätze II (TB 51), München 1974, 148-164; *ders.,* Planungen 172ff; *ders.,* Jerusalem in dem Ezechielbuch, in: The Word of the Lord shall go forth (FS D.N. Freedman), ed. *C.L. Meyers - M. O'Connor,* Winona Lake/Ind. 1983, 415-426 und *J. Maier,* Die Hofanlagen im Tempelentwurf des Ezechiel im Licht der »Tempelrolle« von Qumran, in: Prophecy (FS G. Fohrer [BZAW 150]), hg. v. *J.A. Emerton,* Berlin / New York 1980, 55-67. Zur Einführung des Propheten durch das Osttor s. *Gese,* a.a.O. 36.

schreibung der nach Jerusalem zurückkehrenden Jahweherrlichkeit an[18], die den כְּבוֹד יְהוָה denselben Weg vom äußeren über das innere Osttor bis ins Tempelinnere nehmen läßt, auf dem der Prophet fast 20 Jahre zuvor seinen Auszug aus dem alten Tempel geschaut hatte. Der Schluß der Jerusalemvision Ez 8,1 - 11,25 hat diesen Auszug der Jahweherrlichkeit aus dem durch Fremdkult entweihten Jerusalemer Heiligtum in knappe, aber bewegende Sätze gefaßt:

(18a) »Und die Herrlichkeit Jahwes kam ›aus dem (Tempel-)Haus‹[19] heraus
(19bα) und trat an den Eingang des Osttores des Hauses Jahwes.
(23) Und die Herrlichkeit Jahwes erhob sich mitten aus der Stadt
und stellte sich auf den Berg, der im Osten der Stadt liegt«[20]
(Ez 10,18a.19bα; 11,23).

Während die Jerusalemvision Ez 8,1 - 11,25* (Grundschicht)[21] beschreibt, wie die Jahweherrlichkeit den Tempel verläßt, um sich auf dem Ölberg niederzulassen[22], schildert die Schlußvision Ez 40–48* (Grundschicht), wie Jahwe in seiner Herrlichkeitserscheinung in den geschauten Tempel der Zukunft zurückkehrt, um dort für immer »inmitten der Israeliten« zu wohnen[23]. Der Visions- und Auditionsbericht Ez 43,1–11, der

18 Zu der Frage, ob 43,1–11(.12) unmittelbar auf 40,1–37.47–49; 41,1–4 folgte oder erst nach der (sukzessiven) Erweiterung dieser Grundschicht von 40–42 um 41,5–15a; 42,15–20 formuliert wurde, s. *Gese*, a.a.O. 108ff; *Zimmerli*, BK XIII/1, 977ff.1074ff.1240ff. 1247 und *H.-J. Fabry*, Art. מָדַד, ThWAT IV (1984) 695–709, hier 700ff.

19 MT: מֵעַל מִפְתַּן הַבָּיִת, s. dazu *Zimmerli*, a.a.O. 199.

20 Zum Grundbestand von 10,18–11,23 s. *Zimmerli*, a.a.O. 204.206 und *O. Keel*, Jahwe-Visionen und Siegelkunst. Eine neue Deutung der Majestätsschilderungen in Jes 6, Ez 1 und Sach 4 (SBS 84/85), Stuttgart 1977, 151f; z.T. anders *T.N.D. Mettinger*, The Dethronement of Sabaoth. Studies in the Shem and Kabod Theologies (CB.OT 18), Lund 1982, 101f. Zur Herrlichkeitsschilderung in Ez 10f s. bes. *Keel*, a.a.O. 145ff.151ff.190f. 253.269ff; *Mettinger*, a.a.O. 97ff und *M. Weinfeld*, Art. כָּבוֹד, ThWAT IV (1984) 23–40, hier 32ff.

21 S. dazu jetzt *F.L.Hossfeld*, Die Tempelvision Ez 8–11 im Licht unterschiedlicher methodischer Zugänge, in: *J. Lust* (Ed.), Ezekiel and his Book. Textual and Literary Criticism and their Interrelation (BEThL 74), Leuven 1986, 151–165. Als einheitliche Komposition wird Ez 8,1–11,25 aufgefaßt von *J. Becker*, Ez 8–11 als einheitliche Komposition in einem pseudepigraphischen Ezechielbuch, in: *Lust*, a.a.O. 136–150.

22 Im Anschluß an Ez 10,18–11,23* wurde – nicht nur in der rabbinischen Exegese – immer wieder über den Verbleib (›Wegzug nach/Erscheinen in Babylonien‹) der Jahweherrlichkeit spekuliert, s. dazu aber *Zimmerli*, BK XIII/1, 234 und *Keel*, Jahwe-Visionen 149 Anm. 36; 253, vgl. 141 Anm. 9; 233.272. Jahwe ist in Babylonien nicht einfach präsent, er ist den Exulanten aber »ein wenig zum Heiligtum (לְמִקְדָּשׁ מְעַט)« geworden (Ez 11,16), s. dazu *Zimmerli*, a.a.O. 249f.

23 Die antithetische Entsprechung zwischen der alten und der neuen Zeit geht dabei bis ins Terminologische: »Bedenkt man, daß Ez 11,23 (וַיַּעַל כְּבוֹד יְהוָה מֵעַל תּוֹךְ הָעִיר) in der visionären Schilderung des Auszugs des כְּבוֹד יְהוָה aus seinem Heiligtum und seiner Stadt auch den Begriff der Mitte (תּוֹךְ) verwendet, der dann den Ort der neuen Gottesgegenwart bezeichnet, so ist für Ezechiel das Bestreben deutlich, auf die Entsprechung zwischen der neuen und der alten Zeit hinzuweisen« (*Chr. Jeremias*, Sacharja und die prophetische Tradition, untersucht im Zusammenhang der Exodus-, Zion- und Davidüberlieferung, Diss. masch. Göttingen 1966, 44f). Die Schau des neuen Tempels und seiner Ordnung (Ez 40–48) erscheint dabei als die volle Entfaltung der nach Ez 20,32–44 (bes. V. 39ff) von Jahwe verheißenen Zukunft, s. dazu *Zimmerli*, BK XIII/1, 457f; XIII/2, 978; *ders.*, Grundriß

Jahwes Rückkehr zum Zion mit den Ausdrucksmitteln der Jerusalemer Kulttradition darstellt, besteht aus den beiden Teilen *Jahwevision* (V. 1–5) und *Jahwerede* (V. 6–11):

I. *Jahwevision*		
1	Einleitung mit Führungsaussage	
2–4	*Vision I:*	Einzug des *k*ᵉ*bôd JHWH* in den Tempel
	2a	Herkunft (Osten)
	2b.3b	Beschreibung des *k*ᵉ*bôd JHWH* und Reaktionen des Propheten
	4	Ziel (Tempel)
5a	Überleitung mit Entrückungsaussage	
b	*Vision II:*	Erfülltsein des Tempels vom *k*ᵉ*bôd JHWH*
II. *Jahwerede*		
6.7aα	Einleitung mit Auditionsaussage (+ Redeeröffnungsf.)	
7aβ–9	*Rede I:*	Verheißung bleibender Gottesgegenwart
10–11	*Rede II:*	Verkündigungsauftrag an den Propheten
	10–11aα	Beauftragung: ›Verkündigung des Tempels‹
	11aβ.γ	Entfaltung in drei Bereichen - Aussehen und Anordnung - Aus- und Eingänge - Gesetze und Verordnungen
	b	Applikation

Der *Visionsbericht* (V. 1–5), der durch eine – Ez 43,1ff von Ez 43,15ff stilistisch absetzende – Führungsaussage eröffnet wird (V. 1), schildert zwei, jeweils durch וְהִנֵּה (V. 2a.5b) eingeleitete Vorgänge: den Einzug des כְּבוֹד יְהוָה in den Tempel (V. 2–4)[24] und dessen Erfülltsein von der Jahweherrlichkeit (V. 5b); dabei wird der Standort des Propheten mit Hilfe einer Entrückungsaussage (V. 5a) vom äußeren Osttor in den inneren Vorhof verlegt. V. 6 leitet dann mit einer Auditionsaussage zu einer zweiteiligen, jeweils an den »Menschensohn« gerichteten *Jahwerede* (V. 7–11) über, deren erster Teil (V. 7aβ–9) dem zukünftigen Gottesvolk die bleibende Gegenwart Jahwes in seiner Mitte verheißt. Der zweite Teil dieser Jahwerede (V. 10f), der sich durch eine erneute Anrede (V. 10) von

der alttestamentlichen Theologie (ThW 3), Stuttgart/Berlin/Köln/Mainz ⁴1982, 188; *R. Liwak*, Überlieferungsgeschichtliche Probleme des Ezechielbuches. Eine Studie zu postezechielischen Interpretationen und Kompositionen, Diss. masch. Bochum 1976, 155ff, bes. 189ff und *P. Weimar - E. Zenger*, Exodus. Geschichten und Geschichte der Befreiung Israels (SBS 75), Stuttgart ²1979, 146ff, bes. 152ff. Zu den Tempeltraditionen des Ezechielbuches s. bes. *J. D. Levenson*, Theology of the Program of Restauration of Ezekiel 40–48 (Harvard Semitic Museum 10), Missoula/Mont. 1976, 5ff.

24 Der doppelte Rückverweis in V. 3a ist offenbar erst bei der Gestaltung des Buchganzen als Klammerelement eingefügt worden, s. *Gese*, Verfassungsentwurf 36; *Zimmerli*, BK XIII/2, 1074.1077f, ferner *D. Baltzer*, Ezechiel und Deuterojesaja. Berührungen in der Heilserwartung der beiden großen Exilspropheten (BZAW 121), Berlin / New York 1971, 52 Anm. 26.

V. 7aβ–9 absetzt, mit diesem Stück aber stilistisch und thematisch eng verbunden ist[25], stellt eine Aufforderung an den Propheten dar, dem »Haus Israel« den neuen Tempel und alle ihn betreffenden Weisungen und Satzungen zu verkündigen. Der erste Teil dieser Jahwerede V. 7aβ–9, der das Zentrum der ganzen Komposition bildet, lautet:

7aβ »Menschensohn, (siehe) den Ort meines Thrones und den Ort meiner Fußsohlen, wo ich für immer inmitten der Israeliten wohnen will.

- -

b Das Haus Israel aber soll meinen heiligen Namen nicht mehr verunreinigen, weder sie noch ihre Könige, durch ihre Buhlerei und die (Toten-)Opfer[26] ihrer Könige ›bei ihrem Tod‹[27] –

8aαβ dadurch, daß sie ihre Schwelle neben meine Schwelle und ihren Türpfosten neben meinen Türpfosten setzten,

γ.bα so daß (nur) eine Wand zwischen mir und ihnen lag und sie (immer wieder) meinen heiligen Namen durch ihre Greuel, die sie begingen, verunreinigten,

β so daß ich sie in meinem Zorn vernichtete.

9a Nun mögen sie ihre Buhlerei und die (Toten-)Opfer ihrer Könige von mir entfernen,

- -

b so will ich für immer in ihrer Mitte wohnen«.

Für diese Jahwerede ist die Stilfigur der *doppelten Rahmung* kennzeichnend[28]: in die äußeren Rahmenverse V. 7aβ+9b mit ihrer Verheißung der bleibenden Gottesgegenwart ist eine zweifache Aufforderung an Israel (V. 7b+9a) eingebettet, die sich – als Verbot – auf die Entweihung des Jahwenamens und – als Gebot – auf die Entfernung des Fremdkultes bezieht. Diese Verbots- und Gebotsrede umschließt ihrerseits eine Schilderung der früheren Vergehen Israels und deren Ahndung durch Jahwe (V. 8a.bα+8bβ), so daß man im Blick auf die Gesamtkomposition von einer *konzentrischen Struktur* (a b c b' c') sprechen kann:

a	7aβ	Jahwe: Wohnen »inmitten der Israeliten«	(Verheißung)	Zukunft
b	7b	Israel: keine Entweihung Jahwes	(Prohibitiv)	
c	8a.bα	Vergehen Israels	(Grund)	Vergangenheit
	8bβ	Gericht Jahwes	(Folge)	
b'	9a	Israel: Entfernung des Fremdkultes	(Jussiv)	Zukunft
a'	9b	Jahwe: Wohnen »inmitten der Israeliten«	(Verheißung)	

25 Vgl. *Gese*, a.a.O. 39ff; *Zimmerli*, a.a.O. 1084f und *Baltzer*, a.a.O. 57f.
26 Zu diesem Verständnis von פֶּגֶר (≙ akk. *pagrā'um, pagrûm*, ug. *pgr*) s. *J.H. Ebach*, *PGR* = (Toten-)Opfer? Ein Vorschlag zum Verständnis von Ez 43,7.9, UF 3 (1971) 365–368, ähnlich neuerdings *S. Schroer*, In Israel gab es Bilder. Nachrichten von darstellender Kunst im Alten Testament (OBO 74), Freiburg, Schweiz / Göttingen 1987, 332ff, anders zuletzt etwa HAL 861f s.v. פֶּגֶר B1 (»Denkmal, Stele«).
27 Zum Text s. *Zimmerli*, BK XIII/2, 1072, *Baltzer*, Ezechiel, 55 Anm. 42 und *E. Vogt*, Untersuchungen zum Buch Ezechiel (AnBib 95), Rome 1981, 150.
28 Vgl. bereits *Zimmerli*, a.a.O. 1081, ferner *Baltzer*, a.a.O. 55. Zu den inneren Bezügen in V. 7–9 s. bes. *Gese*, Verfassungsentwurf 39 Anm. 4.

Während V. 8 an das *Israel der vorexilischen Zeit,* die Zustände im alten Tempel (Nachbarschaft von Jahwetempel und Königspalast) und das vergangene Gerichtshandeln Jahwes erinnert, blicken die Rahmenverse V. 7aβ+b // V. 9a+b auf das *künftige Gottesvolk* voraus, dem die Zusage der bleibenden Gottesgegenwart gilt: »ich will für immer inmitten der Israeliten / in ihrer Mitte wohnen« (V. 7aβ // V. 9b: שָׁכַן [+ Subj. יְהוָה] + בְּתוֹכָם/בְּתוֹךְ בְּנֵי־יִשְׂרָאֵל). Israel - das ist die Botschaft von Ez 43,7-9 - bleibt nicht im Todesgericht von 587 v.Chr. (vgl. V. 8bβ), ihm wird mit der Zusage von V. 7aβ+9b vielmehr das »Wunder einer Neuerweckung«[29] zuteil. Daß diese Jahwerede ganz unter dem Vorzeichen der Verheißung steht, wird durch die Rahmenfunktion von V. 7+9 und die konzentrische Anordnung ihrer Einzelglieder unterstrichen: Die *Verpflichtung Israels* auf die als Gebot aufgetragene neue Ordnung (V. 7a+9b) basiert ganz auf der *Verheißung der unkonditional*[30] *zugesagten Gottesgegenwart.* Was hier also gefordert wird, ist nicht Vorbedingung für die Rückkehr Jahwes zum Zion, sondern deren Konsequenz im Lebensvollzug Israels (vgl. V. 11b!).

Die Zusage Jahwes, am »Ort meines Thrones« (מְקוֹם כִּסְאִי) // »Ort meiner Fußsohlen« (מְקוֹם כַּפּוֹת רַגְלָי) inmitten der Israeliten wohnen zu wollen (V. 7aβ), wird mit Hilfe älterer, bereits in vorexilischer Zeit (nicht mit der Lade[31], sondern) mit dem *Gottesberg* verbundener Vorstellungsinhalte ausgedrückt. »Im Alten Testament kann der Zion bald als Thronsitz (Ps 9,12; 68,17; Jer 14,19.21) bald als Fußschemel (Ps 99,5.9; Thr 2,1) Jahwes verstanden werden. In Jer 17,12 wird der ›Ort des Heiligtums‹ - gemeint ist wahrscheinlich der Berg samt dem darauf errichteten Heiligtum ... - als hochragender Thron, in Jes 60,13 als Fußschemel (›Ort meiner Füße‹) bezeichnet. Ez 43,7 verbindet beide Vorstellungen - Thron und Fußschemel - mit dem auf hochragendem Berg errichteten Heiligtum«[32]:

29 *Zimmerli,* a.a.O. 1084.

30 Vgl. *Zimmerli,* ebd., z.T. anders *Vogt* (Untersuchungen 150f), der lediglich in V. 7a »eine reine, inkondizionale Verheissung« (151) ausgesprochen sieht, s. zum Verständnis aber *Chr. Jeremias,* Die Nachtgesichte des Sacharja. Untersuchungen zu ihrer Stellung im Zusammenhang der Visionsberichte im Alten Testament und zu ihrem Bildmaterial (FRLANT 117), Göttingen 1977, 78.

31 Nach *Zimmerli* läßt die »Benennung des Ortes ... alte, traditionsbeladene Begriffe aufklingen. Terminologie, die zuvor mit der Lade verbunden war, wird darin wieder lebendig« (a.a.O. 1079, vgl. *ders.,* Planungen [s.o. Anm. 8] 178f; *Baltzer,* Ezechiel 54) - und dies, obwohl - wie *Zimmerli* betont - »der Lade hier und auch in allen Erweiterungen aus der Schule des Propheten mit keinem Wort Erwähnung getan wird. Ez 43 steht offenbar in der darin liegenden Negation ganz auf der Linie des Wortes Jer 3,16f« (a.a.O. 1080). U.a. zur Hypothese der ›Lade als Thronsitz Jahwes‹ s. demnächst *B. Janowski,* Keruben und Zion. Zur Entstehung der Zionstradition.

32 *Metzger,* Wohnstatt (s.o. Anm. 5) 156, vgl. 148f mit Anm. 31; 152ff mit Anm. 40-42; *ders.,* Der Thron als Manifestation der Herrschermacht in der Ikonographie des Vorderen Orients und im Alten Testament, in: *T. Rendtorff* (Hg.), Charisma und Institution, Gütersloh 1985, 250-296, hier 289ff.295f; *ders.,* Königsthron und Gottesthron. Thronformen und Throndarstellungen in Ägypten und im Vorderen Orient im dritten und zweiten Jahrtausend vor Christus und deren Bedeutung für das Verständnis von Aussagen über den Thron im Alten Testament (AOAT 15/1), Kevelaer/Neukirchen-Vluyn 1985, 358f; *H.-J. Fabry,* Art. הֲדֹם, ThWAT II (1977) 347-357, hier 353ff; *ders.,* Art. כִּסֵּא, ThWAT IV (1984) 247-272, hier 266ff; *Mettinger,* Dethronement (s.o. Anm. 20) 24ff u.a.

»Ein *Thron der Herrlichkeit* (כִּסֵּא כָבוֹד), hocherhaben von Anfang an, ist der *Ort unseres Heiligtums* (מְקוֹם מִקְדָּשֵׁנוּ)« (Jer 17,12).

»Die Herrlichkeit des Libanon wird zu dir kommen,
Zypresse, Fichte und Ulme zugleich,
zu zieren den *Ort meines Heiligtums* (מְקוֹם מִקְדָּשִׁי),
daß ich den *Ort meiner Füße* (מְקוֹם רַגְלַי) ehre« (Jes 60,13).

»Menschensohn, (siehe) den *Ort meines Thrones* (מְקוֹם כִּסְאִי) und den *Ort meiner Fußsohlen* (מְקוֹם כַּפּוֹת רַגְלַי) . . .« (Ez 43,7aβ).

Der eigentliche Sinn der שָׁכַן-Formulierungen Ez 43,7.9 erschließt sich aber erst, wenn man sie theologiegeschichtlich liest, d.h. wenn man beachtet, daß diese Verse nicht nur – wie der alte Tempelweihspruch 1Kön 8,12f[33] – von einem Wohnen Jahwes im irdischen Tempel oder – wie die Jerusalemer Kulttradition der vorexilischen Zeit (vgl. Jes 8,18b)[34] – auf dem Gottesberg Zion, sondern zusätzlich von seinem Wohnen »inmitten der Israeliten« (V. 7aβ // V. 9b) sprechen. Diese *Selbstbindung Jahwes an Israel* ist, wie die folgende Untersuchung der (spät)deuteronomistischen Tempeltheologie und deren שָׁכַן-Aussage 1Kön 6,13 bestätigt, das Novum der exilischen – und z.T. auch nachexilischen – *Schekina*-Theologie[35].

2. *Der ferne und der nahe Gott – deuteronomistische Tempeltheologie*

Zum Verständnis dieser (spät)deuteronomistischen Tempeltheologie empfiehlt es sich, von der deuteronomischen Zentralisationsformel und ihrem Gottesbegriff auszugehen. Diese Zentralisationsformel, die in ihrer Kurzform[36] von dem »Ort« (מָקוֹם) spricht, »den er/Jahwe (dein Gott) er-

33 »(12) Damals sprach Salomo: ›Jahwe hat erklärt, im Wolkendunkel zu wohnen (לִשְׁכֹּן). (13) Ich habe dir wahrhaftig ein herrschaftliches Haus gebaut (בֵּית זְבֻל), eine Stätte für dein Wohnen (מָכוֹן לְשִׁבְתְּךָ) für alle Zeiten‹« (1Kön 8,12f MT). Zum Verständnis und besonders zum Vergleich mit der ausführlicheren LXX-Fassung s. außer den Kommentaren zuletzt *M. Görg*, Gott-König-Reden in Israel und Ägypten (BWANT 105), Stuttgart/Berlin/Köln/Mainz 1975, 135ff.175ff; *ders.*, Art. יָשַׁב, ThWAT III (1982) 1013–1032, hier 1026f und *Weippert*, Ort (s.o. Anm. 5) 83 (jeweils mit der älteren Lit.).

34 MT: יְהוָה צְבָאוֹת הַשֹּׁכֵן בְּהַר צִיּוֹן, vgl. zur Formulierung Ps 68,17; Ps 74,2 (frühexilisch, s.o. S. 166 mit Anm. 5) und aus nachexilischer Zeit Joel 4,17.21; Ps 135,21. Zur älteren Zionstradition (und ihrer *Schekina*-Vorstellung), die »zumindest im Kern zur Zeit Michas und Jesajas schon ausgeprägt war«, ohne daß »sie zu dieser Zeit schon die durch Ps 46; 48; 76; 84 und 87 repräsentierte Gestalt gefunden« haben muß (*F. Huber*, Jahwe, Juda und die anderen Völker beim Propheten Jesaja [BZAW 137], Berlin / New York 1976, 239), s. *O.H. Steck*, Friedensvorstellungen im alten Jerusalem. Psalmen – Jesaja – Deuterojesaja (ThSt[B] 111), Zürich 1972, 53ff; *Huber*, a.a.O. 233ff; *J.J.M. Roberts*, Art. Zion-Tradition, IDB. Suppl. Volume, Nashville 1976, 985–987; *ders.*, Zion in the Theology of the Davidic-Solomonic Empire, in: *T. Ishida* (Ed.), Studies in the Period of David and Solomon and other Essays, Tokyo 1982, 93–108; *Mettinger*, Dethronement (s.o. Anm. 20) 24ff; *Schmidt*, Glaube (s.o. Anm. 2) 249ff (mit Lit. 372f) und zuletzt *Chr. Hardmeier*, Jesajaforschung im Umbruch, VF 31 (1986) 3–31, hier 9f (Lit.).

35 Dieser Sachverhalt ist bislang noch zu wenig beachtet, s. aber für Ez 43,7.9 bereits *Zimmerli*, BK XIII/2, 1081 und *Baltzer*, Ezechiel (s.o. Anm. 24) 53, für 1Kön 6,13 bereits *Weippert*, Ort 84 und *Veijola*, Verheißung (s.o. Anm. 7) 150. *Mettinger* (a.a.O.) geht auf das Problem nicht näher ein.

wählen wird«, macht in ihren beiden infinitivisch[37] erweiterten Langformen[38] einen deutlichen Unterschied zwischen Jahwe und seinem »Namen« (שֵׁם). Um das Mißverständnis einer zu engen Bindung Jahwes an das Heiligtum auszuschließen, vermeidet das Deuteronomium nämlich die Aussage, daß *Jahwe* im Tempel wohnt, und spricht statt dessen von dem »Ort, den er/Jahwe (dein/euer Gott) erwählen wird, indem er dort *seinen Namen* wohnen läßt (לְשַׁכֵּן)[39]/deponiert (לָשׂוּם)«. Diese Vorstellung von der kultischen Präsenz Jahwes in seinem »Namen« ist nicht als eine Einschränkung oder »Sublimierung« hinsichtlich der Gegenwart

36 Dtn 12,14.18.26; 14,25; 15,20; 16,7.15.16; 17,8.10; 18,6; 31,11, ferner Jos 9,27. Nach *Weippert* (a.a.O. 79ff) hat die älteste Stufe dieser Kurzform noch nicht Jerusalem und seinen Tempel im Blick, vgl. zur Sache auch *M. Weinfeld,* Art. Presence, Divine, EJ XIII (1971) 1015-1020; *ders.*, Deuteronomy and the Deuteronomic School, Oxford 1972, 206ff.324f; *M. Rose,* Der Ausschließlichkeitsanspruch Jahwes. Deuteronomische Schultheologie und die Volksfrömmigkeit in der späten Königszeit (BWANT 106), Stuttgart/Berlin/Köln/Mainz 1975, 77ff; *G. Braulik,* Die Freude des Festes. Das Kultverständnis des Deuteronomiums - die älteste biblische Festtheorie, in: Leiturgia - Koinonia - Diakonia (FS Kardinal F. König), hg. v. *R. Schulte,* Wien/Freiburg/Basel 1980, 127-179, hier 132ff; *B. Halpern,* The Centralization Formula in Deuteronomy, VT 31 (1981) 20-38; *H.D. Preuß,* Deuteronomium (EdF 164), Darmstadt 1982, 16ff; *Mettinger,* a.a.O. 38ff; *L. Laberge,* Le lieu que YHWH a choisi pour y mettre son Nom (TM, LXX et Targums). Contribution à la critique textuelle d'une formule deutéronomiste, EstB 43 (1985) 209-236, u.a. Eine die traditionelle Hypothese umkehrende Sicht des Verhältnisses Kurzform - Langform(en) vertritt neuerdings *N. Lohfink:* »Nach ihr wäre die dt Zentralisationsformel ohne jedes Zwischenglied eine Weiterentwicklung der Altarformel des als Quelle der neuen Gesetzgebung dienenden Bb. Die Altarformel des Bb [Ex 20,24] war so gebaut, daß sie auf die dt Weise erweitert werden konnte. (. . .) Die im Dtn belegte ›Kurzform‹ der dt Zentralisationsformel dagegen wäre sekundär. Sie müßte als eine Art abgekürzter Referenz auf die stets vorher im Text schon belegte Langform verstanden werden. Das entspräche ihrer Funktion im definitiven Dtn« (Zur deuteronomischen Zentralisationsformel, Bib. 65 [1984] 297-329, hier 326), vgl. auch *G. Braulik,* Deuteronomium 1-16,17 (NEB.AT XV), Würzburg 1986, 10.95.98. Zur literarischen und überlieferungsgeschichtlichen Qualität von Ex 20,24bα s. etwa *F. L. Hossfeld,* Der Dekalog. Seine späten Fassungen, die originale Komposition und seine Vorstufen (OBO 45), Freiburg, Schweiz / Göttingen 1982, 182; *M. Görg,* Der Altar - Theologische Dimensionen im Alten Testament, in: *J. Schreiner* (Hg.), Freude am Gottesdienst. Aspekte ursprünglicher Liturgie, Stuttgart 1983, 291-306, hier 297 Anm. 35; 298 Anm. 39 und *Lohfink,* a.a.O. 318ff.

37 Der in diesem Zusammenhang öfter gebrauchte Ausdruck »finale Fortführung« bzw. »Zweckbestimmung« wird von *Lohfink* (a.a.O. 297 Anm. 1) zu Recht problematisiert, vgl. bereits *A.R. Hulst,* BiOr 19 (1962) 59-62.

38 Mit Infinitivergänzung לְשַׁכֵּן: Dtn 12,11; 14,23; 16,2.6.11; 26,2, ferner Neh 1,9, vgl. auch Jer 7,12 (s. dazu u. Anm. 85); Esr 6,12; mit Infinitivergänzung לָשׂוּם: Dtn 12,5.21; 14,24, ferner 1Kön 9,3; 11,36; 14,21 = 2Chr 12,13, vgl. auch 2Kön 21,4.7, s. die Auflistung bei *Weippert,* Ort 93, wo das לְשִׁכְנוֹ Dtn 12,5 allerdings als Glosse gestrichen wird, s. dazu aber *Lohfink,* a.a.O. 302f.303f; *Braulik,* NEB.AT XV 95 Textanm. z.St. und *Weinfeld,* Presence, Divine 325. Zum Vorkommen der Formel in der Tempelrolle aus Qumran s. 11QT 3,4; 29,3f; 45,12; 47,4.11; 52,16.19f; 53,1.9f; 56,4f; 60,13f; singulär ist dabei 11QT 29,8f mit כְּבוֹדִי (statt שְׁמִי) als Objekt von שׁכן hif.; zur Interpretation s. *Y. Yadin,* The Temple Scroll, Vol. II: Text and Commentary, Jerusalem 1983, 128f; *ders.*, Die Tempelrolle. Die verborgene Thora vom Toten Meer, München/Hamburg 1985, 123ff; *B. Janowski - H. Lichtenberger,* Enderwartung und Reinheitsidee. Zur eschatologischen Deutung von Reinheit und Sühne in der Qumrangemeinde, JJS 34 (1983) 31-62, hier 54ff und *Ph. Callaway,* Exegetische Erwägungen zur Tempelrolle XXIX, 7-10, RdQ 12/1 (1985) 95-104.

39 Zur Übersetzung und Deutung von שׁכן pi. + שֵׁם mit »den Namen anbringen« s. jetzt *Braulik,* a.a.O. 98, vgl. *Rose,* Ausschließlichkeitsanspruch 83 und *Lohfink,* a.a.O. 327f, vgl. zur Sache auch *Mettinger,* a.a.O. 56ff.

Gottes im Tempel[40] zu deuten, denn der Kontext der Zentralisationsformel stellt jeweils sicher, »daß mit seinem Namen auch Jahwe selbst an diesem Ort zu finden ist«[41]; ja, indem an dem von Jahwe erwählten Ort sein »Name« präsent ist, ist für Israel die Voraussetzung zur Anrufung dieses Namens und damit zur Ausübung des Gottesdienstes gegeben[42]. Durch die Zentralisationsformel ist eine Vorstellung vom Wohnen Jahwes im Tempel weder ausgeschlossen noch bekämpft[43], mit ihrer Hilfe wird vielmehr der in seinem »Namen« an der erwählten Stätte gegenwärtige Gott vollmächtig proklamiert[44].

Die Zentralisationsformel ist die konstruktive Antwort des Deuteronomiums auf die Krise Israels am Ende des 7. Jh. v.Chr. Nachdem der traditionelle Jahweglaube in der Zeit der assyrischen Oberhoheit (8./7. Jh. v.Chr.) seine gesellschaftliche Plausibilität verloren, und das Südreich sich der konkurrierenden Symbolwelt der babylonisch-assyrischen Religion geöffnet hatte, wuchs gleichsam im Gegenzug das Bedürfnis, die eigenen Glaubenstraditionen zu bewahren und in einer pluralistisch gewordenen Welt neu zu verantworten. Hier setzt die deuteronomische Kultgesetzgebung (Dtn 16-26) mit ihrer programmatischen Ausschließlichkeitsforderung an: Israel hat eine *neue Mitte* - in Jahwe, der an seinem erwählten Ort seinen »Namen« wohnen läßt/deponiert. Nur an *einem* Heiligtum dürfen seine Opfer dargebracht und die Wallfahrtsfeste begangen werden, ja es gibt nur dieses eine Heiligtum in Israel und keine Kultstätten/Kulte anderer Götter im Land (Dtn 12,4-7). Die exilische *Schekina*-Theologie knüpft an dieser deuteronomischen Konzeption der Ausschließlichkeit Jahwes und der (alle Stammeseigenarten aufhebenden) Ganzheit Israels an und führt sie in veränderter historischer Situation eigenständig weiter.

Das Deuteronomium hat noch nicht darüber reflektiert, wie sich das *Wohnen Jahwes (bzw. seines Namens) im irdischen Heiligtum* zum *Wohnen Gottes im Himmel* verhält. Dieses Problem stellte sich - in einer Zeit,

40 So *G. von Rad:* »Das dt. Theologumenon vom Namen Jahwes enthält deutlich ein polemisches Element, oder besser gesagt: ein theologisches Korrektiv. Nicht Jahwe selbst ist am Kultort gegenwärtig, sondern nur sein Name als der Garant seines Heilswillens; an ihn allein als die zureichende Offenbarungsform Jahwes hat sich Israel zu halten. Das Dt. ersetzt die alte massive Vorstellung von Jahwes Gegenwart und Wohnen am Kultort durch eine theologisch sublimierte« (Deuteronomium-Studien [FRLANT 58], Göttingen 1947, 26). Dazu und zu *R. de Vaux'* (»Le lieu qui Yahvé a choisi pour y établir son nom«, in: Das ferne und das nahe Wort [FS L. Rost ⟨BZAW 105⟩], hg. v. *F. Maass*, Berlin 1967, 219-228) Einwänden gegen *von Rads* Auffassung s. die Diskussion bei *Rose*, a.a.O. 82ff; *A. S. van der Woude*, Gibt es eine Theologie des Jahwe-Namens im Deuteronomium?, in: Übersetzung und Deutung. Studien zum Alten Testament und seiner Umwelt (FS A.R. Hulst), Nijkerk 1977, 204-210; *E. Würthwein*, Die Bücher der Könige. I. Teil (ATD XI/1), Göttingen ²1985, 102f; *Weippert*, Ort 78f mit Anm. 6; *Lohfink*, Zentralisationsformel 303f mit Anm. 22 und *Braulik*, a.a.O. 98f.

41 *Weippert*, a.a.O. 77f.

42 Vgl. *dies.*, a.a.O. 78 und *H. Gese*, Der Name Gottes im Alten Testament, in: *H. Stietencron* (Hg.), Der Name Gottes, Düsseldorf 1975, 75-89, hier 86ff.

43 Vgl. *Lohfink*, Zentralisationsformel 304 Anm. 22.

44 Vgl. *Gese*, Name 87: »Das hier eingeführte Namenstheologumenon drückt nicht nur negativ ein nicht eigentliches Präsentsein Gottes aus, sondern positiv die Präsenz der in seinem Namen gegebenen Selbstoffenbarung Gottes. Die Präsenz Gottes im Anwohnen kann präziser verstanden werden als Präsenz im Vollzug seiner Offenbarung und wird so der kultischen Objektivierung entzogen.«

als der erste Tempel längst in Trümmern lag - erst den Verfassern des Deuteronomistischen Geschichtswerks (DtrG)[45]. In deutlicher Korrektur des alten Tempelweihspruchs 1Kön 8,12f MT[46], der vom *Jerusalemer Heiligtum* als einer »Stätte für dein (sc. Jahwes) Thronen/Wohnen für alle Zeiten (מָכוֹן לְשִׁבְתְּךָ עוֹלָמִים)« (V. 13b) spricht[47], bezeichnet der deuteronomistische Tempelweihbericht 1Kön 8,14-66[48] in seinem jüngeren Mittelteil V. 31-51[49] ausdrücklich den *Himmel* als Stätte deines (sc. Jahwes)

45 Zu DtrG, seiner Schichtung (DtrH, DtrP, DtrN) und seinem historischen Ort s. zusammenfassend *R. Smend,* Die Entstehung des Alten Testaments (ThW 1), Stuttgart/Berlin/Köln/Mainz ^{3}1984, 111ff; *ders.,* Art. Deuteronomistisches Geschichtswerk, EKL^{3} I (1986) 821-823; *O. Kaiser,* Einleitung in das Alte Testament. Eine Einführung in ihre Ergebnisse und Probleme, Gütersloh ^{5}1984, 172ff; *W. H. Schmidt,* Einführung in das Alte Testament, Berlin/New York ^{3}1985, 136ff, ferner *W. Roth,* Art. Deuteronomistisches Geschichtswerk/Deuteronomistische Schule, TRE VIII (1981) 543-552; *Preuß,* Deuteronomium 20ff; *L. Schmidt,* Deuteronomistisches Geschichtswerk, in: *H. J. Boecker - H. J. Hermisson - J. M. Schmidt - L. Schmidt,* Altes Testament, Neukirchen-Vluyn 1983, 101ff; *E. Würthwein,* Die Bücher der Könige. II. Teil (ATD XI/2), Göttingen 1984, 485ff; *K. Koch,* Art. Geschichte/Geschichtsschreibung/Geschichtsphilosophie II, TRE XII (1984) 569-586, hier 579ff; *H. Weippert,* Das deuteronomistische Geschichtswerk. Sein Ziel und Ende in der neueren Forschung, ThR 50 (1985) 213-249 und *N. Lohfink,* Zur neueren Diskussion über 2Kön 22-23, in: *Ders.* (Hg.), Das Deuteronomium. Entstehung, Gestalt und Botschaft (BEThL 68), Leuven 1985, 24-48, hier 31ff.

46 S. dazu o. Anm. 33.

47 Vgl. 2Chr 6,2 und aus spätvorexilischer (?)/(spät?)nachexilischer (?) Zeit die auf Zion/Jerusalem bezogene Wendung מָכוֹן לְשִׁבְתְּךָ Ex 15,17aβ mit einem etwa gegenüber Jes 8,18 (s. dazu o. Anm. 34) bemerkenswerten Perspektivenwechsel: nicht nur ist Jahwe gegenwärtig »auf dem Berg deines Erbbesitzes, an der Stätte deines Thronens, die du, Jahwe, gemacht hast, am Heiligtum, das deine Hände gegründet haben«, sondern er hat sein Volk Israel - als eigentliches Ziel des alten und neuen Exodus - dort auch »eingepflanzt« (נָטַע): »Israel als der wunderbare Garten auf dem Götterberg, als der Paradiesgarten, in dessen Mitte der Thron Jahwes steht. Es sind Bilder des Glaubens, daß der Zion mit dem Tempel als Ort, von dem Frieden ausgeht, das eigentliche Ziel des Exodus war und ist!« (*E. Zenger,* Das Buch Exodus [Geistliche Schriftlesung 7], Düsseldorf ^{2}1982, 156), vgl. *ders.,* Tradition und Interpretation in Exodus 15,1-21, VT.S 32 (1981) 452-483, hier 474, ferner *Metzger,* Wohnstatt (s.o. Anm. 5) 147.156; *Görg,* Gott-König-Reden (s.o. Anm. 33) 1026f; *Veijola,* Verheißung (s.o. Anm. 7) 63.144f mit Anm. 6; *Mettinger,* Dethronement (s.o. Anm. 20) 26f; *W. H. Schmidt,* Exodus, Sinai und Mose. Erwägungen zu Ex 1-19 und 24 (EdF 191), Darmstadt 1983, 65f; *H. Strauß,* Das Meerlied des Mose - ein »Siegeslied« Israels? (Bemerkungen zur theologischen Exegese von Ex 15,1-19.20f), ZAW 97 (1985) 103-109, hier 104f mit Anm. 12; 108 und *J. Jeremias,* Das Königtum Gottes in den Psalmen. Israels Begegnung mit dem kanaanäischen Mythos in den Jahwe-König-Psalmen (FRLANT 141), Göttingen 1987, 93ff, bes. 103f. Das Spektrum der Datierungsvorschläge zu Ex 15,1b-18 ist nach wie vor breit, vgl. *N. Lohfink,* Der Begriff des Gottesreichs vom Alten Testament her gesehen, in: *J. Schreiner* (Hg.), Unterwegs zur Kirche. Alttestamentliche Konzeptionen (QD 110), Freiburg/Basel/Wien 1987, 33-86, hier 45 Anm. 20.

48 Es handelt sich dabei nicht um eine einheitliche Komposition, sondern um mehrere Bearbeitungsstufen, s. dazu jetzt v.a. *Veijola,* a.a.O. 150ff, vgl. *Metzger,* a.a.O. 149ff.158; *G. Braulik,* Spuren einer Neubearbeitung des deuteronomistischen Geschichtswerkes in 1Kön 8,52-53.59-60, Bib. 52 (1971) 20-33; *Würthwein,* ATD XI/1, 95f.96ff und *J. D. Levenson,* From Temple to Synagogue: 1Kings 8, in: *B. Halpern / J. D. Levenson* (Ed.), Traditions in Transformation: Turning Points in Biblical Faith (FS F. M. Cross) Winona Lake/Ind. 1981, 143-166; *ders.,* The Paronomasia of Solomon's Seventh Petition, Hebrew Annual Review 6 (1982) 131-135.

49 Von *Veijola,* a.a.O. 151ff als spätdtr eingestuft, zur Datierungsproblematik s.u. Anm. 79.

Thronens/Wohnens (מְכוֹן שִׁבְתְּךָ)« (V. 39.43.49[50], vgl. מְקוֹם שִׁבְתְּךָ V. 30[51])[52]. Damit hat der spätdeuteronomistische Redaktor nicht nur die Wohn- und Thronvorstellung des alten Tempelweihspruchs korrigiert, sondern auch die deuteronomische Theologie vom Wohnen-Lassen/ Deponieren des »Namens« an der von Jahwe erwählten Stätte entscheidend modifiziert: das (zerstörte) Heiligtum ist in erster Linie Gebetsstätte, an der der Name Jahwes anwesend ist; Jahwe selbst aber ist nicht an den Tempel gebunden, sondern er »thront/wohnt« (יֹשֵׁב) im Himmel und erhört von dort die Gebete seines »Knechtes« Salomo und seines Volkes Israel, z.B.:

»(46) Wenn sie sich gegen dich verfehlen ⸢ ⸣ und du ihnen zürnst und sie dem Feinde preisgibst, so daß ihre Häscher sie gefangen wegführen in das Land des Feindes, es sei fern oder nah, (47) und sie es sich zu Herzen nehmen im Land, da sie gefangen sind, und umkehren und zu dir flehen im Land ihrer ›Gefangenschaft‹, indem sie sprechen: Wir haben uns verfehlt, wir haben gesündigt, wir haben Unrecht getan, (48) und umkehren zu dir von ganzem Herzen und von ganzer Seele in dem Land ihrer ›Häscher‹, die sie gefangen weggeführt haben, und sie zu dir beten in Richtung ihres Landes, das du ihren Vätern gegeben hast, der Stadt, die du erwählt hast, und des Hauses, das ich deinem Namen (לִשְׁמֶךָ) gebaut habe: (49) so mögest du im Himmel, der Stätte, da du wohnst (הַשָּׁמַיִם מְכוֹן שִׁבְתְּךָ), ihr Gebet und ihr Flehen hören und ihre gerechte Sache führen[53] (50) und ›ihre Verfehlungen‹ vergeben, die sie gegen dich begangen haben, und alle ihre Auflehnungen, mit denen sie sich gegen dich erhoben haben, und sie Er-

50 Vgl. 2Chr 6,30.33.39.

51 Vgl. 2Chr 6,21.

52 Die Aussage, daß Jahwe im Himmel »thront/wohnt«, findet sich in exilisch-nachexilischen Texten häufiger, s. die Zusammenstellung bei *Metzger,* Wohnstatt 151ff, vgl. *ders.,* Thron (s.o. Anm. 32) 295f und *Görg,* Gott-König-Reden 1026f. In diesen Traditionszusammenhang gehört u.E. auch die שָׁכַן (+ Subj. יְהוָה)-Formulierung Jes 33,5 (innerhalb der spätexilischen prophetischen Liturgie Jes 33*): »Jahwe ist erhaben, denn in der Höhe wohnt er (כִּי שֹׁכֵן מָרוֹם), er hat Zion mit Recht und Gerechtigkeit erfüllt«; zur Datierung und Deutung s. außer *H. Wildberger,* Jesaja. 3. Teilband (BK X/3), Neukirchen-Vluyn 1982, 1287f.1289f bes. *H. Barth,* Die Jesaja-Worte in der Josiazeit. Israel und Assur als Thema einer produktiven Neuinterpretation der Jesajaüberlieferung (WMANT 48), Neukirchen-Vluyn 1977, 46f.47f.287f und *O. H. Steck,* Bereitete Heimkehr. Jesaja 35 als redaktionelle Brücke zwischen dem Ersten und dem Zweiten Jesaja (SBS 121), Stuttgart 1985, 55ff, ferner *Mettinger,* Dethronement 107f und mit anderer Nuancierung – d.h.: Authentizität und Vergleich von V. 5aβ mit der שָׁכַן-Formulierung Jes 8,18 (s. dazu o. Anm. 34) – *J. J. M. Roberts,* Isaiah 33: An Isaianic Elaboration of the Zion Tradition, in: The Word of the Lord shall go forth (FS D. N. Freedman), ed. *C. L. Meyers – M. O'Connor,* Winona Lake/Ind. 1983, 15-25, hier 20f. Zur Beibehaltung von V. 5aβ MT s. *Wildberger,* a.a.O. 1284 z.St. und *Roberts,* a.a.O. 18 z.St.

53 Übersetzung und Deutung der Wendung עָשָׂה + מִשְׁפָּט (V. 49, vgl. V. 45.59) hängen mit der Frage zusammen, ob V. 46ff eine Zukunftserwartung enthält. Zur Interpretation *M. Noths* (Könige. 1. Teilband [BK IX/1], Neukirchen-Vluyn ²1983, 189: »Die erbetene Erhörung [49a] richtet sich auf ›Führung der Rechtssache‹ [49b wie 45b] und auf ›Verzeihung‹ [50a], was sich darin auswirken möge, daß die Sieger ›Erbarmen‹ mit den Deportierten haben [50b]. Von einer Rückführung der Deportierten ist nicht die Rede«, vgl. *Würthwein,* ATD XI/1, 100) s. den kritischen Einwand von *K. Koch,* Das Profetenschweigen des deuteronomistischen Geschichtswerks, in: Die Botschaft und die Boten (FS H. W. Wolff), hg. von *J. Jeremias – L. Perlitt,* Neukirchen-Vluyn 1981, 115-128, hier 126 Anm. 32, vgl. auch *Braulik,* Weisheit (s.o. Anm. 9) 183 Anm. 113; *Schmidt,* Deuteronomistisches Geschichtswerk (s.o. Anm. 45) 113 und die folgende Anm.

barmen finden lassen bei ihren Häschern, daß sie sich ihrer erbarmen. (51) Denn dein Volk und dein Erbteil sind sie, das du herausgeführt hast aus Ägypten, mitten aus dem Eisenschmelzofen!« (1Kön 8,46–51)[54].

Auch wenn der Tempel in Trümmern lag, blieb die Existenz und Wirksamkeit Gottes unangetastet, da er im Himmel »thront/wohnt« und von dorther die Gebete seines Volkes erhört – die große Bedeutung, die diese spätdeuteronomistische *Theologie der Gegenwart des Gottesnamens* für die Exilszeit besaß, liegt auf der Hand. Dennoch ist nicht zu übersehen, daß sie neue Probleme barg. Man kann sich das im Vergleich mit der deuteronomischen Konzeption verdeutlichen: Wie im Deuteronomium ist der Tempel auch hier die Stätte, an der der Jahwename kultisch proklamiert wird und an der Israel diesen Namen im Gebet anrufen kann[55]. Abweichend vom Deuteronomium und seiner Zentralisationsformel schließt der deuteronomistische Tempelweihbericht 1Kön 8,14–66 aber »Jahwes Anwesenheit im Tempel selbst aus; die Präsenz seines Namens impliziert nicht die Jahwes«[56]: Jahwe ist zwar unverfügbar, aber auch unnahbar, weil in die Transzendenz gerückt[57]. Diese Differenz zwischen der wirksamen Präsenz des Jahwenamens auf Erden/im irdischen Heiligtum und dem Wohnen Gottes im Himmel war ein Ergebnis theologischer Reflexion, die – unter den Existenzbedingungen des Exils – eine angemessene Antwort auf die Frage nach der *Unverfügbarkeit und Freiheit Gottes* suchte. Da sie aber nicht der »religiöse(n) Erfahrungskategorie der göttlichen Nähe«[58] entsprach, konnte sie für die Exilsgeneration nur eine Teilantwort sein.

Der spätdeuteronomistische Redaktor ist dabei, wie die das Mittelstück V. 31–51* rahmenden V. 29–30 + 52–53.59–60[59] des Tempelweihbe-

54 Übersetzung *Würthwein*, a.a.O. 93f. Wahrscheinlich hat nach diesem Text, der »hellsichtig auf die Situation in der babylonischen Gefangenschaft vorausblickt« (*Koch*, ebd.), die Umkehr zu Jahwe die Rückkehr Israels ins Land zur Folge. Diese Deutung hängt – außer von V. 49b (s. die vorherige Anm.) – allerdings wesentlich vom Verständnis von V. 50b ab, der nach *Noth* (ebd.), *Würthwein* (ebd.), *Steck* (Israel [s.o. Anm. 10] 140) u.a. lediglich auf gute Behandlung der Exulanten zielt, s. dagegen aber *Koch*, ebd.; *Schmidt*, ebd. und die differenzierende Argumentation bei *J. D. Levenson*, The Last Four Verses in Kings, JBL 103 (1984) 353–361, hier 359ff.

55 Die deuteronomistischen Formeln setzen »eine ›Theologie des Namens‹ voraus. Aber wenn der Tempel ein Ort ist ›für den Namen‹, so bedeutet das nicht: ›nur für den Namen‹, jedoch nicht für Jahwe selber; es soll also nicht etwa die Bedeutung des Tempels eingeschränkt werden. Vielmehr ist die Intention gerade die, angesichts der selbstverständlich anerkannten Transzendenz Gottes dem Tempel seine Bedeutung als Ort der wirksamen Gegenwart Jahwes zu wahren« (*Würthwein*, a.a.O. 103).

56 *Weippert*, Ort (s.o. Anm. 5) 85.

57 Vgl. *Metzger*, Wohnstatt 150f.158 und *Braulik*, Weisheit 182.

58 *Braulik*, ebd., vgl. *ders.*, Spuren (s.o. Anm. 48) 31.

59 S. dazu *ders.*, Spuren 20ff; *ders.*, Weisheit 182ff und jetzt v.a. *Veijola*, Verheißung 151ff, der V. 29–30 + V. 52–53.59–60 der spätdtr Schicht »DtrN²« zuordnet, die »in den letzten Jahren vor dem Exilsende« (153) anzusetzen sei, vgl. auch *Würthwein*, ATD XI/1, 95f.

richts zeigen, nicht stehengeblieben[60]. Besonders V. 52f.59f sprechen nicht mehr von der Differenz zwischen dem Wohnen Jahwes im Himmel und der Präsenz seines Namens auf Erden, sondern von der uneingeschränkten, jederzeit und überall möglichen *Nähe des Gebetes zu Gott* und der direkten Rechtshilfe Jahwes für den Beter:

> »(59) Mögen diese meine Worte, mit denen ich vor Jahwe flehe, Jahwe, unserem Gott, nahe sein (קְרֹבִים) bei Tag und bei Nacht, daß er die gerechte Sache[61] seines Knechtes und die gerechte Sache seines Volkes Israel führe, wie es jeweils der Tag erfordert, (60) damit alle Völker der Erde erkennen, daß er, Jahwe, Gott ist, keiner sonst« (1Kön 8,59f).

Damit wird in spätexilischer Zeit[62] unter dem Begriff der »Nähe« - der Nähe des Beters zu Gott und der Nähe Gottes zum Beter - ein Anliegen aufgegriffen, das innerhalb des Tempelweihberichts bereits der Abschlußsegen V. 54a.55-58.61 anvisiert, selbst aber als Bitte um das *Mitsein Jahwes* formuliert hatte:

> »(57) Jahwe, unser Gott, sei mit uns (עִמָּנוּ), wie er mit unseren Vätern (עִם־אֲבֹתֵינוּ) gewesen ist; er möge uns nicht verlassen (עָזַב) und nicht aufgeben (נָטַשׁ), (58) daß er unser Herz zu sich lenke, so daß wir wandeln auf allen seinen Wegen und halten alle seine Befehle, Satzungen und Rechtsordnungen, die er unseren Vätern befohlen hat« (1Kön 8,57f).

Die in 1Kön 8,52f.59f formulierte Theologie der Gottesnähe ist nicht ohne Parallelen im übrigen spätdeuteronomistischen Schrifttum. Auf entsprechende Berührungen insbesondere mit Dtn 4,7 (innerhalb von Dtn 4,1-40) hat vor allem G. Braulik[63] aufmerksam gemacht. Während 1Kön 8,59f von der Nähe der Gebetsworte Salomos zu Jahwe spricht, be-

60 Die Vorstellung vom Wohnen Jahwes (auf Erden und) im Himmel wird auch in 1Kön 8,27 relativiert: »Ja, wohnt (יָשַׁב) Gott wirklich auf Erden? Siehe, der Himmel und der Himmel der Himmel können dich nicht fassen, wieviel weniger dieses Haus, das ich gebaut habe« (vgl. 2Chr 6,18), s. dazu *Noth*, BK IX/1, 184f; *Metzger*, Wohnstatt 153.155; *Weippert*, Ort 84f; *E. H. Maly*, »... The Highest Heavens cannot contain You ...« (2Kgs 8,27): Immanence and Transcendence in the Deuteronomist, in: Standing before God. Studies on Prayer in Scriptures and in Tradition with Essays (FS J. M. Oesterreicher), ed. *A. Finkel - L. Frizzell*, New York 1981, 23-30 und *J. D. Levenson*, The Temple and the World, JR 64 (1984) 275-298, hier 289 und *J. C. Greenfield*, Baʿal's Throne and Isa. 6:1, in: Mélanges bibliques et orientaux en l'honneur de M. *Mathias Delcor* (AOAT 215), Kevelaer/Neukirchen-Vluyn 1985, 193-198, hier 198.

61 Zum Verständnis von מִשְׁפָּט s.o. Anm. 53.

62 Zur Datierung von 1Kön 8,59f DtrN s.u. Anm. 79.

63 Spuren 26ff; vgl. *ders.*, Weisheit 182ff; *ders.*, Gesetz als Evangelium. Rechtfertigung und Begnadigung nach der deuteronomischen Tora, ZThK 79 (1982) 127-160, hier 152ff; *ders.*, Das Deuteronomium und die Geburt des Monotheismus, in: *E. Haag* (Hg.), Gott, der einzige. Zur Entstehung des Monotheismus in Israel (QD 104), Freiburg/Basel/Wien 1985, 115-159, hier 138ff; *ders.*, NEB.AT XV (s.o. Anm. 36) 40f, ferner *Veijola*, Verheißung 153 mit Anm. 50; *Würthwein*, ATD XI/1, 95f; *Levenson*, Temple (s.o. Anm. 48) 160ff und zur literarischen Problematik von Dtn 4 jetzt *D. Knapp*, Deuteronomium 4. Literarische Analyse und theologische Interpretation (GTA 35), Göttingen 1987.

zeichnet Dtn 4,7 Jahwe als einen Gott, der seinem Volk Israel bei all seinem Rufen zu ihm »nahe«[64] ist:

> »(6aβγ.b) Denn dies ist eure Weisheit und eure Einsicht in den Augen der Völker, die alle diese Gesetze hören und dann sagen werden: ›In der Tat, ein weises und einsichtiges Volk ist diese große Nation‹. (7) Denn welche große Nation (gibt es), die einen Gott (hätte), (so) nahe zu ihr (אֱלֹהִים קְרֹבִים אֵלָיו) wie Jahwe, unser Gott, bei all unserem Rufen zu ihm?« (Dtn 4,6f).

Räumliche Kategorien (Wohnen Jahwes bzw. seines Namens auf Erden/im Himmel), über die in 1Kön 8,46ff[65] noch reflektiert wird, fehlen hier; auch vom Tempel ist keine Rede: »Israel zeichnet sich aus durch seine Weisheit und seine Gottesnähe. Die Weisheit besaß es in seinem König Salomo, die Gottesnähe in dem von ihm erbauten Tempel. Hier setzt nun die reinterpretierende Korrektur der Exilszeit ein. Die Weisheit besitzt Israel immer, auch wenn es keinen Salomo mehr hat, in seinem Gesetz, und Gott ist seinem Volk nahe, wann und wo immer es zu ihm ruft, auch wenn kein Tempel mehr besteht. Die Zerstörung des Tempels bot die Gelegenheit, alles Verwirrende abzustreifen und die unmittelbare Nähe Gottes zu bekennen, der sein Volk hört, sobald es zu ihm fleht«[66].

3. *Jahwes Wohnen »inmitten der Israeliten« - 1Kön 6,11-13*

Wir müssen hier kurz innehalten, um zu fragen, wie sich diese spätdeuteronomistische Vorstellung von der Nähe und dem Mitsein Jahwes zur Grundintention der deuteronomistischen Geschichtstheologie verhält. Denn als nach der Katastrophe von 587 v.Chr. »die Heilsgeschichte über Israel stillstand«[67] und die quälende Frage nach den Gründen für die Krise Israels aufbrach, drängte sich den Verfassern des deuteronomistischen Geschichtswerks[68] die Erkenntnis auf: »Israel hat allein durch seine eigene Schuld sein Heil verwirkt. Jahwes Urteil in der Geschichte war gerecht«[69], ja mehr noch: In dem göttlichen Gericht, das sich für sie im Fall Jerusalems vollzog, sahen die deuteronomistischen Historiographen »offenbar etwas Endgültiges und Abschließendes«, das für »eine Zukunftshoffnung nicht einmal in der bescheidensten und einfachsten Form einer Erwartung der künftigen Sammlung der zerstreuten Deportierten«[70] Raum ließ. Das gegenwärtige Israel hatte nach dieser Geschichtstheolo-

64 Weitere in diesem Zusammenhang interessierende קָרַב/קָרוֹב/*קִרְבָה-Belege (jeweils mit יְהוָה als grammatischem/logischem Subjekt) werden bei *Braulik*, Weisheit 184f genannt, vgl. zur Sache auch *J. Kühlewein*, Art. קרב, THAT II (^{2}1979) 674-681, hier 680f; *W.R. Mayer*, »Ich rufe dich von ferne, höre mich von nahe!«. Zu einer babylonischen Gebetsformel, in: Werden und Wirken des Alten Testaments (FS C. Westermann), hg. v. *R. Albertz - H.-P. Müller - H.W. Wolff - W. Zimmerli*, Göttingen/Neukirchen-Vluyn 1980, 302-317, hier 316 mit Anm. 78; *W. Herrmann*, Jeremia 23,23f als Zeugnis der Gotteserfahrung im babylonischen Zeitalter, BZ 27 (1983) 155-166, hier 165 mit Anm. 88 und *Knapp*, a.a.O. 66 mit Anm. 363.

65 S. dazu o. S. 177f.

66 *Braulik*, Spuren 32f.

67 *G. von Rad*, Theologie des Alten Testaments, Bd. I: Die Theologie der geschichtlichen Überlieferungen Israels, München ^{6}1969, 354.

68 S. dazu die o. Anm. 45 angegebene Lit.

69 *Von Rad*, Theologie I 354.

70 *M. Noth*, Überlieferungsgeschichtliche Studien. Die sammelnden und bearbeitenden Geschichtswerke im Alten Testament, Darmstadt ^{3}1967, 108, vgl. 109. Die Auffassung Noths ist allerdings nicht unwidersprochen geblieben, s. dazu u. Anm. 77.

gie jenes Gottesgericht als Folge seines Ungehorsams zu tragen und Jahwe in einer Art »Gerichtsdoxologie«[71] recht zu geben[72]. Die Totalität dieses Gerichtsgedankens läßt sich etwa anhand der Jahwerede Dtn 31,16-22 (DtrN)[73] verdeutlichen, wonach das Israel des Moabeides[74] Jahwe verlassen (עָזַב) und den mit ihm geschlossenen Bund brechen wird (פרר hif., V. 16). Die in V. 17f angekündigte Reaktion Jahwes beschwört für Israel das Gericht der Gottesferne und damit die brennende Frage nach dem ›Gott inmitten seines Volkes‹ herauf:

> »(17) An jenem Tag wird mein Zorn gegen es entbrennen und ich werde sie verlassen (עָזַב) und mein Angesicht vor ihnen verbergen (סתר hif.), daß sie verzehrt werden, und viele Leiden und Bedrängnisse werden es treffen. An jenem Tag wird es sagen: ›Haben mich diese Leiden nicht getroffen, weil mein Gott nicht (mehr) in meiner Mitte ist (אֵין אֱלֹהַי בְּקִרְבִּי)?‹. (18) Aber an jenem Tag werde ich mein Angesicht ganz verbergen (סתר hif.) wegen all des Bösen, das es getan hat, (dadurch) daß es sich anderen Göttern zugewandt hat« (Dtn 31,17f)[75].

71 Vgl. *von Rad*, Theologie I 355: »Es geht Dtr also um jenes ›Auf daß du recht behaltest in deinem Spruch‹ (Ps. 51,6); sein Werk ist eine große, aus dem Kultischen ins Literarische transponierte ›Gerichtsdoxologie‹«, s. zu dieser Charakterisierung jetzt *Veijola*, Verheißung 206f.

72 Diese Position von DtrG »tritt in einer charakteristisch-lehrhaft-stereotypen Phraseologie und im Gehalt in einem bezeichnenden Geschichtsbild in Erscheinung, das die Lage aus der Sündengeschichte Israels versteht, Gegenwart als Andauer von Schuld und Gericht begreifen lehrt und schließlich Umkehr und Gehorsam gegenüber dem deuteronomischen Gesetz als Israel gewiesenen Weg auftut, bis Gott wieder zum Segen handelt. Bußgebete und Predigt sind die Erscheinungen ihrer öffentlichen Tätigkeit, Ausbildung eigener (deuteronomistisches Geschichtswerk) und produktive Rezeption vorgefundener Überlieferung (Jeremia, Amos, vielleicht auch das jehowistische Werk) sind Ausdruck der geistigen Vergewisserung dieser Strömung« (*Steck*, Strömungen [s.o. Anm. 10] 310). Vgl. ausführlicher *ders.*, Israel [s.o. Anm. 10] 110ff.137ff.184ff.196ff.

73 Zusammen mit Dtn 31,28-30 (DtrN) verklammert Dtn 31,16-22 das ursprünglich selbständig überlieferte Moselied Dtn 32,1-43 (samt dem Rahmenstück V. 44.45-47) mit der Zeremonie des Moabeides Dtn 28,69 (Überschrift) + 29,1-30,20, vgl. *G. Braulik*, Testament des Mose. Das Buch Deuteronomium (SKK.AT 4), Stuttgart 1976, 10.71ff.75ff; *Preuß*, Deuteronomium (s.o. Anm. 36) 157ff.

74 Zum »Moabbund« s. zuletzt *A. Cholewiński*, Zur theologischen Deutung des Moabbundes, Bib. 66 (1985) 96-111 und *A. Rofé*, The Covenant in the Land of Moab (Dt 28,69-30,20): Historico-literary, Comparative, and Formcritical Considerations, in: *N. Lohfink* (Hg.), Das Deuteronomium. Entstehung, Gestalt und Botschaft (BEThL 68), Leuven 1985, 310-320, jeweils mit der älteren Lit.

75 Zu diesem zentralen Text s. etwa *Steck*, Israel 198f und *ders.*, Zu Haggai 1,2-11, ZAW 83 (1971) 355-379, hier 374f mit Anm. 59. Daß Jahwe »in der Mitte (בְּקֶרֶב) Israels« weilt, ist ein Ausdruck der Erwählungstheologie (s. bereits Hos 11,9, ferner Dtn 6,15; 7,21 u.a.), der nach Ex 17,7bβ R^P im Bewußtsein der Wüstengeneration allerdings an Deutlichkeit einzubüßen begann: »Ist Jahwe in unserer Mitte (בְּקִרְבֵּנוּ) oder nicht?« (vgl. auch in bezug auf den vergeblichen Versuch der Landnahme Dtn 1,42 DtrH). »Nach Ex 17,7 stellten die Israeliten . . . in Massa und Meriba Jahwe dadurch auf die Probe, daß sie fragten: ›Ist der Herr in unserer Mitte oder nicht?‹ Ihre Sünde bestand also darin, trotz der Exoduserfahrung die wirkmächtige Präsenz Jahwes inmitten Israels in Zweifel zu ziehen« (*G. Braulik*, Gottes Ruhe - Das Land oder der Tempel? Zu Psalm 95,11, in: *E. Haag* - *F.L. Hossfeld* [Hg.], Freude an der Weisung des Herrn. Beiträge zur Theologie der Psalmen [SBB 13 ⟨FS H. Groß⟩], Stuttgart 1986, 33-44, hier 43). Der Vermutung, daß die Frage von Ex 17,7 »*das* große Thema der Pentateuchredaktion überhaupt« ist (*E. Zenger*, Israel am Sinai. Analysen und Interpretationen zu Exodus 17-34, Altenberge ^{2}1985, 67 [Hervorhebung im Original], vgl. *ders.*, Exodus [s.o. Anm. 47] 179f.301), wird an anderer Stelle nachzugehen sein, s.o. Anm. *.

War in einer solchen ›Theologie der Verborgenheit Gottes‹[76] für eine Hoffnung auf Jahwes erneute Zuwendung zu Israel, auf seine ›Rückkehr zum Zion‹ überhaupt Platz? Die ausdrückliche Eröffnung von Zukunft scheint in der Tat noch nicht die Sache des Erstredaktors DtrH[77] und seiner »Ätiologie des Nullpunktes«[78], sondern erst die der nomistischen Bearbeitungsstufe des deuteronomistischen Geschichtswerks (DtrN) gewesen zu sein. Zu dieser spätdeuteronomistischen, möglicherweise in den letzten Jahren vor dem Exilsende entstandenen Bearbeitungsschicht[79] gehören neben Dtn 4,1–40[80] oder Dtn 30,1–10[81] auch die oben zitierten Passagen des salomonischen Tempelweihgebets mit ihrer neuen *Theologie der Gottesnähe,* deren innerster – das Gerichtswort von Dtn 31, 17f (DtrN) kontrapunktierender – Wunsch für die Zukunft Israels es ist, daß »Jahwe, unser Gott, mit uns sei (עִמָּנוּ), wie er mit unseren Vätern

76 Zur Verwendung von זָנַח »verstoßen«/ מָאַס »verwerfen«/ נָטַשׁ »aufgeben, sich nichtmehr kümmern um«/ הִסְתִּיר פָּנָיו »sein Angesicht verbergen«/ עָזַב »verlassen« (+ Subj. יְהוָה) in der Exilszeit s. *Perlitt,* Verborgenheit (s.o. Anm. 7) 379 und bes. *Veijola,* Verheißung 238f (Reg. s.vv.); *ders.,* Klagegebet (s.o. Anm. 7) 298 mit Anm. 50 und die entsprechenden Artt. in ThWAT, vgl. auch o. S. 166 zu Ps 74,1–2; Klgl 5,20–22 und im folgenden 1Kön 8,57.

77 Es ist allerdings die Frage, ob der in DtrH ausformulierte Rückblick auf die Vergangenheit mit seiner »rückhaltlose(n) Anerkennung der Unwiderruflichkeit und der Gerechtigkeit des Gerichts« (*W. Dietrich,* Prophetie und Geschichte. Eine redaktionsgeschichtliche Untersuchung zum deuteronomistischen Geschichtswerk [FRLANT 108], Göttingen 1972, 141) nicht schon im Ansatz eine Hinwendung zu Jahwe und d.h. *implizit* die Eröffnung positiver Möglichkeiten enthält, vgl. *Dietrich,* a.a.O. 141f; *Smend,* Entstehung (s.o. Anm. 45) 123f und bes. *Veijola,* a.a.O. 206f: »Die eigentliche Intention des Werkes läßt sich . . . nicht allein als ›Ätiologie des Nullpunkts‹ beschreiben; denn der Rückblick auf die Vergangenheit hat – wenigstens in den Klageliedern – als konkretes Ziel, durch Einwirkung auf Jahwe das Unglück abzuwenden. Wahrscheinlich will das DtrG durch Beschreibung von vielen kleinen Katastrophen zeigen, wie es zu der einen großen Katastrophe der Gegenwart gekommen ist, aber es will zugleich nach der gleichen Methode belehren, wie der Ausweg aus ihr zu finden sei« (207); zur Sache s. zusammenfassend auch *Preuß,* Deuteronomium (s.o. Anm. 36) 23ff; *Schmidt,* Deuteronomistisches Geschichtswerk (s.o. Anm. 45) 110ff und *Kaiser,* a.a.O. (s.o. Anm. 45) 175.

78 *Dietrich,* a.a.O. 141, einschränkend dazu *Veijola,* a.a.O. 207 (s. die vorherige Anm.).

79 Vgl. *Smend,* Entstehung 123ff; *Veijola,* a.a.O. 153.190ff; *Kaiser,* Einleitung 176f und *Würthwein,* ATD XI/2 (s.o. Anm. 45) 498ff.503. Zu beachten ist allerdings, daß auch DtrN »nicht einheitlich zu sein (scheint); mindestens wurden in ihrem ›nomistischen‹ Stil noch weiter Zusätze gemacht« (*Smend,* a.a.O. 123, vgl. 115). Eine Frühdatierung (»um 560«) hatte *Dietrich* (a.a.O. 143) vertreten, eine Spätdatierung (»Beginn der persischen Epoche«) verficht demgegenüber neuerdings *Chr. Levin,* Joschija im deuteronomistischen Geschichtswerk, ZAW 96 (1984) 351–371, hier 354 Anm. 11.

80 S. dazu die o. Anm. 63 genannten Arbeiten von *G. Braulik,* vgl. *ders.,* Literarkritik und archäologische Stratigraphie. Zu S. Mittmanns Analyse von Deuteronomium 4,1–40, Bib. 59 (1978) 351–383; *ders.,* Die Mittel deuteronomischer Rhetorik, erhoben aus Deuteronomium 4,1–40 (AnBib 68), Rom 1978, ferner *Preuß,* Deuteronomium 84ff und – mit teilweise anderen Hypothesen bzw. Ergebnissen – *Chr. Dohmen,* Das Bilderverbot. Seine Entstehung und seine Entwicklung im Alten Testament (BBB 62), Königstein, Ts. / Bonn 1985, 200ff.

81 S. dazu den Forschungsüberblick bei *Preuß,* a.a.O. 160f, ferner zuletzt *G. Vanoni,* Der Geist und der Buchstabe. Überlegungen zum Verhältnis der Testamente und Beobachtungen zu Dtn 30,1–10, BN 14 (1981) 65–98; *Braulik,* Gesetz (s.o. Anm. 63: Gesetz) 155ff und *N. Mendecki,* Dtn 30,3–4 – nachexilisch?, BZ 29 (1985) 267–271.

(עִם־אֲבֹתֵינוּ) gewesen ist, und uns nicht verlasse (עָזַב) und nicht aufgebe (נָטַשׁ)« (1Kön 8,57f)[82].

Dies ist nun dieselbe Hoffnung, die der spätdeuteronomistische Redaktor DtrN auch in 1Kön 6,11–13[83], einem als Jahwewort stilisierten Einschub in den vordeuteronomistischen Tempelbaubericht 1Kön 6*, zum Ausdruck gebracht und dort in die Zusage vom Wohnen Jahwes »inmitten der Israeliten« gekleidet hat. Entsprechend dem Grundansatz deuteronomistischer Theologie hat diese Zusage 1Kön 6,12f die Struktur einer *bedingten Verheißung,* ist also an den ungeteilten Gehorsam Israels gegenüber dem Rechtswillen Jahwes gebunden, wie er im deuteronomischen Gesetz (Dtn 5–28*) verbindlich formuliert ist:

12aα »(Was) dieses Haus (betrifft), das du (sc. Salomo) gerade baust:
aβ Wenn du in meinen Satzungen wandelst und meine Rechtsbestimmungen befolgst und alle meine Befehle hältst, indem du in ihnen wandelst,
12b.13 dann will ich mein Wort an dir verwirklichen, das ich zu deinem Vater David gesprochen habe, und will inmitten der Israeliten (בְּתוֹךְ בְּנֵי יִשְׂרָאֵל) wohnen (שָׁכַן) und mein Volk Israel nicht verlassen (עָזַב)« (1Kön 6,12f).

»Was dieses Haus betrifft, das du gerade baust« – wie in Ez 43,7.9[84] begegnet auch in 1Kön 6,13 die Verheißung vom *Wohnen Jahwes »inmitten der Israeliten«* in einem Kontext, der auf den *zukünftigen Tempel* bezogen ist. Welche Folgerungen ergeben sich daraus für die Grundintention der exilischen *Schekina*-Theologie[85]?

82 Vgl. oben S. 179. Nach *Veijola,* Klagegebet 298f stammt 1Kön 8,57 von demselben Verfasser (DtrN) wie Ri 6,13: »Was in 1Reg. VIII 57 als Bittgebet im Blick auf die Zukunft ausgesprochen wird, erscheint in Ri. VI 13 als eingetroffene Wirklichkeit, freilich übertragen in eine weit zurückliegende Vergangenheit, die jedoch den Lesern die eigene exilische Situation transparent machen soll«.

83 S. dazu *Würthwein,* ATD XI/1 (s.o. Anm. 40) 65; *Veijola,* Verheißung 149f.155f. 209 und *Weippert,* Ort (s.o. Anm. 5) 84. Bei seiner Zuweisung differenziert *Würthwein* zwischen »DtrN« und »spätdtr«: »Die Verse 11–13 . . . sind Zusatz (V. 11–12 von DtrN, V. 13 spätdtr)« (ebd.).

84 S. dazu o. S. 168ff.

85 Wenn auch eine sachliche Nähe von 1Kön 6,11–13 zur Tempelrede Jeremias Jer 7,1–15 (vgl. 26,1–19), die im wesentlichen ein Produkt dtr Tätigkeit ist (»Jer-D«-Schicht), auf der Hand liegt (vgl. etwa *Würthwein,* ATD XI/1, 65), so ist doch zu beachten, daß 1Kön 6,13a sich von den שָׁכַן-Formulierungen in Jer 7,3b.7a (jeweils MT!) unterscheidet: וְשִׁכַּנְתִּי/וַאֲשַׁכְּנָה אֶתְכֶם בַּמָּקוֹם הַזֶּה »ich will euch an diesem Ort wohnen lassen« (V. 3b)/ אֶתְכֶם בַּמָּקוֹם הַזֶּה בָּאָרֶץ אֲשֶׁר נָתַתִּי לַאֲבוֹתֵיכֶם »ich will euch wohnen lassen an diesem Ort, in dem Lande, das ich euren Vätern gegeben habe« (V. 7a). Beide Verheißungen haben nicht das ›Wohnen Jahwes inmitten der Israeliten‹, sondern den Besitz des Landes – הַמָּקוֹם הַזֶּה = Jerusalem als pars pro toto für das Land – im Blick. Dafür spricht nicht nur die masoretische Punktation von שכן als Piʿel, sondern auch »das Nebeneinander von במקום הזה und בארץ in 7, wenn man das letztere Wort nicht geradezu epexegetisch auffassen will. Jedenfalls ist nicht der Tempel gemeint, der in diesem Abschnitt (הביה (הזה oder allenfalls מקומי (12) genannt wird. In V. 14 wird klar zwischen dem Tempel (הבית) und der Stadt (המקום) differenziert« (*W. Thiel,* Die deuteronomistische Redaktion von Jeremia 1–25 [WMANT 41], Neukirchen-Vluyn 1973, 109, vgl. 224), vgl. *H. Weippert,* Die Prosareden des Jeremiabuches (BZAW 132), Berlin / New York 1973, 27 Anm. 4; 35; *dies.,* Ort 78 Anm. 6; *Mettinger,* Dethronement (s.o. Anm. 20) 65 Anm. 103; *J. Gamberoni,* Art. מָקוֹם, ThWAT IV (1984) 1113–1125, hier 1123 und *W. L. Holladay,* Jeremiah 1. A Commentary on the Book of the Prophet Jeremiah Chapters 1–25 (Hermeneia), Philadelphia/PA 1986, 235.236 (jeweils Anm. z.St.).236ff (der in V. 3b allerdings וְאֶשְׁכְּנָה אִתְּכֶם »ich will bei euch wohnen« liest). Demgegenüber schließt das Silo-Wort Jer 7,12 (vgl. 26,6) direkt an den dtn

Bevor wir uns dieser Frage zuwenden, ist noch ein Blick auf die thematisch verwandten Aussagen der Priesterschrift zu werfen. Denn einen Einfluß priesterlicher Terminologie auf die spätdeuteronomistische Sprache anzunehmen, scheint durchaus möglich[86], wenn man etwa 1Kön 6,13a mit den priesterschriftlichen שָׁכַן-Formulierungen vergleicht. Dabei fällt auf, daß die priesterliche Grundschrift (Pg) sich in ihrer Verwendung von שָׁכַן + Subj. עָנָן/כְּבוֹד יְהוָה/יְהוָה auf wenige, theologisch aber zentrale Texte beschränkt hat: Ex 24,16 (Subjekt כְּבוֹד יְהוָה), Ex 25,8 und Ex 29,45f (Subjekt jeweils יְהוָה) und Ex 40,35 (Subjekt: der den כְּבוֹד יְהוָה schützend umhüllende עָנָן)[87]. Wichtig für deren Verständnis ist die Beachtung ihres jeweiligen Ortes im Gesamtaufriß der priesterschriftlichen Sinaigeschichte (Ex 19,1–40,35* Pg)[88]. Während die שָׁכַן-Aussagen Ex 24,16 und Ex 40,35 jeweils in den Rahmenstücken Ex 19,1 + 24,15b–18aα (Gegenwart der Jahweherrlichkeit auf dem Sinai) und Ex 40,17 + 40,34f (Gegenwart der Jahweherrlichkeit auf dem Begegnungszelt) begegnen, gehören Ex 25,8 und Ex 29,45f zum Mittelstück (Ex 25,1–39,43*: Heiligtumsbau) der priesterschriftlichen Sinaigeschichte. Hier wiederum bildet die Jahwerede Ex 29,43–46 den sachlichen Höhepunkt:

43a »Dort werde ich den Israeliten begegnen
b und ›mich als heilig erweisen‹ in meiner Herrlichkeit:
44a ich werde das Begegnungszelt und den Altar heiligen
b und Aaron und seine Söhne werde ich heiligen, daß sie mir als Priester dienen.
45a Und ich werde inmitten der Israeliten wohnen
b und ich werde ihnen Gott sein.
46aαβ Und sie werden erkennen, daß ich JHWH, ihr Gott, bin, der sie aus dem Land Ägypten herausgeführt hat,
aγ um in ihrer Mitte zu wohnen.
b Ich bin JHWH, ihr Gott«.

Gebrauch der infinitivisch ergänzten Zentralisationsformel an: Silo gilt als »mein Ort . . ., wo ich früher meinen Namen wohnen ließ« (מְקוֹמִי . . . אֲשֶׁר שִׁכַּנְתִּי שְׁמִי שָׁם בָּרִאשׁוֹנָה), vgl. dazu *Weippert*, a.a.O. 89 und *Mettinger*, a.a.O. 62ff.132. Die Vorstellung vom Wohnen Jahwes (nicht »inmitten der Israeliten«, sondern) »unter den Menschen« (בָּאָדָם) verbindet der dtr bzw. dtr geprägte Geschichtspsalm Ps 78 mit dem zerstörten Silo-Heiligtum: »Er (sc. Jahwe) zerschlug die Wohnstatt (מִשְׁכַּן) Silo, das Zelt (אֹהֶל), in dem er unter Menschen ›wohnte‹« (V. 60, l שָׁכַן mit LXX ϑ' ST, s. BHS App. z.St.), zum dtr Profil von Ps 78 s. *Veijola*, Verheißung 50 Anm. 1; »Gründe für vorexilische, ja sogar vordeuteronomische Herkunft« werden für Ps 78 bei *Lohfink*, Zentralisationsformel (s.o. Anm. 36) 320ff angedeutet.

86 Vgl. auch *Veijola*, Verheißung 150 Anm. 28, ferner *Mettinger*, a.a.O. 95f mit Anm. 64. Allerdings müßte diese Vermutung auf eine erheblich breitere Basis gestellt werden, s. dazu die vorläufigen Hinweise bei *Smend*, Entstehung 57.124 und *Preuß*, Deuteronomium 23. Einzelaspekte haben untersucht *G.Chr. Macholz*, Israel und das Land. Vorarbeiten zu einem Vergleich zwischen Priesterschrift und deuteronomistischem Geschichtswerk, Habil. masch. Heidelberg 1969 und *R.E. Friedman*, The Exile and Biblical Narrative. The Formation of the Deuteronomistic and Priestly Works, Chico/CA 1981 (s. dazu aber z.B. *H.D. Preuß*, BiOr 40 [1983] 714f).

87 Hinzukommen weitere Belege in den priesterschriftlichen Sekundärschichten, s. dazu im einzelnen *B. Janowski*, Sühne als Heilsgeschehen. Studien zur Sühnetheologie der Priesterschrift und zur Wurzel KPR im Alten Orient und im Alten Testament (WMANT 55), Neukirchen-Vluyn 1982, 308f mit Anm. 177; 320 Anm. 251.

88 S. dazu und zum thematischen Zusammenhang von Ex 29,45f mit Gen 17,7f und Ex 6,6f ausführlicher *Janowski*, a.a.O. 295ff.303ff.328ff.356f.

Diese Jahwerede stellt »eine pointierte Zusammenfassung der Gedanken von P über den Sinn des gesamten Heiligtums samt seiner Priesterschaft dar«[89]. Denn dieses Zeltheiligtum, dessen himmlisches »Modell, Urbild« (תַּבְנִית) Mose auf dem Sinai gezeigt wird (Ex 24,15b–18aα) und dessen Bauanweisungen Ex 26* detailliert entfaltet, ist nach P^g der irdische Ort, an dem Jahwe inmitten seines Volkes »wohnen« (Ex 25,8) oder – wie Ex 29,43–46 formuliert – an dem er den Israeliten »begegnen«, ihnen »sich offenbaren« will. Dabei führt in Ex 29,43–46 die thematische Linie vom נועד »begegnen, sich offenbaren« (V. 43) über das קָדַשׁ »heiligen« (V. 44) zu den שָׁכַן-Aussagen in V. 45a und V. 46aγ, denen im Verhältnis zu den zentralen Versen V. 45b und V. 46aαβ mit ihren formelhaften Wendungen (eingliedrige Bundesformel, Erkenntnisformel + Herausführungsformel) rahmende Funktion zukommt. Mit diesem Stilmittel der Rahmung hat die Priesterschrift erreicht, daß nicht das Wohnen Jahwes in Israel als solches, »sondern – und damit wird das Wohnen Jahwes auf seinen tiefsten Bedeutungsgehalt zurückgeführt – die Vorstellung von Jahwe als dem Gott Israels die eigentliche Sinnspitze von Ex 29,45f bildet«[90]. Schlägt man von dieser Sinnmitte der priesterschriftlichen Sinaigeschichte einen Bogen zu der die Sinaitheophanie abschließenden Darstellung in Ex 40,17.34f, so wird deutlich, daß mit dieser ›Besitzergreifung‹ des Heiligtums durch die Jahweherrlichkeit das auf dem Sinai begonnene Geschehen der Gott-Mensch-Begegnung (Ex 24,15b–18aα) zu seinem (vorläufigen) Abschluß kommt: Indem der כְּבוֹד יְהוָה seinen Erscheinungsort vom Sinai zum fertiggestellten Begegnungszelt (אֹהֶל מוֹעֵד) verlagert, repräsentiert dieses von nun an – gleichsam als der ›Sinai auf der Wanderung‹ – den Ort der Offenbarungsgegenwart Jahwes in Israel. »Die ›Wohnung Jahwes‹ ist für die Priesterschrift in erster Linie Begegnungsstätte jenes Gottes, der Israel im Exodus einen Raum der Freiheit und Freude eröffnet hat ... Damit bekommt ... auch der an diesem Heiligtum zu feiernde Kult eine andere und neue Dimension. Das Entscheidende des Sinaigeschehens ist für die Priesterschrift nicht der Gottesdienst (›Dienst Jahwes‹), wie am Sinai auch keine Gebote gegeben werden und keine Kultordnung erlassen wird. Im Zentrum steht für die Priesterschrift vielmehr die Feier eines Festes der Erlösten, an dem sich das am Sinai defini-

89 *K. Koch,* Die Priesterschrift von Exodus 25 bis Leviticus 16. Eine überlieferungsgeschichtliche und literarkritische Untersuchung (FRLANT 71), Göttingen 1959, 31.
90 *P. Weimar,* Untersuchungen zur priesterschriftlichen Exodusgeschichte (FzB 9), Würzburg 1973, 135, vgl. *ders.,* Die Meerwundererzählung. Eine redaktionskritische Analyse von Ex 13,17–14,31 (ÄAT 9), Wiesbaden 1985, 227f; *M. Görg,* Das Zelt der Begegnung. Untersuchung der sakralen Zelttraditionen Altisraels (BBB 27), Bonn 1967, 60; *ders.,* Art. יָעַד, ThWAT III (1982) 697–706, hier 706 und *Janowski,* Sühne 319f mit Anm. 251. Vgl. in diesem Zusammenhang auch die auf die Heiligtumstheologie der Priesterschrift bezogene Bemerkung von *Macholz:* »... nur der Kult ist ausschließlich an das Heiligtum gebunden; Jahwe selber dagegen hat sich in seiner Selbstzusage an Israel gebunden, und diese Selbstzusage konkretisiert sich, wenn ein Heiligtum vorhanden ist, an diesem; sie geht aber dem Vorhandensein des Heiligtums voraus und ist insofern (!) unabhängig davon« (a.a.O. 158).

tiv zum ›Volk Jahwes‹ gewordene Israel seiner durch Jahwe gewonnenen neuen Freiheit erfreut«[91].

III. *Das Kerygma der exilischen Schekina-Theologie*

Die Katastrophe von 587 v.Chr. darf ohne Übertreibung als eines der folgenschwersten Ereignisse in der Geschichte Israels, ja vielleicht als *die* Herausforderung des Jahweglaubens bezeichnet werden[92]. Die Weise, wie Israel dieser Herausforderung standhielt, war sehr unterschiedlich. Während etwa die Schlußvision Ez 40–48* - oder auch Jes 52,7–10 - die Rückkehr Jahwes zum Zion als Anbruch des eschatologischen Heils erhofft[93], findet das deuteronomistische Geschichtswerk nur in langsamer Entfaltung geschichtstheologischer Reflexionen zu neuen, hoffnungsvollen Formulierungen. Diese kommen - überdies erst in spätexilischer Zeit - mehr im Nachhinein auf, nehmen also nicht prophetisch-visionär zukünftige Möglichkeiten vorweg[94]. Zu solchen Formulierungen gehört die in den vordeuteronomistischen Tempelbaubericht 1Kön 6* eingeschobene spätdeuteronomistische Jahwerede 1Kön 6,11–13 mit ihrer (bedingten) Verheißung »ich will inmitten der Israeliten wohnen« (V.13a). Liest man diese Verheißung auf dem Hintergrund der deuteronomischen Theologie vom »Wohnen-Lassen«/»Deponieren« des Jahwenamens am erwählten Ort und deren Modifikation durch den deuteronomistischen Tempelweihbericht 1Kön 8,14–66, so fällt ein doppelter Sachverhalt auf: zum einen die *Freiheit Jahwes hinsichtlich einer zu engen Bindung an den irdischen Tempel*[95], d.h. der durch die geschichtlichen Umstände verursachte kritische Abstand, den der spätdeuteronomistische Redaktor in tempelloser Zeit gegenüber einer massiven Wohnvorstellung etwa nach

91 *P. Weimar,* Kult und Fest. Aspekte eines Kultverständnisses im Pentateuch, in: *K. Richter* (Hg.), Liturgie - ein vergessenes Thema der Theologie? (QD 107), Freiburg/Basel/Wien 1986, 65–83, hier 76, vgl. auch *K. Koch,* Die Eigenart der priesterschriftlichen Sinaigesetzgebung, ZThK 55 (1958) 36–51, hier 48ff und - unter dem Aspekt thematischer Bezüge zwischen priesterschriftlicher Schöpfungs- und Sinaigeschichte - demnächst *B. Janowski,* Tempel und Schöpfung. Die schöpfungstheologische Dimension der priesterschriftlichen Sinaigeschichte. Eine andere Sicht der Dinge, die wesentlich mit einem ›mansiven‹ Verständnis von שָׁכַן zusammenhängt, vertritt *Mettinger,* Dethronement 83ff, s. zur Sache bereits *Janowski,* Sühne 295ff.

92 Vgl. die Hinweise o. S. 165f.

93 Zum Motiv der ›Rückkehr Jahwes zum Zion‹ in exilisch-nachexilischer Zeit s. zusammenfassend *Schmidt,* Glaube (s.o. Anm. 2) 261f.

94 Vgl. *R. Stahl,* Das Verhältnis von Frieden und Gerechtigkeit als theologisches Problem, ThLZ 109 (1984) 161–172, hier 165. Zur Frage einer Zukunftserwartung im DtrG s. die Hinweise o. Anm. 77.

95 Dieselbe Intention läßt sich 2Sam 7,6f DtrN und seiner Aussage vom ständigen »Umherziehen« (הלך hitp. pt.) Jahwes »in Zelt und Wohnstatt« (בְּאֹהֶל וּבְמִשְׁכָּן) entnehmen, s. dazu *Görg,* Zelt 86ff; *K. Rupprecht,* Der Tempel von Jerusalem. Gründung Salomos oder jebusitisches Erbe? (BZAW 144), Berlin / New York 1977, 62ff; *Veijola,* Verheißung 62ff.144f.150.153.208f mit Anm. 52; *D. Kellermann,* Art. מִשְׁכָּן, ThWAT V (1986) 62–69, hier 68, u.a.; anders zu יָשַׁב in 2Sam 7,6 urteilt *Görg,* Gott-König-Reden (s.o. Anm. 33) 1027.

dem Vorbild von 1Kön 8,12f MT[96] wahrt[97], indem er nicht – was ja denkbar gewesen wäre – וְשָׁכַנְתִּי בְּתוֹכוֹ »ich will in seiner (= des Tempels)[98] Mitte wohnen«, sondern eben וְשָׁכַנְתִּי בְּתוֹךְ בְּנֵי יִשְׂרָאֵל »ich will *inmitten der Israeliten* wohnen« formuliert; und zum anderen – damit zusammenhängend – die in dieser Wendung zum Ausdruck kommende *Selbstbindung Jahwes an Israel,* die die allgegenwärtige Sorge, Jahwe könnte sein Volk für immer »verlassen«[99], hoffnungsvoll kontrapunktiert[100].

Wie 1Kön 6,11–13 so rückt auch Ez 43,7–9 mit seiner zweimaligen Verheißung vom Wohnen Jahwes »inmitten der Israeliten« (V. 7aβ+9b) den Aspekt der *Selbstbindung Jahwes an sein Volk Israel* in den Vordergrund: »An der Präsenz Jahwes im Heiligtum . . . ist Ez 43 ganz voll gelegen. (. . .) Es ist dabei zu beachten, daß in dieser Formulierung nicht vom Wohnen Jahwes im Tempel, sondern von seinem Wohnen inmitten seines Volkes Israel geredet wird«[101]. Dem entspricht zwar nicht formulierungsmäßig, aber doch sachlich der nachezechielische Abschnitt Ez 37,26–28*[102], der die bleibende Gegenwart des Jahweheiligtums »inmitten der Israeliten« verheißt. Neu an diesem Text – und möglicherweise in der Theologiegeschichte Israels erstmalig[103] – ist die bundestheologische Deutung der *Schekina*-Vorstellung:

96 Vgl. o. S. 173 mit Anm. 33.

97 Vgl. *Weippert:* »Der Tempel wird zwar nicht verworfen; doch kann er auch kein Mittel sein, Jahwes Anwesenheit bedingungslos und damit mechanisch an dieses Bauwerk zu knüpfen. Aber auch indem Jahwe seine Präsenz unter bestimmten Bedingungen verspricht, bindet er sie doch nicht an das ihm gebaute Haus, sondern wahrt sich mit dem Rückgriff auf die Wendung ›inmitten Israels zu wohnen‹ seine Freiheit hinsichtlich der präzisen Lokalisierung« (Ort [s.o. Anm. 5] 84). Das ist die eine Seite; die andere Seite – die damit zusammenhängende Selbstbindung Jahwes an Israel – kommt bei *Weippert* und auch *Würthwein* (ATD XI/1 [s.o. Anm. 40] 65) nicht genügend in den Blick, s. dazu im folgenden.

98 Rückbezug auf הַבַּיִת הַזֶּה V. 12a.

99 Stichwort עָזַב: Dtn 31,17 DtrN, vgl. Dtn 31,6.8 DtrN; 1Kön 6,13; 8,57 DtrN (jeweils negiert), s.o. S. 179.182f; Stichwort נָטַשׁ: 1Sam 12,22 DtrN (negiert).

100 Vgl. *Veijola,* Verheißung 150.154ff. *Veijola* sieht in 1Kön 6,13 eine »uneingeschränkte Übertragung des in der Nathanverheißung zugesagten Heils auf das Volk Israel, was genau seinem eigenen Anliegen in der Neuinterpretation von 2Sam 7 entspricht (vgl. hier besonders 2Sam 7,10.24). Dem DtrN ist die Zukunft des davidischen Königshauses in seiner einstigen Gestalt de facto schon eine Frage zweiter Ordnung nach der Sorge, daß Jahwe auch noch *sein Volk* verlassen könnte (vgl. Dtn 31,6.8.17; 1Sam 12,22; 1Kön 8,57)« (a.a.O. 150 [Hervorhebung im Original]). Dieser nationalen Tendenz des DtrN entspricht es, daß auch »die verschiedenen Stadien des literarischen Werdens von 1Kön 8.14–66 . . . ein steigendes Interesse an dem *Volk Israel* deutlich erkennen (lassen)« (*ders.,* a.a.O. 154 [Hervorhebung im Original]), s. zur Sache bereits *Braulik,* Spuren (s.o. Anm. 48) 33 Anm. 1.

101 *Zimmerli,* BK XIII/2 (s.o. Anm. 16) 1081, vgl. *Baltzer,* Ezechiel (s.o. Anm. 24) 53.

102 Zur Interpretation s. *Zimmerli,* a.a.O. 909.914f.978.1081; *Baltzer,* a.a.O. 156ff; *ders.,* Literarkritische und literarhistorische Anmerkungen zur Heilsprophetie im Ezechiel-Buch, in: *Lust,* Ezekiel (s.o. Anm. 21) 166–181, hier 178f und zuletzt *Chr. Levin,* Die Verheißung des neuen Bundes in ihrem theologiegeschichtlichen Zusammenhang ausgelegt (FRLANT 137), Göttingen 1985, 214ff, vgl. 222ff.

103 Eine Entscheidung darüber hängt von der Beantwortung der Frage ab, ob die Bundesverheißung Ez 37,26–27* von Lev 26,11f* (H, Wortlaut: »[11a] Und ich werde meine Wohnung in eure Mitte geben [וְנָתַתִּי מִשְׁכָּנִי בְּתוֹכְכֶם] [12aβ.b] und werde euer Gott sein, und ihr sollt mein Volk sein«) her beeinflußt ist (so *N. Lohfink,* Die Abänderung der Theologie

26a »Und ich werde einen Friedensbund mit ihnen schließen,
ein ewiger Bund mit ihnen[104] wird es sein,
bβ und ich werde mein Heiligtum (מִקְדָּשִׁי) in ihre Mitte (בְּתוֹכָם) geben für immer
27aβ.b und werde ihr Gott sein, und sie werden mein Volk sein« (Ez 37,26f)[105].

Auch nach diesem Heilswort geht es nicht einfach um das Wohnen Jahwes im irdischen Heiligtum, sondern primär um das *Jahwe-Israel-Verhältnis:* Das irdische Heiligtum »in ihrer Mitte«[106] ist das sichtbare Zeichen der Gegenwart Gottes in Israel oder mit den Worten der zweigliedrigen Bundesformel V. 27aβ.b: des Gottseins Jahwes für Israel, das dieses zum Volk Gottes macht[107]. Die in Israel am heiligen Ort einwohnende Gottesgegenwart ist die kultische Konkretion des Jahwe-Israel-Bundes oder anders ausgedrückt: Der Bund Jahwes mit Israel ist hier »dahin verstanden, daß er durch den Kult seines Heiligtums inmitten seines Volkes erfahrbare Wirklichkeit wird«[108] - grundsätzlicher kann man im Horizont der exilischen *Schekina*-Theologie kaum formulieren[109].

des priesterschriftlichen Geschichtswerkes im Segen des Heiligkeitsgesetzes. Zu Lev 26,9.11-13, in: Wort und Geschichte [FS K. Elliger ⟨AOAT 18⟩], hg. v. *H. Gese - H. P. Rüger*, Neukirchen-Vluyn 1973, 129-136, vgl. auch *Baltzer*, a.a.O. 156ff; *W. Groß*, Israels Hoffnung auf die Erneuerung des Staates, in: *J. Schreiner* [Hg.], Unterwegs zur Kirche. Alttestamentliche Konzeptionen [QD 110], Freiburg/Basel/Wien 1987, 87-122, hier 115ff, bes. 116f) oder ob das Abhängigkeitsverhältnis umgekehrt zu denken ist (so *Levin*, Verheißung 216ff.225ff). Trotz der Thesen *Levins* sind die Argumente *Lohfinks* u.E. nicht einfach widerlegt, sondern erst noch im Rahmen umfassenderer Untersuchungen zum gegenseitigen Verhältnis von H, $P^{g/s}$ und Ez zu diskutieren, s. dazu etwa *Liwak*, Probleme (s.o. Anm. 23) 7ff.24ff und die Lit.-Hinweise bei *P. Weimar*, Struktur und Komposition der priesterschriftlichen Geschichtsdarstellung, BN 23 (1984) 81-134, hier 87 Anm. 24.

104 Zu den textlichen Problemen in V. 26aβ.bα s. *Zimmerli*, BK XIII/2, 906 z.St. Möglicherweise entspricht das אוֹתָם (V. 26aβ) einem אִתָּם, s. GK^{28} § 103b und *Levin*, a.a.O. 217.

105 Zur literarischen Problematik von Ez 37,26-27* s. jetzt *Levin*, a.a.O. 216f, vgl. bereits *Zimmerli*, a.a.O. 914.915 zum sekundären Charakter von V. 27aα: »Das Heiligtum ist zunächst mit dem bei Ez üblichen Ausdruck מקדשי (5,11; 8,6; 9,6 u.ö.) bezeichnet. Daneben tritt aber, im Buche Ez ganz einmalig, משכני« (914). Mit *Levin* (ebd.) ist V. 28 als ein zweiter, auf V. 26bβ zurückbezogener Nachtrag zu Ez 37,20-25* zu beurteilen, der die Bundesverheißung V. 26-27* zu einem Erweiswort ausgestaltet, vgl. dazu auch *H. Simian*, Die theologische Nachgeschichte der Prophetie Ezechiels. Form- und traditionskritische Untersuchung zu Ez 6; 35; 36 (FzB 14), Würzburg 1974, 212, der Ez 37,21-28 (zusammen mit anderen Abschnitten) einer etwa 200 Jahre nach Ezechiel anzusetzenden Bearbeitungsschicht zuordnet.

106 Das בְּתוֹכָם V. 26bβ »wird in der Landverteilung (Ez) 48,1-29 geradezu geographisch anschaulich gemacht« (*Zimmerli*, a.a.O. 914, vgl. 1221), vgl. Ez 48,8.10.21 (jeweils [הַבַּיִת] מִקְדַּשׁ + בְּתוֹךְ [+ Suffix]).

107 Vgl. *Zimmerli*, a.a.O. 1081. Zur Nachgeschichte der Verbindung von *Schekina*-Vorstellung und Bundesformel s. außer Sach 2,14 (vgl. im folgenden) v.a. Offb 21,3: »Und ich hörte eine laute Stimme vom Thron her sprechen: ›Siehe, die Wohnung Gottes unter den Menschen (ἡ σκηνὴ τοῦ θεοῦ μετὰ τῶν ἀνθρώπων)! Und er wird unter ihnen wohnen (καὶ σκηνώσει μετ᾽ αὐτῶν) und sie werden seine Völker sein, und er, Gott, wird bei ihnen sein«, s. dazu *J. Roloff*, Die Offenbarung des Johannes (ZBK.NT 18), Zürich 1984, 199; *U. B. Müller*, Die Offenbarung des Johannes (ÖTK 19), Gütersloh 1984, 350f, u.a.

108 *Levin*, Verheißung 233.

109 Besonders in der Priesterschrift, vgl. v.a. den Schlüsseltext Ex 29,45f P^g, ist dieser Aspekt der exilischen *Schekina*-Theologie in aller Grundsätzlichkeit zum Tragen gekommen, s. dazu die Hinweise o. S. 185f mit Anm. 91 und auch *Levin*, a.a.O. 218.222ff.

IV. *Zusammenfassung und Ausblick*

»Zeiten radikalen Zusammenbruches können für den, der sie zu überstehen vermag, Zeiten neuer Möglichkeiten werden. Es ist in diesem Zusammenhang schon das Wort vom ›Segen des Nullpunktes‹ geprägt worden. Wo alle früheren Bindungen zerschlagen sind, kann sich unerwartet die *Möglichkeit wirklichen Neuanfanges* eröffnen, der die Fehler früherer Tage vermeidet. Es zeigt sich dann allerdings auch immer wieder das Gesetz, daß selbst stärkste geschichtliche Umbrüche die *Kontinuität zu früherer Geschichte* nicht abbrechen lassen und daß Altes unter dem Schutte der Zerstörung sich unversehens wieder zu regen beginnt und neue Macht gewinnt«[110]. Im Anschluß an diese Sätze W. Zimmerlis, die den für die Theologie und Literatur der Exilszeit konstitutiven Zusammenhang von *Kontinuität* und *Neuanfang* herausstellen, wollen wir unsere Überlegungen zur exilischen *Schekina*-Theologie zusammenfassen und durch einen biblisch-theologischen Ausblick ergänzen.

1. *Zusammenfassung*

a) *Schekina*-Theologie ist in vorexilischer Zeit immer *Tempeltheologie* gewesen. Als Stätte der kultisch repräsentierten Gottesgegenwart ist der Tempel - so die Grundkonzeption der Jerusalemer Kulttradition - der Ort, an dem himmlischer und irdischer Bereich ineinander übergehen, und die Kultordnung mit ihrer komplexen Symbolik in Relation zum Weltganzen steht[111]. Hier, auf dem kosmisch dimensionierten Gottesberg Zion, hatte Jahwe als Weltkönig Wohnung genommen (vgl. Jes 8,18b)[112] und hier wird er bei der erhofften Heilswende wieder gegenwärtig sein[113]. Auch in den exilischen Belegen Ez 43,7-9 - »siehe, den *Ort meines Thrones* und den *Ort meiner Fußsohlen* . . .« (V. 7aβ) - und 1Kön 6,11-13 - »Was *dieses (Tempel-)Haus* betrifft . . .« (V. 11aα) - ist der Heiligtumsbezug unübersehbar und für das Verständnis konstitutiv: Als ›Gott in der Mitte seines Volkes‹ wohnt Jahwe am erwählten Ort seines (zukünftigen) Heiligtums in Israel[114].

b) Aufgrund der Ereignisse von 587 v.Chr. konnte die Jerusalemer Tempeltheologie allerdings nicht ungebrochen weitertradiert werden. Entsprechend wurde auch die *Schekina*-Theologie, die in vorexilischer Zeit auf das Heiligtum auf dem Gottesberg Zion bezogen war (Jes 8,18, vgl. Ps 74,2[115] und aus nachexilischer Zeit Joel 4,17.21; Ps 135,21), ent-

110 *Zimmerli*, Planungen (s.o. Anm. 8) 165 (Hervorhebung von uns).
111 S. dazu etwa *T. N. D. Mettinger*, YHWH SABAOTH - The Heavenly King on the Cherubim Throne, in: *T. Ishida* (Ed.), Studies in the Period of David and Solomon and other Essays, Tokyo 1982, 109-138, hier 119ff mit der dort genannten Lit., für Einzelnachweise sei auf die o. Anm. 31 angekündigte Studie verwiesen.
112 S. dazu o. S. 173 mit Anm. 34.
113 Zum Motiv der ›Rückkehr Jahwes zum Zion‹ vgl. o. Anm. 93.
114 Die Formulierung »Ort meines Thrones« / »Ort meiner Fußsohlen« in Ez 43,7aβ bezieht sich auf den Gottesberg bzw. auf den Tempel, nicht auf die Lade, s. dazu o. S. 172f.
115 S. dazu o. S. 165 mit Anm. 5.

scheidend modifiziert. Diese Modifikation drückt sich in zweierlei aus: einmal in dem kritischen Abstand zu einer allzu konkreten Vorstellung von der Gegenwart Gottes im irdischen Heiligtum, wie sie etwa der alte Tempelweihspruch 1Kön 8,12f MT[116] mit der Qualifizierung des Tempels als ›Stätte der ständigen Anwesenheit Gottes‹ tradierte; und dann – damit zusammenhängend – in dem steigenden Interesse am Volk Israel, wie es sich in der Vorstellung vom Wohnen Jahwes »inmitten der Israeliten« bekundet (Ez 43,7.9; Ex 25,8; 29,45f P^{g}[117]; 1Kön 6,13 DtrN, vgl. Jes 33,5 [spätexilisch]; Ps 78,60 [dtr][118]). Seit der Exilszeit kommt es somit verstärkt zu einer Übertragung des in vorexilischer Zeit dem Gottesberg Zion und seinem Tempel zugesagten Heils[119] auf das Volk Israel; anders ausgedrückt: Die *Schekina*-Theologie erhält jetzt eine nationale, auf die Restitution Israels als Gottesvolk bezogene, geradezu ekklesiologische Komponente[120]. Dieser explizite *Israel-Bezug,* der in der frühexilischen Volksklage Ps 74,1f[121] insofern schon Thema ist, als sein Fehlen in aller Schärfe bewußt wird, ist das Novum der exilischen *Schekina*-Theologie.

c) Sowohl Ezechiel als auch der spätdeuteronomistische Redaktor von 1Kön 6 haben ihre *Schekina*-Theologie angesichts des in Trümmern liegenden ersten Tempels formuliert. Dies vor allem hat zu der beschriebenen theologischen Modifikation geführt. Als Ruine ist das Jerusalemer Heiligtum aber nicht obsolet geworden, es erwies sich vielmehr als »das integrierende Element, das es den exilierten, den nach Ägypten geflüchteten und den im Lande verbliebenen Judäern ermöglicht, ihre religiöse Identität zu bewahren«[122]. Auf diese Tempelruine richteten sich die Ge-

116 S. dazu o. S. 173 mit Anm. 33.

117 Nach Ex 24,16/40,35 läßt sich die »Herrlichkeit Jahwes«/die die Jahweherrlichkeit umhüllende »Wolke« auf dem Berg Sinai (Ex 24,16) und dann auf dem Begegnungszelt (Ex 40,35), dem ›Sinai auf der Wanderung‹, nieder, s. dazu o. S. 184f.

118 Zu Jes 33,5 s.o. Anm. 52, zu Ps 78,60 s.o. Anm. 85.

119 Vgl. Jes 8,18, aber auch die vorexilischen בְּקֶרֶב-Belege wie Ps 46,6 oder – mit polemischer Spitze – Mi 3,11 u.a. Für deren Analyse s. z.B. *G. Wanke,* Die Zionstheologie der Korachiten in ihrem traditionsgeschichtlichen Zusammenhang (BZAW 97), Berlin 1966, 100ff; *J. Jeremias,* Lade und Zion. Zur Entstehung der Ziontradition, in: Probleme biblischer Theologie (FS G. von Rad), hg. v. *H. W. Wolff,* München 1971, 183–198, hier 191f; *ders.,* Gott und Geschichte im Alten Testament. Überlegungen zum Geschichtsverständnis im Nord- und Südreich Israels, EvTh 40 (1980) 381–396, hier 384; *Huber,* a.a.O. (s.o. Anm. 34) 233ff u.a., vgl. *Mettinger,* a.a.O. (s.o. Anm. 20) 96 Anm. 65 und im übrigen den Hinweis o. Anm. *.

120 Diese ›nationale Tendenz‹ scheint überhaupt ein Signum der Exilszeit zu sein, wie etwa auch an den kollektivierenden Zügen der dtr Davidtheologie abgelesen werden kann, s. dazu *Veijola,* Verheißung (s.o. Anm. 7) 143, vgl. auch o. Anm. 100.

121 Vgl. o. S. 166.

122 *Weippert,* Ort (s.o. Anm. 5) 92. Entgegen der oft beschworenen negativen Einstellung der Deuteronomisten zum Kult (s. die Nachweise bei *Veijola,* Verheißung 207f mit Anm. 46) darf nicht vergessen werden, daß die spätdtr Theologie von 1Kön 6,11–13 und 1Kön 8,46–51 + 52f.59f wesentlich *Tempeltheologie* war, d.h. eine Theologie »in Erwartung des Tages, an dem man dort wieder den zentralen Kultus installieren könnte« (*ders.,* a.a.O. 209), vgl. zur Sache auch *Steck,* Israel (s.o. Anm. 10) 203 Anm. 3; *ders.,* Haggai (s.o. Anm. 75) 374f mit Anm. 59; *Roth,* Deuteronomistisches Geschichtswerk (s.o. Anm. 45) 547 u.a.

bete des Volkes, aber auch die theologischen Reflexionen eines Ezechiel oder der Deuteronomisten aus. Unter ihrer Verkündigung, die in tempelloser Zeit um das Problem der Gottesnähe rang, hat Israel die Nacht des Exils überstanden und trotz tiefster Erschütterungen an seiner Hoffnung auf den »Israel gegen Israel liebenden Gott«[123] festzuhalten vermocht.

2. *Biblisch-theologischer Ausblick*

Eine Traditionsgeschichte der alttestamentlich-jüdischen *Schekina-Theologie* bleibt ein Desiderat der Forschung[124]. Im Blick auf die Geschichte der *Schekina*-Vorstellung in persisch-hellenistischer Zeit sind dabei nicht nur Sach 2,14f[125]; 8,3; Joel 4,17.21; Ps 135,21 u.a., sondern auch - und vor allem - die späte Weisheit zu berücksichtigen, die in Sir 24,7f.9-12 wieder mit den Ausdrucksmitteln und Vorstellungsinhalten der Zionstradition arbeitet[126]. Diese verschiedenen Traditionslinien, die in neutestamentlicher Zeit z.T. konvergieren (vgl. Lk 17,20f; Röm 8,9-11; 2Kor 6,16; Eph 3,17; Offb 21,3 u.a.), können hier nicht mehr weiterverfolgt werden. Wir wollen unsere Ausführungen aber nicht schließen, ohne auf die Inkarnationsaussage Joh 1,14 und ihre traditionsgeschichtliche Verbindung mit der alttestamentlichen *Schekina*-Theologie wenigstens hinzuweisen:

> »Und das Wort ward Fleisch
> und nahm Wohnung unter uns,
> und wir sahen seine Herrlichkeit -
> eine Herrlichkeit wie (die) des Ein(zig)geborenen vom Vater,
> voll Gnade und Wahrheit«.

123 Zur Formulierung vgl. o. S. 167 mit Anm. 9.

124 Vgl. o. Anm. *. Zu den *Schekina*-Vorstellungen des antiken Judentums s. v.a. *A. Goldberg*, Untersuchungen über die Vorstellung von der Schekhina in der frühen rabbinischen Literatur (Talmud und Midrasch) (SJ 5), Berlin 1969, ferner *ders.*, Die spezifische Verwendung des Terminus Schekhina im Targum Onkelos als Kriterium einer relativen Datierung, Jud. 19 (1963) 43-61; *ders.*, Ich komme und wohne in deiner Mitte. Eine rabbinische Homilie zu Sacharja 2,14 (PesR 35) (Frankfurter Judaistische Studien 3), Frankfurt a.M. 1977; *P. Kuhn*, Gottes Selbsterniedrigung in der Theologie der Rabbinen (StANT), München 1968, 68ff.87ff; *P. Schäfer*, Die Vorstellung vom Heiligen Geist in der rabbinischen Literatur (StANT 28), München 1972, 140ff; *D. M. León*, Gloria de la Shekiná en los Targumim del Pentateuco, Madrid 1977; *C. Thoma*, Die Šekîna und der Christus, Jud. 40 (1984) 237-247; *ders.*, Art. Gott III, TRE XIV (1984) 626-645, hier 637ff; *A. Chester*, Divine Revelation and Divine Titles in the Pentateuchal Targumim (Texte und Studien zum Antiken Judentum 14), Tübingen 1986, 313ff, u.a.

125 Vgl. Sach 2,9: »und ich selbst werde für es (sc. Jerusalem), Spruch Jahwes, ringsum eine Feuermauer sein und zur Herrlichkeit werden in seiner Mitte« (וּלְכָבוֹד אֶהְיֶה בְתוֹכָהּ).

126 S. dazu bes. *H. Gese*, Der Johannesprolog, in: *Ders.*, Zur biblischen Theologie. Alttestamentliche Vorträge, Tübingen ²1983, 152-201, hier 181ff; *ders.*, Die Weisheit, der Menschensohn und die Ursprünge der Christologie als konsequente Entfaltung der biblischen Theologie, SEÅ 44 (1979) 77-114, hier 87ff; *J. Marböck*, Gottes Weisheit unter uns. Sirach 24 als Beitrag zur biblischen Theologie, in: Verbum caro factum est (FS Weihbischof Dr. A. Stöger), hg. vom Professorenkollegium der Phil.-Theol. Hochschule der Diözese St. Pölten, St. Pölten / Wien 1984, 55-65, ferner *M. Theobald*, Im Anfang war das Wort. Textlinguistische Studien zum Johannesprolog (SBS 106), Stuttgart 1983, 102ff, bes. 106f; *G. Schimanowski*, Weisheit und Messias. Die jüdischen Voraussetzungen der urchristlichen Präexistenzchristologie (WUNT II/17), Tübingen 1985, 44ff, bes. 53ff, u.a.

Um mehr als einen Hinweis, der ausführlicher Explikation bedarf, handelt es sich im vorliegenden Zusammenhang nicht. Diese Explikation wird u.a. zu bedenken haben, was *H. Seebaß* als »dialektischen Bezug« von Joh 1,14 zum Alten Testament bezeichnet hat: »Dies Wort, so scheint mir, ist überhaupt nur verständlich, wenn man es in seinem dialektischen Bezug zum Alten Testament sieht. Als wollte es all das in einer Formel, besser noch in einem Lehrsatz zusammenfassen, was im ersten Abschnitt zu entfalten war, nimmt man es auf, daß der Gott der Bibel nur in bezug zu seinen Menschen erkennbar sein will. In eins damit aber unterscheidet es sich von allen nur denkbaren Sätzen des Alten Testaments, weil dies von keinem seiner Großen sagen könnte: das Wort ward Fleisch. Das Wort geht also einerseits über das alttestamentlich Denkbare in schockierender Weise hinaus, weil es Gott in einem ungeheuer eindeutigen Bezug zu einem ganz bestimmten Menschen sieht, in dem das Wort Fleisch ward. Andererseits haftet es gerade mit seiner Grundvorstellung ganz im Gottesverstehen des Alten Testaments«[127].

Die Inkarnation des Logos wird in Joh 1,14 als ein »Wohnen unter uns« bezeichnet und damit – bis in die Terminologie hinein (σκηνόω ≙ שָׁכַן) – mit der alttestamentlichen *Schekina*-Theologie verbunden. In Jesus Christus als dem persongewordenen Schöpferwort offenbart sich das Geheimnis dessen, was das Alte Testament immer wieder neu als »Wohnen« Jahwes auf dem Gottesberg Zion, in Jerusalem oder »inmitten der Israeliten« zu beschreiben versucht hat. Nach Joh 1,14 hat die Offenbarungsherrlichkeit Gottes (δόξα ≙ כְּבוֹד יְהוָה) ihren Ort nicht etwa vorübergehend vom Himmel auf die Erde verlegt, sondern der göttliche Schöpfungslogos hat in einem irdisch-geschichtlich begrenzten Leben seine eschatologische Gestalt gefunden, die als ›Herrlichkeitserscheinung‹ offenbar wurde[128]; das Sehen dieser Herrlichkeit wird vom Text als Wahrnehmung der im Sohn vollkommen repräsentierten Offenbarung des Vaters beschrieben[129].

Versucht man überdies, die Inkarnationsaussage Joh 1,14 mit der theologischen Grundperspektive des Johannesevangeliums zu verbinden[130], so wird man sagen können, daß sich die Sendung des Sohnes, der das persongewordene Schöpfungswort Gottes ist, in seiner stellvertretenden Lebenshingabe am Kreuz vollendet. Denn das letzte Wort des sterbenden Jesus: »Es ist vollbracht« (τετέλεσται Joh 19,30) ist das Abschiedswort jenes Schöpfungslogos, der von Gott in die Welt gesandt und als sündentragendes Gotteslamm (Joh 1,29, vgl. 1,36) das Werk der Liebe Gottes vollbracht hat (Joh 3,16). So erschließt die johanneische Relation von Inkarnation und Kreuz den tiefsten Sinn der biblischen *Schekina*-Theologie:

127 Der Gott der ganzen Bibel. Biblische Theologie zur Orientierung im Glauben, Freiburg/Basel/Wien 1982, 50, vgl. 217f und *ders.*, Biblische Theologie, VF 27 (1982) 28–45, hier 45.

128 Vgl. *J.-A. Bühner*, Art. σκηνόω, EWNT III (1983) 603f, ferner *P. Stuhlmacher*, Das Evangelium von der Versöhnung in Christus. Grundlinien und Grundprobleme einer biblischen Theologie des Neuen Testaments, in: *Ders.* – *H. Claß*, Das Evangelium von der Versöhnung in Christus, Stuttgart 1979, 13–54, hier 40f; *Theobald*, Anfang 53ff.118ff u.a.

129 S. dazu bes. *Gese*, Johannesprolog 185f.

130 Zum Prolog als »Eröffnungstext« des JohEv s. *Theobald*, Anfang 127ff und jetzt *O. Hofius*, Struktur und Gedankengang des Logos-Hymnus in Joh 1,1–18, ZNW 78 (1987) 1–25.

Im Gottessohn hat die Gegenwart Gottes endgültige Gestalt angenommen, weil in seinem Kommen und »Wohnen unter uns« der Gegensatz von Gott und Welt überwunden ist. »Der Tempel ist die *Wohnung* Gottes, er ist *nicht* Gott selbst. In ihm stellt Gott seine Herrlichkeit dar, macht sie erfahrbar und sichtbar, gibt sie aber – das liegt im Wesen jeder Darstellung beschlossen – nicht aus der Hand. Darum geht sie, selbst wenn sie das ganze Haus bis in den letzten Winkel erfüllt, in ihm nicht auf (1Kön 8,11.27), erschöpft sich in ihm so wenig wie eine Partitur selbst in der gelungensten Aufführung. Die Verbindung von Gottes- und Weltwirklichkeit, die Brücke zwischen dem *Wort*, durch das alle Dinge geschaffen sind, und der *Welt*, die in ihm ihren Bestand hat (Kol 1,17), läßt sich ontologisch auf keine Weise fixieren. Zwischen ›Himmel‹ und ›Erde‹ gibt es kein anderes Kontinuum als das ›descendere‹ des ›Sohnes‹, das Ereignis seiner Ankunft. Im Ereignis seines *Kommens* wird Gott ›im Fleisch manifest‹«[131].

131 *Chr. Link*, Die Entscheidung der Christologie Calvins und ihre theologische Bedeutung. Das sogenannte Extra-Calvinisticum, EvTh 47 (1987) 97–119, hier 101 (Hervorhebung im Original).

Das Königtum Gottes in den Psalmen

Bemerkungen zu einem neuen Gesamtentwurf[1]

Hartmut Gese zum 60. Geburtstag

Unter den exegetischen Neuerscheinungen gibt es immer wieder Arbeiten, die Beachtung über die engeren Fachgrenzen hinaus verdienen. Die 1987 erschienene Monographie »Das Königtum Gottes in den Psalmen« von J. Jeremias ist eine solche Arbeit. Da ein Kurzreferat ihrer Bedeutung nicht gerecht werden dürfte, wählen wir die Form einer ausführlicheren Diskussion ihrer Grundthesen und Hauptergebnisse. Aber auch diese Diskussion, die sich auf ausgewählte Sachaspekte (wie Mythos und Geschichte, Königsherrschaft und Thronbesteigung, Königsherrschaft und Schöpfung / Erhaltung) und einige

[1] In margine J. JEREMIAS, Das Königtum Gottes in den Psalmen. Israels Begegnung mit dem kanaanäischen Mythos in den Jahwe-König-Psalmen (FRLANT 141), 1987 (vgl. die Besprechungen von O. LORETZ [ThRev 83, 1987, 287f]; T. N. D. METTINGER [VT 38, 1988, 237–239] und E. OTTO, Mythos und Geschichte [s. u.]). Die folgenden Überlegungen gehen auf eine Sozietät zum Thema im WS 1987/88 sowie auf einen Vortrag vor dem Mitarbeiterkreis des »Biblischen Kommentars Altes Testament« am 21. 3. 1989 in Neukirchen zurück. Den Teilnehmern bzw. Kollegen – unter ihnen besonders U. Neumann-Gorsolke, Chr. Schroeder und W. Straßer (Hamburg) und Prof. Dr. J. Jeremias (München) – danke ich für intensive Diskussionen. – Die Abkürzungen richten sich nach S. SCHWERTNER, Internationales Abkürzungsverzeichnis für Theologie und Grenzgebiete (IATG), 1974. Im übrigen werden folgende Titel abgekürzt zitiert: ALT, Königtum Jahwes = A. ALT, Gedanken über das Königtum Jahwes (in: DERS., Kleine Schriften zur Geschichte des Volkes Israel, Bd. I, 1959, 345–359). – DAY, God's Conflict = J. DAY, God's Conflict with the Dragon and the Sea. Echoes of a Canaanite Myth in the Old Testament, Cambridge 1988[2]. – DIETRICH, Gott als König = W. DIETRICH, Gott als König. Zur Frage nach der theologischen und politischen Legitimität religiöser Begriffsbildung (ZThK 77, 1980, 251–267). – EISSFELDT, Jahwe als König = O. EISSFELDT, Jahwe als König (in: DERS., Kleine Schriften, Bd. 1, hg. v. R. SELLHEIM u. F. MAASS, 1962, 172–193). – FABRY, *kisse'* = H.-J. FABRY, Art. *kisse'*, ThWAT IV, 1984, 247–272. – FUHS, *'lh* = H. F. FUHS, Art. *'lh* usw., ThWAT VI/1–2, 1987, 84–105. – GÖRG, *jāšab* = M. GÖRG, Art. *jāšab* usw., ThWAT III, 1982, 1012–1032. – HERMISSON, Creation Theology = H.-J. HERMISSON, Observations on the Creation Theo-

Schlüsseltexte (wie Ps 93; Ps 104,5–9; Ps 29,10; Dtn 33,5; Ps 47; Ps 68,19 und Ps 24,7–10) konzentriert, stellt nur einen Ausschnitt aus der Gesamtproblematik dar. Die folgenden Bemerkungen sind so angelegt, daß zunächst (I) dieser Problemhorizont skizziert, sodann (II) die Grundthesen und Hauptergebnisse des Buchs diskutiert und schließlich (III) weiterhin offene Fragen im Umkreis der JHWH-König-Psalmen kenntlich gemacht werden. Im einzelnen stehen folgende Aspekte / Texte im Vordergrund:

I. Problemhorizont: 1. Semantik der JHWH-König-Vorstellung 2. Traditionsgeschichte der JHWH-König-Vorstellung 3. Sozialgeschichte der JHWH-König-Vorstellung *II. Grundthesen und Hauptergebnisse:* 1. Methodischer Ansatz 2. Analyse der Texte (am Beispiel von Ps 93): a) Darstellung b) Kritik α) »Nominalisierung« des Mythos? β) Stilform der »behobenen Krise« γ) Himmlischer Thron und irdischer Tempel 3. Vorgeschichte der JHWH-König-Vorstellung: a) Ps 29,10 b) Dtn 33,5 *III. Offene Fragen:* 1. Königsherrschaft und Thronbesteigung: a) Hypothesen der Forschung: α) Thronbesteigung nach »zeitweiligem Verlust« der Königsherrschaft? β) Thronbesteigung als kultdramatischer »Aufstieg des Ladegottes« b) Der himmlische König und sein irdischer Thron α) Ps 68,19 β) Ps 47,6.9 2. Königsherrschaft und Schöpfung / Erhaltung: a) Königsherrschaft und Schöpfung – ursprünglicher Zusammenhang? b) Die »Gründung« des Königthrons – ein Schöpfungsmotiv? *IV. Schlußbemerkung.*

logy in Wisdom (in: Israelite Wisdom [FS S. Terrien], ed. by J.G. GAMMIE / W.A. BRUEGEMANN / W.L. HUMPHREYS / J.M. WARD, New York 1978, 43–57). – KEEL, AOBPs^{4} = O. KEEL, Die Welt der altorientalischen Bildsymbolik und das Alte Testament. Am Beispiel der Psalmen, 1984^{4}. – KOCH, Qädäm = K. KOCH, Qädäm. Heilsgeschichte als mythische Urzeit im Alten (und Neuen) Testament (in: Vernunft des Glaubens. Wissenschaftliche Theologie und kirchliche Lehre [FS W. Pannenberg], hg. v. J. ROHLS u. G. WENZ, 1988, 253–288). – KRAUS, Königsherrschaft Gottes = H.-J. KRAUS, Die Königsherrschaft Gottes im Alten Testament. Untersuchungen zu den Liedern von Jahwes Thronbesteigung (BHTh 13), 1951. – KRAUS, Theologie der Psalmen = DERS., Theologie der Psalmen (BK XV/3), 1979. – LOHFINK, Begriff des Gottesreichs = N. LOHFINK, Der Begriff des Gottesreichs vom Alten Testament her gesehen (in: J. SCHREINER [Hg.], Unterwegs zur Kirche. Alttestamentliche Konzeptionen [QD 110], 1987, 33–86). – LORETZ, Psalmen II = O. LORETZ, Die Psalmen Teil II. Beitrag der Ugarit-Texte zum Verständnis von Kolometrie und Textologie der Psalmen. Psalm 90–150 (AOAT 207/2), 1979. – METZGER, Wohnstatt Jahwes = M. METZGER, Himmlische und irdische Wohnstatt Jahwes (UF 2, 1970, 139–158). – METZGER, Königsthron = DERS., Königsthron und Gottesthron. Thronformen und Throndarstellungen in Ägypten und im Vorderen Orient im dritten und zweiten Jahrtausend vor Christus und deren Bedeutung für das Verständnis von Aussagen über den Thron im Alten Testament (AOAT 15/1–2), 1985. – METZGER, Thron = DERS., Der Thron als Manifestation der Herrschermacht in der Ikonographie des Vorderen Orients und im Alten Testament (in: T. RENDTORFF [Hg.], Charisma und Institution, 1985, 250–261). – MICHEL, Thronbesteigungspsalmen = D. MICHEL, Studien zu den sogenannten Thronbesteigungspsalmen (VT 6, 1956, 40–68). – MOWINCKEL, Psalmenstudien II = S. MOWINCKEL, Psalmenstudien II. Das Thronbesteigungsfest Jahwäs und der Ursprung der Eschatologie, Kristiania 1922 (Nachdruck Amsterdam 1961). – NEUMANN, Psalmenforschung = P.H.A. NEU-

I. Problemhorizont

Für die Biblische Theologie ist die Aussage, Gott sei / werde König, von zentraler Bedeutung. Das zeigen die alttestamentlichen Traditionen von der Königsherrschaft JHWHs, wie sie besonders in den JHWH-König-Psalmen zu Tage treten, aber auch die diese Traditionen weiterführenden frühjüdischen Schriften[2]. Die neutestamentliche Erwartung der Königsherrschaft Gottes, um deren Kommen u. a. das Vaterunser bittet (Lk 11,2 par Mt 6,9b.10a), konnte vielfach an alttestamentlich-frühjüdischen Hoffnungen anknüpfen[3] – die ih-

MANN (Hg.), Zur neueren Psalmenforschung (WdF 192), 1976. – OLLENBURGER, Zion = B. C. OLLENBURGER, Zion the City of the Great King. A Theological Symbol of the Jerusalem Cult (JSOT Suppl. 41), Sheffield 1987. – OTTO, Mythos und Geschichte = E. OTTO, Mythos und Geschichte im Alten Testament. Zur Diskussion einer neuen Arbeit von Jörg Jeremias (BN 42, 1988, 93–102). – OTTO, *ṣijjôn* = DERS., Art. *ṣijjôn*, ThWAT VI/8–10, 1989, 994–1028. – PARDEE, Psalm 93 = D. PARDEE, The Poetic Structure of Psalm 93 (SEL 5, 1988, 163–170). – PETERSEN, Mythos = C. PETERSEN, Mythos im Alten Testament. Bestimmung des Mythosbegriffs und Untersuchungen der mythischen Elemente in den Psalmen (BZAW 157), 1982. – SCHMIDT, Königtum Gottes = W. H. SCHMIDT, Königtum Gottes in Ugarit und Israel. Zur Herkunft der Königsprädikation Jahwes (BZAW 80), 1966². – SCHMIDT, Alttestamentlicher Glaube = DERS., Alttestamentlicher Glaube in seiner Geschichte, 1987⁶. – SEYBOLD, *mælæk* = K. SEYBOLD (/ H. J. FABRY), Art. *mælæk* usw., ThWAT IV, 1984, 926–957. – SOGGIN, *mælæk* = J. A. SOGGIN, Art. *mælæk*, THAT I, 1975², 908–920. – SPIECKERMANN, Heilsgegenwart = H. SPIECKERMANN, Heilsgegenwart. Eine Theologie der Psalmen, Habil.-Schrift Göttingen 1986 (erscheint als FRLANT 148, 1989). – STECK, Friedensvorstellungen = O. H. STECK, Friedensvorstellungen im alten Jerusalem. Psalmen – Jesaja – Deuterojesaja (ThSt[B] 111), 1972. – STECK, Psalm 104 = DERS., Der Wein unter den Schöpfungsgaben. Überlegungen zu Psalm 104 (in: DERS., Wahrnehmungen Gottes im Alten Testament. Gesammelte Studien [TB 70], 1982, 240–261). – WELTEN, Königsherrschaft Jahwes = P. WELTEN, Königsherrschaft Jahwes und Thronbesteigung. Bemerkungen zu unerledigten Fragen (VT 32, 1982, 297–310). – ZENGER, Herrschaft Gottes / Reich Gottes = E. ZENGER, Art. Herrschaft Gottes / Reich Gottes II, TRE XV, 1986, 176–189.

² Vgl. überblickshalber SCHMIDT, Alttestamentlicher Glaube, 170–178 (mit der Lit. 368); ZENGER, Herrschaft Gottes / Reich Gottes, und für das antike Judentum O. CAMPONOVO, Königtum, Königsherrschaft und Reich Gottes in den frühjüdischen Schriften (OBO 58), 1984, dazu H. MERKLEIN (ThRev 82, 1986, 193f).

³ S. dazu H. MERKLEIN, Jesu Botschaft von der Gottesherrschaft. Eine Skizze (SBS 111), 1985², vgl. auch DERS., Jesus, Künder des Reiches Gottes (in: W. KERN / H. J. POTTMEYER / M. SECKLER [Hg.], Handbuch der Fundamentaltheologie, Bd. 2: Traktat Offenbarung, 1985, 145–174); DERS., Art. Reich Gottes / Gottesherrschaft, (in: G. BITTER / G. MILLER [Hg.], Handbuch religionspädagogischer Grundbegriffe, Bd. 2, 1986, 688–696); DERS., Die Einzigkeit Gottes als die sachliche Grundlage der Botschaft Jesu (JBTh 2, 1987, 13–32), und A. LINDEMANN, Art. Herrschaft Gottes / Reich Gottes IV, TRE XV, 1986, 196–218.

rerseits seit exilisch-nachexilischer Zeit stärker profiliert in den Vordergrund treten. Auch in der Geschichte des Christentums hat das Theologumenon seine (politisch-theologischen) Wirkungen entfaltet[4], dabei allerdings – in fataler Verkehrung der Grundakzente – auch problematische Konturen erhalten[5]. Neuerdings wird sogar empfohlen, den Begriff zum »herrschaftsträchtigen und traditionell geschlechtsspezifischen Vokabular« zu zählen und konsequenterweise ganz auf ihn zu verzichten[6]. Es ist zu bezweifeln, daß dies weiterhilft[7].

Die Schwierigkeiten mit Vorstellung und Begriff der Königsherrschaft Gottes sind allerdings nicht neu. Sie beginnen bekanntlich dort, wo man die auffällige Differenz zwischen den relativ wenigen Belegen für die JHWH-König-Vorstellung und dem Gesamtumfang des Alten Testaments konstatiert[8]. Überdies hat »der große Strom der israelitischen Religions- und Geistesgeschichte ... diese Terminologie nicht in sich aufgenommen«[9]. Gehören also Vorstellung und Begriff der Königsherrschaft JHWHs überhaupt zum genuinen Gottesverständnis Israels? »Es scheint« – folgert beispielsweise A. Alt – »als sei der Gedanke des Königtums Jahwes im Alten Testament nicht primär und auch nicht – oder wenigstens nicht durchweg – so zentral wie in der Botschaft Jesu, sondern erst sekundär zu anderen urtümlicheren Grundelementen«[10], wie dem Bundes- und dem Erwählungsgedanken, hinzugetreten. Demgegenüber wurde jüngst die Ansicht vertreten, daß nicht nur für das Alte Testament in seiner kanonisch gewordenen Gestalt die JHWH-König-Aussage prägend ist. »Auch in der Geschichte seines Werdens hat diese Aussage eine größere Bedeutung gehabt, als neuerdings manche Alttestamentler zuzugeben bereit sind«[11]. Die Frage ist nur, wie diese Bedeutung methodisch sachgemäß eruiert werden kann. Bei einem Antwortversuch sind mehrere Aspekte zu beachten, die sich wechselseitig erhellen:

[4] Vgl. etwa R. Mau / M. Beintker, Art. Herrschaft Gottes / Reich Gottes V–VI, TRE XV, 1986, 218–228.

[5] Beispiele der jüngeren und jüngsten Vergangenheit bei Lohfink, Begriff des Gottesreichs, 38 Anm. 11.

[6] Erwägungen dazu bei E. S. Gerstenberger, Jahwe – ein patriarchaler Gott? Traditionelles Gottesbild und feministische Theologie, 1988, 162, vgl. H. Schüngel-Straumann, Gott als Mutter in Hosea 11 (ThQ 166, 1986, 119–134), 133 (mit Bezug auf Hos).

[7] Vgl. auch L. Schottroff, Das Vater-Mutter-unser. Feministische Theologie und neutestamentliche Wissenschaft (EvKomm 21, 1988, 257–267), 259f u. a.

[8] »Relativ wenig« – wenn der Radius der semantischen Analyse (zu) eng gehalten wird, s. dazu im folgenden.

[9] Dietrich, Gott als König, 251.

[10] Königtum Jahwes, 345, vgl. 348, und Dietrich, aaO 251; zu Recht kritisch dazu Lohfink, Begriff des Gottesreichs, 37 Anm. 10.

[11] Lohfink, aaO 37f.

1. Semantik der JHWH-König-Vorstellung

Die *semantische Analyse* der JHWH-König-Aussagen untersucht, wie oft und in welchen literarischen / historischen Zusammenhängen *JHWH* Subjekt von *mālak* ist, *JHWH* als König (*mælæk*) der Welt / der Götter / der Völker / Israels / des einzelnen erscheint und die Abstraktbildung *m^e lûkâ, malkût, mamlākâ* und *mamlākût* auf *JHWH* bezogen sind[12]. Außerdem werden kontextuelle (Sitz im Leben) und diachrone Aspekte (Geschichte des Begriffs) geltend gemacht. Hinsichtlich der in Frage kommenden Belege hat N. Lohfink[13] gegenüber W. Dietrich[14] auf eine breitere Textbasis verwiesen, weil auch Parallelbegriffe (wie *jāšab / 'ālâ* oder *māšal / šāpaṭ*) und zugehörige Königsattribute und -metaphern (wie Thron, Königsgewand, Hirte, himmlische Ratsversammlung u. a.) zu beachten und dabei terminologische Überschneidungen (z. B. Austauschbarkeit von »Thron« und »Königsherrschaft« samt deren Wortfeldern) in Rechnung zu stellen sind. Hier berührt sich die Semantik mit der Traditions- und Motivgeschichte der JHWH-König-Vorstellung.

2. Traditionsgeschichte der JHWH-König-Vorstellung

Die *traditionsgeschichtliche Analyse* fragt nach der Funktion des Begriffs / der Vorstellung in bestimmten historischen und konzeptionellen Zusammenhängen: Wie alt (schon vorstaatlich?) ist die JHWH-König-Vorstellung? Was bedeutet das Syntagma *JHWH mālak / mālak JHWH* in den JHWH-König-Psalmen? Gibt es über allgemeinere Berührungspunkte hinaus eine direkte Abhängigkeit der alttestamentlichen von den altorientalischen Gott-König-Vorstellungen? Welche Faktoren sind bei der Transformation des Begriffs von der vorexilischen bis in nachexilische Zeit leitend? Seit S. Mowinckels »Psalmenstudien II«[15] hat sich die Forschung immer wieder dem auch der JHWH-König-Vorstellung angeblich zugrundeliegenden kultischen / mythischen / rituellen »Pattern« zugewandt und dessen Einzelelemente (wie kultische Inthro-

[12] Vgl. die statistischen Übersichten bei SOGGIN, *mælæk*, 909 f. 915 f, und SEYBOLD, *mælæk*, 947 f.

[13] AaO 37 Anm. 10, s. die Materialzusammenstellung bei METZGER, Thron, 250 ff, vgl. O. KEEL, Jahwe-Visionen und Siegelkunst. Eine neue Deutung der Majestätsschilderungen in Jes 6, Ez 1 und Sach 4 (SBS 84/85), 1977, 33 f; GÖRG, *jāšab*, 1023 f, und zur Sache unten S. 433 ff.

[14] Während nach DIETRICH »im Alten Testament ... Gott mit Ausdrücken vom Wortstamm *mālak* rund 50 mal belegt (wird)« (Gott als König, 251), kommt LOHFINK – »wenn ich zurückhaltend zähle« (ebd.) – auf etwa 130 Belege.

[15] Psalmenstudien II.

nisation JHWHs am Herbstfest, rituelle Wiederholung der Weltschöpfung an jedem Neujahrstag, Mythos vom sterbenden und wiederauferstehenden Gott u. a.) in wechselnder Zusammensetzung kombiniert[16]. Versuche, diese Konzeption zu retten bzw. aufrechtzuerhalten, werden heute kaum mehr unternommen[17]. Gleichwohl dürfte es voreilig (gewesen) sein, »das Kind mit dem Bade auszuschütten« und z. B. auch die gesamte Thron(besteigungs)problematik ad acta zu legen. Dieser Reduktionismus, dem auch die Darstellung von J. Jeremias erliegt[18], wird in der Regel durch historisch und theologisch problematische Hypothesen kompensiert.

3. Sozialgeschichte der JHWH-König-Vorstellung

Schon A. Alt hatte die Aufgabe erkannt, nach dem zeitlichen und sachlichen Verhältnis zwischen der JHWH-König-Vorstellung und dem Aufkommen des irdischen Königtums in Israel und Juda zur Zeit der Staatenbildung zu fragen: Besteht dieser Zusammenhang »etwa ... so, daß das erstere nur ein nachgeformtes und in die Sphäre des Göttlichen hinaus projiziertes Abbild des letzteren ist? Oder ist das zeitliche und sachliche Verhältnis gerade entgegengesetzt, die Vorstellung vom Königtum Jahwes also unabhängig von der Ausbildung staatlicher Institutionen und Ideen im Verband der zwölf Stämme Israels und dann wohl auch älter als diese?«[19] Während nach Alt für das Aufkommen der JHWH-König-Vorstellung »die Annahme eines wurzelhaften Zusammenhanges mit Israels eigenen staatlichen Einrichtungen in der Königszeit nicht notwendig«[20] ist, sind W. Dietrich[21] und N. Lohfink – bei z. T. unterschied-

[16] Zu Mowinckels Ansatz und zur kultgeschichtlichen Psalmenforschung s. z. B. E. Otto, Sigmund Mowinckels Bedeutung für die gegenwärtige Liturgiedebatte. Ein Beitrag zur Applikationsproblematik biblischer Überlieferung (JLH 19, 1975, 19–36), und zusammenfassend P. H. A. Neumann, Einleitung (in: Ders. [Hg.], Psalmenforschung, 1–18), 7ff, vgl. neuerdings M. R. Hauge, Sigmund Mowinckel and the Psalms – A Query Into His Concern (Scandinavian Journal of the Old Testament 2, 1988, 56–71), und B. Otzen, Kult und Mythos im Alten Testament aus skandinavischer Sicht (KuD 35, 1989, 23–33).

[17] S. aber J. Gray, The Biblical Doctrine of the Reign of God, Edinburgh 1979.

[18] S. dazu unten III/1.

[19] Königtum Jahwes, 348, vgl. 355 ff.

[20] AaO 353. Der folgende Satz enthält Alts traditionsgeschichtliche Hypothese: »Das Aufkommen der eigenartigen Vorstellung von Jahwes königlichem Thronen inmitten einer Schar untergeordneter göttlicher Wesen erklärt sich vielmehr, wenn ich recht sehe, fast besser aus der Situation, in der das Volk Israel in der Zeit zwischen seiner Landnahme und seiner Staatenbildung in Palästina lebte«; zur Begründung vgl. 348 ff. 355 ff.

[21] Gott als König.

lichen Intentionen[22] – dem besagten Korrespondenzverhältnis thematisch nachgegangen[23]. Lohfink hat seinen Ansatz in Abgrenzung zur semantischen und traditionsgeschichtlichen Analyse *gesellschaftsbezogen* genannt: »Es handelt sich um die Frage nach der Funktion der Rede vom Königtum Gottes für die jeweiligen gesellschaftlichen Gebilde«[24] – wie sie sich im Nacheinander der Gesellschaftsgestalten in Israel während der antistaatlichen, der staatlichen und der substaatlichen Periode seiner Geschichte[25] ausgebildet haben. Dabei sind verschiedene Funktionen der Rede von der Königsherrschaft JHWHs denkbar: affirmativ-legitimierende oder kritisch-offensive. »Darüber hinaus wäre es denkbar, daß der Begriff überhaupt nur deshalb übernommen wurde oder Karriere machte, weil er für eine solche gesellschaftsbezogene Aussage benötigt wurde«[26]. Das Neue und Weiterführende dieses Ansatzes ist in der funktionalen Verbindung spezifisch traditionsgeschichtlicher mit spezifisch sozialgeschichtlichen Fragehinsichten zu sehen.

Der Entwurf von J. Jeremias, der im folgenden zur Diskussion steht, stützt sich auf die bisherigen Ergebnisse der semantischen, traditions- und sozialgeschichtlichen Analysen, favorisiert aber – entsprechend seinem Untertitel »Israels Begegnung mit dem kanaanäischen Mythos in den Jahwe-König-Psalmen« – die traditionsgeschichtliche Sicht der Dinge. Dieser Entwurf ist zunächst (II) nach Anspruch und Durchführung darzustellen (1) und am Beispiel von Ps 93 kritisch zu hinterfragen (2). Die mit ihm verbundenen tradi-

[22] Zu Dietrich s. Lohfink, Begriff des Gottesreichs, 40 Anm. 16.

[23] Ähnliche Intentionen bei M. Th. Wacker, Art. Reich Gottes: A. Biblisch, in: P. Eicher (Hg.), Neues Handbuch theologischer Grundbegriffe, Bd. 4, 1985, 38–45; Zenger, Herrschaft Gottes / Reich Gottes, 176, und J. J. M. Roberts, In Defense of the Monarchy: The Contribution of Israelite Kingship to Biblical Theology (in: P. D. Miller / P. D. Hanson / S. D. McBride [Ed.], Ancient Israelite Religion [FS F. M. Cross], Philadelphia / Pa. 1987, 377–396), z. T. auch Seybold, *mælæk*, 942 ff. Die sozialgeschichtliche Analyse der JHWH-König-Vorstellung wäre zu ergänzen um eine exaktere Verhältnisbestimmung von JHWH-König-Psalmen und König-Psalmen (Ps 20; 21; 72; 101; 144), s. dazu die Hinweise bei O. Loretz, Die Königpsalmen. Die altorientalisch-kanaanäische Königstradition in jüdischer Sicht, Teil 1: Ps 20, 21, 72, 101 und 144. Mit einem Beitrag von I. Kottsieper zu Papyrus Amherst (UBL 6/1), 1988, 209 ff.

[24] AaO 39 f, vgl. zur Sache Ders., Das Königtum Gottes und die politische Macht. Zur Funktion der Rede vom Gottesreich bis zu Jesus von Nazareth (in: Ders., Das Jüdische am Christentum. Die verlorene Dimension, 1987, 71–102.240–256 [Anmerkungen]).

[25] Zur methodologischen Fundierung s. Lohfink, Begriff des Gottesreichs, 41 ff, vgl. Ders., Gesellschaftlicher Wandel und das Antlitz des wahren Gottes. Zu den Leitkategorien einer Geschichte Israels (in: Dynamik im Wort. Lehre von der Bibel – Leben aus der Bibel, hg. vom Katholischen Bibelwerk e. V., 1983, 119–131), und das Themaheft »Anfänge Israels«: BiKi 38, 1983, Heft 2.

[26] Lohfink, Begriff des Gottesreichs, 40, vgl. 35.42 f u. ö.

tionsgeschichtlichen Hypothesen (3) gehören bereits zu den offenen Fragen, die im Anschluß daran eigens thematisiert werden sollen (III/1–2).

II. Grundthesen und Hauptergebnisse

1. Methodischer Ansatz

Bei der Analyse der sog. Thronbesteigungs- oder besser: JHWH-König-Psalmen (Ps 47; 93; [95;] 96–99) geht es im Kern, wie J. Jeremias in der »Einleitung« (7–14)[27] deutlich macht, um einen Beitrag zum Gottesdienst in Israel[28] und damit zum alttestamentlichen Gottesverständnis überhaupt (vgl. 7)[29]. Bekanntlich hat die Erforschung dieser Psalmengruppe seit H. Gunkel[30] und S. Mowinckel[31] zu einem Neben- bzw. Gegeneinander zweier grundverschiedener Deutungsansätze geführt: »Man verstand die Psalmen entweder ›kultisch‹ oder aber ›eschatologisch‹; eine Vermittlung erschien kaum möglich« (8). Während Mowinckel die »Thronbesteigungspsalmen« in altorientalischen Weltschöpfungs- und Chaoskampfmythen und ihre Aktualisierung im herbstlichen, die »Thronbesteigung Jahwäs« kultdramatisch nachvollziehenden Neujahrsfestritus der vorexilischen Zeit verwurzelt sah, insistierte Gunkel darauf, daß sie »in ihrer uns überkommenen Gestalt ausnahmslos Widerspiegelungen prophetisch beeinflußter eschatologischer Hoffnungen seien« (8). Es ging in dieser Kontroverse also um Grundprobleme der Religionsgeschichte Altisraels.

S. Mowinckels Verdienst, den thematischen Zusammenhang der JHWH-König-Psalmen (und verwandter Texte) herausgestellt zu haben, ist nach J. Je-

[27] Bloße Seitenzahlen im Text beziehen sich im folgenden auf die Monographie von J. Jeremias.

[28] Zum Gottesdienst in Israel s. besonders den Überblicksartikel von B.-J. Diebner, Art. Gottesdienst II, TRE XIV, 1985, 5–28.

[29] Diesen Problemhorizont hat J. Jeremias bereits in »Anhang I« der 2. Auflage seiner Dissertation skizziert: Theophanie. Die Geschichte einer alttestamentlichen Gattung (WMANT 10), 1977², 182–193, vgl. auch Ders., Art. Theophany in the OT, IDB Suppl. Volume, Nashville/Tenn. 1976, (896–898) 898; Ders., Die Verwendung des Themas Schöpfung im Alten Testament (in: H. Chr. Knuth/W. Lohff [Hg.], Schöpfungsglaube und Umweltverantwortung. Eine Studie des Theologischen Ausschusses der VELKD, 1985, 101–145), 114ff, und Ders., Von Schöpfung redet im Alten Testament nicht nur die Schöpfungsgeschichte (EvErz 39, 1987, 367–383), 369ff.

[30] S. besonders § 3 »Lieder von Jahves Thronbesteigung« seiner Psalmeneinleitung: H. Gunkel (/J. Begrich), Einleitung in die Psalmen. Die Gattungen der religiösen Lyrik Israels, zu Ende geführt von J. Begrich, 1933, 1966², 94–116.

[31] Vgl. oben Anm. 15–16. Erfreulicherweise wird von Jeremias nicht nur die Hauptstärke von Mowinckels Ansatz hervorgehoben (vgl. im folgenden), es werden auch einige Mißverständnisse seitens seiner Kritiker zurechtgerückt (Königtum Gottes, 9f).

remias auch die Hauptschwäche seines Ansatzes: »Er hat den Einzelpsalmen viel zuwenig Aufmerksamkeit geschenkt, hat sie nur selten nach Form und Intention voneinander abgehoben, hat die je unterschiedliche Aufnahme und Verwendung altorientalischer Vorstellungen nicht herausgearbeitet, späte und frühe Psalmen nur sehr oberflächlich voneinander getrennt, so daß er insgesamt ›den Kultmythus des Festes‹ durch ein recht beliebiges Nebeneinanderstellen von Themen beschreiben konnte, wie sie nie in den Einzelpsalmen begegnen, sondern nur in Mowinckels methodisch nicht kontrollierter Mischung von Psalmen" (10). Die Devise lautet also: von den Theorien und Hypothesen[32] zurück zu den Texten! Für die Durchführung dieses Programms – das allerdings auch nicht ohne Theorievorgaben auskommt (vgl. unten III) – formuliert J. Jeremias drei methodologische Forderungen: nach einer formalen, einer historisch-chronologischen und einer traditions- und religionsgeschichtlichen Analyse dieser Psalmen. Alle drei Methodenaspekte sind miteinander verbunden.

Im Anschluß an H. Gunkels Beobachtung, daß die Psalmen 93; 97 und 99 aufgrund des Themasatzes »JHWH herrscht als König« (*JHWH mālak*)[33] auch inhaltliche Gemeinsamkeiten aufweisen, und unter Aufnahme der darauf basierenden Unterscheidung einer zweiten, die Form des „imperativischen Hymnus" abwandelnden Textgruppe (Ps 47; 95; 96; 98)[34] unternimmt J. Jeremias eine Verhältnisbestimmung dieser beiden Psalmengruppen und ihrer liturgischen Funktion. Dabei spielen Fragen der historischen und kontextuellen Einordnung eine entscheidende, die unfruchtbare Alternative »kultisch«, also vergangenheitsbezogen, versus »prophetisch-eschatologisch«, also zukunftsoffen, auflösende Funktion. Erreichbar ist aber nur eine relative Chronologie, die für die beiden Textgruppen mit Ps 93 bzw. Ps 47 als Ausgangspunkt rechnet. Damit ist der Grundaufriß des Buches vorgegeben (vgl. unten II/2–3).

Das eigentliche Desiderat, zu dem J. Jeremias' Arbeit einen Beitrag leisten will (und auch leistet!), ist die – ihrerseits mit chronologischen Entschei-

[32] Die sechs Fest-»Mythen« Mowinckels (Psalmenstudien II, 45 ff) werden bei Jeremias, aaO 10 Anm. 10; 156 genannt und kurz besprochen.

[33] Vgl. Gunkel, aaO 106: »Welche Psalmen gehören zu diesem Thronfest Jahves? An dieser Stelle kommt uns nun die *Untersuchung der Form* aufs glücklichste zu Hilfe; vor allem die Beobachtung *der ersten Worte* der Gedichte: ist doch auch sonst der Eingang das zuverlässigste Kennzeichen der Gattung... Nun gehören eben nach dem Anfangssätzchen ›Jahve ward König‹ Ps 93,97 und 99 zu einer Gruppe deutlich zusammen« (Hervorhebung im Original).

[34] D. Michel, Tempora und Satzstellung in den Psalmen (AET 1), 1960, 215–221; F. Crüsemann, Studien zur Formgeschichte von Hymnus und Danklied in Israel (WMANT 32), 1969, 70f.

dungen korrelierte – Aufhellung der kanaanäischen Vorgeschichte der JHWH-König-Vorstellung[35]. Für diese ist die Einsicht leitend, »daß der Titel eines ›Königs‹ für die Gottheit dem biblischen Israel schon seitens der Kanaanäer vorgegeben war« (12) und seine Rezeption Israel in eine fundamentale Auseinandersetzung mit seiner altorientalisch-kanaanäischen Umwelt und deren komplexem Gottes- und Weltverständnis hineinzog. Sehr richtig bemerkt J. Jeremias: »Wenn Israel sagte: ›Jahwe ist König‹, tat es mehr, als kanaanäische Gottesnamen durch den Namen des eigenen Gottes zu ersetzen: Es bejahte zwar die Komplexität seiner Welterfahrung, verneinte gleichzeitig aber deren Analogie zu seiner Gotteserfahrung. Es versteht sich von selbst, daß es damit das Königtum Gottes auch neu und anders begründen mußte« (13, vgl. 149). Man ist gespannt, welche Aspekte vom Autor für die *interpretatio israelitica* des Gott-König-Motivs geltend gemacht werden.

2. *Analyse der Texte (am Beispiel von Ps 93)*

J. Jeremias geht von der Annahme aus, daß die Prädikation JHWHs als »König« (der Welt / der Götter / der Völker / Israels / des einzelnen) Israel aus Kanaan vorgegeben war und die Auseinandersetzung um das Verständnis des Königtums Gottes in Israel früh einsetzte (zur Datierungsproblematik vgl. unten II/3). Diese die »Entstehung des Königstitels« (15–106, vgl. 150 ff) ermöglichende Auseinandersetzung verlief in zwei Stadien: als *Umprägung kanaanäischer Gott-König-Mythen* zur »Zustandsschilderung« (Nominalsätze!) in den sog. »Thema«- oder *JHWH mālak*-Psalmen Ps 93 (frühe / mittlere Königszeit, vgl. 26 f), Ps 99 (Umkreis der dtn / dtr Theologie) und Ps 97 (hellenistische Zeit) und als *Weiterentwicklung des »imperativischen Hymnus«*, die die Verbindung von Mythos und Geschichte bezeugt, in Ps 47 (vorexilische Zeit, vgl. 68 f), Ps 95 (Umkreis der dtn / dtr Theologie) und Ps 96 und 98 (Umkreis der deutjes Theologie). Der an Ps 93 aufgewiesene Rezeptions- und Transformationsprozeß wird dabei anhand seiner mutmaßlichen Vorgeschichte (Ps 29)[36] wie seiner Wirkungsgeschichte (Ps 104,1–9) einsichtig gemacht. Ebenso wird die Verbindung von Mythos und Geschichte, wie sie Ps 47 und dessen »engste Sachparallele« Ps 68 bezeugen, anhand ihrer – wiederum hypothetischen – Vorgeschichte (Dtn 33,2–5.26–29)[37] und ihrer Wirkungsgeschichte (Ex 15,1b–18) nachgewiesen. Die der »Spätzeit« angehörenden und die »Entfaltung des Königstitels« (107–147, vgl. 154 f) widerspiegelnden Texte (Ps 95; 99;

[35] S. dazu auch die Hinweise unten S. 448 f.
[36] S. dazu unten S. 419 ff.
[37] S. dazu unten S. 422 f.

96; 98; 97; ferner Ps 9–10; 22) belegen den Wandel der JHWH-König-Vorstellung auf dem Hintergrund der Exilserfahrung.

Der skizzierte methodische Ansatz (s. oben II/1) bestimmt die Analyse der Texte. Zunächst werden jeweils textanalytische, dann traditionsgeschichtliche und schließlich historisch-chronologische Fragen erörtert. Gegenüber der älteren Forschung, die »zu sehr über den Texten [schwebte]« (10), plädiert J. Jeremias zu Recht für eine intensive Formanalyse (vgl. 10f. 16f u. ö.). Daß ihre Durchführung der Schlüssel zur Interpretation – aber auch der Ansatz zur Kritik – ist, wird die folgende Diskussion bestätigen. Als Beispiel sei die Exegese von Ps 93 (15–29) gewählt.

a) Darstellung

Zur besseren Übersicht stellen wir J. Jeremias' Übersetzung (15) dieses ältesten „Themapsalms« voran:

1 »Jahwe herrscht als König;
mit Hoheit umkleidet,
umkleidet ist Jahwe,
mit Macht umgürtet.
So ist die Erde fest gegründet,
kann nicht wanken.
2 Fest steht dein Thron von uran,
von Urzeit her bist du.

3 Es erhoben Fluten, Jahwe,
es erhoben Fluten ihr Brausen,
(ja ständig) erheben Fluten ihr Tosen!
4 Mehr als das Brausen mächtiger Wasser,
gewaltiger als die Brecher des Meeres
ist gewaltig in der Höhe Jahwe.
5 Deine Setzungen sind wahrhaft zuverlässig;
deinem Haus gebührt Heiligkeit,
Jahwe, für die Dauer der Tage«[38].

Grundlegend für die Deutung von Ps 93 ist die Erkenntnis, daß sich der Psalm in zwei Strophen (V. 1–2 und V. 3–5) gliedert. Dafür gibt es, wie J. Jeremias gegenüber dem Gros der Forschung hervorhebt (16f), mehrere Indizien: zum einen den Metrumwechsel zwischen V. 2 (3+2) und V. 3 (3+3+3)

[38] Textkritische Entscheidungen: V. 1b: Das *tikkôn* des MT wird beibehalten, zur Begründung s. aaO 15 Anm. 1, vgl. auch E. GERSTENBERGER, Art. *kûn* nif., THAT I, 1975², (812–817) 814; PETERSEN, Mythos, 98 Anm. 14 u. a.; V. 4aβ: gegen MT (*'addîrîm mišbᵉrê-jām*) wird *'addîr mimmišbᵉrê-jām* als ursprünglich vermutet, zur Begründung s. aaO 15 Anm. 2, vgl. auch unten Anm. 65.

bei gleichzeitigem syntaktischen Einschnitt mit Subjektwechsel (JHWH – »Fluten«), Fortsetzung der Nominal- (V. 2) durch Verbalsätze (V. 3) und Übergang von anredendem Du- (V. 2) in beschreibenden Er-Stil (V. 3); zum anderen den spannungsreichen Zusammenhang zwischen objektivierendem Bericht in der 3. Person (V. 1 und V. 3f) und lobpreisender Anrede in der 2. Person (V. 2 und V. 5), auf der, weil in ihr »die Konsequenzen des Königtums Gottes für die Gemeinde dargelegt werden« (16), jeweils der Akzent liegt. Beide Anredeteile sind parallel gestaltet: Motiv der »Festigkeit« // »Zuverlässigkeit«, der Ortsgebundenheit (»dein Thron« // »dein [Tempel-]Haus«) und der zeitlichen Erstreckung (»von uran // von Urzeit her« //»für die Dauer der Tage«) der Königsherrschaft Jahwes.

Der formale und gedankliche Einschnitt nach V. 2 macht die Hauptthemen des Psalms deutlich. Unter ihnen ist der in beiden Strophen jeweils am Schluß stehende Zeitaspekt (»von uran // von Urzeit her« // »für die Dauer der Tage«) der wichtigste, »weil unabdingbare Voraussetzung für die Festigkeit der Königsherrschaft. Er muß bei allen Einzelaussagen des Psalms ständig mitbedacht werden. Es ergibt sich, daß in beiden Strophen über Gott nur Aussagen gemacht werden, die *ausschließlich Zuständliches,* d. h. bleibend Gültiges und Unwandelbares zum Gegenstand haben, nirgends aber von Gott einmalige Handlungen berichtet werden« (17 [Hervorhebung im Original], vgl. 18.23 f.27 u. ö.). Mit dieser Antithese *»bleibend Gültiges und Unwandelbares«* versus *»einmalige Handlungen«* ist der entscheidende Deutungshinweis gegeben. Da mit ihr zugleich eine Grundthese des gesamten Buchs vorformuliert ist, müssen wir der Argumentation J. Jeremias' noch etwas detaillierter nachgehen.

Ps 93 erzählt nicht, »wie Jahwe sein Königtum über die Welt errungen hat, sondern er stellt dar, wie sich Jahwes Königtum über die Welt gegenwärtig wie schon seit Urzeit und für alle Zukunft stets gleichartig auswirkt« (19) – und zwar in seinen beiden Strophen V. 1–2 und V. 3–5. So beschreiben die im *x-qaṭal* gehaltenen Handlungssätze V. 1a – im Gegensatz zu den Nominalsätzen V. 2 (die *x-jiqṭol*-Sätze V. 1b nennen die Folgen der in V. 2 formulierten Gegebenheiten)[39] – »die permanent wirksame Ausübung von Hoheit und Macht durch den König Jahwe«, aber »keinesfalls den Anfang solcher wirksamen Ausübung . . ., weil dies im Widerspruch zu V. 2 implizieren würde, daß Jahwe zuvor . . . nicht König der Welt gewesen wäre. Der Vorgang, daß Jahwe aktiv ›sich umkleidet‹ und ›sich umgürtet‹, ist ›von Urzeit her‹ abgeschlossen, weil er unabdingbare Voraussetzung der urzeitlichen Festigkeit der Königsherrschaft ist, von der V. 2 spricht« (18). Dasselbe gilt für V. 3 f: Den »aufgeregten Handlungssätzen von V. 3« (Subjekt nicht JHWH, sondern die »Fluten«) tritt »die

[39] Zu diesen »Tempus«-Kategorien s. unten II/2bα.

zuständliche Ruhe von V. 4« entgegen (19). Dieser Vers »beschreibt also *nicht*, wie Jahwe die chaotischen Mächte, die seine Menschen bedrohen (V. 3), besiegt, sondern er hält diesen Mächten die schlechthin unbesiegbare Überlegenheit Gottes entgegen, wie sie ›von uran‹ (V. 2) und ›für die Dauer der Tage‹ (V. 5) besteht« (19 [Hervorhebung im Original]).

Welches Interesse – diese Deutung der in Ps 93 verwendeten »Tempus«-Kategorien einmal als zutreffend vorausgesetzt (vgl. aber unten II/2bα) – leitet den Autor, derart entschieden auf der Antithese *Handlung :: Zustand* zu insistieren? Kurz gesagt das Interesse, in den JHWH-König-Psalmen Spuren der »Vergeschichtlichung« des kanaanäischen Mythos (vgl. 23) zu entdecken, ja diese Texte geradezu als Produkt dieses Prozesses zu begreifen. Dies setzt eine bestimmte Auffassung des Mythos voraus: Die »entscheidende und unabdingbare Charakteristik des Mythos« ist »die Schilderung einer Handlung, durch deren Aktualisierung, gegebenenfalls mit kultdramatischen Mitteln, der Mythos im Kult allererst in Kraft gesetzt werden könnte. Aus dem Mythos ist eine Zustandsschilderung geworden, die wesenhaft zeitlos ist« (20, vgl. 23.27)[40]. Als

[40] Die »Schilderung einer Handlung« (:: »Schilderung eines Zustands«) als das »entscheidende und unabdingbare« Charakteristikum des Mythos auszugeben, geht – in dieser Einseitigkeit (!) – nicht nur an der Eigenbedeutung mythischer Texte vorbei, es verkürzt auch die komplexe Diskussion um den Mythos. Diese müßte zumindest genannt, besser noch in ihrer Vielschichtigkeit bzw. in ihren Grundpositionen skizziert werden. Daß dies nicht geschieht, erweist sich als gravierender Mangel des Buchs (vgl. auch unten II/2b); für das *Alte Testament* s. etwa PETERSEN, Mythos, bes. 1–55.261–268 (die Monographie fehlt bei JEREMIAS, Königtum Gottes, 184, vgl. dazu B. LANG [BZ 29, 1985, 293–295]), für den *Alten Orient* etwa J. ASSMANN / W. BURKERT / F. STOLZ, Funktionen und Leistungen des Mythos. Drei altorientalische Beispiele (OBO 48), 1982 (darin bes. die Beiträge von F. STOLZ zum mythischen Zeitverständnis: 7–11, bes. 9 f, und zum ugaritischen Ba'al-Epos: 83–114, vgl. dazu auch unten S. 448 f), und für die *Gesamtproblematik* jetzt H. H. SCHMID (Hg.), Mythos und Rationalität, 1988 (darin bes. die Beiträge von K. HÜBNER, F. STOLZ und W. PANNENBERG), s. ferner die Lit. bei B. JANOWSKI, Literatur zur Biblischen Theologie 1982–1985 (JBTh 1, 1986, 210–244), 233 f, und D. R. DANIELS / B. JANOWSKI, Literatur zur Biblischen Theologie 1985–1988 (JBTh 4, 1989), Abschn. 3. 22. Ein anderes Mythos-Verständnis, das er verkürzend mit jener Charakteristik »Schilderung einer Handlung« identifiziert, deutet JEREMIAS, aaO 20 Anm. 12 an: Es besteht in der »Verbindung des Mythos mit der ›Urzeit‹. Der Mythos konstituiert, begründet und legitimiert die Ordnungen der Welt, in denen sich der Mensch vor aller individuellen geschichtlichen Erfahrung immer schon vorfindet. Er zielt damit auf letzte Wahrheit, wie sie jedes menschliche Leben prägt, und beansprucht damit universale Geltung und Allgemeinverbindlichkeit. Er begründet – zumindest von Haus aus – zugleich die Riten des Kultes, die diese verbindliche Wahrheit zur Darstellung bringen und vergegenwärtigen«, vgl. auch 149. Dieser Ansatz, der u. a. zu einer Präzisierung der Zeitkategorie »*vor* aller individuellen geschichtlichen Erfahrung« hätte führen müssen, wird im Fortgang der Arbeit leider nicht vertieft, vgl. zur Sache grundsätzlich auch OTTO, Mythos und Geschichte; KOCH, Qädäm, und im folgenden.

Paradigma dient der Israel vorgegebene ugaritisch-kanaanäische Mythos vom Kampf Ba'als mit dem Meeresgott Jammu KTU 1.2:I–II.IV[41]. Dessen Umprägung zur zeitlosen »Zustandsschilderung« verlief nach J. Jeremias auf zwei Ebenen: Aus Jammu, dem Antipoden Ba'als, wurde in Israel nicht eine göttliche Gegenmacht, sondern die Gewalt der andrängenden »Fluten« (V. 3) und »mächtigen Wasser« (V. 4, vgl. 21 f); und aus der Darstellung des Chaoskampfes wurde die »Zustandsschilderung«: »Dem donnernden Toben der Wasser wird der Weltkönig ›in (bzw. aus) der Höhe‹ nur noch komparativisch gegenübergestellt. Jahwes Kampf gegen das Chaos ist entschieden, bevor er überhaupt begonnen hat« (22).

Mit diesem zweifachen Transformationsprozeß wurde »die mythische Sprachwelt implizit vergeschichtlicht« (23). Das Resultat ist »ein Königtum ohne Anfang und Ende..., als prinzipiell nicht zu gefährdende, bleibend gültige Voraussetzung allen kontingent geschichtlichen Geschehens, dem die Welt ihre gesicherte Ordnung verdankt. Ps 93 schildert eben *keinen* Chaoskampf..., sondern er beschreibt die Voraussetzungen einer gehaltenen und stabilen Welt« (27, vgl. zur »gehaltenen Welt« auch 19.23.149 u. ö.).

b) Kritik

α) *»Nominalisierung« des Mythos?*

Nach Ps 93 ist JHWHs Königsherrschaft nicht das Resultat eines Sieges über das Chaos und dessen (mythische / innergeschichtliche) Repräsentanten, sondern »ein Königtum ohne Anfang und Ende« (27), das »[sich] über die Welt gegenwärtig wie schon seit Urzeit und für alle Zukunft stets gleichartig auswirkt« (19). Entscheidend ist, daß die im (Zions-)Tempel verbürgte Heilsgegenwart JHWHs »den Bestand der geordneten Welt garantiert« (24, vgl. 27 f). Diese als »Umsetzung von mythischer Erzählung in statisch-nominale Aussagen« (27) bezeichnete Grundaussage des Psalms entnimmt J. Jeremias den parallelen Anredeteilen V. 2 und V. 5, die *»ausschließlich Zuständliches,* d. h. bleibend Gültiges und Unwandelbares zum Gegenstand haben, nirgends aber von Gott einmalige Handlungen« (17 [Hervorhebung im Original]) berichten. Wo, wie in V. 3 „wirkliche Handlungssätze« stehen, ist nicht JHWH, sondern die

[41] Der Inhalt dieses Mythos wird – unter Hinweis auf SCHMIDT, Königtum Gottes, 10 ff – in einen Satz zusammengefaßt: »Vorgegeben war der Mythos, in dem erzählt wurde, wie der Wettergott Baal den Meeresgott Jamm, vor dessen Machtanspruch sich die anderen Götter beugen, in einem urzeitlichen Kampf besiegt und dem Sieger ein Palast gebaut wird, von dem aus er seine kraftvolle Herrscherstimme erschallen läßt« (19), zu den vielschichtigen Problemen s. aber unten S. 448 f.

»Fluten« das Subjekt. »Sobald von Jahwe die Rede ist – in V. 4 in stark betonter Schlußstellung –, erstarrt die Handlung im Zustand, werden reine Nominalsätze verwendet« (18)[42]. Ein ähnliches Verhältnis von Handlung und Zustand scheint auch in V. 1f vorzuliegen – mit dem Unterschied, daß die Handlungssätze von V. 1a, obwohl von mythischer Sprache und Vorstellungswelt geprägt (20 f), nicht eigentlich Handlungen darstellen, sondern »wegen V. 2 als zeitlos gültige Wahrheit interpretiert werden [müssen], die Grundgegebenheiten beschreiben, wie sie aller menschlichen Erfahrung vorausliegen und von keiner Erfahrung überholbar sind« (18). Wie ist das zu verstehen?

So ansprechend die These der »Umsetzung von mythischer Erzählung in statisch-nominale Aussagen« zunächst ist – es melden sich bei genauerem Hinsehen doch Zweifel an ihrer Richtigkeit. Sie entzünden sich an der Bestimmung der sprachlichen Struktur von V. 1 f:

JHWH mlk g'wt lbš	1aα.β	*x-qaṭal // x-qaṭal*
lbš JHWH 'z ht'zr	aγ.δ	*qaṭal-x*[43] *// x-qaṭal*
'p-tkwn tbl bl-tmwṭ	1b	*x-jiqṭol // x-jiqṭol*
nkwn ks'k m'z m'wlm 'th	2	NS

Die Analyse der Verbformen von V. 1 f ist nicht nur für das Verständnis von Ps 93 entscheidend, sie hat auch Konsequenzen für die Traditionsgeschichte der JHWH-König-Psalmen. Dabei sind vor allem zwei Aspekte zu beachten:

1. Die Frage ist zunächst, wie das Moment der »Festigkeit« (V. 2 // »Zuverlässigkeit« V. 5) der Königsherrschaft JHWHs, auf dem J. Jeremias zu Recht insistiert (vgl. 18 f.20.23 f u. ö.), definiert wird: als Zustand, der »wesenhaft zeitlos« (18.20 u. ö. zu V. 2) bzw. Ausdruck einer »erstarrten« Handlung ist (18 f zu V. 4)[44] – beide Bestimmungen werden parallelisiert[45] –, *oder* als Zustand, der Resultat einer Handlung ist und auf diese bezogen bleibt. Diese Relation von (vergangener) Handlung und (dadurch erreichtem) Zustand dürfte in V. 1a (perfektischer Sachverhalt, fortgeführt durch stativischen Aspekt in V. 2) vorliegen[46]. Anders kann die – u. E. zutreffende – Deutung J. Jeremias', daß die Handlungssätze von V. 1a »die *permanent wirksame Ausübung* von Hoheit und Macht durch den König Jahwe beschreiben [wollen]« (18 [Hervorhebung von uns]), nicht einsichtig gemacht werden. Das führt zum zweiten Aspekt.

2. Der Vorgang, der »die unabdingbare Voraussetzung der urzeitlichen Festigkeit der Königsherrschaft ist, von der V. 2 spricht« (18), wird in V. 1a ge-

[42] Zu V. 3 f s. unten II/2bβ.
[43] Zum Sinn der *qaṭal-x*-Form V. 1aγ s. im folgenden.
[44] S. dazu unten II/2bβ.
[45] S. dazu unten Anm. 54.
[46] S. dazu im folgenden.

schildert. Daß dessen Handlungssätze (*x-qaṭal* bzw. *qaṭal-x,* perfektischer Sachverhalt) auf ein *Geschehen* gerichtet sind, sieht auch J. Jeremias (vgl. 18.20f u. ö.). Er übergeht aber, daß es sich dabei, wie jüngst E. Otto betont hat, um Thron(besteigungs)motivik handelt[47]. Wenn der auf »die permanent wirksame Ausübung« (18) der Königshoheit / -macht JHWHs gerichtete Aussagegehalt der Handlungssätze (!) von V. 1a[48] ernst genommen wird, ergibt sich auch ein anderer Zugang zu dem hier diskutierten Problem.

[47] »Die im *x-qaṭal* formulierten Sätze in V. 1a sind in ihrer Motivik auf ein Geschehen, die Thronbesteigung, bezogen. Der Verf. (= J. Jeremias) räumt selbst ein, daß von ›Macht‹ als ›Kleidung‹ und ›Gürtel JHWHs‹ im AT vornehmlich dann die Rede ist, ›wenn auf Taten angespielt wird, die JHWH als königlicher Krieger in der Urzeit vollbrachte‹ (S. 20). Der Verf. übergeht aber, daß es sich dabei auch um genuine altorientalische Thronbesteigungsmotivik handelt« (Mythos und Geschichte, 98). Der von Otto unter Hinweis auf E. Lipiński, La royauté de Yahwé dans la poésie et le culte de l'ancien Israël (VVAW.L XXVII/55), Bruxelles 1965, 111, beigebrachte Beleg aus dem assyrischen Neujahrsritual zeigt, daß der (Schreckens-)Glanz *(pulḫu) melammu* (zur Wortbedeutung s. W. H. Ph. Römer, Numinose Lichterscheinungen im alten Mesopotamien. Eine terminologische und religionsgeschichtliche Betrachtung [JARG 1, 1973, 65–122], 67 mit Anm. 5–6; Ders., Beiträge zum Lexikon des Sumerischen (I) [BiOr 32, 1975, 145–162], 146) dem König von den Göttern anläßlich seiner Inthronisation zuteil wird: »Das Zepter, den Thron, das *palû*-Symbol gaben sie ihm; mit königlichem Glanz bekleideten sie ihn ...« (^{giš}*ḫaṭṭa* ^{giš}*kussâ palâ iddunūšu melam šarrūti uza'inūšu* KAR II 307 Rs. 23f, vgl. E. Ebeling, Tod und Leben nach der Vorstellung der Babylonier, I. Teil: Texte, 1931, 36). Der von den Göttern mit dem numinosen Lichtglanz ausgestattete König erschreckt und überwältigt seine Feinde; zum Zusammenhang von Thronbesteigung / Krönung, Verleihung der Königsinsignien / -attribute und Chaos- / Feindüberwindung s. E. Cassin, La splendeur divine. Introduction à l'étude de la mentalité mésopotamienne, Paris / La Haye 1968, 65ff, vgl. J. Renger, Art. Inthronisation, RLA V, 1976–80, 128–136; M. Weinfeld, Art. *kābôd,* ThWAT IV, 1984, (23–40) 30f.

[48] Jeremias rekurriert lediglich auf den kriegerischen Hintergrund der in V. 1a geschilderten Handlungen des Königsgottes (Königtum Gottes, 20f), übergeht aber deren inhärente Thron(besteigungs)motivik, vgl. Otto, aaO 98, und im folgenden. V. 1 und V. 3f sind Jeremias zufolge »von Vorstellungen geprägt, die ihren ursprünglichen Ort in der Erzählung von der Erringung des göttlichen Königtums durch den Sieg des göttlichen Kriegers gegen die Gewalten des Chaos haben« (aaO 20). Prüft man die Belege, die für diese These genannt werden (für *'oz* als »Kleidung« und »Gürtel JHWHs«: Ps 65,7f; Jes 51,9f; Ps 74,13; 89,11), so sind es in der Mehrzahl Texte, die zu den »verbale[n] Schilderungen des Chaoskampfes Jahwes (Ps 74,12ff; 89,6ff; Jes 51,9f; vgl. Ps 77,15ff)« (aaO 28) gehören. Diese sind nach Jeremias (aaO 28f.64) aber ganz und gar untypisch für die Sprache und Vorstellungswelt von Ps 93 bzw. der JHWH-König-Psalmen! Daß hier keine klaren Vorstellungen entwickelt werden, gehört zu den Inkonsequenzen des Ansatzes. So bleibt letztlich auch in der Schwebe, ob JHWHs Königsherrschaft nicht doch *erkämpft* ist (was Jeremias' Intention widerspräche und sich dem Psalm tatsächlich nicht entnehmen läßt, vgl. auch Spieckermann, Heilsgegenwart, 167f, und unten II/2bβ), die Handlungssätze in V. 1a also vielleicht doch individuellen Sachverhalt der Vergangenheit darstellen, d. h. *einmalige* Kampfeshandlungen JHWHs in der mythischen

Diese Hinweise lassen sich durch Beachtung der grammatischen Funktion der Verbformen[49] in V. 1a substantiieren:

JHWH mlk // g'wt lbš	*x-qaṭal // x-qaṭal*	AV // ZV
lbš JHWH // 'z ht'zr	*qaṭal-x // x-qaṭal*	ZV // AV

Hinsichtlich der Abfolge dieser Verbformen ist zu beachten, daß V. 1aγ.δ mit demselben Verb eröffnet wird, mit dem V. 1aα.β endet (primäres ZV [= Zustandsverb] *lābeš* »bekleidet sein mit«, als AV [= Aktionsverb] »etwas anziehen«). Durch diesen Wechsel von *lābeš* von nicht-erster (*x-qaṭal*) an erste Position (*qaṭal-x*) entsteht ein Bikolon[50] mit den semantischen Parallelismen *mlk // lbš* (V. 1aα.β), *lbš // ht'zr* (V. 1aγ.δ) und *g'wt // 'z* (V. 1aβ // 1aδ)[51]. Die vier Verbformen in Afformativkonjugation und *x-qaṭal-* bzw. *qaṭal-x*-Formation bezeichnen jeweils perfektiven Aspekt[52]. Dieser wird im vorliegenden Zusammenhang nicht als individueller Sachverhalt der Vergangenheit (narrativisch oder konstatierend), sondern als »perfektischer Sachverhalt« aufzufassen sein: »Das Charakteristische am Perfekt ist ... die Mitteilung eines zu dem in Rede stehenden Zeitpunkt vergangenen Sachverhaltes, um einen noch währenden aus dem mitgeteilten Sachverhalt resultierenden Zustand folgern zu lassen«[53]. Es geht also bei den Formen der Afformativkonjugation in V. 1a nicht einfach um das Abgeschlossensein einer Aktion / eines Vorgangs[54], son-

Urzeit berichten (vgl. aber aaO 17 u. ö.). Die Unklarheiten hängen u. E. auch mit der Behauptung zusammen, daß »V. 1 und V. 3 f ... einander traditionsgeschichtlich und sachlich parallel [laufen]« (aaO 21), s. dazu im folgenden.

[49] Zur Notwendigkeit der sprachlichen Analyse vgl. auch OTTO, aaO 97 f.

[50] Vgl. PARDEE, Psalm 93, 164, anders SPIECKERMANN, Heilsgegenwart, 166 ff. 443 (Textrekonstruktion), der V. 1aα als »Motto« von dem Trikolon V. 1aβ–δ absetzt; zur poetischen »Selbständigkeit« von *JHWH mlk* vgl. auch LORETZ, Psalmen II, 40 (allerdings mit zahlreichen Texteingriffen).

[51] S. dazu ausführlich PARDEE, Psalm 93.

[52] Vgl. W. GROSS, Otto Rössler und die Diskussion um das althebräische Verbalsystem (BN 18, 1982, 28–78), 62 ff, ferner H. IRSIGLER, Einführung in das Biblische Hebräisch I. Ausgewählte Abschnitte der althebräischen Grammatik (ATS 9), 1978, 79 f. 159 f.

[53] A. DENZ, Die Verbalsyntax des neuarabischen Dialektes von Kwayriš (Irak). Mit einer einleitenden allgemeinen Tempus- und Aspektlehre (AKM 40/1), 1971, 48, vgl. GROSS, aaO 63 Anm. 147, und IRSIGLER, aaO 159. Zur Schilderung präteritaler Handlungen, die auf daraus resultierende gegenwärtige Zustände zielen, s. neuerdings auch H.-P. MÜLLER, Das Bedeutungspotential der Afformativkonjugation – Zum sprachgeschichtlichen Hintergrund des Althebräischen (1. Teil) (ZAH 1, 1988, 74–98), 77 f.

[54] *Lexikalisch ausgedrückt* wird allein der vergangene Sachverhalt, also das Abgeschlossensein einer Aktion / eines Vorgangs, *aussagerelevant* dagegen ist der dadurch erreichte Zustand, der erschlossen werden muß, vgl. DENZ, aaO 48 ff, und als Beispiel Gen 16,2aα: »Sieh doch, JHWH hat mir zu gebären versagt (und daher bin ich unfruchtbar)« (*hnh-n' 'ṣrnj JHWH mldt*), vgl. IRSIGLER, aaO 159. Vielleicht hat dies JEREMIAS im

dern um die Relation von *vergangenem Sachverhalt* und *dadurch erreichtem Zustand.* Der Vorgang von V. 1a (JHWHs König-Werden) ist zwar abgeschlossen, der aus ihm resultierende Zustand aber (JHWHs König-Sein) dauert an und bestimmt die gegenwärtige Weltwirklichkeit. Insofern läßt sich mit J. Jeremias sagen, daß die perfektischen Sachverhalt darstellenden Handlungssätze in V. 1a »die permanent wirksame Ausübung von Hoheit und Macht durch den König Jahwe beschreiben [wollen]« (18).

Die These der »Nominalisierung« mythischer Erzählelemente wird durch die sprachliche Struktur von Ps 93,1 f u. E. nicht bestätigt. Die Besonderheit dieses Textes liegt nicht in der »Umsetzung von mythischer Erzählung in statisch-nominale Aussagen« (27), sondern, wie E. Otto zutreffend formuliert hat, in der *Unableitbarkeit der Königsherrschaft JHWHs:* »JHWH ist Herr über das Chaos, weil er Königsgott ist und ist nicht Königsgott, weil er sich als Sieger über das Chaos erwiesen hat. Damit ist aber nicht das Motiv, daß JHWHs Königtum in seiner Thronbesteigung gründe, ausgeschlossen. ... In der göttlichen Thronbesteigung geht es, wie das Nebeneinander von *perf.* und *imperf.* Verbal- sowie Nominalsätzen in V. 1 f zeigt, um ein Gründungs*geschehen,* das einerseits von weltübergreifender Dauer ist, andererseits Weltwirklichkeit gänzlich ausfüllt und bestimmt. Der Aspekt eines Zustands vor diesem Anfangsgeschehen ist außerhalb des Gesichtskreises von Ps 93«[55].

Die Grundthese der »Umsetzung von mythischer Erzählung in statisch-nominale Aussagen« (27) ist auch insofern inkonsistent, als zwar V. 3 Erzähl- / Motivelemente des ugaritisch-kanaanäischen Mythos enthält[56], der syntaktisch z. T. parallele V. 1a (*x-qaṭal // x-qaṭal, qaṭal-x // x-qaṭal,* V. 3: *qaṭal-x // qaṭal-x → jiqṭol-x*)[57] aber von vornherein die den gesamten Psalm prägende *interpretatio israelitica* des göttlichen Königtums bietet. Eine mythische Erzäh-

Blick, wenn er schreibt: »Der Vorgang, daß Jahwe aktiv ›sich umkleidet‹ und ›sich umgürtet‹, ist ›von Urzeit her‹ abgeschlossen, weil er unabdingbare Voraussetzung der urzeitlichen Festigkeit der Königsherrschaft ist, von der V. 2 spricht« (Königtum Gottes, 18). Allerdings wird diese Aussage durch den übernächsten Satz wieder relativiert: »Die Handlungssätze in V. 1 müssen wegen V. 2 als zeitlos gültige Wahrheit interpretiert werden, die Grundgegebenheiten beschreiben ...«, vgl. zu dieser widersprüchlichen Funktionsbestimmung der AK-(= Afformativkonjugation-)Formen V. 1a auch OTTO, Mythos und Geschichte, 97 f.

[55] OTTO, aaO 98 f, ähnlich SPIECKERMANN, Heilsgegenwart, 166 ff, bes. 171 f.

[56] In Frage kommt v. a. die Schilderung des Kampfes Ba'als mit Jammu KTU 1.2 I–II.IV, speziell der Bericht über den Sieg Ba'als KTU 1.2 IV 23–30 mit anschließender Königsproklamation »Ba'al herrsche als Köni[g]!« (*b'lm yml[k]* KTU 1.2 IV 32), s. dazu bes. M. DIETRICH / O. LORETZ, Baal vernichtet Jammu (KTU 1.2 IV 23–30) (UF 17, 1985, 117–121), und J. C. DE MOOR, An Anthology of Religious Texts from Ugarit (Nisaba 16), Leiden 1987, 38 ff.

[57] Zum Sinn der *jiqṭol-x*-Form V. 3b s. im folgenden.

lung, die in statisch-nominale Aussagen umgesetzt worden sein soll, ist anhand von V. 1f nicht rekonstruierbar – es sei denn, man rekurriert mit J. Jeremias (20f), entgegen seiner eigentlichen Intention (28f), auf die »verbale[n] Schilderungen des Chaoskampfes Jahwes (Ps 74,12ff; 89,6ff; Jes 51,9f; vgl. Ps 77,15ff)« (28)[58]. Keiner dieser Texte, zu denen für »Macht« noch Ps 65,7f und für »Hoheit« Ex 15,7f; Dtn 33,26, vgl. V. 29; Ps 68,35; Jes 2,10.19.21 gestellt werden (20), paßt traditionsgeschichtlich und sachlich zu Ps 93,1a.2, weil entweder andere Verben oder andere Nomina, aber nicht dieselbe Konstellation von beiden wie in Ps 93,1a begegnen[59]. Eher als an die im mythischen Chaoskampf[60] / im JHWH-Krieg erkämpfte bzw. verteidigte Königsherrschaft / Souveränität JHWHs ist u. E. an die *im Tempelkult erfahrene und hymnisch vergegenwärtigte Präsenz des Weltkönigs* zu denken, »die Ps 104,1b.2a mit *hwd JHWH* ›Hoheit und Pracht‹ und *'wr* ›Licht‹, 29,4 mit *kḥ* ›Macht‹ und *hdr* ›Hoheit, Pracht‹ terminologisch umkreist«[61]. Und zwar aus drei Gründen: 1. wegen des *syntaktischen Zusammenhangs* von V. 1a (perfektischer Sachverhalt) und V. 2 (stativischer Aspekt; V. 1b: Folgesatz), 2. aufgrund der *thematischen Relation* von V. 1b.2 (himmlischer Thron) und V. 5 (irdischer Tempel)[62]

[58] S. dazu auch oben Anm. 48.

[59] Einzig der (traditionsgeschichtlich zum »Corpus der Chaoskampfschilderungen« gehörende Text) Jes 51,9f böte mit V. 9aα einen semantischen Anknüpfungspunkt (*lābeš* + *'oz*, angeredet ist der »Arm« JHWHs, vgl. zu *zᵉrôaʿ* auch Ps 89,11.14). Allerdings favorisiert JEREMIAS für seine traditionsgeschichtliche Hypothese Texte, in denen nicht »›Majestät und Pracht‹ (*hwd* und *hdr:* Ps 104,1; Hi 40,10; vgl. Ps 96,6) als ›Kleidung‹ Zeichen der stärker statisch gesehenen königlichen Weltherrschaft Gottes«, sondern »›Hoheit und Macht‹, verbunden mit dem Verb ›sich gürten‹, Zeichen seiner dynamisch-kriegerischen Kraft gegenüber allen Mächten [sind], die die Welt in den Abgrund zu reißen drohen« (Königtum Gottes, 21). Die gesamte Problematik der »Kleidung JHWHs« bedarf einer eingehenden Untersuchung.

[60] S. dazu die Übersicht bei PETERSEN, Mythos, 138ff, und ausführlich zuletzt M. K. WAKEMAN, God's Battle with the Monster, Leiden 1973; K. EBERLEIN, Gott der Schöpfer – Israels Gott. Eine exegetisch-hermeneutische Studie zur theologischen Funktion alttestamentlicher Schöpfungsaussagen (BEATAJ 5), 1986, 167ff; C. KLOOS, Yhwh's Combat with the Sea. A Canaanite Tradition in the Religion of Ancient Israel, Amsterdam / Leiden 1986; DAY, God's Conflict. Zur Diskussion der verschiedenen Ansätze s. besonders N. WYATT, Killing and Cosmogony in Canaanite and Biblical Thought (UF 17, 1985, 375–381), und W. HERRMANN, Das Aufleben des Mythos unter den Judäern während des babylonischen Zeitalters (BN 40, 1987, 97–129).

[61] SPIECKERMANN, Heilsgegenwart, 167. Auf sachentsprechende Parallelbelege für die Majestätsprädikationen JHWHs in Ps 93,1a und Ps 104,1b.2a hat bereits STECK, Ps 104, 247 Anm. 14, hingewiesen, s. ferner J. GAMBERONI, Art. *lābeš*, ThWAT IV, 1984, (471–483) 477f. Allerdings ist zwischen Ps 93 und Ps 104 hinsichtlich der *Darstellungsform* (»behobene Krise« / »ein für allemal ausgeschlossenes Chaos«) der Königsherrschaft JHWHs zu differenzieren, s. dazu im folgenden.

[62] Vgl. SPIECKERMANN, aaO 171f; PARDEE, Psalm 93,168.170, und im folgenden.

und 3. wegen der *Stilform der »behobenen Krise«*, die den Zusammenhang von V. 3 f prägt und überdies der *nervus rerum* des Psalms zu sein scheint.

β) *Stilform der »behobenen Krise«*

JHWH ist Herr über das Chaos, weil er der Königsgott ist[63] – der Gedanke der *Unableitbarkeit* der Königsherrschaft JHWHs, der den Aussagezusammenhang von V. 1 f bestimmt, ist auch für das Verständnis von V. 3 f entscheidend. Wie ist dieser Gedanke sprachlich gestaltet?

3 *nś'w nhrwt JHWH nś'w nhrwt qwlm jś'w nhrwt dkjm*
4 *mqlwt mjm rbjm 'djr(j) mmšbrj-jm 'djr bmrwm JHWH*

3 »Es erhoben Ströme, JHWH, es erhoben Ströme ihre Stimme,
es erheben Ströme (jetzt) ihren Schlag[64].
4 Mehr als das Tosen mächtiger Wasser, gewaltiger als[65]
die Brandung des Meeres ist JHWH gewaltig in der Höhe«.

Die Frage nach der sprachlichen Gestalt jenes Unableitbarkeitsgedankens wird von J. Jeremias anhand konträrer Bestimmungen beantwortet. Richtig ist zunächst, daß V. 4 nicht eine Chaos*kampf*schilderung ist (19, vgl. 18.20.21 f. 23.27.49 u. ö.), sondern JHWH in seiner Überlegenheit über das Chaos darstellt: »Dem donnernden Toben der Wasser wird der Weltkönig ›in (bzw. aus) der Höhe‹ nur noch komparativisch gegenübergestellt« (22)[66]. Kaum zutref-

[63] Vgl. OTTO, Mythos und Geschichte, 98.

[64] *dākî* »Klatschen (der Wellen)«, vgl. HAL 212b s. v. Zur These eines »ugaritischen« Hintergrunds s. v. a. LORETZ, Psalmen II, 431 f; G. DEL OLMO LETE, Interpretación de la mitología cananea. Estudios de semanticá Ugaritica, Valencia 1984, 80, vgl. JEREMIAS, aaO 22 Anm. 18.

[65] Zu Recht wendet SPIECKERMANN, Heilsgegenwart, 165 Anm. 3, gegen V. 4aβ MT ein, daß »die Masoreten ... den repetierend-klimaktischen Parallelismus membrorum in V. 4 nicht richtig erkannt [haben]. Durch die Vokalisierung *mišbᵉrê-jām* wird deutlich, daß sie V. 4 folgendermaßen verstanden haben: ›Gewaltiger als das Donnern massiger Wasser ist die Brandung des Meeres, doch am gewaltigsten ist Jahwe in der Höh'‹«, vgl. zum Problem auch JEREMIAS, Königtum Gottes, 15 Anm. 2. SPIECKERMANNS Gegenvorschlag »Mehr als das Donnern massiger Wasser, gewaltiger als des Meeres Verheerungen, ist Jahwe gewaltig in der Höh'« (Umpunktierung von *mišbᵉrê* MT in *miššibrê* < *šibrê* [pl. cstr. von *šæbær* »Brechen, Bruch«, vgl. Hi 41,17?] + *min*, Beibehaltung von *'addîrîm* MT) bereitet wegen *'addîrîm* und seines singularischen Bezugswortes *JHWH* allerdings syntaktische Schwierigkeiten. Mit BHS App. z. St. ist u. E. *'addîr*⁽ʲ⁾ *mimmišbᵉrê-jām* zu lesen, vgl. zuletzt JEREMIAS, aaO 15 mit Anm. 2 (Lit.); PARDEE, Psalm 93, u. a. Zum repetitiven Parallelismus in Ps 93 s. bes. PARDEE, aaO 166 ff.

[66] Merkwürdig ist allerdings der folgende Satz: »Jahwes Kampf gegen das Chaos ist entschieden, *bevor* er überhaupt begonnen hat« (Hervorhebung von uns) – und zwar deshalb, weil so nicht einsichtig wird, was die Gemeinde des 93. Psalms dann eigentlich

fend aber dürfte es sein, den Verfassern / Betern des Psalms das Bewußtsein einer bleibenden (!) Gefährdung durch das Chaos abzusprechen: einerseits kennt Ps 93 – wie Ps 46,3 f – »eine Erschütterung der Welt« (24), andererseits scheint der Psalm – wie Ps 104,5.9 – der Vorstellung des grundsätzlich ausgeschlossenen Chaos verpflichtet zu sein: »Die Urfluten bleiben als Gefahr für die Welt, aber – um es in der weisheitlich geprägten Sprache von Ps 104,9 zu sagen – ihnen ist von Gott ›eine Grenze gesetzt, die sie nicht überschreiten dürfen; sie können niemals wieder die Erde bedecken‹, um sie ins Chaos zu reißen« (22). Bleibt also die Gefährdung durch das Chaos präsent, oder ist es ein für allemal aus der Schöpfung ausgeschlossen? Nach Ps 104 ist die Welt »frei von allen chaotischen Gegenmächten«[67], das Chaos ist zeitlich wie räumlich weit entfernt: vor dem Anfang der Welt und außerhalb ihrer Grenzen[68]. Das ist aber nicht die Auffassung von Ps 93, wie auch der Wechsel von *qaṭal-x* (perfektiver Aspekt V. 3a) zu *jiqṭol-x* (imperfektiver Aspekt V. 3b)[69] bestätigt.

Um dem in Ps 93,3b vorhandenen Bewußtsein einer potentiellen Gefährdung durch das Chaos gerecht zu werden, zugleich aber die (immer wieder vertretene) Deutung des Psalms als *Chaoskampfschilderung*[70] zu vermeiden, sei in Aufnahme von Beobachtungen zur Formensprache ägyptischer Sonnenhymnen vorgeschlagen, von der Stilform der »behobenen Krise« zu sprechen. Dargestellt wird in diesen Hymnen nicht der Kampf Res gegen den Sonnenfeind Apophis, sondern der *Triumph* des Sonnengottes, der den siegreich überstandenen Kampf gegen seine Widersacher zur Voraussetzung hat, ohne daß dieser geschildert würde.

Im Mittelpunkt der traditionellen Sonnenhymnik des Neuen Reichs[71] steht der Sonnenlauf mit den Phasen: Aufgang (Morgen) – Himmelsüberfahrt (Mittag) – Unter-

feiert. Die Dinge sind u. E. umzukehren: Ps 93,4 stellt JHWHs Triumph *nach* siegreich überstandenem Kampf gegen das Chaos dar (der hier nicht mehr geschildert wird), und zwar in der Stilform der »behobenen Krise«: der Triumph deutet das Ausmaß der abgewendeten Katastrophe an, und *das* wird hier gefeiert, s. dazu im folgenden.

67 Steck, Ps 104, 243, vgl. Hermisson, Creation Theology, 47 ff, und auch Jeremias, aaO 45 ff. Zum besonderen Problem eines innergeschichtlichen Negativum in Ps 104,33–35 s. etwa Steck, aaO 243 ff, bes. 245, u. a.

68 Vgl. Hermisson, aaO 50 f.

69 Das wird auch von Jeremias, aaO 18 f.22.24 mit Anm. 25 betont. H.-J. Kraus, BK XV/2, 1978^5, 815.818, spricht von »Aktualisierung«, Spieckermann, Heilsgegenwart, 165 Anm. 2 (vgl. 169), von »Dramatisierung«. Entscheidend – und gegen alle Textänderungsvorschläge (z. B. BHS App. z. St.) festzuhalten – ist, daß die *jiqṭol-x*-Form V. 3b imperfektiven Aspekt (der Gegenwart / Zukunft) ausdrückt, s. dazu Gross (s. Anm. 52), 65 ff.

70 S. dazu die bei Jeremias, aaO 27 Anm. 36, genannte Lit.

71 S. zum Folgenden J. Assmann, Re und Amun. Die Krise des polytheistischen Welt-

gang / Landung (Abend) und Unterweltsfahrt (Nacht), die auf den Sonnengott und dessen tiergestaltige Manifestationen (Chepre / Re[-Harachte] / Atum) bezogen sind. Diese »Phasenstruktur« des Sonnenlaufs, die das Kompositionsprinzip des sog. Tageszeitenliedes, der traditionellen Form des ägyptischen Sonnenhymnus, bildet, spiegelt sich in der strophischen Gliederung des Hymnentextes wider. Jede Strophe wird einer bestimmten Phase zugeordnet und – als Anrede an den Sonnengott stilisiert – mit einem thematischen Stichwort bezeichnet: »du gehst auf« (I) – »du überquerst den Himmel« (II) – »du gehst unter« (III). Als Beispiel sei der folgende Totenhymnus (ohne die Überschrift) angeführt:

I »Gegrüßt seist du, Re bei seinem Aufgang,
Atum Harachte!
Ich bete dich an, deine Schönheit (ist) in
meinen Augen,
dein Strahlenglanz entsteht auf meiner Brust.

II Du ziehst aus, du gehst unter in der *Msktt*-Barke,
dein Herz ist weit in der *Mʿnḏt*-Barke.
Du durchwanderst den Himmel in Frieden,
gefällt sind alle deine Feinde.
Die ›Unermüdlichen‹ jubeln dir zu,
die ›Unvergänglichen‹ beten dich an.

III Du gehst unter im Lichtland des Berges,
du bist schön als Re Tag für Tag;
du bist lebenerfüllt, bist immerwährend,
mein Herr, in Rechtfertigung«[72].

Die für das Tageszeitenlied charakteristische Darstellung des Sonnenlaufs »konzentriert alle mit der Barkenfahrt verbundenen Vorstellungen auf die spezifisch mittägliche Manifestation des Sonnengottes als ›Re‹«[73], d. h. auf sein Erscheinen als Königsgott (Herrscher und Richter), der täglich sein Reich durchzieht, um darin die Maat (*m3ʿ.t* »Wahrheit, Ordnung, Gerechtigkeit«) durchzusetzen. Wichtig für das Gesamtverständnis ist dabei, daß die Konfrontation Res mit seinen kosmischen Widersachern (Sonnenfeind Apophis, hier: »alle deine Feinde«) nicht als Kampf, sondern als Triumph des Sonnengottes *nach* siegreich überstandenem Kampf und d. h. in der Stilform der »behobenen Krise« dargestellt wird: »Der Kampf hat den Charakter des vollstreckten Urteils, die Konfrontation des Sonnengottes mit dem Feind den eines Aktes der Rechtsprechung. Re durchzieht den Himmel ›gerechtfertigt‹«[74].

bilds im Ägypten der 18.–20. Dynastie (OBO 51), 1983, 60 ff, und B. Janowski, Rettungsgewißheit und Epiphanie des Heils. Das Motiv der Hilfe Gottes »am Morgen« im Alten Orient und im Alten Testament, Bd. 1: Alter Orient (WMANT 59), 1989, 135 ff.

[72] Übersetzung: J. Assmann, Liturgische Lieder an den Sonnengott. Untersuchungen zur altägyptischen Hymnik I (MÄSt 19), 1969, 282, vgl. Janowski, aaO 138.

[73] Assmann (s. Anm. 71), 73.

[74] Ders., aaO 77. Zum Ausdruck »Behobene Krise« s. auch Janowski, aaO 149 Anm. 759; 167 f mit den dortigen Nachweisen.

Eine ähnliche Struktur wie im ägyptischen Tageszeitenlied liegt u. E. – bei aller sonstigen Differenz! – auch in Ps 93 vor: Thema ist auch hier nicht der Kampf JHWHs gegen die chaotischen Urgewalten, sondern der *Triumph des Königsgottes,* der den siegreich überstandenen Kampf gegen die (Chaos-) »Fluten« zur Voraussetzung hat, ohne daß dieser noch geschildert wird. JHWHs Königtum ist also nicht *Folge* seines Kampfes gegen das Chaos, sondern *Voraussetzung* für den Bestand der Welt, die immer wieder vom Chaos bedroht wird (V. 3b). Die Konfrontation JHWHs mit dem Chaos ist deshalb – gegen J. Jeremias (22) – nicht schon vorbei, bevor sie überhaupt begonnen hat[75], sie kommt vielmehr in der Form der »behobenen Krise« zum Ausdruck, die V. 4 anhand des zweifachen Komparativs (*'addîr* »gewaltig« mit *min* comparativum[76]) als Triumph des Königsgottes darstellt. Die Darstellung dieses Triumphs deutet das Ausmaß der abgewendeten Katastrophe an – das ist das Thema von Ps 93!

Von hier aus stellt sich die Frage, ob die von J. Jeremias (45–50, vgl. 22.24 Anm. 24) vertretene These eines wirkungsgeschichtlichen Zusammenhangs von Ps 93 und Ps 104,1–9 zutreffend ist. Diese These hat einiges für sich, sofern man sie ganz allgemein am Topos der (von JHWH) »gehaltenen Welt« festmacht (vgl. 19.23.27 u. ö. für Ps 93, 46 u. ö. für Ps 104). Schwieriger wird es, wenn man genauer auf die – unterschiedliche! – Behandlung des Themas »Konfrontation von Schöpfung und Chaos« in den beiden Psalmen achtet. Denn bezeichnend für die Weltsicht von Ps 104,1–9 ist das Fehlen aller chaotischen Gegenmächte[77], die JHWH am Anfang der Welt ein für allemal aus der Schöpfung ausgeschlossen hat:

> »Eine Grenze hast du gezogen, die überschreiten sie nicht,
> sie kehren nicht mehr zurück, die Erde zu bedecken« (V. 9).

In dieser Betonung des »nicht mehr« (*bal* V. 9 [bis], vgl. V. 5) liegt die Sinnspitze von Ps 104,5–9. Dann aber ist der Hiatus zwischen Ps 93 und Ps 104,1–9 nicht einfach mit Hilfe des Topos der »gehaltenen Welt« zu überbrücken. Denn bezeichnend für Ps 93 ist die Erfahrung der *immer wieder neu* von JHWHs überlegener Königsmacht aus dem Chaos herausgehaltenen Welt, für Ps 104,1–9 dagegen die Erkenntnis des aus der Welt *ein für allemal* ausgeschlossenen Chaos[78]. In der literarischen Bearbeitung des Themas »Konfronta-

[75] Vgl. oben Anm. 66.

[76] Vgl. zur Sache Ex 15,10 (*'addîrîm* in Constructus-Verbindung mit *majim* als nomen regens).11 (Verbaladjektiv *næ'dār* mit logischem Subjekt JHWH), ferner Ps 76,5.8 u. a. und Jeremias, Königtum Gottes, 22 f.

[77] Vgl. dazu oben Anm. 67.

[78] Diese entscheidende Differenz wird von Jeremias, aaO 22.24 mit Anm. 24, nicht gesehen, anders z. B. Hermisson, Creation Theology, 49 ff, bes. 51: »These psalms of

tion von Schöpfung und Chaos« sind also ganz unterschiedliche Konstellationen denkbar und in Ps 74,13f; Ps 93,3f und Ps 104,5.9 auch realisiert worden:

- in Ps 74,13f als *Kampf JHWHs* gegen das Chaos (und seine mythischen Repräsentanten), das die bereits geschaffene Welt bedroht, vgl. Ps 89,10f; Jes 51,9f; Hi 26,12 u. a.[79].
- in Ps 93,3f als *Triumph JHWHs*, der den siegreich überstandenen Kampf gegen das Chaos bereits zur Voraussetzung hat, aber nicht mehr darstellt, vgl. (?) Ps 46,3f.5–7.
- in Ps 104,5.9 als *Setzungsakt JHWHs*, durch den das Chaos am Anfang der Welt definitiv begrenzt wurde, vgl. Jer 5,22; Hi 38,10f; Prov 8,29 u. a.[80].

Diese verschiedenen Darstellungsformen des Grundthemas »Konfrontation von Schöpfung und Chaos« sind jeweils durch bestimmte Topoi und Formulierungsmuster geprägt. Obwohl sie keine Beschreibungen historischer Zustände sind, haben sie doch alle eine geschichtliche Dimension: Sie sind einer bestimmten historischen / kulturellen / sozialen Situation (Ps 89: exilische Klageliturgie; Ps 93: kultische Vergegenwärtigung; Ps 104: weisheitliche Welterkenntnis) entsprungen, in der sie auch ihren Ort und ihre Funktion haben[81]. Nach Ps 93,5 ist dies der Jerusalemer Tempelkult.

γ) *Himmlischer Thron und irdischer Tempel*

Die bisherigen Überlegungen sind durch Beobachtungen zum Aufbau von Ps 93 und zur Funktion von V. 5 im Gesamtgefüge zu ergänzen. Nach J. Jeremias ist der Psalm in zwei Strophen gegliedert (V. 1–2 und V. 3–5), wobei das Hauptgewicht beider Strophen, die mit ihrem Beginn im Berichtstil (V. 1 und

the Jerusalem cult reflect the experience of a world which time and again is kept away from chaos by Yahweh's superior creative power. In the creation hymn conceived by wisdom, on the other hand, there is the conviction that chaos was eliminated fundamentally from this world at one time. Chaos is located temporally at a great distance, before the beginning of the world, or, spatially, outside the boundaries of the world«.

[79] Vgl. dazu die oben Anm. 60 genannte Lit., ferner O. H. STECK, Beobachtungen zu den Zion-Texten in Jes 51–54. Ein redaktionsgeschichtlicher Versuch (BN 46, 1989, 58–90), 76f. Im Blick auf diese Textgruppe müßte noch einmal genauer nach dem Verhältnis von Schöpfung und Chaos- / Meereskampf gefragt werden (Schöpfung als Folge *oder* als Voraussetzung des Chaos- / Meereskampfes), vgl. dazu die Hinweise bei L. SCHMIDT, Schöpfung: Natur und Geschichte (in: H.J. BOECKER / H.-J. HERMISSON / J.M. SCHMIDT / L. SCHMIDT, Altes Testament, 1986², 243–263), 249.

[80] S. dazu die Übersicht bei PETERSEN, Mythos, 111f, ferner HERMISSON, Creation Theology, 47ff.49ff.51ff; STECK, Ps 104, 243f.253f; H. WEIPPERT, Schöpfer des Himmels und der Erde. Ein Beitrag zur Theologie des Jeremiabuches (SBS 102), 1981, 17ff.

[81] Vgl. dazu die kurzen Hinweise bei JEREMIAS, aaO 28 (für Ps 93).28f (für die Chaoskampfschilderungen).45 (für Ps 104,1–9).

V. 3 f) und ihrem Abschluß im Anredestil (V. 2 und V. 5) »auffällig parallel« gestaltet sind, »auf dem jeweiligen Abschlußteil in der Anrede [liegt], in dem die Konsequenzen des Königtums Gottes für die Gemeinde dargelegt werden" (16). Die für diese These beigebrachten Argumente sollen im folgenden präzisiert, aber im Unterschied zu J. Jeremias für die zentrale Thronmotivik (V. 2) ausgewertet werden.

V. 1–2:

1 »JHWH ist König geworden, mit Hoheit ist er bekleidet,
bekleidet ist JHWH, mit Kraft hat er sich umgürtet:
fürwahr, fest steht der Erdkreis, so daß er nicht wankt,
2 fest steht dein Thron seit damals / von uran, von Urzeit her bist du«.

Wenn J. Jeremias die Handlungssätze in V. 1a wegen V. 2 als »zeitlos gültige Wahrheit« interpretiert, die »Grundgegebenheiten beschreiben, wie sie aller menschlichen Erfahrung vorausliegen« (18), so ist dies – mit E. Otto[82] gesprochen – eine petitio principii. Die im *x-qaṭal* (bzw. *qaṭal-x:* V. 1aγ) formulierten Verbalsätze in V. 1a sind vielmehr in ihrer Motivik auf das Geschehen der Thronbesteigung bezogen[83], das als perfektischer Sachverhalt, also in der Relation von vergangener Handlung und dadurch erreichtem Zustand dargestellt ist (vgl. oben II/2bα): Der Vorgang von V. 1a (JHWHs König-Werden) ist zu dem in Rede stehenden Zeitpunkt (kultische Vergegenwärtigung der Königsherrschaft JHWHs auf dem Zion / im Tempel V. 5) zwar abgeschlossen, der aus ihm resultierende Zustand (JHWHs König-Sein) aber dauert an und bestimmt die gegenwärtige Weltwirklichkeit. V. 2 drückt diese Relation hinsichtlich ihres stativischen Aspekts und d. h. syntaktisch: durch zwei Nominalsätze (V. 2a // b) mit unterschiedlichen Prädikaten (partizipiales Prädikat *nākôn* + Zeitbestimmung *me'āz* »seit damals / von uran«[84], temporales Prädikat *me'ôlām* »von Urzeit her«) aus; V. 1b ist demgegenüber als Folgesatz (*x-jiqṭol*)

[82] Mythos und Geschichte, 98.

[83] Vgl. Ders., ebd., und unten III/1. Im Vergleich mit Ps 47,6.9 (s. dazu unten S. 437 ff) geht es in Ps 93,1a genaugenommen nicht um die Besteigung des Königsthrons, sondern um das *Anlegen des Königsornats.* Da das Anlegen des Königsornats aber im Zusammenhang steht mit der Ausübung des Herrscheramtes vom Königsthron (Psalm 93,2 → 1b), ja gleichsam deren »Auftakt« darstellt, geht es schon in Ps 93,1a implizit um die Thronmotivik, vgl. auch das oben Anm. 47 genannte altorientalische Vergleichsmaterial.

[84] Sowohl in dem *me'āz* (// *me'ôlām*) von Ps 93,2 (vgl. Prov 8,22 f) als auch in dem *meri'šôn* von Jer 17,12 »klingt Schöpfungsterminologie, klingt die Vorstellung von der urzeitlichen Gründung sowohl des Thrones als auch des Heiligtums an« (Metzger, Thron, 290), vgl. bereits O. Keel, Die Weisheit spielt vor Gott. Ein ikonographischer Beitrag zur Deutung des *m^{e}saḥäqät* in Spr 8,30 f, 1974, 13 f mit Anm. 13–15; K. Koch, Art. *kûn* usw., ThWAT IV, 1984, (95–107) 107, und zuletzt Ders., Qädäm, 267 mit Anm. 37.

auf die diese Folge (Festigkeit des Erdkreises) auslösende Ursache V. 2a (Festigkeit des Gottesthrons) rückbezogen[85].

V. 3–4:

3 »Es erhoben Ströme, JHWH, es erhoben Ströme ihre Stimme,
es erheben Ströme (jetzt) ihren Schlag.
4 Mehr als das Tosen mächtiger Wasser, gewaltiger als die Brandung des
Meeres ist JHWH gewaltig in der Höhe«.

Die beiden zusammengehörigen Trikola V. 3 f[86] markieren die entscheidende Zäsur im Psalm[87]. Das Motiv des Tobens des Chaos (V. 3) wird »in der Sprachstruktur des Psalms antithetisch dem der Thronbesteigung JHWHs (V. 1) entgegengesetzt«[88], zugleich aber in Verbindung mit V. 4 in die Stilform der »behobenen Krise« gekleidet: Dargestellt wird nicht der Kampf JHWHs gegen das Chaos, sondern der Triumph des Königsgottes, der den siegreich überstandenen Kampf gegen das Chaos (die »Fluten«) bereits zur Voraussetzung hat (vgl. oben II/2bβ). Unterstrichen wird dieser Gedanke der Souveränität JHWHs durch die Parallelität von V. 4 und V. 2:

– V. 4 sagt fast dasselbe wie V. 2, jetzt aber nicht unter dem Aspekt der Unableitbarkeit der JHWH-Herrschaft, sondern unter dem der Überlegenheit des Königsgottes[89]. Das Moment der Unableitbarkeit[90] wird in V. 2 durch die mit *min* gebildeten zusammengesetzten Präpositionen *me'āz // me'ôlām*, das Moment der Über-

[85] Vgl. JEREMIAS, Königtum Gottes, 18.23, und OTTO, aaO 98. Zum Verhältnis von primärer Festigkeit der Gottesherrschaft (V. 2a) und sekundärer Festigkeit der Welt (V. 1b) s. besonders JEREMIAS, aaO 23 f.27. Dem »Rückschritt« von der historischen Jetzt-Zeit (V. 1b) zur mythischen Ur-Zeit (V. 2a.b) korrespondiert die konzentrisch auf den Königsgott zulaufende Anrede »(der) Erdkreis« – »*dein* Thron« – »*du*«, vgl. SPIECKERMANN, Heilsgegenwart, 168, der dabei mit einer Verkürzung des Versmaßes um jeweils eine Hebung (4 + 3 + 2) rechnet; mit PARDEE, Psalm 93, 163, zählen wir 3 + 3 + 2 Hebungen, vgl. auch D. M. HOWARD, The Structure of Psalms 93–100, Diss. masch. Michigan 1986, 38.

[86] S. dazu oben S. 408.

[87] S. dazu die oben S. 399 ff referierten Beobachtungen von J. JEREMIAS.

[88] OTTO, Mythos und Geschichte, 100.

[89] Vgl. SPIECKERMANN, Heilsgegenwart, 170.

[90] Es ist zu erwägen, ob statt von »Unableitbarkeit« nicht besser von »Vorgängigkeit« der Königsherrschaft JHWHs zu sprechen ist – nicht im Sinne einer zeitlichen, sondern einer kategorialen Bestimmung: als *Gründungsgeschehen,* das »einerseits von weltübergreifender Dauer ist, andererseits Weltwirklichkeit gänzlich ausfüllt und bestimmt« (OTTO, Mythos und Geschichte, 99), vgl. in diesem Sinn auch JEREMIAS, Königtum Gottes, 20 Anm. 12, und oben Anm. 40. Gegenüber der »Unableitbarkeit« bzw. »Vorgängigkeit« der Königsherrschaft JHWHs, wie sie V. 2 (+ Folgesatz V. 1b) formuliert, bringt V. 1a das *Ereignishafte* bzw. das die Weltwirklichkeit bestimmende *Geschehen* von JHWHs König-Sein / Werden zum Ausdruck, vgl. im folgenden.

legenheit in V. 4 durch die beiden Komparative (*'addîr* + *min* comparativum) ausgedrückt[91].

– V. 4b korrespondiert V. 2a in der Semantik (*mārôm* »Höhe« // *kisse'* »Thron«). Die adverbielle Ortsbestimmung *bammārôm* »in der Höhe« (vgl. Ps 68,19: *lammārôm* »zur Höhe«) läßt sich sowohl auf den Thron als auch auf das Heiligtum beziehen (vgl. Jer 17,12)[92] und weist damit zugleich auf das Thema von V. 5 (*bajit* »Tempel«) voraus. »Thron«, »Höhe« und »(Tempel-)Haus« sind verschiedene Aspekte der *einen* Grundvorstellung, daß der im Jerusalemer Heiligtum / auf dem Gottesberg fundierte JHWH-Thron bis in den Himmel aufragt[93].

V. 5:

»Deine Zeugnisse[94] sind sehr verläßlich, ja dein (Tempel-)Haus ist ›schön an‹ Heiligkeit[95], JHWH, für die Dauer der Tage«.

[91] Vgl. Pardee, Psalm 93, 169.

[92] S. dazu bes. Metzger, Thron, 289 ff, vgl. Ders., Himmlische und irdische Wohnstatt Jahwes (UF 2, 1970, 139–158), 148 f. 156; Fabry, *kisse'*, 266 ff, und die bei B. Janowski, »Ich will in eurer Mitte wohnen«. Struktur und Genese der exilischen *Schekina*-Theologie (JBTh 2, 1987, 165–193), 172 Anm. 32, genannte Lit.

[93] Das wird natürlich auch von J. Jeremias gesehen und entsprechend hervorgehoben: Königtum Gottes, 24 f. 27 f.

[94] Mit Spieckermann, Heilsgegenwart, 171 mit Anm. 10, fassen wir *'edotækā* »deine Zeugnisse« nicht als göttliche Bundessatzungen oder Gesetzes- bzw. Vertragsbestimmungen, sondern als »Jahwes Zeugnisse im (doch wohl priesterlich vermittelten) Wort, als Gebot, Gebet(sformular) oder Orakel« (171) auf, vgl. zum Diskussionsstand auch Ollenburger, Zion, 33 f. Dem – von ihm selbst als spekulativ charakterisierten – Deutungsvorschlag Jeremias' (aaO 25 f: »Setzungen«, aktualisierte Neuinterpretation eines/r älteren Begriffs / Begriffsbedeutung in nachexilischer Zeit) können wir ebensowenig zustimmen wie dem Vorschlag Ottos (Mythos und Geschichte, 101, vgl. bereits Ders., Schöpfung als Kategorie der Vermittlung von Gott und Welt in Biblischer Theologie. Die Theologie alttestamentlicher Schöpfungsüberlieferungen im Horizont der Christologie [in: »Wenn nicht jetzt, wann dann?« (FS H.-J. Kraus), hg. v. H.-G. Geyer / J. M. Schmidt / W. Schneider u. M. Weinrich, 1983, 53–68], 60 Anm. 9), *'dwt* mit aus dem Aramäischen übernommenem neuassyrischem *adê* (pl. von *adû* »Eid, Vereidigung«) zu verbinden, da – trotz teilweiser Ähnlichkeit in der Motivik (»Verläßlichkeit« der *adê*) – der vorstellungs- / institutionsgeschichtliche Hintergrund ein anderer ist, s. dazu jetzt K. Watanabe, Die *adê*-Vereidigung anläßlich der Thronfolgeregelung Asarhaddons (BaghM Beih. 3), 1987, bes. 6 ff.

[95] Vgl. Spieckermann, aaO 165 mit Anm. 4, der *l^e* in *l^ebêt^{e}kā* als emphatische Partikel »ja, fürwahr« (vgl. GK^{28} § 143e u. a.) und **n'wh* als Adjektiv *nā'wæ̂* »schön, lieblich« und d. h. das Syntagma *nā'wê-qodæš* als Constructus-Verbindung deutet (Übersetzung: »schön in bezug auf Heiligkeit, heilig-schön«), vgl. zur Sache T. Muraoka, The status constructus of adjectives in Biblical Hebrew (VT 27, 1977, 375–380). Jeremias, aaO 15 Anm. 4, geht von masoretischem *$na^{'a}wâ$* aus und interpretiert dieses als *'wh* nif., vgl. auch HAL 20 s. v.

Die Funktion von V. 5 im Gesamtgefüge des Psalms läßt sich folgendermaßen skizzieren:

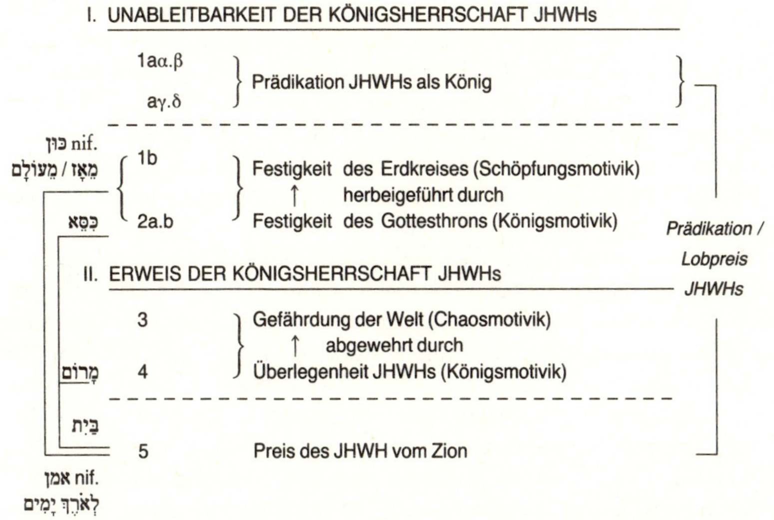

Die Schlüsselfunktion von V. 5 wird durch die poetische und semantische Struktur unterstrichen: poetisch ahmt der Vers die Struktur der beiden Trikola V. 3–4 nach[96], semantisch aber greift er – über die thematischen Anklänge an V. 4 (*bajit* → *mārôm*, *me'od* als Weiterführung der Komparative V. 4) – auf V. 1b.2 zurück, wobei die Komplementarität zum einen durch die *Termini für Festigkeit* (*kûn* nif. PK / Ptz V. 1bα/2a // *'mn* nif. AK V. 5aα), zum anderen durch die *Zeitbestimmungen* (*me'āz* // *me'ôlām* V. 2 // *le'oræk jāmîm* V. 5b) hergestellt wird: Unerschütterlich wie die durch die urzeitliche Festigkeit des Gottesthrons herbeigeführte Festigkeit des Erdkreises sind auch JHWHs »Zeugnisse« im Tempel für alle Zeiten verläßlich. »Die himmlische Thronvision in V. 1b.2 steht also tatsächlich . . . in fester Verbindung zu Tempel und Kult. Der königlich thronende ›Jahwe in der Höhe‹ ist der in Wort und Tempel erfahrbare Deus praesens«[97].

[96] Vgl. PARDEE, Psalm 93, 170.

[97] SPIECKERMANN, aaO 171. Diese Dimension des Kults wird von JEREMIAS zwar nicht übersehen (vgl. etwa aaO 25: ». . . mythisches Denken, dem entsprechend Mythos (Himmel) und Ritus (Tempel) untrennbare Darstellungsformen der einen Wirklichkeit sind«), durch seine Frontstellung gegenüber bestimmten Interpretationsmustern der Forschungsgeschichte aber nicht genügend reflektiert. Signifikant sind Äußerungen wie

Diese Kompositionsbeobachtungen machen deutlich, daß das Proprium von Ps 93 in der »Vermittlung von urzeitlichem Geschehen und Erfahrungswirklichkeit«[98] besteht. Wenn J. Jeremias feststellt, daß die Satzformen in V. 1 f »Grundgegebenheiten beschreiben, wie sie aller menschlichen Erfahrung vorausliegen« (18, vgl. 151), so ist dies nur zum Teil richtig, weil nach Ps 93 JHWH in seinem Handeln (!) als Königsgott (V. 1 f // 3 f) auf menschliche Erfahrungswirklichkeit bezogen ist und diese Relation nach V. 5 im Kult sinnenfällig wird: »›Deine Zeugnisse‹ und ›dein Haus‹ machen Jahwes himmlische Herrlichkeit je auf ihre Weise erfahrbar und anschaulich, sind als Gottes Wort und Gottes Ort die konstitutiven Elemente, die seinem himmlischen Thronen Sprache und Raum unter den Menschen geben«[99].

Diese *Relation von Urzeitgeschehen und Erfahrungswirklichkeit* hängt nun auch mit einer anderen Verhältnisbestimmung von Mythos und Geschichte zusammen, als sie von J. Jeremias vertreten wird. Wenn J. Jeremias das Motiv der Thronbesteigung (genauer: des Anlegens des Königsornats) in V. 1a mit dem Argument abwehrt, es impliziere, »daß Jahwe zuvor – welcher frühe Zeitpunkt auch immer im Blick wäre – nicht König der Welt gewesen wäre« (18), so trägt er nicht nur, wie E. Otto zu Recht angemerkt hat, »moderne lineare Zeitvorstellungen«[100] ein, er verkürzt auch den Aussagegehalt der *JHWH mālak*-Formel[101]. Das Proprium von Ps 93 besteht gerade darin, die beiden Ebenen »mythische / s Urzeit / Geschehen« und »Erfahrungswirklichkeit« zu vermitteln[102] und den Tempel als den kosmisch dimensionierten Ort in der em-

die folgende: »Jahwes Königtum *ist* nach Ps 93 urzeitliches Königtum (V. 1 f), weil es universales Königtum ist. Aber es ist *nicht* in der Urzeit durch den Sieg über einen Konkurrenten erkämpftes Königtum, damit auch *nicht* ein potentiell bedrohtes Königtum, dessen Bestand durch den im Kult aktualisierten Ritus gesichert würde« (aaO 23 [Hervorhebung im Original], vgl. 20 u. ö.); zu dem von uns vorausgesetzten Verständnis von Kult s. demnächst B. Janowski, Tempel und Schöpfung. Die schöpfungstheologische Dimension der priesterschriftlichen Sinaigeschichte (erscheint in JBTh 5, 1990).

[98] Otto, Mythos und Geschichte, 100, vgl. bereits Ders. (s. Anm. 94), 58 ff; Ders., Kultus und Ethos in Jerusalemer Theologie. Ein Beitrag zur theologischen Begründung der Ethik im Alten Testament (ZAW 98, 1986, 161–179), 174 f.

[99] Spieckermann, aaO 170 f.

[100] Mythos und Geschichte, 99. Zum »Anlegen des Königsornats« s. oben Anm. 83.

[101] S. dazu unten III/2.

[102] Vgl. Hermisson, Creation Theology, 50, und Otto, aaO 97 ff. 100 f. Insofern wäre das Spezifikum israelitischer Mythosrezeption, wie es auch Ps 93 widerspiegelt, zwar in der *Vermittlung* von mythischer Urzeit und Erfahrungswirklichkeit, zugleich aber in der darin geschehenen *Durchbrechung* des mythischen Zeitbewußtseins zu sehen, sofern dieses als »absolute Vergangenheit« vorgestellt ist: als Vergangenheit, von der man immer gleich weit entfernt ist, wie weit die geschichtliche Zeit auch voranschreiten mag, s. dazu demnächst B. Janowski (s. Anm. 97).

pirischen Wirklichkeit auszuweisen, an dem die urzeitliche Festigung der Welt als gegenwärtig erfahrbares Geschehen wahrgenommen wird[103] – im Gotteslob der Kultgemeinde. Nichts anderes will u. E. auch der Proklamationsruf *JHWH mālak* V. 1aα zum Ausdruck bringen: JHWH erweist sich *jetzt* wieder als der, der er *von Urzeit her* ist und als der er sich auch am Anfang erwiesen hat – als der souveräne Königsgott[104]: »Jahwe ist König geworden (und herrscht jetzt als König[sgott])«.

3. *Vorgeschichte der JHWH-König-Vorstellung*

Die Prädikation JHWHs als König war Israel aus Kanaan vorgegeben. Mit ihrer Übernahme konnte es die Universalität der Gottesherrschaft begründen, aber nicht ohne zugleich das Königsprädikat umzuprägen. Dieser zweiseitige Prozeß von Übernahme kanaanäischer Königsmotivik bei gleichzeitiger Auseinandersetzung mit ihr war notwendig, weil Israel »von seinen eigenen Traditionen her weder die Entmachtung des Chaos als Sieg im Götterkampf beschreiben noch die Vielfalt seiner Welterfahrung mit einer analogen Vielfalt der Götterwelt begründen«, sondern nur »mit partikularen Geschichtserfahrungen die universale Herrschaft Jahwes belegen« konnte (149).

Israels Auseinandersetzung mit dem kanaanäischen Mythos vollzog sich in den JHWH-König-Psalmen in zwei Stadien: »in der Umprägung des Mythos zu Zustandssätzen und in der Verbindung solcher Zustandssätze mythischen Inhalts mit Verbalsätzen geschichtlichen Inhalts« (151, vgl. oben II/2a). Der älteste Psalm der ersten, Nominalsätze verwendenden Gruppe ist nach J. Jeremias der »Themapsalm« Ps 93, während Ps 47 den ältesten Psalm der zweiten, die Form des imperativischen Hymnus abwandelnden Gruppe darstellt (engste Sachparallele ist Ps 68). Für beide Gruppen lassen sich Vorstufen ausmachen, die – wie auch der »Nordreichspsalm« Ps 68 (69–82, vgl. 153 f) – traditionsgeschichtlich jeweils ins Nordreich führen: Ps 29 als Vorstufe der Umprägung des kanaanäischen Mythos zur Zustandsschilderung und der Rahmenpsalm Dtn 33,2–5.26–29 als Vorstufe der Verbindung von Mythos und Geschichte[105]. Das (vorkönigszeitliche) Nordreich als Heimat der JHWH-König-

[103] Vgl. Hermisson, aaO 50 mit Anm. 27; Day, God's Conflict, 36 f; Ollenburger, Zion, 34, und unten III/2.

[104] Vgl. Hermisson, aaO 50: »... creation is presently perceived here not primarily as a distant past, but as an event which is presently repeating itself. For *now* the earth would be threatened, would be in danger of sinking back into chaos – if Yahweh had not become king, that is, if he had not proven himself as the one he has been since primeval time, as the one he proved to be then, in the beginning, the sovereign king.«

[105] Dabei gehört »unter den erhaltenen Psalmen ... der m. E. älteste (der Rahmen-

Vorstellung – das ist insofern »kaum zufällig, als die für Israel entscheidenden, aber mythologisch besonders problematischen Aussagen der Kanaanäer zum Königtum Gottes der Baaltradition entstammen, mit der Israel wesentlich im Norden seines Gebietes in Berührung kam« (150)[106]. So einleuchtend diese These zunächst sein mag, so schwierig ist sie zu beweisen, da, wie J. Jeremias selber einräumt, »die Urgestalt der frühen Hymnen (Rahmenpsalm in Dtn 33; Ps 29; 68; 93) erst rekonstruiert werden muß« (150). Dabei sind immer nur Hypothesen möglich.

a) Ps 29,10

Für Ps 29 (29–45.151 f.162), den er aufgrund seiner »zuständlichen Ausdrucksweise für Gottes welterhaltende königliche Kontrolle über alle chaotischen Mächte« (29, vgl. 35.40 u. ö.) traditionsgeschichtlich neben Ps 93 stellt, diesem aber chronologisch vorordnet, rechnet J. Jeremias mit folgendem Entstehungsmodell: ein ursprünglicher Ba'alhymnus V. 5–9a.10* (ohne *lammabbûl*) wurde in nordisraelitischer Rezeption auf JHWH übertragen und um die nominalen Aussagen V. 3 f* (ohne 3aβ) und das Stichwort *mabbûl* in V. 10 erweitert; schließlich ist der Psalm in Jerusalem um statische Elemente der El-tradition ergänzt (V. 1 f.3aβ.9b) und der Prozeß der Umdeutung kanaanäischer Tradition mit der Anfügung von V. 11 (»interpretatio israelitica«) abgeschlossen worden (41–44, vgl. 32–34). Gegenüber den Zustandssätzen von Ps 93 ist das Wachstum der Königsmotivik in Ps 29 »noch im Vorgang erkennbar« (44). Das gilt nach J. Jeremias besonders für den »Themasatz« V. 10, dessen »Herkunft aus ›erzählendem‹ Kontext des Mythos noch nachweisbar ist, während seine Aussage im Text analog V. 3 eine statisch-zuständliche ist« (44). Alle Aussagen über JHWHs Macht (Grundschicht V. 5–9a.10*) müssen von der Klammer V. 3 / V. 10 her verstanden werden (35), wonach es nicht um das Zustandekommen der Königsherrschaft JHWHs, sondern um die zuständliche Folge des göttlichen Königtums geht. Im Kontext des »zusammengesetzten Nominalsatzes« V. 10[107] deutet »schlechterdings nichts ... darauf, daß sich mit

psalm Dtn 33) gerade der zweiten Gruppe an« (JEREMIAS, Königtum Gottes, 151 Anm. 3), zu Dtn 33,5 s. im folgenden.

[106] Zu dieser traditionsgeschichtlichen Hypothese s. bereits J. JEREMIAS, Theophanie. Die Geschichte einer alttestamentlichen Gattung (WMANT 10), Neukirchen-Vluyn 1977², 182 ff.

[107] Analog *JHWH mālak* versteht JEREMIAS, Königtum Gottes, 35 f.158 ff u. ö., auch *JHWH ... jāšab* in Ps 29,10a als zusammengesetzten Nominalsatz, s. bereits MICHEL (s. Anm. 34), 179 ff; DERS., Thronbesteigungspsalmen, 51 f, jeweils unter Rückgriff auf H. S. NYBERG, Hebreisk Grammatik, Uppsala 1952, 259, u. a.

Jahwes Thronen Gedanken des Zustandekommens dieses Faktums verbinden (›er hat sich gesetzt und sitzt daher jetzt‹)« (36).

Das ist nun freilich, wie so manches in diesem Buch, eine petitio principii (vgl. schon oben II/2bα zu Ps 93,1 f). Denn zum einen ist die der arabischen Nationalgrammatik entnommene Bezeichnung »zusammengesetzter Nominalsatz« für die Darstellung althebräischer Syntax ungeeignet (in V. 10a liegt vielmehr ein Satz mit verbalem Prädikat in *x-qaṭal* vor)[108], zum anderen spricht auch der unmittelbare Kontext für die Annahme einer Handlung / eines Vorgangs. Mit W. Groß[109], M. Görg[110] und E. Otto[111] ist u. E. davon auszugehen, daß das Inversionspaar *x-qaṭal // wajjiqṭol-x* KF in V. 10 perfektischen Sachverhalt ausdrückt, also den aus einem präteritalen Vorgang resultierenden Zustand[112] schildert. Hinzukommt die semiologische Doppelstruktur von *jāšab:* »V. 10a dokumentiert die ›sedative‹, V. 10b die ›mansive‹ Bedeutungsseite. Dem entspricht die Vorstellung, daß auch JHWH wie der irdische König eine Thronbesteigung vollzieht, freilich um dann eine permanente Residenz auszuüben«[113]:

> *JHWH lammabbûl jāšab wajješæb JHWH mælæk l^e'ôlām*
> »JHWH hat sich über (?) den *mabbûl* gesetzt und sitzt / thront (daher jetzt) als König in Ewigkeit«[114].

[108] Mit W. Gross, Die Pendenskonstruktion im Biblischen Hebräisch. Studien zum althebräischen Satz I (ATS 27), 1987, 37 ff. 134 f. 190, ist das Syntagma *JHWH jāšab* (analog auch *JHWH mālak*) als Pendenssatz mit Betonung des am Satzanfang stehenden (= pendierenden) Subjekts aufzufassen: »JHWH hat sich gesetzt (und sitzt / thront daher jetzt)« bzw. umständlicher, aber deutlicher: »*JHWH* ist es, der sich gesetzt hat (und daher jetzt sitzt / thront)«.

[109] Verbform und Funktion. *wajjiqṭol* für die Gegenwart? Ein Beitrag zur Syntax poetischer althebräischer Texte (ATS 1), 1976, 93 ff, bes. 97, vgl. bereits Schmidt, Königtum Gottes, 57: »Hier wird Jahwe, wie im Ugaritischen Baal, ein Königtum zugesprochen, das bei einem bestimmten Ereignis einsetzt und von da ab immer fortdauert«, und dazu den nur sein eigenes Vorverständnis wiederholenden Kommentar von Jeremias: »Aber von einem ›Ereignis‹ dieser Art redet der Text bewußt nicht« (aaO 36 Anm. 17).

[110] *jāšab*, 1031.

[111] Mythos und Geschichte, 99. Zu Recht verweist Otto noch auf Ps 47,9, den auch J. Jeremias als Handlungssatz interpretiert, s. dazu unten III/1.

[112] Vgl. zur Sache auch oben Anm. 52–54 mit der dort angegebenen Lit.

[113] Görg, *jāšab*, 1031, vgl. 1016 f.

[114] Vgl. Gross (s. Anm. 109), 97, der in seiner Übersetzung die Überschneidung von perfektischem Sachverhalt des Inversionspaars und semiologischer Doppelstruktur von *jāšab* wiederzugeben sucht: »YHWH hat sich über der Flut (auf den Thron) gesetzt (und thront daher jetzt); YHWH hat sich gesetzt (und thront daher jetzt) als König für ewig«. Zur Zeitstruktur in Ps 29,3–10 s. Ders., aaO 97 ff, anders neuerdings Spieckermann, Heilsgegenwart, 154 f mit Anm. 5: Eliminierung aller Imperfecta consecutiva (v. 10: *wajješæb* → *w^eješeb*) bei Behauptung des perfektiven Aspekts der *wajjiqṭol*-Formen. Als

Schwierig bleibt allerdings die Sinnbestimmung des Syntagmas *lammabbûl jāšab* Ps 29,10a. O. Loretz[115], der den gegenwärtigen Forschungsstand skizziert, rechnet für die masoretische Textgestalt von Ps 29,10f mit einem zweifachen Interpretationsprozeß: »Auf der ersten Stufe wurde eine Tradition über Baals Sieg und Königsherrschaft in den Dienst der Verkündigung von Jahwes Königtum gestellt«[116] (Textgestalt: *JHWH lakkisse' jāšab*). »Dieser wohl jahwisierte Text wird mit der Absicht umgestaltet, kommentiert und erweitert, ihn zu verdeutlichen und im Sinne der biblischen Geschichtsschreibung zu historisieren«[117] (Textgestalt: *JHWH lammabbûl jāšab*). »Denn Jahwe erscheint jetzt nicht mehr als König aufgrund eines Sieges in einem mythischen Kampfgeschehen, sondern als König seit den Tagen der Sintflut«[118]. Ob damit die Genese des singulären Textes zutreffend beschrieben ist, ist u. E. sehr fraglich. Ebenso fraglich ist, ob *mabbûl*, das sonst immer »(Sint-)Flut« bedeutet (Gen 6,17; 7,6.7.10.17; 9,11[bis].15.28; 10,1.32; 11,10; Sir 44,17), in Ps 29,10a[119] mit O. Loretz als »Sonderfall« zu betrachten ist: »Im Anschluß an die Sintfluterzählungen hat ein Kommentator in V. 10 vor oder nach dem Anschluß des Fragmentes V. 10–11 *l ks'w* in ein *l mbwl* umgestaltet«; dem über der »(Sint-)Flut« thronend gedachten JHWH könnte dann im Blick auf Gen 9,11.15.28; 10,1.32 und 11,10 die »Funktion des größtmöglichen Schutzes für sein Volk Israel (V. 11) zugewiesen (werden). Daß keine *mbwl* ›Sintflut‹ mehr kommen werde, überträgt ... V. 10–11 auf das Verhältnis zwischen dem König Jahwe und seinem Volk«[120].

Handlung JHWHs wird Ps 29,10a auch von O. Loretz interpretiert: Psalm 29, 49ff. 93ff. 97ff. 119ff; Ders., ThRev 83, 1987, 278f; Ders., KTU 1.101: 1–3a und 1.2 IV 10 als Parallelen zu Ps 29,10 (ZAW 99, 1987, 415–421). Zu Loretz' Textrekonstruktion und seiner Deutung von *mabbûl* s. im folgenden.

[115] KTU 1.101: 1–3a und 1.2 IV 10 als Parallelen zu Ps 29,10 (ZAW 99, 1987, 415–421).

[116] AaO 418.

[117] Ebd.

[118] Ebd.

[119] Zum Diskussionsstand und zum Vergleich mit den altorientalischen (insbesondere den ugaritischen) Parallelen s. jetzt Loretz, aaO 415ff (dort auch Auseinandersetzung mit den Deutungen von Day, God's Conflict, 57ff, bes. 58f: »flood« = »cosmic waters«, und Kloos [s. Anm. 60], 61.89: »heavenly ocean«), vgl. Ders., Psalm 29, 93ff; S. E. Loewenstamm, Die Wasser der biblischen Urflut: ihr Hereinbrechen und ihr Verschwinden (VT 34, 1984, 179–194), und P. Stenmans, Art. *mabbûl*, ThWAT IV, 1984, 633–638 (der sich, wie auch Görg, *jāšab*, 1031, wieder für »Himmelsozean« entscheidet). Im Anschluß an M. K. Wakeman, God's Battle with the Monster. A Study in Biblical Imagery, Leiden 1973, 101f, versteht Spieckermann, Heilsgegenwart, 163, Ps 29,10a als »modifizierende Aneignung der in Ugarit belegten Angabe von Els ständigem Wohnsitz ›an der Quelle der (beiden) Ströme, inmitten der Flußbetten der (beiden) Ozeane‹«, zu den Belegen s. ebd. Anm. 25.

[120] Loretz, Psalm 29, 96. Ein neuer, bedenkenswerter Vorschlag, *lammabûl* zeitlich zu interpretieren (»since before the Deluge«), findet sich jetzt bei D. T. Tsumura, »The Deluge« (*mabbûl*) in Ps 29: 10 (UF 20, 1988, 351–355).

b) Dtn 33,5

Der zweite Text, den J. Jeremias zur frühen, vorkönigszeitlichen Gestalt der JHWH-König-Vorstellung zählt, ist der Rahmenpsalm (V. 2–5.26–29) des Mosesegens Dtn 33 (82–92.153 f.162), insbesondere V. 5:

> *waj^e hî bîšurûn mælæk b^e hit'assep rā'šê 'ām jaḥad šibṭê jiśrā'el*
> »So wurde er König in Jeschurun, als sich die Häupter des Volkes versammelten, die Stämme Israels insgesamt«.

Dieser »älteste Text im Alten Testament, der vom Königtum Jahwes spricht« (82, vgl. 162), wird von J. Jeremias im Gefolge I. L. Seligmanns[121] in die Richterzeit datiert. Auch wenn die Phalanx der »Frühdatierer« von Dtn 33, 2–5.26–29 eindrücklich ist[122], sollten mögliche Gegenargumente doch erwogen werden. Solche sind von K. Seybold[123], vor allem aber von F. Crüsemann[124] und N. Lohfink[125] genannt worden. Während K. Seybold Num 23,21; Dtn 33,5 und Ps 24 insgesamt für unsichere vorkönigszeitliche Belege hält, läßt N. Lohfink die Datierungsfrage für Dtn 33,5 und Num 23,21 zunächst offen [». . . vorstaatliche Zeit wie staatskritischer Untergrund der beginnenden Königszeit sind in gleicher Weise denkbar. Ich wage es unter diesen Umständen nicht, diesen Text als (im Endeffekt einziges) positives Zeugnis für eine Jahwe-König-Auffassung der vorstaatlichen Periode zu nehmen«[126]], plädiert dann aber aufgrund sozialgeschichtlicher Überlegungen (vgl. auch oben I/3) für die frühe Königszeit. Dieses Problem hängt mit zwei bislang noch nicht abschließend beantworteten Fragen zusammen: zum einen mit der Frage nach einer vorstaatlichen Herkunft (aus Silo?, die dortige Lade als Gottesthron?) der Königsprädikation JHWHs[127] und zum anderen mit der Frage eines zeitlichen / sachlichen Zusammenhangs zwischen der JHWH-König-Vorstellung und dem Aufkommen des irdischen Königtums zur Zeit der Staatenbildung. Wenn man – etwa gegen A. Alt (vgl.

[121] A Psalm of Pre-Regal Times (VT 14, 1964, 75–82).

[122] Vgl. die Liste bei JEREMIAS, Königtum Gottes, 82 Anm. 1, hinzuzunehmen wäre z. B. noch SOGGIN, *mælæk*, 916.

[123] *mælæk*, 947 f.

[124] Der Widerstand gegen das Königtum. Die antiköniglichen Texte des Alten Testaments und der Kampf um den frühen israelitischen Staat (WMANT 49), 1978, 73 ff, bes. 80 ff. CRÜSEMANNS Argumentation wird von JEREMIAS pauschal beiseite geschoben: »F. Crüsemann . . . deutet Dtn 33,5 recht gezwungen als ›Antikonzeption‹ zum irdischen Königtum« (aaO 89 Anm. 24), s. auch im folgenden.

[125] Begriff des Gottesreichs, 45 Anm. 20; 59.65 Anm. 84.

[126] AaO 45 Anm. 20.

[127] Zum Diskussionsstand s. SCHMIDT, Alttestamentlicher Glaube, 137 ff, vgl. OLLENBURGER, Zion, 37 f. Wichtige Aspekte bereits bei CRÜSEMANN, aaO 77 f, und neuerdings bei ZENGER, Herrschaft Gottes / Reich Gottes, 176 ff, vgl. auch unten Anm. 158.

oben I/3) – einen solchen Zusammenhang unterstellt, dann ließe sich die Funktion der Rede von der Königsherrschaft JHWHs mit N. Lohfink verschieden bestimmen: affirmativ-legitimierend oder kritisch-offensiv. Ein in die frühe Königszeit datierter Text Dtn 33,5 (samt der Gott-König-Topik in V. 26–29) hätte dann, wie auch Num 23,21, möglicherweise königskritische Funktion: »Hier haben wir Zeugnisse einer Widerstands- und Untergrundstheologie. ... von der Spannung zwischen der offiziellen Staatstheologie, die den Staat durch Jahwe, den König, legitimierte und das in pompösem Kult zum Ausdruck brachte, und dieser restaurativen, aber intellektuell durchaus wendigen Treue zu Israels Anfängen, die den Staat deshalb ablehnte, weil Jahwe allein Israels König sein sollte, hat das Israel der staatlichen Epoche in Wahrheit gelebt«[128]. Ob mit dieser Kennzeichnung bereits in allem die zutreffenden politisch-theologischen Kategorien gefunden sind, sei dahingestellt. Es gehört aber zu den Schwächen des hier besprochenen Buchs, daß diese Grundfrage der Sozialgeschichte Altisraels – von einer kurzen Anmerkung abgesehen[129] – nicht eigens bedacht, sondern unhinterfragt vom hohen Alter von Dtn 33,5 und damit von der vorstaatlichen Herkunft der JHWH-König-Vorstellung ausgegangen wird.

Es spricht u. E. viel dafür, daß Vorstellung und Begriff der Königsherrschaft JHWHs in der vorstaatlichen Frühzeit fehlen und erst mit der Staatenbildung und dem Aufkommen der Monarchie in Juda und Israel entstanden sind. Man kann noch einen Schritt weitergehen und zur These der nordisraelitischen Provenienz der JHWH-König-Tradition (J. Jeremias: Ps 29; Dtn 33,5.26–29; Ps 68) eine Alternative formulieren, die Jes 6,1–5 und seiner Gott-König-Topik eine historische und theologische Schlüsselfunktion zuerkennt. Wenn seit O. Eißfeldt[130] und A. Alt Jes 6,1 ff als »das älteste originale und sicher datierbare Zeugnis für die Bezeichnung Jahwes als König«[131] gilt, so sind weder die Vorstellungswelt von Jes 6,1–4 noch der Königstitel in Jes 6,5 Auslöser, sondern (erster) Kulminationspunkt einer Tradition. »Damit ist Jes 6 Beleg für eine vor-

[128] LOHFINK, aaO 59, vgl. zur Sache auch ZENGER, aaO 181 f. Nach CRÜSEMANN, aaO 42 ff, und LOHFINK, aaO 58, stammt auch der Gideonspruch Ri 8,22 f nicht aus vorstaatlicher Zeit, sondern von Kreisen, die sich noch gegen David und Salomo gewehrt haben, vgl. ZENGER, aaO 182; anders z. B. H. DONNER, Geschichte des Volkes Israel und seiner Nachbarn in Grundzügen, 1987, 170, und E. OTTO, Gibt es Zusammenhänge zwischen Bevölkerungswachstum, Staatsbildung und Kulturentwicklung im eisenzeitlichen Israel? (in: O. KRAUS [Hg.], Regulation, Manipulation und Explosion der Bevölkerungsdichte, 1986, 73–87), 85 f (dort 85 Anm. 45 wieder die These, das Motiv der Königsherrschaft JHWHs sei bereits vorstaatlich in Silo verankert).

[129] JEREMIAS, aaO 91 Anm. 31.

[130] Jahwe als König, 192.

[131] ALT, Königtum Jahwes, 349, vgl. zuletzt DIETRICH, Gott als König, 253 f.262; ZENGER, aaO 177 ff.180 f, und LOHFINK, aaO 60 ff.

jesajanische Tradition von Jahwes Königtum, die sich aus der ›Tempeltheologie‹ und aus einigen Psalmen erschließen läßt«[132]. Mit dieser Hypothese berühren wir einen Bereich von Fragen, die trotz der Antworten von J. Jeremias noch einmal zu stellen sind.

III. Offene Fragen

Jede Analyse biblischer Texte basiert auf Prämissen, die – implizit oder explizit – ihr historisches und theologisches Verständnis leiten. Auch der Entwurf von J. Jeremias geht von Prämissen aus. Negativ formuliert lauten sie: Das Theologumenon von der Königsherrschaft JHWHs hat ursprünglich weder etwas (1) mit der Vorstellung einer Thronbesteigung (erst in Ps 47, im Zusammenhang der Ladeprozession) noch etwas (2) mit dem Gedanken der Schöpfung (erst in Ps 95, im Zusammenhang der Götterpolemik) zu tun. Für beides werden immer wieder Gründe angeführt. Warum sie uns nicht überzeugen, soll im folgenden dargelegt werden.

1. Königsherrschaft und Thronbesteigung

Die Frage nach dem Zusammenhang von Königsherrschaft und Thronbesteigung stellen heißt, Gestalt und Funktion kultischer Überlieferungen im Kontext der JHWH-König-Vorstellung zu präzisieren: Was ist mit dem Begriff »Thronbesteigung« eigentlich gemeint, und welche Kultakte sind ihm im einzelnen zugeordnet? Die den Entwurf von J. Jeremias bestimmende Tendenz, dem Problem einer (jährlichen) Thronbesteigung JHWHs wenig Relevanz zuzugestehen[133] und stattdessen eine »kultdramatische Vergegenwärtigung im Zusammenhang der Lade-Prozession« anzunehmen (158, vgl. 58 ff. 156 ff u. ö.), hat Vorbilder in der neueren Forschung. Die Diskussion ist allerdings unübersichtlich und z. T. mit abwegigen Hypothesen belastet. Eine dieser Hypothe-

[132] Zenger, aaO 177; u. E. zu Recht folgert Zenger: »Die Vorstellung von Jahwe dem König dürfte dann mit dem Jerusalemer Tempelbau entstanden sein: Sie ist nicht genuin jahwistisch, sondern kanaanäisch-jebusitisch vermittelt« (aaO 178). Zu Alts (aaO 351 ff) Behauptung einer vorstaatlichen Übernahme des Königtitels aufgrund gelegentlicher Anspielungen auf eine himmlische Ratsversammlung s. bereits die Kritik von L. Rost, Königsherrschaft Jahwes in vorköniglicher Zeit? (ThLZ 85, 1960, 721–724), und ausführlicher W. Schlisske, Gottessöhne und Gottessohn im Alten Testament. Phasen der Entmythisierung im Alten Testament (BWANT 97), 1973, 15 ff.

[133] Konsequenterweise fehlt auch im Register (Königtum Gottes, 188) das Stichwort »Thronbesteigung(sfest)«. Zur Frage einer möglichen Verbindung mit dem Herbstfest s. unten S. 453 mit Anm. 263.

sen besagt, man müsse bei der Behauptung einer Thronbesteigung JHWHs unweigerlich »von der Annahme ausgehen, daß Jahwe dem zyklischen Schicksalsgeschehen des Sterbens und Wiederauferstehens unterworfen ist. ›König werden‹, ›inthronisiert werden‹ kann nur, wer zuvor nicht König war oder sein Königtum (entsprechend dem kultisch-mythischen Drama) zeitweilig verloren hat. Dieser Konsequenz kann sich niemand entziehen, der ein ›Thronbesteigungsfest Jahwes‹ behauptet«[134]. Der folgende Versuch einer Infragestellung dieses Ansatzes geht von der seit P. Volz[135] und S. Mowinckel[136] üblichen, in neuerer Zeit aber problematisierten Parallelisierung von israelitischem Thronbesteigungsfest und babylonischem Neujahrsfest[137] aus.

a) Hypothesen der Forschung

α) Thronbesteigung nach »zeitweiligem Verlust« der Königsherrschaft?

Im Verlauf des babylonischen Neujahrsfestes (Text: RAcc 127–154[138]) wurde das Götterbild des Stadtgottes Marduk in einer großen Prozession in ein Festhaus (*bīt akīti*) außerhalb der Stadt gebracht, um die Würde des Gottes durch die alljährliche Reinigung seines Tempels Esagila nicht zu verletzen. Am 11. Nisan, dem Schlußtag des elftägigen Rituals, kehrte Marduk in Gestalt seiner Statue nach Esagila zurück, wo er vom Oberpriester mit einem Hymnus begrüßt und – entsprechend dem am Abend des 4. Nisan rezitierten Weltschöpfungsepos *Enūma eliš* und dessen Königsproklamation »Marduk ist König!« (*^{d}Marduk-ma šarru* Ee IV 28) – in seine Position als Götterkönig wieder eingesetzt wurde. Während für die Rituale des 2.–3. und 4.–5. Tages ausführlichere Bruchstücke erhalten sind, fehlen originale Rituale für den

[134] H.-J. Kraus, BK XV/1, 1978^5, 47.

[135] Das Neujahrsfest Jahwes (Laubhüttenfest) (SGV 67), 1912, 12ff.

[136] Psalmenstudien II, 35ff, bes. 40f. Mowinckel hat diese Position später allerdings relativiert, s. S. Mowinckel, Psalm Criticism between 1900 and 1935 (Ugarit and Psalm Exegesis) (VT 5, 1955, 13–33), deutsche Übersetzung bei Neumann, Psalmenforschung, 315–340 (s. bes. 328ff), vgl. zur Sache auch Jeremias, aaO 9 mit Anm. 8.

[137] Zur Forschungsgeschichte s. Kraus, Königsherrschaft Gottes; Ders., Gottesdienst in Israel. Grundriß einer Geschichte des alttestamentlichen Gottesdienstes, 1962^2, 18ff.239ff; Ders., BK XV/1, 1978^5, 46f.99ff; Ders., Theologie der Psalmen, 103ff bes. 105ff; Schmidt, Königtum Gottes, 74ff; Ders., Alttestamentlicher Glaube, 170ff.368; Soggin, *mælæk*, 914f.916ff; Neumann, Psalmenforschung, 7ff.13ff; Loretz, Psalmen II, 483ff; Seybold, *mælæk*, 953; B.J. Diebner, Art. Gottesdienst II, TRE XIV, 1985, (5–28) 16ff; Ollenburger, Zion, 24ff u. a.

[138] F. Thureau-Dangin, Rituels accadiens, Paris 1921, 127–154, s. zuletzt W. Farber, TUAT II/2, 1987, 212ff mit der dort 212.215 genannten Lit.

1. und den 6.–11. Tag; doch läßt sich der allgemeine Festablauf nach verwandten Texten zum *akītu*-Fest aus Uruk rekonstruieren[139]. Theologisch brisant – und für die kultdramatische Deutung der »Thronbesteigungspsalmen« folgenreich – wurde das babylonische Neujahrsfest, als sich unter den Texten aus Assur ein Bēl-Marduk-Text fand (KAR 143 + 219)[140], der aufgrund einer Erwähnung des 8. Nisan (KAR 143,44) zu jenem babylonischen *akītu*-Ritual zu gehören schien und nach H. Zimmern den gesuchten Beleg für den »Kult des verschwundenen und wiedererschienenen Marduk«[141] bot. Folgt man H. Zimmerns allgemeinverständlicher Darstellung von 1926[142], so entsteht durch die Integration von KAR 143 + 219 in das Ritual des babylonischen Neujahrsfestes (besonders der Tage 4–5) ein zwar immer noch lückenhaftes, aber im wesentlichen geschlossenes Bild dieses Neujahrsfestes »mit Rezitation des Weltschöpfungsepos, Erniedrigung und Erhöhung des Königs und einem entsprechenden Geschehen von Leiden und Auferstehen des Stadtgottes, der seine Königsherrschaft verliert und wieder gewinnt«[143].

Dieses Bild übte in der Folgezeit eine beträchtliche Wirkung aus[144] – bis hin zur neuesten Auflage des Psalmenkommentars von H.-J. Kraus (BK XV/1–2 [1978^5]). Überraschend aber ist, wie P. Welten[145] in seiner erhellenden Studie zum Thema hervorgehoben hat, daß H.-J. Kraus die entsprechenden mesopotamischen Texte unerwähnt läßt[146] und seine Ablehnung der Thronbesteigungshypothese ganz grundsätzlich faßt: Ein Thron*besteigungs*fest JHWHs ist »aus grundsätzlichen theologischen Erwägungen im Alten Testament undenkbar«[147], weil die Inthronisationsvorstellung »im Gefolge der Übersetzung ›Jahwe ist König geworden‹« zu der Konsequenz führt, »daß Jahwe dem zyklischen Naturmythos unterworfen ist und seine Königsherrschaft ›tatsächlich eine Zeitlang verliert‹. Für eine solche, tief in den alttestamentlichen Gottesglauben eingreifende Auffassung ist jedoch kein Beleg aus dem Alten Testament zu erbringen«[148]. Argumentiert wird dabei mit dem »Gegenbeleg« Ps 93,2

[139] S. dazu FARBER, aaO 223 ff.

[140] Ältere Bearbeitung: AOT^2 (E. EBELING), s. zuletzt W. VON SODEN, Gibt es ein Zeugnis dafür, daß die Babylonier an die Wiederauferstehung Marduks geglaubt haben? (ZA 51, 1955, 130–166), vgl. WELTEN, Königsherrschaft Jahwes, 302 ff.

[141] Zum Babylonischen Neujahrsfest. Zweiter Beitrag (BSGW 70/5), 1918, 3.

[142] Das babylonische Neujahrsfest, 1926.

[143] WELTEN, aaO 300.

[144] Zur Rezeptionsgeschichte s. DERS., aaO 300 ff.

[145] AaO 301 f.

[146] Im Blick auf die frühe Monographie »Die Königsherrschaft Gottes im Alten Testament« von 1951 ist dieses Urteil etwas einzuschränken, vgl. dort etwa 7 f. 17. 105. 130.

[147] BK XV/1, 1978^5, 102.

[148] DERS., BK XV/2, 1978^5, 817, vgl. DERS., BK XV/1, 1978^5, 47.

(»Fest steht dein Thron seit damals/von uran, von Urzeit her bist du«)[149].

Die Assyriologie hat jene Interpretation von KAR 143 + 219 freilich längst als hinfällig erwiesen. Es ist das Verdienst von P. Welten[150], daran erinnert zu haben, daß weitgehend unbemerkt von der alttestamentlichen Wissenschaft bereits 1955 W. von Soden[151] eine Neubearbeitung der assyrischen Texte vorgelegt und damit der von H. Zimmern inaugurierten kultmythischen Deutung des babylonischen Neujahrsfestes den Boden entzogen hat. Nach W. von Soden ist die Dichtung, der zufolge Marduk einem Flußordal unterworfen wurde, nicht ein Zeugnis für das Sterben und Wiederauferstehen Marduks, sondern ein vielleicht unter Sanherib entstandenes Propagandagedicht mit babylonfeindlicher Tendenz.

Im vorliegenden Zusammenhang hat diese Neuinterpretation von KAR 143 + 219 vor allem zwei Konsequenzen. Zum einen die, daß das eigentlich Anstößige der traditionellen Thronbesteigungshypothese, nämlich der Bezug des babylonischen Neujahrsfestes zum Mythos vom »Leiden und Triumph Bêl-Marduks«[152] gar nicht existiert: KAR 143 + 219 ist kein Bestandteil des babylonischen Neujahrsfestrituals und im übrigen anders zu interpretieren[153]. Zum anderen ist aber auch der Ansatz von H.-J. Kraus zu revidieren, wonach die Rede vom »König-Werden« bzw. »Inthronisiert-Werden« nur auf den angewendet werden kann, der »zuvor nicht König war oder sein Königtum (entsprechend dem kultisch-mythischen Drama) zeitweilig verloren hat«[154]: Die Vorstellung der Thronbesteigung JHWHs (mit Übersetzung der *JHWH mālak*-Formel durch »JHWH ist König geworden«) setzt nämlich in keiner

[149] Vgl. Ders., BK XV/2, 1978[5], 817ff (Auslegung zu Ps 93,1a.1b–4); Ders., BK XV/1, 1978[5], 47, und im Ergebnis ähnlich Jeremias: Die Handlungssätze Ps 93,1a »wollen die permanent wirksame Ausübung von Hoheit und Macht durch den König Jahwe beschreiben ...; sie wollen aber keineswegs den Anfang solcher wirksamen Ausübung schildern, weil dies im Widerspruch zu [Ps 93] V. 2 implizieren würde, daß Jahwe zuvor – welcher frühe Zeitpunkt auch immer im Blick wäre – nicht König der Welt gewesen wäre« (Königtum Gottes, 18), zum Kontext des Arguments s. oben II/2b.

[150] Königsherrschaft Jahwes, 302ff, s. bereits J. A. Black, The New Year Ceremonies in Ancient Babylon: ›Taking Bel by the Hand‹ and a Cultic Picnic (Religion 11, 1981, 39–59), 52f.

[151] S. oben Anm. 140.

[152] So in AOT[2], 320, die Überschrift zur Übersetzung von KAR 143 + 219. Zu Recht macht Welten, Königsherrschaft Jahwes, 301 Anm. 17, darauf aufmerksam, daß gerade Mowinckel einen entsprechenden Zusammenhang für Israel ausdrücklich ausschließt, s. S. Mowinckel, The Psalms in Israel's Worship I, Oxford 1962, 136, vgl. zur Sache auch Jeremias, Königtum Gottes, 9f.

[153] Vgl. Welten, aaO 305f.

[154] BK XV/1, 1978[5], 47.

Weise voraus, daß JHWH vorher einmal nicht König gewesen sei[155]. Da sich H.-J. Kraus im Blick auf den Begriff »Thronbesteigung« von der einmal gefaßten Grundvorstellung aber nicht frei machen kann, sucht er die Lösung des Problems in einer anderen Richtung: »Jahwe besteigt doch gar keinen Thron, sondern er zieht als der unsichtbar über der Lade Gegenwärtige mit dem Gottesthron in den Tempel ein«[156]. Dieselbe Auffassung begegnet bei J. Jeremias.

β) *Thronbesteigung als kultdramatischer »Aufstieg des Ladegottes«*

Da die Frage nach dem Thron JHWHs identisch ist mit der Frage nach JHWHs Königsherrschaft[157], gehört ihre Klärung zu den zentralen Problemen der JHWH-König-Vorstellung. Hinsichtlich des Begriffs »Thronbesteigung(sfest)« sucht J. Jeremias einen Mittelweg zwischen der Festtheorie S. Mowinckels (vgl. 7f.156f) und deren Kritik durch H.-J. Kraus u. a. (vgl. 9 mit Anm. 7). Das zeigt sich etwa daran, daß der Terminus »Thronbesteigung(sfest)« im Register der Namen und Begriffe (188) fehlt, bei der Exegese von Ps 47 (50–69, vgl. 152f u. ö.) aber ausdrücklich verwendet wird: Man kann Ps 47 »in der Tat einen ›Thronbesteigungspsalm‹« nennen, weil er im Unterschied zu den anderen JHWH-König-Psalmen von JHWHs Königtum »als einziger verbal spricht, d. h. es im Vollzug schildert« (65, vgl. 53). Welches Geschehen wird hier geschildert?

Von dem Festgeschehen wissen wir weniger, als S. Mowinckel und seine Nachfolger zugeben wollten (vgl. 156), nach J. Jeremias aber doch so viel, daß sein Höhepunkt in dem vom Jubel begleiteten »›Aufstieg‹ Jahwes mit seiner Lade« (157, vgl. 57ff.155ff) zu sehen ist, »den Ps 47 als Auslegung des altjerusalemischen Gottestitels des ›Höchsten‹ (*'ljwn* V. 3; vgl. V. 10) beschreibt« (157, vgl. 58). So weit, so gut – wäre da nicht jener Terminus »›Aufstieg‹ der Lade bzw. Jahwes« (58, vgl. 60 u. ö.), der eigentlich neuralgische Punkt an J. Jeremias' Theorie. Wer oder was »steigt« wohin »auf«?

Die Lösung dieses Problems hängt mit der Exegese von *'ālâ* in Ps 47,6 zusammen:

> *'ālâ ›JHWH‹ bitrû'â JHWH b^{e}qôl šôpār*
> »›JHWH‹ ist aufgestiegen unter Festjubel, JHWH beim Schall des Widderhorns«.

Nach J. Jeremias scheiden für die Interpretation der Wortverbindung *'lh* qal + Subj. *JHWH* in Ps 47,6 sowohl Gen 17,22; 35,13 (»Aufstieg« JHWHs nach Abschluß einer Rede an Abraham bzw. Jakob, vgl. den »Aufstieg« des *malak*

155 Vgl. DAY, God's Conflict, 36f, s. dazu unten III/1b.
156 BK XV/1, 1978^5, 47, vgl. bereits MOWINCKEL, Psalmenstudien, 42.
157 Vgl. FABRY, *kisse'*, 266.

JHWH Ri 13,20; 2,1) als auch Ex 33,3.5 (»Hinaufzug« JHWHs nach Palästina inmitten der Israeliten) aus, so daß »nur zwei wirkliche Sachparallelen« bleiben: 1Sam 6,20 und Ps 68,19. »Die erste bindet Jahwes ›Aufstieg‹ an den ›Aufstieg‹ der Lade. Das kann nun insofern nicht Zufall sein, als vom ›Aufstieg‹ der Lade von Bet-Schemesch nach Jerusalem einerseits bzw. von der Davidstadt auf den Tempelplatz und in den Tempel andererseits häufiger die Rede ist (1Sam 6,9; 2Sam 6,12.15; 1Kön 8,1.4), vor allem aber in 2Sam 6,15 mit der wörtlich gleichen Begrifflichkeit wie in Ps 47,6: ›unter Festjubel, unter Hörnerschall‹. Es gab eben keinen Kultgegenstand, mit dem man Jahwe so eng verbunden wußte wie mit der Lade ...« (58)[158]. Keiner dieser

[158] Warum Jeremias hier ausdrücklich die Lade, nicht aber die Keruben nennt, hängt mit seiner Hypothese zur Entstehung der Ziontradition zusammen, wie sie bereits 1971 in seinem Aufsatz »Lade und Zion. Zur Entstehung der Ziontradition« (= Königtum Gottes, 167–182) ausführlich begründet wurde, vgl. auch Königtum Gottes, 62f. Danach sind es »entscheidend die Lade und die mit ihr verbundenen Vorstellungen gewesen, die zur Aufnahme wesentlicher kanaanäischer Überlieferungen und zur Bildung einer Ziontradition geführt haben, und zwar sowohl die *statischen Vorstellungen vom thronenden Jahwe* als auch die *dynamischen von Jahwe als Krieger*. Die gesamte Ziontradition ist in ihrer ältesten Gestalt für das damalige Israel nichts anderes gewesen als eine moderne, mit Hilfe kanaanäischer Motive vollzogene Exegese der Lade und ihrer Tradition; kanaanäisches Gedankengut aber war längst vor Jerusalem, spätestens in Silo, eine enge Verbindung mit der Lade eingegangen und hatte insbesondere zu der Prädikation Jahwes als Kerubenthroner geführt. Freilich muß sich in Jerusalem die Ziontradition bald verselbständigt haben, und der Gottesberg Zion muß damit an die Stelle der Lade getreten sein, die alles Wesentliche, was ihre Bedeutung ausmachte, an die Ziontradition abgegeben hatte« (181 [Hervorhebung von uns], vgl. E. Otto, Jerusalem – die Geschichte der Heiligen Stadt. Von den Anfängen bis zur Kreuzfahrerzeit [UT 308], 1980, 59f; Ders., *ṣijjôn,* 1015f, und die Aufnahme der Argumentation von Jeremias bei Ollenburger, Zion, 43). Ganz abgesehen von der Frage, warum die nunmehr am Zion haftenden Vorstellungen vom thronenden (und kämpfenden) JHWH der Lade wieder »zurückgegeben« und im Rahmen einer »Ladeprozession« (s. dazu unten Anm. 191) reaktiviert sein sollten, ist auch die Grundannahme von Jeremias, die »gesamte [!] Ziontradition« sei »in ihrer ältesten Gestalt für das damalige Israel nichts anderes gewesen als eine moderne, mit Hilfe kanaanäischer Motive vollzogene Exegese der Lade und ihrer Tradition«, im Lichte historischer und religionsgeschichtlicher Einsichten u. E. zu korrigieren. Und zwar zum einen, weil dabei der traditionsbildende Anteil der Jerusalemer Keruben (1Kön 6,23–28; 8,6–8 u. a) und damit zusammenhängend die Funktion des JHWH-Prädikats *yošeb hakkᵉrûbîm* nicht gesehen ist (vgl. Jeremias, aaO 171 Anm. 16: »Eine Entstehung des Titels in Jerusalem erscheint mir schon deshalb unwahrscheinlich, weil die Keruben im salomonischen Tempel andere, nämlich schützende Funktionen ausüben«, ähnlich z. B. H.-J. Zobel, Art. *ṣᵉbāʾôt,* ThWAT VI/8–10, 1989, [876–892] 883), und zum anderen, weil so die religionspolitischen Hintergründe und Konsequenzen der Ladeüberführung 1Kön 8,1ff nicht recht verständlich werden. Die Lösung des komplexen Problems ist u. E. in der von E. Würthwein, ATD XI/1, 1985², 89ff;

Belege[159] vermag allerdings die ihm aufgebürdete Beweislast zu tragen:

1Sam 6,20f:

»(20) Und die Männer von Beth-Schemesch sagten: ›Wer vermag vor JHWH, diesem heiligen Gott, zu bestehen? Und zu wem kann sie (sc. die Lade) von uns weg nur hinaufgehen (*w^{e}'æl-mî ja'^{a}læ me'ālenû*)?‹ (21) Da sandten sie Boten an die Bewohner von Kirjath-Jearim mit der Nachricht: ›Die Philister haben die Lade JHWHs wiedergebracht; nun kommt herab und holt sie euch hinauf (*ha'^{a}lû 'otô '^{a}lêkæm*)‹«[160].

Im Blick auf die ursprüngliche Bedeutung der Lade[161] fügt sich 1Sam 6,9–7,1 in die Lade-Überlieferungen der Samuelbücher (1Sam 3,3; 4,1b–7,1; 2Sam 6–7,2, ferner 1Sam 14,18; 2Sam 11,11; 15,24–29) ein: Sie war ein nicht mehr näher zu bestimmendes »bewegliches Symbol der Gegenwart JHWHs bei den Seinen« (O. Procksch)[162]. »Wo die Lade ist, da ist Jahwe«[163] – JHWH ist aber weder mit ihr identisch noch thront er auf ihr[164]. Auch bindet 1Sam 6,20f, ent-

Zenger, Herrschaft Gottes/Reich Gottes, 177.178f, und Chr. Dohmen, Das Bilderverbot. Seine Entstehung und seine Entwicklung im Alten Testament (BBB 62), 1987^{2}, 244ff, bes. 248f, angedeuteten und durch die neueren Arbeiten zur Herkunft und Bedeutung der Keruben vorbereiteten Richtung zu suchen, s. dazu Keel (s. Anm. 13), 15ff; M. Görg, Keruben in Jerusalem (BN 4, 1978, 13–23); Ders., *jāšab*, 1027ff; T.N.D. Mettinger, The Dethronement of Sabaoth. Studies in the Shem and Kabod Theologies (CBOT 18), Lund 1982, 19ff; D.N. Freedmann/P. O'Connor, Art. *k^{e}rûb*, ThWAT IV, 1984, 322–334; S. Schroer, In Israel gab es Bilder. Nachrichten von darstellender Kunst im Alten Testament (OBO 74), 1987, 121ff; H. Weippert, Palästina in vorhellenistischer Zeit (Handbuch der Archäologie II/1), 1988, 467f, vgl. B. Janowski, Sühne als Heilsgeschehen. Studien zur Sühnetheologie der Priesterschrift und zur Wurzel KPR im Alten Orient und im Alten Testament (WMANT 55), 1982, 281ff, und demnächst Ders., Keruben und Zion. Thesen zur Entstehung der Zionstradition (erscheint in einer Festschrift). Kritik ist auch im Blick auf Jeremias' These von der mit der Lade verbundenen dynamischen Vorstellung JHWHs als Krieger angebracht, vgl. etwa Steck, Friedensvorstellungen, 18 Anm. 25.

[159] Zu Ps 68,18f s. im folgenden.

[160] Vgl. die Übersetzung von H.J. Stoebe, KAT VIII/1, 1973, 146, ferner F. Schicklberger, Die Ladeerzählungen des ersten Samuel-Buches. Eine literaturwissenschaftliche und theologiegeschichtliche Untersuchung (fzb 7), 1973, 126f u. a.

[161] S. dazu v. a. den Exkurs bei Stoebe, aaO 154ff (Lit.), ferner R. Schmitt, Zelt und Lade als Thema alttestamentlicher Wissenschaft. Eine kritische forschungsgeschichtliche Darstellung, 1972, 49ff; H.-J. Zobel, Art. *'^{a}rôn*, ThWAT I, 1973, 391–404; Metzger, Königsthron, 352ff u. a.

[162] S. dazu Stoebe, aaO 161f mit Anm. 86.

[163] G.v. Rad, Zelt und Lade (in: Ders., Gesammelte Studien zum Alten Testament [TB 8], 1965^{3}, 109–129), 115.

[164] Seit W. Reichel (1897), J. Meinhold (1900), M. Dibelius (1906) u. a. wurde die Lade – ausgehend von Num 10,35f; Jos 3f; 6; 1Sam 4–6; 2Sam 6; Jer 3,16f; Ps 24,7ff und 1Chr 28,18 – als leerer Gottesthron interpretiert, s. dazu aber Stoebe, aaO 155ff, bes. 161f; Schmitt, aaO 98ff, bes. 110ff, vgl. 173f; Zobel, aaO, 399ff; Fabry, *kisse'*, 266f; Spieckermann, Heilsgegenwart, 78ff u. a.

gegen J. Jeremias, nicht »Jahwes ›Aufstieg‹ an den ›Aufstieg‹ der Lade« (58) – von einem »Aufstieg« JHWHs (*'lh* qal + Subj. *JHWH*) ist im Text nirgends die Rede[165] –, sondern der Text korreliert den »Aufstieg« (*'lh* qal) der auf dem Transportwagen befindlichen Lade (V. 20[166], vgl. 1Sam 6,9) mit ihrem »Hinaufbringen« (*'lh* hif. V. 21, vgl. 1Sam 7,1) von Beth-Schemesch nach Kirjath-Jearim.

2Sam 6,15:

»David und das ganze Haus Israel brachten die Lade JHWHs hinauf (*ma'alîm*) unter Festjubel und Widderhornschall« (vgl. V. 12).

Das Argument J. Jeremias', in 2Sam 6,15 sei vom »Aufstieg« der Lade in die Davidstadt »mit der wörtlich gleichen Begrifflichkeit wie in Ps 47,6: ›unter Festjubel, unter Hörnerschall‹« (58) die Rede, übersieht zum einen die – bei gleicher Aussageintention – etwas andere Begrifflichkeit von 2Sam 6,12 (*beśimḥâ* »mit Freude«, vgl. 1Kön 1,40), zum anderen die für die kultisch-sakrale Bedeutung des Widderhorns (*šôpār*) ebensogut, wenn nicht besser passenden Belege 1Kön 1,34.39[167].41 (Königsproklamation Salomos, vgl. 2Sam 15,10: Abimelech, 2Kön 9,13: Jehu)[168], vor allem aber die Differenz im Gebrauch von *'lh:* Während nach 2Sam 6,15 die *Lade* von David »hinaufgeführt« wird (*'lh* hif., vgl. 2Sam 6,12; 1Kön 8,1.4), ist in Ps 47,6 – wie in Ps 68,19[169] – vom »Aufstieg« (*'lh* qal) *JHWHs* die Rede. Eine Parallelisierung beider Vorgänge muß auf die Hypothese zurückgreifen, daß die Lade der Thronsitz JHWHs gewesen sei.

[165] Man könnte höchstens sagen, 1Sam 6,20 f binde JHWHs *Gegenwart* oder *Nähe* an den »Aufstieg« / das »Hinaufbringen« der Lade. Daraus ist aber nicht zu folgern, daß JHWH selber »aufgestiegen« (*'lh* qal) ist – es sei denn, man nimmt dafür die (durch nichts zu belegende) Lade-Thron-Hypothese in Anspruch.

[166] Nach *ja'alæ* ergänzen LXX Syr sinnentsprechend »die Lade des Herrn«, vgl. Stoebe, aaO 149 (Textanm. z. St.).

[167] V. 34 f: Das Volk soll vom Giḥon bis in die Davidstadt hinter dem gesalbten und proklamierten König »hinaufziehen« (*'lh* qal), der »(in den Königspalast) eintreten« (*bô'*) und sich dort auf Davids Thron »setzen« (*jāšab*) soll, vgl. V. 39 f; während des Hinaufzugs »blies das Volk auf Flöten und jubelte mit großem Jubel (*śemeḥîm śimḥâ gedôlâ*), so daß die Erde vor ihrem Lärm barst« (V. 40); zur Bedeutung von »Freude« (*śimḥâ*) / »Jubel« (*terû'â*) im Kontext der JHWH-König-Psalmen s. bereits H. Gunkel, HK II/2, 1926, 201 f, und jetzt ausführlich Ollenburger, Zion, 34 ff.45 f mit Anm. 145.

[168] Vgl. Fuhs, *'lh,* 101. Damit wird nicht behauptet, daß die Thronbesteigung JHWHs dem »judäischen Königsritual« (G. v. Rad) nachgebildet sei, aber doch angenommen, »that the liturgical material utilized in the celebration of the enthronement of the earthly king shares a common background with the Enthronement Psalms in the Jerusalem cult« (Ollenburger, Zion, 30), s. zur Sache etwa Fabry, *kisse',* 266 (Lit.); Seybold, *mælæk,* 942 ff, bes. 944 f, und zuletzt Ollenburger, aaO 24 ff.28 ff, vgl. auch oben Anm. 23.

[169] S. dazu im folgenden.

Das aber ist, entgegen einer weit verbreiteten Auffassung, aus dem Alten Testament nicht zu belegen[170].

Entsprechend seiner Grundbedeutung bezeichnet das Verb *ʿlh* die Bewegung zu einem höheren / höher gelegenen Ziel, also immer eine Bewegung von unten nach oben, wobei die jeweilige Bedeutungsnuance kontextabhängig ist[171]. Im vorliegenden Argumentationszusammenhang sind zwei Sinnaspekte zu unterscheiden: *ʿlh* qal / hif. + Subj. / Obj. *ʾᵃrôn* (bzw. entsprechende Ladebezeichnungen) meint den »Aufstieg« / das »Hinaufbringen / Heraufholen« der Lade (1Sam 6,9.20f; 7,1; 2Sam 6,2.12.15; 1Kön 8,1.4), während *ʿlh* qal + Subj. *JHWH* den »Aufstieg« JHWHs bezeichnet (Ps 47,6; Ps 68,19, vgl. Gen 17,22; 35,13). Das eine hat mit dem anderen nichts zu tun, wird in der Forschung aber immer wieder aufeinander bezogen[172], obwohl von Ps 47,6 (und Ps 68,19) her keine Veranlassung dazu besteht. Unsere Gegenthese lautet: *ʿlh* qal + Subj. *JHWH* ist in Ps 47,6 (und Ps 68,19) nicht Beschreibung einer Ladeprozession mit Angabe des Ausgangs- und / oder Zielortes, sondern Auslegung des JHWH-Prädikates *ʿæljôn* »Höchster« (Ps 47,3 // *mælæk*)[173] mit der Bedeutung »(in den himmlischen Palast) hinaufsteigen«[174]. Die Vorstellung wäre also nicht

[170] S. dazu die oben Anm. 164 genannte Lit.

[171] S. dazu ausführlich FUHS, aaO 89ff.

[172] Vgl. H.-J. KRAUS, BK XV/1, 1978^5, 46f.503f.505f; DERS., BK XV/2, 1978^5, 817.1056ff; OLLENBURGER, Zion, 28ff.45 u. ö.; OTTO, *ṣijjôn,* 1015f u. a., und als Beispiel KRAUS' Auslegung von Ps 47,6: »Sieht man den in Ps 132 und 1 [sic!] S 6 geschilderten *Aufzug der Lade Jahwes* auf seine Bedeutung und sein Ziel hin an, so handelt es sich um die kultische Wiederholung eines Ereignisses aus der Davidszeit, das der Erwählung des Zions gilt. Das altisraelitische Ladeheiligtum des Jahwe Zebaoth nimmt Wohnung im Heiligtum von Jerusalem. ... der Tempel ist also das Ziel der Aufzuges. Aber man könnte mit Recht fragen, ob diese vordergründige Betrachtungsweise sachgemäß ist. Der Tempel ist das irdische Gegenbild des himmlischen Heiligtums. Dort, wo der Tempel steht, berühren sich Himmel und Erde... So müßte demnach bedacht werden, daß der Aufzug zum Zion zugleich Auffahrt in die Himmelshöhe ist. Der göttliche *mlk* und *ʿljwn* ist ›König des Himmels‹ (vgl. zu Ps 29,9f); vor ihm tun sich nicht nur die Pforten des Heiligtums, sondern auch die ›Tore des Himmels‹ auf (vgl. zu Ps 24,7ff). Zu *ʿlh* in der Bedeutung ›(zum Himmel) auffahren‹: Gn 17,22; 35,13; Ri 13,20« (aaO 505f). Die Problematik dieser Konzeption, die eine »vordergründige Betrachtungsweise« überbieten möchte, liegt in der Annahme, daß »der Aufzug [sc. der Lade JHWHs] zugleich Auffahrt [sc. JHWHs] in die Himmelshöhe« ist, daß also die ein Ereignis aus der Davidszeit wiederholende Ladeprozession den »Aufstieg« JHWHs in den Himmel gleichsam abbildet bzw. kultdramatisch vollzieht (vgl. JEREMIAS, Königtum Gottes, 158, vgl. 58ff.156ff), dazu und zur diesbezüglichen Beweiskraft von Ps 24,7–10 und Ps 132,7f s. im folgenden.

[173] Zur Verknüpfung von *ʿæljôn* V. 3, *ʿālâ* V. 6 und *naʿᵃlâ* V. 10 vgl. auch JEREMIAS, Königtum Gottes, 53f.58.63.68.157.

[174] Vgl. bereits H. GUNKEL, HK II/2, 1926^4, 202, allerdings mit problematischen Be-

die, daß der auf der Lade unsichtbar thronende Gott mit dieser im Zusammenhang einer Prozession von einem tiefer gelegenen zu einem höher gelegenen Ort – etwa von der Davidstadt in den Tempel (Kombination von 2Sam 6,12 ff mit 1Kön 8,1 ff) – »aufsteigt«[175], sondern die, daß der in die himmlische Wohnstatt »hinaufsteigende« Königsgott auf seinem Thron im Jerusalemer Heiligtum erscheint. »Thronbesteigung JHWHs« meint die Inbesitznahme des Zion durch den Königsgott. Das ist im folgenden zu begründen.

b) Der himmlische König und sein irdischer Thron

Im Gegensatz zur häufig belegten Anschauung vom »Herabsteigen« (*jārad*) JHWHs[176] sind Aussagen von seinem »Hinaufsteigen« (*ʿālâ*) im Alten Testament ausgesprochen selten. Außer Gen 17,22 und 35,13 (jeweils P^{g})[177] kommen dafür nur noch Ps 47,6 und Ps 68,19 in Betracht[178]. Sprachliche und sachliche Indizien lassen es H.-J. Kraus zufolge als sicher erscheinen, daß mit *ʿālâ* in Ps 47,6 »der Aufzug der Lade zum Zion«[179] beschrieben wird, während für Ps 68,19 eine »himmlische Perspektive«[180] leitend ist. Für J. Jeremias ist Ps 68,18 f die »engste Sachparallele« (58 f.59 f.69 ff.153.156 f) zu Ps 47,6 und dem hier beschriebenen »›Aufstieg‹ Jahwes und seiner Lade« (156).

leghinweisen, von denen nur Ps 68,19 das Ineinander von himmlischer und irdischer Wohnstatt JHWHs zu erkennen gibt, s. dazu im folgenden.

175 So Kraus, aaO 505 f.1056 ff u. ö., und Jeremias, aaO 57 ff.155 ff, vgl. auch Ollenburger, Zion, 36 ff.46 ff.

176 Mit und ohne Angabe des Ausgangs- und/oder Zielortes, s. dazu G. Wehmeier, Art. *ʿlh*, THAT II, 1976, (272–290) 282 ff; G. Mayer, Art. *jārad*, ThWAT III, 1982, (894–901) 900 f, und Fuhs, *ʿlh*, 101, jeweils mit weiterer Lit.

177 S. dazu Fuhs, ebd.

178 In Verkehrung des Motivs vom himmlischen Königsgott äußert der Gottkönig von Babylon nach Jes 14,13 f die Absicht, zum Himmel/auf Wolkenhöhen emporzusteigen, um dem Höchsten zu gleichen. Bemerkenswert an diesem Text ist u. a., daß die Position des »Höchsten« (*ʿæljôn*) mit der Terminologie von »Aufstieg« (*ʿlh* qal) zum Himmel/auf Wolkenhöhen, »Aufrichtung« des Throns (*rûm* hif. + *kisseʾ*) über den Sternen Els und »Sich Setzen/Sitzen« (*jāšab*) umschrieben wird, s. dazu Metzger, Wohnstatt Jahwes, 146, ferner H. Wildberger, BK X/2, 1978, 553 ff; K. Spronk, Beatific Afterlife in Ancient Israel and in the Ancient Near East (AOAT 219), 1986, 213 ff, bes. 215.218 f.220 ff u. a. Zum Topos »Hinaufsteigen zum Himmel« s. noch Jer 51,53 und Am 9,2.

179 BK XV/1, 1978^{5}, 505.

180 Der Ausdruck in Anlehnung an Ders., Theologie der Psalmen, 57 f, vgl. auch die im Vergleich zu BK XV/1, 1978^{5}, 505 f zurückhaltenderen Formulierungen von Kraus, BK XV/2, 1978^{5}, 635 f (zu Ps 68,18 f).

α) Ps 68,19

Im Kontext von Ps 68,16–19 bezieht sich die Ortsangabe »zur Höhe« (V. 19) auf den »Aufstieg« JHWHs zu dem in V. 16 f geschilderten Gottesberg (V. 16), den JHWH für sein »Thronen« (*jāšab*) begehrte, auf dem er für immer »wohnen« (*šākan*) wird (V. 17, vgl. V. 19b). Der »zur Höhe« (*lammārôm*) aufgestiegene Gott ist »im Heiligtum« (*baqqodæš*) gegenwärtig (V. 18):

18 »Die Wagen Gottes sind Tausende und Abertausende:
der Herr ist unter ihnen, der (vom Sinai) ist im Heiligtum!
19 Du bist aufgestiegen zur Höhe (*ʿālîtâ lammārôm*), hast Gefangene
mitgeführt, hast Tribut empfangen von Menschen – auch von
Empörern! –, auf daß du (dort) wohnst, Jah, (wahrer) Gott«[181].

Wie in Ps 7,8, Ps 93,4 (*// kisseʾ* V. 2, vgl. Jer 17,12)[182] und Ps 102,20 (*m^erôm qådšô // šāmajim*, vgl. Ps 148,1) bezeichnet *mārôm* auch in Ps 68,19 den hohen, emporragenden Ort, an dem Himmel und Erde ineinander übergehen. Nach Ps 68,16–19 ist dieser Ort mit dem Himmel und zugleich mit dem (kosmisch dimensionierten) Heiligtum identisch (Austauschbarkeit von »Gottesberg« V. 16, »Heiligtum« V. 18 und »[Himmels-]Höhe« V. 19 / himmlischer Wohnstatt V. 17.19)[183]. Angesichts dieser Zusammenhänge erstaunt es, daß J. Jeremias für Ps 68,18 f (und Ps 47,6) auf die »Ladeprozession« zurückgreift, um die geschilderten Vorgänge vorstellbar zu machen – allerdings, wie er selbst einräumt, ohne textlichen Anhalt: »Insbesondere die Sachparallele Ps 68,18 f mit ihrem Bilderreichtum, der eine – wie auch immer geartete – Darstellung des ›Aufstiegs‹ Jahwes in einem kultsymbolischen Akt nahelegt, aber auch die vielfältigen Bezüge von Ps 47,6 zur Lade- und zur Ziontradition lassen vermuten, daß der ›Aufstieg‹ Jahwes kultdramatisch vergegenwärtigt wurde, am ehesten (ursprünglich) in Gestalt einer Ladeprozession, auch wenn uns direkte Belege

[181] Übersetzung Jeremias, Königtum Gottes, 72.

[182] S. dazu oben S. 415 mit Anm. 92–93.

[183] Vgl. Metzger, Wohnstatt Jahwes, 156; Kraus, Theologie der Psalmen, ebd.; Jeremias, aaO 58.76 f.78 f. Zur Präzisierung des Ineinanders von Himmlisch und Irdisch s. besonders Keel (s. Anm. 13), 51 ff (z. T. Korrektur an Ders., AOBPs[4], 151 ff). Keel hat u. E. zu Recht den Unterschied zwischen zwei Arten von göttlicher Präsenz hervorgehoben und dies an ägyptischen Tempelnamen wie »Der Himmel Ägyptens« (Tempel von Heliopolis) oder »Der Himmel auf Erden« (Tempel von Karnak) konkretisiert: »Gerade ein Ausdruck wie dieser zeigt aber, daß beide [sc. Himmel und Tempel] nicht einfach zusammenfließen. Die Präsenz Gottes im Himmel ist mit der im Tempel nicht schlicht identisch. Die Größe, die eine gewisse Gegenwart der Gottheit im Tempel anzeigt und verbürgt, ist das Gottessymbol, häufig in Form eines Götterbildes. Der enge Naos, der dieses umschließt, wird darum, wie Bonnet sagt, ›zu einem *Gleichnis* des Himmels‹« (aaO 52), s. zur Sache demnächst B. Janowski, Tempel und Schöpfung (vgl. oben Anm. 97).

im AT fehlen« (59, vgl. 77)[184]. Wenn aber solche Belege fehlen, liegt das kaum am Alten Testament, sondern an der entsprechenden Arbeitshypothese. Dies wird durch die für die Prozessionshypothese herangezogenen »indirekten Belege« Ps 24,7–10; Ps 132,7f[185]; Jos 6,11[186] oder 1Kön 1,35.40.45[187] bestätigt. Im Blick auf Ps 24,7–10 spricht J. Jeremias selber von einem »vermutliche[n] Laderitual« (60). Diese Einschränkung ist u. E. noch zu schwach, da Ps 24 weder die Lade[188] noch eine Prozession mit ihr[189] erwähnt. Auch läßt sich – entgegen M. Metzger[190], auf den J. Jeremias zur Begründung seiner Hypothese

[184] Bezeichnend ist die öfter begegnende Unbestimmtheitswendung »wie auch immer« (o. ä., vgl. noch 60.77.157 u. ö.), weil damit die Schwierigkeit zum Ausdruck gebracht wird, den Gedanken der »Hinaufführung« der *Lade* zum Tempel mit dem des »Aufstiegs« *JHWHs* in den Himmel / auf seinen Thron zusammenzubringen.

[185] S. dazu unten Anm. 197.

[186] S. dazu unten Anm. 190.

[187] Jeremias hat in diesem Zusammenhang noch auf den »›Aufstieg‹ der Festgemeinde bei der Salbung Salomos zum König in 1Kön 1,35.40.45« hingewiesen, derzufolge die Ladeprozession »ihren Ausgangspunkt an der östlich der alten Davidstadt tief im Kidrontal gelegenen Gihonquelle gehabt haben [könnte]. Jedoch wissen wir darüber nichts Näheres« (Königtum Gottes, 59) – und zwar nicht zuletzt deshalb, weil wiederum eine Erwähnung der Lade fehlt und auch die Wendung *mimm^{e}qôr Jiśrā'el* Ps 68,27 (MT) kaum den Ausgangspunkt der Ladeprozession festlegen will (so die Vermutung von Jeremias, aaO 59 Anm. 17; 72 Anm. 22), sondern vielleicht eher eine hymnische Bezeichnung des Jerusalemer Tempels darstellt (der Tempel als »Quelle« = Bereich der von JHWH ausgehenden Segensfülle und Lebensvergabe), vgl. zur Formulierung möglicherweise Ps 68,36 (*mimmiqdāšækā*) und zum Vorstellungshintergrund Ps 36,9f und Keel, AOBPs^4, 164ff.

[188] So auch Metzger, Königsthron, 363, der dann aber doch mit ihrer Präsenz rechnet: »Die Nichterwähnung der Lade in Ps 24 spricht nicht gegen die Hypothese, daß Ps 24,7–10 ein ursprünglich sich auf die Lade beziehendes Einzugsritual war. Ein Kultgegenstand, der Mittelpunkt einer Kulthandlung war, brauchte nicht ausdrücklich genannt zu werden, da er im Rahmen der Kulthandlung vor den Augen der Kultteilnehmer präsent war und da der Bezug zu diesem Kultgegenstand durch die Handlung selbst gegeben war« (ebd.). Auf diese Weise kann man natürlich alles »beweisen«. Noch merkwürdiger nimmt sich der Versuch aus, die Prozessionshypothese mit der Vorstellung vom Kerubenthroner zu vermitteln (die Metzger im übrigen zu Recht im Hintergrund von Ps 24 vermutet): »Der auf einem über dem Trageuntersatz der Lade hochaufragenden Kerubenthron sitzende *mlk hkbwd* begehrt Einlaß in das Heiligtum« (ebd.). Demnach hätte es also nicht nur eine Lade-, sondern auch eine Kerubenprozession gegeben …?

[189] S. dazu immer noch J. Maier, Das altisraelitische Ladeheiligtum (BZAW 93), 1965, 76ff, und zuletzt A. Cooper, Ps 24:7–10: Mythology and Exegesis (JBL 102, 1983, 37–60), 41; Spieckermann, Heilsgegenwart, 78ff; E. S. Gerstenberger, Psalms I (FOTL XIV), Grand Rapids / Mich. 1988, 117ff (zu Ps 24).195ff (zu Ps 47).

[190] AaO 362f. Zusätzlich postuliert Metzger noch einen aus Jos 6 zu erschließenden »Kultbrauch einer Ladeprozession um die Trümmer von Jericho« (aaO 362 Anm. 3), s.

verweist (60 Anm. 20) – aus den beiden Titeln *JHWH ṣᵉbāʾôt* (Ps 24,10) und *mælæk hakkābôd* (Ps 24,7.8.9.10 [bis]) nur unter Mißachtung spezifisch tempeltheologischer Konnotationen ein Bezug zum Ladegott und seinem Prozessions»aufstieg«[191] herauslesen. Der konzeptionelle Rahmen dieser Tempeltheologie ist in dem für die JHWH-König-Vorstellung zentralen Text Jes 6,1–5[192] vorformuliert. Aus dem ursprünglich mit der Lade verbundenen *JHWH ṣᵉbāʾôt*[193] ist hier bereits »der König JHWH Zebaoth« (*hammælæk JHWH ṣᵉbāʾôt* V. 5)[194] geworden, der auf einem hohen und erhabenen Thron sitzt (*jošeb ʿal-kisseʾ rām wᵉniśśāʾ* V. 1) und dessen Herrlichkeit (*kābôd*) die Erde erfüllt (V. 3). Was an Jes 6,1–5 aber vor allem auffällt, ist »die Präsentation des Tempelbewohners Jahwe ohne Erwähnung der Lade, stattdessen aber im kanaanäisch bis gemeinorientalisch bekannten Königsornat«[195]. In dieselbe Richtung weist Ps 99,1 mit seiner Parallelisierung von *JHWH mālak*-Formel und *jošeb kᵉrûbîm*-Titel[196].

dazu jetzt aber L. SCHWIENHORST, Die Eroberung von Jericho. Exegetische Untersuchung von Jos 6 (SBS 122), 1986, 73ff, bes. 76f.

[191] Die Prozessionshypothese wird zuweilen so gefaßt, daß der auf der Lade thronende *mælæk hakkābôd* »Einlaß in das Heiligtum [begehrt]« (METZGER, aaO 363) oder von denen in den Tempel »hineingeführt« wird, die um die Öffnung der Tempeltore bitten (KRAUS, BK XV/1, 1978⁵, 343ff; JEREMIAS, Königtum Gottes, 60f). Es ist aber nicht JHWH, der Einlaß begehrt oder gar (auf der Lade thronend) hineingeführt wird, es ist das Geschlecht derer, die nach JHWH »fragen« (*dāraš*) und sein Angesicht »suchen« (*bāqaš* pi.) (V. 6); sie dürfen auf JHWHs Berg »hinaufsteigen« (*ʿālâ*) und können an seinem heiligen Ort »(be)stehen« (*qûm*) (V. 3). Es geht in V. 3–6 also nicht um eine Ladeprozession oder »Wallfahrt zum Heiligtum« (KRAUS, aaO 346), sondern grundsätzlicher um die *Begegnung mit dem im Heiligtum erscheinenden Gott,* s. dazu jetzt H. STRAUSS, Gott preisen heißt vor ihm leben. Exegetische Studien zum Verständnis von acht ausgewählten Psalmen Israels (BThSt 12), 1988, 70ff, bes. 73f.78. Die V. 7–10 bezeugen demgegenüber, wer dieser Gott ist (Identifikation des *JHWH ṣᵉbāʾôt* mit dem kommenden *mælæk hakkābôd).* Dabei »steht aber dann hier mehr vor Augen, als die alte Ladeprozession ..., mehr auch als nur eines der Wallfahrtslieder mit Torliturgie. Mit Blick auf den Tempelberg (V. 3) könnte man sogar von einer Art *Einzugstheophanie* sprechen, vgl. Ps. 68,16–19« (STRAUSS, aaO 79 [Hervorhebung von uns]), vgl. auch SPIECKERMANN, Heilsgegenwart, 184ff, bes. 190ff. U. E. ist auch im Blick auf Ps 24 die Prozessionshypothese ad acta zu legen.

[192] Vgl. oben S. 423f und zuletzt H.-J. ZOBEL, Art. *ṣᵉbāʾôt*, ThWAT VI/8–10, 1989, (876–892) 889ff (Lit.). Bei JEREMIAS wird der Text nur am Rande erwähnt: Königtum Gottes, 27.42.

[193] S. dazu zuletzt ZOBEL, aaO 881ff.884f (Lit.) zur Präsenz des *jošeb hakkᵉrûbîm*-Titels in 1Sam 4,4; 2Sam 6,2 s. vorläufig oben Anm. 158 mit der dort angegebenen Lit.

[194] Zur Bedeutung von *ṣᵉbāʾôt* in der Jerusalemer Kulttradition s. zuletzt ZOBEL, aaO 885ff (Lit.).

[195] SPIECKERMANN, Heilsgegenwart, 81, vgl. 83.

[196] S. dazu METZGER, Königsthron, 363. Nach JEREMIAS, aaO 58 u. ö., ist der Titel des

β) *Ps 47,6.9*

Das Urteil, das jüngst H. Spieckermann im Blick auf die Wertschätzung der Lade und der mit ihr verbundenen Tradition im Tempelkult der vorexilischen Zeit formuliert hat, daß nämlich »die vorexilische Tempeltheologie sehr wohl die Erinnerung an Israels Heilsgeschichte bewahrt hat, aber ohne die theologische Hilfestellung der Lade ...«[197], ist für (den nachexilischen?) Ps 47 nachdrücklich zu unterstreichen. J. Jeremias interpretiert demgegenüber Ps 47,6.9 ganz im Sinn seines (oben III/1b skizzierten) Ansatzes als »›Aufstieg‹ Jahwes mit seiner Lade« (157) bzw. als »kultdramatische Vergegenwärtigung im Zusammenhang der Lade-Prozession« (158): »Der wesentliche Kultakt des Psalms ist Jahwes vom Festjubel begleiteter ›Aufstieg‹ (*ʿlh*, V. 6)« (58). Ps 47 ist also ein »Thronbesteigungspsalm«, weil er im Unterschied zu den anderen JHWH-König-Psalmen von JHWHs Königtum »als einziger verbal spricht, d. h. es im Vollzug schildert« (65). Auf der anderen Seite betont J. Jeremias, daß Ps 47,6.9 nicht den *Beginn* der Weltherrschaft JHWHs in Form eines Investitur-Aktes vergegenwärtigt, sondern die *Besitzergreifung* des Zion durch den Weltkönig »und *damit* den Beginn der Weltherrschaft zugunsten Israels, die sich in der Erwählung Israels, in der Unterwerfung der Völker bei der Landgabe erwies« (65 [Hervorhebung von uns]). »Beginn« (der Königsherrschaft JHWHs) heißt für J. Jeremias *geschichtlicher* Beginn – »Freilich ist dieses gewordene Königtum nun ein Königtum ohne Ende, weil es Ausprägung des urzeitlich-universalen Königtums Jahwes ist« (64). Wieder ist zu fragen, wie das zu verstehen ist.

Die entscheidende Erkenntnis zur Deutung von Ps 47 liegt für J. Jeremias darin, daß »der auffällige Wechsel von Nominal- und Verbalsätzen in der Aussagestruktur traditionsgeschichtlich dem Wechsel zwischen mythischen und geschichtlichen Themen entspricht« (50). Wir begegnen hier demselben Deutungsmuster »Mythos versus Geschichte«, das für die Analyse von Ps 93 leitend war – nur in umgekehrter Form: statt der Überführung mythischer Handlungs- in geschichtliche Zustandsaussagen (Intention: »Vergeschichtlichung« = »Nominalisierung« des Mythos, vgl. oben II/1bα) werden in Ps 47 »mythische Themen behutsam nominal ausgedrückt, dagegen geschichtliche, die in Ps 93 fehlen, kräftig verbal« (50). Mythos und Geschichte durchdringen sich gegenseitig (vgl. zusammenfassend 63 ff).

»Kerubenthroners« entsprechend 1Sam 4,4; 2Sam 6,2 fest mit der Lade verbunden, s. dazu die vorläufigen Hinweise oben Anm. 158.

[197] Heilsgegenwart, 85. In diesen Zusammenhang gehört wohl auch Ps 132,7 f, der einzige Text des Psalters, der die Lade expressis verbis erwähnt (!) und der deswegen zum »Punctum saliens der Bedeutung der Lade im Jerusalemer Festkult« (Ders., aaO 83) gemacht wurde, s. zum Verständnis vorläufig Ders., aaO 78 ff, bes. 83 f.

Das Verhältnis beider Satzarten stellt sich in Ps 47 so dar, daß die zuständlichen Aussagen der Nominalsätze V. 3.8.10bα »tief in mythischen Vorstellungen verwurzelt« sind, die imperfektischen Verbalsätze V. 4 f »Ereignisse der Geschichte Jahwes mit seinem Volk« benennen und die perfektischen Verbalsätze V. 6.9.10bβ »gegenwärtig vor der Gemeinde sich vollziehendes kultisches Geschehen« darstellen (52). Ps 47 preist also »1) ein von Urzeit her gesetztes und universales Königtum, das sich aber 2) in der Geschichte verwirklicht und 3) im gegenwärtigen Kult neu als Realität erfahren wird« (53). Das spiegelt auch der Aufbau der »ersten Strophe« V. 2–6 wider (V. 2: A [hymn. Imperative] – V. 3: B [NS] – V. 4 f: C [impf. VS] – V. 6: D [pf. VS]), der sich abgewandelt in der »zweiten Strophe« V. 7–10 wiederholt: »Graphisch sieht die Abfolge der poetischen Stichen in den Strophen so aus: A – B – C – D in der ersten Strophe, A′ – B′ – D′ – E (– B″ – D″) in der zweiten« (52).

Unsere Kritik an dieser Analyse, die dennoch wichtige Einsichten zum Verhältnis von Mythos und Geschichte formuliert (vgl. 55 ff.63 ff.157), entzündet sich an zwei Punkten: 1. an der Gliederung von Ps 47 in »zwei Strophen von gleicher Länge (V. 2–6.7–10)« (51), und 2. an der Verteilung mythischer und geschichtlicher Themen / Traditionen auf zwei verschiedene Satzarten (Nominal- / Verbalsätze). Beides hängt mit einer alternativen Interpretation der entsprechenden JHWH-König-Aussagen zusammen:

1. Gegen die Gliederung von Ps 47 in die beiden Strophen (I) V. 2–6 und (II) V. 7–10[198] spricht nicht so sehr die Inkongruenz im Aufbau [J. Jeremias: A – B – C – D / A′ – B′ – D′ – E (–B″ – D″)][199] als vielmehr eine Reihe anders zu gewichtender Textsignale[200]. Dazu gehören die abschnittsgliedernde Funktion des Sela V. 5[201], die syntaktisch-inhaltliche Korrespondenz zwischen V. 6a (*ʿālâ ›JHWH‹ bitrûʿâ*) und V. 9a (*mālak ›JHWH‹ ʿal-gôjim*) sowie die durch *ʿlh* qal V. 6a und *ʿlh* nif. V. 10bβ hergestellte Inclusio, die V. 6–10 als poetische Einheit gegenüber V. 2–5 abhebt. Überdies zeigt die Struktur von V. 2 f, daß der Psalm insgesamt die Form eines imperativischen Hymnus mit den Elementen »Aufruf zum Gotteslob« (V. 2) und »Durchführung des Got-

[198] Parallelität von hymnischem Aufgesang (»Aufruf zum Gotteslob«) V. 2 // V. 7 (jeweils imperativisch) und nachfolgendem, das Corpus des Hymnus (»Durchführung«) eröffnendem *kî* V. 3 (–6) // V. 8 (–10), s. bereits Crüsemann (s. Anm. 124), 79 Anm. 3; Kraus, BK XV/1, 1978[5], 503; E. Otto (in: Ders. / T. Schramm, Fest und Freude [Biblische Konfrontationen (UT 1003)], 1977), 50 ff; Ollenburger, Zion, 45, u. a.

[199] Nach G. E. Watson, Classical Hebrew Poetry. A Guide to its Techniques (JSOT Suppl. 26), Sheffield 1986, 371 ff, ist Ps 47 konzentrisch aufgebaut: A (I: V. 2 f) – B (II: V. 4 f) – C (III: V. 6) – A′ (IV: V. 7 f) – B′ (V: V. 9 f).

[200] Vgl. zum Folgenden auch J. S. Sibinga, Some Observations on the Composition of Psalm XLVII (VT 38, 1988, 474–480).

[201] Vgl. Watson, aaO 373, und Sibinga, aaO 474 mit Anm. 2.

teslobes« (V. 3–10) hat, wobei die die Durchführung eröffnenden *Nominalsätze* V. 3 mit ihrem universalen Sinnhorizont bekenntnisartige Aussagen darstellen, die durch V. 4f, V. 6–8 und V. 9f *verbal expliziert* werden:

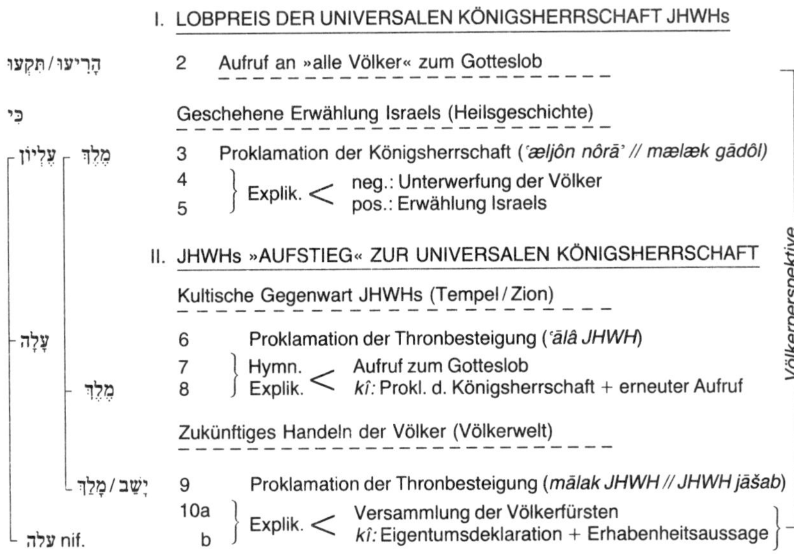

2. In Ps 47 ist die Königsherrschaft JHWHs – so J. Jeremias – »paradox genug, gleicherweise ewig und ohne Anfang als auch geschichtlich geworden. Das Ungewordene, Ewige sagen die Nominalsätze aus ..., das geworden Zeitliche die Verbalsätze. Letzteres gilt nicht so sehr für die Verse 4f, da ja die Landgabe als Explikation des Nominalsatzes V. 3 diesem sachlich engstens zugeordnet ist, wohl aber für die Perfecta von V. 6 und 9, die Jahwes Inbesitznahme des Zion als Herrschaftssitz kultdramatisch vergegenwärtigen« (64) – und zwar im Zusammenhang der »Ladeprozession« (vgl. 57ff. 155ff und oben III/1aβ). Diese präsentische Interpretation von Ps 47,6.9 ist insofern überraschend, als J. Jeremias die in den JHWH-König-Psalmen auftretenden AK-Formen sonst anders deutet[202]. Dahinter steht aber die Absicht, jede mythische Konnotation von den Verbalsätzen fernzuhalten und diese allein den Nominalsätzen V. 3.8.10bα zuzugestehen, die »tief in mythischen Vorstellungen verwurzelt sind« (52). Die Nominalsätze sprechen von einer Königsherrschaft

[202] S. dazu die kritischen Bemerkungen von OTTO, Mythos und Geschichte, 97f.

ohne Anfang und Ende, die Verbalsätze dagegen von ihrem geschichtlichen Beginn: Der Terminus »Beginn« bezieht sich nicht auf einen Investitur- oder Inthronisationsakt, sondern auf »die Besitzergreifung des Zion durch den Weltenkönig und damit den Beginn seiner Weltherrschaft zugunsten Israels, die sich in der Erwählung Israels, in der Unterwerfung der Völker bei der Landgabe erwies« (65) und durch die Ladeeinführung / Ladeprozession kultdramatisch vergegenwärtigt wird – ein verwirrendes Bild, das im wesentlichen durch die »kultdramatische Interpretation« von V. 6.9.10bβ zustandekommt. »Da ... jede mythische Konnotation von diesen Verbalsätzen ferngehalten wird, reduziert der Verf. sie auf die Darstellung gegenwärtig vor der Gemeinde sich vollziehenden kultischen Geschehens ...«[203].

In der Korrelation von Erwählung Israels und Besitzergreifung des Zion dergestalt, daß »in Jahwes ›Aufstieg‹ zum Zion ... die Erwählung Israels zu ihrem Ziel [kommt]« (65, vgl. auch 93–106 zu Ex 15,1b–18)[204], ist etwas sehr Richtiges gesehen. Dennoch ist die These, daß Ps 47,6.9 die Besitzergreifung des Zion durch die Ladeeinführung / Ladeprozession kultdramatisch vergegenwärtige, weder traditionsgeschichtlich noch textlinguistisch zu verifizieren. Dafür ist zum einen auf die obigen (III/1aβ) Ausführungen zur Lade-Thron-Hypothese und zum anderen auf die Formulierungen Ps 47,6.9 hinzuweisen, die den »Aufstieg« JHWHs als *Akt der Thronbesteigung*, also als *Inthronisation des Königsgottes*[205] schildern:

6 *ʿālâ ›JHWH‹ bitrûʿâ JHWH b^{e}qôl šôpār*
»Aufgestiegen ist ›JHWH‹ unter Festjubel, JHWH beim Schall des Widderhorns«.

[203] Ders., aaO 99.

[204] Bezeichnenderweise auch in Ex 15,1b–18 ohne Erwähnung der Lade, s. jetzt auch Spieckermann, Heilsgegenwart, 86 ff.

[205] Vgl. in diesem Zusammenhang die Ugarit-Texte KTU 1.6 I 57–59; 1.6 V 5–6; 1.6 VI 34–35 und KTU 1.10 III 13–14, die das »Platznehmen / Sitzen« (auf dem Thron) als Zeichen der Herrschaftsübernahme / -ausübung und sein Gegenteil: das »Herabsteigen« (vom Thron) als Zeichen des Herrschaftsverlusts beschreiben, s. zur Sache P. J. van Zijl, A Study of Texts in Connexion with Baal in the Ugaritic Epics (AOAT 10), 1972, 218 f; Loretz, Psalmen II, 490 f; Ders., Psalm 29, 120; Görg, *jāšab*, 1014; Fabry, *kisse'*, 251 f; Metzger, Thron, 252 f.265, und als Beispiel die Beschreibung vom »Aufstieg« (*yʿl* Z. 11) Baʿals zur Königswürde als Inbesitznahme des Königsthrons (*yṯb l ks[i.mlkh]* Z. 13 // *l kḥ[ṯ.drkth]* Z. 14) KTU 1.10 III 11–14 (vgl. auch den Hinweis auf diesen Text und KTU 1.6 I 57–59 bei Jeremias, Königtum Gottes, 58 Anm. 16a!). Daß nach den Ugarit-Texten der Götterberg Ṣpn der Gottesthron ist, zeigt neben KTU 1.10 III 11–14 u. a. vor allem das »Sieges- und Thronbesteigungslied Baʿals« KTU 1.101, s. dazu M. Dietrich / O. Loretz, Sieges- und Thronbesteigungslied Baals (KTU 1.101) (UF 17, 1986, 129–146).

9 *mālak ›JHWH‹ ʿal-gôjim ›JHWH‹ jāšab ʿal-kisseʾ qådšô*
»König geworden ist ›JHWH‹ über die Völker: ›JHWH‹ hat sich auf den Thron seiner Heiligkeit gesetzt«.

Bezeichnend für die stativischen Verben *mālak* und *jāšab* ist die semiologische Doppelstruktur der ingressiven und der durativen Bedeutungsseite (für *mālak:* »König werden« / »König sein«[206], für *jāšab:* »sich setzen« / »sitzen, thronen«[207]), womit die gesamte Spannweite von der Genese bis zur Konstitution des »König-Seins« bzw. »Sitzens, Thronens« gemeint ist und der Phase der Herbeiführung (»König werden« bzw. »sich setzen«) dieses Zustands Eigenbedeutung zukommt[208]. Einen Vorgang schildert auch – im Unterschied zum resultativen Nifʿal *naʿalâ* V. 10bβ (»er hat sich erhoben > er ist erhaben«, vgl. Ps 97,9b, Korrespondenz mit *ʿæljôn* V. 9a!) – das *ʿālâ* Ps 47,6: JHWHs »Aufstieg« zu dem in V. 9b genannten »Thron seiner Heiligkeit« begründet seine »Machtstellung als Herrn der ganzen Welt, wie aus den Epitheta *mælæk* und *ʿæljôn* (vv. 3.8 f) klar hervorgeht. Gerade die Korrespondenz zwischen *ʿæljôn* und *ʿālāh* legt die Vermutung nahe, daß hier an JHWHs Auffahrt in seine himmlische Wohnung gedacht ist, wo er als König thront (Jes 14,14), erhaben (*ʿālāh niph*) über alle Götter (vgl. Ps 97,9)«[209]. Die Struktur des Psalms unterstreicht also, daß JHWHs *ʿlh* qal / nif. (V. 6a.10bβ, vgl. das dreimalige *ʿal* V. 3.9[bis]) und *mālak // jāšab* (V. 9a // b) Interpretamente des *ʿæljôn-* und *mælæk*-Titels V. 3 sind. Mit anderen Worten: JHWHs Erhabenheit über die ganze Welt als *ʿæljôn* V. 3 (vgl. *ʿlh* nif. V. 10b) wird vom *Vorgang des »Aufstiegs«* zum »Thron seiner Heiligkeit« (V. 6.9)[210], also von seiner *Inthronisation als Königsgott* bzw. der *Inbesitznahme des Zion* her gedeutet.

Bei den bisherigen Erwägungen blieb eine Frage offen, die immer wieder im Zentrum der Diskussion um die JHWH-König-Psalmen stand bzw. steht: die nach der Übersetzung und Deutung der *JHWH mālak- / mālak JHWH-*Formel. Dahinter verbirgt sich als weiteres Problem die Relation von *Akt* (»König werden«) und *Dauer* (»König sein«) bzw. die Frage nach einem etwaigen *Beginn* der Königsherrschaft JHWHs.

Während er für die »Themapsalmen« eine ingressive Bedeutung der *JHWH mālak*-Formel (Ps 93,1; 97,1; 99,1) kategorisch ausschließt (Übersetzung: »Es

[206] S. bereits Eissfeldt, Jahwe als König, 188 ff, ferner Schmidt, Königtum Gottes, 76; J. H. Ulrichsen, *JHWH mālak:* einige sprachliche Beobachtungen (VT 27, 1977, 361–374) und Ollenburger, Zion, 28 mit Anm. 34.

[207] S. dazu Görg, *jāšab*, 1016 f, vgl. oben S. 420.

[208] Vgl. Ders., aaO 1016.

[209] Fuhs, *ʿlh*, 102, vgl. G. Wehmeier, Art. *ʿlh*, THAT II, 1976, (272–290) 282 f.

[210] Vgl. Watson (s. Anm. 199), 373; Sibinga (s. Anm. 200), 477, und auch Jeremias, Königtum Gottes, 53 f.58.63.68.157 (allerdings mit Bezug auf den »›Aufstieg‹ der Lade«).

ist Jahwe, der als König herrscht«, Betonung des Subjekts im »zusammengesetzten Nominalsatz«, vgl. 158 f)[211], vertritt J. Jeremias für die dem imperativischen Hymnus nachgestalteten JHWH-König-Psalmen und deren »ältesten Vertreter« Ps 47 (umgekehrte Wortfolge *mālak JHWH* V. 9, Übersetzung: »Die Königsherrschaft hat Jahwe angetreten«, vgl. 51 u. ö.) eine Lösung, die den Ereignischarakter dieses Herrschaftsantritts an die kultdramatische Vergegenwärtigung im Zusammenhang der »Ladeprozession« bindet (vgl. 57 ff. 155 ff). Da die Lade-Thron-Hypothese als Deutungsmodell aber entfällt (vgl. oben III/1aβ), muß die Frage, welches Ereignis mit der *mālak JHWH*-Aussage Ps 47,9 umschrieben wird, neu gestellt werden. Im Blick auf den Strukturbezug von V. 3b (NS: *mælæk gādôl ʿal-kål-hāʾāræṣ // JHWH ʿæljôn nôrāʾ* V. 3a) und V. 9a (VS: *mālak ›JHWH‹ ʿal-gôjim*) lautet sie: Warum »wird« JHWH König (V. 9), wo er doch längst – nach Ps 93,2 »seit damals / von uran« // »von Urzeit her« – König ist (V. 3)?

Auf diese Frage sind verschiedene Antworten gegeben worden. H.-J. Kraus[212] z. B. hat Ps 47,9 zunächst aus der Betrachtung ausgeklammert[213] und für den »zusammengesetzten Nominalsatz« *JHWH mālak* Ps 93,1; 96,10; 97,1 und 99,1 die Übersetzung »Jahwe ist König!« vorgeschlagen: »Das vorangestellte Subjekt zeigt ... einen Zustandssatz an, in dem das doppeldeutige Verbum *mlk* in der Bedeutung ›König sein‹ fungiert«[214]. Diese Interpretation und die »fast allergische Ablehnung jeder Thronbesteigungsvorstellung«[215] bei H.-J. Kraus ist von der Befürchtung bestimmt, eine Aussage über ein König-Werden mache JHWH zu einem sterbenden und wieder auferstehenden Gott nach dem Vorbild Bēl-Marduks im babylonischen Neujahrsfestritual[216]. Wie wir sahen, ist diese Befürchtung gegenstandslos (vgl. oben III/1aα), so daß das Verhältnis von Akt und Dauer, von JHWHs König-Werden und König-Sein »ganz losgelöst von der Frage nach dem sterbenden und auferstehenden Gott«[217] thematisiert werden kann.

211 Zur Problematik der Bezeichnung »zusammengesetzter Nominalsatz« s. oben S. 420 mit Anm. 108.

212 Theologie der Psalmen, 105 ff, vgl. bereits Ders., Königsherrschaft Gottes, 1 ff, bes. 8 f u. ö.; Ders., BK XV/1, 1978[5], 94 ff, bes. 100 f.

213 An späterer Stelle hat Kraus für Ps 47,9 vier Interpretationsmöglichkeiten erörtert: Theologie der Psalmen, 111 f, vgl. Ders., BK XV/1, 1978[5], 102 f, und unten Anm. 221.

214 Theologie der Psalmen, 107, vgl. bereits Michel, Thronbesteigungspsalmen, 49 ff. 64 ff, und dazu die Kritik von Ulrichsen (s. Anm. 206), bes. 369 ff, vgl. Welten, Königsherrschaft Jahwes, 302 Anm. 18.

215 Welten, aaO 307.

216 Vgl. oben S. 426 f mit Anm. 148.

217 Welten, aaO 307.

In Kritik des Ansatzes von H.-J. Kraus geht P. Welten[218] von der – nicht unproblematischen – These aus, daß den »vier Aussagen, die das Bestehen von Jahwes Königsherrschaft zum Gegenstand haben« (Ps 93,1; 96,10; 97,1; 99,1), vier andere zur Seite stehen, die »die Konstituierung der eschatologischen Königsherrschaft im Sinn von ›ist König geworden‹« belegen (Ps 47,9, vgl. Jes 52,7; Mi 4,7; Jes 24,23)[219]. Für beide Beleggruppen muß eine Interpretation gefunden werden, die »beiden Aussagen, der Festellung des Königseins und der Feststellung des Gewordenseins gerecht zu werden vermag«[220]. Wie diese aussehen könnte, hat P. Welten in Aufnahme einer Auslegung von O. Eißfeldt angedeutet, die dieser im Blick auf Ps 47,6.9 formuliert und selber als »bildliche Deutung« der geschilderten Vorgänge qualifiziert hat: »Es ist . . . verständlich, wenn der israelitische Hymnendichter, der der Vorstellung Jahwes als König prachtvollen und mächtigen Ausdruck geben will, Jahwe als den seine Thronbesteigung feiernden König beschreibt, ohne doch eigentlich von dem Beginn seiner Königsherrschaft sprechen zu wollen. Er meint, daß Jahwe König *ist*, beschreibt aber, wie er König *wird*, weil er die Bedeutung des Zustandes an der Pracht des Aktes am besten veranschaulichen kann«[221].

Mit der These, in Ps 47 werde *JHWHs Sein als König* im *Modus des Werdens* beschrieben, hat O. Eißfeldt einen wichtigen Verstehenshinweis gegeben – auch wenn seine »bildliche« Begründung, die Bedeutung des Zustands (»König sein«) werde durch die »Pracht des Aktes« (»König werden«) am besten veranschaulicht, unangemessen bzw. mißverständlich ist. Denn Ausdrücke wie »Veranschaulichung«, »Ausschmückung« oder »Zur-Schau-Stellung« der königlichen Macht, mit denen er die bildhafte Vorstellung Jahwes als König aufschlüsselt[222], legen – gewollt oder ungewollt – traditionelle Konnotationen von Form und Schönheit nahe, wo es doch ganz um die *Wirkmächtigkeit (Dynamis) der Erscheinung* geht. In den Sprachbildern vom »Hinaufsteigen« (V. 6) und »Sich Setzen / Thronen« (V. 9) des Königsgottes geht es nicht um die *Ver-*

[218] AaO 306 ff.

[219] U. E. ist das Neben- bzw. Ineinander der beiden Bedeutungsaspekte ingressiv / durativ aber nicht mit Welten auf zwei – durch die Wortstellung (*mālak JHWH / JHWH mālak*) unterschiedene – Beleggruppen zu verteilen, sondern zu beachten, daß der Bedeutungskern von *mālak* unabhängig von der Wortstellung eine ingressive und eine durative Bedeutungsseite hat. Welcher Aspekt jeweils dominant ist, läßt sich nur vom Kontext her bestimmen, vgl. Ulrichsen, aaO passim, und Seybold, *mælæk*, 952 f. 953 ff.

[220] Welten aaO 308 f.

[221] Jahwe als König, 190 f (Hervorhebung im Original), vgl. Welten, aaO 309 (Zitat des letzten Satzes), und auch Kraus, Theologie der Psalmen, 111, vgl. Ders., BK XV/1, 1978[5], 103, der Eissfeldts Deutung als dritte der vier Interpretationsmöglichkeiten (vgl. oben Anm. 213) erörtert.

[222] AaO 190.

anschaulichung des Zustands (»König sein«) durch die »Pracht des Aktes« (»König werden«) – so prachtvoll dieser gerade nach Ps 47 gewesen sein wird! –, sondern um dessen *Vergegenwärtigung mittels Geschehensaussagen*. Möglicherweise hatte das O. Eißfeldt im Blick, als er seine (oben zitierten) Ausführungen durch die Bemerkung ergänzte, daß es ja auch sonst »Art der hebräischen Poesie, die sich eben dadurch als echte Poesie ausweist« sei, »Zustände in Handlungen aufzulösen und sie so lebendig zu machen«[223].

Diese – im folgenden noch zu präzisierende – Sicht läßt sich mit unseren Beobachtungen zur semiologischen Doppelstruktur (ingressiv / durativ) von *mālak* und *jāšab* (V. 9a.b)[224] sowie zum perfektiven Aspekt (Relation von vergangenem Sachverhalt und dadurch erreichtem Zustand)[225] der Verbformen V. 6 und V. 9a.b verbinden. Im Falle von *mālak* V. 9a und *jāšab* V. 9b überlagern sich ingressive / durative Aktionsart und »perfektischer Sachverhalt«. Beidemal kommt die ingressive bzw. »sedative« Bedeutungsseite der »perfektischen Sachverhalt« ausdrückenden AK-Formen *mālak ›JHWH‹* (»König geworden ist [und als König herrscht jetzt] ›JHWH‹«) und *›JHWH‹ jāšab* (»›JHWH‹ hat sich gesetzt [und sitzt / thront jetzt]«) zur Sprache, so daß die Herbeiführung des Zustands Eigenbedeutung gewinnt. Dargestellt wird der *Anbruch* der Königsherrschaft JHWHs – und zwar im Bild einer Thronbesteigung oder genauer: *als Akt der Thronbesteigung*. Dabei ist es angemessener, von »Anbruch« als von »Anfang« oder »Beginn« zu sprechen, weil das ingressive Moment von *mālak* »nicht ingressiv in unserer Bedeutung des Wortes als ein Anfang«[226] ist, sondern ingressiv in der Bedeutung von etwas, das schon (immer / längst) existent ist, hier und jetzt aber in Erscheinung tritt bzw. wirksam wird. Die Rede vom »Anbruch« der Königsherrschaft JHWHs, dargestellt in den Bildern vom »Hinaufsteigen« in die himmlische Wohnstatt und »Sich Setzen / Thronen« des Königsgottes auf seinen/m heiligen Thron, impliziert nicht – wie J. Jeremias befürchtet –, daß »Jahwe zuvor – welcher frühe Zeitpunkt auch immer im Blick wäre – nicht König der Welt gewesen wäre« (18)[227], sie besagt vielmehr, daß JHWHs ewige Königsherrschaft (vgl. die Thronmotivik Ps 93,1 f) *Ereignis* wird, daß er *jetzt* Königsmacht entfaltet. Im Vordergrund steht also der präsentische, beim Fest erfahrene Erweis der Königsmacht JHWHs[228].

[223] AaO 191.

[224] S. dazu oben S. 441.

[225] S. dazu oben S. 403 ff.

[226] Ulrichsen (s. Anm. 206), 374.

[227] Zum Kontext des Arguments s. oben S. 399 ff. Zur entsprechenden Position von Kraus s. oben S. 426 mit Anm. 147–148.

[228] Ähnlich neuerdings E. S. Gerstenberger, Psalms (in: J. H. Hayes [Ed.], Old Testament Form Criticism, San Antonio 1974, 179–223), 214; Ders., Psalms I (FOTL

Wir fragten oben[229], warum Ps 47 vom »König-Werden« JHWHs (V. 9) spricht, wo JHWH doch längst – nach Ps 93,2 »seit damals / von uran« // »von Urzeit her« – Königsgott ist (V. 3). Wir sahen, daß Ps 47 JHWHs Sein als König im Modus des Werdens beschreibt, und haben diesen Vorgang als *Vergegenwärtigung einer Seinsbestimmung durch Geschehensaussagen* bezeichnet. Man könnte noch einen Schritt weitergehen und für die kultische Bedeutung dieses Vorgangs auf einen Aspekt hinweisen, den – mutatis mutandis – O. Keel im Blick auf die Funktion von Sprache und Bild in den altorientalischen Kulturen herausgestellt hat: »Die Vergegenwärtigung eines Ereignisses oder eines Objekts durch Sprache und Bild hat meistens den Zweck, diese in ihrer Existenz zu sichern und den, der sie vergegenwärtigt, an ihnen teilhaben zu lassen«[230]. Auf unseren Zusammenhang angewendet: Das König-*Sein* JHWHs wird als König-*Werden* proklamiert, weil JHWHs Weltkönigtum kein Zustand, sondern ein Geschehen ist, das jetzt anbricht (vgl. Jes 52,7–10). Indem die Kultgemeinde das König-Werden JHWHs als aktuell sich vollziehend bzw. vollzogen proklamiert (Ps 47,6.9), wird der Kult zum Ort des Anbruchs des Gottesreichs, zu dem Ort, an dem die »seit damals / von uran« bestehende Königsherrschaft JHWHs (vgl. Ps 93,1 f) in die gegenwärtige Weltwirklichkeit hereinbricht und diese bestimmt. »Kultische Vergegenwärtigung« hieße dann: Der Kult bildet das Sein Gottes als Werden, als Geschehen hier und jetzt ab[231] und macht so die feiernde Gemeinde und die »Schilde der Erde« (Ps 47,10) der Gegenwart des kommenden Königsgottes gewiß[232].

XIV), Grand Rapids / Mich. 1988, 197; Day, God's Conflict, 36 f; Ollenburger, Zion, 28.31.33, und bereits S. Mowinckel, The Psalms in Israel's Worship, Vol. I, Oxford 1962, 115. Zu Recht bemerkt Hermisson, Creation Theology, 50 Anm. 27, daß es auch beim rein durativen Verständnis von *mālak* als »König sein« auf die aktuelle Erfahrung des Königtums JHWHs ankommt: »If *mlk* means ›be king‹, one must translate: Yahweh is *now* king, displays his royal power, now, shows himself to be who he is: the point is the actual experience of the kingship of Yahweh«. Man könnte mit Loretz, Psalmen II, 491 Anm. 49, geradezu von einer »dramatischen Epiphanie« des Königsgottes sprechen.

229 S. 442.

230 AOBPs⁴, 9.

231 Damit nehmen wir einen Gedanken auf, den H. Gese in seiner (unveröffentlichten) Tübinger Psalmen-Vorlesung vorgetragen hat.

232 Es geht also elementar um das Problem der Vergewisserung bzw. um die Erfahrungsdimension des Glauben. Das betrifft schon die Auslegung von Ps 93 (vgl. dazu oben II/2b): Wenn Jeremias schreibt, daß »die Handlungssätze von [Ps 93] V. 1 ... wegen V. 2 als zeitlos gültige Wahrheit interpretiert werden [müssen], die Grundgegebenheiten beschreiben, wie sie aller menschlichen Erfahrungen vorausliegen und von keiner Erfahrung überholbar sind« (Königtum Gottes, 18), so ist dabei nicht nur die Verschränkung von Urzeitgeschehen und Erfahrungswirklichkeit (vgl. oben II/2bγ) verkannt, sondern auch übersehen, daß »Grundgegebenheiten« von menschlicher Erfah-

Natürlich ist zu fragen, wie sich die Rede vom »Hinaufsteigen« JHWHs (in seinen himmlischen Palast) und von seinem »Sich Setzen« auf seinen heiligen Thron (Ps 47,6.9) konkretisieren, d. h. mit einem *realen Geschehen* verbinden läßt. Diese Frage wird auch von J. Jeremias unter Hinweis auf die kultdramatische Vergegenwärtigung des Vorgangs, also auf JHWHs »Aufstieg« im Zusammenhang der Ladeprozession beantwortet (vgl. 59.158 u. ö.). Was aber geschieht, wenn diese Hypothese, wie wir meinen, aufzugeben ist? Verliert damit auch jene Rede vom »Hinaufsteigen« JHWHs an Realgehalt?

Der Realismus eines Vorgangs – und entsprechend seine sprachliche / bildliche Darstellung – bemißt sich altorientalisch-biblisch nicht einfach am Grad seiner Anschaulichkeit. Bei allem scheinbaren Realismus ist z. B. das altorientalische Bild, wie O. Keel im Anschluß an W. Wolf immer wieder betont hat[233], viel stärker ein Denk- als ein Sehbild. Das gilt mutatis mutandis auch für die Sprachbilder vom »Hinaufsteigen« und »Sich Setzen« des Königsgottes: es geht in ihnen nicht um die naturalistische Nachzeichnung eines »Aufstiegs« (im Sinne der Überwindung einer räumlichen Distanz zwischen A und B), sondern um die *Vergegenwärtigung der göttlichen Königsmacht* durch Bilder vom *Aufbruch des Königsgottes zum Ort seiner Herrschaftsausübung*. Der – scheinbare – Realismus einer Ladeprozession ist diesem Inhalt ganz unangemessen – abgesehen davon, daß sie sich u. E. nicht belegen läßt.

2. *Königsherrschaft und Schöpfung / Erhaltung*

Unsere abschließenden Überlegungen berühren einen zentralen Aspekt der Gesamtproblematik, nämlich die Frage, ob die Verbindung der JHWH-König-Vorstellung mit dem Schöpfungsgedanken bereits vorexilisch oder erst nachexilisch belegt ist. Diese Frage wiederum hängt mit der traditionsgeschichtlichen Rekonstruktion des alttestamentlichen Schöpfungsglaubens[234] zusammen.

rung immer »einholbar« sein müssen, um wirkmächtig sein zu können. Nach dem Zeugnis der JHWH-König-Psalmen hat Israel solche Erfahrungen mit Grundgegebenheiten im Raum des Kults gemacht, vgl. zur Sache F. Stolz, Erfahrungsdimensionen im Reden von der Herrschaft Gottes (WuD 15, 1979, 9–32), 15 (zu Ps 47).

[233] Keel (s. oben Anm. 13), 69 u. ö., vgl. Ders., AOBPs[4], 8 f.

[234] Die gesamte Diskussion leidet u. E. unter einer falschen Alternative: ob das Thema »Schöpfung« in vorexilischer Zeit zentral war oder nicht. Es geht aber nicht so sehr darum, ob »Schöpfung« in vorexilischer Zeit ein zentrales, sondern vielmehr darum, ob sie überhaupt ein Thema war und wenn ja: unter welchen Bedingungen und in welcher Form, vgl. überblickshalber Schmidt, Alttestamentlicher Glaube, 197 ff.369 f.; Ders., Art. Gott, TRE XIII, 1984, (608–626) 614 ff, ferner Schmidt (s. Anm. 79), 246 ff; K. Eberlein, Gott der Schöpfer – Israels Gott. Eine exegetisch-hermeneutische Studie zur theologischen Funktion alttestamentlicher Schöpfungsaussagen (BEATAJ 5), 1986, 190 ff u. a. Die unterschiedlichen Datierungen des alttestamentlichen Schöpfungsglaubens gehen z. T. darauf zurück, daß entweder der literarische (Alter der Belege) oder der traditionsgeschichtliche Aspekt (Alter der Vorstellung/en) geltend gemacht wird. Gründe für eine vorexilische Ansetzung des Schöpfungsglaubens bei Schmidt, aaO 246 ff, vgl. auch R. Albertz, Weltschöpfung und Menschenschöpfung. Untersucht bei Deuterojesaja, Hiob und in den Psalmen (CThM A/3), 1974, 151 ff u. a. In diesem Zu-

a) Königsherrschaft und Schöpfung – ursprünglicher Zusammenhang?

Es kann als Wiedergabe der opinio communis gelten, wenn O. Eißfeldt 1928 feststellt, daß »in keiner einzigen der sicher aus vorexilischer Zeit herzuleitenden Benennungen Jahwes als König ... seine Königsherrschaft mit der Schöpfungstat in Verbindung gebracht [wird]; vielmehr ist da immer das historisch-soziale Gebiet – Leitung und Beschirmung seines Volkes mit seinen Gliedern –, auf dem sich Jahwe als König betätigt. Denn die Stellen, die – wie Jes 6,5 – in absolut-hymnischer Weise Jahwe das Königsprädikat beilegen, haben überhaupt keine konkrete Tat im Auge, weder eine kosmische noch eine historische, sondern sagen ganz allgemein aus, daß Jahwe weltüberlegene, erhabene Majestät ist. Die Verbindung der Vorstellung von Jahwe als König mit dem Schöpfungsgedanken findet sich erst in Stellen, die ... nachexilischer Zeit entstammen«[235]. Schöpfungstheologische Dimension der Königsherrschaft JHWHs heißt nach O. Eißfeldt: Verbindung der JHWH-König-Vorstellung mit der Schöpfungstat, sei diese kosmisch (Erschaffung der Welt) oder historisch (Leitung der Geschichte) dimensioniert. Maßstab dafür ist Deuterojesaja: »Hier wie sonst scheint Deuterojesaja den Wendepunkt zu bezeichnen«[236].

Ähnlich wie O. Eißfeldt[237] urteilt auch J. Jeremias: »Schöpfungsterminologie fehlt in den älteren Psalmen (Ausnahme: Ps 24,1 f. ...) völlig, begegnet überhaupt erst ab dem Exil (vgl. Ps 74,12 ff.; 89,6 ff. ...), in den Jahwe-König-Psalmen ständig verbunden mit Fremdgötterpolemik (Ps 95,3; 96,4.5; 97,7.9), die ihrerseits auch nicht früher belegt ist... ›Königtum und Schöpfung gehören demnach kaum zusammen‹« (158, vgl. 110.162 f)[238]. Innerhalb der JHWH-König-Psalmen tritt die Schöpfungsthematik erstmals in Ps 95 auf (vgl. 113), wo sie »wie auch sonst in den Jahwe-König-Psalmen ganz der Götterpolemik dient und nie – das ist in der Forschung fast stets übersehen worden – eine

sammenhang ist auch die aus Jerusalem stammende, paläographisch ins frühe 7. Jh. v. Chr. gehörende dreizeilige Inschrift mit Erwähnung des *qn'rṣ (= qone' 'æræṣ* »Schöpfer der Erde«)-Epithetons zu beachten, s. dazu mit den entsprechenden Nachweisen WEIPPERT (s. Anm. 80), 16 mit Anm. 20, und E. A. KNAUF, Zur Herkunft und Sozialgeschichte Israels. »Das Böcklein in der Milch seiner Mutter« (Bibl. 69, 1988, 153–169), 156 mit Anm. 15.

[235] Jahwe als König, 191.

[236] DERS., ebd.

[237] Vgl. den Hinweis auf Eißfeldt bei JEREMIAS, Königtum Gottes, 158 Anm. 6.

[238] Das Zitat im Zitat stammt von SCHMIDT, Königtum Gottes, 77. SCHMIDT begründet seine These u. a. damit, daß »eigentliche Schöpfungsterminologie ... in den Thronbesteigungspsalmen nur nebenbei in der Fremdgötterpolemik (Ps 96,5b) erscheint«, vgl. JEREMIAS, ebd. »Eigentliche Schöpfungsterminologie« meint danach ausschließlich Weltschöpfungsaussagen etwa nach dem Vorbild von Ps 96,5b: *'āśâ* (+ Subj. *JHWH*) + Obj. *šāmajim*.

eigengewichtige Rolle spielt« (154, vgl. 110 f). Diese Argumentation überzeugt schon deshalb kaum, weil Ps 24,1 f:

1aß.b »JHWH gehört die Erde und was sie füllt,
der Erdkreis und seine Bewohner.
2 Ja, er hat ihn über Meeren gegründet (*jāsad*)
und über Strömen stellt er ihn fest (*kûn* pol.)«

von J. Jeremias als »Ausnahme« deklariert, der dortige (V. 2) Schöpfungsterminus *kûn* pol. (// *jāsad*) aber nicht weiter gewürdigt wird[239]. Das ist um so auffallender, als *kûn* nif. in Ps 93,1b von J. Jeremias – sachlich richtig – gegen alle Textänderungsversuche ausdrücklich beibehalten[240] und als Terminus für das »Schöpfungshandeln« (!) JHWHs (15 Anm. 1) verstanden wird. Sehen wir von dieser Widersprüchlichkeit zunächst ab und fragen nach den Gründen für die Trennung von JHWH-König- und Schöpfungsvorstellung.

Wichtig für die Auffassung von J. Jeremias ist die Ausgangsthese, daß in der Umwelt Israels (Kanaan) die das Königtum Gottes begründende Tat die Überwindung des Chaos gewesen sei: Die Herrschafts- und Erhaltungsfunktion des göttlichen Königtums ist *Resultat* der Chaosüberwindung. Dabei geht es – in Kanaan wie später in Israel – »entscheidend um die Stabilität und Sicherheit der Welt« (162) – mit dem Unterschied, daß dieser Gedanke in beiden Kulturen sprachlich verschieden realisiert wurde. Für Israel war die Vorstellung von der die Königsherrschaft JHWHs begründenden Tat der Chaosüberwindung theologisch nicht nachvollziehbar, da »es sich von seinen eigenen theologischen Prämissen aus außerstande sah, den Chaoskampf Jahwes zu *erzählen*« (163 [Hervorhebung von uns]). Es hat deshalb in Ps 93 mythische Handlungssätze in eine »Zustandsschilderung« überführt, die »wesenhaft zeitlos« ist (20, vgl. oben II/2bα). Deren Intention besteht darin, die Vorstellung, JHWH erringe sein Königtum durch den Sieg im Chaoskampf, kritisch umzuformulieren: »[Ps 93] V. 4 beschreibt also nicht, wie Jahwe die chaotischen Mächte, die seine Menschen bedrohen (V. 3), besiegt, sondern er hält diesen Mächten die schlechthin unbesiegbare Überlegenheit Gottes entgegen, wie sie ›von uran‹ (V. 2) und ›für die Dauer der Tage‹ (V. 5) besteht« (19). Nicht der Gedanke der Schöpfung, sondern der der Erhaltung ist für die JHWH-König-Psalmen kennzeichnend.

An diese These einer Trennung von JHWH-König- und Schöpfungsvorstellung sind zwei kritische Rückfragen zu stellen. Die erste Rückfrage betrifft J. Jeremias' Hinweis auf die Ugarit-Texte (162 f) und dabei besonders die Annahme, daß man »das Fehlen eines Schöpfungsmythos im engeren Sinne mit seiner Entbehrlichkeit zu erklären hat, da die zyklische Lebens- und Weltauf-

[239] Vgl. auch SPIECKERMANN, Heilsgegenwart, 72.75.187 f.
[240] Vgl. oben S. 399 mit Anm. 38.

fassung Ugarits, d. h. die im Erleben jeden Neujahrsfestes neu bestätigte Vergewisserung einer stabilen Welt, seiner nicht bedurfte« (163)[241]. Neuere Untersuchungen zu den Themen »Königtum« und »Schöpfung« in Ugarit von P. Xella[242], M. S. Smith[243] und N. Wyatt[244] haben demgegenüber gezeigt, daß es im ugaritischen Pantheon zwei Götter (El und Baʿal) gibt, die mächtiger sind als die anderen Gottheiten, aber keine, die allein in der Lage sind, das universale Gleichgewicht zu garantieren oder zu negieren, das auf der organischen Verteilung der kosmischen Rollen beruht: »El wird ... eine vorrangige und grundsätzliche Schöpferfunktion zugeschrieben, die aber in sich noch nicht ausreicht, um eine perfekte kosmische Ordnung in ihren einzelnen spezifischen Aspekten (sowohl auf göttlicher als auch auf menschlicher Ebene) zu errichten. Der tatsächliche Urheber dieses Gleichgewichts ist Baal, der dafür in grandiosen und dramatischen Auseinandersetzungen mit Yam und Mot sorgt. Baal vervollständigt damit das Werk des Urschöpfers«[245]. Obwohl Schöpfungs*mythen* aus Ugarit fehlen, geht es im Baʿal-Epos dennoch explizit um das *Thema* »Schöpfung«[246] – das Problem ist eben, wie J. Jeremias wieder zutreffend formuliert, »die Suche nach einem den Texten angemessenen Begriff von ›Schöpfung‹« (163 Anm. 18). Das führt zu unserer zweiten Rückfrage.

b) Die »Gründung« des Königthrons – ein Schöpfungsmotiv?

Nach J. Jeremias sind die JHWH-König-Psalmen das Ergebnis der kritischen Auseinandersetzung Israels mit dem kanaanäischen Mythos, wonach die Gottheit *durch den Sieg über das Chaos* zum König der Welt und der Götter werde.

[241] Zur Diskussion um das ugaritische Neujahrsfest s. zuletzt M. S. SMITH, Interpreting the Baal Cycle (UF 18, 1986, 313–339), 317.331 Anm. 97 u. ö., und G. DEL OLMO LETE, Liturgia ugaritica del primer mes (KTU 1.41 // 1.87) (Aula Orientalis 5, 1987, 257–270) (Lit.).

[242] Aspekte religiöser Vorstellungen in Syrien nach den Ebla- und Ugarit-Texten (UF 15, 1983, 279–290), 282 ff.

[243] S. oben Anm. 241. Smith bietet (313–323) einen umfassenden Vergleich der wichtigsten Interpretationsmodelle des Baʿal-Epos.

[244] Who killed the Dragon? (Aula Orientalis 5, 1987, 185–198), bes. 189 ff. Zu der bereits bei Wyatt angeschnittenen Frage der Königsherrschaft ʿAṯtars jetzt A. WATERSTON, The Kingdom of ʿAṯtar and his Role in the AB Cycle (UF 20, 1988, 357–364).

[245] XELLA, aaO 283, vgl. auch SMITH, aaO 319.332.336 ff, und WYATT, aaO 191 ff.196 ff., ferner DAY, God's Conflict, 10.17 ff.129 ff, und dazu die Präzisierungen von N. WYATT, Killing and Cosmogony in Canaanite and Biblical Thought (UF 17, 1985, 375–386), 376 f. In diesem Zusammenhang sind auch die Bemerkungen von SCHMIDT, Königtum Gottes, 64 ff, zu beachten.

[246] S. dazu vor allem SMITH, ebd., und WYATT (s. Anm. 244), 189 ff; DERS. (s. Anm. 245), 376 f.

Da Israel von seinen eigenen theologischen Prämissen her »[sich] außerstande sah, den Chaoskampf Jahwes zu erzählen« (163, vgl. 149 u. ö.), habe es die religiöse Auseinandersetzung mit Kanaan in den JHWH-König-Psalmen formal in zwei Stadien geführt: als »Umprägung des Mythos zu Zustandssätzen« (Ps 93 u. a.) und als »Verbindung der Zustandssätze mythischen Inhalts mit Verbalsätzen geschichtlichen Inhalts« (Ps 47 u. a.). Die beiden Momente: notwendige Übernahme mythischer Vorstellungsinhalte (Stichwort: universale Gottesherrschaft) bei gleicherweise notwendiger Auseinandersetzung mit ihnen (Stichwort: partikulare Geschichtserfahrungen) sind konstitutiv für diesen Rezeptions- und Transformationsprozeß.

Nun besteht kein Dissens darüber, daß »die Prädikation Jahwes als König ... Israel aus Kanaan vorgegeben [war]« (149) und Israel »die kanaanäische Gottesprädikation nicht übernehmen [konnte], ohne sie tiefgreifend zu verändern« (ebd.). Unstrittig ist also die Faktizität *religionsgeschichtlicher Vorgaben.* Die entscheidende Frage aber ist, wie sich jene Transformation des kanaanäischen Mythos in den JHWH-König-Psalmen auf der *Textebene* niedergeschlagen hat: ob – Ps 93 wieder als Beispiel genommen – in Form einer Umprägung des Mythos zu Zustandssätzen oder in Form der »behobenen Krise«, die den Gedanken der königlichen Souveränität von Anfang an zur Geltung bringt. Im Unterschied zu J. Jeremias sehen wir die JHWH-König-Psalmen in ihrer Darstellungsform und Aussageabsicht nicht damit befaßt, die kanaanäisch vorgeprägte Vorstellung, das göttliche Königtum sei *Resultat der Chaosüberwindung,* zu kritisieren und in einem zweifachen Prozeß zu transformieren, sondern allein damit, den Gedanken der *Unableitbarkeit der Königsherrschaft JHWHs* sprachlich zu realisieren. Bei der Analyse von Ps 93[247] sahen wir, daß der Gedanke der königlichen Souveränität JHWHs die Perspektive des Textes von Anfang an bestimmt (V. 1 f) und das Motiv der Chaosüberwindung gleichsam im nachhinein auftaucht – in der Stilform der »behobenen Krise« bzw. als Motiv des vom Königsgott *überwundenen* Chaos (V. 3 f). JHWH ist also Herr über das Chaos, weil er Königsgott (geworden) ist, und nicht Königsgott (geworden), weil er das Chaos überwunden hat, oder anders ausgedrückt: JHWHs Königsherrschaft ist nicht *Folge* seines Kampfes gegen das Chaos, sondern *Voraussetzung* für den Bestand der Welt – die immer wieder vom Chaos bedroht wird (V. 3b). Damit ist implizit das Schöpfungsmotiv genannt.

Nach Ps 93,1b.2a wird die Festigkeit des Erdkreises und die Festigung des Gottesthrons mit Hilfe der Zeitbestimmung *me'āz* »seit damals« an den An-

[247] S. oben S. 402 ff.

fang gelegt[248], und diese auf JHWHs Urheberschaft (V. 2b!) zurückgeführten Akte werden als *ein* Vorgang dargestellt: mit/in der Festigung des Gottesthrons erfolgte die Festigung der Erde[249]. Ist im Blick auf diesen Gesamtvorgang von »Schöpfung« zu sprechen? Kaum, wenn man diesen Begriff strikt dem Anfangsgeschehen (*creatio primordialis*) vorbehält und ansonsten von »Bestandsgarantie« der bereits erstellten Schöpfung spricht: »Hier [sc. in Ps 93,1 f] liegt der Gedanke an Schöpfung so fern wie in 2Sam 7. Nicht jede Urheberschaft weist Jahwe als Schöpfer aus, vor allem nicht dort, wo nicht das Anfangsgeschehen, sondern die Bestandsgarantie akzentuiert ist«[250].

Wiederum stellt sich die Frage nach dem den Texten angemessenen Begriff von »Schöpfung«. Ps 93,1 f spricht nicht stricto sensu von Welterschaffung/-entstehung, sondern von JHWHs Sein *vor* aller Schöpfung (V. 2b, vgl. Ps 90,2) sowie von der »Zurüstung« bereits erstellter Größe (Erdkreis V. 1b) durch die »Festigung« des Gottesthrons (V. 2a). Wie K. Koch dargelegt hat, bezieht sich *kûn* hif./pol. »nie auf die Schöpfung insgesamt, sondern auf herausragende Werke, denen eine ordnende und heilvolle Wirkung für andere Kreaturen zukommt ... Genaugenommen meint *hekîn* nicht einen schöpferischen Akt als solchen, sondern ein Ausstatten und Zurüsten bereits erstellter Größe«[251]. Überall ist in diesem Zusammenhang neben dem »Folge- und Zweckcharakter göttlichen *kûn*-Handelns«[252] aber der Schöpfungsbezug des Lexems (*kûn* pol.: Jes 45,18: // *jāṣar, ʿāśâ* // V. 19: *bārāʾ, jāṣar;* Ps 24,2: // *jāsad;* Ps 119,90: // *ʿāmad*, vgl. die *kûn* hif.-Belege Jer 10,12 = 51,15; 33,2; Ps 65,7) unübersehbar: JHWH »festigt« oder »gründet« die Welt gegen die chaotischen Mächte[253]. In dieser Entgegensetzung »kommt die menschliche Erfahrung der Erde als des heilvoll festgegründeten oder als des unheilvoll schwankenden Lebensraumes zur Sprache«[254].

Der Schöpfungsbezug des Lexems ist auch in Ps 93 (V. 1b.2a: *kûn* nif.) präsent: (1) In ihrer knappen Formulierung besagen V. 1b.2a, daß JHWH die Ordnung der Welt als »festgegründeten« und deshalb heilvollen Lebensraum

248 Vgl. LORETZ, Psalmen II, 485. Zum Problem des »Anfangs« s. auch unten Anm. 259.

249 Vgl. KOCH, *kûn,* 107, und mit religionsgeschichtlichem Vergleichsmaterial METZGER, Thron, 290.

250 SPIECKERMANN, Heilsgegenwart, 71.

251 *kûn,* 103 f, vgl. DERS., Qädäm, 267 f, und E. S. GERSTENBERGER, Art. *kûn,* THAT I, 1975², (812–817) 816.

252 KOCH, *kûn,* 104.

253 Vgl. DERS., ebd., ferner GERSTENBERGER, ebd., und H.-J. HERMISSON, BK XI/7, 1987, 62 ff, jeweils mit Belegen.

254 HERMISSON, aaO 63, vgl. KEEL, AOBPs⁴, 33.

(*tebel*) eingerichtet hat (V. 1b) und dieser Vorgang unmittelbar[255] mit der »Festigung« seines Throns (V. 2a) zusammenhängt[256]. Das bestätigt die logische Struktur: V. 1b ist als Folgesatz auf eine diese Folge auslösende und in V. 2a genannte Ursache bezogen[257]. (2) V. 2a beschreibt ein Geschehen (Festigung des Gottesthrons), das als »Gründungsgeschehen« zu verstehen ist. Dessen urzeitliche Qualität ist durch die Näherbestimmung *me'āz* »seit damals« (// *me'ôlām* »von Urzeit her«, vgl. Prov. 8,22 ff, ferner *meri'šôn* Jer 17,12)[258] gesichert: die Festigkeit der (bewohnten) Erde, die nicht mehr wankt (*mûṭ* V. 1b, vgl. Ps 96,10 = 1Chr 16,30), ist eine Folge der Festigung des Gottesthrons (V. 2a), der »seit damals« = seit Anfang der Welt besteht. Erschaffung der Welt und Festigung des Throns sind *ein* Vorgang[259]. (3) In der Abfolge von V. 2a → V. 1b gehen urzeitliches Schöpfer- und gegenwärtiges Erhalterhandeln ineinander über. Der positive, auf Lebensförderung und -erhaltung ausgerichtete Aspekt des göttlichen *kûn*-Handelns – das hier Schöpfung und Erhaltung umgreift – wird durch die Antithese zu den chaotischen Fluten unterstrichen, die immer wieder ihren »Schlag« erheben (V. 3b), aber durch die Souveränität des Königsgottes gebannt sind (V. 4). In der Komposition des Psalms[260] hängt die Königsherrschaft JHWHs sowohl mit der urzeitlichen Gründung seines Throns (V. 2) also auch mit seiner Gegenwart auf dem Zion / im Tempel »für alle Zeiten« (V. 5) zusammen.

Das Proprium von Ps 93 besteht darin, die beiden Ebenen »Urzeitgeschehen« und »Erfahrungswirklichkeit« zu vermitteln[261] und den (Jerusalemer)

[255] S. dazu im folgenden.

[256] Ganz ähnlich wird dieser Zusammenhang von Loretz, Psalmen II, 486, gesehen – mit dem nicht unwesentlichen Unterschied, daß Ps 93,1 f von einem Königtum Gottes rede, »das durch den Sieg über das Chaos etabliert wurde« (ebd., vgl. 42.485 und zur Sache unten Anm. 259). Von den Chaosfluten ist allerdings erst in V. 3 f die Rede, hier aber unter dem für Ps 93 typischen Aspekt der »behobenen Krise«, d. h. unter dem Aspekt des Triumphes des Königsgottes, s. dazu ausführlich oben II/2bβ.

[257] Vgl. oben S. 413 f.

[258] Vgl. oben Anm. 84.

[259] Vgl. z. B. auch Kraus, BK XIV/2, 1978[5], 818, der damit den Aspekt des »ewigen Königtums Jahwe« verbindet: »Aber das ist nun das hymnisch gefeierte Faktum: Durch den ewig und unveränderlich herrschenden Gottkönig Jahwe ([V.] 2) ist die Welt bis in ihre Fundamente hinein gefestigt« (ebd.). Anders Loretz, aaO 42.485 f., der einen Zusammenhang zwischen der *Chaosüberwindung am Anfang* und der Festigung der Erde sieht: »Ps 93 feiert ein Königtum Gottes, das mit dem Sieg über die Fluten und der Festigung der Erde beginnt« (42). U. E. feiert Ps 93 ein Königtum Gottes, das mit der *Festigung / Gründung des Gottesthrons* und insofern der Erde beginnt. Diese Interpretationsdifferenz hängt mit einer bestimmten Auffassung der Sprachstruktur von Ps 93 zusammen, vgl. oben Anm. 256.

[260] Vgl. oben S. 412 ff.

[261] Vgl. oben S. 417 f.

Tempel als den kosmisch dimensionierten Ort in der empirischen Wirklichkeit auszuweisen, an dem die urzeitliche Festigung der Welt im Kult als gegenwärtig wirksames Geschehen wahrgenommen wird: »Therefore, creation is perceived here not primarily as a distant past, but as an event which is presently repeating itself. For *now* the earth would be threatened, would be in danger of sinking back into chaos – if Yahweh had not become king, that is, if he had not proven himself as the one he has been since primeval time, as the one he proved to be then, in the beginning, the sovereign king«[262].

IV. Schlußbemerkung

Am Ende unseres kritischen Durchgangs ist die eingangs getroffene Feststellung zur Bedeutung der besprochenen Arbeit nicht zu revidieren. Die Monographie von J. Jeremias nötigt dazu, die Geschichte und Theologie der JHWH-König-Psalmen neu zu überdenken und mit den anderen Themen der altisraelitischen Religion zu vermitteln. Abgesehen von zahlreichen weiterführenden Ergebnissen besteht ihr Verdienst auch darin, nach gut zwanzig Jahren (vgl. besonders W. H. Schmidt, Königtum Gottes in Ugarit und Israel, 1966², und E. Lipiński, La royauté de Yahwé dans la poésie et le culte de l'Ancien Israël, Bruxelles 1968², ferner J. Gray, The Biblical Doctrine of the Reign of God, Edinburgh 1979) die Diskussion um die Königsherrschaft JHWHs an einem neuralgischen Punkt wiederaufgenommen und einen neuen Lösungsweg eingeschlagen zu haben. Angesichts der Komplexität des Problems ist es aber kaum zu vermeiden, daß neue Antworten wieder neue Fragen aufwerfen – besonders, wenn es um einen Gesamtentwurf geht. Einige dieser Fragen (Zusammenhang von Mythos und Geschichte, von Königsherrschaft und Thronbesteigung, von Königsherrschaft und Schöpfung / Erhaltung) haben wir wenigstens ansatzweise zu beantworten versucht. Andere mußten dagegen offen bleiben:

1. Wo haben die vorexilischen JHWH-König-Aussagen ihren »Sitz im Leben«? Im Anschluß an S. Mowinckel wird auch von J. Jeremias das Herbstfest als kultischer Haftpunkt der JHWH-König-Psalmen vermutet (156). Diese – u. E. wahrscheinliche – These[263] ist allerdings durch Annahmen zu Einzelheiten des Festgeschehens (wie der Ladeprozession, vgl. 156f) belastet, die schwerlich aufrechtzuerhalten sind.

[262] Hermisson, Creation Theology, 50 (Hervorhebung im Original).

[263] Zum Diskussionsstand s. den Überblick bei Schmidt, Alttestamentlicher Glaube, 149ff.366, und Ollenburger, Zion, 46ff, ferner E. Otto, Art. Feste und Feiertage II, TRE XI, 1983, (96–106) 100f.

2. Was leistet die These von der affirmativ-legitimierenden bzw. kritisch-offensiven Funktion der Rede von der Königsherrschaft JHWHs (N. Lohfink)[264] für die Rekonstruktion der frühisraelitischen Gesellschaft und Religion? Diese Frage gehört, da mit der Frage nach dem Alter und der Herkunft der JHWH-König-Vorstellung verbunden, zu den ungelösten Problemen einer Sozial- und Religionsgeschichte Israels.

3. Wie sind die Unterschiede und Gemeinsamkeiten zwischen den alttestamentlichen, den ugaritischen und den mesopotamischen Gott-König-Aussagen zu erklären – und zwar auf der Satz- wie auf der Sachebene? Mit beachtenswerten Argumenten hat jüngst W. G. Lambert[265] wieder auf wichtige Konvergenzen zwischen der alttestamentlichen und der mesopotamischen Konzeption (v. a. des *Enūma eliš*) hingewiesen. Auch dieses Problem bedarf erneuter Diskussion[266].

J. Jeremias hat schon Recht: »Die sog. Thronbesteigungspsalmen gehören zu den umstrittensten Textgruppen innerhalb des Alten Testaments. Wieviel von der Deutung dieser Psalmengruppe ... abhängt – nicht nur für das Verständnis des israelitischen Gottesdienstes, sondern auch für jede Gesamtdarstellung des alttestamentlichen Glaubens –, ist heute jedem bewußt« (7). Sein Buch hat dieses Abhängigkeitsverhältnis noch entschieden bewußter gemacht[267].

[264] Begriff des Gottesreichs, 37 ff. 43 ff u. ö., vgl. oben S. 394 f. 422 f.

[265] Old Testament mythology in its ancient Near Eastern context (in: J. A. EMERTON [Ed.], Congress Volume Jerusalem 1986 [VT. S 40], Leiden / New York / København / Köln 1988, 124–143), 139 f.

[266] Es hängt im übrigen wieder mit der Schöpfungsthematik zusammen, vgl. nur SPIECKERMANN, Heilsgegenwart, 74.

[267] [Korrekturzusatz: Nach Abschluß des Manuskripts erschienen zwei für die Thematik relevante Studien: 1. O. H. STECK, Zion als Gelände und Gestalt (ZThK 86, 1989, 261–281). STECK äußert die Vermutung, daß Ps 24; 47 und 93 zu einem »Jerusalemer Fest der Inbesitznahme des Zion als Thronbesteigung Jahwes« (266) gehörten. Die These, daß diese Psalmen aufeinander bezogen sind, ist bedenkenswert und schon wegen der ihnen gemeinsamen JHWH-König-Vorstellung naheliegend; daß sie aber so zusammengehören, wie von STECK vorgeschlagen (gleichsam als »Stationen« in einem Festablauf), scheitert u. E. an der Ladeprozessions-Hypothese (für die STECK, 266 Anm. 24–25, auf J. JEREMIAS rekurriert). Daß es »im Kult des vorexilischen Jerusalem ... Prozessionen der Festteilnehmer gegeben« hat (266), ist demgegenüber unstrittig. STECK verweist selber auf Ps 66,5 und 48,13 (vgl. 46,9?), s. ferner Ps 68,25–28, vgl. oben S. 434 ff. – 2. R. SCORALICK, Trishagion und Gottesherrschaft (SBS 138), 1989 (zu Ps 99). Besonders zu beachten sind in unserem Zusammenhang die Ausführungen SCORALICKS, 22 ff. 29 ff. 36 ff. 51 ff. 59 f. 76 ff, zum assoziativen Hintergrund von Ps 99, 1 f. 5. 9, vgl. oben S. 436 mit Anm. 196.]

Tempel und Schöpfung

Schöpfungstheologische Aspekte der priesterschriftlichen Heiligtumskonzeption[1]

> »[Ex] 24,16 ›und es weilte die Herrlichkeit Gottes auf dem Berge und es bedeckte ihn die Wolke sechs Tage und am siebten Tage erging ein Ruf an Mose mitten aus der Wolke‹. (. . .) Für einen Zeitraum von sechs Tagen mit einem darauffolgenden ausgezeichneten siebenten Tage gibt es keine andere Analogie als die sechs Werktage mit dem Sabbat. Die sechs Tage sind die Zeit, innerhalb deren Gott, im dunklen Gewölke verborgen, das Urbild des Heiligtums schafft, um am siebenten Mose hineinzurufen und ihm das vollendete Werk zu zeigen und zu erklären. Dies ist eine der mehrfachen . . . Parallelen zwischen der sechstägigen Weltschöpfung und dem Heiligtum«[2].

I. *Das Problem*

In der exegetischen Literatur dieses Jahrhunderts gehört der Pentateuch-Kommentar Benno Jacobs zu den seltenen Werken, in denen die Strukturparallelen zwischen Gen 1,1 - 2,4a und Ex 24,15b–18aα; 25–31 + 35–40 notiert und für das Verständnis der priesterschriftlichen Heiligtumskonzeption ausgewertet werden[3]. Innerhalb des Judentums beruht dieser Ansatz auf alter Tradition. So wird nach dem Midrasch Pesiqta deRab Kahana die Welt mit der Errichtung des Wüstenheiligtums vollendet, das Heiligtum in der Wüste also als »Schlußstein« der Schöpfung deklariert:

1 Den folgenden Ausführungen liegt ein Vortrag zugrunde, der in verschiedener Form in Tübingen (1985), Kiel (1987) und Neukirchen-Vluyn (1988) gehalten wurde. Für intensive Diskussionen danke ich außer meinen Hamburger Kollegen K. Koch und E. Noort besonders Herrn Kollegen P. Weimar (Münster), mit dem ich seit 1985 im Austausch über die verhandelte Thematik stehe (vgl. *Weimar,* Sinai und Schöpfung [s. unten Anm. 38]). Die vorliegende Skizze, die mir Gelegenheit gibt, das an früherer Stelle zur Sache Gesagte (Sühne als Heilsgeschehen [s. unten Anm. 41] 309–312) zu präzisieren, soll 1992 in erweiterter Form im Verlag J.C.B. Mohr (Paul Siebeck), Tübingen, erscheinen.

2 *B. Jacob,* Der Pentateuch. Exegetisch-kritische Forschungen, Leipzig 1905, 157f.

3 Vgl. auch *ders.*, Das erste Buch der Tora. Genesis, Berlin 1934, 67 u.ö., ferner *F. Rosenzweig,* Das Formgeheimnis der biblischen Erzählungen (1928), in: *Ders.,* Die Schrift. Aufsätze, Übertragungen und Briefe, hg. von *K. Thieme,* Königstein/Ts. 1984, 13–27, hier 22; *M. Buber / F. Rosenzweig,* Die Schrift und ihre Verdeutschung, Berlin 1936, 42.

»Ehe das Wüstenheiligtum aufgerichtet wurde, schwankte die Welt; [aber] von dem Augenblick an, da das Wüstenheiligtum aufgerichtet wurde, wurde die Welt gefestigt« (Pesiqta deRab Kahana 8f)[4].

Mit Bildern wie diesem hat das rabbinische Judentum immer wieder den Zusammenhang von Tempel und Schöpfung beschworen: »Erst mit dem Bau des Wüstenheiligtums war die Weltschöpfung abgeschlossen, ja die Schöpfungsabsicht Gottes vollendet[5]. Das ist ein ungewöhnlicher, bei näherem Hinsehen aber sehr plausibler Gedanke. Seine Plausibilität ergibt sich zum einen aus rabbinischen Betrachtungen über das »Wozu« der Weltschöpfung[6] und zum anderen aus der kosmologischen Symbolik des Tempels, also dem Sachverhalt, daß Kultordnung und Naturordnung einander entsprechen, »korrekter Kultvollzug demnach eine gewisse Garantie für Gedeihen in Natur und Geschichte darstellt«[7]. Die Tempelsymbolik war eng mit dem agrarischen Lebenszyklus verbunden, tief in der Frömmigkeit verwurzelt und vielfältig, durch Feste und Riten, auf die Hoffnungen und Nöte des Alltags bezogen. Der Kult war gleichsam ein Diskurs mit der Natur, der die Welt mittels Sprache und Ritus zusammenhielt[8]:

»Und du findest auch, daß in der ganzen Zeit, in welcher der Dienst am Hause des Heiligtums bestand, Segen auf der Erde war. (...) Seitdem das Haus des Heiligtums zerstört ist, gibt es keinen Segen auf der Erde mehr« (Abot de Rabbi Natan B 5 [9b])[9].

Der Zusammenhang von Weltschöpfung und Heiligtumsbau, wie sie der zitierte Passus des Midrasch Pesiqta deRab Kahana formuliert, ist dem rabbinischen Judentum vorgegeben. Eine dieser Vorgaben, auf die der Midrasch auch direkt anspielt (Num 7,1), liegt in der priesterschriftlichen Geschichtsdarstellung vor. Ihrem Verständnis ist unsere Skizze gewidmet. Dabei soll nicht nur danach gefragt werden, wie sich jener Zusam-

4 Zitiert nach *P. Schäfer,* Tempel und Schöpfung. Zur Interpretation einiger Heiligtumstraditionen in der rabbinischen Literatur, Kairos 16 (1974) 122–133, hier 132.

5 Vgl. *ders.,* ebd. 131ff, weitere Belege aus der Midrasch-Literatur zur Relation Weltschöpfung/-erhaltung/-vollendung – Heiligtumsbau bei *G. Schimanowski,* Weisheit und Messias. Die jüdischen Voraussetzungen der urchristlichen Präexistenzchristologie (WUNT II/17), Tübingen 1984, 221ff.233ff und *B. Ego,* Im Himmel wie auf Erden. Studien zum Verhältnis von himmlischer und irdischer Welt im rabbinischen Judentum (WUNT II/34), Tübingen 1989, 20ff.56.96ff.124 u.ö.

6 S. dazu *Schäfer,* Tempel und Schöpfung, 132f, vgl. unten S. 67ff.

7 *J. Maier,* Art. Tempelsymbolik, in: *Ders. / P. Schäfer,* Kleines Lexikon des Judentums, Stuttgart/Konstanz 1981, 296, vgl. zur Sache *ders.,* Tempel und Tempelkult, in: *Ders. / J. Schreiner* (Hg.), Literatur und Religion des Frühjudentums. Eine Einführung, Würzburg 1973, 371–390, hier 383ff u.a.

8 Zur Formulierung vgl. *J. Assmann,* Königsdogma und Heilserwartung. Politische und kultische Chaosbeschreibungen in ägyptischen Texten, in: *D. Hellholm* (ed.), Apocalypticism in the Mediterranean World and the Near East, Tübingen 1983, 345–377, hier 357.

9 Zitiert nach *Ego,* Himmel, 22.

menhang auf der Ebene der Gesamtkomposition des priesterschriftlichen Geschichtswerks darstellt, sondern auch, ob durch die Rückbindung der eigenen Geschichte an Geschehnisse »vor aller Zeit« bzw. *in illo tempore* diese Geschichte etwa remythisiert wird[10], und das Israel der Priesterschrift einen »geschichtsflüchtigen Weg« beschreitet, »der weite und bis heute unaufgebbare Bereiche der Erfahrung und ihrer Verarbeitung umgeht«[11]. Es geht also um das Thema »Die Priesterschrift und die Geschichte«[12] - verdeutlicht an den Strukturentsprechungen zwischen Schöpfungsgeschichte (Gen 1,1 - 2,4a*) und Sinaigeschichte (Ex 16,1 - Lev 9,24*) und deren theologischen Implikationen. Wir wollen uns dieser Fragestellung auf dem Umweg über die altorientalischen Religionen nähern.

II. *Tempel und Schöpfung in der Umwelt Israels*

1. *Mesopotamien*

In den Kulturen des Alten Orients weisen viele Tempel durch ihre Anlage und Ausstattung, aber auch durch ihre Namen und Gründungslegenden/-rituale deutliche Bezüge zur uranfänglichen Schöpfung und ihrer Symbolik auf[13]. In Mesopotamien ist der gestufte Tempelturm (*ziqqurratu*[*m*] »Tempel-Hochterrasse«, vgl. Abb. 1[14]), der mit der III. Dynastie von Ur (um 2111-2003 v.Chr.) als Nachfolger des auf einer Erdaufschüttung plazierten Hochtempels entsteht, schon durch die Namengebung als Teil des Kosmos qualifiziert.

10 So die These von *N. Lohfink*, Die Priesterschrift und die Geschichte (1978), in: *Ders.*, Studien zum Pentateuch (SBAB 4), Stuttgart 1988, 213-253, bes. 227ff.

11 *O.H. Steck*, Zwanzig Thesen als alttestamentlicher Beitrag zum Thema: »Die jüdisch-christliche Lehre von der Schöpfung in Beziehung zu Wissenschaft und Technik«, KuD 23 (1977) 277-299, hier 286 Anm. 20, vgl. *Lohfink*, Priesterschrift, 242ff.

12 Vgl. den gleichnamigen Aufsatz von *Lohfink* (s. oben Anm. 10).

13 S. dazu den Überblick bei *J.M. Lundquist*, What is a Temple? A Preliminary Typology, in: The Quest for the Kingdom of God (FS G.E. Mendenhall), ed. by *H.B. Huffmon - F.A. Spina - A.R.W. Green*, Winona Lake / IN 1983, 205-219, ferner *O. Keel*, Die Welt der altorientalischen Bildsymbolik und das Alte Testament. Am Beispiel der Psalmen, Zürich/Einsiedeln/Köln/Neukirchen-Vluyn [4]1984, 99ff.338ff.

14 Quellennachweis zu den Abbildungen: (a) *Th. Dombart*, Alte und neue Ziqqurrat-Darstellungen zum Babelturm-Problem, AfO (1928/29) 220-229, hier 226 Abb. 9a; (b) *E. Porada*, An Unknown Representation of a Ziggurat, BASOR 97 (1945) 18-20, hier 19 Abb. 2.

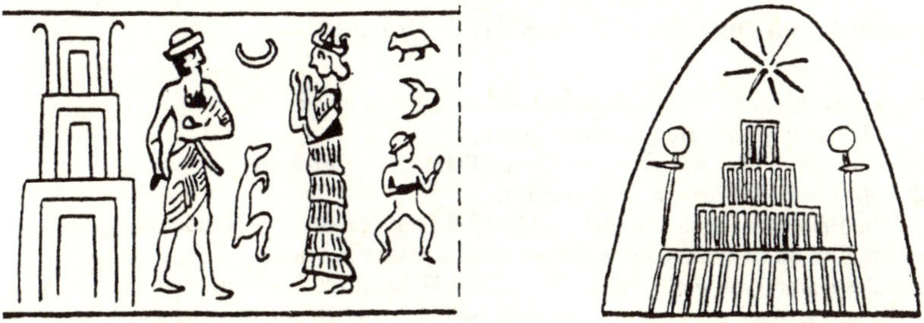

a b

Abb. 1: Ziqqurat-Darstellungen: (a) Rollsiegel (altbabylonisch) - (b) Stempelsiegel (neuassyrisch)

So trägt die berühmte, unter Nebukadnezar II. (605–562 v.Chr.) vollendete Ziqqurat von Babylon[15] den sumerischen Namen Etemenanki, womit das ca. 91 m hohe Marduk-Heiligtum als kosmisch dimensioniertes Bauwerk: als »Haus (das das) Fundament von Himmel und Erde (ist)« (é.temen.an.ki) bezeichnet ist. Andere Tempeltürme Mesopotamiens heißen »Haus, das der ›Standort‹ von Himmel und Erde ist« (in Dilbat), »Band des Himmels und der Erde« (in Larsa), »Haus der Hochterrasse« (in Nippur), »Stufenhaus des lauteren Himmels« (in Sippar) oder »Haus, das die Leiter (hinauf zum) Berg ist« (in Kazallu)[16]. Aus diesen Tempelnamen lassen sich zwei Bezugssphären ablesen: »Himmel und Erde« auf der einen, »Berg« auf der anderen Seite. »Beides verbunden liefert uns den Schlüssel zum Geheimnis der Ziqqurat: Der Tempelberg ist die kultisch überhöhte Darstellung des Weltberges, der am Anfang der Schöpfung stand«[17].

In der mesopotamischen Tempeltheologie spielt die kosmologische Symbolik schon früh eine prominente Rolle. So begegnet das Motiv des im *abzu/apsû* (»unterirdisches Süßwassermeer, Grundwasser«) ›verankerten‹ und bis in den Himmel ragenden Tempelhauses bereits in der neusumerischen Tempelbau-Hymne Gudeas von Lagaš (ca. 2144- 2124 v.Chr.), die die Errichtung und Einweihung des Ningirsu-Heiligtums Eninnu in Girsu

15 S. dazu etwa *E. Klengel-Brandt*, Der Turm von Babylon. Legende und Geschichte eines Bauwerks, Wien/München 1982 und *D.J. Wiseman*, Nebuchadnezzar and Babylon, Oxford 1985.

16 Zu den Tempelnamen und ihrer Bedeutung s. *J. van Dijk*, Sumerische Religion, in: *J.P. Assmussen / J. Laessøe* (Hg.), Handbuch der Religionsgeschichte, Bd. I, Göttingen 1971, 431–496, hier 458ff; *W. Röllig*, Der Turm zu Babel, in: *A. Rosenberg* (Hg.), Der babylonische Turm. Aufbruch ins Maßlose, München 1975, 35–46, hier 43ff; *K.-H. Golzio*, Der Tempel im Alten Mesopotamien und seine Parallelen in Indien (BZRGG 25), Leiden 1985, 19ff; *Lundquist*, Temple, 207 u.a.

17 *Röllig*, Turm zu Babel, 43.

(Tellō) preist. Als Beispiel für die kosmische Dimensionierung dieses Bauwerks sei zunächst Zyl. A XXII 9–16 zitiert:

9 »Der Stadtfürst hat das Haus gebaut, es wachsen lassen,
10 wie einen großen Berg wachsen lassen,
11 seine Baugrube, den Abzu, wie große Pfähle in die Erde eingetieft.
12 Mit Enki berät sie sich in E'angurra,
13 die Baugrube ist im Himmel ein Held - für das Haus hat sie (Gudea) hingestellt -,
14 im Ort, an dem die Götter Wasser trinken, trinkt es Wasser.
15 Das Eninnu machte (Gudea) (wie) einen Haltepflock fest, baute sein . . .,
16 pflanzte in seiner Stadt des (Tempels) schönen asal-Baum, breitete seinen Schatten weithin aus«[18].

Der zweite Text (Zyl. B I 1–10) preist den überwältigenden Glanz des bis an den Himmel reichenden Tempels:

1 »Haus, großer ›Mast‹ des Landes Sumer,
2 mit Himmel und Erde zusammengewachsen,
3 Eninnu, gutes Ziegelwerk, dem Enlil gutes Schicksal bestimmt,
4 schöner Berg, der zu (aller) Staunen dasteht,
5 der aus allen Ländern hervorragt:
6 Das Haus ist ein großer Berg, reicht bis an den Himmel,
7 ist wie der Sonnengott, erfüllt das Innere des Himmels,
8 das ›Eninnu-Imdugud-strahlt‹ hat im Feindland zahlreiche (Menschen) getötet,
9 hat die Menschen (fest) wohnen lassen, hat das Land Sumer geleitet:
10 Die Anuna-Götter gehen staunend dahin«[19].

In späteren, insbesondere mit Marduk in Zusammenhang stehenden Schöpfungstexten (und Bildern?) wird diese kosmologische Symbolik des Tempels noch detaillierter entfaltet[20].

2. *Ägypten*

Die auf der Analogie von Kulturordnung und Weltordnung beruhende

18 Übersetzung: *A. Falkenstein*, in: *Ders.* - *W. von Soden*, Sumerische und akkadische Hymnen und Gebete (= SAHG), Zürich/Stuttgart 1953, 137–182 (sum. Nr. 32), hier 159; vgl. *Th.Jacobsen*, The Harps that once . . . Sumerian Poetry in Translation, New Haven / London 1987, 386–444, hier 416 und zur Sache noch Zyl. A XXI 18–27; B V 7, dazu *S. Dunham*, Sumerian Words for Foundation, Part I: Temen, RA 80 (1986) 31–64, hier 42ff.52ff, ferner *Lundquist*, Temple, 208. Zum religiösen und soziologischen Kontext der Tempelbauhymne s. zuletzt *S.N. Kramer*, The Temple in Sumerian Literature, in: *M. Fox* (ed.), Temple in Society, Winona Lake / IN 1988, 1–16, hier 2ff mit Anm. 111–113.

19 Übersetzung: *Falkenstein*, in: SAHG, 166, vgl. *Jacobsen*, The Harps, 425f und zur Sache noch Zyl. A XXI 23; B XXIV 9 u.ö., dazu *A. Falkenstein*, Die Inschriften Gudeas von Lagaš, I: Einleitung (AnOr 30), Rom 1966, 116ff, ferner *Lundquist*, Temple, 207. Auch die anderen sumerischen Tempelhymnen sind voll von kosmologischen Motiven, s. die Textbeispiele bei *Falkenstein*, in: SAHG 131–137 (sum. Nr. 29–31) und *A. W. Sjöberg* - *E. Bergmann*, The Collection of the Sumerian Temple Hymns (TCS 3), Locust Valley / NY 1969, einzelne Beispiele bieten auch *H. Schmökel*, in: RTAT[2], 130f und *W.H.Ph. Römer*, in: TUAT II/5 (1989) 686ff.

20 S. dazu ausführlicher die oben Anm. 1 angekündigte Studie.

kosmologische Symbolik hat auch in Ägypten die Tempelkonzeption bis in die Spätzeit hinein geprägt[21]. Ja, gerade in der Architektur und Dekoration der spätägyptischen Tempel von Dendera, Edfu, Esna, Kom Ombo und Philä gelangten Vorstellungen zum Durchbruch, die durch die Sakaralbauten der pharaonischen Zeit und deren kosmologische Symbolik präfiguriert waren[22]. Belegen läßt sich dies mit den überaus zahlreichen, geradezu ›gesprächigen‹ Inschriften dieser Tempel, aber auch mit ihrem reichen Dekorationsprogramm. So stellt in ihnen der Fußboden die Erde und die mit Sternen oder astronomischen Darstellungen übersäte Decke den blauen Tageshimmel dar.

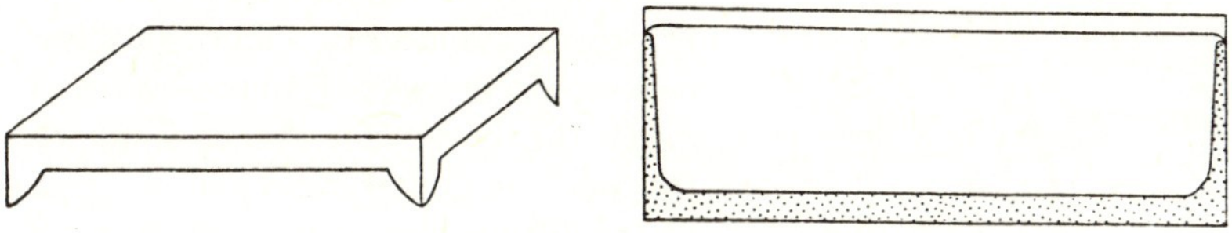

a b

Abb. 2: Schematische Himmelsdarstellungen: (a) als umgekehrte flache Kiste - (b) als auf den beiden Bergspitzen aufruhendes »Dach«

Zwischen Fußboden und Decke (= Tempeldach), also zwischen »Erde« und »Himmel« (vgl. Abb. 2)[23] spannen sich nicht nur als Papyrus, Lotus oder Palme stilisierte Pflanzensäulen, sondern auch die Dekorationen der Wände aus, deren Sockelzonen jeweils mit Sumpfpflanzen oder Nil-

21 Die Architektur des ägyptischen Tempels, der im Neuen Reich seine endgültige Form als Axialtempel erreicht und mit Pylon (= Horizont), Säulen (= Himmelsstützen) und Tempeldach (= Himmel) den Kosmos repräsentiert, bietet ein dreidimensionales, steingewordenes Abbild der Welt, vgl. *W. Westendorff,* Art. Weltbild, LÄ: VI (1986) 1211-1213, hier 1212 und zur Sache allgemein *H. Bonnet,* Art. Tempel, in: *Ders.,* RÄRG, 778-788; *E. Hornung,* Der Eine und die Vielen. Ägyptische Gottesvorstellungen, Darmstadt 1971, 223ff; *ders.,* Der Tempel als Kosmos, in: *Ders.,* Geist der Pharaonenzeit, Zürich/München 1989, 115-130; Keel, Bildsymbolik (s. oben Anm. 13) 100ff.151ff.338.340f; *H. Brunner,* Grundzüge der ägyptischen Religion (Grundzüge 50), Darmstadt 1983, 77ff, bes. 81ff; *J. Assmann,* Ägypten - Theologie und Frömmigkeit einer frühen Hochkultur (UB 366), Stuttgart/Berlin/Köln/Mainz 1984, 35ff, bes. 43ff, vgl. auch 67f.

22 S. dazu *D. Kurth,* Eine Welt aus Stein, Bild und Wort - Gedanken zur spätägyptischen Tempeldekoration, in: *J. Assmann - G. Burkard* (Hg.), 5000 Jahre Ägypten. Genese und Permanenz pharaonischer Kunst, Nußloch 1983, 89-101; *R.B. Finnestad,* Image of the World and Symbol of the Creator. On the Cosmological and Iconological Values of the Temple of Edfu (Studies in Oriental Religions 10), Wiesbaden 1985, u.a.

23 Quellennachweis zu den Abbildungen: (a) *H. Schäfer,* Ägyptische und heutige Kunst und Weltgebäude der alten Ägypter, Berlin/Leipzig 1928, 95 Abb. 13; (b) *ders.,* ebd. 89 Abb. 5. Zwischen den Wörtern »Himmel« und »Dach« wird in den ägyptischen Texten ständig gespielt - »natürlich vor allem, wenn von Tempeln die Rede ist . . .« (*H. Schäfer,* Weltgebäude der alten Ägypter, in: *Ders.,* ebd. 87f).

götterprozessionen bemalt sind. Wer diesen sakralen Innenraum betrat, befand sich nicht nur in einem aus der profanen Welt ausgegrenzten Bereich, sondern in einem steingewordenen Mikrokosmos, der in der Vielfalt seiner Erscheinungsformen die Fülle und Kohärenz der Schöpfung sinnenfällig machte, ja geradezu beschwor.

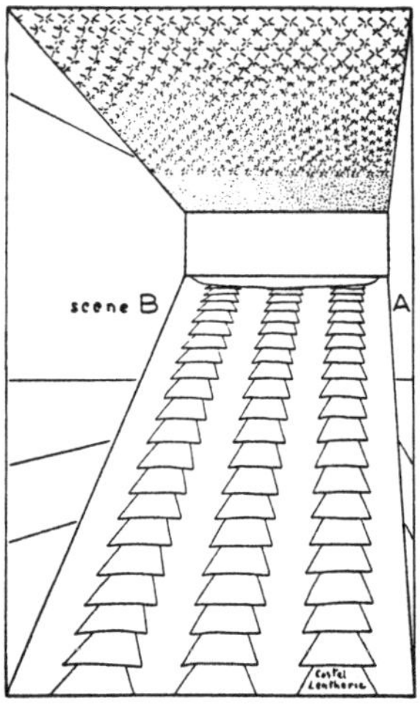

Abb. 3: Fenster im Hathortempel von Dendera (Innenansicht)

Die Konzeption des »Tempels als Kosmos« hat nicht nur die Gesamtanlage, sondern auch die Gestaltung und Funktion einzelner Gebäudeteile geprägt. Ein charakteristisches Beispiel dafür sind die Fenster im westlichen Treppenhaus des Hathortempels von Dendera (Abb. 3). Ein solches Fenster ist »ein sich nach innen vergrößernder Raum, ermöglicht durch die Dicke der Außenwand; das Rechteck im Hintergrund gibt die relativ kleine Öffnung in der äußeren Wandfläche wieder. Die Dekoration des Fensterrahmens entspricht seiner realen Funktion: auf der schrägen Unterseite die Sonne mit drei Strahlenbündeln, auf den Seiten Luft- und Windgötter (nicht im Bild); auch die Decke dieses kleinen Raumes wurde mit Sternen überzogen«[24].
Die dazugehörigen Texte unterstreichen den kosmologischen Bezug. So sind z.B. die Texte unterhalb der stilisierten Sonnenstrahlen auf den vom Sonnengott Re ausgehenden Lichtglanz bzw. auf das am Osthorizont von Dendera (Innenansicht) erscheindende Morgenlicht bezogen, etwa:

»Du mögest täglich am Himmel erstrahlen,
nachdem du die beiden Länder (sc. Ägypten) mit Licht bestreut hast.
Du mögest hervorkommen aus dem Fenster des Tempels von Dendera
und deine Tochter (sc. Hathor von Dendera) mit deinem Lichtglanz vereinen«[25].

Die diesem Text zu entnehmende Gleichung lautet D.Kurth zufolge: »Fällt das Morgenlicht durch das Fenster ins Tempelinnere, dann ist das Fenster für den Tempel der Ort des Sonnenaufgangs, also der Morgenhorizont der Tempelwelt«[26]. Die Türen des Tempels haben eine ähnliche Funktion: Wenn am Morgen die verschlossenen Türen des Allerheiligsten geöffnet wurden, und der Sonnengott die Tempelwelt von den Pylonen bis zum Naos mit seinem lebenspendenden Licht erfüllte, wurden li-

24 *Kurth,* Welt aus Stein, 92.
25 Textzitat (Dendera VII,23,10f) nach *ders.,* ebd. 92.
26 *Ders.,* Ebd. 92.

turgische Formeln rezitiert, die das Heiligtum in seiner Funktion als Kosmos, als »irdischen Himmel« preisen, z.B.:

»Die Türflügel des Himmels werden aufgetan auf Erden,
so daß die Fremdländer und Ägypten erglänzen
durch seine Erscheinungsformen«[27].

3. *Résumé: Der Tempel als Kosmos*

In der altorientalischen Umwelt Israels - so können wir resümieren - ist der Tempel »die kultisch überhöhte Darstellung des Weltberges, der am Anfang der Schöpfung stand«[28] bzw. »ein ›Himmel‹ auf Erden, der das wirkende Bild der Gottheit enthält und ihr selbst als Wohnsitz dienen kann«[29]. Er steht an dem Ort, wo das Chaos zum erstenmal gebannt wurde, und von dem aus der Schöpfergott die Setzung und Erhaltung von ordnenden Grenzen vornahm[30]. Entsprechend ist auch der Tempelkult nicht einfach ein innerweltliches Geschehen, sondern ein Diskurs mit der Natur, der die Welt der Götter (Himmel/Unterwelt) und der Menschen (Natur/Gesellschaft) mittels Sprache und Ritus zusammenhält[31] und so die Kohärenz der Wirklichkeit sichert. Israel hat diese Zusammenhänge gekannt und im Rahmen der Jerusalmer Kulttradition und ihrer Vorstellung von der welterhaltenden Präsenz des JHWH vom Zion auch rezipiert. Erinnert sei nur an die kosmische Dimensionierung des Gottesberges Zion / des Tempels (Jes 6,1; Ez 40,2; Ps 48,2f; 78,69, vgl. Jes 2,2 = Mi 4,1; Sach 14,10, u.a.)[32] oder an die Verschränkung von mythischer Urzeit und gegenwärtiger Erfahrungswirklichkeit in Texten der Jerusalemer Kulttradition (Ps 93,1f.5; 24,1f.3-5[.6].7-10, u.a.)[33]. Auch der salomonische Tempel weist in Architektur und Ikonographie (vgl. 1Kön 6-8)

27 Textzitat (Hibis 31,3) nach *Assmann*, Ägypten (s. oben Anm. 21) 46, vgl. die Zusammenstellung ähnlicher Formeln bei *J. Assmann*, Liturgische Lieder an den Sonnengott. Untersuchungen zur altägyptischen Hymnik I (MÄST 19), Berlin 1969, 253ff; *H. Brunner*, Die Sonnenbahn in ägyptischen Tempeln, in: *Ders.*, Das hörende Herz. Kleine Schriften zur Religions- und Geistesgeschichte Ägyptens, hg. von *W. Röllig* (OBO 80), Freiburg (Schweiz) / Göttingen 1988, 215-233.

28 *Röllig*, Turm zu Babel (s. oben Anm. 16) 43.

29 *Hornung*, Der Eine und die Vielen (s. oben Anm. 21) 225.

30 Vgl. *Keel*, Bildsymbolik (s. oben Anm. 21) 225.

31 Zu dieser Definition vgl. oben Anm. 8.

32 Diese Thematik ist in neuerer Zeit vielfach dargestellt worden, s. zuletzt zusammenfassend *W.H. Schmidt*, Alttestamentlicher Glaube in seiner Geschichte, Neukirchen-Vluyn [6]1987, 249ff.372f; *T.N.D. Mettinger*, In Search of God. The Meaning and Message of the Everlasting Names, Philadelphia/PA 1988, 100ff.123ff; *E. Otto*, Art. *ṣijjôn*, ThWAT VI (1989) 994-1028 jeweils mit der dort genannten Literatur.

33 S. dazu *K. Koch*, Qädäm. Heilsgeschichte als mythische Urzeit im Alten (und Neuen) Testament (1988), in: *Ders.*, Spuren des hebräischen Denkens. Beiträge zur alttestamentlichen Theologie. Gesammelte Aufsätze Bd. 1, hg. von *B. Janowski - M. Krause*, Neukirchen-Vluyn 1991, 248-288 und *B. Janowski*, Das Königtum Gottes in den Psalmen. Bemerkungen zu einem neuen Gesamtentwurf, ZThK 86 (1989) 389-454.

vielfältige kosmologische Bezüge auf. So ist das »eherne Meer« (1Kön 7,23-26) ein »riesiger Lotosbecher«[34], und erhob sich die Cella mit dem kolossalen Kerubenpaar samt Lade wahrscheinlich über dem heiligen Felsen, dem ursprünglichen Ort der Weltschöpfung[35]. Diese Geschichte der Adaptation altorientalischer Kosmos/Chaos-Motivik in der Jerusalemer Tempeltheologie und -architektur ist erst noch zu schreiben[36].
Eine theologisch bemerkenswerte, in der bisherigen Forschung aber noch zu wenig beachtete[37] Variante des Themas »Tempel und Schöpfung« liegt in der priesterschriftlichen Geschichtsdarstellung (P^g) des Pentateuchs vor. Angesichts der üblichen Reserve gegenüber der Priesterschrift und ihrer angeblichen »Perspektivelosigkeit«[38] mag es ein wenig erstaunen, daß ausgerechnet hier die Relation von Weltschöpfung und Heiligtumsbau in theologisch relevanter Weise zu Tage treten soll. Aber abgesehen davon, daß Gen 1,1 - 2,4a* P^g und die Sinaierzählung Ex 16,1 - Lev 9,24* P^g literarisch und theologisch dieselbe Herkunft haben[39], sind es vor allem

34 Vgl. *S. Schroer,* In Israel gab es Bilder. Nachrichten von darstellender Kunst im Alten Testament (OBO 74), Freiburg (Schweiz) / Göttingen 1987, 60 und *M. Görg,* Art. Ehernes Meer, Neues Bibel-Lexikon, Lfg. 3 (1990) 483.

35 S. dazu die konträren Positionen von *E. Vogt,* Vom Tempel zum Felsendom, Bibl. 55 (1974) 23-64 und *H. Donner,* Der Felsen und der Tempel, ZDPV 93 (1977) 1-11, zur Diskussion insgesamt *V. Fritz,* Der Tempel Salomos im Licht der neueren Forschung, MDOG 112 (1980) 53-68, hier 53f.

36 Zusammenstellung des entsprechenden Materials bei *Keel,* Bildsymbolik (s. oben Anm. 13) 99ff.338ff; *J. Strange,* The Idea of Afterlife in Ancient Israel: Some Remarks on the Iconography in Salomo's Temple, PEQ 117 (1985) 35-40; *Schroer,* Bilder, 46ff.71ff.75ff.82ff.121ff und *H. Weippert,* Palästina in vorhellenistischer Zeit (Handbuch der Archäologie Vorderasien II/1), München 1988, 466ff.469ff.

37 Zu den Ausnahmen s. im folgenden, bes. unten Anm. 41.

38 *H. Schmidt,* Die Geschichtsschreibung im Alten Testament (RV II/16), Tübingen 1911, 53 (freundlicher Hinweis von P. Weimar); vgl. dazu und zu ähnlichen Urteilen (besonders J. Wellhausens, s. *R. Smend,* Entstehung des Alten Testaments [ThW 1], Stuttgart/Berlin/ Köln/Mainz ^{3}1984, 49) kritisch zuletzt *P. Weimar,* Sinai und Schöpfung. Komposition und Theologie der priesterschriftlichen Sinaigeschichte, RB 95 (1988), 337-385, hier 338 und *M. Köckert,* Leben in Gottes Gegenwart. Zum Verständnis des Gesetzes in der priesterschriftlichen Literatur, JBTh 4 (1989) 29-61, hier 30f.

39 Hinsichtlich der Entstehungsgeschichte der Priesterschrift gehen wir - unbeschadet von Differenzierungen im einzelnen (s. im folgenden) - von traditionellen literarkritischen Modellen (P^g - P^s - P^{ss} . . .) aus, weil es dazu - trotz *H. Utzschneider,* Das Heiligtum und das Gesetz. Studien zur Bedeutung der sinaitischen Heiligtumstexte (Ex 25-40; Lev 8-9) (OBO 77), Freiburg (Schweiz) / Göttingen 1988 - u.E. (noch) keine tragfähige Alternative gibt, vgl. neuerdings auch *G. Steins,* »Sie sollen mir ein Heiligtum machen«. Zur Struktur und Entstehung von Ex 24,12-31,18, in *F.-L. Hossfeld* (Hg.), Vom Sinai zum Horeb. Stationen alttestamentlicher Glaubensgeschichte, Würzburg 1989, 145-167. Daß die literarkritische Analyse und die Frage nach der Gestalt und Geltung des Endtextes sich nicht ausschließen (müssen), sondern ergänzen, kann im vorliegenden Zusammenhang nur punktuell dargetan werden, s. zur Sache jetzt die konstruktiven Überlegungen von *E. Blum,* Studien zur Komposition des Pentateuch, Habilitationsschrift Heidelberg 1988, 175-262 (erscheint 1990 in der Reihe BZAW). Vorschläge zur Abgrenzung des Grundbestandes der Priesterschrift (P^g), auf die im folgenden (z.T. kritisch) zurückgegriffen wird,

kompositionskritische Beobachtungen zu diesen beiden Textbereichen, die auf eine Sachentsprechung zwischen der Schöpfungsgeschichte und der Sinaigeschichte hinweisen und deshalb auch zu bestimmten Konsequenzen im Blick auf das Geschichtsverständnis der Priesterschrift nötigen. Mit diesen Strukturbeobachtungen setzen wir ein.

III. *Tempel und Schöpfung in der Priesterschrift*

Daß zwischen dem Ende (Gen 1,31; 2,2f P^g) der priesterschriftlichen Schöpfungsgeschichte Gen 1,1 - 2,4a* P^g und dem Mittelstück (Ex 19,1 - 40,35* P^g) der priesterschriftlichen Sinaigeschichte Ex 16,1 - Lev 9,24* P^g[40] mehr als nur zufällige Entsprechungen bestehen, ist seit längerem erkannt[41]. So ist nicht nur bemerkenswert, daß in Ex 39,32a (P^s) und 40,33b (P^s) jeweils mit demselben Verb, nämlich כלה pi. »fertigmachen, zum Abschluß bringen«, formuliert wird wie in Gen 2,2a[42], auffallend sind auch - trotz Subjektverschiedenheit: hier Mose, da Gott - die Entsprechungen zwischen Ex 39,43a und Gen 1,31a (jeweils Billigung) sowie zwischen Ex 39,43b und Gen 2,3a (jeweils Segnung)[43]. Noch gewichtiger als diese Korrespondenzen zwischen (von Gott) Erschaffenem und (von Mose/Israel) Erbautem, die man in dem Satz zusammenfassen kann:

finden sich bei *K. Elliger,* Sinn und Ursprung der priesterschriftlichen Geschichtserzählung (1952), in: *Ders.,* Kleine Schriften zum Alten Testament (TB 32), München 1966, 174-198, hier 174f; *Lohfink,* Priesterschrift (s. oben Anm. 10) 222 Anm. 29 (dort die ältere Lit.) und *P. Weimar,* Struktur und Komposition der priesterschriftlichen Geschichtsdarstellung (I:) BN 23 (1984) 81-134, hier 85 Anm. 18; (II:) 24 (1984) 138-162.

40 Zur Abgrenzung und kompositorischen Funktion s. im folgenden.

41 Nachweis der älteren Lit. bei *B. Janowski,* Sühne als Heilsgeschehen. Studien zur Sühnetheologie der Priesterschrift und zur Wurzel KPR im Alten Orient und im Alten Testament (WMANT 55), Neukirchen-Vluyn 1982, 309 Anm. 195.198, zur Sache neuerdings *M. Weinfeld,* Sabbath, Temple and the Enthronement of the Lord - The Problem of the Sitz im Leben of Genesis 1:1-2:3, in: Mélanges bibliques et orientaux en l'honneur de M. Henri Cazelles (AOAT 212), éd. par *A. Caquot - M. Delcor,* Kevelaer/Neukirchen-Vluyn 1981, 501-512, hier 502f; *E. Zenger,* Gottes Bogen in den Wolken. Untersuchungen zu Komposition und Theologie der priesterschriftlichen Urgeschichte (SBS 112), Stuttgart ²1987, 170ff; *Weimar,* Struktur und Komposition, 148ff; *ders.,* Sinai und Schöpfung; *J.D. Levenson,* The Temple and the World, JR 64 (1984) 275-298, hier 286ff; ders., Sinai and Zion. An Entry into the Jewish Bible, Minneapolis / Chicago / New York 1985, 142ff; *ders.,* Creation and the Persistence of Evil. The Jewish Drama of Divine Omnipotence, San Francisco / CA 1988, 78ff, bes. 84ff; *Utzschneider,* Heiligtum, 52ff; *Blum,* Komposition des Pentateuch, 242ff und *Köckert,* Leben, 51ff.

42 zu כלה pi. in Gen 2,2a s. unten S. 58.

43 S. dazu die Tabelle bei *Weimar,* Sinai und Schöpfung, 365, vgl. *Zenger,* Gottes Bogen, 171, u.a.

»Mose beschließt den Bau der Kultgegenstände ähnlich wie Gott die Weltschöpfung«[44], ist der Zusammenhang zwischen der Schöpfungsgeschichte und der Sinaigeschichte hinsichtlich der Abfolge: sechs Tage – siebter Tag (vgl. Gen 1,3–31* / 2,2f mit Ex 24,15b–18aα), der die Selbstoffenbarung JHWHs am Sinai in Relation zum Schöpfungshandeln Gottes am Anfang zu bringen scheint. Da bei einem Verfasser wie P^g Entsprechungen dieser Art immer Rückschlüsse auf die erzählerisch-theologische Absicht zulassen, ja geradezu evozieren[45], wird mit G. von Rad zu fragen sein, ob »P . . . allen Ernstes zeigen (will), daß der im Volke Israels historisch gewordene Kultus das Ziel der Weltentstehung und Weltentwicklung ist« und »Schon die Schöpfung . . . auf dieses Israel hin angelegt worden (ist)«[46]. Wir wollen dieser Frage zunächst anhand der Sinaigeschichte und dann anhand der Schöpfungsgeschichte genauer nachgehen.

1. *Sinaigeschichte und Schöpfungsgeschichte*

a) *Die Sinaigeschichte*

Zusammen mit der Toledotformel stellen die Wandernotizen und chronologischen Angaben (Alter einer Person bei Eintritt eines bestimmten Ereignisses, Gesamtlebensalter einer Person samt Feststellung ihres Todes, u.a.) innerhalb der beiden Hauptteile der Priestergrundschrift – Ur- und Patriarchengeschichte (Gen 1,1 - 11,26* + Gen 11,27 - Ex 1,7*) auf der einen, Exodus-, Sinai- und Landgabegeschichte (Ex 1,13 - 14,29* + Ex 16,1 - Lev 9,24* + Num 10,11 - Dtn 34,9 [?]*)[47] auf der anderen Seite – das grundlegende Gliederungssystem dar[48]. Während der zweite Hauptteil der priesterschriftlichen Geschichtsdarstellung mit den The-

44 *W.H. Schmidt,* Die Schöpfungsgeschichte der Priesterschrift. Zur Überlieferungsgeschichte von Gen 1,1 - 2,4a und 2,4b - 3,24 (WMANT 17), Neukirchen-Vluyn ³1973, 156 Anm. 3.

45 Vgl. *Weimar,* Struktur und Komposition I, 81, der im Anschluß an *G. von Rad,* Das erste Buch Mose. Genesis (ATD 2/4), Göttingen ⁹1972, 13 darin zu Recht den Ausdruck »eines intensiven theologisch ordnenden Denkens« sieht.

46 *G. von Rad,* Theologie des Alten Testaments, Bd. 1: Die Theologie der geschichtlichen Überlieferungen Israels, München ⁶1969, 247; s. zur Sache unten S. 67ff.

47 Nach *L. Perlitt,* Priesterschrift im Deuteronomium?, ZAW 100 (1988) Suppl. 65–88 ist es stark zu bezweifeln, daß P^g in Dtn 34,1a*.7–9, also mit dem Bericht vom Tode Mose im Ostjordanland, endet (anders z.B. *Zenger,* Gottes Bogen [s. oben Anm. 41] 41ff; *Weimar,* Struktur und Komposition II, 160f mit Anm. 199 u.a.). Damit stellt sich »die Frage nach dem Ende der Priesterschrift, wenn dieses eben nicht bei der Landnahme liegt« (*Perlitt,* Priesterschrift, 86) in verschärfter Weise, s. zur Sache auch *Smend,* Entstehung (s. oben Anm. 38) 58; *Blum,* Komposition des Pentateuch (s. oben Anm. 39) 181f (Ende der priesterschriftlichen »Hauptkomposition« in Num 27,12ff) und unten Anm. 130.

48 Zur Kompositionsstruktur von P^g vgl. die schematische Darstellung bei *W. Groß,* Die Gottebenbildlichkeit des Menschen im Kontext der Priesterschrift, ThQ 161 (1981) 244–264, hier 255; *Zenger,* Gottes Bogen, 141 und *Weimar,* Struktur und Komposition II, 158.

men Exodus - Sinai - Landgabe[49] von einem System von sechs Wandernotizen (Ex 16,1*; 19,1; Num 20,1*; 20,22b, dazu Ex 12,41 und Num 10,11* + 12b) strukturiert wird[50], die aufgrund ihrer Plazierung *vor* Ex 24* P^{g} und *nach* Lev 9* P^{g} ein erzählerisches Gefälle auf das Geschehen am Sinai hin bewirken, geben die mit Ex 16,1* einsetzenden und partiell mit den Wandernotizen verknüpften Zeitangaben präzisere Hinweise auf die Komposition der priesterschriftlichen Sinaigeschichte (Ex 16,1 - Lev 9,24*). Schematisch läßt sie sich folgendermaßen darstellen (k. J. = k^{e}*bôd JHWH* / »Herrlichkeit JHWHs«):

I. EXODUS (Ex 1,13-14,29*)	
II. SINAI (Ex 16,1-Lev 9,24*)	16,1* Wandernotiz + Zeitangabe 15.2.1
1. *Ex 16,1-12*: Murren Israels*	
a) Murren der Söhne Israels (16,1-8*)	
b) Erscheinen des k. J. (16,9-12*)	
2. *Ex 19,1-40,35*: Offenbarung am Sinai*	19,1 Wandernotiz + Zeitangabe 1.3.1
a) Erscheinen des k. J. auf dem Sinai (19,1; 24,15b-18aα*)	*6 Tage - 7. Tag* } *»7. Tag«*
b) Heiligtumsbau: Auftrag + Ausführung (25,1-29,46*; 39,32b.43)	*Jahwerede am 7. Tag* }
c) Erscheinen des k. J. auf dem Zeitheiligtum (40,17.34f)	40,17 Zeitangabe 1.1.2 *1. Tag des Monats* } *»7 Tage«*
3. *Lev 9,1-24*: Opfer und Jubel Israels*	
a) Nahen der ganzen Gemeinde vor JHWH (9,1-5*)	9,1* Zeitangabe 8.1.2 *8. Tag des Monats* }
b) Erster Opfergottesdienst (9,7-21*)	
c) Erscheinen des k. J. und Jubel Israels (9,23f*)	
III. LANDGABE (Num 10,11-Dtn 34,9*[?])	10,11*.12b Wandernotiz + Zeitangabe 20.2.2

Ordnet man also die abschnittsgliedernden Wander- und Zeitnotizen und den Bericht Ex 16,1 - Lev 9,24* einander zu, so ergibt sich eine dreiglied-

49 Die Frage einer Fortsetzung von P^{g} in Jos 13-21 und damit zusammenhängend einer »Landnahmetheologie« ist u.E. negativ zu beantworten, s. zur komplexen Problematik jetzt *Zenger,* Gottes Bogen, 36ff; *Blum,* Komposition des Pentateuch (s. oben Anm. 39) 180ff und *E. Cortese,* Josua 13-21. Ein priesterschriftlicher Abschnitt im deuteronomistischen Geschichtswerk (OBO 94), Freiburg (Schweiz) / Göttingen 1990, bes. 49ff.111ff, vgl. auch *Smend,* Entstehung, 58.

50 S. dazu ausführlich *Lohfink,* Priesterschrift (s. oben Anm. 10) 228ff und *Weimar,* Struktur und Komposition I, 98ff.

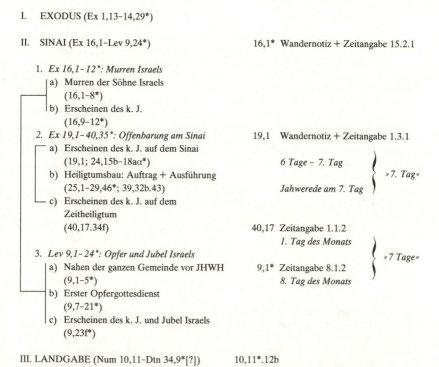

rige Gesamtkomposition, in deren Zentrum die Darstellung der Offenbarung am Sinai Ex 19,1 - 40,35* steht[51]. Diese eigentliche Sinaiperikope der Priestergrundschrift wiederum wird durch Strukturentsprechungen am Anfang (Ex 19,1 + 24,15b-18aα*) und am Ende (Ex 40,17 + 40,34f) zusammengehalten, wobei das System dieser Korrespondenzen das Gewicht des Mittelteils Ex 25,1 - 39,43* unterstreicht (s. das Schema auf der folgenden Seite). Zum Verständnis der umseitigen Aufbauskizze[52] seien zwei Bemerkungen angefügt. Sie betreffen (a) die Entstehungsgeschichte und (b) die Kompositionsstruktur von Ex 19,1- 40,35* P^g:

(a) Eine entstehungsgeschichtliche Analyse der göttlichen Anweisungen zum Bau des Heiligtums Ex 24,12 - 31,18, die von einer Beschreibung der Struktur des Endtextes ausgeht, hat jüngst G. Steins[53] vorgelgt. Danach läßt sich der Gesamttext in sechs große Abschnitte einteilen (24,12-18; 25,1-27,21; 28,1-43; 29,1-37; 29,38-31,11; 31,12.18), die »durch formale, lexematische, logische und thematische Entsprechungen so aufeinander bezogen (sind), daß sie eine kunstvolle konzentrische Komposition bilden«[54]. Auf einer unter dieser Makrostruktur des Endtextes liegenden Textstufe läßt sich durch Beachtung zusätzlicher Textsignale (wie Redeeinleitungsformeln, resümierenden Wendungen u.a.) ein anderes Gliederungssystem ausmachen, das eine weitere Strukturierung (Mikrostruktur) der sechs Abschnitte von Ex 24,12 - 31,18 erlaubt. Die Differenz zwischen Makrostruktur und Mikrostruktur ist anhand eines entstehungsgeschichtlichen Modells zu plausibilisieren, wobei mit mindestens drei bzw. vier Entstehungsphasen zu rechnen ist. Zur ersten Stufe der Textentstehung, die den Grundbestand, also P^g, repräsentiert, zählen nach Steins Ex 25,1-9*; 26,1-27,8*;29,43-46* (ohne V. 44b), dazu Ex 24,15b-18a[55].

51 Vgl. *Zenger,* Gottes Bogen 137ff und *Weimar,* Struktur und Komposition I, 112ff.

52 S. zum Vergleich die - untereinander und von unserer Skizze z.T. (s. genauer im folgenden) abweichenden - schematischen Darstellungen bei *Zenger,* Gottes Bogen, 157ff und *Weimar,* Sinai und Schöpfung (s. oben Anm. 38) 360, vgl. 374 und bereits *ders.,* Struktur und Komposition I, 130f.

53 *Steins,* Heiligtum (s. oben Anm. 39), 145ff.

54 *Ders.,* ebd. 152, vgl. die Skizze ebd. 154.

55 Zu Ex 24,15b-18aα vgl. *ders.,* ebd. 167 mit Anm. 42 mit dem Hinweis auf *E. Zenger,* Israel am Sinai. Analysen und Interpretationen zu Ex 17-34, Altenberge ²1985, 135.141.144.154f; vgl. *ders.,* Das Buch Exodus (Geistliche Schriftlesung), Düsseldorf ²1982, 221f.286f. Seit *M. Noth,* Überlieferungsgeschichte des Pentateuch, Darmstadt ³1966, 17ff ist der Grundbestand der priesterschriftlichen Sinaigeschichte Ex 19,1 - 40,35 immer mehr reduziert worden, s. dazu *Elliger,* Sinn und Ursprung (s. oben Anm. 39) 174f; *Lohfink,* Priesterschrift, (s. oben Anm. 10) 222 Anm. 29 und *Weimar,* Struktur und Komposition I (s. oben Anm. 39) 85 Anm. 18, der zu P^g nur noch Ex 19,1; 24,15b.16.18a; 25,1a.2ad.8.9; 26,1*.2a.6*.7.8a.11a*.15a.16.18*.20*.22*.23a.30; 29,45.46 (und in Ex 35-40: 39,32b.43; 40,17.34) zählt, vgl. *ders.,* Sinai und Schöpfung (s. oben Anm. 38) 340ff; nach *E. Zenger,* Israels Suche nach einem neuen Selbstverständnis zu Beginn der Perserzeit, BiKi 39 (1984) 123-135, hier 132 Anm. 15 ist das »zu knapp angesetzt«, s. dazu im folgenden.

				Leitwörter
I. 19,1-24,18a*:	GEGENWART DES k^e*bôd JHWH* AUF DEM BERG SINAI			
19,1	Wandernotiz + Zeitangabe (1.3.1)			
24,15b-18aα	Offenbarungswolke und JHWH-Herrlichkeit			
15b	^{c}*anan*	6 Tage		כסה
16aα	k^e*bôd JHWH*			שכן
16aβ	^{c}anan		ששת ימים	כסה
16b	Mose	7. Tag	ביום השביעי	
17	k^e*bôd JHWH*			
18aα[.β]	Mose			
II. 25,1-39,43*:	HEILIGTUMSBAU (ANORDNUNG UND AUSFÜHRUNG)			
25,1-29,46*	Anordnung + Ankündigung			
25,1f*.8f*	JHWH-Rede: Grundlegung			
8a	Anordnung			
8b	Ankündigung			שכן
9*	Anordnung (k^e-Formulierung)			
26,1-29,46*	JHWH-Rede: Entfaltung			
26,1-27,8* (?)	Anordnung			
29,43-46*	Ankündigung			שכן, קדש, נועד
39,32b.43	Ausführungsbericht + Billigung + Segnung			
32b	Israel: Ausführung			
43a	Mose: Billigung + Wiederaufnahme von 32b			
43b	Mose: Segnung			
III. 40,17.34f:	GEGENWART DES k^e*bôd JHWH* AUF DEM ZELTHEILIGTUM			
40,17	Zeitangabe (1.1.2) + Perfizierungsnotiz			
40,34f	Offenbarungswolke und JHWH-Herrlichkeit			
34a	^{c}*anan*			כסה
34b	k^e*bôd JHWH*			מלא
35aα	Mose			
35aβ	^{c}*anan*			שכן
35b	k^e*bôd JHWH*			מלא

(b) Bei der Frage nach der Kompositionsstruktur der priesterschriftlichen Sinaigeschichte Ex 19,1; 24,15b-18aα; 25,1.2aα 8.9a*.b; 26,1-27,8*; 29,43-46* (ohne V. 44b); 39,32b.43; 40,17.34f[56] ist u.a. die Position von Ex 40,17 im Gesamtzusammenhang strittig. Nach E. Zenger[57] beispielsweise wird mit Ex 40,17 nicht die »2. Etappe« der Sinaigeschichte abgeschlossen, sondern – nach den Etappen 1 (Ex 16,1-35*) und 2 (Ex 19,1 - 39,43*) - die »3. Etappe« (Ex 40,17 - Lev 9,24*) *eingeleitet.* Demgegenüber nimmt P. Weimar[58] Ex 40,17 mit Ex 39,32b und 40,34 zusammen (Ex 39,32b + 40,17.34) und versteht diesen Passus als Abschluß des Mittelteils (Ex 19,1 - 40,17.34*)

56 Zu Ex 40,35 s. unten Anm. 59.

57 Gottes Bogen (s. oben Anm. 41) 157ff.

58 *Weimar,* Struktur und Komposition I, 112 mit Anm. 90; 122 mit Anm. 116; 131, vgl. *ders.,* Sinai und Schöpfung, 359ff.274, wo allerdings entgegen seiner früheren Annahme (Struktur und Komposition I, 112 mit Anm. 90 u.ö.) eine Korrespondenz zwischen Ex 19,1+24,15b-18a* und Ex 39,43 (nicht 39,32b.43)+40,17.34 postuliert wird. An versteckter Stelle (Sinai und Schöpfung, 370 Anm. 112) ist er jedoch bereit, Ex 40,17 eine abschnittsgliedernde Funktion - »im Blick auf die Strukturierung der erzählerischen Rahmenteile der Sinaitheophanie« - einzuräumen.

der priesterschriftlichen Sinaigeschichte, während die Rahmenstücke Ex 16,1-12* und Lev 9,1-24* einander antithetisch - Murren der Israeliten :: Jubel des JHWH-Volkes - korrespondieren (vgl. auch die Skizze oben S. 48). In der Bestimmung der Abschlußfunktion von Ex 40,17.34f[59] stimmen wir mit Weimar überein. Die Position von Ex 39,43 (verbunden mit Ex 39,32b) sehen wir allerdings anders, nämlich als Ausführungsbericht der in Ex 25,1-9*; 26,1-29,46* enthaltenen Anordnung zum Heiligtumsbau, während Ex 40,17.34f erzählerisch und thematisch Ex 19,1 + 24,15b-18aα korrespondiert.

Wie ist nun die Korrespondenz zwischen den erzählerischen Rahmenstücken der Sinaitheophanie, also dem Erscheinen der JHWH-Herrlichkeit auf dem Berg Sinai (Ex 19,1 + 24,15b-18aα) und ihrem Erscheinen auf dem fertiggestellten Zeltheiligtum (Ex 40,17 + 40,34f) zu verstehen? Nach Ex 19,1 waren die Israeliten im 3.Monat nach dem Auszug aus Ägypten (vgl. Ex 12,41 P^g) in die Wüste Sinai gekommen, wo Mose auf dem Gottesberg die Offenbarung der JHWH-Herrlichkeit zuteil wird. Ex 24,15-18aα beschreibt dieses Geschehen folgendermaßen:

15b »Und die Wolke bedeckte den Berg,
16aα und die Herrlichkeit JHWHs ließ sich nieder auf dem Berg Sinai,
16aβ und die Wolke bedeckte ihn sechs Tage lang.
16b und er rief Mose am siebten Tag mitten aus der Wolke,
17 während die Erscheinung der Herrlichkeit JHWHs wie verzehrendes Feuer auf dem Gipfel des Berges vor den Augen der Israeliten war,
18aα und Mose ging mitten in die Wolke«[60].

Dieser Szene auf dem Berg Sinai, die dem unmittelbar folgenden Abschnitt über den Heiligtumsbau Ex 25,1 - 39,43* P^g (Anordnung: 25,1 - 29,46*, Ausführung: 39,32b.43) gleichsam als *Introitus* vorangestellt ist, kommt aufgrund ihrer Erzählstruktur programmatischer Charakter zu: Während die den כְּבוֹד יְהוָה umhüllende Wolke *sechs Tage lang* den Sinai bedeckt (V. 16aβ), geht Mose *am siebten Tag* (V. 16b) auf den - »mitten aus der Wolke« ergehenden - Ruf JHWHs »mitten in die Wolke« hinein. Diese beiden aufeinander zugehenden Bewegungen - das »Sich Niederlassen« (שָׁכַן) der JHWH-Herrlichkeit auf dem Berg Sinai und das Hineingehen Moses in die den כְּבוֹד יְהוָה umhüllende Wolke - führen zu einer

59 Entgegen *Weimar,* Sinai und Schöpfung, 359 Anm. 78 halten wir Ex 40,35 allerdings für P^g, zur Begründung s. vorläufig *U. Struppe,* Die Herrlichkeit Jahwes in der Priesterschrift. Eine semantische Studie zu *k^ebod YHWH* (ÖBS 9), Klosterneuburg 1988, 62ff.

60 Zur Literarkritik von Ex 24,15b-18aα s. zuletzt *Zenger,* Israel (s. oben Anm. 55) 135.141.144.154f); *Janowski,* Sühne als Heilsgeschehen (s. oben Anm. 41) 303ff; *Weimar,* Sinai und Schöpfung, 359ff (Ablehnung der Ursprünglichkeit von V. 17.18aβ) und *Struppe,* Herrlichkeit Jahwes, 7ff. Zur Problematik von Ex 24,17 (*Weimar,* Sinai und Schöpfung, 359 Anm. 78: nicht P^g) s. die oben Anm. 1 angekündigte Studie.

Begegnung von Gott und Mensch, die den für die priesterschriftliche Heiligtumstheologie bezeichnenden Terminus »Begegnungszelt« (אֹהֶל מוֹעֵד) der Sache nach (!) vorweg nimmt[61] Denn dieses Zeltheiligtum, das nach Ex 25,9* (vgl. Ex 26,30)[62] Mose auf dem Berg gezeigt wird, und dessen Bauanweisungen Ex 26,1 - 27,8* (?)P^g detailliert entfaltet, ist der irdische Ort, an dem JHWH inmitten der Israeliten »wohnen« (שָׁכַן: Ex 25,8b) oder - wie die JHWH-Rede Ex 29,43-46* pointiert formuliert - an dem er den Israeliten »begegnen« will:

43a »Dort werde ich den Israeliten begegnen,
43b und es wird geheiligt werden durch meine Herrlichkeit.
44a Und ich werde das Begegnungszelt und den Altar heiligen.
45a Und ich werde inmitten der Israeliten wohnen
45b und ich werde ihnen Gott sein.
46aα.β Und sie werden erkennen, daß ich JHWH, ihr Gott bin, der sie aus dem Land Ägypten herausgeführt hat,
46aγ um in ihrer Mitte zu wohnen.
46b Ich bin JHWH, ihr Gott«[63]

61 S. dazu - nicht allerdings zur Textgliederung! - immer noch zutreffend *C. Westermann,* Die Herrlichkeit Gottes in der Priesterschrift, in: *Ders.,* Forschung am Alten Testament. Gesammelte Studien Bd. II (TB 55), München 1974, 115-137, hier 120, vgl. *Janowski,* Sühne als Heilsgeschehen, 305f und *Weimar,* Sinai und Schöpfung, 348f mit Anm. 38.39. Zur Kritik an Westermann s. *Janowski,* Sühne als Heilsgeschehen, 303 Anm. 168 und *Struppe,* Herrlichkeit Jahwes, 28ff.

62 Mit *Weimar,* Sinai und Schöpfung, 349f mit Anm. 43-44 nehmen wir an, daß die תַּבְנִית-Vorstellung wohl aus Ex 25,40 P^s (vgl. 1Chr 28,11.12) in Ex 25,9 redaktionell eingetragen ist, vgl. jetzt auch *Steins,* Heiligtum (s. oben Anm. 53) 164f, anders *Utzschneider,* Heiligtum (s. oben Anm. 39) 211ff.221. Dann aber stellt sich um so dringlicher die Frage, was JHWH dem Mose auf dem Berg sehen läßt (25,9*: ראה hif., vgl. 26,30: ראה hof.). Da u.E. das in Ex 25,8a genannte מִקְדָּשׁ nicht implizites Objekt zu ראה hif. Ptz in Ex 25,9a* ist (anders *Weimar,* Sinai und Schöpfung, 350 Anm. 43, vgl. die Übersetzung von 25,9* ebd. 350: »Genau so, wie ich es [sc. das Heiligtum] dir zeigen werde, so sollt ihr es machen«, u.E. ist zu übersetzen: »Entsprechend allem, was ich dir zeigen werde, so sollt ihr es machen«), und auch in Ex 26,30 der אֲשֶׁר-Satz sich nicht auf den Akkusativ הַמִּשְׁכָּן, sondern auf das folgende כְּמִשְׁפָּטוֹ bezieht (Übersetzung: »Du sollst aufrichten den *miškan* nach seiner Ordnung, die dir auf dem Berg gezeigt worden ist«), legt sich die Vermutung nahe, daß Mose auf dem Berg nicht ein ›Tempel im Himmel‹ gezeigt wurde, sondern vielmehr ein »Plan oder Modell, aufgrund dessen dann ein irdischer Tempel gebaut wird« (*O. Keel,* Jahwe-Visionen und Siegelkunst. Eine neue Deutung der Majestätsschilderungen in Jes 6, Ez 1 und 10 und Sach 4 [SBS 84/85], Stuttgart 1977, 51 Anm. 25), vgl. *Janowski,* Sühne als Heilsgeschehen, 311 mit Anm. 210; Zenger, Gottes Bogen, 172 Anm. 20; *V. Hurowitz,* The Priestly Account of Building the Tabernacle, JAOS 105 (1985) 21-20, hier 22 mit Anm. 4 und *Utzschneider,* Heiligtum, 53f. Die redaktionelle Eintragung der תַּבְנִית (»Plan«, »Modell«)-Wendung in Ex 25,9 hätte demnach die in der כְּכֹל-Formulierung des Grundtextes (V. 9a*) unbestimmt gelassene Aussage lediglich begrifflich und vorstellungsmäßig vereindeutigt. Zu der besonders von *T.N.D. Mettinger,* Abbild oder Urbild? »Imago Dei« in traditionsgeschichtlicher Sicht, ZAW 86 (1974) 403-424 formulierten Hypothese einer Entsprechung zwischen Ex 25,9*; 26,30 und Gen 1,26f s. die Hinweise bei *Weimar,* Sinai und Schöpfung, 351 Anm. 46 (Lit.).

63 Zur Literarkritik von Ex 29,43-46* (ohne V. 44b) s. zuletzt *Janowski,* Sühne als Heilsgeschehen, 371ff (dort noch unter Hinzunahme von V. 42b.44b); *Weimar,* Sinai und

Diese JHWH-Rede stellt »eine pointierte Zusammenfassung der Gedanken von P^g über den Sinn des gesamten Heiligtums samt seiner Priesterschrift dar«[64]. Dabei führt die thematische Linie von יעד nif. (»begegnen«[65]) in V. 43a über das קדשׁ pi. (»heiligen«) in V. 44a zu den שָׁכַן (»wohnen«)-Aussagen in V. 45a und V. 46aγ, denen zusammen mit V. 45b (eingliedrige Bundesformel) und V. 46b (Langform der Selbstvorstellungsformel) im Verhältnis zu den zentralen Aussagen in V. 46aα.β (erweiterte Erkenntnisformel) Rahmen-Funktion zukommt. Mit diesem Stilmittel hat die Priestergrundschrift erreicht, daß nicht das Wohnen JHWHs in Israel als solches, »sondern . . . die Vorstellung von Jahwe als dem Gott Israels die eigentliche Sinnspitze von Ex 29,45f bildet«[66]. Schlägt man von dieser *Sinnmitte der priesterschriftlichen Sinaigeschichte* einen Bogen zu der die Sinaitheophanie abschließenden Darstellung in Ex 40,17 + 40,34f, die ihrerseits kompositorisch und thematisch der programmatischen Eingangsszene Ex 24,15b–18aα korrespondiert, so läßt sich in Beantwortung der oben[67] gestellten Frage nach der Erzählfunktion dieser Rahmenstücke sagen: Mit der ›Besitzergreifung‹ des Zeltheiligtums am Sinai durch die von der Wolke umhüllte JHWH-Herrlichkeit (Ex 40,34f) kommt das auf dem Sinai begonnene Geschehen der JHWH-Israel-Begegnung zu seinem Ziel. Indem der כְּבוֹד יְהוָה seinen Erscheinungsort vom Berg Sinai zum fertiggestellten Begegnungszelt verlagert, repräsentiert dieses von nun an – gleichsam als ein ›Sinai auf der Wanderung‹[68] – den Ort der Gottesnähe, an dem JHWH inmitten der Israeliten »wohnen« will (Ex 25,8b; 29,45a+46aγ).

Schöpfung, bes. 343 Anm. 21; 354ff; *Struppe,* Herrlichkeit Jahwes, 31ff und *Steins,* Heiligtum, 161f. Zur Frage der Ursprünglichkeit bzw. Nichtursprünglichkeit von V. 42b (positiv zuletzt beantwortet von *Utzschneider,* Heiligtum, 205ff) sowie zum Text von V. 43b s. die oben Anm. 1 angekündigte Studie.

64 *K. Koch,* Die Priesterschrift von Exodus 25 bis Leviticus 16. Eine überlieferungsgeschichtliche und literarische Untersuchung (FRLANT 71), Göttingen 1959, 31, vgl. *Janowski,* Sühne als Heilsgeschehen, 324f und *Weimar,* Sinai und Schöpfung, 354ff.

65 Zu יעד nif. »(sich treffen lassen›) begegnen« + Subj. יהוה(nur in $P^{g/s}$: Ex 25,22 P^s; 29,42b [P^s?]. 43a P^g; 30,6 P^s.36 P^s; Num 17,19 P^s) s. *Janowski,* Sühne als Heilsgeschehen, bes. 306ff.325f.328ff; *M. Görg,* Art. יָעַד, ThWAT III (1982) 697–706, hier 705f und *Struppe,* Herrlichkeit Jahwes, 42ff. Obwohl Struppe den Aspekt der zielorientierten Selbstbestimmung JHWHs in dem Syntagma יעד nif. + Subj. יהוה zu Recht – und im Anschluß an Görg – in den Vordergrund rückt, wirken ihre Ausführungen (ebd. 43f) doch ein wenig gezwungen, s. demgegenüber *Görg,* יָעַד, 705f.

66 *P. Weimar,* Untersuchungen zur priesterschriftlichen Exodusgeschichte (fzb 9), Würzburg 1973, 135, vgl. *ders.,* Sinai und Schöpfung, 355ff und *B. Janowski,* »Ich will in eurer Mitte wohnen«. Struktur und Genese der exilischen *Schekina*-Theologie, JBTh 2 (1987) 165–193, hier 185 mit Anm. 90.

67 S. 51.

68 Zur Formulierung s. *M. Görg,* Das Zelt der Begegnung. Untersuchung der sakralen Zelttraditionen Altisraels (BBB 27), Bonn 1967, 74.

Die zentrale Position der JHWH-Rede Ex 29,43-46* innerhalb der priesterschriftlichen Sinaigeschichte läßt sich noch einmal anhand der Korrespondenzen verdeutlichen, die zwischen den שׁכן-Aussagen (Ex 24,16; 25,8; 29,45f; 40,35 P^g)[69] in Ex 19,1 - 40,35* P^g bestehen (vgl. auch die Skizze oben S. 50):

I.	24,16aα	שׁכן + Subj. כְּבוֹד יְהוָה
II.	25,8b 29,45a.46aγ	שׁכן + Subj. יְהוָה
III.	40,35aβ	שׁכן + Subj. הֶעָנָן

Diese Aufstellung erlaubt zwei Schlußfolgerungen:
(α) Von der Aussage, daß die JHWH-Herrlichkeit bzw. die Wolke sich auf (עַל) dem Berg Sinai bzw. auf (עַל) dem Begegnungszelt »niederläßt« (שָׁכַן: Ex 24,16aα; 40,35aβ), verschiebt sich der Akzent zu der Ankündigung vom »Wohnen« (שׁכן) JHWHs inmitten (בְּתוֹךְ) der Israeliten (Ex 25,8b; 29,45a+46aγ)[70]. Darin ist zweifellos eine Betonung der personalen - gegenüber der (älteren) lokalen - Bindung der Gottesgegenwart zu sehen, die im übrigen ein Kennzeichen der exilischen *Schekina*-Theologie (Ez 43,7.9; 1Kön 6,13 dtr, vgl. Ps 78,60 dtr; Jes 33,5) zu sein scheint[71].
(β) Diese veränderte Perspektive paßt, wie U. Struppe[72] zu Recht angemerkt hat, zu der auf Ex 29,46β.γ gestützten Beobachtung, daß das Ziel der Herausführung Israels aus Ägypten nach P^g nicht die Hineinführung in das Land Kanaan, sondern das »Wohnen« JHWHs inmitten der Israeliten ist. Nimmt man überdies die Zusage von JHWH als dem Gott Israels (Ex 29,46aα.β: um die Langform der Selbstvorstellungsformel und die Herausführungsformel erweiterte Erkenntnisaussage) als Sinnmitte des »Wohnens« JHWHs bei seinem Volk (Ex 29,45a+b/46aγ+b) hinzu und bezieht sie zurück auf die sachentsprechenden Aussagen Gen 17,7+8* und vor allem Ex 6,7a, dann erscheint die Annahme Israels zum ›Volk Gottes‹, wie sie Ex 29,45f in Gestalt der Bundesformel verheißt, erst in vollem Licht, d.h. als theologische Neudeutung des Exodusgeschehens[73].

Das Heiligtum, mit dessen Bau die Israeliten »am siebten Tag« nach dem Erscheinen der JHWH-Herrlichkeit auf dem Sinai (Ex 24,15b-18aα) durch die Vermittlung Moses beauftragt werden (Ex 25,1.2aα.8.9a*.b), wird »im ersten Monat, im zweiten Jahr, am ersten des Monats« (Ex 40,17: 1.1. des 2. Jahres), also genau 1 Jahr nach dem Auszug Israels auf Ägypten (Ex 12,41 P^g: 1.1. des 1. Jahres) ganz entsprechend den göttli-

69 Zu den priesterschriftlichen שָׁכַן-Belegen s. *Janowski*, Sühne als Heilsgeschehen, 306f mit Anm. 177.

70 Vgl. *Struppe*, Herrlichkeit Jahwes, 14f.23.53f mit Anm. 10.

71 S. dazu ausführlich *Janowski*, *Schekina*-Theologie (s. oben Anm. 66), bes. 186ff.189ff. Die Bindung an den Tempel wird aber nicht aufgegeben (s. etwa Ex 25,8!), mißverständlich *Struppe*, Herrlichkeit Jahwes, 54 Anm. 10.

72 Ebd., 54 Anm. 10 u.ö.

73 S. dazu *Weimar*, Sinai und Schöpfung, 356ff und bereits *ders.*, Die Meerwundererzählung. Eine redaktionskritische Analyse von Ex 13,17-14,31 (ÄAT 9), Wiesbaden 1985, 223ff.232ff. Die Redeweise von Israel als »Volk« Gottes ist aber insofern inkorrekt, als P^g den Terminus עַם noch nicht in Ex 29,43-46*, sondern erst - und absichtsvoll - in Lev 9,23f verwendet, s. zur Sache v.a. *W. Groß*, Israels Hoffnung auf die Erneuerung des Staates, in: *J. Schreiner* (Hg.), Unterwegs zur Kirche. Alttestamentliche Konzeptionen (QD 110), Freiburg/Basel/Wien 1987, 87-122, hier 88ff, bes. 98ff; *ders.*, ThQ 168 (1988) 241f, hier 242 und *F.-L. Hossfeld*, Volk Gottes als »Versammlung«, in: *Schreiner*, Unterwegs zur Kirche, 123-142, hier 135ff, ferner *Weimar*, Sinai und Schöpfung, 376f mit Anm. 135.

chen Anweisungen (Ex 39,32b.43) fertiggestellt. Die Notiz Ex 40,17 gehört aber nicht nur in den Zusammenhang eines umfassenden, von Ex 16.1* bis Num 10,11* reichenden chronologischen Systems[74], sondern hat ihre Entsprechung in der der priesterschriftlichen Flutgeschichte Gen 6,6 - 9,29* P^g zugehörenden Notiz Gen 8,13, wonach die (Chaos-)Wasser der Flut am 1.1. des Jahres 601, also genau 1 Jahr nach dem Beginn der Flut (vgl. Gen 7,6) weggetrocknet sind[75]. Am Ende des Mittelteils (Ex 19,1 - 40,35*) ihrer Sinaigeschichte nimmt die Priestergrundschrift also mit Ex 40,17 einen Topos auf, der schon für das Ende ihrer Flutgeschichte kennzeichnend ist (Beginn einer neuen Phase in der Geschichte der Erde/Israels)[76]. Im Licht dieser Zusammenhänge verdient die Tatsache, daß die programmatische Eingangsszene (Ex 24,15b-18aα) jenes Mittelteils mit ihrer den Text gliedernden Motivik »sechs Tage - siebter Tag« (V. 16aβ / V. 16b) auf die Schöpfungsgeschichte Gen 1,3-31*/2,2f P^g zurückverweist, besondere Beachtung.

b) *Die Schöpfungsgeschichte*

In kompositionskritischer Hinsicht läßt sich das Grundthema der priesterschriftlichen Schöpfungsgeschichte Gen 1,1 - 2,4a* P^g einem Vergleich von Gen 1,1f (Überschrift V. 1 + Beschreibung der vorgeschöpflichen Welt V. 2a) mit der Darstellung des Schöpfungsgeschehens in Gen 1,3 - 2,3* entnehmen. Denn gegenüber dem in Gen 1,2a skizzierten Bild einer Welt vor der Schöpfung, über der die chaotische Urfinsternis lag, beschreibt Gen 1,3 - 2,3* Gottes Schöpfungshandeln und Ermöglichung von Leben »in einem allen Lebewesen gemeinsam zugewiesenen Lebensraum«[77], wobei der Ordnungskategorie ›Zeit‹ eine fundamentale Bedeutung zukommt. Diese äußert sich nicht nur in der Scheidung von Licht und Finsternis als des von Gott gesetzten Wechsels der Zeitgrößen »Tag« und »Nacht« (Gen 1,3-5) sowie in der Erschaffung der beiden »Leuchtkörper« Sonne und Mond (Gen 1,14-19*), sondern auch in der Setzung von sechs Arbeitstagen und einem abschließenden siebten Ruhetag (Gen 1,3-31*/2,2f). Innerhalb dieses Sieben-Tage-Schemas bilden die Tage I-IV (Gen 1,3-19*) einen selbständigen Textabschnitt, von dem die Tage V-VII (Gen 1,20 - 2,3) als ein zweiter, durch eine Reihe von Besonderheiten ausgezeichneter Textblock thematisch abzusetzen ist[78].

74 Vgl. *Weimar,* Sinai und Schöpfung, 369f.
75 Vgl. *Zenger,* Gottes Bogen (s. oben Anm. 41) 173 Anm. 22.
76 Vgl. *Weimar,* Sinai und Schöpfung, 371f, der in diesem Zusammenhang sogar den Terminus »Neuschöpfung« verwendet, s. dazu unten S. 63ff.
77 *Zenger,* Gottes Bogen, 78, vgl. 58.65.81f u.ö.
78 Zum thematischen Einschnitt nach dem vierten Tag (Gen 1,14-19*) sowie zur Gesamtkomposition des P^g-Schöpfungsberichts s. besonders *Weimar,* Struktur und Komposition I, 124f; II, 149ff, divergierende Vorschläge bei *O.H. Steck,* Der Schöpfungsbericht der Priesterschrift. Studien zur literarkritischen und überlieferungsgeschichtlichen Pro-

So begegnet das Verb בָּרָא »schaffen« (+ Subj. Gott) mit Ausnahme der rahmenden Über- und Unterschrift (Gen 1,1; 2,4a) nur hier; und ebenso wird nur hier von einem »Segnen« (ברך pi.) Gottes gesprochen (1,22.28; 2,3). Überdies ist der in der Mitte des zweiten Teils der Schöpfungsgeschichte stehende sechste Tag (1,24–31) nicht nur wegen seines Umfangs, sondern auch aufgrund der vier Gottesreden hervorgehoben, wobei ihm die Tage V und VII durch Stichwortverknüpfungen (Segensterminologie!) zugeordnet sind[79]:

1,20–20: Erschaffung der Wasser- und Flugtiere (5. Tag/6. Werk)

	20aα	Redeeinleitungsformel
	20aβ.b	Anordnung zur Erschaffung der Wasser- und Flugtiere
	21a.bα	Ausführungsbericht
	21bβ	Billigungsformel
ברך	22	Segnung + Segenszusage
	23	Tagesformel

1,24–31: Erschaffung der Landtiere und des Menschen (6. Tag/7.–8. Werk)

	1,24–25	Landtiere (7. Werk)
	24aα1	Redeeinleitungsformel
	24aα2.β	Anordnung zur Erschaffung der Landtiere
	24b	Geschehensformel
	25a	Ausführungsbericht
	25b	Billigungsformel
	1,26–31	Mensch (8. Werk)
	26aα	Redeeinleitungsformel
	26aβ.b	Beschluß zur Erschaffung des Menschen
	27	Ausführungsbericht
ברך	28aα	Segnung + Redeeinleitungsformel
	28aβ.b	Segenszusage an die Menschen
	29aα_1	Redeeinleitungsformel
	29aα_2–30a	Nahrungszuweisung an Mensch und Tier
	30b	Geschehensformel
	31a	Billigungsformel
	31b	Tagesformel

2,2–3: Vollendung der Schöpfungsarbeit (7. Tag)

	2	Vollendung der Schöpfung am 7. Tag
ברך	3	Segnung und Heiligtum des 7. Tages

Wie ist nun die Stellung von Gen 2,2f im Zusammenhang von Gen 1,1 - 2,4a* zu bestimmen? Innerhalb des Sieben-Tage-Schemas von Gen 1,3 - 2,3* ist der siebte Tag, an dem Gott seine Schöpfungsarbeit vollendet, insofern auf das Vorherige bezogen, als Gottes »Ruhen« an diesem Tag erst im Blick auf die vorangegangenen acht Schöpfungswerke und besonders auf die Erschaffung des ersten Menschenpaars am sechsten Tag (Gen 1,26–31) sinnvoll ist[80]. Da andererseits der Textgestalt von Gen 2,2f aber

blematik von Gen 1,1–2,4a (FRLANT 115), Göttingen ^{2}1981, bes. 199ff und *Zenger,* Gottes Bogen, 71ff.

79 Vgl. zum Folgenden auch Zenger, ebd 199.

80 Vgl. *Weimar,* Struktur und Komposition II, 150f.

jeder explizite (!) Bezug zum Menschen – etwa in Gestalt eines Sabbatgebots – fehlt[81] und das, was hier formuliert wird, gleichsam »im innergöttlichen Bereich«[82] zu bleiben scheint, stellt sich umso dringlicher die Frage nach der Funktion des siebten Tages zunächst im Kontext des Schöpfungsgeschehens.
Nach dem Aussagezusammenhang von Gen 1,3–31* (Tage I–VI) ist die Schöpfung »bereits vor dem siebten Tag und ohne die Vorgänge von [Gen] 2,2f.«[83] als »sehr gut« (טוֹב מְאֹד Gen 1,31a) qualifiziert. Daß Gottes Handeln am siebten Tag nicht die Erschaffung eines weiteren Schöpfungswerks im Sinne der Werke I–VIII impliziert, macht auch das Fehlen der aus Gen 1,3–31* bekannten Strukturelemente in Gen 2,2f deutlich[84]. So fehlen die Redeeinleitungsformel, die Anordnung bzw. Selbstaufforderung Gottes zu einem Tun, die Geschehensformel וַיְהִי־כֵן, die Billigungsformel und die abschließende Tagesformel[85]. Besonders wegen der in Gen 2,2f fehlenden Tagesformel hat man schon früher von einem »offenen Schluß« der priesterschriftlichen Schöpfungsgeschichte gesprochen und darin ein »eschatologisches Moment« sehen wollen[86]. Wir werden

81 S. dazu bereits *R. Borchert,* Stil und Aufbau der priesterschriftlichen Erzählung, Diss. masch. Heidelberg 157, 125f und zuletzt Steck, Schöpfungsbericht, 196f. Gen 2,2f bietet keine Ätiologie des Sabbats, sondern ist in seiner Aussageintention auf die später entfaltete Wirklichkeit dieser Ordnung (vgl. Ex 31,12–17 P^s) hin geöffnet, ohne sie im Rahmen von Gen 1,1 - 2,4a* verbindlich zu machen oder auch nur zu verbalisieren, s. dazu auch Zenger, Gottes Bogen, 98ff; *Köckert,* Leben (s. oben Anm. 38) 51ff und im folgenden.

82 *Weimar,* Struktur und Komposition II, 151 Anm. 178.

83 *Steck,* Schöpfungsbericht, 191 Anm. 809.

84 Vgl. dazu die Skizze oben S. 56.

85 S. dazu bereits *Borchert,* Stil und Aufbau, 125f; *Schmidt,* Schöpfungsgeschichte (s. oben Anm. 44) 154f; *Steck,* Schöpfungsbericht, 185; *Weimar,* Struktur und Komposition II, 151 Anm. 179 u.a.

86 Nach *Borchert,* Stil und Aufbau, 126 fällt unter anderem auf, »daß jeder Bezug zum Menschen, d.h. zur Geschichte, an der dem priesterschriftlichen Erzähler sonst so sehr liegt, fehlt, denn es wird hier gerade kein Sabbat*gebot* erteilt. Dadurch erscheint die ganze Schöpfungsgeschichte eigentümlich offen. Dahinter scheint sich ein eschatologisches Moment zu verbergen« (Hervorhebung im Original), vgl. zur Sache auch *Steck,* Schöpfungsbericht, 196f mit Anm. 831; *Zenger,* Gottes Bogen, 98ff.170f; *Weimar,* Struktur und Komposition II, 151 Anm. 179; *ders.,* Sinai und Schöpfung, 368f u.a. Das Fehlen der Tagesformel ist allerdings aussagebedingt, denn in Gen 2,2f wird die Zählung »7. Tag« 3mal wiederholt, so daß für eine Tagesformel kein Grund mehr besteht; Gen 2,2f ist auch literarisch als eine geschlossene Aussagefolge konzipiert, s. dazu *Steck,* Schöpfungsbericht, bes. 186ff. Der Ausdruck »offener Schluß« bedeutet dann – auf dieses mögliche Mißverständnis hat jetzt *Blum,* Komposition des Pentateuch, 244f zu Recht hingewiesen – nicht, daß die »sehr gute« (Gen 1,31a) Schöpfung als defizitär und also ergänzungsbedürftig dargestellt wird. Er will vielmehr besagen, daß die »Erfüllung dessen, was hier (sc. in Gen 2,2f) programmatisch vorentworfen ist, . . . innerhalb des priesterschriftlichen Werkes erst im Kontext der Sinaigeschichte erzählt (wird)« (*Weimar,* Struktur und Komposition II, 151 Anm. 179, vgl. *ders.,* Sinai und Schöpfung, 368f). Die eigentliche Interpretationsaufgabe besteht dann aber in der genaueren Verhältnisbestimmung von »programmatischem Vorentwurf« (in Gen 1,1 - 2,4a*) und späterer »Erfüllung«/»Realisierung« (in Ex 16,1 - Lev 9,24*), s. dazu im folgenden.

darauf zurückkommen müssen. Wenn die Erstellung der acht Schöpfungswerke mit der Billigungsformel Gen 1,31a abgeschlossen ist - »und Gott sah *alles,* was er gemacht hatte, und siehe: es war sehr gut« -, dann können, wie vor allem O.H. Steck herausgestellt hat, die Vorgänge am siebten Tag für P^g kein weiteres Schöpfungswerk im Sinne der Werke I-VIII mehr sein[87]. Das Verb כלה pi. in Gen 2,2a (»fertig machen, zum Abschluß bringen«) meint dann das *Zum-Abschluß-Bringen* der in sich bereits abgeschlossenen Schöpfungsarbeit der voraufgehenden sechs Tage[88]. Dem entspricht das in syndetischer Parataxe stehende Verb (!) שָׁבַת V. 2b, dessen Bedeutung nicht von den Sabbatgeboten der beiden Dekaloge (Ex 20,8-11; Dtn 5,12-15), sondern - und das ist ein Unterschied! - von den Ruhetagsgeboten des Bundesbuchs (Ex 23,12) bzw. des Privilegrechts (Ex 34,21) herzuleiten und folglich nicht mit »(ein Fest) feiern, Sabbat halten«, sondern mit »aufhören (zu arbeiten), ruhen«[89] zu übersetzen ist. Für Gen 2,2f ergibt sich demnach als Übersetzung:

2a Und Gott brachte am siebten Tag seine Arbeit,
die er getan hatte, zum Abschluß (כלה pi.),
2b und er hörte auf (שבת) am siebten Tag
mit all seiner Arbeit, die er getan hatte.

- -

3a Und Gott segnete (ברך pi.) den siebten Tag
und heiligte (קדש pi.) ihn,
3b denn an ihm hörte er auf (שבת) mit all seiner Arbeit,
die Gott erschaffen hatte, indem er (sie) tat.

Während Gen 2,2 das »Ruhen« Gottes am siebten Tag als »Anschlußgeschehen an die Arbeit, die Gott getan hatte, und als ihren Abschluß«[90] faßt, formuliert Gen 2,3 etwas Neues, weil die Segnung und Heiligung des siebten Tages auf dessen künftige Daseinsgestalt ausgerichtet ist. Inwiefern?

Wie in Gen 1,22 (Segnung der Wasser- und Flugtiere) und in Gen 1,28 (Segnung der Menschen) so betont das Verb ברך pi. »segnen« auch in Gen 2,3a den Aspekt der Lebensfülle/Lebenssteigerung, insofern nicht nur den ersterschaffenen Menschen und Tieren, sondern auch dem erst-

87 *Steck,* Schöpfungsbericht, 185.

88 S. dazu *Steck,* Schöpfungsbericht, 179 Anm. 758; 184 Anm. 778; 186f, vgl. *Zenger,* Gottes Bogen, 67f und zu כלה pi. noch *F.J. Helfmeyer,* Art. כָּלָה, ThWAT IV (1984) 166-174, hier 171f.

89 S. dazu *F.-L. Hossfeld,* Der Dekalog. Seine späten Fassungen, die originale Komposition und seine Vorstufen (OBO 45), Freiburg (Schweiz) / Göttingen 1982, 33ff.247ff; Chr.Levin, Der Sturz der Königin Atalja. Ein Kapitel zur Geschichte Judas im 9.Jahrhundert v.Chr. (SBS 105), Stuttgart 1982, 39ff; *Zenger,* Gottes Bogen, 98ff; *G. Robinson,* The Origin and Development of the Old Testament Sabbath. A Comprehensive Exegetical Approach (BET 21), Frankfurt a.M. / Bern / New York / Paris 1988, 27f, vgl. auch *F. Stolz,* Art. שָׁבַת, THAT II (1976) 863-869.

90 *Steck,* Schöpfungsbericht, 188.

mals eingetretenen siebten Tag von Gott »Fortbestand auf Dauer«[91] über das unmittelbare Schöpfungsgeschehen hinaus verliehen ist. Wenn der Text dann fortfährt, daß Gott den siebten Tag auch »geheiligt« hat (קדשׁ pi.), dann ist damit zweifellos gemeint, daß dieser Tag als ein besonderer, Gott zugehöriger Tag gegenüber den voraufgehenden sechs Schöpfungstagen ausgegrenzt ist. Bedeutet also das »Heiligen« des siebten Tages dessen Setzung als eines ausgegrenzten, Gott zugehörigen Tages, so bewirkt das »Segnen« die fortdauernde, lebensförderliche Gültigkeit dieser Ordnung[92], d.h. die stetige Wiederkehr und lebensförderliche Auswirkung des geheiligten siebten Tages nach einer Folge von sechs Arbeitstagen, die zusammen mit diesem abschließenden Tag als Zeiteinheit von 6 + 1 Tagen (= 1 Woche) geschaffen sind. Mit Gottes Handeln am siebten Tag ist deshalb nicht nur der siebte Schöpfungstag nach sechs vorhergehenden Schöpfungstagen, sondern der siebte Tag als solcher und damit alle künftigen siebten Tage geheiligt - als »ein Raum im Zeitablauf, auf dem Segen liegt, der aber als Heiliges ausgesondert ist aus allen anderen Bereichen der Zeit«[93]. Die Frage ist, ob die Priesterschrift in ihrem Geschichtsentwurf die Wirklichkeit dieser Ordnung in einer über das in Gen 1,1 - 2,4a* geschilderte Schöpfungsgeschehen hinausgehenden Weise konkretisiert hat.

Das hier anstehende Problem läßt sich noch durch den Aufbau von Gen 2,2f:

2 Vollendung der Schöpfungsarbeit am 7. Tag im Blick auf deren *Abgeschlossensein*
(→ Schöpfungswerke 1,3-31*)

- -

3a Segnung und Heiligung des 7. Tages im Blick auf dessen *künftige Daseinsgestalt*
(→ Sinaigeschichte Ex 16,1 - Lev 9,24*)

3b Sachnotwendige Begründung
(→ שׁבת 2,2b)

und die daran sich anschließende Beobachtung präzisieren, daß Gen 2,2f in seinen beiden doppelgliedrigen Sätzen V. 2 und V. 3 (V. 2a/2b // V. 3a/3b) zwei komplementäre, in V. 3b mittels einer auf V. 2 zurückverweisenden Begründung (כִּי) miteinander verklammerte Aspekte des göttlichen Schöpfungshandelns beschreibt: Während V. 2 unter dem Aspekt des Zum-Abschluß-Bringens der in sich bereits abgeschlossenen (vgl.

91 Ebd., 194, vgl. zur Sache ebd. 193ff und zuletzt *Weimar,* Sinai und Schöpfung, 367f.

92 Vgl. *Jacob,* Genesis (s. oben Anm. 3) 67: »Wenn also Gott den siebten Tag gesegnet hat, so hat er ihn mit der Kraft ausgestattet, Gutes zu schaffen, so wie der Segen über Tiere (sc. in Gen 1,22) und Menschen (sc. in Gen 1,28) Fruchtbarkeit und Vermehrung verlieh«, ferner *Weimar,* Sinai und Schöpfung, 368.

93 *W. Zimmerli,* Der Mensch im Rahmen der Natur nach den Aussagen des ersten biblischen Schöpfungsberichtes, ZThK 76 (1979) 139-158, hier 145. Zum Aspekt der Segnung des siebten Tages »als solchen, also alle(r) siebten Tage von nun an« s. *Steck,* Schöpfungsbericht, 196 Anm. 829.

Gen 1,31a!) Schöpfungsarbeit, die der *Schöpfungswelt von Gen 1,3-31** zugekehrte Seite Gottes darstellt, deutet V. 3a darüberhinaus unter dem Aspekt der Segnung und der Heiligung des siebten Tages - und damit aller künftigen siebten Tage! - die dem *geschichtlichen Dasein* (zunächst der Menschheit und dann) *Israels* zugekehrte Seite Gottes an. Liest man nämlich die priesterschriftliche Geschichtsdarstellung daraufhin durch, wo denn in ihr diese dem geschichtlichen Dasein Israels zugekehrte Seite Gottes in einer dem Sieben-Tage-Schema der Schöpfungswoche analogen Weise zum Ausdruck kommt, so stößt man - abgesehen von Ex 16,26 P^s erst mit Ex 24,15b-18aα P^g auf einen Text, der so einsetzt, wie die Schöpfungsgeschichte (Gen 1,3-31*/2,2f P^g) endet: nämlich mit der Abfolge von *sechs Tagen* und einem *siebten Tag*[94], an dem sich die alles Weitere bestimmende Offenbarung JHWHs auf dem Sinai ereignet. Zusammen mit den oben genannten Stichwortentsprechungen zwischen Gen 1,31; 2,2f und Ex 39,32b.43 P^g[95] nötigt nun diese Strukturanalogie zwischen dem Schluß der Schöpfungsgeschichte und dem Anfang der Sinaitheophanie dazu, die Relation von Weltschöpfung und Heiligtumsbau bei P^g auch inhaltlich zu bestimmen.

2. *Weltschöpfung und Heiligtumsbau*

Wie wir sahen, leitet das Erscheinen der JHWH-Herrlichkeit auf dem Sinai Ex 19,1 + 24,15b-18aα ein Geschehen ein, das in Ex 40,17[96] + 34f mit dem Erscheinen der JHWH-Herrlichkeit auf dem fertiggestellten (vgl. die Perfizierungsnotiz Ex 40,17b)[97] Zeltheiligtum erzählerisch zum Abschluß kommt. Diese mit Hilfe des Sieben-Tage-Schemas gestaltete, ausgesprochen theologische Rahmung von Ex 19,1 - 40,35* P^g[98] weist darauf

94 Der Ausdruck »sechs Tage« kommt im Alten Testament insgesamt 15mal vor und zwar mit einer Ausnahme (Ez 46,1: sechs Tage - Sabbat) immer in Gegenüberstellung zu »siebter Tag«: Ex 16,26; 20,9.11; 23,12; 24,16; 31,15.17; 34,21; 35,2; Lev 23,3; Dtn 5,13;16,8; Jos 6,3.14, s. dazu vorläufig *L. Schwienhorst,* Die Eroberung Jerichos. Exegetische Untersuchung zu Jos 6 (SBS 122), Stuttgart 1986, 77ff.

95 S. 46f. Zur Technik der Bezugnahme von Ex 39,43 auf Gen 1,31a; 2,3 s. *Weimar,* Sinai und Schöpfung, 365 mit Anm. 92.

96 Zur abschnittsgliedernden Funktion von Ex 40,17 s. oben S. 50f.

97 »Und es geschah im ersten Monat, im zweiten Jahr, am ersten Tag des Monats: aufgerichtet wurde die Wohnstätte (הוּקַם הַמִּשְׁכָּן)«. Die Formulierung mit קום hof. greift nicht nur auf Ex 26,30 (קום hif., anders Ex 25,9*: עָשָׂה), sondern auch auf die »Aufrichtung« einer Bundeszusage an Noah (Gen 6,18; 9,9.11 P^g) und an Abraham zurück (Gen 17,7 P^g), vgl. den Rückverweis auf die mit Abraham , Isaak und Jakob »aufgerichtete« בְּרִית in Ex 6,4 P^g, s. dazu *Zenger,* Gottes Bogen, 174f; *Weimar,* Sinai und Schöpfung, 353f.

98 Auffällig im Vergleich mit Gen 1,1 - 2,4a* ist, daß die einander korrespondierenden Rahmenstücke Ex 24,15b.18aα/40,34f die Motivik des »siebten Tages«, aber keinerlei Anspielung auf ein »Ruhen« (שָׁבַת) Gottes am 7.Tag oder gar die Proklamation einer Sabbatordnung enthalten (eine »Sabbattheologie« bildet sich, was bedeutsam genug ist, im Zuge des weiteren Wachstums des P^g-Grundbestands heraus, s.v.a. Ex 31,12-17 P^s, dazu *Steins,* Heiligtum [s. oben Anm. 39] 147f.155 mit Anm. 19; 163 und die oben Anm. 1 an-

hin, daß ihr kompositorisch zentraler Abschnitt Ex 25,1 - 39,43*[99], der die Anweisungen zum Bau des Heiligtums (Ex 25,8a.9* / 26,1 - 27,8*[?]) und die Ankündigung vom »Wohnen« JHWHs inmitten der Israeliten (Ex 25,8b/29,43-46*) zum Thema hat, die Konkretisierung des Schlusses der priesterschriftlichen Schöpfungsgeschichte sein will. Wie ist das zu verstehen?

Die Bedeutung des siebten Tages, der von Gott als Abschluß seiner Schöpfungsarbeit gesegnet und geheiligt[100] und dem damit »Fortbestand auf Dauer auch über das zeitlich und sachlich begrenzte Schöpfungsgeschehen hinaus«[101] zugeeignet wird, wird insofern in der Sinaiperikope Ex 19,1 - 40,35* P^g und ihrer kompositorischen Gesamtanlage (19,1 + 24,15b-18,aα /25,1 - 39,43* / 40,17+34f) konkretisiert, als erst hier die in der Schöpfung grundgelegte *Hinwendung Gottes zur Welt* zur Entfaltung kommt - und zwar als *Hinwendung JHWHs zu Israel* oder mit den Worten der Priesterschrift: als »Wohnen« (שׁכן) JHWHs inmitten der Israeliten. Erst vom Sinai her wird also erkennbar, was mit Gottes Schöpfungshandeln »am Anfang« intendiert war und d.h.: wozu Gott die Welt erschaffen hat: nämlich dazu, *Gemeinschaft mit dem Menschen/Israel* zu haben. Am »siebten Tag« (Ex 24,16b-18aα + 25,1f*.8f*) bekommt Mose auf dem Sinai von JHWH einen Plan/ein Modell zu sehen, der/das 1 Jahr nach dem Auszug aus Ägypten in bauliche Wirklichkeit umgesetzt ist (Ex 40,17). Im gemeinsamen Bau dieses Heiligtums durch die Israeliten (Ex 25,8.9*/39,32b), den Mose billigt (Ex 39,43a) und dessen Erbauer er segnet (Ex 39,43b, vgl. Gen 1,22.28), wird offenbar das Schöpferhandeln Gottes fortgesetzt und von Israel im Raum der Geschichte ›vollendet‹[102]. Am Sinai wird also Israel das schöpfungstheologische Geheimnis

gekündigte Studie). Nachdem der כְּבוֹד יְהוָה sich auf dem Sinai niedergelassen, und JHWH dem Mose in der Wolke die das Heiligtum betreffende »Ordnung« (מִשְׁפָּט Ex 26,30, vgl. Ex 25,9*) gezeigt hat, verlagert der כְּבוֹד יְהוָה seinen Erscheinungsort, um nunmehr die fertiggestellte Wohnung zu erfüllen (הַמִּשְׁכָּן + מָלֵא Ex 40,34b.35b). Sucht man zu diesem Geschehen der Errichtung des Heiligtums und seines Erfüllt-Seins durch die JHWH-Herrlichkeit (dem als ›Außenaspekt‹ des Bedeckt-Werden der Wohnung durch die Wolke korrespondiert, Ex 40,34a.35aβ) ein Analogon in der Schöpfungsgeschichte, so könnte man es mit *Weimar*, Sinai und Schöpfung, 368 im »Ruhen Gottes« nach Abschluß der Schöpfungsarbeit sehen: »Dem Ruhen Gottes als Vollendung der Schöpfung entspricht so innerhalb der Sinaigeschichte die Errichtung des Heiligtums als Vollendung des Exodusgeschehens«. Zu dem nicht im Sinne einer statischen Gegebenheit zu verstehenden Terminus »Vollendung« s. im folgenden.

99 Vgl. die Aufbauskizze oben S. 50.

100 Möglicherweise ist auch darin ein beabsichtigter Bezug (קדשׁ pi. → מִקְדָּשׁ Ex 25,8) zum Bau des Heiligtums zu sehen, vgl. *Weimar*, Sinai und Schöpfung, 355 Anm. 61. Zu קדשׁ pi./ מִקְדָּשׁ in der P^g-Sinaigeschichte s. *Zenger*, Gottes Bogen, 172 und *Struppe*, Herrlichkeit Jahwes (s. oben Anm. 59) 52f.

101 *Steck*, Schöpfungsbericht, 194; vgl. ebd. 64ff.156.

102 Zur von Gen 1,31a+2,3a (dazu Gen 2,2: Stichwort מְלָאכָה »Arbeit«, vgl. Gen 2,3b) her beeinflußten Rahmenaussage Ex 39,43 und deren Aussageintention (vgl. oben S. 46f mit Anm. 44) s. *Zenger*, Gottes Bogen, 171f; *Weimar*, Struktur und Komposition I, 122

des siebten Tages aufgedeckt, weil in der kultischen Präsenz des im »Begegnungszelt« einwohnenden Sinaigottes (Ex 24,15b–18aα / 40,34f) und in der Feier des ersten Opfergottesdienstes (Lev 9,1–24* P^g[103]) die Schöpfungsabsicht Gottes, Gemeinschaft mit dem Menschen zu haben, für Israel konkret erfahrbare Wirklichkeit wird.

Dieser für die priesterschriftliche Heiligtumstheologie zentrale Aspekt bedarf nun allerdings auch begrifflich der Präzisierung. Denn für die Verhältnisbestimmung von Schöpfungsgeschichte (Gen 1,1 - 2,4a* P^g) und Sinaigeschichte (Ex 16,1 - Lev 9,24* P^g) bzw. von Weltschöpfung und Heiligtumsbau ist eine Interpretationsfigur zu vermeiden, wonach die ›noch nicht ganz fertige‹ Schöpfung erst durch die Errichtung des Heiligtums ›vollendet‹ werde. Wird der gemeinsame Bau dieses Heiligtums (vgl. Ex 25,1f*.8f* / 39,32b.43) als von den Israeliten praktizierte »Fortführung des Schöpferhandelns Gottes und damit ›Vollendung‹ der Schöpfung«[104] begriffen, dann könnte daraus der - in der Tat problematische - Schluß auf eine im Kontext von Gen 1,1 - 2,4a* defizitär gebliebene und daher ergänzungsbedürftige Schöpfung gezogen werden[105]. Eine solche Interpretation ist aber schon im Blick auf Gen 1,31a: Billigung des abgeschlossenen Schöpfungswerks der sechs Tage (Gen 1,3–31*) als »sehr gut«, gänzlich unangebracht[106]. Stellt man überdies in Rechnung, daß der tiefste Einschnitt zwischen dem Schöpfungsgeschehen Gen 1,1 - 5,32* (= 1. Abschnitt der P^g-Urgeschichte) und der Israelgeschichte Ex 1,13 - Dtn 34,9* (?) (= 2. Hauptteil der P^g) die durch menschliche »Gewalttat« (חָמָס, vgl. Gen 6,9ff* P^g) heraufbeschworene Flut ist, so wird statt von

Anm. 116; *ders.*, Sinai und Schöpfung, 365 Anm. 92. Zu dem Gedanken, daß die Israeliten das Schöpfungswerk Gottes fortsetzen und in Gestalt des Heiligtumbaus ›vollenden‹ s. auch bereits *N. Lohfink*, »Macht Euch die Erde untertan«? (1974), in: *Ders.*, Studien zum Pentateuch (SBAB 4), Stuttgart 1988, 11–28, bes. 26ff: »Das Ganze (sc. Ex 25–31 + 35–40) nimmt sich aus, wie die Fortsetzung des ersten Schöpfungswerks der sechs Tage durch den Menschen« (27).

103 Von hier aus wären noch einmal sowohl die kompositorischen als auch die theologischen Zusammenhänge deutlich zu machen, die die P^g-Sinaigeschichte Ex 16,1 - Lev 9,24* insgesamt wie im einzelnen bestimmen, s. dazu *Zenger,* Gottes Bogen, 157ff.170ff, bes. 159f.174. *Weimar,* Sinai und Schöpfung, 373ff. Im Blick auf unsere Fragestellung ist dabei die Relation der Zeitangaben in Ex 40,17 (1. Tag des Monats) und Lev 9,1* (8. Tag des Monats, s. dazu die Skizze oben S. 48) von besonderem Interesse, vgl. *Zenger,* Gottes Bogen, 174: ». . . über dem Heiligtum wiederholt sich gewissermaßen die Schöpfungswoche von Gen 1,1 - 2,4a, ehe von ihm aus die Herrlichkeit Jahwes, vermittelt durch den Segen von Mose und Aaron, erscheint (Lev 9,24)«.

104 *Zenger,* Gottes Bogen, 172, vgl. die Argumentation ebd. 170ff und *Janowski,* Sühne als Heilsgeschehen (s. oben Anm. 41) 311f. Zur Position von P. Weimar s. unten Anm. 110.

105 So zu Recht die Kritik von *Blum,* Komposition des Pentateuch (s. oben Anm. 39) 245.

106 Vgl. nur *Steck,* Schöpfungsbericht (s. oben Anm. 78) 131 Anm. 521; 182f u.ö. Zum Problem des »offenen Schlusses« in Gen 2,2f und dem gegen diesen Ausdruck vorgebrachten Einwand von *Blum,* Komposition des Pentateuch, 245 Anm. 88 s. oben Anm. 86.

»Vollendung« (der Welt) angemessener von »Neuschöpfung« (Israels) zu sprechen sein. Denn am Sinai geht es nicht um die »sehr gute« Schöpfungswelt von Gen 1,1 - 2,4a*, sondern um eine Welt, die samt ihren Geschöpfen aus der Katastrophe der Flut gerettet ist (vgl. Gen 6,9 - 9,29* P^g), und mit der JHWH in dem aus Ägypten befreiten Israel (vgl. Ex 1,13 - 14,29* P^g) einen Neuanfang setzt: »Ich will inmitten der Israeliten wohnen« (Ex 29,45a, vgl. V. 46aγ und Ex 25,8b). Was durch den Bau des Heiligtums ›vollendet‹ wird, ist also präziser das gesamte, mit Ex 1,13 einsetzende Exodusgeschehen. *Darin* ist die sachliche Entsprechung zum »Ruhen« Gottes (Gen 2,2f) als ›Vollendung der Schöpfung‹ zu sehen[107]. Indem es das Heiligtum baut, an dem es JHWH opfernd und feiernd nahen kann (Lev 9,1-24*), partizipiert Israel als aus Ägypten befreites Gottesvolk »ein Stück weit an der ›Wirklichkeit‹ Gottes«[108]. Dieser mit der Errichtung des Heiligtums am Sinai endgültig offenbar werdende Prozeß der Konstituierung des JHWH-Volkes trägt demnach »Züge einer ›Schöpfung in der Schöpfung‹«[109] bzw. einer »Neuschöpfung« Israels und seiner gesamten Lebenswelt durch JHWH[110]. Die daraus für das Geschichtsverständnis der Priesterschrift sich ergebenden Konsequenzen sollen im folgenden wenigstens angedeutet werden.

3. *Résumé: Die »urgeschichtliche Dimension« der Sinaigeschichte*

Der durch und durch konstruktive, ihre Komposition und Theologie gleichermaßen bestimmende Charakter der Priesterschrift ist Ausdruck eines Geschichtsdenkens, dem es offenbar nicht um die dokumentarische Wiedergabe geschehener Geschichte und auch nicht primär um die kausale oder finale Verknüpfung einzelner Ereignisse, sondern vielmehr um die erzählerische Herausarbeitung »paradigmatische(r) Grundkonstellationen« ging, »die Bedeutung für die Gegenwart haben können«[111]. Die meisten dieser Grundkonstellationen - wie der Bund Gottes mit Abraham Gen 17,1-8*, die Segnung des Stammvaters Jakob Gen 35,9-15*, die Befreiung und Errettung der Söhne Israels aus Ägypten / am Meer Ex 1,13 - 12,40* / 12,41 - 14,29* oder die Offenbarung JHWHs am Sinai Ex 16,1 - Lev 9,24* - sind mit Hilfe eines vielschichtigen Referenzsystems auf die Urgeschichte (Gen 1,1 - 5,32* + 6,9 - 11,26*) zurückbezogen.

107 Vgl. *Weimar*, Sinai und Schöpfung, 357f.368f.377 und oben Anm. 98. Nach Gen 2,2f wird die Schöpfung dadurch abgeschlossen, daß Gott mit all seiner Arbeit aufhört, also »ruht«, s. dazu *Steck*, Schöpfungsbericht, 187 u.ö.
108 *Blum*, Komposition des Pentateuch, 245.
109 *Ders.*, ebd. 245.
110 Diese Sicht läßt sich mit der von *Weimar*, Meerwundererzählung, 228ff, vgl. ebd. 236 und *ders.*, Sinai und Schöpfung, 368f.371f, skizzierten verbinden, wonach »die ›Aufrichtung‹ der Wohnung Jahwes . . . aufgrund des angezeigten Zusammenhangs zur Fluterzählung nicht nur den Charakter der Vollendung der Schöpfung . . ., sondern darüberhinaus zugleich der ›Neuschöpfung‹« hat (Sinai und Schöpfung, 371), vgl. entsprechend *M. Görg*, Das Menschenbild der Priesterschrift, BiKi 42 (1987) 21-29, hier 27f.
111 *Lohfink*, Priesterschrift (s. oben Anm. 10) 220.

Von daher erhält die mit Ex 1,13 einsetzende priesterschriftliche Darstellung der Israelgeschichte (= 2.Hauptteil der P^g) geradezu eine »urgeschichtliche Dimension«, ja man kann sogar den Eindruck gewinnen

»...als handle es sich bei aller zeitlichen Abfolge letztlich um eine große, nach künstlerischen Prinzipien zusammengestellte Bildersammlung. Sie kommt von der Geschichte her, doch sie tendiert auf Paradigmata. Sie geht nicht so weit, diese völlig voneinander zu isolieren. Sie baut sogar die Genealogien aus und führt eine Chronologie ein, offenbar, um der Isolierungstendenz ihres Erzählens bewußt entgegenzuwirken und den Ereignisfaden auf keinen Fall reißen zu lassen. (...) Vielleicht kann man ... formulieren, in P^g ende die Urzeit nicht nach der Flut, sondern sie sei über die ganze Geschichte hin ausgedehnt worden« [112].

Nach der Priestergrundschrift rückt die gesamte nachsintflutliche Menschheits-, Patriarchen- und Israelgeschichte in den Horizont der Urzeit und gewinnt damit gleichsam eine »urgeschichtliche Dimension« [113]. Was aber heißt das? Heißt es, daß die P^g in ihrem Erzählen zwar der historischen Substanz und sogar der Abfolge der Hauptereignisse treu bleibt, aber alles so erzählt, »als erzähle sie Mythen« und verwandle »Geschichte in Mythus« [114] zurück? Das von N. Lohfink in die Diskussion eingebrachte Stichwort von der »Rückverwandlung der Geschichte in Mythus« und dessen Konkretisierung durch die Momente »Tilgung des Zukunftbezugs« und »Ablehnung einer dynamischen Welt« [115] scheint die für das priesterschriftliche Geschichtsverständnis adäquate Umschreibung zu sein – zu Recht?

Um was es dabei geht, läßt sich vielleicht unter Rückgriff auf die oben [116] skizzierte Verhältnisbestimmung von Tempel und Schöpfung in der Umwelt Israels deutlicher profilieren. Dort gilt der Tempel als kosmisch dimensionierter Ort (»Abbild der Welt«), und ist der Tempelkult ein Diskurs mit der Natur, der die Welt der Götter (Himmel/Unterwelt) und der Menschen (Natur/Gesellschaft) mittels Sprache und Ritus zusammenhält [117]. Man könnte in diesem Zusammenhang von einem »ritualistischen« Weltbild [118] sprechen – »ritualistisch« im Sinne von ›Wiederholbarkeit identischer Handlungen‹, also in dem Sinn, wie z.B. im

112 *Ders.*, ebd. 241f.

113 Der Ausdruck ist von P. Weimar und E. Zenger in die Diskussion eingebracht worden, s. nur *Zenger,* Gottes Bogen, 170ff und *Weimar,* Sinai und Schöpfung, 383ff.

114 *Lohfink,* Priesterschrift, 241.

115 Vgl. *ders.*, ebd. 227ff.242ff, zu dem entsprechenden Vorwurf von *Steck,* Zwanzig Thesen (s. oben Anm. 111) 286 Anm. 20, die Priesterschrift beschreite einen »geschichtsflüchtigen Weg« s. bereits oben S. 39 mit Anm. 11.

116 S. 39ff.

117 Vgl. oben S. 38 mit Anm. 8.

118 Vgl. dazu *J. Assmann,* Die Gestalt der Zeit in der ägyptischen Kunst, in: *Ders.* - *G. Burkhard* (Hg.), 5000 Jahre Ägypten. Genese und Permanenz pharaonischer Kunst, Nußloch 1983, 11–32, hier 31f. Grundlegend zum »rituellen« Geschichtsbild Ägyptens s. bereits *E. Hornung,* Vom Geschichtsbild der alten Ägypter, in: *Ders.*, Geschichte als Fest. Zwei Vorträge zum Geschichtsbild der frühen Menschheit (Libelli 246), Darmstadt 1966, 9-29.53-65, vgl. *ders.*, Einführung in die Ägyptologie. Stand - Methoden - Aufgaben, Darmstadt 1967, 123: »Geschichte ist für den Ägypter festliche (aber nicht unbedingt periodische !) Erneuerung von Urgeschehen und wird wie jede kultische Handlung nach einem Ritual zelebriert«.

Ägyptischen das Wort für »Schöpfung« (*zp tpj* »erstes Mal [sc. einer ewigen Wiederkehr]«)[119] verwendet wird: als ›Initialzündung‹ zu einer Kette fortwährender Erneuerungen, in denen sich das Urgeschehen der Schöpfung identisch wiederholt und durch Riten in Gang gehalten bzw. ›dargestellt‹ wird. Die Logik dieses Welt- und Geschichtsbildes hängt wesentlich mit der Struktur der mythischen Zeitauffassung zusammen: Die mythische Urzeit ist eine »absolute Vergangenheit«, von der man sich nicht weiter entfernen kann, sondern - so sehr der individuelle/kollektive Zeithorizont auch ›weiterwandert‹ - immer gleich weit entfernt ist[120]. Überbrückt wird diese gleichbleibende Distanz zum Uranfang durch den Tempelkult und dessen kosmologische Symbolik, also durch die rituelle »Rückkehr zum Ursprung« (*regressus ad initium*)[121], die Kontinuität im Strom der Zeit schafft und darum zu den Primärordnungen der Wirklichkeit gehört. Der Tempel ist der kosmisch dimensionierte Ort in der empirischen Wirklichkeit, an dem dieses In-Gang-Halten der Welt rituell ›in Szene gesetzt‹ und täglich erneuert wird.

Dieses Konzept von Geschichte als festlich-ritueller Erneuerung und Vergegenwärtigung von »Urgeschehen« ist nicht dasjenige der Priesterschrift[122]. Darum ist auch der Ausdruck »urgeschichtliche Dimension« (des P^g-Geschichtsentwurfs) nicht unproblematisch, weil er suggeriert bzw. suggerieren kann, daß die Priesterschrift - obwohl sie von der Geschichte herkommt und den Ereignisfaden nie abreißen läßt[123] - Geschichte in eine Folge »paradigmatischer Grundkonstellationen« auflöst, ohne den Blick auf ein bevorstehendes »neues, alles Frühere übertreffendes Handels Jahwes«[124] freizugeben.

Daß die Idealgestalt der Welt schon immer da war, und man nur zu ihr zurückkehren muß[125], ist aber nicht das Kerygma der Priesterschrift. Indem Israel im ersten Opfergottesdienst der erscheinenden JHWH-Herrlichkeit zujubelt und so zum Gottesvolk wird (Lev 9,23f*), kehrt es nicht zur Welt des Anfangs, zur Welt von Gen 1,1 - 2,4a* zurück. Am Sinai wird auch nicht der Urzustand der Schöpfungswoche wiederhergestellt. Denn zwischen diesem und dem Geschehen am Sinai liegen die Flut und die Unterdrückung in Ägypten/die Ereignisse am Meer, aus der Noah bzw. aus denen die Israeliten erst durch göttliches Eingreifen errettet wurden. Die Leugnung einer dynamischen Geschichtsperspektive in P^g verkennt,

119 S. dazu *J. Assmann*, Art. Schöpfung, LÄ V (1984) 677-690, hier 684ff.

120 S. dazu immer noch *H.* und *H.A. Frankfort*, Einführung, in: *H. Frankfort u.a.*, Alter Orient - Mythos und Wirklichkeit (UB 9), Stuttgart/Berlin/Köln/Mainz 1981, 9-36, hier 31ff.

121 Diese »Rückkehr zum Ursprung« hat *W. Westendorf*, Einst - Jetzt - Einst oder: Die Rückkehr zum Ursprung, WO 17 (1986) 5-8 mit dem dreigliedrigen A - B - A (»einst - jetzt - einst«)-Schema beschrieben. Es zeichnet sich dadurch aus, »daß die Zustände des Einst (Vergangenheit) und des Einst (Zukunft) identisch sind« (ebd. 5).

122 Anders *Weimar*, Struktur und Komposition II, 162 mit Anm. 205 unter Verweis auf *Hornung*, Geschichtsbild, 9ff.53ff und *ders.*, Einführung, 123; vgl. oben Anm. 118.

123 Das wird von *Lohfink*, Priesterschrift (s. oben Anm. 10) 227ff zu Recht betont.

124 *Ders.*, ebd. 243.

125 So *ders.*, ebd. 252: »Die Idealgestalt der Welt war schon da und ist bekannt. Sie ist von Gott her immer da, und man muß nur zu ihr zurückkehren«, vgl. ebd. 240.

daß die Geschichte zwischen der Schöpfung am Anfang und der Offenbarung JHWHs am Sinai nicht einfach linear verläuft, sondern jeweils durch JHWHs Eingreifen weitergeführt wird, indem dieser »auf die ›Störungen‹ der guten Schöpfung durch seine Geschöpfe, zumal durch die Menschen«[126] reagiert - und zwar durch eine Art »Schöpfungshandeln«, das den Brüchen des Geschichtsverlaufs wie der menschlichen Gewalttat Gen 6,9ff* oder der Aggression Pharaos Ex 12,41ff* das Schöpfungswidrige nimmt und so jeweils einen das Vorherige übersteigenden Neuanfang setzt.

Nach der Priesterschrift werden also die einzelnen Etappen des Geschichtsverlaufs nicht wie in einer »Bildersammlung«[127] hintereinandergestellt, sondern in »ein Kontinuum eigentümlicher Brechungen und Neuanfänge«[128] eingespannt. In positiver Umkehrung eines Satzes von N. Lohfink[129] läßt sich nicht nur sagen, daß die Priesterschrift eine dynamische, sich immer wieder selbst übersteigende und auf ein ungeahntes Eschaton hinsteuernde Geschichte kennt, sondern auch angeben, wo diese Geschichte ihr Ziel hat: im »Wohnen« des Schöpfergottes inmitten der Israeliten (Ex 25,8 / 29,45f)[130]. Hier hat die in der Schöpfung grundge-

126 *Blum,* Komposition des Pentateuch (s. oben Anm. 39) 261, vgl. zur Sache ebd. 242ff.260ff.

127 Zu diesem Terminus s. *Lohfink,* Priesterschrift, 241, vgl. oben S. 64.

128 *Blum,* Komposition des Pentateuch, 260.

129 *Lohfink,* Priesterschrift, 249: »P^g kennt keine dynamische, sich immer wieder selbst übersteigende und auf ein ungeahntes Eschaton hinsteuernde Geschichte, nachdem Israel einmal den Jordan überschritten hat«.

130 Obwohl Ex 29,45f bei Lohfink berücksichtigt wird (vgl. ebd. 248 Anm. 96), spielt dieser Text in seiner Argumentation keine Rolle. Das hängt wesentlich mit der These zusammen, daß Gen 1,28 »einen Vorentwurf für die Ereigniskette (enthält), die das Geschichtswerk dann schildert« (ebd. 245); methodisch wie sachlich ist das aber eine Engführung, die den jeweiligen Kontext und die Komposition der P^g zuwenig in Rechnung stellt, s. zur Kritik *Zenger,* Gottes Bogen (s. oben Anm. 41) 36ff; *Blum,* Komposition des Pentateuch, 228 Anm. 5; 233 Anm. 27; 261 Anm. 161 und auch *Chr. Levin,* Die Verheißung des neuen Bundes in ihrem theologiegeschichtlichen Zusammenhang ausgelegt (FRLANT 137), Göttingen 1985, 233 Anm. 136. Dieses Problem hängt im übrigen mit der Frage nach dem Zentrum der priesterschriftlichen Geschichtsdarstellung zusammen, die u.E. nicht im Sinn der gängigen Alternative: Land *oder* Kult, zu beantworten ist, s. dazu vorläufig *Janowski,* Sühne als Heilsgeschehen (s. oben Anm. 41), 324 Anm. 278 (Lit.); *P. Weimar,* Gen 17 und die priesterschriftliche Abrahamsgeschichte, ZAW 100 (1988) 22-60, hier 47 Anm. 114; *Levin,* Verheißung, 233f und *Blum,* Komposition des Pentateuch, 240 Anm. 66. Daß »Kult und Land . . . in den Verheißungen der Priesterschrift nicht voneinander zu trennen (sind)« (*Levin,* Verheißung, 233), zeigt auf literarischer Ebene die vielfältige Verknüpfung der P^g-Verheißungstexte Gen 17,7.8* → Ex 6,6f → Ex 29,45f mit ihren Zusagen »Gabe des Landes« und »neues Gottesverhältnis« (s. dazu *Janowski,* Sühne als Heilsgeschehen, 320ff und zuletzt *Köckert,* Leben [s. oben Anm. 38] 34ff), aber auch eine allgemeinere Überlegung: In der ägyptischen Religion repräsentiert der Tempel den »Urhügel«, also das erste Stück trockenen Landes, das bei der Schöpfung aus dem Urgewässer auftaucht, vgl. nur *K. Martin,* Art. Urhügel, LÄ VI (1986) 873-876. Mutatis mutandis gilt diese Kosmos/Chaos-Motivik auch für den Bau des Heiligtums am Sinai - besonders

legte Hinwendung Gottes zur Welt / zum Menschen als *Gemeinschaft des Schöpfers mit Israel*[131] ihr Ziel erreicht, und umgekehrt hat sich Israel hier das schöpfungstheologische Geheimnis des »siebten Tages« erschlossen, an dem JHWH den Mose zur Beauftragung mit dem Heiligtumsbau in die Wolke hineinrief. Mit dem »siebten Tag« von Ex 24,16b-18aα (+ 25,1ff*) wird nicht nur der bisherige Geschichtsverlauf zwischen Schöpfung und Sinai »vollendet«[132], sondern ein Prozeß eingeleitet, der auf die *Verwandlung der Welt als Raum konkret erfahrbarer Gottesnähe*[133] zielt. An Israel wird damit exemplarisch Wirklichkeit, was für die Welt insgesamt noch aussteht - dies ist die Hoffnung der Priesterschrift für die nachexilische JHWH-Gemeinde.

IV. *Schluß*

Die These G. von Rads, die Priesterschrift wolle »allen Ernstes zeigen, daß der im Volke Israel historisch gewordenen Kultus das Ziel der Weltentstehung und Weltentwicklung ist«[134], läßt sich aufgrund unserer Überlegungen nur sehr bedingt übernehmen. Der Schöpfungsbezug des Tempels drückt sich nach der P^g auch nicht - wie in den Religionen des Alten Orients - in dessen Anlage und Ausstattung, sondern in den vielfältigen Beziehungen aus, die die Schöpfungsgeschichte Gen 1,1 - 2,4a* P^g und die Sinaigeschichte Ex 16,1 - Lev 9,24* P^g auf literarisch-kompositorischer und inhaltlich-theologischer Ebene miteinander verbinden. Die Art dieser Verbindung ist das Proprium der Priesterschrift: kein geradliniges Kontinuum, sondern ein »Kontinuum eigentümlicher Brechungen

wenn man die skizzierten Strukturbeziehungen zwischen der Schöpfungs- und Flutgeschichte einerseits und der Exodus- und Sinaigeschichte der P^g andererseits beachtet (vgl. etwa die Korrespondenz der chronologischen Angaben in Ex 40,17: Fertigstellung des Heiligtums, und in Gen 8,13: Ende der Flut durch Wegtrocknen der Wasser, s. oben S. 55). Im Licht dieser Beziehungen ist die Zusage von Ex 25,8/29,45f als Wort des Schöpfergottes zu verstehen, der seinem Volk die Schaffung und Bewahrung von Lebensraum in Gestalt eines Heiligtums samt dazugehörigem Terrain verheißt. So gesehen hat die Zusage des *neuen* Gottesverhältnisses Ex 29,45f (eingliedrige Bundesformel V. 45b!) nicht nur eine zeitliche (»Zukunft«), sondern eine ausgesprochen räumliche Dimension (»Kult *und* Land«), vgl. auch *Levin,* Verheißung, 233f; *Görg,* Menschenbild (s. oben Anm. 110) 27f und ausführlicher die oben Anm. 1 angekündigte Studie.

131 Vgl. dazu oben S. 60ff und unten S. 68f.

132 In dem oben S. 63ff präzisierten Sinn.

133 Vgl. *Weimar,* Sinai und Schöpfung (s. oben Anm. 38) 364. 368f; *ders.,* Kult und Fest. Aspekte eines Kultverständnisses im Pentateuch, in: *K. Richter* (Hg.), Liturgie - ein vergessenes Thema der Theologie? (QD 107), Freiburg/Basel/Wien 1986, 65-83, hier 75f und bereits *Lohfink,* Erde (s. oben Anm. 102) 26ff. »Gottesnähe« ist das Leitthema der priesterschriftlichen Geschichtsdarstellung, vgl. auch *Blum,* Komposition des Pentateuch, 227ff und *Köckert,* Leben (s. oben Anm. 38).

134 *Von Rad,* Theologie des Alten Testaments, Bd. 1 (s. oben Anm. 46) 247.

und Neuanfänge«[135], das gegen alle Störungen und In-Frage-Stellungen immer wieder von Gottes »Schöpfungshandeln« ermöglicht wird. Auch die Errichtung des Heiligtums am Sinai - Höhepunkt und Ziel des priesterschriftlichen Geschichtsentwurfs - wird auf ein solches, einen Neuanfang setzendes Handeln JHWHs zurückgeführt. Da am Sinai die im Exodus (Befreiung aus Ägypten / Errettung am Meer) sich vollziehende ›Schöpfung‹ des JHWH-Volks zum Abschluß kommt (vgl. Ex 29,45f)[136], haben wir im Blick auf Ex 16,1 - Lev 9,24* von der »Neuschöpfung« Israels und seiner gesamten Lebenswelt durch JHWH gesprochen[137]. Diese Dimension wird in Ex 24,15b-18aα mit ihrer auf den Schöpfungsbericht Gen 1,3-31*/2,2f zurückzugreifenden Motivik »sechs Tage / siebter Tag« eröffnet.

In nachalttestamentlicher Zeit entwickelt sich im Umkreis unseres Themas eine komplexe, noch nicht in allen Einzelheiten aufgehellte Wirkungsgeschichte. Zu ihr gehören frühjüdische (11QT 29,7b-10; Jub 1,29, vgl. Jub 1,17.27; äthHen 90,29 u.a.)[138], urchristliche (Offb 21,1-4 u.a.) und rabbinische Heiligtumstraditionen. Die rabbinischen Texte, von denen wir auch ausgingen[139], sind dabei von besonderem Interesse. Denn wie die Priesterschrift, die das ›Verlangen des Schöpfers nach Gemeinschaft mit dem Menschen/Israel‹ zum Leitthema ihres Geschichtsentwurfs macht[140], stellen auch sie die Frage nach dem Sinn und Ziel der Schöpfung - »Wozu hat Gott die Welt erschaffen?« und »Wann war die Weltschöpfung abgeschlossen?« - im Rahmen der Heiligtumstheologie. Die Weltschöpfung, so ihre Antwort, war in einem bestimmten Augenblick, nämlich mit der Errichtung des Heiligtums in der Wüste »vollendet«. Und: Der Bau dieses Heiligtums ist die Verwirklichung der »Menschen-/Israelgemeinschaft« des Schöpfers. Im Midrasch Genesis Rabba 3,9 heißt es dazu:

»R. Schmuel b. Ammi sagt: Vom Beginn der Erschaffung der Welt an verlangte der Heilige, er sei gepriesen, danach, Gemeinschaft mit den Unteren (= Menschen) zu haben« [141].

135 *Blum*, Komposition des Pentateuch, 269.
136 Vgl. *Weimar*, Meerwundererzählung (s. oben Anm. 73) 232.
137 S. dazu oben S. 62f und *Weimar*, Sinai und Schöpfung, 368f.371f; *Blum*, Komposition des Pentateuch, 244f.260ff.
138 Zu 11QT 29,9f; Jub 1,29 u.a. s. *B. Janowski - H. Lichtenberger*, Enderwartung und Reinheitsidee. Zur eschatologischen Deutung von Reinheit und Sühne in der Qumrangemeinde, JJS 34 (1983) 31-62, hier 56f und zuletzt *U. Mell*, Neue Schöpfung. Eine traditionsgeschichtliche und exegetische Studie zu einem soteriologischen Grundsatz paulinischer Theologie (BZNW 56), Berlin/New York 1989, 104ff.152ff u.ö.
139 Vgl. oben S. 37f.
140 S. dazu oben S. 67 mit Anm. 133.
141 Übersetzung: *Schäfer*, Tempel und Schöpfung (s. oben Anm. 4), 132, vgl. ebd. Anm. 52 mit weiteren Belegen.

Das Heiligtum ist nicht nur für die Entstehung der Welt, sondern auch für deren Geschichte/Fortgang konstitutiv: als Ort der Begegnung zwischen Gott und Mensch bzw. zwischen JHWH und Israel[142]. Die Priesterschrift hat diese Vision eines Lebens in Gottes Gegenwart[143] in ihrer schöpfungstheologisch bestimmten Sinaigeschichte eindrücklich zur Geltung gebracht.

142 Vgl. *ders.*, ebd. 133.

143 Vgl. *Köckert*, Leben (s. oben Anm. 38). Der für die Geschichtsdarstellung der P^g konstitutive Schöpfungsbezug ihrer Sinaigeschichte (und damit des Heiligtums am Sinai) gehört in den größeren Zusammenhang vom ›Aufleben des Mythos unter den Judäern während des babylonischen Zeitalters‹, s. dazu *W. Herrmann*, Das Aufleben des Mythos unter den Judäern während des babylonischen Zeitalters, BN 40 (1987) 97–129, hier 114ff. Die zeitgeschichtliche Situation der P^g und ihrer schöpfungstheologisch dimensionierten Heiligtumskonzeption wäre vor diesem Hintergrund als Aktualisierung der Chaos/Kosmos-Motivik (wässriges Chaos am Anfang Gen 1,2, vgl. Gen 7,11–24*; 8,1–14* [Steigen/Abnehmen der Flut] / Heiligtumsbereich am Sinai Ex 24,15bff) zu konkretisieren, vgl. zur Sache auch oben Anm. 130.

Keruben und Zion

Thesen zur Entstehung der Zionstradition*

I. *Jerusalem und die Zionstradition*

Seit A. Alts wegweisendem Aufsatz »Jerusalems Aufstieg« ist es Gemeingut der alttestamentlichen Wissenschaft, daß Jerusalems Aufstieg zur politischen und religiösen Metropole Gesamtisraels auf einen einzigen Mann zurückgeht und »sich aus seinem Denken, Wollen und Handeln vollständig erklären (läßt): David!«[1]. Entgegen kam ihm bei seiner Eroberungstat (2 Sam 5,6–9; vgl. 1 Chr 11,4–8) die natürliche Lage und bisherige Geschichte Jerusalems, die es zu einer »kanaanäischen Enklave« auf der Grenze zwischen dem judäischen Süden und dem israelitischen Norden (vgl. Jos 15,8; 18,16) machte[2]. Diese Exterritorialität prädestinierte Jerusalem zur idealen Hauptstadt des davidisch-salomonischen Doppelreichs und ermöglichte es dem dort residierenden Stadtfürsten, sozusagen – wie H. Donner bildhaft formu-

* Die folgenden Überlegungen sind Klaus Koch gewidmet – in Dankbarkeit für seine Kollegialität und Freundschaft während der gemeinsamen Zeit am Alttestamentlichen Seminar der Universität Hamburg 1986–1991.

1 Jerusalems Aufstieg (1925), in: DERS., Kleine Schriften zur Geschichte des Volkes Israel III, 1959/^{2}1968, 243–257, hier 253.

2 Vgl. ALT, ebd., 253f. Zur Geschichte und Topographie Jerusalems s. zusammenfassend E. OTTO, Jerusalem – die Geschichte der Heiligen Stadt. Von den Anfängen bis zur Kreuzfahrerzeit (UB 308), 1980; H. DONNER, Geschichte des Volkes Israel und seiner Nachbarn in Grundzügen (GAT), 1987, 195ff; M. OEMING, in: A.H.J. GUNNEWEG, Nehemia (KAT XIX/2), 1987, 180–194; H. WEIPPERT, Palästina in vorhellenistischer Zeit (Handbuch der Archäologie, Vorderasien II/1), 1988, 449ff und die Jerusalem-Beiträge in: Biblical Archaeology Today. Proceedings of the International Congress on Biblical Archaeology Jerusalem (April 1984), 1985, 435–485. Speziell zum Stadteroberungsbericht 2 Sam 5,6ff s. J.P. FLOSS, David und Jerusalem. Ziele und Folgen des Stadteroberungsberichts 2 Sam 5,6–9 literaturwissenschaftlich betrachtet (ATS 30), 1987, und E. OTTO, Art. צִיּוֹן, ThWAT VI (1989) 994–1028, hier 1007ff.

liert hat – »über dem Dualismus von Nord und Süd«[3] zu thronen.

So günstig die geopolitische Lage Jerusalems zwischen Juda und Israel für seine eigene Entwicklung auch war, so nachteilig mußte sich – wäre es dabei geblieben! – seine Beziehungslosigkeit zu den religiösen Traditionen des Nordens auswirken. »Jerusalem hatte keine Beziehungen zu den fundamentalen Überlieferungen des israelitischen Stämmeverbandes, auf denen seine Existenz, sein Selbstverständnis und sein Glaube ruhten. (...) Bis zum Ende der vorstaatlichen Zeit bedeutete Jerusalem für die israelitischen Stämme, für ihren Glauben und ihr Leben schlechterdings nichts«[4]. Das änderte sich freilich mit der Eroberung durch David und der Überführung der Lade in die »Davidsstadt« (2 Sam 6,12–19)[5]. Da die Ladetraditionen im Norden, vor allem in Ephraim (und Benjamin?), beheimatet waren[6], hat David mit diesem Akt der alten Jebusiterstadt wohl einen sakralen Nimbus geben wollen, den sie für die Nordstämme vorher nicht besessen hatte. Die bisherige Beziehungslosigkeit zwischen dem kanaanäischen Jerusalem und den sakralen Traditionen der israelitischen Stämme bestand nun nicht mehr.

[3] DONNER, Geschichte, 197.

[4] M. NOTH, Jerusalem und die israelitische Tradition (1950), in: DERS., Gesammelte Studien zum Alten Testament (TB 6), [3]1966, 172–187, hier 173f.

[5] Zweifel am historischen Wert dieses Berichts äußert J.-M. DE TARRAGON, David et l'arche: II Sam VI, RB 86 (1979) 514–523.

[6] Vgl. etwa DONNER, Geschichte, 197: »Es ist zu beachten, daß im AT über eine Verbindung des vorstaatlichen Stammes Juda zur Lade nichts verlautet«. Im Zusammenhang mit der Frage nach der Bedeutung der Lade in vorstaatlicher Zeit wird immer wieder eine Reihe von Texten genannt, deren Alter als hoch veranschlagt wird. Nach Noths (aaO 184) vorsichtigem Urteil zählen dazu Num 10,33ff; 14,44; Jos 3f; Ri 20,27; 1 Sam 4–6. Man wird allerdings noch vorsichtiger als Noth oder etwa H.J. ZOBEL, Art. אֲרוֹן, ThWAT I (1973) 391–404, hier 397ff, sein müssen, s. zum Diskussionsstand bes. R. SCHMITT, Zelt und Lade als Thema alttestamentlicher Wissenschaft. Eine kritische forschungsgeschichtliche Darstellung, 1972, 49ff, 173f, 280ff; H.J. STOEBE, Das erste Bauch Samuelis (KAT VIII/1), 1973, 154ff; bes. 164ff; G.W. COATS, The Ark of the Covenant in Joshua: A Probe into the History of a Tradition, HAR 9 (1985) 137–157 und zuletzt H. SPIECKERMANN, Heilsgegenwart. Eine Theologie der Psalmen (FRLANT 148), 1989, 88f, bes. auch 93 Anm. 12.

Welche Qualität aber hatte diese neue Beziehung? M. Noth, der diese Frage zum Thema seines soeben erwähnten Aufsatzes machte, beantwortete sie mit Hinweis auf die Bedeutung Jerusalems (weniger als Königsstadt denn) als Stätte des »Ladeheiligtums« – und zwar sowohl für die israelitischen Stämme als auch für Juda:

> Sowohl für die Stämme im Staate Israel wie auch für die Judäer hat in der Königszeit die heilige Stätte von Jerusalem eine Bedeutung bekommen, die ihr eigenes Gewicht besaß und unabhängig wurde von der politischen Einrichtung des davidischen Königtums, die ihrerseits den Anlaß dazu gegeben hatte. Diese Bedeutung kann nur durch das Heiligtum der Lade der Jerusalemer Kultstätte, die von sich aus gar keine israelitische Tradition hatte, zugekommen sein[7].

Ein wesentlicher Teil der kultischen Überlieferung Gesamtisraels, der – so Noth – an der Lade haftete, wurde durch David nach Jerusalem gezogen und wirkte von hier aus weiter. Damit war eine die neuere Forschung weithin bestimmende These formuliert: Daß die Lade, war sie erst einmal ins Allerheiligste des salomonischen Tempels überführt (1 Kön 8,1–9), ziemlich rasch an Ansehen verloren zu haben scheint, hängt wohl damit zusammen, daß sie »ihre Funktion als eines kultischen Mittelpunktes offenbar längst an die heilige Stätte von Jerusalem als einen lokal festliegenden Kultort abgetreten (hatte)«[8] oder umgekehrt: Die Zionstradition trat mit der Zeit an die Stelle der Lade[9]. Mit wünschenswerter Deutlichkeit hat dann J. Jeremias diese Relation von Lade und Jerusalem/Zion auf den Begriff gebracht: »Die gesamte Ziontradition ist in ihrer ältesten Gestalt für das damalige Israel nichts anderes gewesen als eine moderne, mit Hilfe kanaa-

[7] Jerusalem, 177ff, 180ff, Zitat S. 184. Konsequenterweise nennt Noth den Jerusalemer Tempel die »Stätte der Lade« (177), das »Ladeheiligtum« (ebd.) oder das »Heiligtum mit der Lade« (182).

[8] Ebd., 184ff, Zitat S. 186.

[9] Vgl. J. JEREMIAS, Lade und Zion. Zur Entstehung der Ziontradition, in: Probleme biblischer Theologie (Fs G. von Rad), hg. von H.W. Wolff, 1971, 183–198, hier 187.

näischer Motive vollzogene Exegese der Lade und ihrer Tradition«[10]. Die Überführung der Lade nach Jerusalem war also gleichsam die Initialzündung zur Entstehung der Zionstradition – die die Lade und deren Tradition dann umfassend »beerbt« hat.

Nun soll die Bedeutung der Lade für das Jerusalem der davidisch-salomonischen Zeit nicht geleugnet werden – im Gegenteil[11]! Problematisiert werden muß aber ihre für die Entstehung der Zionstradition von M. Noth und J. Jeremias postulierte Begründungsfunktion. Schon G. von Rad hatte in seiner kurzen Reaktion auf M. Noths Aufsatz gefordert, daß »das dort Dargelegte durch den Hinweis auf das Vorhandensein einer spezifischen Ziontradition und ihre Einbeziehung in den Jahweglauben ergänzt werden (müßte)«[12]. Ein solcher Hinweis soll im folgenden gegeben werden.[13] Er konzentriert sich auf die Funktion der Keruben des salomonischen Tempels – die in M. Noths Ansatz keinerlei

[10] Ebd., 197, vgl. auch OTTO, ThWAT VI, 1015: »Religionsgeschichtlich wurzelt diese Präsenztheologie des Tempels von Jerusalem in der schilonischen Ladetheologie...«.

[11] S. dazu unten Abschnitt III.

[12] Theologie des Alten Testaments II, ^{5}1968, 163 Anm. 15 mit Hinweis auf E. ROHLAND, Die Bedeutung der Erwählungstraditionen Israels für die Eschatologie der alttestamentlichen Propheten, Diss. Heidelberg 1956, 119ff, vgl. zur Sache auch H. WILDBERGER, Review of M. Noth, History of Israel, JSSt 4 (1959) 151–168, hier 164–168, der die Bedeutung der Lade zu Recht relativiert: »It should, however, be more strongly emphasized that the cultic significance of the city was not based merely on the presence of the Ark. The Zion Psalms, for instance (Ps XLVI, XLVIII and LXXVI), show clearly that old Canaanite concepts of the mountain of God high up in the north were be transferred to Zion depicting it as an intouchable, holy place. Isaiah himself, who so highly esteems Zion, does not refer to the Ark or to the old Israelite traditions connected with it«.

[13] Im Unterschied etwa zu O.H. STECK, Friedensvorstellungen im alten Jerusalem. Psalmen – Jesaja – Deuterojesaja (ThSt[B] 111), 1972, bes. 13ff, und neuerdings B.C. OLLENBURGER, Zion – the City of the Great King. A Theological Symbol of the Jerusalem Cult (JSOTS 41), 1987, 13ff (s. dazu E. OTTO, ThLZ 113 [1988] 734–736) kommt es uns dabei nicht auf das Profil der Jerusalemer Tempeltheologie in den relevanten Pss- und Jes-Texten, sondern auf die historischen und religiösen Impulse an, die zu ihrer Entstehung geführt haben.

Rolle spielen[14], für eine Neubewertung der anstehenden Problematik aber von zentraler Bedeutung sind.

II. *Traditions- und religionsgeschichtliche Aspekte*

1. *Der »Kerubenthroner« – ein Name des silonischen Ladegottes?*

Die These, die im folgenden begründet werden soll, lautet: Nicht die von David nach Jerusalem überführte Silolade, sondern das im Tempel Salomos aufgestellte Kerubenpaar ist das Kultsymbol, das zur Entstehung und späteren Ausprägung der Zionstradition entscheidend beigetragen hat[15]. Der Anlaß für diese These liegt auf der Hand. Er ergibt sich zum einen aus dem JHWH-Prädikat יֹשֵׁב הַכְּרוּבִים (1 Sam 4,4; 2 Sam 6,2 = 1 Chr 13,6; 2 Kön 19,15 = Jes 37,16; Ps 80,2; 99,1), das am ehesten nach Jerusalem und dessen Tempelkeruben (1 Kön 6,23–28; 8,6f) weist, und zum anderen aus der Semantik vom »Sitzen / Thronen« (יָשַׁב) JHWHs auf dem Zion/im Tempel, die im Umkreis der Lade(überlieferungen) auffälligerweise fehlt[16]. Allerdings – und das macht die Begründung etwas umständlich – kann die These von der Jerusalemer Herkunft des יֹשֵׁב הַכְּרוּבִים-Titels nur im Zusammenhang mit der Frage nach dem zuerst (?) in Silo belegten (1 Sam 1,3.11) und dort mit dem Prädikat יֹשֵׁב הַכְּרוּבִים sowie mit der Lade verbundenen JHWH-Epitheton יְהוָה צְבָאוֹת (1 Sam

[14] Vgl. auch JEREMIAS, Lade und Zion, 187 mit Anm. 16, s. dazu unten Abschnitt II/1.

[15] »Entscheidend« heißt aber auch: nicht ausschließlich – da der spezifische Beitrag der Lade zur Entstehung und Kohärenz der Zionstradition erst noch bestimmt werden muß, s. dazu unten Abschnitt III.

[16] Es gibt z.B. im AT keine der Wendung יֹשֵׁב עַל־כִּסֵּא Jes 6,1 (vgl. zur Sache W.H. SCHMIDT, Königtum Gottes in Ugarit und Israel. Zur Herkunft der Königsprädikation Jahwes [BZAW 80], ²1966, 70 Anm. 6; 82 Anm. 8; HAL 424 s.v. יָשַׁב qal 3 u.a.) parallele Formulierung יֹשֵׁב (עַל) הָאָרוֹן »der Ladethroner«! Außerdem bleibt, worauf bereits STOEBE, KAT VIII/1, 161, hinwies, zu beachten, »daß für einen Thron die Bezeichnung אֲרוֹן äußerst unpassend ist und auch nicht durch dessen Kastenform erklärt werden kann...«.

4,4; 2 Sam 6,2 [= 1 Chr 13,6 ohne יְהוָה צְבָאוֹת]) erörtert werden[17]. Da dieser Titel später ganz unabhängig von der Lade (und dem Prädikat יֹשֵׁב הַכְּרוּבִים)[18] auftritt und – trotz Bezeugung in den Elia-Elisa-Geschichten (1 Kön 18,15; 19,10.14; 2 Kön 3,14)[19] – zu einem festen Bestandteil der Zionstradition wird (Jes 6,3.5; 8,18; Ps 24,10; 46,8.12; 48,9, ferner Ps 59,6; 84,2.4.9.13; 89,9 u.ö.), stellt sich die Frage, ob er in Silo beheimatet ist oder in Jerusalem (bzw. im Südreich) gebildet und von dort sekundär nach Silo übertragen wurde. Während O. Eißfeldt beide Prädikationen bereits in Silo auf die Lade bezogen sein läßt[20], setzt etwa J. Maier den Titel יְהוָה צְבָאוֹת erst für die Zeit des davidisch-salomonischen Königtums voraus und folgert, die vermutlich alten Belege für diesen Titel 1 Sam 4,4 und 2 Sam 6,2 (= 1 Chr 13,2) seien ebenfalls in diese Zeit zu datieren, so daß deshalb auch für יֹשֵׁב הַכְּרוּבִים kein früher, d.h. silonischer Beleg bleibe[21].

[17] 1 Chr 13,6 ist u.a. eine Bestätigung dafür, daß beide Titel ursprünglich nicht zusammengehören, vgl. JEREMIAS, Lade und Zion, 188 Anm. 18. Zum Titel יְהוָה צְבָאוֹת s. jetzt H.-J. ZOBEL, Art. צְבָאוֹת, ThWAT VI (1989) 876–892 (Lit.).

[18] Jes 37,16 erweitert sekundär 2 Kön 19,15.

[19] Zur literaturhistorischen Beurteilung s. aber ZOBEL, ThWAT VI, 887f.

[20] Jahwe Zebaoth, in: DERS., Kleine Schriften III, 1966, 103–123, bes. 116ff, 120f (und Eißfeldts andere Aufsätze); vgl. auch G. VON RAD, Theologie des Alten Testaments I, ^{6}1969, 250; F. SCHICKLBERGER, Die Ladeerzählungen des ersten Samuel-Buches. Eine literaturwissenschaftliche und theologiegeschichtliche Untersuchung (fzb 7), 1973, 27f; T. ISHIDA, The Royal Dynasties in Ancient Israel. A Study on the Formation and Development of Royal-Dynastic Ideology (BZAW 142), 1977, 37f; M. METZGER, Königsthron und Gottesthron. Thronformen und Throndarstellungen in Ägypten und im Vorderen Orient im dritten und zweiten Jahrtausend vor Christus und deren Bedeutung für das Verständnis von Aussagen über den Thron im Alten Testament (AOAT 15/1), 1985, 309–351, bes. 326ff, 350f; T.N.D. METTINGER, In Search of God. The Meaning and Message of the Everlasting Names, 1988, 130, vgl. 148; ZOBEL, ThWAT VI, 881ff und die bei SCHMITT, Zelt und Lade, 130; E. OTTO, Das Mazzotfest in Gilgal (BWANT 107), 1975, 358 Anm. 1; DERS., Silo und Jerusalem, ThZ 32 (1976) 65–77, hier 76 Anm. 77 und ISHIDA, a.a.O., 37 Anm. 59 genannte Autoren. Zur Position von J. Jeremias s.u. Anm. 23.

[21] Das altisraelitische Ladeheiligtum (BZAW 93), 1965, 53ff, vgl. DERS., Vom Kultus zur Gnosis. Bundeslade, Gottesthron und Märkabah, 1964, 62; s. auch F. CRÜSEMANN, Der Widerstand gegen das Königtum. Die antiköniglichen Texte des Alten Testaments und der Kampf um den frühen israelitischen Staat (WMANT 49), 1978, 77f.

Aber beide Hypothesen rechnen, wie auch E. Ottos[22] Kritik an der Position J. Maiers, zu wenig bzw. gar nicht mit der Möglichkeit, daß das Epitheton יֹשֵׁב הַכְּרוּבִים aufgrund seiner überlieferungsgeschichtlichen Unabhängigkeit vom Gottesnamen יְהוָה צְבָאוֹת[23] und der Silolade in 1 Sam 4,4; 2 Sam 6,2 (= 1 Chr 13,6) als »Rückprojektion der Verhältnisse des salomonischen Tempels«[24] verstanden werden kann. Diese Möglichkeit ist bereits von H. Schmidt[25] u.a. erwogen worden. Denn außer den beiden יֹשֵׁב הַכְּרוּבִים-Belegen 1 Sam 4,4 und 2 Sam 6,2:

[22] Mazzotfest, 354ff, bes. 356 Anm. 5; 359 Anm. 2, vgl. auch u. Anm. 33.

[23] Gegen eine *ursprüngliche* Zusammengehörigkeit beider JHWH-Prädikationen argumentiert auch JEREMIAS, Lade und Zion, 187f mit Anm. 18 – der aber darüberhinaus die Ansicht vertritt, daß sich in der Richterzeit unabhängig voneinander zwei Vorstellungen mit der Lade verbunden hätten, die spätestens in Silo greifbar seien: Zur Lade als einer Art »Zentralheiligtum« der mittelpalästinischen Stämme passe die mit ihr verbundene, wahrscheinlich in Silo von den Kanaanäern übernommene Prädikation יֹשֵׁב הַכְּרוּבִים, die »die ruhende Gegenwart Jahwes als thronenden (Königs) auszudrücken scheint« (187). Daneben komme der Lade eine kriegerische Funktion zu, die sich in ihrem »spätestens seit Silo (1 Sam 1,3.11; 4,4; 2 Sam 6,2) eng mit der Lade« (188) verknüpften Titel יְהוָה צְבָאוֹת ausdrücke. Erbin und Fortsetzerin der mit der Lade verbundenen Vorstellungen – der statischen vom thronenden JHWH und der dynamischen von JHWH als Krieger – ist nach Jeremias die Zionstradition. Und zwar sind die »statischen Aussagen« der Zionstradition (dazu ebd., 190, 191–194) Explikation und Interpretation dessen, »was die Gegenwart des auf der Lade thronenden Jahwe für Israel und speziell Jerusalem bedeutet« (194 [im Original z.T. hervorgehoben]), während das auf die »perfektischen Verbalsätze« der Zionstradition (dazu ebd., 190, 194–197) bezogene Völkerkampfmotiv eine Explikation dessen ist, »was das Handeln des mit der Lade verbundenen Kriegers Jahwe bedeutet« (195). Zur Lade-Thron-Hypothese s. unten Abschnitt II/2; auch die von Jeremias postulierte Verbindung von Ladeüberlieferung und Völkerkampfvorstellung ist m.E. anzuzweifeln, s. etwa STECK, Friedensvorstellungen, 18 Anm. 25.

[24] R. SMEND, Jahwekrieg und Stämmebund. Erwägungen zur ältesten Geschichte Israels (^{2}1966), in: DERS., Zur ältesten Geschichte Israels. Gesammelte Studien II (BEvTh 100), 1987, 116–199, hier 164, vgl. MAIER, Ladeheiligtum, 53ff; M. Görg, Art. יָשַׁב, ThWAT III (1982) 1012–1032, hier 1027ff; E. ZENGER, Art. Herrschaft Gottes/Reich Gottes II, TRE XV (1986) 176–189, hier 177 u.a.

[25] Kerubenthron und Lade, in: Eucharisterion (Fs H. Gunkel), hg. von H. Schmidt, 1923, 120–144, hier 143, ferner die bei SCHMITT, Zelt und Lade, 129 Anm. 545 genannten Autoren.

Da sandte das Volk nach Silo, und man holte von dort die Lade des Bundes JHWH Zebaoths des Kerubenthroners (אֲרוֹן בְּרִית יְהוָה צְבָאוֹת יֹשֵׁב הַכְּרֻבִים), und dort waren die beiden Söhne Elis zur Begleitung der Lade des Gottesbundes, Hophni und Pinhas (1 Sam 4,4).

Und David machte sich auf und ging mit allem Volk, das bei ihm war, von Baala in Juda / Baalat-Juda aus, um von dort die Gotteslade heraufzubringen, über der < > der Name »JHWH Zebaoth, der auf den Keruben thront« (יְהוָה צְבָאוֹת יֹשֵׁב הַכְּרֻבִים) ausgerufen wurde/ist (2 Sam 6,2)[26].

– gibt es für die Annahme, es habe auch in Silo einen Kerubenthron gegeben, der dann zum Vorbild desjenigen im salomonischen Tempel geworden sei, keinerlei Anhaltspunkte[27]. Aber gerade diese beiden Belege dürften – der Ausageintention der »Ladeerzählung« 1 Sam 4,1b–7,1* (+ 2 Sam 6*?)[28] entsprechend – auf das Konto von (Jerusalemer) Kreisen zurückgehen, die den Zusammenhang der Jerusalemer Lade mit der Silolade

[26] Das zweite שֵׁם ist mit 𝔊 als Dittographie zu streichen (und nicht in שָׁם »dort«, Rückbezug auf den ON Baala, umzuvokalisieren), vgl. OTTO, Mazzotfest, 356 Anm. 3; A.F. CAMPBELL, The Ark Narrative (1 Sam 4–6; 2 Sam 6). A Form-Critical and Tradition-Historical Study (SBLDS 16), 1975, 128 Anm. 4; P.K. MCCARTER, II Samuel (AB 9), 1984, 163 z.St., u.a. Zu den Implikationen des mit נִקְרָא עַל formulierten Übereignungsaktes s. immer noch K. GALLING, Die Ausrufung des Namens als Rechtsakt in Israel, ThLZ 81 (1956) 65–70, hier 68f.

[27] Vgl. SMEND, Jahwekrieg, 164 Anm. 25 (gegen EISSFELDT, Jahwe Zebaoth, 117ff). Das klassische Argument Eißfeldts war die Notiz von einem הֵיכַל יְהוָה in Silo (1 Sam 1,9; 3,3): »So wird man also für den Tempel in Silo einen von Keruben getragenen Thron postulieren und annehmen dürfen, daß die Prädizierung des dort verehrten Gottes als Keruben-Throner mit diesem Thron zusammenhängt« (146), vgl. zustimmend ZOBEL, ThWAT VI, 883f, 885 und kritisch H.-J. STOEBE, KAT VIII/1, 158. Außer der Bezeichnung הֵיכָל (s. dazu M. OTTOSSON, Art. הֵיכָל, ThWAT II [1977] 408–415) wissen wir über die Anlage, Ausstattung und Kultbegehungen des silonischen Heiligtums (vgl. Ri 18,31: בֵּית הָאֱלֹהִים) der Eisen I-Zeit außerordentlich wenig, s. dazu auch D.G. SCHLEY, Shiloh. A Biblical City in Tradition and History (JSOTS 63), 1989, 140ff (s. dazu E. OTTO, ThLZ 115 [1990] 342ff) und zur archäologischen Problematik WEIPPERT, Palästina, 409 und bes. I. FINKELSTEIN, The Archaeology of the Israelite Settlement, 1988, 205–234, bes. 220ff, 233f.

[28] S. dazu zuletzt K.A.D. SMELIK, The Ark Narrative reconsidered, in: A.S. VAN DER WOUDE (Hg.), New Avenues in the Study of the Old Testament (OTS 25), 1989, 128–144, mit kritischem Referat der neueren Forschung. Zu 2 Sam 6 s. auch oben Anm. 5.

erzählerisch herstellen bzw. wahren wollten: daß nämlich die einst an die Philister verlorengegangene Lade des JHWH Zebaoth und die durch David ihrem Winkeldasein in Kirjath-Jearim entrissene und nach Jerusalem überführte Lade (2 Sam 6), die schließlich in den salomonischen Tempel unter die Flügel der Keruben eingestellt wurde (1 Kön 8,1ff), historisch und religiös identisch waren[29].

Daraus kann der Schluß gezogen werden, daß der צְבָאוֹת-Titel in Silo beheimatet war (vgl. 1 Sam 1,3.11), (sekundär?) an der dortigen Lade haftete (1 Sam 4,4, vgl. 2 Sam 6,2) und mit dieser nach Jerusalem kam, wo er vermutlich auf Grund seines die Mächtigkeit JHWHs prädizierenden Aussagegehalts[30] als Kultname des Gottes von Jerusalem zu einem festen Bestandteil der Zionstradition wurde[31]. Von dem ebenfalls in 1 Sam 4,4 und 2 Sam 6,2 begegnenden und nur hier (!) mit dem צְבָאוֹת-Titel verbundenen Prädikat יֹשֵׁב הַכְּרוּבִים läßt sich – vor allem wegen der nicht erweisbaren Funktion der Lade als Gottesthron[32] –

[29] Vgl. neuerdings auch DE TARRAGON, David et l'arche, bes 522f und SMELIK, Ark Narrative, 140ff.

[30] S. dazu J.P. ROSS, Jahwe Ṣ^{e}bā'ôth in Samuel and Psalms, VT 17 (1967) 76–92, hier 79ff; ZOBEL, ThWAT VI, 882 u.a. Mehr an Konkretion im Blick auf den צְבָאוֹת-Titel in Silo ist m.E. nicht zu erreichen. Daß dieser Titel die *königliche* Herrschermacht JHWHs prädiziere (so zuletzt ZOBEL, 885) hängt zum einen mit dem postulierten Vorkommen des Prädikats יֹשֵׁב הַכְּרוּבִים in Silo (Lade als *Königs*thron) und zum anderen mit der angeblichen Ausstattung des silonischen הֵיכָל (Heiligtum als *Königs*palast) zusammen, s. die entsprechende Argumentation bei H. GESE, Natus ex virgine, in: DERS., Vom Sinai zum Zion. Alttestamentliche Beiträge zur biblischen Theologie (BEvTh 64), ²1984, 130–146, hier 136 Anm. 18; SCHMIDT, Königtum Gottes, 89ff; J. JEREMIAS, Königtum Gottes in den Psalmen. Israels Begegnung mit dem kanaanäischen Mythos in den Jahwe-König-Psalmen (FRLANT 141), 1987, 187; OTTO, Silo, 75; ZOBEL, a.a.O., 884f u.a. Zur m.E. höchst problematischen These von der vorstaatlichen Herkunft der JHWH-König-Vorstellung s. B. JANOWSKI, Das Königtum Gottes in den Psalmen. Bemerkungen zu einem neuen Gesamtentwurf, ZThK 86 (1989) 389–454, hier 394f, 418ff (Lit.).

[31] Zu der Frage, ob die Verbindung von Lade und צְבָאוֹת-Titel bereits für Silo als ursprünglich vorauszusetzen ist, s. die umsichtigen Erwägungen von SCHMITT, Zelt und Lade, 157f.

[32] S. dazu im folgenden.

silonische Herkunft dagegen kaum behaupten[33]. Vielmehr ist anzunehmen, daß dieses Prädikat aus Jerusalemer Kulttradition stammt und von dort im Zuge der Überlieferungsbildung von 1 Sam 4,1b–7,1* (+ 2 Sam 6*?) auf die Silolade (mit ihrem inzwischen hinzugewachsenen [?] Titel יְהוָה צְבָאוֹת) zurückprojiziert wurde, um über die »Addition« der beiden Gottesnamen in 1 Sam 4,4 und 2 Sam 6,2 die religiöse Kontinuität zwischen Silo und Jerusalem zu unterstreichen und zu sichern[34]. Als Name des silonischen Ladegottes ist das Prädikat »Kerubenthroner« jedenfalls nicht plausibel zu machen.

Die Silolade ist damit aber keineswegs abgewertet. Nur ihre Bedeutung im Verhältnis zu Jerusalem und seiner Tradition ist

[33] Silonische Herkunft des »Kerubenthroner«-Titels hat z.B. W. BEYERLIN, Schichten im 80. Psalm, in: Das Wort und die Wörter (Fs G. Friederich), hg. von H. Balz / S. Schultz, 1973, 9–24, hier 12f, von Ps 80, genauer: von der in V. 2f angeblich vorliegenden »ältesten, vordavidisch-nordisraelitischen Schicht« dieses Psalms her zu begründen versucht: »daß schon dem zu Silo verehrten Gott – vor der Zeit des Philisteransturms nota bene! – das Epitethon יֹשֵׁב הַכְּרוּבִים zugewachsen sein muß« (13), hält Beyerlin v.a. durch die »Erzählungselemente in 1 Sam 4,4 und 2 Sam 6,2« für erwiesen, s. dazu und zur Gesamtbeurteilung von Ps 80 demgegenüber O. LORETZ, Psalmenstudien III, UF 6 (1974) 175–210, hier 195ff. Die diesbezügliche Argumentation E. OTTOS ist widersprüchlich: »Gegen eine Ableitung des Epitethons ישב הכרובים als ein mit der Lade verbundenes Jahweepitheton aus Jerusalemer Kulttradition spricht, daß ... die Lade des salomonischen Tempels niemals mit diesem Epitheton verbunden ist. Nur also in der Ladeerzählung ist dieses Epitheton mit der Lade verbunden. Die Lösung dieses Titels von der Lade in Jerusalem erklärt sich aus der Kultarchitektur des Debirs im salomonischen Tempel: Der Titel ist in diesem Kontext so zu verstehen, daß Jahwe auf den Flügeln der Keruben, nicht aber auf der Lade thront« (Mazzotfest, 357), vgl. DERS., Silo, 75f. Daß die Lade des salomonischen Tempels niemals mit dem Gottesprädikat יֹשֵׁב הַכְּרוּבִים verbunden wird, ist nur zu unterstreichen. Die daraus von Otto gezogene Folgerung, das Fehlen dieser Verbindung in Jerusalem sei ein Indiz dafür, daß das Epitheton יֹשֵׁב הַכְּרוּבִים nicht aus Jerusalemer, sondern silonischer Kulttradition abzuleiten sei, ist aber nur dann schlüssig, wenn dieses Fehlen mit Otto als eine auf die Kultarchitektur des דְּבִיר zurückzuführende »Lösung« (sic!) dieses Prädikats von der Lade in Jerusalem interpretiert wird, d.h. wenn die für Silo belegte Verbindung von Lade und »Kerubenthroner«-Titel (1 Sam 4,4; 2 Sam 6,2) als *ursprünglich* vorausgesetzt wird. Auf diese Weise wird abér nur das »bewiesen«, was auch vorausgesetzt wird.

[34] S. dazu im folgenden und vgl. DE TARRAGON, David et l'arche, 522f. Das gilt auch dann, wenn die Ladeerzählung insgesamt später zu datieren ist als die Ereignisse, über die sie berichtet, s. dazu jetzt SMELIK, Ark Narrative, 140ff.

m.E. anders zu bestimmen als es anhand des Dictums von der »gesamte(n) (sic!) Ziontradition« als »Exegese der Lade und ihrer Tradition«[35] vorgeschlagen wurde. Sie wurde auf Grund ihrer in 2 Sam 6 berichteten Überführung von Kirjath-Jearim nach Jerusalem zwar zum entscheidenden religiösen Bindeglied zwischen den Nordstämmen und Jerusalem[36]; dessen sakrale Traditionen aber hatten, wie auch der Jerusalemer Titel יֹשֵׁב הַכְּרוּבִים zeigt, andere Wurzeln. Ob und in welcher Weise die in den salomonischen Tempel verbrachte Lade (1 Kön 8,1ff) ihrerseits – wenn nicht an der Entstehung, so doch – an der Kohärenz der frühen Zionstradition beteiligt war, wird im einzelnen noch zu fragen sein.

2. *Die Tempelkeruben – ein Thronsitz des unsichtbaren Zionsgottes*

Es gehört zu den Axiomen der älteren, z.T. aber auch der neueren Forschung, daß die Rede von JHWH, dem »Kerubenthroner«, fest an der Lade haftet[37]. Als klassische Belege dafür gelten 1 Sam 4,4 und 2 Sam 6,2. Aber auch bei der Exegese von Ps 80,2 oder Ps 99,1, wo von der Lade kein Wort verlautet, ist das besagte Axiom via »Kerubenthroner«-Titel präsent und bestimmt das Textverständnis. Bezeichnend sind Äußerungen wie die folgende: »Wird ... in Ps 99,1 vom Gottkönig Jahwe gesagt: ישב הכרובים, so bezieht sich diese Formulierung nicht nur auf den in Jes 6 gewiß vorauszusetzenden Kerubenthron (also [sic!] auf den Bereich der Lade); sie führt auch hin zu den (bereits festgestellten) Wendungen ישב הכרובים in 1 S 4,4 und 2 S 6,2, somit aber

[35] JEREMIAS, Lade und Zion, 197.

[36] Vgl. DE TARRAGON, David et l'arche, 523: »Le sens de la démarche (sc. de l'arche) est alors religieux: non pas vénération pour l'arche saint, mais ›récupération‹ du potentiel émotionnel du vieux sanctuaire éphraïmite, dans la perspective, elle, politique, d'unifier des composantes du nouvel Israël: tribus du centre, tribus du sud«, ferner DONNER, Geschichte, 196ff und unten Abschnitt III.

[37] Vgl. etwa G. VON RAD, Theologie I, 250: »Die Redeweise von Jahwe, der ›Über den Cheruben thront‹ (יֹשֵׁב הַכְּרוּבִים), haftet fest an der Lade (vgl. 1. Sam. 4,4, aber auch 2. Kön. 19,15; 2. Sam. 6,2; Jes. 37,16; Ps. 80,2; 99,1)«, s. zur Forschungsgeschichte SCHMITT, Zelt und Lade, 110ff.

wieder in den Zusammenhang der Jahwe-Zebaoth-Traditionen«[38].

Die These von der »festen Verbindung« des Prädikats יֹשֵׁב הַכְּרוּבִים mit der Lade läßt die Frage nach der Eigenbedeutung der Tempelkeruben in der Regel gar nicht erst aufkommen[39]. Wo sie – wohlgemerkt: im Horizont dieser These – dennoch gestellt wird, ist das Spektrum der Antwortmöglichkeiten eng begrenzt. Einschlägig ist etwa seit M. Noth (oder schon früher?) der Hinweis auf die Wächter- und Schutzfunktion, die die Keruben nach 1 Kön 8,6f, vgl. 1 Kön 6,23–28, angeblich gegenüber der Lade ausüben: »Über die Funktion der Kerube ›im Schrein‹ wird entsprechend der Anlage des ganzen Kapitels (sc. 1 Kön 6) nichts gesagt. Es kann aber nach der Rolle solcher Mischwesen im ganzen alten vorderen Orient nicht zweifelhaft sein, daß sie als Wächter und Schützer des Heiligtums, hier der ›im Schrein‹ aufzustellenden Lade (8,6), verstanden sein wollen«[40]. Überdies macht es M. Metzger zufolge auch ihre Körperhaltung (aufrecht auf ihren Hinterbeinen stehend) »unmöglich, diese Figuren als Bestandteil eines Kerubenthrones anzusehen«[41].

[38] H.-J. KRAUS, Theologie der Psalmen (BK XV/3), 1979, 29, vgl. 18f u.ö.; DERS., Psalmen 60-150 (BK XV/2), ^{5}1978, 722 (zu Ps 80,2), 852 (zu Ps 99,1); J. JEREMIAS, Königtum Gottes, 58, 116, u.a.

[39] Vgl. etwa W. ZIMMERLI, Das Bilderverbot in der Geschichte des Alten Israel. Goldenes Kalb, Eherne Schlange, Mazzeben und Lade, in: DERS., Studien zur alttestamentlichen Theologie und Prophetie. Gesammelte Aufsätze Band II (TB 51), 1974, 247–260, hier 249 Anm. 8: »Die Keruben im Allerheiligsten, die Säulen vor dem Tempelhaus, das eherne Meer u.a., wovon 1 Kön 6,23–28 und 7,13–51 berichten, lassen sich an Bedeutung mit der Lade nicht vergleichen«.

[40] M. NOTH, Könige I,1-16 (BK IX/1), 1968, 124, vgl. 179, ferner JEREMIAS, Lade und Zion, 187 Anm. 16; W. ZIMMERLI, Grundriß der alttestamentlichen Theologie (ThW 3), ^{4}1982, 64; ZOBEL, ThWAT I, 401f; DERS., ThWAT VI, 883, u.a.

[41] Königsthron, 351, s. dazu aber O. KEEL, Jahwe-Visionen und Siegelkunst. Eine neue Deutung der Majstätsschilderungen in Jes 6, Ez 1 und 10 und Sach 4 (SBS 84/85), 1977, 23ff; B. JANOWSKI, Sühne als Heilsgeschehen. Studien zur Sühnetheologie der Priesterschrift und zur Wurzel KPR im Alten Orient und im Alten Testament (WMANT 55), 1982, 283 Anm. 33; S. SCHROER, In Israel gab es Bilder. Nachrichten von darstellender Kunst im Alten Testament (OBO 74), 1987, 129 Anm. 274, und METTINGER, In Search of God, 129 Anm. 7.

Nun spricht schon das Größenverhältnis von 0,75 m hoher Lade (vgl. Ex 25,10; 37,1) und ca. 5 m hohen Keruben im Allerheiligsten des salomonischen Tempels gegen die Auffassung der Lade als Gottesthron: Wie soll man sich einen Gottesthron *unter* den Flügeln der Keruben, dazu in Längsstellung zu ihnen, vorstellen[42]? Und: Zeigt nicht auch die Tatsache, daß »die Keruben den von ihnen bewachten Gegenstand mit den Pfoten, nicht mit den Flügeln schützen«[43], deutlich, daß sie primär als Tragtiere des unsichtbaren Gottesthrons und erst sekundär als Wächter- und Schutztiere der Lade fungierten[44]? Hinzukommt, daß sich – trotz gegenteiliger Behauptungen der älteren Forschung[45] – auch kein Textbeleg beibringen läßt, der die Lade-Thron-Theorie (loci classici: Num 10,35f; Jos 3f; 6; 1 Sam 4–6; 2 Sam 6; Jer 3,16f; Ps 24,7ff; 1 Chr 28,18) rechtfertigt.

Wir können dafür auf die neuere Forschung zur Sache[46] zurückgreifen und uns im übrigen auf die Diskussion besonders umstrittener Stellen beschränken. Dazu gehören weniger die Ladesprüche Num 10,35f als vielmehr Jer 3,16f und Ps 132,7f[47].

[42] Vgl. bereits MAIER, Kultus, 78f; SCHMITT, Zelt und Lade, 131 u.ö.; CRÜSEMANN, Widerstand, 78 Anm. 31, u.a.

[43] WEIPPERT, Palästina, 468 Anm. 36.

[44] Vgl. auch KEEL, Jahwe-Visionen, 29 und JANOWSKI, Sühne, 285f.

[45] S. dazu ausführlich SCHMITT, Zelt und Lade, 110ff.

[46] S. dazu außer SCHMITT, ebd. vor allem MAIER, Kultus, 78ff; DERS., Ladeheiligtum, 55, 66ff; STOEBE, KAT VIII/1, 155ff, bes. 161f; ZOBEL, ThWAT I, 399ff; H.-J. FABRY, Art. כִּסֵּא, ThWAT IV (1984) 247–272, hier 266f; METZGER, Königsthron, 352ff und zuletzt SPIECKERMANN, Heilsgegenwart, 88ff, vgl. auch JANOWSKI, Sühne, 281f.

[47] In Übersetzung lautet Num 10,35f: »(V. 35) Wenn die Lade aufbrach, sagte Mose: ›Steh auf (קוּמָה), JHWH, daß zerstieben deine Feinde und die dich hassen fliehen vor deinem Angesicht!‹. (V. 36) Und wenn die Lade sie niederließ, sagte er: ›Kehre zurück (שׁוּבָה), JHWH, zu (?) den Mengen der Tausende Israels!‹«. Die Verse galten zwar immer als eine Art Hauptbeleg für die Thronhypothese (s. die Nachweise bei METZGER, Königsthron, 355 Anm. 6 und zur Forschungsgeschichte SCHMITT, Zelt und Lade, 54ff; DE TARRAGON, David et l'arche, 519 Anm. 16), doch zeichnen sie – ganz unabhängig von der Frage ihrer literarischen Integrität und historischen Zuverlässigkeit – die Lade nicht als Gottesthron, sondern als militärisches »Führungssymbol« im JHWH-Krieg, dessen Effizienz auf der Identifizierung mit dem Eingreifen JHWHs beruht, s. dazu etwa SMEND, Jahwekrieg, 162f; ZOBEL, ThWAT I, 399f. Die Identifizierung wird

Allerdings ist bei beiden Texten Zurückhaltung am Platz. So spricht der nachdtr Zusatz Jer 3,14–18[48] von einem zu Ende gegangenen (V. 16) und einem eschatologischen Heilszustand (V. 17), und zwar in einer Weise, die »es nicht erlaubt, Lade und Thron in enge Beziehung«[49] bzw. in Analogie zueinander zu bringen. Deshalb empfiehlt es sich auch nicht, von Jerusalem, dem »Thron JHWHs« (כִּסֵּא יְהוָה V. 17), auf die »Lade des Bundes JHWHs« (V. 16) zurückzuschließen und diese zu einem Gottesthron zu machen[50]. Der Text hat kaum die Antithese von Lade*thron* und Jerusalem-/Zions*thron*, sondern ganz im Sinn der eschatologischen Eröffnungsformel בַּיָּמִים הָהֵמָּה / בָּעֵת הַהִיא und ihrer Gegenformulierung לֹא־יֹאמְרוּ עוֹד[51] – diejenige von *ehemaliger* Lade und *eschatologischem* Jerusalem/Zion im Blick: »Während mit der Lade die Gegenwart Jahwes für Israel gegeben war, wird der Zion als Thron Jahwes Mittelpunkt einer

durch die Adhortative קוּמָה und שׁוּבָה hergestellt. M. NOTH beispielsweise schließt aus ihnen, im Verbund mit 1 Sam 4,3ff u.a., auf die Thronvorstellung: »Daraus (sc. aus dem קוּמָה V. 35) ergibt sich die Vorstellung, daß die Lade sein (Thron-) Sitz oder allenfalls der Fußschemel eines gedachten Sitzes sei. Von hier aus liegt für den Anfang des zweiten Ladespruches, der gesprochen wurde, wenn die Lade sich wieder ›zur Ruhe niederließ‹, die sehr einfache Konjektur *šᵉbāʰ* = ›setze dich‹ (statt des dahinterstehenden *šûbāʰ* = ›kehre zurück‹) sehr nahe. Aber diese Konjektur wird durch keine alte Überlieferung gestützt und ist auch deswegen gewagt, weil der zweite Ladespruch offenbar nur noch lückenhaft erhalten ist« (Das zweite Buch Mose. Exodus [ATD 7], 1966, 71f), vgl. auch G. VON RAD, Zelt und Lade (1931), in: DERS., Gesammelte Studien zum Alten Testament (TB 8), ³1965, 109–129, hier 115f; DERS., Theologie I, 250 (jeweils Konjektur שְׁבָה); METZGER, Königsthron, 356, u.a. Diese Deutung liest aber lediglich das aus dem Text, was sie via Thronhypothese in ihn hineinprojiziert. Der Wortlaut legt demgegenüber ein Verständnis des קוּמָה – nicht im Sinne der Thronvorstellung: »Steh auf, JHWH (, der du auf der Lade thronst)!«, sondern – als Appell an JHWH nahe, gegen seine Feinde/Hasser *in Aktion zu treten* (»Auf!«) bzw. diese *Aktion* (durch ›Rückkehr aus dem JHWH-Krieg‹) *zu beenden*, s. zu diesem Verständnis von קוּמָה auch B.F. BATTO, The Sleeping God: An Ancient Near Eastern Motif of Divine Sovereignty, Bib. 68 (1987) 153–177, bes. 164ff; zu שׁוב als Ausdruck der Rückkehr aus dem Krieg s. SMEND, Jahwekrieg, 163 Anm. 11 und S.-M. KANG, Divine War in the Old Testament and in the Ancient Near East (BZAW 177), 1989, 211f.

48 S. dazu W. THIEL, Die deuteronomistische Redaktion von Jeremia 1–25 (WMANT 41), 1973, 91ff.

49 STOEBE, KAT VIII/1, 161.

50 So z.B. METZGER, Königsthron, 358. Das gelingt aber nur, wenn man von der Gültigkeit der Thronhypothese ausgeht, vgl. M. WEINFELD, Jeremiah and the Spiritual Metamorphosis of Israel, ZAW 88 (1976) 16–56, hier 19ff, u.a. Literarkritisch, d.h. durch Sekundärerklärung von V. 17, wird das Problem von MAIER, Ladeheiligtum, 67f gelöst, s. aber THIEL, Jeremia 1–25, 92 Anm. 48.

51 S. dazu WEINFELD, ebd.

Zuwendung der Völker zu Jahwe sein«[52]. Sollte der Lade in Jer 3,16f dennoch irgendeine Thronfunktion zukommen, dann nicht auf Grund der Textformulierung von V. 16, sondern ausschließlich über den Rückschluß von V. 17, d.h. von der *Zionstradition* dieses Verses her, der eine polemische Spitze gegen die Lade und ihre »Präsenztheologie« formuliert. Der Text gehört also in die späte Traditionsgeschichte der Zionstheologie, für die der Verlust des Tempels und die Frage nach dem Ort der Gottesgegenwart das Grundproblem war. Für die Frühgeschichte der Lade(traditionen), deren Kennzeichen die Gottesthron-Vorstellung sein soll, kommt der Text jedenfalls nicht in Frage.

Auch die für die Thronschemelhypothese[53], eine Variante der Thronhypothese, herangezogenen Texte Jes 66,1; Ps 99,5; 132,7; Thr 2,1; 1 Chr 28,2 führen in der Sache m.E. nicht weiter. »Es gibt keinen einzigen Beleg, in dem der ›Schemel der Füße‹ mit der Lade identifiziert würde, und nur einen einzigen, der diese Kombination überhaupt nahelegt (Ps 132,7f)«[54]. Daß Ps 132, der einzige Text des Psalters, der die Lade expressis verbis erwähnt (V. 8)[55], diese in größte Nähe zum »Schemel seiner Füße« (V. 7) bringt, ist ohne Zweifel der Fall. Ob dabei möglicherweise[56] oder auf jeden Fall[57] Identität intendiert ist, muß am Text geprüft werden:

7 Laßt uns hineingehen in seine Wohnungen (לְמִשְׁכְּנוֹתָיו),
niederfallen vor dem Schemel seiner Füße (לַהֲדֹם רַגְלָיו),
8 Auf, JHWH, zu deiner Ruhestätte (לִמְנוּחָתֶךָ),
du und die Lade deiner Macht (אֲרוֹן עֻזֶּךָ)!

Die These einer Identität von Lade und »Schemel der Füße« ist aus mehreren Gründen zweifelhaft: Beide, JHWH und seine machtvolle Lade, werden (durch קוּמָה, vgl. Num 10,35)[58] aufgefordert, »zu deiner Ruhestätte« aufzubrechen (V.

[52] Metzger, Königsthron, 358, vgl. bereits P. Volz, Jeremia (KAT X), ^{2}1928, 48. Zum Geschick der (vergessenen / verschwundenen) Lade s. Schicklberger, Ladeerzählungen, 220ff, und J.A. Soggin, The Ark of the Covenant, Jeremiah 3,16, in: P.-M. Bogaert (Hg.), Le livre de Jérémie 3,16. Le prophète et son milieu, les oracles et leur transmission (BEThL 44), 1981, 215–221.

[53] Zur Forschungsgeschichte s. Schmitt, Zelt und Lade, 117ff, 130f und Metzger, Königsthron, 252ff, bes. 385f.

[54] Spieckermann, Heilsgegenwart, 94 Anm. 13.

[55] Vgl. Ders., ebd., 94.

[56] So Ders., ebd.

[57] So H.-J. Fabry, Art. הֲדֹם, ThWAT II (1977) 347–357, hier 355ff, dessen Exegese uns allerdings nicht nachvollziehbar ist, s. im folgenden.

[58] S.o. Anm. 47. Die Lade bricht nach Ps 132,8 aber nicht zum Kampf, sondern zur Ruhestätte JHWHs auf, vgl. auch Metzger, Königsthron, 356f.

8). In diese ziehen auch die Beter ein, um vor dem »Schemel seiner (sc. JHWHs) Füße« niederzufallen. Daß mit dem »Schemel der Füße« nicht die Lade, sondern die Ruhestätte (מְנוּחָה), also der Zion/ Tempelberg gemeint ist, geht zum einen aus dem Vergleich mit V. 13f:

13 Fürwahr: JHWH hat den Zion erwählt,
hat ihn zu seinem Wohnsitz (לְמוֹשָׁב) begehrt:
14 »Dies ist meine Ruhestätte (מְנוּחָתִי) für immer,
hier will ich wohnen/thronen (יֵשֵׁב), denn ich habe ihn begehrt!«

– und zum anderen aus dem Parallelismus מִשְׁכְּנוֹתָיו // הֲדֹם רַגְלָיו V. 7 hervor. Zu diesem Ort sollen JHWH *und* die Lade seiner Macht aufbrechen, also kann die Lade nicht ihm identisch sein[59]. Überdies wird man mit H. Spieckermann urteilen müssen, daß aus Ps 132 »keine Kenntnisse über die Wertschätzung der Lade (und der mit ihr verbundenen heilsgeschichtlichen Traditionen) im Tempelkult der vorexilischen Zeit zu gewinnen (sind), viel hingegen über ihre Bedeutung bei der Überwindung der Krise des Exils und der Reformulierung der Tempeltheologie im ausgehenden 6. Jahrhundert«[60].

Für ein Verständnis der Lade als Gottesthron gibt es im Alten Testament, wie unser Kurzdurchgang erneut zeigt, keinen textlichen Anhalt[61]. Ebenso fehlen für die Auffassung, die Lade sei

[59] Vgl. auch M. METZGER, Himmlische und irdische Wohnstatt Jahwes, UF 2 (1970) 139–158, hier 139, 153f mit Anm. 41–42; 157f; DERS., Königsthron, 356f (z.T. anders 358f), ferner G. BRAULIK, Gottes Ruhe – Das Land oder der Tempel? Zu Ps 95,11, in: Freude an der Weisung des Herrn. Beiträge zur Theologie der Psalmen (Fs H. Groß), hg. von E. Haag / F.-L. Hossfeld, 1986, 33–44, hier 42, und auch H.-J. KRAUS, BK XV/2, 1063 (der dann die Thronhypothese wieder über 1 Sam 4,4; Jer 3,16f; Jes 6,1ff geltend macht).

[60] Heilsgegenwart, 95. Das setzt natürlich ein weiteres Urteil über die Datierung von Ps 132 (dtr) voraus, s. dazu T.N.D. METTINGER, King and Messiah. The Civil and Sacral Legitimation of the Israelite Kings (CB.OT 8), 1976, 256f und T. VEIJOLA, Verheißung in der Krise. Studien zur Literatur und Theologie der Exilszeit anhand des 89. Psalms (AASF B 220), 1982, 72ff (bes. 75 Anm. 15–16), ferner SPIECKERMANN, ebd., 95, 163. Z.T. anders E.-J. WASCHKE, Das Verhältnis alttestamentlicher Überlieferungen im Schnittpunkt der Dynastiezusage und die Dynastiezusage im Spiegel alttestamentlicher Überlieferungen, ZAW 99 (1987) 157–179, bes 170ff.

[61] Vgl. bereits SCHMITT, Zelt und Lade, 110ff, bes. 130f und STOEBE, KAT VIII/1, 155ff, bes. 161f. Nach METZGER, Königsthron, 359, 367 setzen lediglich Num 10,35f und Jer 3,16f »höchstwahrscheinlich die Vorstellung von der Lade

der Fußschemel des auf den Keruben thronend gedachten Gottes, eindeutige Textzeugnisse[62]. Bei der Frage nach der ursprünglichen Bedeutung der Lade genügt es, sich auf die Antwort zu beschränken, daß sie ein bewegliches »Symbol der Gegenwart JHWHs bei den Seinen« war, das in nicht mehr näher zu bestimmender Weise JHWHs umfassende Mächtigkeit repräsentierte bzw. ausstrahlte[63]. Dieses Ergebnis hat natürliche Konsequenzen für unsere Fragestellung: Wenn die Thronvorstellung nicht mit der Lade zu verbinden ist, das Alte Testament aber häufig von einem »Thronen« (יָשַׁב) JHWHs bzw. einem JHWH-Thron (כִּסֵּא) spricht[64], dann muß nach einem Gegenstand Ausschau gehalten werden, der traditions- und religionsgeschichtlich zu dieser Redeweise paßt. Hier bieten sich, wie ebenfalls in den letzten Jahren immer deutlicher wurde, zunächst (nicht ausschließlich!) die Kerubenskulpturen des salomonischen Tempels an. Die Frage

als Thron« (359) voraus, s. dazu oben Anm. 47 und S. 243–246.

[62] Vgl. bereits SCHMITT, ebd., 117ff, bes. 130f. Diskutabel ist höchstens 1 Chr 28,2, wo m.E. allerdings der Wortlaut eher für eine additive Parallelstellung von Lade und »Schemel der Füße« spricht, s. auch SPIECKERMANN, Heilsgegenwart, 94 Anm. 13; FABRY, ThWAT II, 356; F.J. STENDEBACH, Art. רֶגֶל, ThWAT VII (1990) 330–345, hier 343, u.a., anders z.B. METZGER, Königsthron, 359 (der erwägt, auch Ps 99,5 und 132,7b dazu zu stellen). Im übrigen hält es Metzger eher für denkbar, daß die Lade – nach dem »Vorbild ägyptischer Tragethrone« – »nicht als Thron, sondern als der tragbare kastenförmige Untersatz eines Gottesthrones verstanden worden ist« (ebd., 361f, vgl. 359ff, 367 und zum ägyptischen »Vergleichsmaterial« die Korrekturen von K.P. KUHLMANN, Königsthron und Gottesthron, BiOr 44 [1987] 325–376, hier 372ff). Diese Vorstellung steht nach METZGER, ebd., 362f, 367, möglicherweise hinter Ps 24,7–10, s. dazu aber JANOWSKI, Königtum Gottes, 435f.

[63] STOEBE, KAT VIII/1, 161f, vgl. ferner SCHMITT, Zelt und Lade, 131ff und COATS, Ark of the Covenant, 153ff. Diese Umschreibung ist zugegebenermaßen vage. Das liegt aber daran, daß »das Element des Magischen, das sich doch durch die ganze Ladeüberlieferung wie ein roter Faden zieht« (J. KEGLER, Politisches Geschehen und theologisches Verstehen. Zum Geschichtsverständnis in der frühen israelitischen Königszeit [CThM.A 8], 1977, 104 Anm. 357), schwer zu fassen ist, s. dazu auch die Überlegungen von SCHMITT, ebd., 135ff.

[64] S. dazu die Materialzusammenstellung bei M. METZGER, Der Thron als Manifestation der Herrschermacht in der Ikonographie des Vorderen Orients und im Alten Testament, in: T. RENDTORFF (Hg.), Charisma und Institution, 1985, 250–296, vgl. auch KEEL, Jahwe-Visionen, 33f; GÖRG, ThWAT III, 1023f; FABRY, ThWAT IV, 266ff und JANOWSKI, Königtum Gottes, 433ff.

lautet also: Ist von ihnen her das Prädikat יֹשֵׁב הַכְּרוּבִים plausibel zu machen? Und: Was besagt das für die Rekonstruktion der frühen Zionstradition? Wir favorisieren damit eine Fragestellung, die im Umkreis der Lade-Thron-Theorie gar nicht erst aufkommen konnte[65].

Nach den großen Vorarbeiten von A. Dessenne und R. de Vaux kommen vor allem M. Metzger, O. Keel und S. Schroer zu dem Ergebnis, daß Keruben im Alten Testament geflügelte menschenköpfige Löwensphingen bezeichnen[66]. In der Ikonographie des Alten Orients sind vor allem zwei Funktionen dieser nach der Logik mythischen Denkens eine Potenzierung kreatürlicher Macht (Stärke, Schnelligkeit, Geistesschärfe) symbolisierenden Mischwesen – bei Sphingen in der Regel mit Löwenkörper, (Geier/Adler-)Flügeln und Menschenkopf – nachweisbar: die *Wächter-/Schutzfunktion* (Sphinx am Lebensbaum) und die *Trägerfunktion* (Sphinx als Träger der Gottheit). Diese Funktionsdifferenz begegnet auch im Alten Testament: Keruben erscheinen hier als Wächter (des Gottesgartens: Gen 3,24; Ez 28,14.16, im Zusammenhang der Lebens- und Fruchtbarkeitsmotivik des Tempels: 1 Kön 6,29.32.35; Ez 41,18.20.25; 2 Chr 3,7.14, vgl. [?] 1 Kön 7,29.36)[67] oder als Träger der Gottheit (Thronwesen: 1 Sam 4,4; 2 Sam 6,2 par.

[65] Vgl. oben Abschnitt II/2.

[66] A. DESSENNE, Le sphinx. Etude iconographique, I: Des origines à la fin du second millénaire, 1957; R. DE VAUX, Les Chérubins et l'arche d'alliance, les sphinx gardiens et les thrônes divins dans l'ancien orient (1960/61), in: DERS., Bible et Orient, 1967, 231–259; METZGER, Königsthron, 309ff; KEEL, Jahwe-Visionen, 15ff; DERS., Die Welt der altorientalischen Bildsymbolik und das Alte Testament. Am Beispiel der Psalmen, ^{4}1984 (= AOBPs^4), 146ff mit Abb. 231, 236; SCHROER, Bilder, 121ff, s. ferner MAIER, Kultus, 64ff; P. WELTEN, Art. Mischwesen, BRL ^{2}1977, 223–227; M. GÖRG, Keruben in Jerusalem, BN 4 (1977) 13–24; T.N.D. METTINGER, YHWH SABAOTH – The Heavenly King on the Cherubim Throne, in: T. ISHIDA (Hg.), Studies in the Period of David and Solomon and other Essays, 1982, 109–138; DERS., The Dethronement of Sabaoth. Studies in the Shem and Kabod Theologies (CB.OT 18), 1982, 19ff; DERS., In Search of God, 123ff, bes. 127ff; D.N. FREEDMAN / P. O'CONNOR, Art. כְּרוּב, ThWAT IV (1984) 322–334, hier 330ff; P. MATTHIAE, Una stele paleosiriana arcaica da Ebla e la cultura figurativa della Siria attorno al 1800 A.C., Scienze dell' Antichità 1 (1987) 447–495, hier 487 mit Anm. 100. Zum Problem des Greifen vgl. METZGER, ebd. und SCHROER, ebd., 127 Anm. 261.

[67] Zum Motiv »Keruben und Palmen« (1 Kön 6,29–35; 7,36, vgl. Ez 41,18–20.25) s. SCHROER, Bilder, 50ff, 122f und J. STRANGE, The Idea of Afterlife in Ancient Israel: Some Remarks on the Iconography in Solomon's Temple, PEQ 117 (1985) 35–40, hier 35f. In Ex 26,1.31 (Auftrag) bzw. Ex 36,8.35 (Ausführung) verrät der Kontext keinerlei Details über das Aussehen/die Funktion der

1 Chr 13,6; 2 Kön 19,15 par. Jes 37,16; Ps 80,2; 99,1; einzelner Kerub als Reit-/Fahrtier: 2 Sam 22,11 par. Ps 18,11; Ez 9,3; 10,4)[68]. Aufschlußreich für die mit diesen Funktionen verbundenen Bedeutungsaspekte ist die Ikonographie des spätbronze- und früheisenzeitlichen Palästina/Israel und seiner kanaanäisch-phönizischen Umwelt. Außer als Wächter-/Schutzwesen am »Lebensbaum«[69] begegnen geflügelte Löwensphingen hier im Kontext von Throndarstellungen (auf zwei Elfenbeinplaketten aus Megiddo, auf dem Sarkophag des 'Aḥīrōm von Byblos sowie auf phönizischen Siegeln mit Darstellung des thronenden Melqart von Tyrus)[70], wo sie jeweils einen Thronsitz tragen, auf dem der König/Königsgott Platz nimmt. Als Symbol umfassender regaler Kompetenz, die sich in der auf Souveränität angelegten Gestaltung spiegelt – der Sphinx ist eine *Ikone höchster kreatürlicher Macht* (Stärke, Schnelligkeit, Geistesschärfe) –, zeigt der Sphingenthron den numinosen Rang des auf ihm Sitzenden an[71].

Es scheint, daß damit ein Analogon zu den Kerubenskulpturen des salomonischen Tempels und deren Funktion, Träger des auf ihnen thronenden Zionsgottes zu sein, gefunden ist. Zwar wird in 1 Kön 6,23–28 par. 2 Chr 3,10–13 nicht expressis verbis von einem Thronsitz JHWHs gesprochen, doch legt 1 Kön 6,27 (vgl. 2 Chr 3,11f) nahe, daß die beiden 10 Ellen hohen und parallel nebeneinanderstehenden Olivenholz-Keruben/Sphingen mit ihren inneren Flügeln diesen Thron bildeten:

Keruben. Bei den beiden geflügelten Sphingen auf dem Kultständer aus Thaanach (10. Jh. v.Chr., s. BRL^2 191 Abb. 45) ist wohl eher an die Keruben von Gen 3,24 als an die Jerusalemer Tempelkeruben (so SCHROER, Bilder, 39 mit Abb. 13; 127) zu denken.

68 Zur Kerubenkonzeption der Priesterschrift (P^s/P^{ss}: Ex 25,18–20 bzw. 37,7–9, vgl. Num 7,89; 1 Chr 28,18) s. JANOWSKI, Sühne, 339, vgl. auch SCHROER, Bilder, 123f, 130ff.

69 S. dazu KEEL, Jahwe-Visionen, 18f mit Abb. 1–3, vgl. SCHROER, Bilder, 127 mit Anm. 263. Zum »Lebensbaum« als schützenswertem Symbol einer geordneten Welt s. U. WINTER, Der »Lebensbaum« in der altorientalischen Bildsymbolik, in: H. SCHWEIZER (Hg.), »...Bäume braucht man doch!« Das Symbol des Baumes zwischen Hoffnung und Zerstörung, 1986, 57–88; DERS., Der stilisierte Baum. Zu einem auffälligen Aspekt altorientalischer Bildsymbolik und seiner Rezeption im Alten Testament, BiKi 41 (1986) 171–177.

70 S. dazu KEEL, Jahwe-Visionen, 18, 20 mit Abb. 4–6; 30, 32 mit Abb. 15–17 (dort bes. 18 Anm. 10; 30 Anm. 36 weiteres Material), vgl. SCHROER, Bilder, 127f und WEIPPERT, Palästina, 467f.

71 Vgl. KEEL, Jahwe-Visionen, 34 und SCHROER, Bilder, 126.

> Man spannte die Flügel der Keruben aus: der Flügel des einen berührte die (eine) Wand, und der Flügel des zweiten Keruben berührte die andere Wand; ihre Flügel aber zur Mitte des Hauses hin stiessen Flügel an Flügel (1 Kön 6,27*).

Wegen der Platzverhältnisse in der (20 Ellen breiten) Cella des Allerheiligsten[72] muß man sich die äußeren Flügeln seitlich am Körper der Keruben/Sphingen – der selber entsprechend breit war – montiert und schräg aufgerichtet vorstellen, während die inneren Flügel horizontal ausgestreckt waren und in der Mitte des דְּבִיר aneinanderstiessen. Auf diese Weise bildeten sie einen Thron, »bei dem die inneren Flügel die Sitzfläche abgaben, die Körper und schräg ausgestellten äußeren Flügel die Lehnen«[73]. Dieses Gebilde läßt sich als Keruben-/Sphingenthron ansprechen[74].

[72] Zu Baugeschichte, Architektur und Dekorationsprogramm des salomonischen Tempels s. außer dem Standardwerk von T.A. BUSINK, Der Tempel von Jerusalem. Von Salomo bis Herodes. Eine archäologisch-historische Studie unter Berücksichtigung des westsemitischen Tempelbaus, I: Der Tempel Salomos, 1970, zuletzt v.a. A. KUSCHKE, Art. Tempel, BRL^2, 333–342, hier 338ff; V. FRITZ, Der Tempel Salomos im Licht der neueren Forschung, MDOG 112 (1980) 53–68; DERS., What can Archaeology tell us about Solomon's Temple, BAR 13 (1987) 38–49 und WEIPPERT, Palästina, 461ff.

[73] WEIPPERT, ebd., 467. Wie beim »syrischen Sphingenthron«, also den oben genannten Beispielen aus der kanaanäisch-phönizischen Ikonographie, dürften auch die Jerusalemer Keruben/Sphingen neben ihrer Trägerfunktion eine »apotropäische Funktion von Wächtern (haben), die den Raum der Majestät schützen« (S. MITTMANN, »Wehe! Assur, Stab meines Zorns« [Jes 10,5–9. 13aβ–15], in: Prophet und Prophetenbuch [BZAW 185; Fs O. Kaiser], hg. von V. Fritz / K.-F. Pohlmann / H.-C. Schmitt, 1989, 111–132, hier 123). Diese Schutzfunktion demonstrieren – wie MITTMANN, ebd. im Blick auf die kanaanäisch-phönizischen Exemplare präzisiert – »insbesondere die aufgestellten Flügel, die den Thronsitz schützend flankieren«. Das gilt mutatis mutandis m.E. auch für den Jerusalemer Kerubenthron – so daß auch von daher die These von der auf die *Lade* bezogenen primären Schutzfunktion der Keruben (s. dazu oben S. 241f mit Anm. 37) ganz unwahrscheinlich ist, s. zur Sache auch unten Anm. 78.

[74] Vgl. bereits M. HARAN, The Ark and the Cherubim. Their Symbolic Significance in Biblical Ritual, IEJ 9 (1959) 30–38, hier 35f, ferner KEEL, Jahwe-Visionen, 24 und den Rekonstruktionsversuch ebd., 26 Abb. 10, etwas variiert von METTINGER, In Search of God, 130 Abb. 13, u.a. Zu archäologischen Beispielen für einen solchen Keruben-/Sphingenthron aus Zypern (7. Jh. v.Chr.), bei dem die inneren Flügel sogar den Thronsitz bilden, s. KEEL, Jahwe-Visionen, 25 mit

Nach 1 Kön 8,6–9* (vgl. 1 Kön 6,19) wurde die Lade in Längsstellung unter den (inneren) Flügeln der Keruben aufgestellt. Was dabei die Formulierung V. 6* angeht:

> Und die Priester brachten 'die Lade' hinein zu ihrem Ort,
> in den Schrein des Tempels < > unter die Flügel der Keruben[75].

– so scheint dieser Text den Standort der Lade im Sinn einer »topographischen« Verhältnisbestimmung zwischen Lade und Keruben definieren zu wollen: sie kam »unter« den inneren, in der Mitte des Raumes sich berührenden Kerubenflügeln (vgl. 1 Kön 6,27*) zu stehen, die – wie V. 7 präzisierend vermerkt – die Lade »beschirmen«[76]. Wenn dieser Vers (V. 7) eine Schutzfunktion der Keruben suggeriert, so ist dies *nachträglich* aus jener Position der Lade »unter« den Kerubenflügeln (V. 6*) herausgelesen[77]. Mit der ursprünglichen Funktion der Tempelkeruben hat das jedenfalls nichts zu tun[78]. Sind demnach die Keruben des salomonischen Tempels mit JHWH und dem Zion verbunden,

Abb. 9, vgl. DERS., AOBPs^{4}, 149 Abb. 231–232 und SCHROER, Bilder, 129.

[75] Zum Text s. JANOWSKI, Sühne, 284 mit Anm. 37–38.

[76] Vgl. KEEL, Jahwe-Visionen, 29 und JANOWSKI, Sühne, 285, ferner E. WÜRTHWEIN, 1 Könige 1-16 (ATD 11/1), ^{2}1985, 67, 87; GÖRG, Keruben in Jerusalem, hier 14f; DERS., ThWAT III, 1028, u.a.

[77] Vgl. KEEL, ebd. mit Anm. 30.

[78] Im übrigen ist bei der »Schutzfunktion« der Kerubenflügel zwischen äußeren und inneren Flügeln zu differenzieren: Die äußeren Flügel schützten den Raum des auf den inneren Flügeln thronenden Gottes (vgl. o. Anm. 73); die inneren Flügel aber bildeten den Thronsitz und »beschirmten« die Lade, nachdem (!) diese in Längsstellung (!) unter sie eingestellt worden war. Gegen METZGERS These von der »Doppelfunktion« der Keruben: »sie stützen das als Thronfundament aufgefaßte Himmelsfirmament und sie schützen mit den nach innen gerichteten Flügelschwingen die Lade« (Königthron, 348, vgl. 451) sprechen zum einen die mit seiner weiteren These zur Körperhaltung der Keruben verbundenen Probleme und zum anderen die Verwechslung von primärer und sekundärer Schutzfunktion der Keruben/Sphingen, vgl. auch KEEL, Jahwe-Visionen, 29: »Wo Kerubim primär Wächterfunktionen haben, flankieren sie den zu schützenden Gegenstand antithetisch und halten, besonders wenn der Gegenstand, wie das bei der Lade zutrifft, kleiner ist als sie, schirmend eine *Pranke* darüber. Kerubim, die *mit ihren Flügeln* etwas schützen, sind, soweit ich sehe, nicht belegt« (Hervorhebung von mir), vgl. dazu die Abbildung ebd., 28 Abb. 12.

dann dürfte auch der Titel יֹשֵׁב הַכְּרוּבִים mit dem von ihnen gebildeten Thron zusammenhängen: Der »Kerubenthroner« thront (nicht auf der Lade, sondern) auf den Keruben[79], die im Heiligtum auf dem Zion aufgestellt sind. Diesen Zusammenhang legen nicht nur Ps 99,1f (der auf dem Zion residierende Königsgott heißt »Kerubenthroner«) oder 2 Kön 19,14f par. Jes 37,14–16 (Hiskia eröffnet sein Gebet im Jerusalemer Tempel mit den Worten: »JHWH, Gott Israels, der du auf den Keruben thronst«), sondern auch die Redeweise vom »Thronen« (יָשַׁב) JHWHs[80] bzw. vom Thron (כִּסֵּא) JHWHs[81] nahe, die nirgends eine Anbindung an die Lade erkennen läßt.

Trotz dieser deutlichen Akzentverschiebung zu den Keruben und ihrer Herrschafts-/Königssymbolik ist die Lade in Jerusalem aber nicht einfach eine quantité negligeable. Schließlich wurde sie in einem feierlichen Akt in den Tempel Salomos überführt (1 Kön 8,1ff). War dies nur ein Akt der Pietät, der – für den Augenblick zwar bedeutsam – ihre »ehrenvolle Emeritierung«[82] einleitete? Oder hafteten an der Lade doch auch Eigenschaften, die

[79] Zu den mit der Constructus-Verbindung יֹשֵׁב הַכְּרוּבִים gegebenen grammatischen Problemen s. JANOWSKI, Sühne, 287 Anm. 53. Nach STOEBE, KAT VIII/1, 158 besteht eher ein Zusammenhang zwischen dem Titel יֹשֵׁב הַכְּרוּבִים und der Wendung רֹכֵב בָּעֲרָבוֹת Ps 68,5, zu der wiederum in dem Ba'al-Prädikat *rkb 'rpt* ein Analogon vorliege. Die Kombination beider Vorstellungen, derjenigen vom »Kerubenthroner« mit der des »Wolkenfahrers«, sowie die auf Ps 68,5 und weitere Texte gegründete Rekonstruktion einer kultischen Theophanievorstellung im Jerusalemer Tempel scheitert an der »unterschiedlichen traditionsgeschichtlichen Herkunft der Motive« (SPIECKERMANN, Heilsgegenwart, 89 Anm. 2), vgl. KEEL, Jahwe-Visionen, 23 Anm. 16. Die Analogie zwischen רֹכֵב בָּעֲרָבוֹת und ug. *rkb 'rpt* liegt demgegenüber auf der Hand, s. O. LORETZ, Baal, le chevaucheur des nuées, AAAS 29/30 (1979/80) 185–188; DERS., Ugarit und die Bibel. Kanaanäische Götter und Religion im Alten Testament, 1990, 74f; W.B. BARRICK / H. RINGGREN, Art. רָכַב, ThWAT VII (1990) 508–515, hier 511, und zur älteren Lit. S. RUMMEL (Hg.), Ras Shamra Parallels III (AnOr 51), 1981, 458ff.

[80] Vgl. GÖRG, ThWAT III, 1025ff. Zu beachten sind dabei besonders die übrigen mit יָשַׁב gebildeten partizipialen Prädikationen JHWHs wie 1 Kön 22,19 par. 2 Chr 18,18; Jes 6,1; Ps 2,4; 9,12 (vgl. V. 5.8); 123,1.

[81] Vgl. FABRY, ThWAT IV, 266ff.

[82] O. EISSFELDT, Lade und Stierbild, in: DERS., Kleine Schriften II, 1963, 282–305, hier 287.

mit denjenigen der Keruben konvergierten und die – wenn nicht die Entstehung, so doch – die innere Kohärenz der Zionstradition verständlich machen könnten? Es geht also um die historischen und theologischen Aspekte unseres Themas.

III. *Historischc und theologische Aspekte*

Die Gründe, die David bewogen haben, die Lade ihrem Winkeldasein in (Baala in Juda =) Kirjath-Jearim zu entreißen und nach Jerusalem, der »kanaanäsichen Enklave« zwischen Israel und Juda zu bringen (2 Sam 6), liegen auf der Hand: er wollte sakrale Traditionen des vorstaatlichen Israels reaktivieren und damit das Interesse der beiden in Personalunion vereinigten Reiche, besonders aber dasjenige des Nordens, an Jerusalem wecken[83]. Wohin die Lade in Jerusalem zunächst gebracht wurde und wie lange sie bis zu ihrer Überführung in den Tempel Salomos an ihrem (letzten) Standort verblieb, ist mit letzter Sicherheit kaum mehr zu eruieren. Nach 2 Sam 6 (historisch zuverlässig?)[84] wurde sie zunächst im Haus des Gathiters Obed-Edom untergestellt (V. 10) und nach 3 Monaten von dort in die »Davidsstadt« hinaufgebracht (V. 12ff), wo sie in Davids Ladezelt (V. 17, vgl. 2 Sam 7,2; 1 Kön 1,39f; 2,28f)[85] Aufstellung fand. Nachdem der Tempel

[83] Vgl. oben Abschnitt I. Möglicherweise ist in diesen Zusammenhang auch die Notiz 2 Sam 6,1 einzuordnen, David habe zur Einholung der Lade alle jungen Männer von »Israel« aufgeboten, s. dazu A. ALT, Die Staatenbildung der Israeliten in Palästina (1930), in: DERS., Kleine Schriften II, ^{3}1964, 1–65, hier 46 Anm. 3.

[84] S. dazu oben Anm. 5.

[85] Zur Archäologie und Topographie der »Davidsstadt« s. WEIPPERT, Palästina, 458ff. Zu der mit der Überlieferung von Davids Ladezelt 2 Sam 6,17 als dem (zeitweiligen) Aufenthaltsort der Lade gegebenen Problematik s. ausführlich K. RUPPRECHT, Der Tempel von Jerusalem. Gründung Salomos oder jebusitisches Erbe? (BZAW 144), 1977, 42ff, 51ff, 100ff, der »›Davids Ladezelt‹ als ein überlieferungsgeschichtlich sekundäres Bindeglied zwischen Ladeeinholung unter David und Ladeüberführung in den Tempel unter Salomo« beurteilt, »das im Dienste einer retuschierten Darstellung der frühen israelitischen Kultgeschichte Jerusalems steht« (99). Nach 1 Kön 8,4a_2.β, einem nachdtr, von 2 Sam 6,17 dtr und der P-Überlieferung abhängigen Zusatz, wurden auch der אֹהֶל מוֹעֵד und die

Salomos gebaut und ausgestattet war (1 Kön 6f), wurde sie dorthin überführt. Der Bericht über diese Aktion (1 Kön 8,1ff) ist für unsere Fragestellung von doppeltem Interesse: Zum einen bestätigt er, daß die Keruben nach Gestaltung und Funktion für den Tempel konzipiert waren (vgl. 1 Kön 6,23–28)[86], die Lade aber aus einem anderen historischen und religiösen Kontext nachträglich eingebracht wurde; zum anderen stellt er deutlich die Beteiligung der Vertreter des Nordreichs an der Ladeüberführung heraus, während Salomo im Hintergrund verbleibt (und erst nach V. 1 [dtr] die Initiative ergreift). In seinem vordtr Grundbestand lautet der relevante Passus folgendermaßen:

> (2a) Und es versammelten sich bei König Salomo alle Männer Israels am Fest im Monat Etanim. (4aα_1) Und sie brachten die Lade JHWHs hinauf. (5a*.b) König Salomo aber und 'ganz Israel mit ihm' opferten Schafe und Rinder, die man nicht zählen und nicht berechnen konnte wegen der Menge. (6a*.b) Und die Priester brachten 'die Lade' hinein zu ihrem Ort, in den Schrein des Tempels < > unter die Flügel der Keruben[87].

Dieser Text ist historisch höchst aufschlußreich. Denn er weist den Vertretern des Nordreichs, »allen Männern Israels« (V. 2a), eine besondere Rolle bei der Überführung der Lade zu, während Salo-

darin befindlichen Kultgeräte in den Tempel überführt, s. dazu DERS., ebd., 44, 87ff; WÜRTHWEIN, ATD 11/1, 85 Anm. 4 und zur Sache auch D.F. MURRAY, *Mqwm* and the Future of Israel in 2 Sam VII 10, VT 40 (1990) 298–320, hier 302 Anm. 16.

[86] S. oben S. 241ff, 246ff.

[87] Vgl. zur Textrekonstruktion L. SCHWIENHORST, Die Eroberung Jerichos. Exegetische Untersuchung zu Josua 6 (SBS 122), 1986, 86 Anm. 7, der – allerdings ohne Begründung – auch V. 6a (ohne: »in das Allerheiligste«) zu einer ersten (dtr) Erweiterung zählt. Z.T. andere Textrekonstruktionen des Grundbestandes von 1 Kön 8,1–9 haben NOTH, BK IX/1, 173ff, 176ff (V. 2aβ. 3a.4aα*.5a*.b.6[.7a?], mit der Einleitungsformel: »Es war im x.ten Jahre...«) und WÜRTHWEIN, ATD 11/1, 86ff (V. 2aβ.3a.4aα*.6a*.b, ebenfalls mit einer Einleitungswendung: »Im Jahre X ...«, vgl. J. BUCHHOLZ, Die Ältesten Israels im Deuteronomium [GThA 36], 1988, 25f) vorgeschlagen. Die unterschiedlichen Textrekonstruktionen berühren aber nicht den Sachverhalt, daß »alle Männer Israels« (V. 2a) bzw. »alle Ältesten Israels« (V. 3a) die Lade zum Tempel hinaufbringen – es geht in jedem Fall um die Vertreter/Repräsentanten des Nordreichs.

mo zunächst im Hintergrund verbleibt – und erst nach V. 1 (dtr) die Initiative ergreift.

Diese Diskrepanz ist schon M. Noth aufgefallen: »Im ursprünglichen Bestand wird der König Salomo hier (sc. in V. 5a*) erstmalig genannt; er und die um ihn versammelte Menge erscheinen neben den Ältesten (4aα) und den Priestern (6) in diesem Bestand als Randfiguren«[88]. Angesichts der zentralen Stellung, die Salomo sonst bei den Vorgängen um Tempel und Kult einnimmt, ist dies auffällig und erklärungsbedürftig. E. Würthwein[89] sieht den Grund dafür in der besonderen Verbindung der Vertreter des Nordreichs mit der Lade: »Dies ist geradezu *ihr* Heiligtum, dessen Überführung in dem ursprünglichen Bestand allein ihnen zugeschrieben wird«. Daß Salomo selbst kein großes Interesse an der sofortigen Überführung der Lade, *dem* bisherigen Symbol der Gegenwart Gottes in Israel, hatte, sondern die bauliche Vollendung und (!) Ausstattung des Tempels abwartete, ist »nur verständlich, wenn für ihn bereits ein solches Symbol in dem als Wohntempel gedachten Gotteshaus vorhanden war«. Dies war in der Tat der Fall in Gestalt der beiden Olivenholz-Keruben, die er nach 1 Kön 6,23–28* für den דְּבִיר anfertigen und dort aufstellen/montieren ließ. Nachdem die Lade von den (Tempel-)Priestern im דְּבִיר unter die Flügel der dort seit längerem bereits stehenden Keruben gebracht war, befanden sich im Schrein des Jerusalemer Tempels zwei Symbole der Gegenwart Gottes: »die auf kanaanäische Einflüsse zurückgehenden Keruben und die mit altisraelitischen Traditionen verbundene Lade«.

Sollte hinter dem Bericht 1 Kön 8,1ff so etwas wie ein Konflikt zwischen kanaanäisch-phönizischer Keruben- und israelitischer Ladetradition sichtbar werden, so scheint dieser Konflikt nicht von Dauer gewesen zu sein. Und zwar nicht nur deswegen, weil die Lade in der Folgezeit (bis zum Exil) keine erkennbare Rolle mehr im Kult Israels spielte[90], sondern auch deswegen, weil Lade und

[88] Ebd., 178. Von den »Ältesten« ist in 4aα nicht die Rede; Noth (und Würthwein) verbindet aber V. 4aα* mit V. 3a (und nicht mit V. 2aα), so daß die »Ältesten Israels« V. 3a zum Subjekt von בוא hif. V. 4aα* werden.

[89] ATD 11/1, 86, 89ff (zu den drei folgenden Zitaten s. ebd., 89f).

[90] S. dazu zuletzt SPIECKERMANN, Heilsgegenwart, 88ff, der es sogar für möglich hält, daß die Lade bald nach 926 v.Chr. aus dem Tempel entfernt wurde, »weil sie sich als religiöses Einheitssymbol nicht bewährt hatte und die mit ihr verbundenen Traditionen aus Israels Frühzeit entweder nicht in hohem Ansehen standen oder zur eignen Behauptung der Lade nicht bedurften« (93, vgl. ebd., Anm. 12).

Keruben im Tempel Salomos gleichsam auf dem Weg eines »Kompromisses«[91] in Beziehung zueinander gebracht wurden. Was hat diesen Kompromiß möglich gemacht?

Das neue, der sakralarchitektonischen Funktion des Tempels entsprechende Symbol der Gegenwart Gottes sind die Keruben und nicht die Lade. Mit ihren inneren, in der Raummitte aneinanderstoßenden Flügeln bildeten sie den Thronsitz des (unsichtbaren) Zionsgottes, dessen Größe gleichsam die Maße des Allerheiligsten sprengte. »Dies ist«, wie J. Maier bemerkte, »kaum als Zeichen einer vergeistigten Gottesauffassung zu verstehen, sondern auf ein mythisches Raumverständnis zurückzuführen, für das am Tempel (Gottesberg), dem Ort der Gottesgegenwart, die Kategorien von Irdisch und Himmlisch aufgehoben sind, da das Heiligtum den gesamten Kosmos repräsentiert«[92]. Statt von »Aufhebung« der Kategorien von Irdisch und Himmlisch sprechen wir lieber von deren »Entsprechung«: Der Präsenz JHWHs im Himmel *entspricht* seine Gegenwart im irdischen Tempel. Ein prominentes Symbol dieser Entsprechung ist der gewaltige Kerubenthron, der – die irdische Präsenz des himmlischen Königs indizierend – Ausdruck der kosmologischen Symbolik des Tempels ist. Wir deuteten bereits an, daß sich die Relation von irdischem und himmlischem »Thronen« bzw. »Thron« Gottes auch in der Semantik von יָשַׁב (+ Subj. JHWH) und כִּסֵּא spiegelt. JHWH »sitzt/ thront« auf seinem irdischen / himmlischen Thron (Jes 6,1; 1 Kön 22,19 par. 2 Chr 28,18, vgl. Ps 47,9; Thr 5,19), auf dem Zion (Ps 9,12; 132,13f, vgl. Ps 95,8) oder im Himmel (Ps 2,4; 123,1; vgl. Ps 33,13f)[93]. Zwar ist das eine nicht einfach mit dem anderen identisch – da der Tempel nicht der Himmel, sondern dessen *Gleichnis* bzw. *Abbild* ist[94] –, dennoch sind die Einzelelemente

[91] Vgl. WÜRTHWEIN, ATD 11/1, 91 und C. DOHMEN, Das Bilderverbot. Seine Entstehung und seine Entwicklung im Alten Testament (BBB 62), ²1987, 249.

[92] Ladeheiligtum, 67, vgl. DERS., Kultus, 79, 85, 99, 101f, 103ff u.ö.

[93] Zu diesen Belegen s. METZGER, Wohnstatt, 156; RUPPRECHT, Tempel, 69f; GÖRG, ThWAT III, 1025ff; OTTO, ThWAT VI, 1015ff, u.a.

[94] Vgl. KEEL, Jahwe-Visionen, 51ff und B. JANOWSKI, Tempel und Schöpfung. Schöpfungstheologische Aspekte der priesterschriftlichen Heiligtumskonzeption, JBTh 5 (1990) 37–69, hier 39ff.

auf dem Hintergrund einer Gesamtkonzeption, nämlich der Gottesbergvorstellung, zu sehen und insofern aufeinader bezogen, ja geradezu austauschbar[95]. In diesen Traditionszusammenhang gehört, wie außer 2 Kön 19,15 par. Jes 37,16 (vgl. Dan 3,55 𝔊) besonders Ps 99,1 zeigt, auch das JHWH-Prädikat יֹשֵׁב הַכְּרוּבִים:

1 JHWH ist König (geworden), es erzittern die Völker,
er thront auf den Keruben (יֹשֵׁב כְּרוּבִים), es schwankt die Erde.
2 JHWH ist groß in Zion
und erhaben ist er über alle Völker.
3 Sie sollen deinen Namen preisen,
den großen und furchtbaren:
Heilig ist er!
...
5 Erhebt JHWH, unseren Gott,
fallt nieder vor dem Schemel seiner Füße (הֲדֹם רַגְלָיו):
Heilig ist er!
...
9 Erhebt JHWH, unseren Gott,
fallt nieder vor seinem heiligen Berg (הַר קָדְשׁוֹ):
denn heilig ist JHWH, unser Gott! (Ps 99,1–3.5.9)[96].

Anders als die Keruben war die Lade nicht für den Jerusalemer Tempel konzipiert, sondern wurde aus einem anderen historischen und religiösen Kontext in diesen eingebracht[97]. Was ihre sakrale

[95] Anstelle einer langen Literaturliste sei summarisch auf SCHMIDT, Alttestamentlicher Glaube, 249ff, 372f und OTTO, ThWAT VI, 1012ff mit der dort jeweils genannten Lit. verwiesen.

[96] Zu Ps 99 s. zuletzt JEREMIAS, Königtum Gottes, 114ff; O. LORETZ, Ugarit-Texte und Thronbesteigungspsalmen. Die Metamorphose des Regenspenders Baal-Jahwe (Ps 24,7–10; 29; 47; 93; 95–100 sowie Ps 77,17–20; 114) (UBL 7), 1988, 360ff; und R. SCORALICK, Trishagion und Gottesherrschaft. Psalm 99 als Neuinterpretation von Tora und Propheten (SBS 138), 1989.

[97] Vgl. KEEL, Jahwe-Visionen, 29; K.-H. BERNHARDT, Das »Bilderverbot« im Alten Testament und im antiken Judentum, in: J. IRMSCHER (Hg.), Der byzantinische Bilderstreit, 1980, 73–82, hier 76; WEIPPERT, Palästina, 468, u.a. Es hat in der Tat den Anschein, daß die Lade »die Stelle des Gottesbildes einnimmt im Innersten des Tempels« (DOHMEN, Bilderverbot, 2479, vgl. KEEL, Jahwe-Visionen, 45 und den sekundären Zusatz 1 Kön 6,19 dtr (dazu RUPPRECHT, Tempel, 43 mit Anm. 4).

Bedeutung (»Symbol der Gottesnähe«) angeht, so scheint sie in der Tradition eines frühen anikonischen JHWH-Kults zu stehen[98]. Dieser Umstand wird auch ihre Überführung in den salomonischen Tempel ermöglicht haben. Die These von einem »Kompromiß« zwischen kanaanäisch-phönizischer Keruben- und altisraelitischer Ladetradition macht aber nur Sinn, wenn für beide Kultobjekte und ihre Bedeutung ein *tertium comparationis* benannt werden kann. Dieses Tertium dürfte die beiden gemeinsame, auf der Bildlosigkeit Gottes beruhende Präsenztheologie sein: »Lade und Keruben setzen eine unsichtbare Gottheit voraus, die im engen Konnex mit dem einen und/oder anderen steht«[99].

So gesehen war der *leere Kerubenthron* in der Tat eine Kompromißlösung, die – neben anderen Faktoren – die Entstehung der frühen Zionstradition verständlich macht: Als Symbol für die Korrelation von himmlischer und irdischer Gegenwart Gottes trug er der kosmischen Dimensionierung des Tempels Rechnung und integrierte zugleich die anikonische JHWH-Verehrung, indem er

[98] Vgl. K.-H. BERNHARDT, Gott und Bild. Ein Beitrag zur Begründung und Deutung des Bilderverbots im Alten Testament (ThA 2), 1956, 144ff; T.N.D. METTINGER, The Veto on Images and the Aniconic God in Ancient Israel, in: H. BIEZAIS (Hg.), Religious Symbols and their Functions, 1979, 15–29, hier 22ff; DOHMEN, Bilderverbot, 246, 248 und – mit etwas anderer Nuancierung – R.S. HENDEL, The Social Origins of the Aniconic Tradition in Early Israel, CBQ 50 (1988) 365–382, hier 374ff, 381f.

[99] DOHMEN, Bilderverbot, 248. Zum Kerubenthron als *leerem* Gottesthron vgl. DERS., ebd., 248f; KEEL, Jahwe-Visionen, 37ff und HENDEL, Aniconic Tradition, 375ff. Nach MAIER kam der Lade im Allerheiligsten des salomonischen Tempels demgegenüber »keinerlei sakralarchitektonische Funktion« zu: »Der Tempel ist nicht für die Lade erbaut worden, sie wurde einfach in den freien Raum zwischen den beiden Keruben (Thronträgern) hineingestellt« (Ladeheiligtum, 69, vgl. DERS., Kultus, 83, 85) – und zwar als »dynastisches Symbol« (s. dazu bereits die Kritik bei SCHMITT, Zelt und Lade, ferner Würthwein, ATD 11/1, 91). Maiers Urteil erklärt sich zwar aus seiner – berechtigten – Kritik an der Thron(schemel)-Hypothese, wird aber dem komplexen Traditionsprozeß nicht gerecht, vgl. etwa S. HERRMANN, Geschichte Israels in alttestamentlicher Zeit, [2]1980, 226f mit Anm. 34 und 37.

die Präsenztheologie der Lade übernahm[100]. Der Anteil der Lade an der Entstehung der Zionstradition ist darum zwar nicht zu leugnen, aber nicht so hoch zu veranschlagen, wie es das Dictum von der »gesamte(n) Zionstradition« als einer »moderne(n), mit Hilfe kanaanäischer Motive vollzogene(n) Exegese der Lade und ihrer Tradition«[101] unterstellt. Hier dürfte eher das mit der Tempel-/Gottesbergvorstellung verbundene Symbolsystem, zu dessen Inventar auch der Kerubenthron gehört, von entscheidender Bedeutung gewesen sein.

IV. *Zusammenfassung und Ausblick*

Seit M. Noth wurde die Zionstradition immer wieder als Weiterführung bzw. Umbildung der Ladetradition beschrieben, und der Aufstieg des kanaanäischen Jerusalem zum religiösen Zentrum Israels als Resultat dieses Traditionsprozesses verstanden. Noch die jüngste, die neueren literatur- und religionsgeschichtlichen Forschungsergebnisse integrierende Darstellung des alttestamentlichen JHWH-Glaubens geht davon aus, daß »Anknüpfungspunkt für die Rede vom Gottesberg ... in Israel die Überlieferung vom Thronen JHWHs auf dem Zion (ist), welche seit der Übertragung der Lade dorthin möglich war«[102]. Diese These ist m.E. erheblich zu modifizieren – und zwar so, daß stärker als bisher der Anteil der Keruben und ihrer Tradition an der Entstehung der Zionstradition bedacht wird. Die Hauptargumente, die dafür sprechen, sollen abschließend zusammengestellt (1) und um einen Ausblick ergänzt (2) werden.

[100] Vgl. KEEL, Jahwe-Visionen, 45 und DOHMEN, Bilderverbot, 249. Dohmen führt diese Übernahme auf einen »israelitischen Traditionsdruck« zurück, unter dem Salomo »bei aller tyrischen Tradition in seinem Tempelbau« (ebd.) gestanden haben wird.

[101] JEREMIAS, Lade und Zion, 197.

[102] H. NIEHR, Der höchste Gott. Alttestamentlicher JHWH-Glaube im Kontext syrisch-kanaanäischer Religion des 1. Jahrtausends v.Chr. (BZAW 190), 1990, 102.

1. *Zusammenfassung*

a) Lade und Keruben waren, weil unterschiedlichen Traditionsbereichen angehörend, überlieferungsgeschichtlich zunächst getrennt und kamen erst im salomonischen Tempel auf dem Weg eines »Kompromisses« in Verbindung miteinander. Die Lade, das altisraelitische Symbol der Gegenwart Gottes (Stichwort »Präsenztheologie«), wurde in Längsstellung unter die im Tempel bereits vorhandenen, parallel nebeneinanderstehenden Keruben gestellt, die ihrerseits Grundinhalte Jerusalemer Tempeltheologie veranschaulichen: Sie repräsentieren den Thronsitz des unsichtbar darauf vorgestellten Zionsgottes und »beschirmen« in dieser Funktion zugleich die unter ihre Flügel gestellte Lade. Daß Lade und Keruben sekundär zusammengewachsen sind, wird u.a. auch durch die späte Lade-Keruben-Konzeption der Priesterschrift bestätigt, die in der älteren Forschung häufig zum Ausgangspunkt der Lade-Thron(schemel)-Hypothese gemacht wurde.

b) David überführte die Lade nach Jerusalem, um die Nordstämme politisch und religiös an die neue Hauptstadt zu binden. Sein Nachfolger Salomo, der den nordsyrischen Tempeltyp und dessen Kultsymbolik favorisierte, ließ die Lade in den Tempel bringen und unter den Keruben aufstellen, um so die Nordreichstraditionen mit der Jerusalemer Tempeltheologie zu verknüpfen. Möglicherweise war diese Aktion durch »israelitischen Traditionsdruck« veranlaßt. Damit eine solche Verbindung unterschiedlicher Sakralüberlieferungen – zumindest für eine gewisse Zeit – Bestand hatte, mußten sie bei aller Divergenz in Grundaspekten übereinstimmen. Das Gemeinsame war, daß sowohl die Lade (als *bildloses* Kultobjekt) als auch die Keruben (als *leerer* Gottesthron) eine unsichtbare Gottheit voraussetzten, also beide Kultobjekte der anikonischen JHWH-Verehrung verpflichtet waren.

c) Ist die Lade erst *nach* den Keruben in den Tempel gekommen und hat sie in der Folgezeit (bis zum Exil) keine erkennbare Rolle mehr im Kult Israels gespielt, so ergeben sich Zweifel an der These, daß die Entstehung der Zionstradition ausschließlich auf die Lade und ihre Tradion zurückzuführen ist. Hier dürften vielmehr kanaanäische Vorstellungen vom kosmisch dimensionierten Gottesberg von Einfluß gewesen sein, die ihrerseits konzeptionell und überlieferungsgeschichtlich mit den Tempelkeruben (Thronsitz des unsichtbar darauf vorgestellten Zionsgottes, Symbol der Entsprechung von irdischer und himmlischer Präsenz JHWHs) in Zusammenhang stehen. Mit der Lade wurde demgegenüber ein Element eingebracht, das sich im Sinne der anikonischen JHWH-Verehrung auf die Kerubenkonzeption auswirkte. Das Resultat war der *leere* Kerubenthron und insgesamt die Notwendigkeit, die Gegenwart JHWHs als des Thronenden *und* die Abwesenheit eines entsprechenden Gottesbildes zu plausibilisieren.

d) Als *kohärentes,* die verschiedenen Bereiche (kosmisch-naturhaft / politisch-geschichtlich / rechtlich-sozial) integrierendes Symbolsystem ist die Zionstradition kaum ein Produkt der frühen Königszeit (davidisch-salomonische Ära), sondern eher ein Reflex auf die mit dem Bau des salomonischen Tempels (Thronsitz des Königsgottes) verbundenen Impulse. Sie dürfte also im zeitlichen Abstand (mittlere / späte Königszeit?) zu diesem Grunddatum der Religionsgeschichte Jerusalems stehen und war noch bis in exilische und nachexilische Zeit unabgeschlossen (vgl. Völkerkampf- und Völkerwallfahrtmotiv). Wie weit ihre *einzelnen* Motive / Motivkomplexe (Gottesberg / Gottesstrom / Chaoskampf / Völkerkampf u.a.) zurückreichen und wo sie herkommen, ist von Fall zu Fall zu fragen. Was die Kerubenkonzeption angeht, so ist das als JHWH-Thron fungierende Jerusalemer Kerubenpaar zweifellos als Kristallisationspunkt für die Bildung des JHWH-Prädikats יֹשֵׁב הַכְּרוּבִים anzusehen – auch wenn offen bleiben muß, wann genau es aufkam (mittlere/späte Königszeit?).

e) Es spricht aber alles dafür, daß ein enger (ursprünglicher?) Zusammenhang der Kerubenkonzeption mit der JHWH-König-Vorstellung besteht, deren eigene Traditionsgeschichte offenbar in der mittleren Königszeit beginnt (vgl. Jes 6,1). Während die ältere Forschung auch dafür gern die Lade als Deutungsmodell (JHWH-/Königsthron) in Anspruch nahm, zeigen neuere Studien, daß die Keruben / geflügelten Sphingen den Thronsitz des irdischen / himmlischen Königs tragen bzw. bilden können und insofern – auf die Verhältnisse in Jerusalem angewandt – eine symbolische Vergegenwärtigung der Königsherrschaft JHWHs sind. Keruben- und JHWH-König-Vorstellung müssen nicht synchron entstanden sein, sondern können zwei Varianten der grundlegenden Tempel-/Gottesbergmotivik sein, die spätestens in Ps 99,1 (יֹשֵׁב כְּרוּבִים // יְהוָה מָלָךְ) auch sprachlich konvergierten. Der Zusammenhang von Kerubenthron und JHWH-Königtum läßt sich so bestimmen, daß der irdische Kerubenthron die Herrschaft / Souveränität des himmlischen Königs zum Ausdruck bringt bzw. ›anschaulich‹ macht.

2. *Ausblick*

Die letzten Bemerkungen zeigen, daß wichtige Fragen offen geblieben sind. Besonders umstritten ist die Frage nach der Vorgeschichte und Entstehungszeit des JHWH-Prädikats »Kerubenthroner«. In der neueren Forschung werden dazu konträre Positionen vertreten. Daß diese Gottesbezeichnung ein kanaanäisches Epitheton sei, wird fast allgemein vorausgesetzt. Strittig ist dagegen die Zuordnung zu einer bestimmten Gottheit. Während die einen an den ugaritischen El denken, der als König prädiziert und auf seinem Thron sitzend dargestellt wird[103], sehen die anderen in dem Prädikat Baʿals als *rkb ʿrpt* (»Wolkenfahrer«) ein Analogon zum יֹשֵׁב הַכְּרוּבִים-Titel[104]. Angesichts der Umorientierungen, die sich gegenwärtig in der Diskussion um die Religionsgeschichte Israels vollziehen[105] und an denen sich jüngst auch

103 So DE VAUX, chérubins, 159; F.M. CROSS, Canaanite Myth and Hebrew Epic: Essays in the History of the Religion of Israel, 1973, 69; METTINGER, Dethronement of Sabaoth, 128, 134; FREEDMAN / O'CONNOR, ThWAT IV, 329; HENDEL, Aniconic Tradition, 374ff, bes. 377f; Zobel, ThWAT VI, 884, u.a. METTINGER, In Search of God, 92ff z.B. möchte via Silo eine Verbindung zum ugaritischen El erreichen.

104 So MAIER, Kultus, 105; ROSS, Jahweh Ṣᵉḇāʾôṯ, 79, 89f; STOEBE, KAT VIII/1, 158; WÜRTHWEIN, ATD 11/1, 90; LORETZ, Ugarit und die Bibel, 214f, u.a. Z.T. wird dabei mit der Übertragung auf JHWH in Silo gerechnet, s. etwa OTTO, Silo, 75f. Zu *rkb ʿrpt* s.o. Anm. 79.

105 Vgl. jüngst den kritischen Bericht von NIEHR, Der höchste Gott, passim, ferner R. ALBERTZ, Die Religionsgeschichte Israels in vorexilischer Zeit, in: E. LESSING, Die Bibel. Das Alte Testament in Bildern erzählt, 1987, 285–360,

der verehrte Jubilar beteiligt hat[106], sind traditionelle Modelle zum Verhältnis israelitische / kanaanäische Religion allerdings neu zu überdenken. Das betrifft auch die hier aufgeworfene Problematik.

Fragt man vor diesem Hintergrund erneut nach dem religionsgeschichtlichen Kontext des Kerubenthronertitels, so legen sich eher kanaanäisch-phönizische König(sgott)-Traditionen[107] als die ugaritische El- oder Baʿal-Konzeption nahe. Zumindest ist aber eine einlinige Zuordnung zum El- *oder* zum Baʿal-Typ religionsgeschichtlich nicht ganz unproblematisch. Für eine Verschränkung von Keruben- und Königsmotivik spricht zweierlei: Zum einen besteht ein enger (ursprünglicher?) Zusammenhang der Keruben / des Kerubenthroners mit dem göttlichen Königtum, wofür alttestamentlich auf das gemeinsame, jeweils mit der Tempel-/Gottesbergmotivik (JHWHs Präsenz auf dem Zion / im Tempel / im Himmel) verbundene Wortfeld »Thronen / Thron(sitz)« verwiesen werden kann[108]. Zum anderen gelten in der kanaanäisch-phönizischen Ikonographie der späten Bronze- und frühen Eisenzeit die Keruben / geflügelten Sphingen als Symbol königlicher Herrschaft, wogegen die Ikonographie des ugaritischen El z.T. andere Motivelemente enthält. Anstatt ein vorisraelitisch-jebusitisches, der ugaritischen El- (oder Baʿal-) Verehrung nahestehendes

400–402; METTINGER, In Search of God, passim; O. KEEL, Früheisenzeitliche Glyptik in Palästina/Israel. Mit einem Beitrag von H. Keel-Leu, in: DERS. / M. SCHUVAL / CHR. UEHLINGER, Studien zu den Stempelsiegeln aus Palästina/Israel III. Die Frühe Eisenzeit. Ein Workshop (OBO 100), 1990, 331–421, bes. 396ff; M.S. SMITH, The Early History of God. Yahweh and the other Deities in Ancient Israel, 1990; und M. WEIPPERT, Synkretismus und Monotheismus. Religionsinterne Konfliktbewältigung im alten Israel, in: J. ASSMANN / D. HARTH (Hg.), Kultur und Konflikt (es 1612), 1990, 143–179.

106 K. KOCH, Die hebräische Sprache zwischen Polytheismus und Monotheismus, in: DERS., Spuren des hebräischen Denkens. Beiträge zur alttestamentlichen Theologie. Gesammelte Aufsätze 1, 1991, 25–64, bes. 53f.

107 S. dazu oben S. 248ff und zuletzt NIEHR, Der höchste Gott, 82f. Zu den israelitischen-tyrischen Beziehungen in der Zeit Salomos s. zuletzt J.K. KUAN, Third Kingdoms 5.1 and Israelite-Tyrian Relations During the Reign of Solomon, JSOT 46 (1990) 31–46, bes. 40f.

108 S. dazu oben S. 251f.

Substrat der »Jerusalemer Kulttradition« zu postulieren[109], das textlich ohnehin kaum greifbar ist[110], sind die Analogien zur israelitischen Keruben-Prädikation wohl eher im religiösen Milieu des spätbronze-/früheisenzeitlichen Syrien-Palästina zu suchen. Wie dem auch sei: Es ist offensichtlich, daß für die Rückfrage nach der Entstehung der Zionstradition nicht die Lade und ihre Tradition, sondern die mit der Tempel-/Gottesbergmotivik zusammenhängende Vorstellung von dem im Tempel /auf den Keruben thronenden Königsgott den geeigneten Ansatzpunkt bietet.

[109] S. etwa OTTO, Jerusalem, 38ff, 57ff; DERS., El und JHWH in Jerusalem. Historische und theologische Aspekte einer Religionsintegration, VT 30 (1980) 316–329, und dazu kritisch NIEHR, Der höchste Gott, 174.

[110] Vgl. als Beispiel die Diskussion zu Gen 14,18–22, s. dazu etwa J.J. ROBERTS, The Davidic Origin of the Zion Tradition, JBL 92 (1973) 329–344, hier 331ff; DERS., Art. Zion Tradition, IDBS (1976) 985–987; R.E. CLEMENTS, Isaiah and the Deliverance of Jerusalem (JSOTS 13), ²1984, 76ff; NIEHR, Der höchste Gott, 65, 124f, 167ff u.a.

III
Gottesknecht und Sündenbock – Konzeptionen der Stellvertretung

Zur Einführung

Vor einigen Jahren hat der Soziologe J. Weiß (Stellvertretung. Überlegungen zu einer vernachlässigten soziologischen Kategorie, KZS 36, 1984, 43-55) eine allgemeine Strukturformel für die Stellvertretungsbeziehungen geprägt - »A (der Vertreter) handelt für B (den Vertretenen) im Hinblick auf die Aufgabe X« - und diese im Blick auf die Präposition »für« präzisiert. Deren Bedeutungsspektrum reicht von »anstelle von« über »im Interesse von« bis zu »im Auftrag von«. Jede dieser Bestimmungen verfügt wiederum über Zusatzbedeutungen, die jene Strukturformel nach Maßgabe der komplexen sozialen und existentiellen Beziehungen, auf die sie angewendet wird, weiter differenzieren. Wichtige Anregungen dazu finden sich bei D. Sölle (Stellvertretung. Ein Kapitel Theologie nach dem »Tode Gottes«, Stuttgart ^{2}1982, 17-61) und neuerdings bei H.-R. Reuter (Stellvertretung. Erwägungen zu einer dogmatischen Kategorie im Gespräch mit R. Girard und R. Schwager, in: J. Niewiadomski / W. Palaver [Hg.], Dramatische Erlösungslehre, Innsbruck / Wien 1992, 179-199).

Eine Typologie der materialen Leistungen von Stellvertretung kann darüberhinaus weitere Varianten unterscheiden: Sie reichen vom bloßen Ersetzen (der Stellvertreter als »Platzhalter«) über die Entlastung im Sinne der Befreiung von riskanten Aufgaben (der Stellvertreter als »Sündenbock«) bis zur Hervorhebung der Stellung des Vertretenen (der Stellvertreter als »Repräsentant«). In diesem Zusammenhang stellt sich auch die Frage nach den Grenzen der Stellvertretung. Solche Grenzen bestehen z.B. »bei auf persönlichem Wissen beruhenden Handlungen (Zeugenschaft); aber auch Schuld und ›Genugtuung‹ im rechtlichen und im moralischen Sinne können - nach neuzeitlicher Auffassung jedenfalls - nicht auf Stellvertreter übertragen werden« (Weiß, aaO 47). Die Ansicht, daß dem ›modernen Menschen‹ der Gedanke der Stellvertretung fremd sei und deshalb nicht zugemutet werden könne, ist jüngst im Blick auf die Heilsbedeutung des Todes Jesu wieder intensiver diskutiert worden (G. Barth, Der Tod Jesu Christi im Verständnis des Neuen Testaments, Neukirchen-Vluyn 1992, 37ff.68ff.158f).

Die beiden Aufsätze über Lev 16 und Jes 53 wollen deutlich machen, daß die biblischen Auffassungen von Stellvertretung nicht an der Elle neuzeitlicher Subjektivitäts- und Moralauffassung zu messen sind. Die antiken Texte müssen erst einmal in ihrer Eigenbedeutung zur Geltung kommen, bevor über ihre Tauglichkeit für die Gegenwart entschieden wird. Worin aber liegt diese Eigenbedeutung? In einer kurzen, aber gehaltvollen Studie hat W. Zimmerli (Zur Vorgeschichte von Jes 53, in: ders., Studien zur alttestamentlichen Theologie und Prophetie [TB 51], München 1974, 213-221) mehrere Texte untersucht, die aufgrund ihrer gemeinsamen Wendung vom »Tragen« (סבל/נשׂא) der Schuld/Krankheit zur Vorgeschichte von Jes 53,4.11f zu rechnen sind. Es sind dies vor allem Ez 4,4-8 und Lev 16,20-22. Ohne die von Zimmerli beobachtete »analoge Verwendung der Deutungskategorie des נשׂא עון« (aaO 219) an den besagten Stellen in Abrede stellen zu wollen – sie scheint im Gegenteil eine zentrale Deutungskategorie der Exilszeit gewesen zu sein –, kommt es uns mehr auf die Verschiedenheit der in Lev 16 und Jes 53 vorhandenen Stellvertretungstypen an. Nach Lev 16,20-22 wird der Bock, der »für Azazel« ausgelost wurde (V. 8.10) und die Verschuldungen Israels trägt, von einem dafür bestimmten Begleiter in die Wüste geführt. Hier liegt der Typ eines Eliminationsritus vor, wie er sowohl innerhalb (Lev 14,2b-8.48-53; Sach 5,5-11) als auch außerhalb des Alten Testaments (Kleinasien, Nordsyrien, Griechenland) begegnet. Seine Logik beruht auf der räumlichen Entfernung des stofflich verstandenen Unheils, das mittels eines lebenden Substituts, einem »Sündenbock«, aus der Gemeinschaft weggeschafft wird. Das stellvertretende Leiden des Gottesknechts in Jes 53 folgt demgegenüber einem anderen Typ von Stellvertretung. Die fremde Schuld wird nicht durch ein Substitut »weggeschafft«, sondern sie wird vom Gottesknecht »ertragen« – bis zu seinem gewaltsamen Tod. Die Logik dieses Textes beruht darauf, daß ein fremder Tun-Ergehen-Zusammenhang so am Gottesknecht zur Auswirkung kommt, daß der eigentlich Schuldige, nämlich Israel, in die Position des Erretteten gelangt, während der Unschuldige daran zerbricht. Im Geschick des unschuldigen »Sündenbocks« und des unschuldigen Gottesknechts gibt es Berührungspunkte zwischen Lev 16 und Jes 53, deren Stellvertretungskonzeptionen ansonsten verschiedene Dimensionen besitzen.

Der Gedanke der Stellvertretung, wie er in Jes 53 vorliegt, ist für die urchristliche Tradition vom Tod Jesu, insbesondere für die vorpaulinischen und paulinischen Hingabe- und Sterbeformeln prägend geworden. Es ist nicht nur wichtig zu sehen, daß die neutestamentlichen Zeugen die alttestamentlich-jüdische Tradition vom stellvertretenden Leiden des Gerechten rezipiert haben, sondern auch, wie diese Rezeption vonstatten ging (C. Breytenbach, Versöhnung, Stellvertretung und Sühne. Semantische und traditionsgeschichtliche Bemerkungen am Beispiel der paulinischen Briefe, NTS 39, 1993, 59-79).

Azazel und der Sündenbock

Zur Religionsgeschichte von Leviticus 16,10.21f

Nur wenige Gestalten des Alten Testaments sind so änigmatisch wie diejenige des »Wüstendämons« Azazel. Azazel – so die opinio communis – ist ein »Kakodämon der Wüste« (H. Duhm), für den am großen Versöhnungstag (Lev 16) der »Sündenbock« ausgelost wurde, »um ihn für Azazel in die Wüste laufen zu lassen« (V. 10). Die entsprechende Ritualanweisung Lev 16,20-22 formuliert den Vorgang knapp, aber eindrücklich:

»(20) Ist er (sc. Aaron) fertig mit der Entsühnung des Heiligtums, des Begegnungszeltes und des Altars, bringt er den lebendigen Bock dar. (21) Aaron stemmt seine beiden Hände auf den Kopf des lebendigen Bockes, bekennt über ihm alle Verschuldungen und alle Übertretungen der Israeliten, durch die sie sich irgend verfehlt haben, tut sie auf den Kopf des Bockes und läßt ihn mit Hilfe eines dafür Bereitstehenden in die Wüste laufen. (22) Der Bock trägt auf sich alle ihre Verschuldungen fort in eine abgelegene Gegend; so läßt er den Bock in die Wüste laufen«.

Woher kommt die Azazel-Gestalt und wie ist ihr Name zu deuten? Im folgenden wird zunächst ein Überblick über die Forschung zur Azazel-Gestalt gegeben. Der zweite Teil diskutiert dagegen die These, ob in Azazel das biblische Gegenstück zum ägyptischen Seth, dem »God of Confusion«, gesehen werden kann. Im Mittelpunkt der Überlegungen steht die Frage nach dem Verhältnis von Azazel und »Sündenbock«.

I. Herkunft und Bedeutung des Azazel-Namens – ein Überblick

1. Der Name »Azazel« – 2. Die Herkunft Azazels – 3. Azazel in Lev 16 – 4. Nachgeschichte – 5. Literatur

1. Etymologie und Bedeutung des im Alten Testament nur in Lev 16,8.10[bis].26 belegten Namens עֲזָאזֵל sind nicht ganz klar. Während die etymologische Hypothese עֲזָאזֵל < עזזאל < עָזַז (»stark sein«) + אֵל (»Gott«), also die Annahme einer Konsonantenmetathese, immer noch die größte Wahrscheinlichkeit für sich hat (Janowski / Wilhelm 1993, 128 mit Anm. 98, vgl. auch die Form עזזאל in 4Q 180, 1, 8; 11QTemple 26,13

u.a., s. Tawil 1980, 58f), ist die Bedeutung des Namens עֲזָאזֵל sehr umstritten. In der Hauptsache werden folgende Möglichkeiten diskutiert (vgl. auch HAL 762):

a) »Azazel« ist der Name bzw. das Epitheton eines Dämons (s. Abschn. 2).

b) »Azazel« ist eine geographische Bezeichnung mit der Bedeutung »precipitous place« oder »rugged cliff« (Driver 1956, 97f, vgl. TPsJ Lev 16,10.22 u.a.).

c) »Azazel« setzt sich zusammen aus den Termini עֵז (»Ziege«) + אָזַל (»weggehen, verschwinden«, vgl. ar. *ġzl*) und bedeutet »goat that goes (away)«, vgl. ἀποπομπαῖος (Lev 16,8.10a LXX), ἀποπομπή (V. 10b LXX), ὁ διεσταλμένος εἰς ἄφεσιν (V. 26) bzw. *caper emissarius* (Lev 16,8.10a.26 Vulg), engl. scapegoat, frz. bouc émissaire.

Für die Deutung als Name oder Epitheton eines Dämons könnte man auf die Textevidenz verweisen: Nach Lev 16,8.10a wird der Bock »für Azazel« ausgelost, um ihn »für Azazel« in die Wüste (V. 10b.21bβ) bzw. in eine abgelegene Gegend (V. 22a) zu schicken. Da das לַעֲזָאזֵל dem לַיהוָה (V. 8) entspricht, dürfte auch »Azazel« ein Personenname sein, hinter dem möglicherweise so etwas wie ein »übernatürliches« oder »dämonisches Wesen« steht. Gegenüber einer vorschnellen Zuordnung ist aber Vorsicht geboten.

2. Zur Frage der Identität der Azazel-Gestalt (Lev 16,8.10) wie zum Verständnis des Azazel-Ritus (Lev 16,10.21f) sind in der neueren Forschung verschiedene Thesen aufstellt worden. Sie lassen sich als das *nomadische*, das *ägyptische* und das *südanatolisch-nordsyrische* Deutungsmodell unterscheiden:

a) Im Horizont des *nomadischen* Deutungsmodells ging man davon aus, daß der »Sündenbock« nicht nur »für Azazel« ausgelost (Lev 16,8.10, vgl. mYom III,9-IV,2), sondern auch »zu ihm« in die Wüste bzw. in eine abgelegene Gegend geschickt werde (Lev 16,10.21f, vgl. 11QTemple 26,11-13; mYom VI,2-6). Das Resultat dieser Kombination war die These vom »Wüstendämon« Azazel, also die Annahme, daß Azazel in der Wüste beheimatet und nichts anderes als ein Dämon war. H. Duhm u.a. sprachen von einem »Kakodämon der Wüste«, der durch Entsendung eines Ziegenbocks (שָׂעִיר) besänftigt und unschädlich gemacht werden sollte (Duhm 1904, 56, vgl. Ges[17] 576; HAL 762). Diese These ist deshalb kritisch zu beurteilen, weil der »für Azazel« ausgeloste Bock (V. 8, der zweite Bock wird »für JHWH« ausgelost) nicht »zu (אֶל [o.ä.]) Azazel«, sondern »*für* Azazel *in* die Wüste« (לַעֲזָאזֵל הַמִּדְבָּרָה) geschickt wurde. Das Problem besteht also in der Erklärung der Wendung »für (לְ) Azazel« und damit zusammenhängend in der Beantwortung der Frage nach dem Ursprungssinn des Ritus (s. Abschn. 3).

Dessenungeachtet hat die These vom »Wüstendämon« Azazel Karriere gemacht und sich bis heute behauptet. Varianten dieser These wurden von L. Rost (Passa-Ritus im Frühjahr und »Sündenbock«-Ritus im Herbst als ›Korrespondenzrituale‹ der Frühisraeliten) und zuletzt von A. Strobel (Einbindung eines vorisraelitischen [El-]Rituals in den palästinischen Jahresablauf und und in die Feier des großen Versöhnungstages) vorgetragen. Der ursprünglich dämonische Charakter wurde darüber hinaus immer wieder durch den Hinweis auf den Zusammenhang des für Azazel ausgelosten Bockes (שָׂעִיר) mit den שְׂעִירִים Jes 13,21; 34,14, vgl. Lev 17,7; 2Chr 11,15, unterstrichen, so daß sich für den »Sündenbock« wie von selbst die Vorstellung von einem bocksgestaltigen Dämon ergibt. Schließlich sah man seit O. Eißfeldt in dem Elfenbeinblatt aus Megiddo Loud, Megiddo Ivories, Pl. 5,4.5 einen ikonographischen Beleg für die Dämonenhypothese (zur Kritik s. Janowski / Wilhelm 1993, 119-123).

b) In jüngster Zeit wurde eine *ägyptische* Deutung mit Hilfe der Elemente äg. *ᶜḏ3* »Unrecht; Frevler, Schuldiger« und äg. *dr* »vertreiben« bzw. *ḏr* »fernhalten, beseitigen« erwogen. Nach dieser These ist ein ursprünglicher Eliminationsritus (s. im folgenden) um die Vorstellung eines »Sündenbock«-Empfängers in Gestalt eines Dämons angereichert worden, der seinerseits Züge des ägyptischen Gottes Seth, des klassischen »God of Confusion«, trägt und auch in seiner Namengebung zum Ausdruck bringt. Der Name עֲזָאזֵל < äg. *ᶜḏ3ḏr/l* (< *ᶜḏ3* + *ḏr/l*) bedeutet nach Görg »der beseitigte bzw. ferngehaltene Schuldige« und ist Ausdruck des Deutungsmusters »der Schuldiggesprochene gehört dorthin, wo die Schuld letztlich herstammt« (Görg 1986, 13), nämlich aus der (östlichen) Wüste. Hier verbindet sich das ägyptische mit dem nomadischen Deutungsmodell. Diese These ist aber problematisch, weil sie weder zur Perspektive von Lev 16 paßt noch durch das beigebrachte ägyptische Vergleichsmaterial gestützt wird (Janowski / Wilhelm 1993, 123-129).

c) Das dritte Deutungsmodell ist das *südanatolisch-nordsyrische.* Es besitzt konzeptionell - und vielleicht auch philologisch - die größte Plausiblität. Danach gehört der Azazel-Ritus zum Typ des Eliminationsritus (räumliche Entfernung [*eliminatio*] der substanzhaft verstandenen Unreinheit mittels eines lebenden Substituts), für den es Parallelen innerhalb (Lev 14,2b-8.48-53; Sach 5,5-11) und außerhalb des Alten Testaments gibt. Sie weisen ursprünglich in den Bereich südanatolisch-nordsyrischer Ritualtradition, von wo aus dieser Ritus einerseits in den palästinisch-israelitischen (»Sündenbock«-Ritus Lev 16) und andererseits in den ionisch-griechischen Raum (Pharmakos-Riten in Kolophon, Abdera, Athen und Massilia/Marseille) ausstrahlte. Seine Heimat ist, wie in den letzten Jahren immer deutlicher wurde, sehr wahrscheinlich Südanatolien-Nordsyrien. Dafür spricht v.a. das relevante hurritische Material aus Kizzuwatna (s. Abschn. 3), aber auch der kanaanäische »Sündenbock«-Ritus KTU 1.127,29-31, der ein missing link zwischen der südanatolisch-nordsyrischen und der palästinisch-israelitischen Ritualtradition darstellen könnte. Wie dieser Ritualtransfer im einzelnen verlief, ist noch nicht ganz geklärt. Ebenso fraglich ist, ob es in Ugarit Analogien für den Namen und die Gestalt Azazels gibt. O. Loretz denkt an eine »niedere Gottheit« עזזאל analog ug. *ᶜzbᶜl* (KTU 1.102,27).

3. Die entscheidende Frage bei der Deutung von Lev 16,10.21f im Kontext (!) von Lev 16 ist, ob die Azazel-Gestalt ursprünglich oder erst im Zusammenhang mit der Komposition/Redaktion von Lev 16 entstanden ist. Zu ihrer Beantwortung empfiehlt es sich, zwischen der Religionsgeschichte von Lev 16,10.21f und der Überlieferungs-/Redaktionsgeschichte von Lev 16 zu differenzieren.
a) Ritualgeschichtlich gesehen gehört der Azazel-Ritus zum ältesten Kern des Rituals und repräsentiert einen Ritualtyp (Eliminationsritus), wie er in Südanatolien-Nordsyrien beheimatet und in Mesopotamien verbreitet ist (Wright 1987, 31-74). Besonders in den hethitisch-hurritischen Ritualen aus Kizzuwatna (Südostanatolien) ist das »Sündenbockmotiv« in unterschiedlicher Gestalt gut belegt (Kümmel; Janowski / Wilhelm 1993, 134-158). Träger der Unreinheit, die mittels eines lebenden Substituts magisch eliminiert wird, können verschiedene Tiere wie Rinder, Schafe, Ziegen, Esel oder Mäuse sein. Auf dem Hintergrund dieser hurritischen Ritualtradition könnte auch der Terminus עזזאל gedeutet werden. Janowski und Wilhelm haben vorgeschlagen, ihn mit dem hurritischen Terminus *azus/zḫi* in Verbindung zu bringen, der in der Form *azas/zḫu(m)* bereits in dem akkadischsprachigen Vereidigungsritual aus dem nordsyrischen Alalaḫ (AlT 126,17.24.28) begegnet und in der Form *azus/zḫi* in dem großen *itkalzi*-Ritual mehrfach neben Unreinheitstermini vorkommt, die der Negativsphäre angehören (z.B. *arni* »Sünde« [< akk. *arnu*] u.a.). Als Stamm kann *azaz-*, *azuz-* angesetzt werden, für das allerdings keine hurritische, sondern nur eine semitische Etymologie (Wurzel *ᶜZZ)* in Frage kommt (< akk. *ᶜezēzu* »zornig sein«, hebr. עָזַז »stark sein« u.a.). Da der »Zorn der Gottheit« in dieser Ritualtradition als eine rituell ablösbare Unreinheit verstanden werden kann, wäre der Ausdruck לַעֲזָאזֵל (< לעזזאל*) auf eine ursprüngliche Zweckbestimmung des Eliminationsritus zurückzuführen, deren Bedeutung man etwa mit »für עֲזָאזֵל = für [die Beseitigung von] Gotteszorn« umschreiben könnte.
b) Die Frage der Integration des kleinasiatisch-nordsyrischen Materials des 2. Jt.v.Chr. und speziell des Ausdrucks עזזאל* (> עֲזָאזֵל) in die Überlieferung des großen Versöhnungstages Lev 16 ist kaum eindeutig zu beantworten. Folgender Überlieferungsweg wäre aber denkbar:
- Die Größe עֲזָאזֵל (< עזזאל*) gehört zum ältesten Kern der Ritualüberlieferung Lev 16. Sie hat Anteil an der religiös-magischen Vorstellungswelt Nordsyriens, wie sie in den von dort (Alalaḫ) nach Anatolien (Kizzuwatna) entlehnten Ritualtraditionen greifbar wird. Möglicherweise kommt der ugaritischen Religion dabei eine Vermittlerrolle zu (s. bes. KTU 1.127,29-31).
- Der in diesem Zusammenhang tradierte Terminus *azaz/azuz* dürfte allerdings schon früh nicht mehr verstanden worden sein. Bei dem Bemü-

hen um sein Verständnis mag das Muster der gerade auch zur Bezeichnung dämonischer Wesen verwendeten El-Namen von Bedeutung gewesen sein und die Interpretation im Sinne eines »Wüstendämons« vorbereitet haben.

- Der Prozeß der Adaption vollzog sich im Zuge der Überlieferungsbildung von Lev 16, als man in der Lage war, von genuin israelitischen Verstehensvoraussetzungen und d.h. vom Standpunkt des nachexilischen Monotheismus her »Azazel« als Name eines Dämons zu interpretieren.
- Die Einbringung der »Azazel« genannten Gestalt in die Überlieferung von Lev 16 hat sich vermutlich am Motiv der »Wüste/Steppe« bzw. der »abgelegenen Gegend« entzündet (V. 10.21f), in die der Bock zur Beseitigung der Unreinheit entlassen wird. Mit dem Wüstenmotiv war die Vorstellung vom »Wüstendämon« Azazel geboren.
- Für die Endgestalt von Lev 16 ist die Symmetrie der beiden Böcke - des Bockes für JHWH und des Bockes für Azazel (V. 8-10) - kennzeichnend. Die mit ihnen verbundenen Riten (die Sühneriten V. 11-19 und der Eliminationsritus V. 10.21f) sind als komplementäre Akte zu verstehen, die dem komplexen Gebilde Lev 16 seine unverwechselbare Gestalt gegeben haben.
- Die Wirkungsgeschichte der Azazel-Gestalt in Judentum und Christentum steht in keinem Verhältnis zu deren lakonischer Behandlung in Lev 16. Dort empfängt Azazel weder Opfer (der »Sündenbock« ist kein Opfertier) noch werden ihm irgendwelche (dämonischen) Aktivitäten zugeschrieben. Im Vordergrund steht die eliminatorische Funktion des Azazel-Ritus.

4. Im Frühjudentum ging der Prozeß der Dämonisierung Azazels unter Einwirkung dualistischer Momente intensiv weiter (äthHen 8,1; 9,6; 10,4-8; 13,1, vgl. 54,5f; 55,4; 69,2; ApkAbr 13,6-14; 14,4-6 u.a., s. Hanson 1977, 220-233; Nickelsburg 1977, 357-404; Grabbe 1987, 153-155; JSHRZ V/6 [1984] 520f). Azazel lehrte die Menschen die Metallverarbeitung (äthHen 8,1), verführte sie zur Ungerechtigkeit und offenbarte ihnen die himmlischen Geheimnisse der Urzeit (äthHen 9,6, vgl. 69,2). Er ist als unreiner Vogel die personifizierte Gottlosigkeit (ApkAbr 13,7; 23,9) und der Herr der Heiden (ApkAbr 22,6). Er hat als schlangenartiges Wesen im Paradies Adam und Eva verführt (ApkAbr 23,5.9); der Messias wird ihn mit seinen Genossen richten (äthHen 55,4, vgl. 54,5 und RAC 5 [1962] 206f). Im rabbinischen Judentum ist der Name nur noch selten belegt (RAC 9 [1976] 684).

5. Literatur

C. Colpe, Religion und Mythos im Altertum, in: ders. / W. Schmidt-Biggemann (Hg.), Das Böse. Eine historische Phänomenologie des Unerklärlichen (stw 1078), Frankfurt a.M. 1993, 13-89, hier: 70ff

G.R. Driver, Three Technical Terms in the Pentateuch, JSS 1 (1956) 97-105
H. Duhm, Die bösen Geister im Alten Testament, Tübingen/Leipzig 1904
O. Eißfeldt, Zur Deutung von Motiven auf den 1937 gefundenen Elfenbeinarbeiten von Megiddo (1950), in: ders., Kleine Schriften III, Tübingen 1966, 85-93
E.S. Gerstenberger, Das 3. Buch Mose / Leviticus (ATD 6), Göttingen 1992
M. Görg, Beobachtungen zum sogenannten Azazel-Ritus, BN 33 (1986) 10-16
-, Art. Asasel, Neues Bibellexikon 1 (1991) 181f
L.L. Grabbe, The Scapegoat: A Study in Early Jewish Interpretation, JSJ 18 (1987) 152-167
P.D. Hanson, Rebellion in Heaven, Azazel, and Euhemeristic Heroes in 1 Enoch 6-11, JBL 96 (1977) 195-233
B. Janowski, Azazel - biblisches Gegenstück zum ägyptischen Seth? Zur Religionsgeschichte von Lev 16,10.21f, in: Die Hebräische Bibel und ihre zweifache Nachgeschichte (FS R. Rendtorff), hg. von E. Blum, Ch. Macholz und E.W. Stegemann, Neukirchen-Vluyn 1990, 97-110 = unten 290-302
- / G. Wilhelm, Der Bock, der die Sünden hinausträgt. Zur Religionsgeschichte des Azazel-Ritus Lev 16,10.21f, in: B. Janowski / K. Koch / G. Wilhelm (Hg.), Religionsgeschichtliche Beziehungen zwischen Kleinasien, Nordsyrien und dem Alten Testament. Internationales Symposion Hamburg 17.-20. März 1990 (OBO 129), Freiburg (Schweiz) / Göttingen 1993, 109-169
H.M. Kümmel, Ersatzkönig und Sündenbock, ZAW 80 (1968) 289-318
O. Loretz, Leberschau, Sündenbock, Asasel in Ugarit und Israel. Leberschau und Jahwestatue in Ps 27, Leberschau in Ps 74 (Ugaritisch-Biblische Literatur 3), Altenberge 1985, 35-57
M. Mach, Entwicklungsstadien des jüdischen Engelglaubens in vorrabbinischer Zeit (TSAJ 34), Tübingen 1992
J. Milgrom, Leviticus 1-16 (AB 39), New York etc. 1991, 1071-1079
G.W.E. Nickelsburg, Apocalyptic and Myth in 1 Enoch 6-11, JBL 96 (1977) 383-405
R. Rendtorff, Leviticus 1,1-7,38 (BK III/1-3), Neukirchen-Vluyn 1985/1990/1992
L. Rost, Weidewechsel und altisraelitischer Festkalender (1943), in: ders., Das kleine Credo und andere Studien zum Alten Testament, Heidelberg 1965, 101-112
A. Strobel, Das jerusalemische Sündenbock-Ritual. Topographische und landeskundliche Erwägungen zur Überlieferungsgeschichte von Lev. 16,10.21f., ZDPV 103 (1987) 141-168
H. Tawil, ʿAzazel. The Prince of the Steppe: A Comparative Study, ZAW 92 (1980) 43-59
I. Willi-Plein, Opfer und Kult im alttestamentlichen Israel. Textbefragungen und Zwischenergebnisse (SBS 153), Stuttgart 1993, 104ff
D.P. Wright, The Disposal of Impurity: Elimination Rites in the Bible and in Hittite and Mesopotamian Literature (SBLDS 101), Atlanta 1987, 15-74
-, Art. Azazel, ABD 1 (1992) 536f

II. Azazel - biblisches Gegenstück zum ägyptischen Seth?

Der Vorgang wird knapp, aber eindrücklich dargestellt: Nach Lev 16,10.20-22 bringt der Hohepriester Aaron den »lebendigen Bock« - den Bock, »auf den das Los für Azazel gefallen ist« (V. 10) - dar, stemmt seine Hände auf den Kopf des Tieres, bekennt über ihm die Verschuldungen Israels und läßt den Bock unter Begleitung eines dafür ausgesuchten Mannes in die Wüste laufen. Resümierend heißt es dann: »Der Bock trägt auf sich alle ihre Verschuldungen fort in eine abgelegene Gegend; so läßt er den Bock in die Wüste laufen« (V. 22).

»Über den Sinn dieser Zeremonie im Gesetz, so wie es uns jetzt vorliegt, kann kein Zweifel sein«[1] konstatierte S. Landersdorfer und sah ihn in der »Fortschaffung der Sünden durch Abführung des Bockes«[2]. Gleichwohl läßt die Überlieferung wichtige Fragen unbeantwortet: Wer ist dieser Azazel, und wie ist sein Name (עֲזָאזֵל Lev 16,8.10 [bis].26)[3] zu deuten? Die Erklärungen des Azazel-Namens sind nicht nur deshalb so hypothetisch, weil die Überlieferung an diesem Punkt so schweigsam ist; sie »sind auch meistens, wie es schließlich nicht anders sein kann, im Anschluß an eine bestimmte Theorie über das Wesen des Azazel | aufgestellt und stehen und fallen darum mit derselben«[4]. Seit je neigt man dazu, in ihm einen »Kakodämon« der Wüste (H. Duhm) zu sehen, dessen Zorn durch Entsendung eines Ziegenbocks besänftigt wird. Ist das der Sinn der Zeremonie oder jene von S. Landersdorfer so genannte »Fortschaffung der Sünden durch Abführung des Bockes«? Wie aber erklären sich dann Name und Gestalt des Azazel?

1. Azazel und »Sündenbock«

Keine Theorie über Azazel und seinen Namen kommt daran vorbei, das Verhältnis zwischen dem »Sündenbock«-Ritus[5] Lev 16,10.21f und der Azazel-Gestalt Lev 16,8.10.26 zu präzisieren. Die ältere Forschung ging mehrheitlich von einer engen Beziehung beider Größen zueinander aus, dergestalt, daß der »Sündenbock« nicht nur »für Azazel« ausgelost (V. 8.10), sondern auch zu ihm in die Wüste geschickt werde (V. 10.21f). Das Resultat dieser Kombination war die These vom »Wüstendämon« Azazel, also die Annahme, daß er »in der Wüste beheimatet und mindestens im Zeitalter des nachexilischen Monotheismus gewiß nichts anderes

[1] S. Landersdorfer, Studien zum biblischen Versöhnungstag, ATA 10,1 (1924) 14.

[2] Ebd.

[3] Zur Lit. s. B. Janowski, Sühne als Heilsgeschehen. Studien zur Sühnetheologie der Priesterschrift und zur Wurzel KPR im Alten Orient und im Alten Testament, WMANT 55 (1982) 268 Anm. 447 und O. Loretz, Leberschau, Sündenbock, Asasel in Ugarit und Israel. Leberschau und Jahwestatue in Psalm 27, Leberschau in Psalm 74, UBL 3 (1985) 50 Anm. 3, nachzutragen ist außer dem Beitrag von M. Görg (s. unten Anm. 25) noch G. Wilhelm, Grundzüge der Geschichte und Kultur der Hurriter, Grundzüge 45 (1982) 104 und A. Strobel, Das jerusalemische Sündenbock-Ritual. Topographische und landeskundliche Erwägungen zur Überlieferungsgeschichte von Lev 16,10.21f, ZDPV 103 (1987) 141-168, bes. 161ff.165ff; D.P. Wright, The Disposal of Impurity. Elimination Rites in the Bible and in Hittite and Mesopotamian Literature, SBLDS 101 (1987) 15ff und M. Görg, Art. Asasel, Neues Bibellexikon, Lfg. 2 (1989) 181f. Auf den Ansatz von Strobel wird an anderer Stelle einzugehen sein, vgl. unten Anm. 71.

[4] Landersdorfer, aaO (Anm. 1) 14, Anm. 3.

[5] Besser: Eliminationsritus. Zur Problematik des Ausdrucks »Sündenbock« s. etwa H.M. Kümmel, Ersatzkönig und Sündenbock, ZAW 80 (1968) 289-318, hier 312, vgl. ders., Ersatzrituale für den hethitischen König, StBT 3 (1967) 192.

als ein Dämon (war)«[6]. Anlaß dazu schien die Ritualüberlieferung Lev 16 selber zu geben, wenn sie vorschreibt, den lebendigen, »für Azazel« ausgelosten Bock »in die Wüste« (הַמִּדְבָּרָה V. 10.22b, בַּמִּדְבָּר V. 21), bzw. »in eine abgelegene Gegend« (אֶל־אֶרֶץ גְּזֵרָה V. 22)[7] zu schicken – und somit nahelegte, Azazel als »Kako-dämon« der Wüste (H. Duhm) zu sehen, der durch Entsendung eines Ziegenbockes (שָׂעִיר) besänftigt und damit unschädlich gemacht werden sollte. Doch hatte bereits H. Kaupel darauf hingewiesen, daß in Lev 16 nur das Forttreiben des lebendigen Bocks in die Wüste, nicht aber die Wüste als Aufenthaltsort Azazels erwähnt werde. Denn das ל in לַעֲזָאזֵל Lev 16,8.10 kann nur »für« nicht »zu« (sc. Azazel) heißen, »weil לעזאזל dem ליהוה entspricht. Wie bei diesem die örtliche Bedeutung für ל ausscheidet, so auch bei jenem. *Für* Jahwe und *für* Azazel wird das Los geworfen (VV. 8.10). *Für* Azazel wird der Bock entfernt in

6 K. Elliger, Leviticus, HAT I/4 (1966) 212 – der damit dem vorliegenden Textzusammenhang Rechnung zu tragen sucht, überlieferungsgeschichtlich dann aber differenziert, s. im folgenden. Zur opinio communis der älteren Forschung s. etwa H. Duhm, Die bösen Geister im Alten Testament (1904) 56 (»Man versteht . . . heute allgemein unter Azazel einen in der Wüste hausenden Kakodämon«) oder GB[17], 576 s.v. עֲזָאזֵל (»Wahrsch. bezeichnet er [sc. der Ausdruck 'ע] einen in d. Wüste hausenden bösen Geist«) mit den entsprechenden Lit.-Nachweisen, vgl. KBL[3], 762 s.v.

7 Die verschiedenen Sinnaspekte von מִדְבָּר »Wüste, Steppe« lassen sich nach Sh. Talmon auf folgende Grundbedeutungen zurückführen: »*midbār* bezeichnet trockene und halbtrockene Gebiete, die wegen ihrer Wasserarmut für Landwirtschaft und bäuerliche Ansiedlungen ungeeignet sind. Diese Einöde befindet sich im Zustand des Urchaos (Deut 32,10) oder wurde als göttliche Strafe für menschliches Vergehen wieder zum Chaos reduziert (Jes 64,9; Jer 22,6; Hos 2,5; Zeph 2,13; Mal 1,3). Sie erweckt Furcht und Abscheu« (Art. מִדְבָּר *midbār,* ThWAT IV 660-695, hier 664, vgl. 675ff), vgl. auch die den negativen Aspekt der »Einöde, Wildnis« unterstreichenden Synonyme zu מִדְבָּר bei Talmon, aaO 667ff.690f und O. Keel, Jahwes Entgegnung an Ijob. Eine Deutung von Ijob 38-41 vor dem Hintergrund der zeitgenössischen Bildkunst, FRLANT 121 (1978) 58 mit Anm. 208. Auf der anderen Seite ist מִדְבָּר term. techn. für das »Weideland«, enthält also positive Konnotationen, vgl. Talmon, aaO 664.677f.691; H. Weippert, Amos: Seine Bilder und ihr Milieu, in: dies. / K. Seybold / M. Weippert, Beiträge zur prophetischen Bildsprache in Israel und Assyrien, OBO 64 (1985) 1-29, hier 2 Anm. 4 und N. Wyatt, Sea and Desert: Symbolic Geography in West Semitic Religious Thought, UF 19 (1987) 375-389, hier 385ff. Daß im Kontext von Lev 16,10.21f der negative Sinnaspekt dominiert, zeigt das parallele אֶרֶץ גְּזֵרָה (V. 22a), das das »(vom Wasser) abgeschnittene, unfruchtbare Land« meinen kann (vgl. Ph. Reymond, L'eau, sa vie et sa signification dans l'Ancien Testament, VT.S 6 [1958] 71, ferner KBL[3], 180 s.v. *גָּזֵר; GB[18], 211 s.v. גְּזֵרָה; K. Aartun, Studien zum Gesetz über den großen Versöhnungstag Lv 16 mit Varianten. Ein ritualgeschichtlicher Beitrag, StTh 34 [1980] 73-109, hier 82), »vielleicht aber auch ein Gebiet (bezeichnet), das strikt getrennt vom kultisch relevanten Lagerbereich liegt« (M. Görg, Art. גָּזַר usw., ThWAT I 1001-1004, hier 1003). Als von der menschlichen Kultur- und Sozialwelt abgeschnittenes ›Jenseits- oder Unterweltsgelände‹ wird der Ausdruck von H. Tawil, ʿAzazel The Prince of the Steepe: A Comparative Study, ZAW 92 (1980) 43-59 aufgefaßt. Ob die von Tawil behauptete Analogie zwischen Azazel und dem kanaanäischen Mot (vgl. aaO bes. 58f) das Richtige trifft, und der Azazel-Name (עֲזָאזֵל < עזזאל »a fierce God«) ein Epitheton für Mot ist, ist doch mehr als zweifelhaft, s. dazu Loretz, aaO (Anm. 3) 52ff und Wright, aaO (Anm. 3) 25ff, unkritisch dagegen Strobel, aaO (Anm. 3) 165f.

die Steppe (המדברה); in letzterem Ausdruck ist das Ziel angezeigt«[8]. Mit wachem Blick für die überlieferungs- und kultgeschichtlichen Gegebenheiten haben dann M. Noth[9] und K. Elli-|ger[10] die Wachstumsstufen in Lev 16 und besonders das Nebeneinander von »Sündenbock«-Ritus und Azazel-Gestalt analysiert[11].

Dessenungeachtet hat jene traditionelle Theorie der Verbindung von »Sündenbock«-Ritus und Azazel-Gestalt auch in neuerer Zeit ihre (zahlreichen) Anhänger gefunden und unser Bild der frühisraelitischen Religion mitgeprägt. Die eliminatorische Funktion des »Sündenbock«-Ritus, die noch S. Landersdorfer deutlich sah[12], geriet dabei allerdings immer mehr aus dem Blick[13]. In zusammenfassenden Darstellungen zur Religion und Gesellschaft der Frühisraeliten findet sich zuweilen die These, daß neben der Verehrung des Vätergottes noch einige Spuren religiöser Praxis vorhanden sind, die »nicht direkt zum Väterglauben, sondern zum Dämonenglauben der Frühisraeliten«[14] gehören. So dürften nach W. Thiel neben der Beschneidung Ex 4,24-26 das Passa-Opfer Ex 12,21b-23 und der »Sündenbock«-Ritus Lev 16,10.21f ursprünglich Kulthandlungen der Nomadenzeit Israels gewesen sein:

»Es (sc. das Passaopfer) war ein apotropäischer Ritus, der vor dem Aufbruch zu den Sommerweiden im Frühjahr vorgenommen wurde und Menschen und Herden vor den Einwirkungen dämonischer Elemente der Wüste schützen sollte. Vielleicht stellte auch das im Ritual des Versöhnungstages von Lev 16 enthaltene Austreiben eines Sündenbocks in die Wüste einen entsprechenden Ritus im Herbst, vor Antritt der Wanderung zu den Winterweiden in der Steppe dar«[15].

Pate steht bei dieser Deutung die Hypothese L. Rosts[16], Passa-Ritus und »Sündenbock«-Ritus seien zwei korrespondierende, dem religiösen Be-

[8] Die Dämonen im Alten Testament (1930) 88 (Hervorhebung im Original), anders zuletzt wieder Strobel, aaO (Anm. 3) 163, vgl. zur Sache Loretz, aaO (Anm. 3) 51f, dort auch zum Verständnis von Lev 16,10.

[9] Das dritte Buch Mose. Leviticus, ATD 6 (^{2}1966) 107: »Ganz rätselhaft bleibt die Gestalt des ›Asasel‹, die merkwürdigerweise in dem Hauptabschnitt V. 20b-22 nicht genannt wird, sondern nur in dem vorbereitenden Abschnitt V. 7-10 so vorkommt, daß von den beiden Ziegenböcken der eine ›für Asasel‹ ausgelost (V. 8.10aα und dann bereitgestellt wird, um ›für Asasel‹ in die Wüste geschickt zu werden (V. 10b und danach V. 26aα)«. Noth zieht dann eine überlieferungsgeschichtliche Priorität der »Hingabe des Bockes ›für Asasel‹ « gegenüber der »Befrachtung des Bockes mit den Verschuldungen Israels« in Betracht.

[10] AaO (Anm. 6) 212, vgl. im folgenden.

[11] Vgl. zur Sache auch Aartun, aaO (Anm. 7) 82 mit Hinweisen auf ältere Literatur.

[12] Vgl. oben Anm. 2.

[13] Vgl. nur die entsprechenden Lexikonartikel von K. Koch, Art. Asasel, BHH I 135f; A. van den Born, Art. Azazel, BL^{2} 155f; E. Otto, Art. Asasel, RBL^{4} 53 u.a., anders z.B. E. Kutsch, Art. Sündenbock, RGG^{3} VI 506f.

[14] W. Thiel, Die soziale Entwicklung Israels in vorstaatlicher Zeit (^{2}1985) 46.

[15] Ebd.

[16] Weidewechsel und altisraelitischer Festkalender (1943), in: Ders., Das kleine Credo und andere Studien zum alten Testament (1965) 101-112.

sitzstand der frühisraelitischen Wanderhirten angehörende Kulthandlungen. Deren ursprünglichen Sitz im Leben hatte L. Rost 1943 auf den Rhythmus des halbjährlichen Weidewechsels (Transhumanz) bezogen und wie folgt skizziert:

»Jedenfalls... stehen nun zwei Riten in Parallele, der des Passah als Feier vor dem Antritt der Wanderung in die Sommerweide mit der Absicht, die Menschen | und Herden vor dem ›Verderber‹, der wohl im Kulturland hausend gedacht wurde, zu schützen, und die in das Ritual des Versöhnungstages hineingebaute Begehung, die die Herde durch Abgabe eines Bockes an den Herrn der Wüste vor Antritt der Wanderung in die Winterweide schützen sollte, die ein halbes Jahr später gefeiert wurde«[17].

Nun ist ein Festhalten an der Position L. Rosts schon deshalb nicht empfehlenswert, weil sich das Nomadenproblem[18] und die »Väterreligion«[19] heute erheblich komplexer darstellen als noch vor wenigen Jahren. Hinzukommt, daß auch die These einer Verbindung des Passa-Ritus mit dem sog. Weidewechsel heute nicht mehr aufrechtzuerhalten ist[20] und dessen Korrespondenz mit dem »alten Nomadenritus« (L. Rost) der Abgabe eines Ziegenbocks an den Wüstendämon Azazel ein unausgewiesenes Postulat bleibt[21]. Der Ritus mit dem »Sündenbock« ist nicht mit dem Weidewechsel frühisraelitischer Wanderhirten zu ver-|binden[22] und im übrigen

17 AaO (Anm. 16) 108, vgl. ders. Art. Versöhnungstag, BHH III 2098 und die Aufnahme bei E. Otto (/ T. Schramm), Fest und Freude, Biblische Konfrontationen (1977) 74; ders., aaO (Anm. 13) 53; N. Wyatt, Atonement Theology in Ugarit and Israel, UF 8 (1976) 415-430, hier 425. Eine Variante der These findet sich bei S. Wefing, Untersuchungen zum Entsühnungsritual am großen Versöhnungstag (Lev. 16), Diss. masch. Bonn (1979) 74ff, s. dazu die Kritik von Loretz, aaO (Anm. 3) 57 Anm. 34.

18 Die veränderte Forschungslage hat sich inzwischen in den Lehrbüchern niedergeschlagen, s. bes. H. Donner, Geschichte des Volkes Israel und seiner Nachbarn in Grundzügen, ATD.E 4 (1987) 47.48.57.77.81.124ff, vgl. S. Herrmann, Israels Frühgeschichte im Spannungsfeld neuer Hypothesen (1988); W. Thiel, Geschichte Israels, in: W.H. Schmidt / W. Thiel / R. Hanhart, Altes Testament, Grundkurs Theologie 1, UB 421 (1989) 89-140, hier 96ff; E. Otto, Historisches Geschehen - Überlieferung - Erklärungsmodell, BN 23 (1984) 63-80; ders., Israels Wurzeln in Kanaan. Auf dem Weg zu einer neuen Kultur- und Sozialgeschichte des antiken Israels, ThRv 85 (1989) 3-10.

19 Zur Forschungsgeschichte s. C. Westermann, Genesis 12-50, EdF 48 (1975) 97ff, zur veränderten Forschungslage s. E. Blum, Die Komposition der Vätergeschichte, WMANT 57 (1984), bes. 492ff, und M. Köckert, Vätergott und Väterverheißungen. Eine Auseinandersetzung mit Albrecht Alt und seinen Erben, FRLANT 142 (1988), bes. 150ff.309ff.

20 S. dazu E. Otto, Feste und Feiertage II, TRE XI 96-106, hier 97ff; ders., Art. פָּסַח *pāsaḥ* / פֶּסַח *pæsaḥ*, ThWAT VI 659-682, hier 669ff.

21 Lev 16 läßt überdies nichts von einer dem apotropäischen Blutritus des Passa analogen Funktion des »Sündenbock«-Ritus erkennen. Auch »von einem eigentlichen Opfer ist im Text (sc. Lev 16) nichts zu spüren...« (Elliger, aaO [Anm. 6] 212), vgl. S. Landersdorfer, Keilschriftliche Parallelen zum biblischen Sündenbock (Lev 16), BZ 19 (1931) 20-28, hier 27; F. Blome, Die Opfermaterie in Babylonien und Israel (1934) 104f.199ff; Kümmel, aaO (Anm. 5) 311, u.a.

22 Vgl. auch Elliger, ebd.; G. Fohrer, Geschichte der israelitischen Religion (1969) 394f; Loretz, aaO (Anm. 3) 48, u.a.

von der überlieferungsgeschichtlich späten Azazel-Gestalt[23] zu trennen. Was der in Lev 16,10.21f geschilderte Vorgang dagegen erkennen läßt, ist die eliminatorische Funktion des »Sündenbocks«, für die es zahlreiche Analogien innerhalb (Lev 14,2b-8.48-53; Sach 5,5-11) und vor allem außerhalb des Alten Testaments gibt[24]. Sie weisen insgesamt in den Bereich südostanatolisch-nordsyrischer Ritualtradition, in dem u.E. die Vorgeschichte von Lev 16,10.21f zu finden ist. M. Görg[25] sucht dagegen des Rätsels Lösung in entgegengesetzter Richtung und hält Azazel für das biblische Gegenstück zum ägyptischen Seth.

2. Azazel und Seth

Die Annahme, die Azazel-Gestalt sei »dem Ritus (sc. mit dem ›Sündenbock‹) selbst nicht immanent«[26] und erst zu einem späteren Zeitpunkt in die Überlieferung des großen Versöhnungstages gelangt, erfordert natürlich eine Antwort auf die Frage, wie die Einfügung dieser Gestalt und ihre Namengebung zu erklären ist. Diese Antwort hat M. Görg in seinen »Beobachtungen zum sogenannten Azazel-Ritus« unter Zuhilfenahme ägyptischer Vorstellungen zu geben versucht, ohne dabei »die prinzipielle Abkunft des Sündenbockritus aus palästinisch-syrischem Umfeld«[27] zu bestreiten.

a) Zur religionsgeschichtlichen Einordnung der *Azazel-Gestalt* greift Görg auf ägyptische Vorstellungen vom Gott Seth und seiner tiergestaltigen Manifestation (Seth-Tier) zurück: »Das geradezu klassische Beispiel für die Personalisierung eines Unheilträgers ist . . . bekanntlich der sog. typhonische Seth, jene Negativcharakteristik des Gottes, der die nach ägyptischer Anschauung in der Wüste hausende Dämonie des | Chaotischen repräsentiert«[28]. Vom verehrten zum verfemten Gott, zum »god of confusion who disturbs the order«[29] wurde Seth endgültig erst in der 25.

[23] U.E. steht hinter der Größe »Azazel« ursprünglich etwas anderes (ein Unreinheitsbegriff) als das, was die spätere Überlieferung in Lev 16,8.10.26 daraus gemacht hat (eine dämonische Gestalt); s. dazu vorläufig unter Abschn. III.

[24] S. dazu Janowski, aaO (Anm. 3) 211ff; Loretz, aaO (Anm. 3) 35ff.40ff.50ff; M. Dietrich / O. Loretz, in: TUAT II/1 (1986) 100f; Wright, aaO (Anm. 3) 31ff und demnächst die unten Anm. 71 angekündigte Studie. Landersdorfer, aaO (Anm. 21) 24ff hat bereits auf das hethitische ›Pestritual‹ KUB IX 32 als Sachparallele zu Lev 16,10.21f hingewiesen und mit der Möglichkeit einer Entlehnung der »Grundidee«, nicht aber des Ritus als solchen gerechnet (aaO 27f).

[25] Beobachtungen zum sogenannten Azazel-Ritus, BN 33 (1986) 10-16.

[26] Elliger, aaO (Anm. 6) 212, vgl. Loretz, aaO (Anm. 3) 50 und auch Görg, aaO (Anm. 25) 11f.15.

[27] AaO (Anm. 25) 12.

[28] Ebd.

[29] H. te Velde, Art. Seth, LÄ V 908-911, hier 909. Zu Seth und zum Seth-Tier s. die dort 911 genannte Lit., ferner H. Brunner, Seth und Apophis - Gegengötter im ägyptischen Pantheon?, Saec. 34 (1983) 226-234; H. te Velde, Egyptian Hieroglyphs as Signs, Symbols and Gods, Visible Religion 4-5 (1985/86) 62-72 und H.G. Fischer, The Ancient Attitude

Dynastie (712-664 v.Chr.)[30]. Das legt nach Görg die Vermutung nahe, daß »auch die Zeitgenossen auf dem Boden Palästinas (Juda/Jerusalem), die, besonders aus priesterlichen Kreisen, mit den Ägyptern Kontakt hielten, um die Vorstellung wußten, daß man in Ägypten in der Gestalt des Seth - wohl vor allem im Zusammenhang mit der Invasion Assurs - den ›Landesfeind‹ schlechthin und die ›Verkörperung alles Schlechten‹ zu erkennen glaubte«[31]. Wenn nun die Azazel- Gestalt mit Seth zu vergleichen ist, ja das biblische Gegenstück zum ägyptischen Seth[32] darstellt, dann muß es auch ein tertium comparationis geben. Dies ist Görg zufolge in der Apostrophierung des Seth - und mutatis mutandis des Azazel - als der »Verkörperung alles Schlechten« (H. Bonnet) zu sehen, die ihrerseits »mit einer Vorstellung zu tun hat, die die Wüstenregion negativ qualifizierte und sie als den Ort beschrieb, in den man das andrängende Chaos immer wieder zurückzuverweisen habe. . .«[33].
Das von Görg unterstellte Deutungsmuster »Der Schuldiggesprochene gehört dorthin, wo die Schuld letztlich herstammt«[34] - nämlich aus der (östlichen) Wüste - mag auf die Seth-Gestalt zutreffen - aber auch auf Azazel? U.E. kaum, weil es nicht zur Perspektive der Ritualüberlieferung von Lev 16 paßt: »schuldig« ist dort nicht Azazel, sondern Israel, dessen Schuld mittels eines rituellen Unheilsträgers, des »Sündenbocks« (und nicht Azazels!), aus der Gemeinschaft eliminiert | wird[35]. In dieser Apostrophierung Azazels als »Personalisierung eines Unheilsträgers«[36] bzw. als »Personifikation der Schuldbeladenheit«[37] nach dem Vorbild des ägyptischen Seth liegt die erste Schwierigkeit der vorgeschlagenen Deutung. Görg fragt:

»Ob sich in der Azazelgestalt als Personifikation der Schuldbeladenheit ebenfalls eine mythologische Verdichtung der von der (östlichen) Wüste kommenden und in sie zu bannenden Gefahren zeigt? Wird hier die ›Sünde‹ von Priester und Gemeinde als Einbruch der

Towards the Monstrous, in: Monsters and Demons in the Ancient and Medieval Worlds, FS E. Porada (1987) 13-26 (mit Pl. I-VI). Die zahlreichen Versuche, die zoologische Spezies des Seth-Tieres zu bestimmen, haben kein überzeugendes Ergebnis erbracht; der einzige sichere Schluß ist, »that the Seth-animal was a fabulous animal of the desert« (te Velde, aaO 68).

30 Erste Ansätze zu einer wirklichen Verfemung des Seth sieht E. Hornung, Seth. Geschichte und Bedeutung eines ägyptischen Gottes, Symb. 2 (1975) 49-63, hier 51 bereits im Amduat, dem ältesten Unterweltsbuch.

31 AaO (Anm. 25) 12f. Das Zitat im Zitat bezieht sich auf H. Bonnet, RÄRG, 702-715 (Art. Seth), hier 711.

32 Vgl. Görg, aaO (Anm. 25) 13.

33 Ebd.

34 Ebd.

35 S. dazu im einzelnen Janowski, aaO (Anm. 3) 209ff.211ff.265ff.

36 Görg, aaO (Anm. 25) 12.

37 Ders., aaO (Anm. 25) 13.

Unordnung gefaßt, die ihrerseits in den ihr angemessenen Raum der Wüste zurückbeordert werden muß?«[38]

– und beantwortet beide Fragen vom ägyptischen ›Vergleichsmaterial‹ her. Argumentiert wird dabei mit der Vorstellung einer »Vertreibung« des Bösen bzw. »Verurteilung« des Schuldigen, wie sie in der Phrase *dr jzft* (»Böses vertreiben«)[39], vor allem aber in der ramessidischen Amunsprädikation *wp.f p3 ʿḏ3 dj.f sw rḫʿ (w) p3 mʿ3.tj r jmnt.t* pAnastasi II 6,7 (»er richtet den Schuldigen und überweist ihn dem Aufgang; den Gerechten aber dem Westen«)[40] zu Tage tritt. Damit ist implizit die zweite Schwierigkeit genannt, die der Plausibilität der vorgeschlagenen Deutung im Wege steht. Sie besteht in der Annahme, hebr. עֲזָאזֵל gehe auf äg. *ʿḏ3ḏr/l* (= *ʿḏ3* + *ḏr/l*) zurück und sei etwa mit »der beseitigte bzw. ferngehaltene Schuldige«[41] wiederzugeben.

b) Eine erneute Überprüfung des Azazel-Namens ist nach Görg deshalb erwünscht, weil der am meisten favorisierte Vorschlag עֲזָאזֵל <|עזזאל < עזז + אל[42] mit einer Konsonantenmetathese, also einem Eingriff in die phonetische Gestalt des Namens rechnen muß. Die unterstellte Analogie zwischen dem biblischen Azazel und dem ägyptischen Seth bietet für die etymologische Rekonstruktion den konzeptionellen Rahmen – auch wenn, wie der Autor vorsichtig formuliert, »nach wie vor Zurückhaltung am Platze«[43] ist. Der Verdacht auf einen ägyptischen Ursprung von hebr. עֲזָאזֵל wird von Görg durch die Kombination der beiden Elemente *ʿḏ3* (»Unrecht; Frevler, Schuldiger«) und *dr* (»vertreiben«) bzw. *ḏr* (»fernhalten, beseitigen«) konkretisiert. Das Element *ʿḏ3* (Wb I 240f) entnimmt er dabei der bereits zitierten Amunsprädikation pAnastasi II 6,7, während das zweite Element *dr* (Wb V 473f) verbaler Bestandteil der Phrase *dr jzft* (»Böses vertreiben«) ist, zu dem Wb V 595,5-9 ein altes Synonym *ḏr* (vgl. kopt. *ḏōlē* »hindern«) nachweist. Durch Kombination beider Ele-

[38] Ebd.

[39] Zum Topos »Vertreiben (*ḫsr, dr*) der Finsternis und ihrer Exponenten« s. B. Janowski, Rettungsgewißheit und Epiphanie des Heils. Das Motiv der Hilfe Gottes »am Morgen« im Alten Orient und im Alten Testament, Bd.I: Alter Orient, WMANT 59 (1989) 146 mit Anm. 744; 149 (Lit.) und O. Keel, Zur Identifikation des Falkenköpfigen auf den Skarabäen der ausgehenden 13. und 15. Dynastie, in: ders. / H. Keel-Leu / S. Schroer, Studien zu den Stempelsiegeln aus Palästina/Israel, Bd.II, OBO 88 (1989) 243-280, hier 268ff. Die Frage ist nicht, ob die Phrase *dr jzft* auf Seth angewandt wird (entsprechende Belege bei E. Hornung, Licht und Finsternis in der Vorstellungswelt Altägyptens, StGen 18 [1965] 73-83, hier 78f, vgl. ders., Art. Dunkelheit, LÄ I 1153f, hier 1154 mit Anm. 4), sondern ob die ägyptische Vorstellung einer »Vertreibung« des Schlechten die biblische Azazel-Gestalt zu erklären vermag, s. auch im folgenden.

[40] S. dazu im folgenden.

[41] Görg, aaO (Anm. 25) 14.

[42] S. dazu Janowski, aaO (Anm. 3) 268 Anm. 447 (Lit.), ferner KBL^3 762 s.v.; Loretz, aaO (Anm. 3) 48ff und Görg, aaO (Anm. 25) 13f und Wright, aaO (Anm. 3) 21ff.

[43] Görg, aaO (Anm. 25) 14.

mente zu *ˁḏ3ḏr/l* »erhält man einerseits ein phonetisch exakt passendes Äquivalent zu עזאזל und andererseits einen Ausdruck, der grammatikalisch als Nomen und Part.pass. zu verstehen und etwa mit ›der beseitigte bzw. ferngehaltene Schuldige‹ wiederzugeben wäre, so daß auch in semantischer Hinsicht gerade die der Azazelgestalt eigene Funktion in der Namengebung transparent werden würde«[44].
Diese neue Etymologie des Azazel-Namens ist phonetisch vielleicht nicht unmöglich, wenn auch ein wenig abenteuerlich. Aber nicht alles, was phonetisch möglich scheint, ist auch kontextuell sinnvoll oder wahrscheinlich. Auf eine kontextbezogene Deutung des Azazel-Namens legt Görg zu Recht großen Wert. Gerade diese ist u.E. aber nicht von der Amunsprädikation pAnastasi II 6,7 her zu gewinnen, auf die Görg zweimal[45] ausdrücklich Bezug nimmt. Nach pAnastasi II 6,5-7 par. pBologna 1094:2,3-7 = ÄHG 174,1-10 werden die Feinde des Sonnengottes Amun-Re dem »Aufgang (sc. der Sonne)«, die Gerechten aber dem »Westen« (= Totenreich) überwiesen. Der entscheidende Passus pAnastasi II 6,6f = ÄHG 174,7-10 lautet:

7 «Amun richtet das Land mit seinem Finger,
8 er spricht, was dem Herzen gemäß ist,
9 er richtet den Schuldigen
und überweist ihn dem Aufgang; |
10 den Gerechten aber dem Westen«[46].

Wie S. Morenz[47], eine Vermutung R.A. Caminos'[48] bestätigend, nachgewiesen hat, ist *ḫˁ* »Aufgang (sc. der Sonne)« pAnastasi II 6,7 (= ÄHG 174,9) ein mythopoetischer Ausdruck für den »Osten«, der hier als Strafort für die Frevler fungiert: »An diesem östlichen Ort des Aufgangs wird die Strafe durch Feuer vollzogen, das dem ›Aufgangsort‹ inhärent sein muß; d.h. aber die Strafe wird vom heißen Sonnengott *eo ipso* gewirkt«[49]. Der östliche Aufgangsort der Sonne hat demnach die Konnotation »Ge-

44 AaO (Anm. 25) 14f.
45 AaO (Anm. 25) 13.14.
46 S. zu diesem Text Janowski, aaO (Anm. 39) 171f. Der Paralleltext pBologna 1094:2,3-7 liest statt Singular *ḏbˁ.f* den Plural *ḏbˁw.f* »seine Finger«.
47 Rechts und links im Totengericht, in: Ders., Religion und Geschichte des alten Ägypten. Gesammelte Aufsätze (1975) 281-294, hier 282ff.
48 Late Egyptian Miscellanies, Brown Egyptological Studies 1 (1954) 50, wo pAnastasi II 6,7 wie folgt übersetzt wird: »He judges the guilty and assigns him to the East (?) and the just to the West«. Bei Görg, aaO (Anm. 25) 13 wird Caminos' Wiedergabe von äg. *ḫˁ(w)* mit »East(?)« uminterpretiert zu »östliche Wüstenregion«, s. dazu im folgenden.
49 Morenz, aaO (Anm. 47) 283f, vgl. ders., ZDMG 106 (1956) 365-367, hier 366f, und zur Sache G. Fecht, Literarische Zeugnisse zur »Persönlichen Frömmigkeit« in Ägypten, AHAW.PH (1965/1) 40; D. Keßler, Art. Himmelsrichtungen, LÄ II 1213-1215, hier 1213 und R. Grieshammer, Rechts und links (Symbolik), LÄ IV 191-193, hier 192 und H.-W. Fischer-Elfert, Literarische Ostraka der Ramessidenzeit in Übersetzung (1986) 8-12, hier 9 mit Anm. 1.

richtsstätte für die Feinde des Sonnengottes«. Der Schuldige (*ʿḏ3*) wird also dort gerichtet, wo die Strahlen der Sonne (= der/die »Finger« Amuns pAnastasi II 6,6 par. pBologna 1094:2,5 = ÄHG 174,7) alles Schlechte, d.h. Schöpfungswidrige zuerst und am nachhaltigsten ›durchschauen‹ [50]. Wenn Görg die in pAnastasi II 6,7 formulierte »kritische Distinktion zwischen Gutem und Bösen mit lokalen Assoziationen« mit der Bemerkung kommentiert: »Der Schuldiggesprochene gehört dorthin, wo die Schuld letztlich herkommt«[51] und die dortige Ortsangabe *ḫʿ* (*: : jmnt.t*) als Heimat der Seth- bzw. der Azazel-Gestalt deklariert, dann liegt dem eine Verwechslung von *ḫʿ* »Aufgang (sc. der Sonne) → Osten« mit der östlichen, negativ qualifizierten Wüstenregion zugrunde[52]. Die Konnotation »(östliche) Wüste« | - in die man das andrängende, in der Seth- bzw. Azazel-Gestalt personifizierte Chaos zurückverwies - ist dem Ausdruck *ḫʿ* nicht inhärent.

c) Azazel als »der beseitigte bzw. ferngehaltene Schuldige« - Görg zufolge würde nicht nur in grammatischer, sondern »auch in semantischer Hinsicht gerade die der Azazelgestalt eigene Funktion in der Namengebung transparent werden. . .«[53]. Die Einwände gegen diese (ägyptische) Herleitung des Azazel-Namens und der Azazel-Gestalt sind u.E. gravierend, und die Annahme einer Konsonantenmetathese (עֲזָאזֵל < עזזאל < עזז + אל) demgegenüber immer noch plausibler[54]. Azazel ist nicht »der beseitigte bzw. ferngehaltene Schuldige«, sondern - jedenfalls auf der Ebene der Endgestalt von Lev 16 - ein Wesen, für das am großen Versöhnungstag ein Ziegenbock ausgelost wurde (Lev 16,8.10a, vgl. V. 26), der die ihm ›aufgeladenen‹ Verschuldungen Israels »in die Wüste« bzw. »in eine abgelegene Gegend« forttragen soll (Lev 16,10b.21f). Görgs These macht nur unter der Voraussetzung Sinn, daß die Azazel-Gestalt mit dem »Sündenbock« zusammenzusehen ist, jene also wie dieser ein ritueller Träger des Unheils oder - wie er im Blick auf die vermeintliche Parallelität Seth/Azazel formuliert - die »Personalisierung eines Unheilsträgers« bzw. »Personifikation der Schuldbeladenheit«[55] war (s. oben Ziffer a). Genau das scheint die Intention seiner »Beobachtungen« zu sein, wie am Ende des Aufsatzes auch explizit deutlich wird. Görg rekurriert dort auf

50 Auch Seth wird nach pSalt 825 IV, 7 vom aufgehenden Sonnengott an der östlichen Gerichtsstätte verurteilt, s. dazu Morenz, aaO (Anm. 47) 284 und Ph. Derchain, Le Papyrus Salt 825 (B.M. 10051), rituel pour la conversation de la vie en Egypte, Fasc.I (1965) 157f.

51 AaO (Anm. 25) 13.

52 Vgl. wiederum Görgs - suggestive - Frage: »Ob sich in der Azazelgestalt als Personifikation der Schuldbeladenheit ebenfalls (sc. wie bei Seth) eine mythologische Verdichtung der von der (östlichen) Wüste kommenden und in sie zu bannenden Gefahren zeigt?« (ebd.).

53 AaO (Anm. 25) 15.

54 Was allerdings nicht davon dispensiert, den Namen Azazels und die Motivation für das Einbringen dieser Gestalt in Lev 16 zu erklären, s. vorläufig unten Abschn. 3.

55 AaO (Anm. 25) 12.13.

die alten Versionen (LXX, α'σ'ϑ', Vulg), die עֲזָאזֵל nicht als Eigenname behandeln, sondern auf den »Sündenbock« beziehen und das Wort mit ἀποπομπαῖος (Lev 16,8.10a LXX), ἀποπομπή (V. 10b LXX), ὁ διεσταλμένος εἰς ἄφεσιν (V. 26 LXX) bzw. *caper emissarius* (Lev 16,8.10a.26 Vulg) wiedergeben[56]. Für die »Verbindung des Ausdrucks עֲזָאזֵל mit dem Sündenbock« nimmt Görg die Nähe zur ägyptischen Vorstellung einer »Verknüpfung des Seth mit dem ›Seth-Tier‹ « an, »als welches seit dem M(ittleren) R(eich) der Esel gilt«[57]. Wie immer die innerägyptische Entwicklung der Seth-Gestalt ausgesehen hat – wegen der Unvergleichbarkeit der Azazel- mit der Seth-Gestalt (s. oben Ziffer b) ist die Erklärung jener Übersetzungspraxis durch S. Landersdorfer u.E. immer noch die wahrscheinlichere: die alten Versionen ». . . wollen von Azazel nichts wissen, sie ken-|nen ihn nicht oder wollen ihn nicht kennen, wenigstens zum größeren Teil. Die Deutung dieser Erscheinung liegt nahe genug, als daß man sie nicht schon längst gefunden hätte: man habe eben den unbequemen Dämon aus dem Gesetze draußen haben wollen«[58].

3. Ein neuer Vorschlag

Was ist das Ergebnis unserer Überlegungen? Zunächst dies, daß die Rückfrage nach der (späten) Azazel-Gestalt Lev 16,8.10 (bis).26 von der Religions- und Überlieferungsgeschichte des »Sündenbock«-Ritus Lev 16,10.21f zu trennen ist[59]. Dieser Eliminationsritus kann, wie seit den Untersuchungen H.M. Kümmels[60] immer deutlicher geworden ist, am besten auf dem Hintergrund hurritischer Reinigungsriten gedeutet werden[61]. Die Azazel-Gestalt dagegen ist nach dem vorliegenden Textzusammenhang »gewiß nichts anderes als ein Dämon«[62]. Was aber war sie ursprünglich? Bisher hat sich diese Frage weder von der Etymologie des Azazel-Namens noch von der späteren Überlieferung der Azazel-Gestalt her (vgl. z.T. die alten Versionen, äthHen 8,1; 9,6; 10,8, u.a.) schlüssig beantworten lassen. Wahrscheinlich ist nur, daß sie dem »Sündenbock«-Ritus selbst nicht immanent und »weiter nichts als die Ausgeburt der jüdischen, vielleicht auch schon der altisraelitischen Volksphantasie von einem Herrn der Wüste ist, der in gar keiner unmittelbaren Beziehung zu der in seinem Herrschaftsbereich moralischen und kultischen Unreinheit

56 Einzelheiten bei Landersdorfer, aaO (Anm. 1) 18ff.

57 AaO (Anm. 25) 15. Görg nimmt hier Bezug auf E. Brunner- Traut, Art. Esel, LÄ II 27-30, hier 28.

58 AaO (Anm. 25) 20.

59 Vgl. die o. Anm. 26 zitierte Lit.

60 Vgl. o. Anm. 5 und ders., in: TUAT II/2 (1987) 285ff.

61 Vgl. o. S. 102 mit Anm. 24.

62 Elliger, aaO (Anm. 6) 212.

steht und jedenfalls erst spät . . . als Urheber der Sünde satanische Züge angenommen hat«[63].

Allerdings: auch wenn das Einbringen jener Gestalt in Lev 16 auf einen Impuls der »jüdischen, vielleicht auch schon der altisraelitischen Volksphantasie von einem Herrn der Wüste« zurückzuführen ist, wäre dafür immer noch ein plausibles, möglichst an Lev 16 bzw. der vorauszusetzenden Ritualtradition orientiertes Motiv namhaft zu machen. Dieses sehen wir in dem rätselhaften עֲזָאזֵל (< עזזאל < עזז + אל), das mit G. Wilhelm[64] zureichend auf dem Hintergrund hurritischer | Reinigungsriten gedeutet werden kann. So schreibt z.B. ein altbabylonisches Vereidigungsritual aus Alalaḫ (AeT * 126:17-25) ein als *azaḫi* genanntes Opfer vor, bei dem 1200 Vögel und 6 Ziegen (als Brandopfer) dargebracht und des weiteren je ein Lamm für die Götter der Höhe und die der Unterwelt als *keldi* (»Heil«) geopfert werden. V. Haas und G. Wilhelm[65] haben dieses Ritual mit hethitischen kathartischen Riten aus dem hurritischen Raum Nordsyriens und Kizzuwatnas (Südostanatolien) in Zusammenhang gebracht und jenes *azaḫum* (mit akk. Nominativendung) mit dem in diesen Ritualen begegnenden »Unreinheitsbegriff« *azuzḫi* identifiziert, der mehrfach in der Ritualserie *itkalzi* neben Unreinheitstermini erscheint. Wilhelm kommentiert die beiden Wörter wie folgt:

»Da *-ḫi* ein sehr oft begegnendes hurritisches Derivationssuffix ist, kann als Stamm *azaz-*, *azuz-* angesetzt werden. Der Begriff *ʿăzāzél* ist gewiß zu Recht auf die semitische Wurzel *ʿzz* (akkadisch »zornig sein«, hebräisch »stark, gewaltig sein«) zurückgeführt worden. Das hurritische Wort erweist sich damit als eine Entlehnung aus dem Semitischen. Das Verständnis des Ausdrucks »für *ʿăzāzél*« (= »Zorn(!?) des Gottes«) erschließt sich durch die oben . . . dargestellte Identität von göttlichem Zorn und magischer Unreinheit in einem sehr archaischen religiösen Konzept«[66].

Diese Deutung paßt religionsgeschichtlich zu dem hinter dem »Sündenbock«-Ritus Lev 16,10.21f stehenden Konzept der rituellen Elimination von Unheil, wie es auch in Ugarit[67] und im ionisch-griechischen Bereich belegt ist. Sollte sie zutreffen, wäre damit zu rechnen, daß man die ursprüngliche Bedeutung des Ausdrucks עֲזָאזֵל Lev 16,8.10 (bis).26 als Zweckbestimmung jenes Eliminationsritus (= »für [die Beseitigung von] Gotteszorn«) früh nicht mehr verstand und im Zuge der Überlieferungsbildung von Lev 16 von genuin israelitischen Verstehensvoraussetzungen

[63] Ders., ebd., vgl. auch ders., aaO 213: »Die Gestalt des Dämons Asasel, ganz gleich wann sie hereinkam, spielt immer nur die bedeutungslose Nebenrolle der Macht, in deren Bereich der Bock nach dem gewöhnlichen Lauf der Dinge zugrundeging«.

[64] AaO (Anm. 3) 104, vgl. 94.99f.103.

[65] Hurritische und luwische Riten aus Kizzuwatna. Hurritologische Studien I, AOATS 3 (1974) 138f.

[66] AaO (Anm. 65) 104. Zu der These von Loretz aaO (Anm. 3) 50ff, Azazel sei analog ug. ʿzbʾl KTU 1.102:27 der Name einer niederen Gottheit, s. demnächst die unten Anm. 71 angekündigte Studie.

[67] Vgl. die o. Anm. 24 zitierte Lit.

her als Namen eines Dämons mit theophorem Element /'l/ interpretierte[68]. Man käme bei diesem Vorschlag - um noch einmal M. | Görg zu zitieren - »sowohl ohne Eingriff in die phonetische Gestalt wie auch ohne kontextfremde Interpretation des Azazelnamens«[69] aus. Ob der Jubilar und Leviticus-Kommentator[70] dem wird zustimmen können, muß sich zeigen[71]. Einstweilen sei er ihm in Respekt vor seinem wissenschaftlichen Oeuvre und als Zeichen der Mitfreude zu seinem 65. Geburtstag zugeeignet.

[68] Die Einbringung der »Azazel« genannten Gestalt hätte sich dann am Motiv der »Wüste« bzw. der »abgelegenen Gegend« entzündet, in die der - ursprünglich לעזאזל (= »für [die Beseitigung von] Gotteszorn« Lev 16,8.10.26) ausgeloste - Bock entlassen wird (Lev 16,8.10.26). Zu /'l/ in Namen von Gottheiten, Engeln und Dämonen s. J. Lewy, The Late Assyro-Babylonian Cult of the Moon and its Culmination at the Time of Nabonidus, HUCA 19 (1945/46) 405-489, hier 429 Anm. 134.

[69] AaO (Anm. 25) 15.

[70] R. Rendtorff, Leviticus, BK III/1 (1985); III/2 (1990).

[71] S. demnächst ausführlicher B. Janowski / G. Wilhelm, Der Bock, der die Sünden hinausträgt. Rituelle Elimination des Unheils in Israel und seiner Umwelt (erscheint in einem Kongreßband).

Er trug unsere Sünden

Jesaja 53 und die Dramatik der Stellvertretung[1]

Hans Walter Wolff zum 17. 12. 1992

I. Das Problem

Es gibt nur wenige religiöse Texte der Antike, die so folgenreich waren und doch so rätselhaft geblieben sind wie die biblischen Überlieferungen vom »leidenden Gerechten«[2]. Was sie mit den vergleichbaren Texten aus Mesopotamien und Ägypten[3] verbindet, ist eine bestimmte, ausgesprochen befremdliche Sicht der Gerechtigkeit: Der Gerechte lebt kraft seiner Treue und er leidet, *weil* er gerecht ist. Das ist im eigentlichen Sinn des Wortes paradox. Denn es widerspricht einer Auffassung von Wirklichkeit, wonach sich alles Ergehen auf ein entsprechendes Tun bezieht und die Tat im Guten wie im Bösen zum Täter zu-

[1] Um die Anmerkungen erweiterte Fassung der Antrittsvorlesung an der Universität Heidelberg am 1. 7. 1992. Der Einfachheit halber wird im folgenden zuweilen statt von Jes 52,13–53,12 von Jes 53 gesprochen.

[2] S. dazu L. RUPPERT, Der leidende Gerechte. Eine motivgeschichtliche Untersuchung zum Alten Testament und zwischentestamentlichen Judentum (fzb 5), 1972; K. TH. KLEINKNECHT, Der leidende Gerechtfertigte. Die alttestamentlich-jüdische Tradition vom »leidenden Gerechten« und ihre Rezeption bei Paulus (WUNT II/13), 1988[2], und zuletzt G. BARTH, Der Tod Jesu Christi im Verständnis des Neuen Testaments, 1992, 28ff. Eine vierstufige »Typologie des leidenden Gerechten« hat H.-J. KLIMKEIT, Der leidende Gerechte in der Religionsgeschichte. Ein Beitrag zur problemorientierten »Religionsphänomenologie« (in: H. ZINSER [Hg.], Religionswissenschaft. Eine Einführung, 1988, 164–184) im Anschluß an H. H. Schmid vorgeschlagen, vgl. jetzt H. H. SCHMID, Alttestamentliche Voraussetzungen neutestamentlicher Christologie (JBTH 6, 1991, 33–45), 38ff.

[3] Für Mesopotamien s. die repräsentative Textzusammenstellung bei W. VON SODEN, »Weisheitstexte« in akkadischer Sprache (Texte aus der Umwelt des Alten Testaments III/1), 1990, 110–188, und für Ägypten J. ASSMANN, Der »leidende Gerechte« im alten Ägypten. Zum Konfliktpotential der ägyptischen Religion (in: CH. ELSAS/H. G. KIPPENBERG [Hg.], Loyalitätskonflikte in der Religionsgeschichte [FS C. Colpe], 1990, 203–224).

rückkehrt[4]. Diese zirkuläre oder besser: reziproke Struktur des Handelns ist hier außer Kraft gesetzt. Denn wo – wie im Tun-Ergehen-Zusammenhang – Leiden als Folge von Schuld verstanden wird, kann der Leidende kein Gerechter sein, ja ist der Begriff der Gerechtigkeit gar nicht anwendbar: daß ein »Gerechter« leidet, kann nicht sein; wenn er aber leidet, kann er nicht »gerecht« genannt werden. Plausibel ist die Korrelation von Gerechtigkeit und Leiden also nur in einem Kontext, in dem der traditionelle Zusammenhang von Tun und Ergehen zerbrochen ist.

Trotz dieses gemeinsamen Kontextes gibt es zwischen den *passio iusti*-Texten aus Mesopotamien, Ägypten und Israel erhebliche Unterschiede. Im Vergleich etwa mit Ägypten ist Israel andere Wege gegangen, weil es das Leiden des Gerechten mit der Hoffnung auf die Errettung durch Gott verbunden hat (vgl. Ps 34,20: »Zahlreich sind die Leiden des Gerechten, doch aus ihnen allen befreit ihn JHWH«). Seine schärfsten Konturen erhält das Problem – abgesehen von Hiob – aber durch Jes 53 und seinen Stellvertretungsgedanken. Dieser Gedanke hat nach P. Volz der jüdischen Theodizee ein völlig neues Gesicht gegeben:

> »Nur wenn wir den Druck mitempfinden, der in jener alten Zeit auf den Frommen lag, verstehen wir das Hochgefühl der Befreiung, das sich in Jes 53 kundgibt. Die neue Lösung stürzt die bisherige Theorie um, daß aus Leiden auf Schuld, auch beim Frömmsten, geschlossen werden dürfe, diese furchtbare, tyrannische Theorie, unter der ein Hiob qualvoll gelitten hatte. ... Wir stehen am geschichtlichen Quellort, an dem die Idee des stellvertretenden Leidens entsprungen ist.«[5]

So vertraut uns die Formel vom stellvertretenden Leiden ist, so schwer fällt es offenbar, sie heute verständlich zu machen. Seit Kants Religionsschrift von 1793 wird immer wieder behauptet, daß der Gedanke der Stellvertretung nicht mehr nachvollziehbar sei, weil Schuld als »unveräußerliches Persönlichkeitsmerkmal« nicht übertragen werden könne. Die Schuld ist nach Kant

[4] Zur spezifischen Konstruktion des Zusammenhangs von Tun und Ergehen, die alles Ergehen als Folge eines Tuns interpretiert und Gott als Garanten dieses Zusammenhangs sieht, s. den Überblick bei K. Koch (/J. Roloff), Art. Tat-Ergehen-Zusammenhang, Reclams Bibellexikon, 1987[4], 493–495, ferner H.-D. Preuss, Theologie des Alten Testaments, Bd. 1, 1991, 209–220 (Lit.). Ob Kochs Sicht der Dinge in allem haltbar ist, steht hier nicht zur Diskussion, s. aber die kritischen Anfragen bei J. Assmann, Vergeltung und Erinnerung (in: Studien zu Religion und Sprache Ägyptens [FS W. Westendorf], 1984, 687–701); Ders., Ma^{c}at. Gerechtigkeit und Unsterblichkeit im Alten Ägypten, 1990, 60ff.177ff.253f.283ff; Ders., Das kulturelle Gedächtnis. Schrift, Erinnerung und politische Identität in frühen Hochkulturen, 1992, 232ff.

[5] Jesaja 53 (in: K. Marti [Hg.], Festschrift für K. Budde [BZAW 34], 1920, 180–190), 185f.

»... keine *transmissibele* Verbindlichkeit, die etwa, wie eine Geldschuld (bei der es dem Gläubiger einerlei ist, ob der Schuldner selbst oder ein anderer für ihn bezahlt), auf einen anderen übertragen werden kann, sondern die *allerpersönlichste*, nämlich die Sündenschuld, die nur der Strafbare, nicht der Unschuldige, er mag auch noch so großmütig sein, sie für jenen übernehmen zu wollen, tragen kann.«[6]

Die Schwierigkeiten mit dem Stellvertretungsgedanken kommen hier von einer bestimmten Auffassung des Menschen, nämlich vom Axiom der *Unvertretbarkeit des Subjekts* her: Solange das Subjekt seine eigene Verantwortungsmaßstäbe setzt, verbleibt auch die Schuld bei ihm und kann durch nichts und niemanden abgenommen werden. »Die Schuld ist immer die eigene, weil sie dem Ich anhaftet und keiner dem andern sein Ich abtreten kann«[7]. Bevor wir diese subjektzentrierte Schuldtheorie, die den Sünder erbarmungslos gegen sich selbst und blind für den ihm entgegenkommenden »Anderen«[8] macht, kritiklos nachsprechen und den Stellvertretungsgedanken etwa mit G. Friedrich[9] in die theologische Bedeutungslosigkeit verabschieden, sollten wir intensiver über alternative Verstehensmöglichkeiten nachdenken. Dafür dürfte ein Text wie Jes 53 der geeignete Ausgangspunkt sein.

Um wenigstens die Richtung anzudeuten, in die die folgenden Überlegungen zielen, seien einige Hinweise zur Verwendung des Wortes »Stellvertretung« vorausgeschickt[10]. Das deutsche Abstraktum »Stellvertretung« ist erst

[6] Die Religion innerhalb der Grenzen der bloßen Vernunft, hg. von K. VORLÄNDER, 1956[6], 77 (Hervorhebung im Original), zur Kritik der idealistischen These vom »unersetzlichen« und darum (!) »unvertretbaren« Menschen s. D. SÖLLE, Stellvertretung. Ein Kapitel Theologie nach dem »Tode Gottes«, 1982[2], 30ff (mit der Gegenthese vom »unersetzlichen«, aber »vertretbaren« Menschen), und zu Kants Stellvertretungsverständnis G. WENZ, Geschichte der Versöhnungslehre in der evangelischen Theologie der Neuzeit, Bd. 1, 1984, 223ff, bes. 226f.

[7] G. FRIEDRICH, Die Verkündigung des Todes Jesu im Neuen Testament (BThSt 6), 1985[2], 151, zur Kritik an diesem Axiom s. K. LEHMANN, »Er wurde für uns gekreuzigt«. Eine Skizze zur Neubesinnung in der Soteriologie (ThQ 162, 1982, 298–317), 311ff; W. BREUNING, Wie kann man heute von Sühne reden? (BiKi 41, 1986, 76–82), 79f, und CH. LINK, »Für uns gestorben nach der Schrift« (EvErz 43, 1991, 148–169), 148ff.165ff.

[8] Sowohl LEHMANN, aaO 315f, als auch BREUNING, ebd., verweisen in diesem Zusammenhang auf die Kategorie des »Anderen«, wie sie E. LÉVINAS, Die Spur des Anderen. Untersuchungen zur Phänomenologie und Sozialphilosophie, 1983, 222ff.315ff, beschrieben hat (interessanterweise kommt Lévinas, aaO 224, auf Jes 53 zu sprechen), s. zur Sache auch CH. GESTRICH, Die Wiederkehr des Glanzes in der Welt. Die christliche Lehre von der Sünde und ihrer Vergebung in gegenwärtiger Verantwortung, 1989, 342ff.

[9] FRIEDRICH (s. Anm. 7), 150f, vgl. BARTH (s. Anm. 2), 3.68, der das Problem aber differenzierter sieht (aaO 37ff.68ff.158f).

[10] Zum Folgenden s. v.a. SÖLLE (s. Anm. 6), 17ff; E. JÜNGEL, Das Geheimnis der Stellvertretung. Ein dogmatisches Gespräch mit Heinrich Vogel (1984; in: DERS., Wert-

spät entstanden, und zwar im Lauf des 18. Jahrhunderts im Zusammenhang der sozinianischen Kritik an der Satisfaktionslehre der altprotestantischen Orthodoxie[11]. Luther hat es noch nicht gebraucht, sondern die mit ihm gemeinte Sache verbal umschrieben, z.B. »Jesus Christus, Gottes Sohn,/ an unserer Statt ist kommen« (WA 35,443,21). Es ist daher zu vermuten, daß das Wort »Stellvertretung«, als es in Gebrauch kam, die Aufgabe hatte, zuvor *verbal* formulierte Aussagen auf den *Begriff* zu bringen[12]. Das deutsche Abstraktum ist also eigentlich als *nomen actionis* zu lesen – ganz entsprechend zu den biblischen Überlieferungen, die die ursprünglich verbale Struktur der Stellvertretung bewahrt haben. So wird im Neuen Testament der Stellvertretungsgedanke mit Hilfe von Verben ausgedrückt, die durch die Präpositionen ἀντί, διά, περί und vor allem ὑπέρ oder präpositional erweiterte Nomina wie ἀντάλλαγμα, ἀντίλυτρον, περικάθαρμα u.a. näher qualifiziert sind. Diese Termini besagen, daß eine Person »anstatt« bzw. »an Stelle« anderer Personen etwas getan oder erlitten hat. »Und da das, was ›anstatt‹ bzw. ›an Stelle‹ anderer getan oder erlitten wurde, ein negatives Geschehen ist, das den anderen damit erspart blieb, haben diese Termini zugleich die positive Bedeutung ›für‹ bzw. ›zu Gunsten von‹«[13]. Etwas Ähnliches meint auch das Alte Testament, wenn es den Stellvertretungsgedanken mit Hilfe präpositional näher bestimmter Verben wie *nātan taḥat*

lose Wahrheit. Zur Identität und Relevanz des christlichen Glaubens. Theologische Erörterungen III [BEvTh 107], 1990, 243–260) und H.-R. Reuter, Stellvertretung. Erwägungen zu einer dogmatischen Kategorie im Gespräch mit René Girard und Raymund Schwager (in: J. Niewiadomski/J. Palaver [Hg.], Dramatische Erlösungslehre. Ein Symposion [Innsbrucker theologische Studien 38], 1992, 179–199). Anhand einer allgemeinen Strukturformel für die Stellvertretungsbeziehung entwirft J. Weiss, Stellvertretung. Überlegungen zu einer vernachlässigten soziologischen Kategorie (KZS 36, 1984, 43–55), 45ff, eine Typologie der materialen Leistungen von Stellvertretung.

[11] Nach K. H. Menke, Stellvertretung. Schlüsselbegriff christlichen Lebens und theologische Grundkategorie, 1991, 82ff, findet sich der früheste Beleg bei dem Erlanger Vermittlungstheologen G. F. Seiler, Über den Versöhnungstod Jesu Christi, 2 Bde, 1778/79 (s. den Hinweis bei Reuter, aaO 181 Anm. 6), vgl. Jüngel, aaO 250 Anm. 12; zur theologiegeschichtlichen Problematik s. Wenz (s. Anm. 6), 119ff, und zur »Stellvertretung« als zentraler christlicher Kategorie Sölle (s. Anm. 6), 54ff; Gestrich (s. Anm. 8), 320ff; W. Pannenberg, Grundzüge der Christologie, 1969[3], 265ff; Ders., Systematische Theologie, Bd. 2, 1991, 460f. 461ff.

[12] Vgl. Jüngel, aaO 250f.

[13] Ders., aaO 251. Zu den relevanten Wendungen und besonders zur ὑπέρ-Formel s. jetzt Barth (s. Anm. 2), 41ff (Lit.), ferner Reuter, aaO 179, der das Gemeinsame dieser Wendungen so beschreibt: »Sie bringen *erstens* zum Ausdruck, daß eine Person *anstelle* anderer Personen etwas getan bzw. gelitten hat. Sie besagen *zweitens*, daß das Tun bzw. Erleiden jener Person *wegen* der Sünde bzw. Schuld anderer Personen erfolgte. Und sie drücken *drittens* aus, daß das Tun bzw. Erleiden jener einen Person *zugunsten* aller anderen Personen stattgefunden hat«.

»geben an Stelle von/für« (z.B. Jes 43,4) oder mit Hilfe der Wendung *nāśāʾ*/ *sābal* + Sünden-/Krankheitsterminus »Sünde(n)/Krankheit(en) tragen« (z.B. Jes 53,4.11f) formuliert[14]. Immer geht es darum, daß einer handelnd oder leidend an die »Stelle«[15] eines anderen tritt, der diese einzunehmen nicht fähig oder willens ist. Stellvertretung – so definiert der Sozialethiker H.-R. Reuter – verweist letztlich auf den »Gedanken eines Eintretens des einen für alle anderen als einer Wirklichkeit, die der Vernunft vorgegeben ist«[16]. Von dieser Wirklichkeit handelt das vierte Gottesknechtslied.

Damit ist der allgemeine Horizont des Themas »Jes 53 und die Dramatik der Stellvertretung« abgesteckt. Seine besondere Problematik besteht darin, daß Jes 53 keine einlinige Antwort auf die Frage zu entnehmen ist, wer letztlich das Subjekt ist, welches das stellvertretende Tun bzw. Leiden des Gottesknechts ins Werk gesetzt hat: Er selbst, Israel (die »Wir«[17]) oder Gott[18]? Es ist ein »dramatisches«, mehrere »Akteure« einschließendes Geschehen, das in Jes 53 zur Darstellung kommt. Wir wollen uns diesem Text zunächst über seinen Kontext nähern. Dazu gehört die Frage des Verhältnisses von Jes 53 zu den übrigen Ebed JHWH-Liedern (II/1) sowie die Frage der Identität des Gottesknechts (II/2). Nach ihrer Beantwortung soll Jes 53 selbst zu Wort kommen (III).

[14] Leider gibt es keine monographische Untersuchung zum Wortfeld »Stellvertretung« im Alten Testament, natürlich aber Einzelanalysen der genannten und ähnlicher Wendungen, s. etwa R. Knierim, Die Hauptbegriffe für Sünde im Alten Testament, 1967[2], 50ff.114ff.193ff.203ff.217ff; W. Zimmerli, Zur Vorgeschichte von Jes 53 (1969; in: Ders., Studien zur alttestamentlichen Theologie und Prophetie [TB 51], 1974, 213–221), u.a. Wie etwa das Bild vom zeichenhaften »Tragen« der Schuld Israels in Ez 4,4–8 zeigt (dazu Zimmerli, aaO 217ff), hätte eine entsprechende Analyse auch den Bereich der »symbolischen Handlungen« (der Propheten) zu berücksichtigen; relevant sind ferner die prophetische/priesterliche »Interzession«, die Repräsentanz Gottes/des Göttlichen im »Bild« (Gen 1,26ff u.a.) u.a., zur Interzession s. R. Le Déaut, Aspects de l'intercession dans le Judaïsme ancien (JSJ 1, 1970, 35–57), zur Bildproblematik K.-H. Bernhardt, Gott und Bild. Ein Beitrag zur Begründung des Bilderverbotes im Alten Testament (ThA 2), 1956, 61ff; S. Schroer, In Israel gab es Bilder. Nachrichten von darstellender Kunst im Alten Testament (OBO 74), 1987, 322ff, und zur religionswissenschaftlichen Problematik G. Lanczkowski, Art. Stellvertretung, RGG[3] VI, 1962, 356f.

[15] Zur »lokalen« Dimension von Stellvertretung s. Gestrich (s. Anm. 8), 327f.

[16] In: W. Huber/H.-R. Reuter, Friedensethik, 1990, 272.

[17] S. dazu im folgenden.

[18] Vgl. Reuter (s. Anm. 10), 179, der diese Frage im Blick auf den christologischen Stellvertretungsgedanken stellt.

II. Der Kontext von Jes 53

1. Jes 53 und die ersten drei Ebed JHWH-Lieder

Es ist für die Interpretation von erheblicher Bedeutung, daß Jes 52,13–53,12 vielfältig mit den übrigen Ebed JHWH-Liedern (EJL I–III: Jes 42,1–4; 49,1–6; 50,4–9) verknüpft ist[19]. So wird das vierte EJL in 52,13a (»Siehe, Erfolg wird mein Knecht haben…«) mit einer Formulierung eingeleitet, die explizit auf 42,1–4, also das erste EJL zurückgreift. Dort wird der Gottesknecht mit der Formel »Siehe, mein Knecht, den ich halte, // mein Erwählter, der meiner Seele gefällt!« (42,1a) vorgestellt und mit dem Völkerauftrag versehen: Er soll den Völkern und Inseln den *mišpāṭ* und die *tôrâ* hinausbringen (42, 1bβ.3b.4aβ.b). Aufgrund dieser Verklammerung des vierten mit dem ersten Lied ergibt sich die Frage nach der Funktion der dazwischen stehenden Lieder II und III. Obwohl sie nur auf der Ebene des Dtjes-Buchs im ganzen zu beantworten ist, ist doch unschwer zu erkennen, daß sowohl zwischen dem ersten und dem zweiten als auch zwischen dem zweiten und dem dritten EJL Zusammenhänge bestehen, die über bestimmte Leitwörter und Motive laufen:

So wird der Zusammenhang zwischen 42,1–4 und 49,1–6 über das *Völkermotiv* hergestellt: Der Aufmerksamkeitsruf an die »Inseln« (*'iyyîm*) und »Völker« (*'ummîm*) in 49,1a schließt an das Völkermotiv von 42,1bβ.4b an. Damit

[19] Zum Folgenden s. v.a. H.-J. Hermisson, Israel und der Gottesknecht bei Deuterojesaja (ZThK 79, 1982, 1–24); Ders., Der Lohn des Knechts (in: Die Botschaft und die Boten [FS H. W. Wolff], hg. von J. Jeremias und L. Perlitt, 1981, 269–287); O. H. Steck, Aspekte des Gottesknechts in Deuterojesajas »Ebed-Jahwe-Liedern« (1984; in: Ders., Gottesknecht und Zion. Gesammelte Aufsätze zu Deuterojesaja [Forschungen zum Alten Testament 4], 1992, 3–21); Ders., Aspekte des Gottesknechts in Jesaja 52,13–53,12 (in: Ders., Gottesknecht und Zion, 22–43). Uns geht es im vorliegenden Zusammenhang um den Primärsinn und die Relation der vier »Lieder« unter dem Aspekt der Stellvertretungsproblematik – die nur einen, wenngleich gewichtigen Ausschnitt aus der Gesamtthematik darstellt. Die EJL sind im Verlauf einer drei Jahrhunderte währenden Rezeptionsgeschichte von Jes 40–66 immer wieder neu angeeignet und produktiv fortgeschrieben worden, in der sich ihr Primärsinn weiter entfaltet und verändert hat, s. dazu jetzt zusammenfassend O. H. Steck, Gottesvolk und Gottesknecht in Jes 40–66 (JBTh 7, 1992, 51–75), aber auch R. G. Kratz, Kyros im Deuterojesaja-Buch. Redaktionsgeschichtliche Untersuchungen zu Entstehung und Theologie von Jes 40–55 (FAT 1), 1991, 144ff; O. H. Steck, Die Gottesknechts-Texte und ihre redaktionelle Rezeption im Zweiten Jesaja (in: Ders., Gottesknecht und Zion, 149–172) und zur Unterscheidung von Primärsinn und sekundärer Deutung v.a. M. Weippert, Die »Konfessionen« Deuterojesajas (in: Schöpfung und Befreiung [FS C. Westermann], hg. von R. Albertz, F. W. Golka und J. Kegler, 1989, 104–115) und M. Saebø, Vom Individuellen zum Kollektiven. Zur Frage einiger innerbiblischer Interpretationen (in: Schöpfung und Befreiung, 116–125).

wird das zweite EJL als Ausführung der dem Knecht übertragenen Aufgabe gekennzeichnet, zum »Licht der Völker« (*'ôr goyîm*) zu werden: »Ich mache dich zum Licht der Völker, damit mein Heil sich verbreite bis an das Ende der Erde« (49,6b).

Der Zusammenhang zwischen 49,1–6 und 50,4–9 wird dagegen über das *Klage- und Vertrauensmotiv* gebildet. Dabei fällt auf, daß in 50,4–9 die Klage fehlt und in V. 5aβ–6 durch ein Bekenntnis der Zuversicht ersetzt wird. Damit ist das dritte EJL ganz auf dem Boden der Zuversicht von 49,4b.5b gesprochen und vom Motiv des Vertrauens geprägt: »Nah ist der, der mir Recht schafft/ mein Rechtfertiger: Wer will mit mir streiten? Laßt uns zusammen vortreten!« (50,8a).

Und schließlich wird der Zusammenhang zwischen 50,4–9 und 42,1–4 über die *hen-Formel* hergestellt: Das doppelte, die ersten drei EJL emphatisch abschließende »siehe« in 50,9 dürfte Rückverweis auf das »siehe« von 42,1a sein – und gleichzeitig die Zäsur gegenüber dem »siehe« von 52,13a markieren. Damit wird die Zukunft des Knechts ganz in die Hand Gottes gelegt, der ihm gegen alle Anfeindungen zum Recht verhelfen soll: »(Siehe) Der Herr JHWH hilft mir, darum werde ich nicht zuschanden« bzw. »wer ist der, der mich für schuldig erklärt?« (50,7a / 9a).

Die ersten drei EJL beschreiben also den *Weg des Gottesknechts* in die Völker- und Israelwelt: Er führt von der Präsentation des Knechts im himmlischen Thronrat und der Vergabe des universalen Völkerauftrags an ihn (I) über die Proklamation seiner Amtseinsetzung vor den Völkern in Verbindung mit der schwierigen Israelaufgabe (II) bis hin zu seiner leidvollen Begegnung mit Israel (III) – einem Israel, das dem Knecht so entgegentritt, daß er menschlich isoliert und radikal auf JHWHs Hilfe angewiesen ist (50,4–9). War der Knecht zu Beginn des ersten EJL ganz bei JHWH – »Siehe, mein Knecht, den ich halte…« (42,1a) –, so ist er es auch am Ende des dritten EJL – »Siehe, der Herr JHWH hilft mir…« (50,9aα). Aber der Perspektivenwechsel ist doch bezeichnend: es ist der Wechsel von der Präsentation des Erwählten zur Angefochtenheit des Leidenden, von der Nähe bei Gott zur Anfeindung durch die Menschen – die nur die Gewißheit der Gottesnähe »erträglich« macht[20].

[20] Das die beiden *mî*-Fragen (V. 8aβ // 8b) einleitende Motiv der »Rechtfertigung« des Ebed durch JHWH, den *maṣdîqî* »mein Rechtfertiger« (50,8aα, ein im Alten Testament singuläres Gottesprädikat!), wird in 53,11aβ rezipiert und in eine aktive Qualität des Ebed umgeformt: »Durch seine (Gottes-)Erkenntnis schafft Gerechtigkeit der Gerechte (*yaṣdîq ṣaddîq*), mein Knecht, den Vielen …«, vgl. STECK, Aspekte des Gottesknechts II, 38; KLEINKNECHT (s. Anm. 2), 45ff, bes. 46f; H. NIEHR, Herrschen und Richten. Die Wurzel *špṭ* im Alten Orient und im Alten Testament (fzb 54), 1986, 259f. Die forensischen Termini *ṣdq* hif. (+ Subj. JHWH :: *rš*^{c} hif. + Subj. »Feinde des Ebed«

Das dritte EJL endet denn auch sachlich mit einer offenen Frage: Ist der Knecht, dessen Zukunft ganz in der Hand JHWHs liegt, mit seiner Aufgabe, Israel wieder aufzurichten und zum »Licht der Völker« zu werden (49,5f, vgl. 42,1–4), gescheitert, oder ist er in seiner Existenz und Funktion bewahrheitet? Wie aber sollte diese Bewahrheitung aussehen? Sie müßte auf jeden Fall mehr sein als nur eine Bestätigung seiner individuellen Rettungsgewißheit, also nicht nur seine Person, sondern auch seine Aufgabe umgreifen, da beides doch zusammengehört. Diese offene Frage am Ende des dritten EJL ist einer der Impulse, aus denen das vierte Lied entstanden sein wird[21].

2. Der Gottesknecht innerhalb und außerhalb der Ebed JHWH-Lieder

Wer aber hat das vierte EJL verfaßt, und welche Antwort auf die offene Frage des dritten Liedes kann ihm entnommen werden? Wir berühren damit das Problem der kollektiven oder individuellen Deutung von Jes 53 – das allerdings komplexer ist als die einfache Alternative kollektiv/individuell suggeriert. Wenn man nämlich nach der Gestalt des Gottesknechts innerhalb und außerhalb der EJL fragt[22], stellt sich die Sachlage kurzgefaßt folgendermaßen dar:

V. 9aβ), *rîb* und *mišpāṭ* in 50,8 zeigen, daß es um die »Rechtssache« des Ebed geht, der beauftragt ist, den göttlichen *mišpāṭ* in die Völkerwelt hinauszutragen (42,1bβ.3b.4aβ, vgl. *tôrâ* 42,4b), und dessen *mišpāṭ* bei JHWH ist (49,4bα, vgl. die auf Jakob/Israel bezogene Kontrastaussage 40,27); zum Zusammenhang dieser Stellen s. bes. HERMISSON, Lohn des Knechts (s. Anm. 19), 274f.278ff.282f; KLEINKNECHT, aaO 53ff, ferner J. JEREMIAS, *Mišpāṭ* im ersten Gottesknechtslied (Jes XLII 1–4) (VT 22, 1972, 31–42 [dazu HERMISSON, aaO 282 Anm. 27]) und R. KILIAN, Anmerkungen zur Bedeutung von *mišpāṭ* im ersten Gottesknechtslied (in: Die Freude an Gott – unsere Kraft [FS O. B. Knoch], 1991, 881–88).

[21] Mit H.-J. HERMISSON, Einheit und Komplexität Deuterojesajas (in: J. VERMEYLEN [ed.], The Book of Isaiah [BEThL 81]), 1989, 287–312), bes. 309ff; KRATZ (s. Anm. 19), 144ff; STECK, Aspekte des Gottesknechts II (s. Anm. 19), 33 Anm. 39; DERS., Gottesknechts-Texte (s. Anm. 19), 152ff, u.a. gehen wir von der Annahme der buchexternen Abfassung der EJL und ihrer sukzessiven Sammlung (EJL I–III + EJL IV) und Einarbeitung in das entstehende Dtjes-Buch aus. Ein anderes Entstehungsmodell hat T. N. D. METTINGER, A Farewell to the Servant Songs. A Critical Examination of an Exegetical Axiom (SMHVL 1982–1983:3), 1983, 18ff, und im Anschluß an ihn F. MATHEUS, Singt dem Herrn ein neues Lied. Die Hymnen Deuterojesajas (SBS 141), 1990, 104ff, vorgeschlagen, s. dazu H.-J. HERMISSON, Voreiliger Abschied von den Gottesknechtsliedern (ThR 49, 1984, 209–222); B. JANOWSKI (WO 20/21, 1989/90, 304–307) und J. A. EMERTON (BiOr 48, 1991, 626–632).

[22] S. dazu v.a. HERMISSON, Israel und der Gottesknecht (s. Anm. 19), 3ff.11ff; DERS., Einheit (s. Anm. 21), 307, vgl. KRATZ (s. Anm. 19), 80 Anm. 286; STECK, Gottesknechts-Texte (s. Anm. 19), 153, und zur Forschungsgeschichte D. MICHEL, Art. Deuterojesaja,

Außerhalb der EJL gibt es im Dtjes-Buch Texte, in denen von Jakob/Israel als »Knecht JHWHs« die Rede ist: 41,8f; 44,1f; 44,21f; 45,4 und 48,20. Daneben stehen Texte, in denen mit dem »Knecht« eine von Jakob/Israel unterschiedene Größe gemeint ist: 43,10 und 44,26. Wer ist diese Knechtsgestalt? Hilfreich für die Beantwortung ist 44,21f. Denn obwohl dieses Gotteswort von Jakob/Israel als Gottesknecht spricht, ist es – in Verbindung mit 49,5f – für das Verständnis der besonderen, von Jakob/Israel unterschiedenen Knechtsgestalt aufschlußreich. Nach 49,5f ist es die Aufgabe des Gottesknechts, Jakob/Israel zu JHWH »zurückzubringen« und Israel zu ihm zu »versammeln« (V. 5a) bzw. Jakob wieder »aufzurichten« und Israel zu JHWH »zurückzubringen« (V. 6a) – also genau das an Jakob/Israel zu tun, wozu der Sprecher des Gotteswortes von 44,21f dieses aufruft:

21 Gedenke daran, Jakob, und Israel, denn du bist mein Knecht:
Ich habe dich gebildet, Knecht bist du mir;
Israel, ›du bist mir nicht vergessen‹.
22 Ich habe weggewischt wie eine Wolke deine Frevel,
und wie Gewölk deine Sünden.
Wende dich zu mir (*šûbâ ’elay*), denn ich erlöse dich! (44,21f).

5 Jetzt aber hat JHWH gesagt, der mich von Mutterleib
zu seinem Knecht bildete,
um Jakob zu ihm zurückzuführen (*l^{e}šôbeb ya^{ca}qôb ’elâw*),
daß Israel sich ›zu ihm‹ sammle –
und ich war geehrt in JHWHs Augen, und mein Gott war meine Kraft.
6 Er sprach: Es ist zu wenig, daß du mein Knecht bist,
die Stämme Jakobs aufzurichten und die Bewahrten Israels zurückzuführen
(*ûn^{e}ṣûrê yiśrā’el l^{e}hāšîb*) –
Vielmehr mache ich dich zum Licht der Völker,
daß meine Rettung gehe bis ans Ende der Erde (49,5f).

Beziehen wir beide Texte aufeinander, dann besagt 44,21f implizit dasselbe wie 49,5f: Der Knecht soll Jakob/Israel zu JHWH »zurückbringen« (*šûb* pol./hif. 49,5a.6a), indem er es zur »Hinwendung« (*šûb* qal 44,22) zu JHWH aufruft. Man kann diese Aktivität die rückführende Tätigkeit des Gottesknechts nennen: »Er führt zu Jahwe hin, indem er zur Hinwendung aufruft«[23]. Genau dies hat Deuterojesaja in seiner Verkündigung getan. Daraus läßt sich der Schluß ziehen, daß der außerhalb der EJL auftretende, aber von Jakob/Israel unterschiedene Gottesknecht der Prophet selber ist.

Auch *innerhalb der EJL* stellt sich die Sachlage differenziert dar, weil zwischen den ersten drei EJL und Jes 52,13–53,12 zu unterscheiden ist. Die Auf-

TRE VIII, 1981, (510–530) 521ff, und E. RUPRECHT, Art. Knecht Gottes, EKL^{3} II, 1989, 1315–1317.

23 HERMISSON, Israel und der Gottesknecht (s. Anm. 19), 11.

gabe des Gottesknechts besteht nach den ersten drei EJL ja darin, Jakob / Israel zur Hinwendung zu JHWH zu veranlassen und es damit zu einem aktiven, JHWH und der Völkerwelt zugewandten Gottesknecht zu machen. Da sich Israel dieser Rolle aber verweigert, obwohl es von JHWH als »Knecht« erwählt und berufen ist (41,8f u.ö.)[24], repräsentiert der prophetische Gottesknecht vom ersten EJL an das »wahre Israel«. Die Rolle, die er damit gegenüber dem empirischen Israel bekommt, liegt jenseits der einfachen Alternative kollektiv / individuell: »Er vertritt nicht seine eigene, sondern Jahwes Sache, und so ist sein Recht von dem Erfolg dieser Sache nicht zu trennen. Oder umgekehrt: Jahwe verhilft ihm zum Recht, indem er seine Sache zum Ziel führt – durch den Knecht. Seine Sache: die Sache Jahwes und seines Knechts, das gehört hier zusammen«[25]. Im Licht dieses Sachverhalts wird auch deutlich, daß die Stellvertretung des Gottesknechts nicht erst im vierten EJL, sondern bereits mit der Erwählung durch JHWH im ersten EJL beginnt. »Stellvertretung« meint demnach ein Doppeltes: Der prophetische Gottesknecht vertritt JHWHs *mišpāṭ* mit allen Konsequenzen vor den Völkern (EJL I–II) und vor Israel (EJL III), und er führt den »Gottesknecht« Israel dadurch zurück zu JHWH – was dieses allerdings erst nachträglich erkennt (53,4–6, vgl. das Schlußorakel 53,11aβ–12).

Außerhalb und innerhalb der EJL treten demnach verschiedene Gottesknechte auf: außerhalb der EJL der Gottesknecht Jakob / Israel und der Gottesknecht »Deuterojesaja«, innerhalb der ersten drei EJL ein Gottesknecht, der mit dem prophetischen Knecht außerhalb der Lieder identisch ist. Noch einmal anders liegt das Problem im vierten EJL, das von der stellvertretenden Lebenshingabe dieses prophetischen Knechts erzählt, also eine Position *post mortem servi Dei* einnimmt. Daß der prophetische Gottesknecht das »wahre Israel« repräsentiert, weil er aktiv und mit allen Konsequenzen Zeugnis für JHWHs *mišpāṭ* ablegt, während Israel in Passivität verharrt[26] – dabei konnte es, so verständlich solches Verharren nach dem Zusammenbruch von 587 v.Chr. auch war, ja nicht bleiben. Daß es nicht dabei blieb, ist dem Verhalten des Knechts und dessen erzählerischer Vergegenwärtigung in Jes 52,13–53,12 zu danken. An ihm ging Israel die Situation der eigenen Errettung als *unverdiente Frucht der Tat eines anderen* auf: »Jedoch *unsere* Krankheiten – *er* hat

[24] S. dazu die Übersicht bei Ders., aaO 11f.

[25] Hermisson, Lohn des Knechts (s. Anm. 19), 280.

[26] Die Passivität Israels wird im Kontext der EJL (50,4), aber auch außerhalb der EJL (40,27–31, bes. V. 29f), durch die Metapher des »Müden« (*yā'ep*) ausgedrückt, den der »unermüdliche« Gott stärken (40,28f) bzw. den der Gottesknecht durch sein Wort aufrichten soll (50,4–5aα, vgl. sachlich und mit Bezug auf die Völker 42,3), s. dazu auch G. F. Hasel, Art. *y'p* usw., ThWAT III, 1982, (710–718) 717f; Hermisson, aaO 281; Steck, Aspekte des Gottesknechts II (s. Anm. 19), 37 Anm. 46; Weippert (s. Anm. 19), 111f, und zu 40,27–31 K. Elliger, Deuterojesaja (BK XI/1), 1978, 93ff.

sie getragen« (53,4aα). Dieser unscheinbare Satz ist einer der Schlüssel zum Verständnis des dramatischen Geschehens, dem wir uns jetzt zuwenden wollen.

III. Der Text von Jes 53

1. Die Komposition des vierten Ebed JHWH-Liedes

Wir hatten gesehen, daß das doppelte, die ersten drei EJL abschließende »siehe« in 50,9 auf das »siehe« von 42,1a zurückverweist und zugleich die Zäsur gegenüber dem »siehe« in 52,13a markiert. Mit Hilfe dieser Stichworttechnik wird Jes 52,13–53,12 auf die übrigen EJL zurückbezogen und als Antwort auf die offene Frage von 50,4–9 gefaßt. Die offene Frage des dritten Liedes war ja, ob der Knecht, dessen Zukunft nun ganz in der Hand JHWHs liegt, in den Augen Israels und der Völker gescheitert ist. Wenn man sich die Sicht der Personengruppe, die ab 53,1 in der 1. Person Plural (»Wir«) spricht, zu eigen macht, ist er auch tatsächlich gescheitert:

> 2 Er wuchs auf vor ›uns‹ wie der Schößling
> und wie der Wurzeltrieb aus trockenem Land.
> Keine Gestalt hatte er und keine Hoheit, daß wir ihn angesehen hätten,
> 3 Verachtet war er und von Menschen verlassen,
> ein Mann der Schmerzen und vertraut mit Krankheit,
> wie einer, vor dem man das Angesicht verbirgt,
> (so) verachtet, daß wir ihn nicht schätzten (53,2f).

Das ist aber nur die halbe Wahrheit. Denn das vierte EJL setzt ja nicht mit der Rede dieser Wir, sondern mit einem Orakel JHWHs ein, das vom künftigen »Erfolg« des Knechts und seiner »Erhöhung« spricht:

> Siehe, Erfolg wird mein Knecht haben,
> er wird sich erheben, wird erhaben und sehr hoch sein (52,13).

Das vierte EJL beginnt also mit der *Perspektive Gottes* und kehrt am Ende in 53,11aβ–12 auch zu dieser zurück. Diese Perspektive besagt: Der Knecht ist vor JHWH nicht gescheitert, sondern JHWH proklamiert seinen künftigen »Erfolg«, wie ihn der Knecht nach 50,7–9 zwar erhofft, aber nicht mehr erlebt hat. Dieses in dem Orakel 52,13–15 und seiner »Kundgabe« (53,1) enthüllte Festhalten JHWHs an seinem Erwählten über dessen gewaltsames Geschick hinaus ist die Wende zur neuen Sicht der Wir-Gruppe[27], die sie in 53,4 mit der Partikel *'āken* »jedoch« auch betont einleitet:

[27] So bereits E. Kutsch, Sein Leiden und Tod – unser Heil. Eine Auslegung von Jesaja 52,13–53,12 (1967; in: Ders., Kleine Schriften zum Alten Testament [FS E. Kutsch],

Jedoch: unsere Krankheiten – er hat sie getragen,
und unsere Schmerzen – ›er‹ hat sie auf sich genommen,
während wir ihn für einen Geplagten hielten,
für einen von Gott Geschlagenen und Gebeugten.

Aufgrund des Übergangs von der JHWH- zur Wir-Rede am Anfang und der Rückkehr zur JHWH-Rede am Ende ergibt sich ein konzentrischer Aufbau des vierten EJL. Im Zentrum steht die Rede der Wir (53,1–11aα), die in 52,13–15 und in 53,11aβ–12 von je einer JHWH-Rede gerahmt wird. Das Subjekt, das in diesem Mittelteil spricht, ist mit den »Vielen« identisch, die in den Rahmenteilen auftreten[28]. Wer sind diese »Vielen«? Die »vielen Völker« und »Könige« von 52,15 und damit die Repräsentanten der gesamten Völkerwelt oder die Gesamtheit einer bestimmten Gemeinschaft und damit das empirische Israel? Geht man – was u.E. geboten ist – von den Klage- und Dankliedern des einzelnen als den relevanten Hintergrundstexten aus[29], so ist die Antwort klar: Mit den »Vielen« ist das empirische Israel gemeint, das den Beter/Knecht in seiner Not feindlich isoliert (Ps 31,10–14 u.a.) und sich dafür, wie etwa Ps 3,2f zeigt, auch noch auf Gott beruft:

2 JHWH, wie *zahlreich* sind meine Gegner!
Viele erheben sich gegen mich!
3 *Viele* sind es, die von mir sagen:
für den gibt es keine Hilfe bei Gott! (Ps 3,2f).

12 Vor allen meinen Feinden bin ich zur Schmach geworden
und meinen Nachbarn zum ›Hader‹,
ein Schrecken für meine Bekannten, die mich sehen
auf der Straße, fliehen vor mir.

hg. von L. Schmidt und K. Eberlein [BZAW 168], 1986, 169–196), 178: »Wodurch wurde dieser Umschwung in der Beurteilung des Leidens des Knechts bewirkt? Von selbst sind die ›Vielen‹ doch nicht ›darauf gekommen‹. Offenbar war die Heilsbedeutung dieses Leidens für die Vielen der Inhalt jener Kunde ([53] v.1a), die so unglaubwürdig war; daß Gott mit diesem Leiden in ihr eigenes Geschick heilvoll eingegriffen hat, das mußte ihnen ›geoffenbart‹ werden ([53] v.1b)«, vgl. auch Steck, Aspekte des Gottesknechts II (s. Anm. 19), 24.

[28] S. dazu bes. Steck, aaO 25ff.

[29] So mit Hermisson, Israel und der Gottesknecht (s. Anm. 19), 23f; Ders., Lohn des Knechts (s. Anm. 19), 286, und Steck, aaO 26f. Zur Konstellation: der Eine/die Vielen und zum inkludierenden Gebrauch von *rabbîm* (»viele« = Gesamtheit einer Gemeinschaft) im 4. EJL und in den Klage- und Dankliedern des einzelnen s. J. Jeremias, Art. πολλοί, ThWNT VI, 1969, (536–545) 537f; Kutsch (s. Anm. 27), 176.191f; H. Ringgren, Art. *rab* usw., ThWAT VII/3–5, 1990, (294–320) 315; O. Keel, Feinde und Gottesleugner. Studien zum Image der Widersacher in den Individualpsalmen (SBM 7), 1969, 22.141.168.206ff.

13 Vergessen bin ich wie ein Toter aus dem Sinn,
ich bin wie ein zerschlagenes Gefäß.
14 Denn ich höre das Flüstern *vieler*, Grauen ringsum,
wie sie miteinander beraten gegen mich, darauf sinnen, mir das Leben
zu nehmen (Ps 31,12–14).

Die Verachtung und Bedrohlichkeit, die sich hier artikuliert, prägte nach Jes 53,2f auch das Verhalten der Wir gegenüber dem Gottesknecht zu dessen Lebzeiten. Wie umstürzend wirkt demgegenüber die Erkenntnis, mit der die Wir nach V. 4–6 auf dieses Stadium zurückblicken!

2. *Schulderkenntnis und Lebenshingabe im vierten Ebed JHWH-Lied*

a) Die Schulderkenntnis Israels (V. 4–6)

Mit ihren Rahmenteilen V. 2f und V. 10aβ–11aα, die sich wie die »Vorgeschichte« und die »Nachgeschichte« der Biographie des Propheten[30] lesen, benennt die Rede der Wir die Extrempunkte eines langen und schwierigen Weges: die Lebensabschneidung durch Israel (V. 2f) und die Lebenszusage durch JHWH (V. 10aβ–11aα). Der darin greifbare *Umbruch vom Tod zum Leben* geschieht aber nicht von selbst, sondern er hängt ursächlich mit der Kundgabe des JHWH-Orakels 52,13–15; 53,1 zusammen, das bei den Wir einen tiefgreifenden Prozeß der Erkenntnis auslöst.

Dieser Prozeß der Erkenntnis wird auf der *Textebene* von V. 2–6 als das Nebeneinander zweier Sichtweisen beschrieben, die auf der *Geschehensebene* durch die Differenz von »früher« und »jetzt« geschieden sind. Die Wir hätten dem Gottesknecht schon früher Glauben schenken können, haben dies aber nicht getan. V. 2–6 greifen auf dieses Stadium *vor* der Kundgabe des JHWH-Orakels 52,13–15 zurück und thematisieren die Rolle der Wir im Kontrast von früherer und jetziger Sicht. Wie ist das zu verstehen?

Die *frühere Sicht* der Wir (V. 2f.4b.6a) beruht auf der Logik des Tun-Ergehen-Zusammenhangs[31]: Die Tat kehrt als entsprechendes Ergehen zum Täter zurück und bestimmt dessen Gemeinschaftsfähig- oder unfähigkeit. Ein sol-

[30] Mit »Biographie« ist hier keine literarische Gattung, sondern die auf Kernaussagen reduzierte Lebensbeschreibung des Gottesknechts gemeint, wie sie 53,2f und 53,10aβ.11aα als »Vor- und Nachgeschichte« und 53,8f als »Leidensweg« mit den Stationen: Abweisung und Verfolgung durch die Wir – gewaltsames Ende – schimpfliche Bestattung faßt. K. Baltzer, Die Biographie der Propheten, 1975, 171ff, bes. 176f, hat versucht, die EJL als Teile einer »Idealbiographie« zu bestimmen; Weippert (s. Anm. 19), 104ff, hält nur die beiden »Ich«-Texte 49,1–6 und 50,4–9 im strengen Sinn für biographisch und den »Konfessionen« Jeremias vergleichbar: sie »sind ... aus der Reflexion des Propheten Deuterojesaja über seinen ›Beruf‹ erwachsen« (112).

[31] Zum Tun-Ergehen-Zusammenhang s. die Hinweise oben Anm. 4.

ches Verstehensmodell gibt es in zahlreichen Psalmen, in denen das Leiden des Beters in den Augen seiner Mitmenschen als Folge der eigenen Schuld erscheint. Aus Vertrauten werden Feinde, die den einst Geachteten konsequent ausgrenzen. Die Notschilderung (V. 6–10) im Klagelied des einzelnen Ps 41[32] mag als Beispiel für diese Form des »sozialen Todes« stehen:

6 Meine Feinde reden Böses ›gegen‹ mich:
Wann stirbt er endlich und erlischt sein Name?
7 Und wenn er zu Besuch kommt, redet er Trug,
sammelt Unheil, › ‹ erzählt es auf der Gasse.
8 Sie zischeln zusammen ›gegen mich‹,
alle meine Hasser › ‹ denken Böses von mir:
9 Eine heillose Sache möge ihn treffen,
der da liegt, soll nie wieder aufstehen.
10 Auch der nächste Freund, dem ich traute,
der mein Brot aß, tut sich groß gegen mich[33].

Das Verhalten der Wir gegenüber dem Gottesknecht war das solcher »Feinde«, die den unansehnlichen »Mann der Schmerzen« (V. 3a) für einen »Geplagten, von Gott Geschlagenen und Gebeugten« hielten (V. 4b) und sich von ihm distanzierten.

Die *jetzige Sicht* der Wir (V. 4–6) beruht auf dem Zerbrechen dieser Logik: Die Wir haben sich geirrt und waren in ihrer blinden Selbstbezogenheit ein jeder seinem eigenen Weg zugewandt: »Wir alle gingen wie das Kleinvieh in die Irre, jeder waren wir seinem Weg zugewandt« (V. 6a). Das Leiden des Gottesknechts – so erkennen sie jetzt – war nicht die Folge seines eigenen, sondern ihres, also eines fremden Tuns. Das besagen die *min*-kausativ-Formulierungen V. 5a: »durchbohrt *wegen* unseres Verbrechens, // zerschlagen *wegen* unserer Verschuldungen«. Indem die Wir aufgrund des JHWH-Orakels 52,13–15 zu ihrer jetzigen Sicht finden, können sie sich endlich den unheilvollen Konse-

[32] Vgl. J. BEGRICH, Studien zu Deuterojesaja, hg. von W. ZIMMERLI (TB 20), 1963, 63ff, und STECK, Aspekte des Gottesknechts II (s. Anm. 19), 39f, jeweils mit weiteren Belegen.

[33] Übersetzung und Textanordnung nach H.-J. KRAUS, Psalmen 1–59 (BK XV/1), 1978^5, 465. Diese Klage (vgl. Hi 19,13–22!) enthält eine umfassende Feindbeschreibung: sie reicht von den *'ôy^ebîm*»Feinde« (V. 6, allgemeine Gegensätzlichkeit) über die *śon^e'îm* »Hasser« (V. 8, treulose Freunde) bis zu dem *'îš š^elômî* »mein Vertrauter [< 'der, mit dem ich in *šālôm* lebe']» // *'okel laḥmî* »der, der mein Brot ißt« (V. 10, Nächster), s. zu den einzelnen Feindbezeichnungen L. RUPPERT, Der leidende Gerechte und seine Feinde. Eine Wortfelduntersuchung, 1973, 7ff.34ff.85ff.104.105.108f. Auch die Aktivitäten dieser Feinde werden umfassend beschrieben: sie erstrecken sich vom *Wort*handeln (»Böses reden« V. 6 [Mund], vgl. V. 7–9) bis zum *Tat*handeln (»die Ferse groß machen« V. 10 [Fuß]).

quenzen ihres Tuns stellen. Das ist der Anfang, aber auch die Bedingung der Veränderung.

So befreiend diese Einsicht der Wir in die wahren Zusammenhänge ist, so befremdlich wirkt daneben der Gedanke, daß Gott selbst aktiv in das Geschehen involviert ist. Der Passus V. 4–6 faßt dies in die anstößige Aussage, daß JHWH den Knecht »unser aller Verschulden treffen ließ (*hipgi*^{ac})« (V. 6b)[34]. Noch anstößiger ist die Wiederaufnahme dieses Gedankens in V. 10aα, wo es verschärfend heißt: »JHWH aber hatte es geplant (*ḥāpeṣ*), ihn zu schlagen«[35]! Was ist das für ein Gott – so fragen wir uns –, der seinen »Erwählten« (42,1) preisgibt und der Gewalt seiner Feinde ausliefert? Nicht genug damit, daß der Text diese Frage mit der Formulierung von V. 6b provoziert, er insistiert auch auf seiner Sicht, indem er in V. 10aα das Vorgehen JHWHs als etwas »Planmäßiges« hinstellt. Was also ist das für ein »Plan« JHWHs, der die Lebenshingabe seines Erwählten herbeiführt?

b) Die Lebenshingabe des Gottesknechts (V. 7–10a)

Während der Mittelteil der Wir-Rede in seiner ersten Hälfte (V. 4–6) aus der Sicht der Wir gesprochen ist, steht in der zweiten Hälfte (V. 7–10a) das Leiden des Gottesknechts im Vordergrund: Man hatte ihm den Prozeß gemacht, ihn zu Tode geplagt und ihm schließlich bei Verbrechern sein Grab gegeben. Das ist das schmähliche Ende eines Lebens, das so ganz anders begann und auch ganz anders gemeint war. Jene Zumutungen hat der Gottesknecht widerstands-

[34] Zu den Textproblemen von V. 6b.12bβ s. K. ELLIGER, Textkritisches zu Deuterojesaja (in: Near Eastern Studies in Honor of W. F. Albright, ed. by H. GOEDICKE, 1971, 113–119), 115f.119 (Rekonstruktion von V. 6b: »Aber Jahwe ließ ihn treffen ... ›unser Vergehen‹«); DERS., Nochmals Textkritisches zu Jes 53 (in: Wort, Lied und Gottesspruch [FS J. Ziegler], hg. von J. SCHREINER [fzb 2], 1972, 137–144), 143f (ELLIGER liest in V. 12bβ das Nif. von *pg*^{c} [»getroffen werden«]). Zu der Frage, ob mit *pg*^{c} hif. ein worthaft-fürbittendes Eintreten des Gottesknechts gemeint ist, s. vorläufig E. HAAG, Das Opfer des Gottesknechts (Jes 53,10) (TThZ 86, 1977, 81–98), 97; B. JANOWSKI, Sündenvergebung »um Hiobs willen«. Fürbitte und Vergebung in 11QtgJoB 38,2f. und Hi 42,9f.LXX (ZNW 73, 1982, 251–280), 275, und STECK, Aspekte des Gottesknechts II (s. Anm. 19), 31 Anm. 38.

[35] Zum Text s. im folgenden. Die Grundbedeutung der Wurzel *ḤPṢ* ist nicht eindeutig zu bestimmen (s. dazu G. J. BOTTERWECK, Art. *ḥāpeṣ, ḥepaeṣ*, ThWAT III, 1982, [100–116] 102), doch dürfte ihr Kern mit »gern haben, wollen« annähernd richtig wiedergegeben sein, vgl. ELLIGER (s. Anm. 26), 286. Die Übersetzung »planen, wollen« für *ḥāpeṣ* und »Plan, (Heils-)Wille« für *ḥepaeṣ* soll die Willenskomponente unterstreichen, die in den Belegen der Wurzel in Jes 40–55 gegenüber der Gefühlskomponente (»gern haben, Wohlgefallen finden/haben«) in den Vordergrund tritt, vgl. ELLIGER, ebd.; BOTTERWECK, aaO 114f, und STECK, aaO 30 Anm. 33.

los hingenommen – in Übereinstimmung mit seinem friedfertigen und wahrhaftigen Lebensweg (vgl. V. 7a mit V. 9b). Wie wir alle aus anderen Zusammenhängen wissen, können Sanftmut und Wahrhaftigkeit Aggressionen wecken und den jeweiligen Akteur in die *Opferrolle* drängen. Die Bilder von Lamm und Mutterschaf, die zum Schlachten bzw. zum Scheren geführt werden (V. 7b), sprechen eine deutliche Sprache. Nicht so deutlich ist dagegen, ob bei der Passion des Knechts an ein rituelles Opfer zu denken ist[36]. Der Satz V. 10a, auf den alles zuläuft, hat u.E. etwas anderes im Blick:

> JHWH aber hatte es geplant, ihn zu schlagen › ‹,
> ›er aber setzte ein‹ sein Leben als Schuldtilgung.[37]

Das ist die zentrale Aussage des vierten EJL, die die gesamte Leidensaufgabe des Gottesknechts resümiert und anhand der Begriffe *ḥāpeṣ* »planen, wollen« und *'āšām* »Schuldableistung, -tilgung« aufschlüsselt. Nehmen wir – weil die parallelen Wendungen »JHWH hatte es geplant« (*YHWH ḥāpeṣ* V. 10a) und »der Plan JHWHs« (*ḥepaeṣ YHWH* V. 10b) dies nahelegen – den unmittelbar folgenden Passus hinzu, so wird das Rätsel des JHWH-Plans zwar nicht gelöst, aber doch eine Möglichkeit des Verstehens eröffnet:

> Er wird Nachkommenschaft sehen, er wird lange leben,
> und JHWHs Plan – durch ihn wird er gelingen (V. 10b).

Wir müssen diesen Satz vor dem Hintergrund der ersten drei EJL lesen: JHWH – und das ist sein »Plan« – hat seinen Knecht nach 42,1–4 zu einem Weg beauftragt, der ihn Zug um Zug an die Stelle anderer treten läßt[38]. Er übernimmt handelnd und leidend ein fremdes Geschick, das an ihm zur vollen Auswirkung kommt. Und warum dieser dramatische, Abweisung, Leiden und Tod des Unschuldigen mit sich bringende »Rollentausch«? Um die anderen von den bösen Folgen ihres bösen Tuns zu lösen[39], konkret: um Israel nach der

[36] S. dazu im folgenden.

[37] Zum Text von V. 10aαβMT s. die Emendationsvorschläge von KUTSCH (s. Anm. 27), 185f, und K. ELLIGER, Jes 53,10: alte crux – neuer Vorschlag (MIO 15, 1969, 228–233), vgl. DERS., Jes 53 (s. Anm. 34), 137; H. HAAG, Der Gottesknecht bei Deuterojesaja (EdF 233), 1985, 179f; D. BARTHÉLEMY, Critique textuelle de l'Ancien Testament, t.2: Isaïe, Jérémie, Lamentations (OBO 59/2), 1986, 400ff (mit dem eigenartigen Lese- und Interpretationsvorschlag: »Le Seigneur a agréé [kulttechn. Bedeutung von *ḥāpeṣ*] son broyé, qu'il avait mis à mal« [402]), und zuletzt STECK, aaO 26 Anm. 28. »Ist hier auch« – so folgert KUTSCH – »bis heute über den ursprünglichen Text keine Sicherheit gewonnen, so ist doch wenigstens eins deutlich: Das Leben des Knechts ist als *'āšām* eingesetzt« ([s. Anm. 27] 186). Zu diesem Begriff s. im folgenden.

[38] Vgl. HERMISSON, Lohn des Knechts (s. Anm. 19), 285, und auch BOTTERWECK (s. Anm. 35), 115.

[39] Vgl. STECK, aaO 42f: »Jahwe ist es also, der den Ebed beauftragt zu einem Schick-

Katastrophe von 587 v.Chr. zu JHWH »zurückzubringen« (49,5f, vgl. 44,2f). Ein anderer Weg – etwa der, den die vorexilische Gerichtsprophetie mit ihrer Unheilsankündigung beschritten hatte – war für die Dtjes-Überlieferung offenbar nicht gangbar, weil sie Israel noch tiefer ins Elend gestoßen hätte. Es geht beim Leiden des Gottesknechts im Kern also um die *Rettung* Israels und – im Kontext der EJL – um die *Rettung* der Völker[40].

Aber eine Rettung der Vielen auf Kosten des Einen? Wird der Knecht von JHWH gar »geopfert«, um Israel zu retten? Die Antworten auf diese Frage kreisen alle um den zweiten Schlüsselbegriff von V. 10a, nämlich *'āšām*, der oben mit »Schuldtilgung« übersetzt wurde. Das ist aber nicht die gängige Interpretation. In der Regel werden die Übersetzungen »Schuldopfer«, »Sühnopfer« oder »Bußleistung« bevorzugt[41] und unter Hinweis auf die Schuldopfertora Lev 5,14–26 oder den »Sündenbockritus« Lev 16,10.20–22 abgestützt. Die Schuldopferdeutung wurde nachdrücklich von G. Fohrer[42] vertreten, der die Tötung des Gottesknechts mit einer Opferdarbringung gleichsetzte:

»Seiner Bestimmung nach handelt es sich um das Opfer eines Einzelmenschen, der es durch den Priester darbringen ließ, wenn er sich unwissentlich gegen eines der göttlichen Gebote vergangen hatte. Dabei war der Blutritus, nach dem das Blut des Opfertiers ringsherum an den Altar gesprengt wurde, wohl der wichtigste Akt der Opferhandlung. Auch das Blut des ›Knechtes Jhwhs‹ war bei seiner Hinrichtung vergossen worden, und diese Hinrichtung wird in Jes 53,10 mit der Opferhandlung gleichgesetzt. Der Knecht war das

sal, in dem der Vergehen-Ergehen-Zusammenhang anderer zur völligen Auswirkung kommt, was nur den Sinn haben kann, diese anderen von jenem Zusammenhang völlig zu lösen« (42).

[40] Das ist der »Erfolg« des Knechts, den dieser nach dem JHWH-Orakel 52,13–15 haben wird, s. dazu HERMISSON, aaO passim. Zum »Leiden« als besonderer Erfahrungsform der Exilszeit s. PREUSS (s. Anm. 4), 149ff, bes. 154, vgl. 326.

[41] S. den kurzen Überblick bei KUTSCH (s. Anm. 27), 186f, und HAAG (s. Anm. 37), 192f.

[42] Stellvertretung und Schuldopfer in Jes 52,13–53,12 (1969; in: DERS., Studien zu alttestamentlichen Texten und Themen (1966–1972) [BZAW 155], 1981, 24–43), vgl. DERS., Theologische Grundstrukturen des Alten Testaments, 1972, 27f. An ein rituelles Opfer – »als Sühnopfer verstandener Lebenseinsatz des Mittlers im Dienst der Herrschaft Jahwes« (96) – denkt auch HAAG (s. Anm. 34), 95ff: »Denn auffallenderweise begegnet bei der ›Qualifikation‹ dieses einzigartigen Opfers die gleiche Terminologie, die in dem bei der Opferkritik vorausgesetzten Kultbescheid die Annahme oder Ablehnung eines Opfers bezeichnet: Jahwe hat Wohlgefallen (*rāzāh*) an seinem Knecht (Jes 42,1) und billigt (*hāphēz*) dessen Leiden (Jes 53,10)« (96f), vgl. auch L. RUPPERT, Schuld und Schuld-Lösen nach Jesaja 53 (in: G. KAUFFMANN [Hg.], Schulderfahrung und Schuldbewältigung. Christen im Umgang mit Schuld, 1982, 17–34), 27f mit Anm. 27; 28f mit Anm. 30. Zum Verständnis von *ḥāpeṣ* in Jes 53,10a s. aber oben S. 15 mit Anm. 35.

Opfertier, das Gott als der amtierende Priester ›schlug‹, d.h. schlachtete, da ihm dies ›gefiel‹, d.h. da er den Knecht als opferwürdig annahm«[43].

Die Gleichung Gottesknecht = Opfertier führt u.E. in eine Sackgasse, denn weder ist in Jes 52,13–53,12 vom (vergossenen) Blut des Knechts die Rede noch wird der Knecht in der Rolle eines Opfertieres gesehen, das vom Opferherrn rituell geschächtet wird. *Dākāʾ* »schlagen« (V. 10a, vgl. V. 5a [pu.]!) ist kein Opferterminus[44] und auch sonst fehlt in Jes 52,13–53,12 kultisches Vokabular[45]. Auch das zweite Deutungsmodell, das sich auf Lev 16,10.20–22 beruft und periodisch in der Exegese auftaucht[46], hilft u.E. nicht weiter: Danach soll der Gottesknecht die Schuld Israels wie der Sündenbock auf sich ziehen und durch seinen stellvertretenden »Sühnetod« überwinden. Dagegen spricht so gut wie alles, vor allem aber – neben dem Fehlen des *ʾāšām*-Begriffs in Lev 16 – die Unvergleichbarkeit einer rituellen Elimination des Unheils[47] mit der stellvertretenden Lebenshingabe des Gottesknechts. Die Schuld Israels wird in Jes 52,13–53,12 nicht von einem Sündenbock in eine abgelegene Gegend »weggeschafft«, sondern sie wird vom Gottesknecht ausgehalten, sie wird *er-tragen*.

Unsere Gegenthese zu den referierten Deutungsmodellen lautet: Der *ʾāšām*-Begriff stammt ursprünglich (nicht aus dem Kult, sondern) aus Zusammenhängen, die – wie Gen 26,10; 1Sam 6,3f.8.17 u.a. zeigen – schuldhafte Übergriffe und deren Wiedergutmachung thematisieren[48]; von dort ist der Be-

[43] FOHRER, Stellvertretung, 41, vgl. DERS., Theologische Grundstrukturen, 27.

[44] S. dazu H. F. FUHS, Art. *dākāʾ*, ThWAT II, 1977, 207–221. Ausdrücke für »schlachten« sind vielmehr *zābaḥ*, *ṭābaḥ* und *šāḥaṭ*. V. 7aγδ ist ein Bildwort, das den Gottesknecht mit dem zur »Schlachtung« (*ṭaebaḥ*) geführten Lamm // vor seinen Scherern verstummten Mutterschaf vergleicht. Tertium comparationis ist die *duldende Hinnahme* des gewaltsamen Geschicks (vgl. V. 7aβ, ferner Jer 11,19; Ps 38,14), nicht dessen Ausgestaltung als *rituelles Opfer*, s. auch C. WESTERMANN, Das Buch Jesaja Kapitel 40–66 (ATD 19), 1986⁵, 213.

[45] Vgl. KUTSCH (s. Anm. 27), 186f, zu weiteren kritischen Anfragen an die These Fohrers s. RUPPERT (s. Anm. 42), 28 Anm. 29, und STECK, Aspekte des Gottesknechts II (s. Anm. 19), 29 Anm. 29.

[46] So etwa bei RUPPERT, aaO 27ff.33f, und METTINGER (s. Anm. 21), 41, s. dazu die Kritik von HERMISSON, Voreiliger Abschied (s. Anm. 21), 221f. Lev 16,10.20–22 wird von FOHRER, Stellvertretung (s. Anm. 42), 38f, in diesem Zusammenhang diskutiert, aber als »Vorform für das stellvertretende Leiden im Leben des ›Knechts Jhwhs‹« verworfen.

[47] Zum »Sündenbockritus« Lev 16,10.21f s. jetzt B. JANOWSKI/G. WILHELM, Der Bock, der die Sünden hinausträgt. Zur Religionsgeschichte von Lev 16,10.21f (in: B. JANOWSKI/K. KOCH/G. WILHELM [Hg.], Religionsgeschichtliche Beziehungen zwischen Kleinasien, Nordsyrien und dem Alten Testament. Internationales Symposion Hamburg 17.–21. März 1990 [OBO 129], 1993, 109–169).

[48] S. dazu v.a. R. KNIERIM, Art. *ʾāšām*, THAT I, 1975², (251–257) 254; D. KELLER-

griff über mehrere Zwischenstufen und *zeitlich nach Jes 53* in die priesterliche Opfertora (Lev 4f.7 u.a.) gelangt. Konstitutiv für seine Bedeutung ist die *Situation der Schuldverpflichtung*, in der der Schuldpflichtige ein materielles Kompensat zur Schuldableistung erstatten muß. Im Unterschied zu *ḥaṭṭā't* »Sünde« ist *'āšām* auch »kein Begriff für Vergehen, Verfehlung«, sondern er bezieht sich »immer nur auf eine bestimmte Art der *Folge* von Verfehlungen«[49], deren sich der Täter bewußt wird und für die er die Verantwortung zu übernehmen hat. Seine angemessene Umschreibung wäre: »Die aus einer Schuldsituation resultierende Verpflichtung zur Schuldableistung«[50]. Überträgt man diese Grundbedeutung von *'āšām* auf Jes 53,10a, so bekommt die dortige Aussage von der Hingabe des Lebens als »Schuldtilgung« einen präzisen Sinn: Israel, das zur Übernahme seiner Schuldverpflichtung nicht imstande ist, muß aus ihr gelöst werden, um noch eine Zukunft zu haben. Diese Befreiung kommt von einem Unschuldigen, der sein Leben in Entsprechung zum »Plan« JHWHs (V. 10a.b) und als Konsequenz seines eigenen Wirkens (vgl. V. 7–9) hingibt. »Hingabe des *eigenen Lebens* als Schuldtilgung« ist deshalb identisch mit der »Übernahme der Folgen eines *fremden Tuns*«. Nichts anderes will u.E. die Wendung vom stellvertretenden »Tragen« fremder Schuld (V. 4a, vgl. V. 11b.12b) sagen.

In 53,10a und seinem Schlüsselbegriff *'āšām* zeigt sich demnach dieselbe Struktur der Stellvertretung wie im vierten EJL insgesamt[51]. Ihre Hauptaspekte seinen kurz zusammengefaßt:

1. Die Folgen des eigenen Tuns, die die Wir hätten tragen müssen, aber nicht übernommen haben, werden einem anderen aufgebürdet. Die Initiative dazu geht von JHWH aus (V. 6b.10aα)[52]: Er läßt einen *fremden Tun-Ergehen-Zu-*

MANN, Art. *'āšām* usw., ThWAT I, 1973, (463–472) 465; A. MARX, Sacrifices de Réparation et Rites de Levée de Sanction (ZAW 100, 1988,183–198) und H. J. STOEBE, Schicksal Erkennen – Schuld Bekennen. Gedanken im Anschluß an Lev 5,17–19 (in: Prophetie und geschichtliche Wirklichkeit im alten Israel [FS S. Hermann], hg. von R. LIWAK und S. WAGNER, 1991, 385–397), 387ff; zur Unterscheidung von *'āšām* und *ḥaṭṭā't* sowie zur Bedeutung von *'āšām* in Lev 4f.6f u.a. s. zuletzt J. MILGROM, Leviticus 1–16 (AB III), 1991, 319ff.339ff; R. RENDTORFF, Leviticus (BK III/2–3), 1990–92, 152f.192.194f.199ff.208f.209ff.214ff, und A. SCHENKER, Die Anlässe zum Schuldopfer Ascham (in: DERS. [Hg.], Studien zu Opfer und Kult im Alten Testament [FAT 3], 1992, 45–66).

[49] KNIERIM, aaO 253 (Hervorhebung von mir).

[50] Vgl. DERS., aaO 254.

[51] Vgl. auch RENDTORFF (s. Anm. 48), 214f, dem zufolge das Verständnis von *'āšām* in Jes 53,10 »weitgehend von der Interpretation des schwierigen Textes Jes 52,13–53,12 im ganzen ab[hängt]«.

[52] Es ist u.E. deshalb nicht zutreffend, wenn W. VOGLER, Jesu Tod – Gottes Tat? Bemerkungen zur frühchristlichen Interpretation des Todes Jesu (ThLZ 113, 1988, 481–492), 489 Anm. 7, behauptet, daß »das Subjekt der Todeshingabe dieses Knechts nicht

sammenhang so am Gottesknecht zur Auswirkung kommen, daß der eigentlich Schuldige, nämlich Israel, in die Position des Erretteten gelangt – während der Unschuldige daran zerbricht.

2. Indem die Wir das erkennen, bekennen sie die vom Gottesknecht getragene Schuld als ihre eigene. Die im Bekenntnis von V. 4–6 vollzogene Schulderkenntnis ist die Voraussetzung für die Zukunft Israels, weil sie nicht nur ein von Schuld befreites, sondern ein *durch Erkenntnis verwandeltes Israel* mit sich bringt. Nur dieses wird als »Nachkomme« des Gottesknechts (V. 10f) in die JHWH-Gemeinschaft zurückkehren.

3. Das vierte EJL beginnt nicht mit der Rede der Wir, sondern mit der Kundgabe des JHWH-Orakels. Dieses Orakel bewirkt bei den Wir eine *doppelte Einsicht*: zum einen die Einsicht in die Unschuld des Knechts und zum anderen die Einsicht, daß die eigene Schuld durch das Leiden des Knechts getilgt ist. Der »Erfolg« des Knechts, den die rahmenden JHWH-Reden weissagen (52,13–15; 53,1f), hängt mit dieser doppelten Einsicht zusammen: Israel kehrt zu JHWH zurück, weil es die Bedeutung dieses Todes und mit ihm seine eigene Situation »verstanden« hat[53].

IV. Die Wirklichkeit der Stellvertretung

»Ich sehe die Tiefe, aber ich kann (ihr) nicht auf den Grund kommen«[54] – hat Augustin, das Meer vor Augen, einmal gesagt. Dieses Wort läßt sich mühelos auf Jes 53 anwenden. Die abgründige Tiefe dieses Textes spiegelt sich im Stellvertretungsgeschehen: Ein Unschuldiger erträgt die Schuld der anderen, geht daran zugrunde und wird dennoch »Erfolg« haben:

Gott, sondern der Ebed selbst [ist]. Er ist von sich aus für die Sünden von ›vielen‹ eingetreten (53,11f). Aus freiem Entschluß hat er sein Leben als Schuldopfer für sie dargebracht«. Die Komposition von 52,13–53,12, insbesondere die Relation von V. 6b und V. 10aαβ, zeigt demgegenüber, daß das Handeln des Gottesknechts *in Entsprechung* zum Handeln JHWHs geschieht (vgl. auch STECK, Aspekte des Gottesknechts II [s. Anm. 19], 41ff, der treffend von der »aktiv-passive[n] Gestalt des Ebedauftrags an Israel« [43] spricht) – was die Problematik aber verschärft, weil dies die Gottesfrage tangiert, s. zur Sache auch R. GIRARD, Das Ende der Gewalt. Analyse des Menschheitsverhängnisses, 1983, 158ff; K.-P. JÖRNS, Der Sühnetod Jesu Christi in Frömmigkeit und Predigt. Ein praktisch-theologischer Diskurs (ZThK, Beiheft 8, 1990, 70–93), 78ff, bes. 79f, und LINK (s. Anm. 7), 166f, vgl. weiter unten Anm. 61.

[53] Vgl. HERMISSON, Lohn des Knechts (s. Anm. 19), 287.

[54] A. Augustinus, Sermo 28,7, PL 38,182, zitiert nach JÜNGEL (s. Anm. 10), 247.

»Welch seltsamer Sieg!« – schreibt C. Mesters[55] in seiner befreiungstheologischen Auslegung der EJL – »... Zu unserer Denkweise will das nicht recht passen. Wir können das in unsere Vorstellungen nicht einordnen. Was wir uns vorstellen können, ist ein Sieg des Großen über den Kleinen, ja auch des Kleinen über den Großen. Wir können uns ein Unentschieden vorstellen. Aber eine Niederlage, die ein Sieg ist? Das ist etwas, ›was niemals je geschehen ist!‹ (Jes 52,15)«.

Warum wir uns das nicht vorstellen können, hängt wohl mit der Art unseres Verstehens zusammen. Wir hatten eingangs darauf hingewiesen, daß die neuzeitlichen Schwierigkeiten mit der Stellvertretung vom Axiom der Unvertretbarkeit des Subjekts herrühren[56]. Zwar kann – so lautet der Einwand – ein anderer meinen Platz in der Gesellschaft freihalten, indem er mich als Vormund, als Anwalt oder – im staatlichen Kontext – als Repräsentant gegenüber anderen vertritt. All dies sind Stellvertretungsbeziehungen, die in unserem privaten und öffentlichen Leben täglich funktionieren. Aber eine Stellvertretung in Sachen »Schuld« scheitert daran, daß die Schuld dem Ich anhaftet und keiner dem anderen sein Ich abtreten kann. Es scheint also, als behalte die Kritik am theologischen Gebrauch des Stellvertretungsgedankens das letzte Wort.

Über Recht oder Unrecht dieser Kritik braucht hier nicht entschieden zu werden, denn dazu bedürfte es einer Problematisierung des von ihr vorausgesetzten Personbegriffs[57]. Wir müssen nur sehen, daß die biblische Überlieferung andere Wege geht und ihr Problem anders gestellt ist[58]. »Thesenhaft formuliert: Schuldig wird ein Mensch durch das, was er tut, und diese Schuld wird durch Gott aufgedeckt. Sie ist kein Versagen gegenüber Ansprüchen und Erwartungen, die bestimmte Konventionen an mich richten, also kein moralisches Problem, sondern ... das Ergebnis des Versuchs, im Widerspruch zur Schöpfung zu leben«[59]. Die biblische Schulderfahrung ist die Not, aus eigener Kraft nicht mehr weiter zu können, weil die Schuld, die den Schuldigen bei der Vergangenheit festhält, zu schwer ist und das Leben unerträglich macht. Hier bricht das Problem der Stellvertretung auf. Die Frage lautet nicht,

[55] C. Mesters, Die Botschaft des leidenden Volkes, 1982, 100, vgl. den Zusammenhang aaO 91ff.

[56] S. oben S. 2f.

[57] S. zur Sache aber die oben Anm. 8 gegebenen Hinweise.

[58] Zum Folgenden s. Link (s. Anm. 7), 148ff.165ff. Stellvertretung geschieht nach Link »›auf Zeit‹ (um uns Zeit einzuräumen und uns neue Zeit, Zukunft, gewinnen zu lassen); sie macht sich abhängig von denen, die sie vertritt, und ist darum nur als *Eintritt* in ihre Geschichte – und in diesem Sinne als Existenzstellvertretung – denkbar. Weil man aber in der geschichtlichen Wirklichkeit nicht verantwortlich handeln, geschweige denn rückhaltlos lieben kann, *ohne* in die Gemeinschaft der menschlichen *Schuld* hineinzugeraten ..., wird auch Jesus – Gottes Liebe macht ihn dazu – *schuldig*« (aaO 166).

[59] Link, aaO 152.

»... ob Schuld übertragbar ist oder nicht, ob sie durch eine fremde Leistung kompensiert oder weggeschafft werden kann, wie ›etwas‹, das mir wie eine unbezahlte Rechnung oder wie eine Krankheit anhängt. Sie lautet, ob einer da ist, der sich in dieser Situation mit uns identifiziert, der zwischen uns und unsere Vergangenheit tritt und uns für Gott und die Welt (und darum auch für uns selbst) wieder erträglich macht, ›nicht ... damit wir irgendwann später so weit kämen, selbst an diese Stelle zu treten, sondern damit wir nie mehr an diese Stelle geraten‹«[60].

Jes 53 hat diesen Vorgang der Stellvertretung in seiner ganzen Dramatik entfaltet und seine beunruhigende wie befreiende Seite aufgedeckt: Er ist *beunruhigend*, weil ein Unschuldiger sich erschlagen läßt, ohne zurückzuschlagen, und alle Gewalt auf sich zieht, um ihre Macht zu brechen. Das Gesetz fortzeugender Gewalt tobt sich an dem unbedingt Friedfertigen aus und führt sich so ad absurdum. Das ist eine Wirklichkeit, die rational nicht mehr faßbar und dennoch existent ist[61]. Und er ist *befreiend*, weil dieser Vorgang nicht einfach so hingenommen wird, sondern die Wir an ihm ihre eigene Schuld erkennen. Der Schuldige erkennt, daß er schuldig ist – das ist der Anfang der Veränderung[62]. Niemand ist aber aus sich allein zu solcher Erkenntnis fähig. Sie bedarf

[60] DERS., aaO 153, das Zitat im Zitat bezieht sich auf H. GOLLWITZER, Von der Stellvertretung Gottes, 1967, 43.

[61] In diesem Sinn ist die oben S. 5 zitierte Definition H.-R. Reuters zu verstehen, daß Stellvertretung auf den Gedanken eines Eintretens des einen (Unschuldigen) für die anderen (Schuldigen) als einer Wirklichkeit verweist, »die der Vernunft vorgegeben ist« – und erst durch Erkenntnis »eingeholt« werden kann. Dennoch bleibt dabei ein Rest, der rational nicht aufgeht, weil er an die dunklen Seiten des Vorgangs rührt. Stellvertretung, wie sie in Jes 53 beschrieben ist, wird durch drei, aufeinander bezogene Momente konstituiert: Gott läßt seinen Erwählten die Sünden Israels tragen (V. 6b, vgl. V. 10aα), der Gottesknecht setzt – in Entsprechung zu diesem Tun JHWHs, seinem »Plan« – sein Leben als *'āšām* ein (V. 10aβ), und die Menschen, die »Wir«, nehmen es sich mit Gewalt (V. 7–9), zu dieser Komplexität von Jes 53, die durch zusätzliche Vorstellungen (mesopotamische Ersatzkönigsriten, prophetische Interzession u.a.) gesteigert wird, s. auch STECK, Aspekte des Gottesknechts II (s. Anm. 19), 41 Anm. 62. GIRARD (s. Anm. 52), 160ff, hat versucht, die komplexen Zusammenhänge mit Hilfe seiner Theorie vom »Sündenbockmechanismus« aufzuschlüsseln (der Gottesknecht als »menschlicher Sündenbock«). Das ist sinnvoll, insofern dieses Modell dazu nötigt, das Moment der Gewalt ernst zu nehmen; Irritationen sind aber aufgrund der vagen Verwendung des Terminus »Sündenbock« entstanden, der religionswissenschaftlich auf bestimmte Phänomene festgelegt ist, s. zur Kritik M. HERZOG, Religionstheorie und Theologie René Girards (KuD 38, 1992, 105–137), 127ff; REUTER (s. Anm. 10), 179ff, bes. 183ff, und zur Klärung der Girardschen Position N. LOHFINK, Der gewalttätige Gott des Alten Testaments und die Suche nach einer gewaltfreien Gesellschaft (JBTh 2, 1988, 106–136), 113ff, und R. GIRARD, Der Sündenbock, 1988, 164–182, bes. 171ff.

[62] Vgl. MESTERS (s. Anm. 55), 111: »Nur dem, der seine Schuld erkennt, kann vergeben werden. Der Unterdrücker muß erkennen, daß er ein Unterdrücker ist. Sonst kann er die Vergebung nicht erhalten. Die Erkenntnis der Schuld ist der Anfang der Veränderung. Die Vergebung besiegt das Unrecht an der Wurzel und führt dazu, daß aus dem

des Anstoßes »von außen«, der aus einer *theoretischen* eine *praktische* Erkenntnis macht. Auch dies beschreibt Jes 53. Die Wirklichkeit der Stellvertretung erschließt sich den Wir ja nicht einfach durch Reflexion oder Entschluß, sondern durch das im Bekenntnis ergriffene Wort, das JHWH in dem Eingangsorakel über den Erfolg seines Knechts spricht (52,13–15). Dieses Wort hat bei den Wir den Prozeß der Erkenntnis ausgelöst: »Jedoch: unsere Krankheiten – er hat sie getragen!« (53,4aα).

Seit der berühmten Frage des äthiopischen Hofbeamten an Philippus Apg 8,34 (»Ich bitte dich: Von wem redet der Prophet dies [sc. das in Jes 53,7f Geschriebene] – von sich selbst oder von einem anderen?«) und der nicht weniger berühmten Reaktion des Philippus Apg 8,35 (»Da begann Philippus zu reden und von jener Schriftstelle ausgehend ihm das Evangelium von Jesus zu verkündigen«) wurde das Christusgeschehen immer wieder im Licht der Ebed JHWH-Lieder, insbesondere von Jes 53, gedeutet[63]. Wenn heute die christologische Deutung der Ebed JHWH-Lieder nicht mehr selbstverständlich ist, sondern notwendig auf dem Umweg über die historische Rückfrage plausibel gemacht werden muß[64], so heißt das nicht, daß zwischen ihnen und der

Ungerechten ein Gerechter wird, aus dem Unterdrücker ein Kamerad, aus dem Feind ein Freund und Bruder«. Zum Erkenntnisproblem s. auch J. Fischer, Vom Geheimnis der Stellvertretung (EK 21, 1988, 165–167), 167, und Ders., Glaube als Erkenntnis. Studien zum Erkenntnisproblem des christlichen Glaubens (BEvTh 105), 1989, 76ff, bes. 89f. Fischer schließt seine Überlegungen mit folgenden, auf die Stellvertretung Christi bezogenen Sätzen: »Die Frage, ob die Stellvertretung Christi in seinem Tod für den heutigen Menschen noch nachvollziehbar ist, ist damit gleichbedeutend mit der Frage, ob der heutige Mensch im Bereich des Glaubens zu solch praktischer Erkenntnis noch fähig ist. Man muß hier klar sehen: Wenn man diese Frage verneint, dann ist jedes Verständnis des Todes Jesu, dann ist aller Glaube und alle Theologie soteriologisch irrelevant, weil sich dadurch an der Wirklichkeit des Menschen nichts, aber auch gar nichts änderte« (Stellvertretung, 167).

[63] S. dazu nach wie vor H. W. Wolff, Jesaja 53 im Urchristentum, 1942/1984[4] (mit einer Einführung von P. Stuhlmacher, aaO 7–11).

[64] Vgl. Kutsch (s. Anm. 27), 195f, und Hermisson, Israel und der Gottesknecht (s. Anm. 19), 2f. Die historische Rückfrage hat u.a. zu klären, ob die Charakterisierung von Jes 53 als »erratischer Block« zutrifft, der im Überlieferungsstrom »unverstanden liegen [bleibt] bis hinein in die Tage des Neuen Testaments« (K. Koch, Sühne und Sündenvergebung um die Wende von der exilischen zur nachexilischen Zeit [in: Ders., Spuren des hebräischen Denkens. Beiträge zur alttestamentlichen Theologie. Gesammelte Aufsätze Bd. 1, hg. von B. Janowski und M. Krause, 1991, 184–205], 203), oder ob es verbindende Zwischenglieder gibt, s. dazu zuletzt C. Breytenbach, Versöhnung. Eine Studie zur paulinischen Soteriologie (WMANT 60), 1989, 205ff; Barth (s. Anm. 2), 56ff, und P. Stuhlmacher, Biblische Theologie des Neuen Testaments, Bd. 1, 1992, 125ff, bes. 129f. Nicht unerheblich für diese Frage ist u.E. auch der Sachverhalt, daß die Rezeptionsgeschichte der EJL bereits in Jes 40–55 beginnt und sich im gesamten Dtjes- und

urchristlichen Verkündigung des Todes Jesu kein Zusammenhang bestünde. Im Gegenteil. Es bedeutet aber, daß die alttestamentlichen Texte ihre Wahrheit nicht erst vom Neuen Testament her bekommen[65]. Das wäre auch gar nicht im Sinn von Apg 8,34f. Denn Philippus antwortete ja nicht »Dieses Wort (sc. Jes 53,7f) ist in Jesus erfüllt!« oder »Der Gottesknecht von Jes 53 ist Jesus Christus!«, sondern er nahm Jes 53,7f zum Ausgangspunkt seiner Verkündigung, die ihn zugleich über diese Schriftstelle hinausführte. »Seine Predigt von Jesus, dem Christus, ist sozusagen eine Fortsetzung des Jesajabuchs«[66].

Die den beiden Testamenten gemeinsame Einsicht, daß das Leiden und der Tod des Gerechten nicht zusammenfällt mit Scheitern und Sinnlosigkeit[67], macht – trotz der traditionsgeschichtlichen Problematik – verständlich, warum die neutestamentlichen Zeugen die Tradition vom stellvertretenden Leiden des Gerechten rezipiert haben: »um kraft ihrer Typik die Bedeutung des Todes Jesu schärfer zu erfassen«[68]. Für den äthiopischen Hofbeamten und viele andere war Jes 53 dabei eine entscheidende Verstehenshilfe.

Tritjes-Buch über einen Zeitraum von drei Jahrhunderten erstreckt, s. dazu STECK, Gottesvolk (s. Anm. 19), 51ff; DERS., Gottesknechts-Texte (s. Anm. 19), 149ff.

[65] Vgl. E. ZENGER, Das Erste Testament. Die jüdische Bibel und die Christen, 1991, 123ff.

[66] AaO 128, vgl. STECK, Gottesvolk, 53.75.

[67] Vgl. STECK, aaO 53: »Die Gottesknechtslieder … lassen das Christusgeschehen als Gottestun … verstehen und umgekehrt – das Christusgeschehen enthüllt von später her gesehen den Finalsinn des Gottestuns, das in den Formulierungen der Gottesknechtslieder vorgezeichnet ist«.

[68] H. W. WOLFF, Anthropologie des Alten Testaments, 1990^5, 176. Den Ausdruck »Typik« (bzw. »Typos«) verstehen wir in dem von KUTSCH (s. Anm. 27), 195f, präzisierten Sinn.

Abkürzungen

Die Abkürzungen richten sich nach S. Schwertner, Internationales Abkürzungsverzeichnis für Theologie und Grenzgebiete (IATG^{2}), Berlin / New York ^{2}1992; für die ägyptologische Literatur s. LÄ, für die assyriologische Literatur AHw und HKL I-II, für die hethitologische Literatur HW^{2}. Darüberhinaus bzw. abweichend werden folgende Abkürzungen verwendet:

ABD	= Anchor Bible Dictionary, Vol. 1-6, ed. by D.N. Freedman, New York u.a. 1992
ÄHG	= J. Assmann, Ägyptische Hymnen und Gebete, Zürich / München 1975
AOBPs^{4}	= O. Keel, Die Welt der altorientalischen Bildsymbolik und das Alte Testament. Am Beispiel der Psalmen, Neukirchen-Vluyn ^{4}1984
ATS	= Arbeiten zu Text und Sprache im Alten Testament, St. Ottilien 1976ff
AulOr	= Aula Orientalis, ed. G. del Olmo Lete, Barcelona 1983ff
BEATAJ	= Beiträge zur Erforschung des Alten Testaments und des antiken Judentums, Frankfurt a.M. 1984ff
BAL II	= R. Borger, Babylonisch-assyrische Lesestücke, Heft II (AnOr 54/II), Roma ^{2}1979
GB^{17}/Ges^{17}	= W. Gesenius, Hebräisches und Aramäisches Handwörterbuch über das Alte Testament, bearbeitet von F. Buhl, Berlin / Göttingen / Heidelberg 1962 (= ^{17}1917)
GB^{18}/Ges^{18}	= W. Gesenius, Hebräisches und Aramäisches Handwörterbuch über das Alte Testament. Unter verantwortlicher Mitarbeit von U. Rüterswörden bearbeitet und herausgegeben von R. Meyer und H. Donner, Berlin / Heidelberg / New York / London / Paris / Tokyo ^{18}1987ff
HAL	= Hebräisches und Aramäisches Lexikon zum Alten Testament, 3. Aufl. neubearbeitet von W. Baumgartner und (ab Lfg. III) J.J. Stamm, Leiden 1967ff
HKL I/II	= R. Borger, Handbuch der Keilschriftliteratur I/II, Berlin / New York 1967/1975
HW^{2}	= J. Friedrich / A. Kammenhuber, Hethitisches Wörterbuch, Heidelberg ^{2}1975ff
NSK.AT	= Neuer Stuttgarter Kommentar. Altes Testament, hg. von Chr. Dohmen, Stuttgart 1992ff
RTAT^{2}	= Religionsgeschichtliches Textbuch zum Alten Testament, hg. von W. Beyerlin (GAT 1), Göttingen ^{2}1985
SAHG	= A. Falkenstein / W. von Soden, Sumerische und akkadische Hymnen und Gebete, Zürich / Stuttgart 1953
SEL	= Studi epigrafici e linguistici sul Vicino Oriente antico, ed. F. Pomponio, S. Ribichini e P. Xella, Verona 1984ff
Wb	= A. Erman / H. Grapow, Wörterbuch der ägyptischen Sprache, Berlin ^{4}1982

Nachträge und Berichtigungen

Im folgenden wird eine Liste ausgewählter Literatur zusammengestellt, die seit Abfassung der einzelnen Aufsätze erschienen ist. Die Berichtigungen zu den Aufsätzen stehen jeweils am Ende der Nachträge. Folgende Werke werden nur mit Kurztitel zitiert:

R. Albertz, Religionsgeschichte Israels in alttestamentlicher Zeit, Teil 1-2 (GAT 8/1-2), Göttingen 1992

G. Barth, Der Tod Jesu Christi im Verständnis des Neuen Testaments, Neukirchen-Vluyn 1992

I. Broer (Hg.), Jesus und das jüdische Gesetz, Stuttgart / Berlin / Köln 1992

B.S. Childs, Biblical Theology of the Old and New Testaments. Theological Reflection on the Christian Bible, Minneapolis 1993

T. Frymer-Kensky, In the Wake of the Goddesses. Women, Culture, and the Biblical Transformation of Pagan Myth, New York 1992

A.H.J. Gunneweg, Biblische Theologie des Alten Testaments. Eine Religionsgeschichte Israels in biblisch-theologischer Sicht, Stuttgart / Berlin / Köln 1993

M. Hengel / A.M. Schwemer (Hg.), Königsherrschaft Gottes und himmlischer Kult im Judentum, Urchristentum und in der hellenistischen Welt (WUNT 55), Tübingen 1991

B. Janowski / U. Neumann-Gorsolke / U. Gleßmer (Hg.), Gefährten und Feinde des Menschen. Das Tier in der Lebenswelt des alten Israel, Neukirchen-Vluyn 1993

O. Keel / Chr. Uehlinger, Göttinnen, Götter und Gottessymbole. Neue Erkenntnisse zur Religionsgeschichte Kanaans und Israels aufgrund bislang unerschlossener ikonographischer Quellen (QD 134), Freiburg / Basel / Wien 1992

K. Koch, Spuren des hebräischen Denkens. Beiträge zur alttestamentlichen Theologie. Gesammelte Aufsätze Bd.1, hg. von B. Janowski und M. Krause, Neukirchen-Vluyn 1991

H.D. Preuß, Theologie des Alten Testaments, Bd. 1, Stuttgart / Berlin / Köln 1991; Bd. 2, Stuttgart / Berlin / Köln 1992

H. Spieckermann, Heilsgegenwart. Eine Theologie der Psalmen (FRLANT 148), Göttingen 1989

P. Stuhlmacher, Biblische Theologie des Neuen Testaments, Bd. 1, Göttingen 1992

E. Zenger, Ich will die Morgenröte wecken. Psalmenauslegungen, Freiburg / Basel / Wien 1991

1 Auslösung des verwirkten Lebens. Zur Geschichte und Struktur der biblischen Lösegeldvorstellung

Zur alttestamentlichen **Lösegeldterminologie/-vorstellung** s. zuletzt A. Schenker, Koper et expiation, Bib. 63 (1982) 31-46; ders., Sühne statt Strafe und Strafe statt Sühne! Zum

biblischen Sühnebegriff, in: J. Blank / J. Werbick (Hg.), Sühne und Versöhnung, Düsseldorf 1986, 10-20; H. Cazelles, Art. פדה, ThWAT VI (1989) 514-522; C. Colpe, Art. Erlösungsreligion, HRWG II (1990) 323-329; B. Willmes, Art. Erlösung (AT), NBL I (1991) 565-573.575f; F. Crüsemann, Die Tora. Theologie und Sozialgeschichte des alttestamentlichen Gesetzes, München 1992, 188ff; J. Unterman, Art. Redemption (OT), ABD VI (1992) 650-654; Th. Sundermeier, Erlösung oder Versöhnung? Religionsgeschichtliche Anstöße, EvTh 53 (1993) 124-146, hier: 133ff; zur **Institution des (menschlichen/ göttlichen) Lösers** im Alten Testament s. Chr. Frevel, Das Buch Rut (NSK.AT 6), Stuttgart 1992, 103ff; R. Kessler, Zur israelitischen Löserinstitution, in: M. Crüsemann / W. Schottroff (Hg.), Schuld und Schulden. Biblische Traditionen in gegenwärtigen Konflikten (KT 121), München 1992, 40-53; ders., »Ich weiß, daß mein Erlöser lebet«. Sozialgeschichtlicher Hintergrund und theologische Bedeutung der Löser-Vorstellung in Hiob 19,25, ZThK 89 (1992) 139-158. Speziell zur **mesopotamischen Lösegeldvorstellung** s. G. Ries, Art. Lösegeld, RLA VII (1987-90) 77-80.
Zu den in **Teil I** untersuchten כפר-Belegen (Ex 21,30; 30,12; Am 5,12 u.a.) s. zuletzt R. Albertz, Täter und Opfer im Alten Testament, ZEE 28 (1984) 146-166, hier: 153ff; G. Fleischer, Von Menschenverkäufern, Baschankühen und Rechtsverkehrern. Die Sozialkritik des Amosbuches in historisch-kritischer, sozialgeschichtlicher und archäologischer Perspektive (BBB 74), Frankfurt a.M. 1989, 157ff; A. Schenker, Versöhnung und Widerstand. Bibeltheologische Untersuchung zum Strafen Gottes und der Menschen besonders im Lichte von Exodus 21-22 (SBS 139), Stuttgart 1990, 61ff.64ff.66ff; L. Schwienhorst-Schönberger, Das Bundesbuch (Ex 20,22-23,33). Studien zu seiner Entstehung und Theologie (BZAW 188), Berlin / New York 1990, 131ff; E. Otto, Körperverletzungen in den Keilschriftrechten und im Alten Testament. Studien zum Rechtstransfer im Alten Testament (AOAT 226), Kevelaer / Neukirchen-Vluyn 1991, 147ff; B. Gosse, L'expiation-rançon d'Ex 30,11-16, BN 63 (1992) 26-29. Zu den in **Teil II** untersuchten כפר-Belegen (Jes 43,3f; Hi 33,24; Ps 49,8 u.a.) s. zuletzt O. Loretz, Ugaritisches und Jüdisches - Weisheit und Tod in Psalm 49 - Stil contra parallelismus membrorum, UF 17 (1986) 189-212, hier: 195f.201f; W. Grimm / K. Dittert, Deuterojesaja. Deutung - Wirkung - Gegenwart, Stuttgart 1990, 162ff; H.-Chr. Schmitt, Erlösung und Gericht. Jes 43,1-7 und sein literarischer und theologischer Kontext, in: Alttestamentlicher Glaube und Biblische Theologie (FS H.D. Preuß), hg. von J. Hausmann und H.-J. Zobel, Stuttgart / Berlin / Köln 1992, 120-131; H.-M. Wahl, Der gerechte Schöpfer. Eine redaktions- und theologiegeschichtliche Untersuchung der Elihureden - Hiob 32-37 (BZAW 207), Berlin / New York 1993, 63ff.
Zur **neutestamentlichen Lösegeld-/Loskaufterminologie** s. zuletzt A. Schenker, Substitution du châtiment ou prix de la paix? Le don de la vie du Fils de l'homme en Mc 10,45 et par. à la lumière de l'Ancien Testament, in: Mélanges en l'honneur du Père Durrwell (LeDiv 112), Paris 1982, 75-90; W. Haubeck, Loskauf durch Christus. Herkunft, Gestalt und Bedeutung des paulinischen Loskaufmotivs, Gießen / Basel / Witten 1985; V. Hampel, Menschensohn und historischer Jesus. Ein Rätselwort als Schlüssel zum messianischen Selbstverständnis Jesu, Neukirchen-Vluyn 1990, 320ff.326ff u.ö; W. Kraus, Der Tod Jesu als Heiligtumsweihe. Eine Untersuchung zum Umfeld der Sühnevorstellung in Römer 3,25-26a (WMANT 66), Neukirchen-Vluyn 1991, 177ff.179ff; Barth, Tod Jesu Christi, 71ff; Stuhlmacher, Biblische Theologie 1, 125ff, bes. 128f.137f.
Philosophisch-theologische Reflexionen zum **metaphorischen Gehalt der Lösegeld-/Erlösungsthematik** finden sich bei G. Bader, Symbolik des Todes Jesu, Tübingen 1988, 140ff.144ff. und H. Blumenberg, Matthäuspassion (Bibliothek Suhrkamp), Frankfurt a.M. 1988, 51ff.

Corrigenda: S. 15 Z. 17 von oben: *pidjôn* statt *pidjˀôˀn*; S. 17 Z. 10 von unten: CRRAI statt CCRAI; S. 19 Z. 5 von unten: CT statt CCT; S. 29 Z. 8 von oben: Völkern statt Völker.

2 Sündenvergebung »um Hiobs willen«. Fürbitte und Vergebung in 11QtgJob 38,2f und Hi 42,9f LXX

Zur **Interzession im Alten Testament und im antiken Judentum** (sowie im Neuen Testament) s. zuletzt R. Albertz, Art. Gebet II, TRE XII (1984) 34-42, hier: 40; S.E. Balentine, The Prophet as Intercessor, JBL 103 (1984) 161-173; J. Scharbert, Die Fürbitte im Alten Testament, in: FS A. Hofmann, Passau 1984, 91-109; ders., Art. Fürbitte, NBL I (1991) 712f; H. Graf Reventlow, Gebet im Alten Testament, Stuttgart / Berlin / Köln / Mainz 1986; E. Aurelius, Der Fürbitter Israels. Eine Studie zum Mosebild im Alten Testament (CB.OT 27), Lund 1988; B. Ego, Der Diener im Palast des himmlischen Königs. Zur Interpretation einer priesterlichen Tradition im rabbinischen Judentum, in: Hengel / Schwemer (Hg.), Königsherrschaft Gottes, 361-384, hier: 368ff u.ö.; Preuß, Theologie des Alten Testaments 2, 265ff; D. Crump, Jesus the Intercessor. Prayer and Christology in the Luke-Acts (WUNT II/49), Tübingen 1992; H.-M. Wahl, Der gerechte Schöpfer. Eine redaktions- und theologiegeschichtliche Untersuchung der Elihureden - Hiob 32-37 (BZAW 207), Berlin / New York 1993, 163ff; G. Baumann, Art. Mittler, NBL II/10 (1994), ferner die Artikel עתר (E. Gerstenberger), פלל pi./hitp. (E. Gerstenberger) u.a. im ThWAT.
Zur **Sündenvergebung im Alten Testament und im antiken Judentum** (sowie im Neuen Testament) s. zuletzt O. Hofius, Vergebungszuspruch und Vollmachtsfrage. Mk 2,1-12 und das Problem priesterlicher Absolution, in: »Wenn nicht jetzt, wann dann?« (FS H.-J. Kraus), hg. von H.G. Geyer, J.M. Schmidt, W. Schneider und M. Weinrich, Neukirchen-Vluyn 1983, 115-127; A. Aejmelaeus, The Traditional Prayer in the Psalms (BZAW 167), Berlin / New York 1986, 1-117, hier: 16ff; C. Breytenbach, Versöhnung. Eine Studie zur paulinischen Soteriologie (WMANT 60), Neukirchen-Vluyn 1989, 86ff.95ff.189f u.ö.; V. Hampel, Menschensohn und historischer Jesus. Ein Rätselwort als Schlüssel zum messianischen Selbstverständnis Jesu, Neukirchen-Vluyn 1990, 188ff; I. Broer, Jesus und das Gesetz. Anmerkungen zur Geschichte des Problems und zur Frage der Sündenvergebung durch den historischen Jesus, in: ders. (Hg.), Jesus und das jüdische Gesetz, 61-104, hier: 71ff; J.S. Kselman / J.H. Charlesworth / G.S. Shogren, Art. Forgiveness, ABD II (1992) 831-838; Preuß, aaO 190ff; U. Kellermann, Wer kann Sünden vergeben außer Elia?, in: Gottes Recht als Lebensraum (FS H.J. Boecker), hg. von P. Mommer, W.H. Schmidt und H. Strauß unter Mitarbeit von E. Schwab, Neukirchen-Vluyn 1993, 165-177; G.H. Twelftree, Jesus the Exorcist (WUNT II/54), Tübingen 1993; G. Vermes, Jesus der Jude. Ein Historiker liest die Evangelien, Neukirchen-Vluyn 1993, 45ff, ferner die Artikel נשׂא (D.N. Freedman u.a.), סלח (J. Hausmann) u.a. im ThWAT.
Speziell zu **11QtgJob** s. K. Beyer, Die aramäischen Texte vom Toten Meer, Göttingen 1984, 280-298; A.S. van der Woude, Fünfzehn Jahre Qumranforschung (1974-1988), ThR 57 (1992) 1-57, hier: 38ff; B. Zuckerman, Art. Job, Targums of, ABD III (1992) 868f; zu **4QOrNab** s. ders., aaO 223f; F.M. Cross, Fragments of the Prayer of Nabonidus, IEJ 34 (1984) 260-264; R.G. Kratz, Translatio imperii. Untersuchungen zu den aramäischen Danielerzählungen und ihrem theologiegeschichtlichen Umfeld (WMANT 63), Neukirchen-Vluyn 1991, 99ff; J.J. Collins, Art. Nabonidus, Prayer of, ABD IV (1992) 976f; van der Woude, aaO 33ff; G. Vermes, Jesus der Jude. Ein Historiker liest die Evangelien, Neukirchen-Vluyn 1993, 54f; K. Koch, Gottes Herrschaft über das Reich des Menschen. Daniel 4 im Licht neuer Funde, in: A.S. van der Woude (ed.), The Book of Daniel in the Light of new Findings (BEThL 106), Leuven 1993, 77-119, hier: 89ff. Zu aram. ***šbq* pe. (+ Sündenterminus)** in der Bedeutung »vergeben« s. M. Sokoloff, A Dictionary of Jewish Palestinian Aramaic of the Byzantine Period, Ramat Gan 1990/^{2}1992, 536f s.v. šbq pe. 9; pa. 3; auf die Partikel ***bdyl*** »wegen, um willen« in 11QtgJob 38,3 u.ö. und im Aramäischen gehen J. Ribera, AulOr 5 (1987) 306-309 und J. Margain, RdQ 13 (1988) 525-528 ein, s. ferner Sokoloff, aaO 85 s.v.

Corrigenda: S. 48 Z. 17 von unten: vormakkabäischen statt vormakkäischen; S. 55 Z. 4 von oben: Errettung statt Erettung; S. 55 Z. 2 von unten: Land«) statt Land«; S. 57 Z. 14

von oben: Stein, statt Stein.; S. 65 Z. 19 von oben: *ḥᵃbûrā* statt *hᵃbûrā*; S. 68 Z. 7 von unten: A.S. van der Woude statt A.S. van de Woude.

3 Enderwartung und Reinheitsidee. Zur eschatologischen Deutung von Reinheit und Sühne in der Qumrangemeinde

Zu den **alttestamentlichen Reinheitsvorstellungen** s. zuletzt D.P. Wright, Art. Unclean and Clean, ABD VI (1992) 729-741; I. Willi-Plein, Opfer und Kult im alttestamentlichen Israel. Textbefragungen und Zwischenergebnisse (SBS 153), Stuttgart 1993, 39ff und die kurze Übersicht bei B. Janowski / U. Neumann-Gorsolke, Reine und unreine Tiere, in: Janowski u.a. (Hg.), Gefährten und Feinde des Menschen, 214-218.

Zur **Reinheits- und Sühneauffassung der Qumrangemeinde** s. zuletzt F.-E. Wilms, Blutige Opfer oder Opfer der Lippen. Eine Alternative der Theologie von Qumran, ALW 25 (1983) 121-137; J. Maier, Schuld und Versöhnung im Judentum, in: B. Mensen (Hg.), Schuld und Versöhnung in verschiedenen Religionen, Nettetal 1986, 21-37; ders., Zwischen den Testamenten. Geschichte und Religion in der Zeit des zweiten Tempels (NEB Erg.bd. 3), Würzburg 1990, 218ff; F.G. Martínez, Les limites de la communauté: pureté et impureté à Qumrân et dans le Nouveau Testament, in: Text and Testimony (FS A.F.J. Klijn), ed. by T. Baarda, A. Hilhorst, G.P. Luttikhuizen and A.S. van der Woude, Kampen 1988, 111-122; J. Milgrom, The Scriptural Foundations and Deviations in the Laws of Purity of the Temple Scroll, in: L.H. Schiffman (ed.), Archaeology and History in the Dead Sea Scrolls (JSP.S 8), Sheffield 1990, 83-99; ders., First Day Ablutions in Qumran, in: J. Trebolle Barrera / L. Vegas Montaner (ed.), The Madrid Qumran Congress (STDJ 11/2), Leiden 1992, 561-570; E. Puech, Fragments d'un apocryphe de Lévi et le personnage eschatologique. 4QTestLévi^{c-d}(?) et 4QAJa, in: Trebolle / Montaner (ed.), aaO 449-501, hier: 494f; L.H. Schiffman, The Impurity of the Dead in the Temple Scroll, in: ders. (ed.), Archaeology and History in the Dead Sea Scrolls, 135-156; ders., The Furnishings of the Temple according to the Temple Scroll, in: Trebolle / Montaner (ed.), aaO 621-634; A.M. Schwemer, Gott als König und seine Königsherrschaft in den Sabbatliedern aus Qumran, in: Hengel / Schwemer (Hg.), Königsherrschaft Gottes, 45-118, hier: 79ff; B. Ego, Der Diener im Palast des himmlischen Königs. Zur Interpretation einer priesterlichen Tradition im rabbinischen Judentum, in: Hengel / Schwemer (Hg.), aaO 361-384, hier: 370ff u.ö.; B. Janowski, Art. Sühne, EKL^3 IV (im Druck), s. auch die bibliographischen Angaben bei F.G. Martínez, The Temple Scroll: A Systematic Bibliography 1985-1991, in: Trebolle / Montaner (ed.), 393-403.

Speziell zu **11QTemple 29,8-10** und verwandten/gegenläufigen **Tempelauffassungen im antiken Judentum** (4QFlor 1-2 I,1-7; äthHen 90,29; Jub 1,15-17.27.29 u.a.) s. U. Mell, Neue Schöpfung. Eine traditionsgeschichtliche und exegetische Studie zu einem soteriologischen Grundsatz paulinischer Theologie (BZNW 56), Berlin / New York 1989; M.O. Wise, The Covenant of the Temple Scroll XXIX,3-10, RdQ 14 (1989/90) 49-60; J.L. Wentling, Unraveling the Relationship between 11QT, the eschatological Temple, and the Qumran Community, RdQ 14 (1989/90) 61-73; J. Maier, The Temple Scroll and Tendencies in the Cultic Architecture of the Second Commonwealth, in: Schiffman (ed.), Archaeology and History in the Dead Sea Scrolls, 13-24; W. Kraus, Der Tod Jesu als Heiligtumsweihe. Eine Untersuchung zum Umfeld der Sühnevorstellung in Römer 3,25-26a (WMANT 66), Neukirchen-Vluyn 1991, 75ff.162ff.207ff.270ff u.ö.; Schwemer, aaO 65 mit Anm. 63; 74ff; G.J. Brooke, Art. Florilegium, ABD II (1992) 817f; L.H. Schiffman, The Furnishings of the Temple according to the Temple Scroll, in: Trebolle / Montaner (ed.), aaO 621-634, s. auch die bibliographischen Angaben bei F.G. Martínez, The Temple Scroll: A Systematic Bibliography 1985-1991, in: Trebolle / Montaner (ed.), aaO 393-403.

Corrigenda: S. 81 Z. 1 von unten: S. 111). statt S. 111.; S. 82 Z. 1 von unten: Heilsgeschehen statt Heilsgeschehn; S. 83 Z. 17 von oben: Subjekt statt Subjekts; S. 84 Z. 13 von oben: Sündenterminus statt Sünderterminus; S. 85 Z. 5 von oben: weg-) statt weg); S. 85 Z. 9 von oben: V. 6.7aα statt V. 6.7aa; S. 85 Z. 15 von unten: *ḥnn*). statt *ḥnn.*; S. 85 Z. 4 von unten: *nś'*); statt *nś'*; S. 90 Z. 25 von unten: (*kpr* pi.: statt *kpr* pi.:; S. 91 Z. 28 von unten: ΘΕΜΕΛΙΟΣ statt ΘΕ Λ Σ; S. 95 Z. 16/17 von oben: 4Q 171 (4QpPs 37) 1,3-4 III: 10f statt 4Q 171 (4QpPs 37) 1,3-4 III.10f; S. 96 Z. 7 von oben: eschatologischen statt eschatogischen; S. 96 Z. 17 von oben: der statt de; S. 100 Z. 10 von oben: im Lichte statt in Lichte.

4 Psalm 106,28-31 und die Interzession des Pinchas

Zur **Interzession im Alten Testament und im antiken Judentum** s. die Nachträge zu Nr. 2 »Sündenvergebung ›um Hiobs willen‹«.
Speziell zu עמד בפרץ **»in den Riß treten«** s. J. Conrad, Art. פרץ usw., ThWAT VI (1989) 763-770, hier: 768ff, zu פלל **pi./hitp.** + בעד/על s. E. Gerstenberger, Art. פלל usw., ThWAT VI (1989) 606-617, hier: 613ff und P. Mommer, Samuel. Geschichte und Überlieferung (WMANT 65), Neukirchen-Vluyn 1991, 38ff.

Corrigenda: S. 108 Z. 18 von unten: Ps. CVI statt Ps. XVI; S. 108 Z. 6 von unten: Diese statt Dieses; S. 110 Z. 15 von unten: Rechtfertigung statt Rechtferigung; S. 112 Z. 16 von unten: übersetzen statt Übersetzen; S. 113 Z. 2 von unten: weiterführende statt weiterführenden; S. 113 Z. 12 von oben: 1981), statt 1981,.

5 »Ich will in eurer Mitte wohnen«. Struktur und Genese der exilischen *Schekina*-Theologie

Zur **Einwohnung Gottes im Tempel/auf dem Zion/in Israel** s. zuletzt T.N.D. Mettinger, In Search of God. The Meaning and Message of the Everlasting Names, Philadelphia 1988, 123ff, bes. 126f.135f; E. Otto, Art. ציון, ThWAT VI (1989) 994-1028, hier: 1012ff; M.S. Smith, God and Zion. Form and Meaning in Psalm 48, SEL 6 (1989) 67-77; Spieckermann, Heilsgegenwart, 186ff; ders., Stadtgott und Gottesstadt. Beobachtungen im Alten Orient und im Alten Testament, Bib. 73 (1992) 1-31, hier: 17ff.20ff; M. Görg, Art. Gegenwart Gottes, NBL I (1991) 758f; B. Lang, Art. Gott, NBL I (1991) 904-909.914f, hier: 904f; Preuß, Theologie des Alten Testaments 1, 286ff; 2, 46ff; T. Veijola, Offenbarung als Begegnung. Von der Möglichkeit einer Theologie des Alten Testaments, ZThK 88 (1991) 427-450, hier: 447ff, ferner F. Niewöhner, Art. Schechina, HWP VIII (1992) 1226-1230, hier: 1226; E. Reuter, Kultzentralisation. Entstehung und Theologie von Dtn 12 (BBB 87), Frankfurt a.M. 1993, 121ff.130ff.134ff. Speziell zur **Schekina-Theologie der Exilszeit** s. zuletzt H. Spieckermann, »Die ganze Erde ist seiner Herrlichkeit voll«. Pantheismus im Alten Testament?, ZThK 87 (1990) 415-436, hier: 428ff; St. Ohnesorge, Jahwe gestaltet sein Volk neu. Zur Sicht der Zukunft Israels nach Ez 11,14-21; 20,1-44; 36,16-38; 37,1-14.15-28 (fzb 64), Würzburg 1991, 396ff; Gunneweg, Biblische Theologie, 222ff; zur **Schekina-Theologie der persisch-hellenistischen Zeit** (Sach 2,14f; 8,3; Joel 4,17.21; Sir 24,7f.9ff u.a.) s. H. Gese, Die Weisheit, der Menschensohn und die Ursprünge der Christologie als konsequente Entfaltung der biblischen Theologie (1979), in: ders., Alttestamentliche Studien, Tübingen 1991, 218-248, hier: 226ff; G. Schöttler, Gott inmitten seines Volkes. Die Neuordnung des Gottesvolkes nach Sach 1-6 (TThSt 43), Trier 1987; R. Hanhart, Sacharja 1,7-2,17 (BK XIV/7,2), Neukirchen-Vluyn 1991, 152ff; Gunneweg, aaO 212ff; P. Marinkovic, Was wissen wir über den zweiten Tempel aus Sach 1-8?, in: Konse-

quente Traditionsgeschichte (FS K. Baltzer [OBO 126]), hg. von R. Bartelmus, Th. Krüger und H. Utzschneider, Freiburg (Schweiz) / Göttingen 1993, 281-295, hier: 283ff.
Zur **Schekina-Vorstellung im antiken Judentum und im Neuen Testament** s. zuletzt P. Lenhardt / P. von der Osten-Sacken, Rabbi Akiva. Texte und Interpretationen zum rabbinischen Judentum und Neuen Testament (ANTZ 1), Berlin 1987, 161ff.163ff.172f; C. Thoma, Art. Schekhina, in: J.J. Petuchowski / C. Thoma, Lexikon der jüdisch-christlichen Begegnung, Freiburg / Basel / Wien 1989, 352-356; U.B. Müller, Die Menschwerdung des Gottessohnes. Frühchristliche Inkarnationsvorstellungen und die Anfänge des Doketismus (SBS 140), Stuttgart 1990, 40ff; P. von der Osten-Sacken, Der Wille zur Erneuerung des christlich-jüdischen Verhältnisses in seiner Bedeutung für biblische Exegese und Theologie, JBTh 6 (1991) 243-267, hier: 257ff.260ff; J. Kirchberg, Stellt das trinitarische Gebet den christlichen Monotheismus in Frage?, KuI 7 (1992) 61-73, hier: 67ff.70f; P. Schäfer, Der verborgene und offenbare Gott. Hauptthemen der frühen jüdischen Mystik, Tübingen 1991, 117ff.

Corrigenda: S. 122 Z. 11 von oben: ist statt ist,; S. 125 Z. 17 von unten: (a b c b' a') statt (a b c b' c'); S. 135 Z. 13 von oben: אֱלֹהַי statt אֲלֹהַי; S. 137 Z. 10 von unten: הבית statt הביה; S. 145 Z. 11 von unten: בְּתוֹכָהּ statt בְּתוֹכָה.

6 Das Königtum Gottes in den Psalmen. Bemerkungen zu einem neuen Gesamtentwurf

Zur **Königsherrschaft Gottes im Alten Testament/in den Psalmen** s. zuletzt O. Loretz, Ugarit-Texte und Thronbesteigungspsalmen. Die Metamorphose des Regenspenders Baal-Jahwe (UBL 7), Münster 1988; M. Brettler, God is King. Understanding an Israelite Metaphor (JSOT.S 76), Sheffield 1989; L. Schmidt, Art. Königtum II, TRE XIX (1990) 327-333, hier: 330ff; H. Irsigler, Gott als König in Berufung und Verkündigung Jesajas, in: Ein Gott -eine Offenbarung (FS N. Füglister), hg. von F.V. Reiterer, Würzburg 1991, 127-154; Preuß, Theologie des Alten Testaments 1, 173ff; 2, 250ff; Zenger, Morgenröte, 75ff; Albertz, Religionsgeschichte Israels 1, 186f.200ff.353f; Frymer-Kensky, In the Wake of the Goddesses, 83ff; H.-P. Müller, Sprachliche und religionsgeschichtliche Beobachtungen zu Jesaja 6, ZAH 5 (1992) 163-185; K.W. Whitelam, Art. King and Kingship, ABD IV (1992) 40-48, hier: 43f; Gunneweg, Biblische Theologie, 134ff; Themaheft »The Reign of God«, Interpr. 47 (1993), No. 2; Childs, Biblical Theology, 631ff; R.G. Kratz, Reich Gottes und Gesetz im Danielbuch und im werdenden Judentum, in: A.S. van der Woude (ed.), The Book of Daniel in the Light of new Findings (BEThL 106), Leuven 1993, 435-479; B. Janowski, Art. Königtum, NBL II/9 (1993). Zum Verhältnis von **Mythos und Geschichte** s. die Literatur bei B. Janowski, Bibliographischer Anhang, in: Koch, Spuren des hebräischen Denkens, 283-300, hier: 297ff; zur **Chaosmotivik** (»Chaoskampfschilderung«) s. J. Jeremias, Schöpfung in Poesie und Prosa des Alten Testaments. Gen 1-3 im Vergleich mit anderen Schöpfungstexten des Alten Testaments, JBTh 5 (1990) 11-36, hier: 15ff; Th. Podella, Der »Chaoskampfmythos« im Alten Testament. Eine Problemanzeige, in: Mesopotamica - Ugaritica - Biblica (FS K. Bergerhof [AOAT 232]), hg. von M. Dietrich und O. Loretz, Kevelaer / Neukirchen-Vluyn 1993, 283-329. Zur **Thronvorstellung** s. die Nachträge zu Nr. 8 »Keruben und Zion«; zur **Thronbesteigung Marduks** am babylonischen Neujahrsfest s. jetzt K. van der Toorn, The Babylonian New Year Festival. New Insights from the Cuneiform Texts and their Bearing on Old Testament Study, in: J.A. Emerton (ed.), Congress Volume Leuven, VT.S 43 (1991) 331-344.
Zur **Königsherrschaft Gottes im antiken Judentum und im Neuen Testament** s. zuletzt die Beiträge bei Hengel / Schwemer (Hg.), Königsherrschaft Gottes.
Speziell zu **Ps 47** s. noch P. Auffret, »Il est monté, Dieu«. Étude structurelle du Psaume 47, ScEs 42 (1990) 61-75; B. Rosendal, »Gott ist aufgestiegen«. Zur Geschichte der Interpre-

tation von Psalm 47, SJOT 2 (1991) 148-154; Th. Lescow, Das Stufenschema. Untersuchungen zur Struktur alttestamentlicher Texte (BZAW 211), Berlin / New York 1992, 235ff; E. Zenger, in: F.-L. Hossfeld / E. Zenger, Die Psalmen I (NEB), Würzburg 1993, 289-293; zu **Ps 93** s. noch P. Auffret, Yahvé règne. Étude structurelle du Psaume 93, ZAW 103 (1991) 101-109; H. Irsigler, Thronbesteigung in Ps 93? Der Textverlauf als Prozeß syntaktischer und semantischer Interpretation, in: Text, Methode und Grammatik (FS W. Richter), hg. von W. Groß, H. Irsigler und Th. Seidel, St. Ottilien 1991, 155-190; R. Mosis, »Ströme erheben, Jahwe, ihr Tosen . . .«. Beobachtungen zu Ps 93, in: Ein Gott - eine Offenbarung (FS N. Füglister), hg. von F.V. Reiterer, Würzburg 1991, 223-255; Zenger, aaO 79ff; Lescow, aaO 87ff; Th. Krüger, »Kosmo-theologie« zwischen Mythos und Erfahrung. Psalm 104 im Horizont altorientalischer und alttestamentlicher »Schöpfungs«-Konzepte, BN 68 (1993) 49-74, hier: 70f.

Corrigenda: S. 149 Z. 5 von unten: 296 statt 261; S. 195 Z. 15f von oben: Die Eroberung Jerichos. Exegetische Untersuchung zu Jos 6 statt Die Eroberung von Jericho. Exegetische Untersuchung von Jos 6; S. 191 Z. 18 von unten: des Aufzuges statt der Aufzuges; S. 202 Z. 7 von oben: Feststellung statt Festellung.

7 Tempel und Schöpfung. Schöpfungstheologische Aspekte der priesterschriftlichen Heiligtumskonzeption

Wie oben S. 214 Anm. 1 angekündigt, erscheint dieser Aufsatz in erweiterter Form als Monographie unter dem Titel: Tempel und Schöpfung. Ein Beitrag zum Geschichtsverständnis der Priesterschrift (FAT 13), Tübingen 1995; dort auch ausführliche Literaturangaben. Zur **Tempelsymbolik/-theologie** s. die Literatur bei B. Janowski, Bibliographischer Anhang, in: Koch, Spuren des hebräischen Denkens, 283-300, hier: 293, ferner zuletzt J. Maier, Zwischen den Testamenten. Geschichte und Religion in der Zeit des zweiten Tempels (NEB Erg.bd. 3), Würzburg 1990, 218ff; ders., Beobachtungen zum Konfliktpotential in neutestamentlichen Aussagen über den Tempel, in: Broer (Hg.), Jesus und das jüdische Gesetz, 173-213, hier: 182ff; Hengel / Schwemer (Hg.), Königsherrschaft Gottes (darin bes. die Beiträge von A. Schwemer, aaO 45-118.309-359 und B. Ego, aaO 257-283.361-384); J. Assmann Das kulturelle Gedächtnis. Schrift, Erinnerung und politische Identität in frühen Hochkulturen, München 1992, 177ff; A. Hurowitz, I have built you an exalted House. Temple Building in the Bible in the Light of Mesopotamian and Northwest Semitic Writings (JSOT.S 115), Sheffield 1992; Gunneweg, Biblische Theologie, 138ff; Childs, Biblical Theology, 110ff.384ff; Th. Krüger, »Kosmo-theologie« zwischen Mythos und Erfahrung. Psalm 104 im Horizont altorientalischer und alttestamentlicher »Schöpfungs«-Konzepte, BN 68 (1993) 49-74, hier: 68f.71.

Corrigenda: S. 215 Z. 5 von oben: Erst statt »Erst; S. 218 Z. 18 von unten: Kultordnung statt Kulturordnung; S. 219 Z. 13 von unten: altägyptischen statt ägyptischen; S. 220 Z. 15 von unten: erscheinende statt erscheindende; S. 221 Z. 18 von oben: Jerusalemer statt Jerusalmer; S. 227 Z. 6 von unten: 374 statt 247; S. 229 Z. 2 von oben: אֹהֶל מוֹעֵד statt אהל מוֹ ד; S. 229 Z. 17 von unten: כְּמִשְׁפָּטוֹ statt כִּמְשְׁפָּטוֹ; S. 230 Z. 3 von oben: Priesterschaft statt Priesterschrift; S. 231 Z. 18 von unten: aus statt auf; S. 233 Z. 12 von unten: Heiligung statt Heiligtum; S. 234 Z. 19 von oben: 1957 statt 157; S. 245 Z. 11 von oben: zurückgreifenden statt zurückzugreifenden.

8 Keruben und Zion. Thesen zur Entstehung der Zionstradition

Zur **Kerubenkonzeption des salomonischen Tempels** s. jetzt auch Chr. Uehlinger, BiOr 46 (1989) 410-419, hier: 417; Preuß, Theologie des Alten Testaments 1, 293ff; Albertz,

Religionsgeschichte Israels 1, 200ff, bes. 201f; M. Görg, Art. Kerub, NBL II/8 (1992) 467f; C. Meyers, Art. Cherubim, ABD I (1992) 899f; Keel / Uehlinger, Göttinnen, Götter und Gottessymbole, 175ff.189ff; M. Metzger, Keruben und Palmetten als Dekoration im Jerusalemer Heiligtum und Jahwe, der Nahrung gibt allem Fleisch, in: F. Hahn / H. Jorissen / F.L. Hossfeld / A. Neuwirth (Hg.), Zion - Ort der Begegnung (FS L. Klein), Frankfurt a.M. 1993; T.N.D. Mettinger, Art. Cherubim, in: K. van der Toorn / B. Becking / P.W. van der Horst (ed.), Dictionary of Deities and Demons in the Bible including the Apocrypha, Leiden 1994, ferner B. Janowski, Art. Königtum, NBL II/9 (1993). Zur **Jerusalemer Theologie/Zionstheologie** s. zuletzt M.S. Smith, God and Zion. Form and Meaning in Psalm 48, SEL 6 (1989) 67-77; O.H. Steck, Zion als Gelände und Gestalt. Überlegungen zur Wahrnehmung Jerusalems als Stadt und Frau im Alten Testament (1989), in: ders., Gottesknecht und Zion. Gesammelte Aufsätze zu Deuterojesaja (FAT 4), Tübingen 1992, 126-145; H. Irsigler, Gott als König in Berufung und Verkündigung Jesajas, in: Ein Gott - eine Offenbarung (FS N. Füglister), hg. von F.V. Reiterer, Würzburg 1991, 127-154; Zenger, Morgenröte, 53ff; Albertz, Religionsgeschichte Israels 1, 200ff, bes. 207ff; Frymer-Kensky, In the Wake of the Goddesses, 168ff; M. Küchler, Art. Jerusalem, NBL II/7 (1992) 294-314, hier: 299ff; J.D. Levenson, Art. Zion Traditions, ABD VI (1992) 1098-1102; C. Meyers, Art. Temple, Jerusalem, ABD VI (1992) 350-369, hier: 359f; Preuß, Theologie des Alten Testaments 2, 41ff; Gunneweg, Biblische Theologie, 120ff.124ff; O. Kaiser, Der Gott des Alten Testaments. Theologie des Alten Testaments I: Grundlegung (UTB 1747), Göttingen 1993, 117ff; H.M. Niemann, Herrschaft, Königtum und Staat. Skizzen zur soziokulturellen Entwicklung im monarchischen Israel (FAT 6), Tübingen 1993, 203ff; O. Keel, Frühe Jerusalemer Kulttraditionen und ihre Träger und Trägerinnen, in: F. Hahn / F.-L. Hossfeld / H. Jorissen / A. Neuwirth (Hg.), Zion - Ort der Begegnung (FS L. Klein), Frankfurt a.M. 1993, ferner die Nachträge zu Nr. 5 »Ich will in eurer Mitte wohnen«; zur **Thronvorstellung** s. noch M. Metzger, »Thron der Herrlichkeit«. Ein Beitrag zur Interpretation von Jeremia 17,12f, in: Prophetie und geschichtliche Wirklichkeit im alten Israel (FS S. Herrmann), hg. von R. Liwak und S. Wagner, Stuttgart / Berlin / Köln 1991, 237-262 und M. Philonenko (éd.), Le Trône de Dieu (WUNT 69), Tübingen 1993. Speziell zu **Num 10,35f** s. noch A. Aejmelaeus, The Traditional Prayer in the Psalms (BZAW 167), Berlin / New York 1986, 1-117, hier: 31ff; zu **1Sam 4-6; 2Sam 6** s. zuletzt C.L. Seow, Myth, Drama, and the Politics of David's Dance (HSM 44), Atlanta/GA 1989; ders., Art. Ark of the Covenant, ABD I (1992) 386-393, hier: 391; zu **Ps 132** s. zuletzt A. Laato, Psalm 132 and the Development of the Jerusalemite/Israelite Royal Ideology, CBQ 54 (1992) 49-66.

Corrigenda: S. 248 Z. 5 von unten: Buch statt Bauch; S. 249 Z. 7 von oben: »Sowohl statt Sowohl; S. 249 Z. 13 von oben: sein.«[7] statt sein[7].; S. 252 Z. 7 von unten: genannten statt genannte; S. 258 Z. 6 von unten: Majestätsschilderungen statt Majstätsschilderungen; S. 259 Z. 10 von unten: sich statt sie; S. 262 Z. 9 von oben: רַגְלָיו statt וַגְלָיו; S. 262 Z. 11 von oben: nicht mit ihm statt nicht ihm; S. 263 Z. 7 von oben: natürlich statt natürliche; S. 268 Z. 14 von oben: négligeable statt negligeable; S. 269 Z. 8 von oben: »kanaanäischen statt »kanaanäsichen; S. 271 Z. 1 von unten: eigenen statt eignen; S. 273 Z. 2 von oben: aufeinander statt aufeinader; S. 273 Z. 3 von unten: 247 statt 2479; S. 276 Z. 2 von unten: Tradition statt Tradion.

9 Azazel und der Sündenbock. Zur Religionsgeschichte von Leviticus 16,10.21f

Der **erste Teil** des Aufsatzes wird 1994 im »Dictionary of Deities and Demons in the Bible including the Apocrypha«, ed. by K. van der Toorn, B. Becking and P.W. van der Horst (E.J. Brill, Leiden) zusammen mit Artikeln über die איים (»Schakale«), die ציים (»Wüsten-

dämonen«) und die שעירים (»Bocksgeister, Satyre«) veröffentlicht. Der **zweite Teil** ist in ausführlicherer Form unter dem Titel »Der Bock, der die Sünden hinausträgt. Zur Religionsgeschichte des Azazel-Ritus Lev 16,10.21f« erschienen in: B. Janowski / K. Koch / G. Wilhelm (Hg.), Religionsgeschichtliche Beziehungen zwischen Kleinasien, Nordsyrien und dem Alten Testament. Internationales Symposion Hamburg 17.-20. März 1990 (OBO 129), Freiburg (Schweiz) / Göttingen 1993, 109-169 (zus. mit G. Wilhelm). Dort findet sich auch eine detaillierte Bibliographie zum Thema, s. ferner zuletzt I. Willi-Plein, Opfer und Kult im alttestamentlichen Israel. Textbefragungen und Zwischenergebnisse (SBS 153), Stuttgart 1993, 104ff.
Zum Dämonenglauben und speziell zum **Tier als Exponent dämonischer Mächte** s. die kurze Übersicht bei B. Janowski / U. Neumann-Gorsolke, Das Tier als Exponent dämonischer Mächte, in: Janowski u.a. (Hg.), Gefährten und Feinde des Menschen, 278-282 (Lit.).

10 Er trug unsere Sünden. Jesaja 53 und die Dramatik der Stellvertretung

Eine ausführlichere Fassung dieses Aufsatzes erscheint in: B. Janowski, Stellvertretung. Beispiele aus dem Alten Testament (SBS), Stuttgart 1994/5.
Da das **Thema Stellvertretung** im Mittelpunkt des Aufsatzes steht, sei zusammenfassend auf einige grundlegende Arbeiten zur Sache hingewiesen: E. Jüngel, Das Geheimnis der Stellvertretung. Ein dogmatisches Gespräch mit Heinrich Vogel (1984), in: ders., Wertlose Wahrheit. Zur Identität und Relevanz des christlichen Glaubens. Theologische Erörterungen III (BEvTh 107), München 1990, 243-260; J. Weiß, Stellvertretung. Überlegungen zu einer vernachlässigten soziologischen Kategorie, KZS 36 (1984) 43-55; J. Fischer, Glaube als Erkenntnis. Studien zum Erkenntnisproblem des christlichen Glaubens (BEvTh 105), München 1989, 76ff; Chr. Gestrich, Die Wiederkehr des Glanzes in der Welt. Die christliche Lehre von der Sünde und ihrer Vergebung in gegenwärtiger Verantwortung, Tübingen 1989, 320ff; Chr. Link, »Für uns gestorben nach der Schrift«, EvErz 43 (1991) 148-169; H.-R. Reuter, Stellvertretung. Erwägungen zu einer dogmatischen Kategorie im Gespräch mit René Girard und Raymund Schwager, in: J. Niewiadomski / J. Palaver (Hg.), Dramatische Erlösungslehre. Ein Symposion (IThS 38), Innsbruck 1992, 179-199.
Speziell zur **neutestamentlichen Stellvertretungsproblematik** s. zuletzt Barth, Der Tod Jesu Christi, 37ff.68ff.158f; Stuhlmacher, Biblische Theologie 1, 125ff; M. Theobald, Römerbrief 1-11, Stuttgart 1992, 106ff; C. Breytenbach, Versöhnung, Stellvertretung und Sühne. Semantische und traditionsgeschichtliche Beobachtungen am Beispiel der paulinischen Briefe, NTS 39 (1993) 59-79.

Corrigenda: S. 305 Z. 8 von oben: eigenen statt eigene; S. 310 Z. 16 von unten: 81-88). statt 881-88).; S. 310 Z. 14 von unten: [BEThL 81], statt [BEThL 81]),; S. 312 Z. 10 von unten: »Jedoch: statt »Jedoch; S. 313 Z. 20 von unten: daß wir ihn angesehen hätten, und kein Aussehen, daß wir ihn geschätzt hätten. 3 Verachtet war er statt daß wir ihn angesehen hätten, 3 Verachtet war er; S. 314 Z. 4 von unten: 1959 statt 1969; S. 317 Z. 6 von oben: *hipgî*^{ac} statt *hipgi*^{ac}; S. 319 Z. 1 von oben: vgl. 44,21f). statt vgl. 44,1f).; S. 319 Z. 3 von unten: KAUFMANN statt KAUFFMANN; S. 320 Z. 20 von unten: *ṭābaḥ* statt *tābaḥ*; S. 322 Z. 15 von oben: 53,11f), statt 53,1f),; S. 321 Z. 22 von oben: seien statt seinen.

Bibelstellenregister (Auswahl)

Altes Testament

Gen
1,1-2,4a 222.232ff
1,31 223
2,2f 223.233ff
6,9ff 55
8,13 232
18,22-33 55

Ex
1,13-14,29 225
15,7 130[47]
16,1-Lev 9,24 222ff.225
17,7 135[75]
19,1-40,35 223.226.237ff
19,1-24,18 227f
19,1; 24,15-18 226f.228
21,28-32 11ff.20f
21,29f 24
21,30 12f.20f
24,12-31,18 226
24,15-18 139.228
24,16 138
25,1-39,43 227f.238
25,8 138f
25,9 229[62]
26,30 229[62]
29,43-46 138f.229ff
29,45f 138.243[130]
30,11-16 23f
39,32 223
39,43 223
40,17 232
40,17.34f 138f.226f.230
40,33 223
40,35 138

Lev
5,14-26 319f
16 285ff.290ff
16,8.10 286.291f.299ff
16,10.20-22 290
16,10.21f 286f.288f.291f.293ff.299ff.319f
16,20-22 285
26,11f 141[103]

Num
10,11-Dtn 34,9 225
10,35f 259[47]
17,13 102.113[44]
25,6-15 102f.105.108f
25,8 107
35,22-34 20ff
35,31f 25[84]
35,33 90[110]

Dtn
4,6f 134
4,7 133f
31,16-22 135
31,17f 135
33,5 181ff

1 Sam
2,25 105f.112[36]
4,4 253ff.257ff
6,20f 188f.190[165]
12,3 25[86].26

2 Sam
6 269
6,2 253ff.257ff
6,15 190
7 141[99]
7,6f 140[95]

1 Kön
1,34.39.41 190[+167]
1,35.40.45 194[187]
6-8 221
6 144f
6,11-13 134.137[+85].140f.143
6,12f 137
6,13 141[99]
6,27 265f
8,1ff 270[+87].271
8,6f 258
8,6-9 267
8,12f 127[+33].130.141.144
8,14-66 130f.132.140
8,27 133[60]
8,31-51 130f.132
8,46-51 131f
8,52f 133
8,57f 133.136f
8,59f 133

Jes
6,1-5 182f.195
14,13f 192[178]
33,5 131
42,1-4 308f.311f
43,3f 28f.30[+108].35
44,21f 311
49,1-6 308f.311f
49,5f 311
50,4-9 308f.311f
52,13-53,12 303ff.308.311f.313ff.324[+61]
52,13 313
53 40[2]
53,2f 313
53,4 313f
53,4-6 315ff
53,4.12 63f
53,7-10 317ff
53,10 318ff
60,13 127

Jer
3,14-18 260f
7,1-15 137[85]
17,12 126f

Ez
10,18f.23 123
13,5 107
14,12ff 55
22,24ff 75
37,26f 141[103].142[+105]
43,1-11 122f.124
43,1-5 124
43,7 127
43,7-9 122ff.125ff.141f.143
43,7-11 124

Am
5,12 24f.25[86]

Sach
2,9 145[125]

Ps
3,2f 314
24,1f 207
24,7-10 194f[+188.191]
29,10 178ff
31,12-14 314f
41,6-10 316[+33]
47 187f.196f.198ff
47,6 187f.190f[+172].192
47,6.9 196.199f.201f.203ff
49 32f
49,8 32f.34
49,16 32f
68,19 188.191f.193
74,1f 119f
74,13f 171
78 137[85]
93 157ff.161ff.171ff.175ff.204[232].207.209ff
93,1 207
93,1f 172[+83f].209f
93,3f 167ff.170f.173f
93,4 167[65]
93,5 171f.174f
99,1-3.5.9 273
104 168
104,1-9 170
104,5.9 171
106,13-33 104
106,28-31 102ff
106,29f 107f.109
106,30 104ff.108.113[49]
132,7f 261f

Hi
33,23f 30f.32
42,6-10 45[22]
42,7-10 46f.50.68
42,7-10.11-17 44[+20].45[+21]
42,8ff 47[31].50f.54
42,9f LXX 40ff.52.68

Prov
6,35 27
13,8 26[92]
21,18 29[106]

Thr
5,20-22 120

Neues Testament

Mt
20,28 34f.36f

Mk
10,45 34f.36f

Joh
1,14 145ff

Act
8,34f 325f

Apk
21,3 142[107]

Apokryphen

syrBar
85,2 53

Dan
3,24f.26-45LXX 48f
3,37-40LXX 49f

Jub
5,19 53.55
6,2 90[110]

2 Makk
7,37f 48

Sir
14,23f 106f

ParJer
2,3 53[67]

Sachregister

Aaron 75.102f.138.285.290
Abraham 4.49f.55.102.106.240
abzu/*apsû* 217f
Alalaḫ 288
Allerheiligstes 80.93.122.249.259.266.272.274[99]
Amun 297ff
Amun-Re 298
angelus intercessor 11.31.38
anikonisch 274.276f
Apophis 168f
Asarja 48f
Assur/assyrisch 129.296
Asylrecht 20f.20[71].37
Auslösung 3.5ff.67 → כֹּפֶר
Azazel 284.285ff.290ff
- Name 285ff.291ff
- Ritus 286ff

Babylon 57f.217
Babylonisch-assyrische Religion 129
Baʿal(-tradition) 161.165[56].178.180.208.268[79].278f
Baʿal-Epos 208
Baʿal-Peor 104.108
Begegnungszelt 23[79].138f.229ff.238.285 → אֹהֶל מוֹעֵד
Beschneidung 293
Beschwörungsritual 17f
Bestechungsgeld/-geschenk 25[+86].26[92].27.37f.79
Beth-Schemesch 188ff
Bethel 95f
Biblische Theologie 150
Bildlosigkeit 274
Blut 3.7.20[71].22.77.93.319f
Blutrache 21.37
Blutritus 319
Brandopfer 46.48.92
Bund 3.7.49.89.95.106.135.142.151.240.254.260
Bundesformel 139.142[+107].230f
Bundesverheißung 96.141[103]
Buß(geld)zahlung 8[+8].9
Buße 8[8].9.31

Chaos/chaotisch 160f.165.166[61].167f.170f.173.175.177f.207ff.221f.231.243[130].295f.299
Chaoskampf 161.163[48].166ff.207.209.277
Chaoskampfmythen 155
Chaoswasser 232
Christologisch 325
Creatio primordialis 210 → Schöpfung

Dahingabeformel 35
Dämon/dämonisch 10.60f.286f.289.291ff.295.300.302 → Wüstendämon
David 190.247ff.251.254f.276
Daviddynastie 120
Dendera 219f
Deuteronomist/deuteronomistisch 127.131ff.144
Deuteronomistisches Geschichtswerk 130.134.136.140
Deuteronomium/deuteronomisch 129.132.140
Dualismus/dualistisch 97.289

Ebed-JHWH-Lieder → Gottesknechtslieder
Ehebruch 27.38
Ehernes Meer 222
Einwohnung (Schekina) 118.119ff → שׁכן
El(-tradition) 178.208.278f.287
Eleazar 102f
Elia 4.102
Elimination(sritus) 284.287ff.293.295.300f.320
Elisa 4.102
Enderwartung 70ff → Eschatologie

Entsühnung 285 → Sühne
Enūma eliš 184.213
Erhaltung 207f
Erkenntnisformel 139.230
Erlösung(shandeln) 3.7.9.16.29.33
Errettung (vom Todesgeschick) 3.9. 32.55
Ersatzkönigsritus, mesopotamischer 324[61]
Erwählung (Israels) 92.151.196.198f. 312
Esagila 184
Eschatologie/eschatologisch 74ff. 96ff.140.146.155f.243.260
Essener → Qumran
Etemenanki 217
Exil(szeit) 29.117ff.132.134.145.206. 262.271.276f.284
Existenzstellvertretung 14.30.32.39
Exodus 240.245
Ezechiel 75.122.144f

Feinde 33.77.131.169.259[47].298f. 314.316f
Flußordal 186
Fremdgötterpolemik 206
Fürbitte 3.7.46ff.51ff.63f.108f → Interzession
Fürsprecher 106
Fürsprecherengel → angelus intercessor

Gebet 47.131ff
Genealogien 241
Gerechtigkeit Gottes 69[155].86f.
Gerechtigkeit/gerecht 79.303f
Gericht Gottes 49.134f
Gerichtsdoxologie 135
Geschichte/geschichtlich 134.135[72]. 148.157.171.176f.196f.206.209.212. 215f.238.240ff.277
Gesellschaft 93.154.221.241
Gott
- Gegenwart 80.117.123[23].124.126. 128f.132[55].142ff.189.231.246.260ff. 271f.274.276
- Gemeinschaft mit 34.38.244f
- Herrschaft 177
- Nähe 133f.136.244.274
- Name 128.129[+40].131ff.140 → Gott,Präsenz; שֵׁם
- Präsenz 129.132f.135[75].166.193[183]. 201.250[10].272.274ff
- sterbender und wiederauferstehender 153
- Zorn 24.46.105f.109.125.288.301

Gottesberg 126.130[47].143f.146.174. 188[158].193.272f.275ff
Gottesknecht 48.65.284.307ff → Knecht (Gottes)
Gottesknechtslieder 47[29].303ff
Gottesreich 204
Gottessohn 147.306
Gottesstrom 277
Gottesvolk 93
Götterbild/Gottesbild 184.193[183].277
Gründungslegenden/-rituale 216
Gudea von Lagaš 217f

Heiliger Geist 86.96
Heiliger Krieg 77
Heiligtum (irdisches/himmlisches) 75f.78.80.91ff.106.117f.123.126ff. 130[+47].132.139.141ff.174.192f. 195[191].214ff.249.268.271f.285 → Tempel; Begegnungszelt; Zeltheiligtum
Herausführungsformel 139.231
Herbstfest 153.212
Herrlichkeit JHWHs → כְּבוֹד יְהוָה
Himmel/himmlisch 117.129ff.131[+52]. 132.133[+60].134.146f.191[172].193[+183]. 200.217ff.241.272.274.277ff
- Palast 191.205
- Thronrat 309
Hiob(-buch) 4.32.42ff.44ff.45[22].65. 304
Hiobtargum 4.40ff
Hoherpriester/ Hohepriestertum/-amt 20f[+71].65[129].66.67[138].93.103.106.
Hymnus, imperativischer 156f.177

Inannas/Ištars Gang zur Unterwelt 18f
Inkarnation 122.145f
Interzessor/Interzession 4.30.42.46. 49.51.53.55.59.62.63ff.65[126].68f. 102ff.324[61]
Inthronisation 199f
Israel (Nordreich/Nordstämme/israelitische Stämme) 177f.182.247ff. 269ff.276

Jahwe-Israel-Verhältnis 142
Jakob 49.95f.240
Jammu 161.165[56].208
Jebusiter/jebusitisch 248.279
Jenseitshoffnung 33
Jeremia 4.53[67].102
Jerusalem 73.76.119f.123.130[47].134. 146.178.183[85].188.213[267].247ff.268. 296

- Heiligtum/Tempel 75.78f.91f.117. 123.130.143f.192.194[187].212.249. 268
- Kulttradition 124.127.221.250. 256[33].280

Jesus Christus 36.69[+155].146.151.306. 325.326[+67]
JHWH-König-Psalmen/-Vorstellung 150.152.155.156ff.162.196.198.201. 208f.212.277f
JHWH-Krieg 166.259[47]
Johannesevangelium 192
Juda (Südreich) 119.247ff.252.254. 296
Judentum, antikes 4.40.65.70.90[113]. 98.103.245
- hellenistisches 41.68
- palästinisches 41.68
- rabbinisches 215.245.289

Kanaan, kanaanäisch 157.160f.178. 188[158].207ff.231.247ff.253[23].265. 269.271.275ff.287
Keruben(-thron) 118.188[158].222.247. 250ff.254.257f.266[73]
Kerubenthroner 188[158].194[187].251ff. 254ff.268.279 → יֹשֵׁב הַכְּרוּבִים
Kirjath-Jearim 189f.255.257.269
Kizzuwatna 287f
Klage 309
Klage- und Danklieder des einzelnen 314ff
Kleid 17[+61]
Knecht (Gottes) 46.47[29] → Gottes-kecht
Königsattribute 152
Königsgott → JHWH-König-Psalmen
Königsherrschaft Gottes/JHWHs 118.143.148ff.150f.154.159ff.273. 277.278f
Königsornat 172[83].176.195
Königtum, davidisch-salomonisches 249.252.277
Königtum, irdisches 153.181
Kosmos/kosmisch 93.117.169.176. 193.206.208.212.216f.220ff.241. 243[130].272.274.276f
Krankheit 31.57.284.307.312f.314. 325
Kult(us), kultisch 3.7.73.81.90[113]. 91ff.98.139.142f.155f.160[+40].171f. 175f.183.185.194[188].196ff.201.204f. 212.215.217.221.224.239.241f. 243[130].244.249.251.271.276.320
Kultgemeinde 204

Lade(prozession) 126[+31].181.183.187. 188[+158].189ff[+172].194[+187f].195ff[+191]. 201.205.212.222.247ff
Ladesprüche 259
Land (Israel) 90[+110].98.122.243[130]
Leben → נֶפֶשׁ
Leben, ewiges 34.38
Lebensbaum 265
Leiden des Gerechten/leidender Gerechter 284.303ff → Gottesknecht
Leidensweissagungen, markinische 34
Lösegeld 4.7.9ff.12.16ff.23ff.30.34ff → כֹּפֶר
Lösung → Auslösung

Maat 169
Magie/magisch 12.288.301
Makkabäer 91
Marduk 31[114].184ff.201.217f
Märtyrer(-tod) 41.48.49
Mebaqqer 67
Melchisedek 65f
Menschensohn 10.34f.69[155].124f.127
Messias 40f.63f.65[126.129].67f.289
Mittler 3.4.7.30.62.102ff.109 → Interzession
Monotheismus 289.291
Mose 4.53[67].102f.106.109.223f. 227ff.244
Mot 208.292[7]
Musterung 23f
Mythos/mythisch 148.157.160[+40]. 161f.165.171.176[+102].177.180.184ff. 196ff.208f.212.221.241f.264.272. 296

Natur 93.215.221.241.277
Naturordnung 215
Neubabylonier 119
Neues Reich 168f
Neujahrsfest 208
Neujahrsfest, babylonisches 184ff.201
Neujahrsfestritus 155
Neuschöpfung 96.240.245 → Schöpfung
Noah 53.55.90[110]

Opfer 3.7.10.48f.91f.94.129.289. 318ff.
Opfertier 319f

Passa-Ritus/Passa-Opfer 287.293f
passio iusti 304 → Leiden des Gerechten
Personenfreikauf 9.17

Pharmakos-Riten 287 → Eliminationsritus
phönizisch 265.274.279
Pinchas 4.102ff
Pinhas 254
Pollution 76f
Priester(schaft) 75.77.103.138f.271.296.319f
Priesterschrift 138f.214ff.276
- Heiligtumskonzeption 118.214ff
Privilegrecht 235

Qumran(-gemeinde) 4.16.70ff

Re 168f.220
Recht 3.7.10.13.79.277.312
Rechtsfolgebestimmung 11.13
Rechtssprache 56
regressus ad initium 242
rein-unrein 3f.70ff → Unreinheit, unrein
- Reinigungsriten 300f
Religionsgeschichte 155.213.279.288f.293
Restitution des Kranken 31f
Rettungsgewißheit 310
Ritus, apotropäischer 293.294[21]
Ritus/Ritual/rituell 4.93.117.215.221.241f.287ff.292f.296.299.301.320

Sabbat 75.234f
Salomo 92.134.137.190.194[187].270f.276
Samaritanische Religion 103
Šamaš 17ff
Samuel 4.26.102
Satisfaktionslehre 306
Schadens(ersatz)recht 4.37
Schadensersatz 8[8].13
Schekina(-theologie) 118.119ff.231 → Einwohnung
Scheol 32f
Schlachtopfer 92
Schöpfung(svorstellung) 22.95f.98.117f.168.170f.183.205ff[+234].212.214ff.323
- Schöpfung/Erhaltung 148.205.212
- Schöpfungsgeschichte 118.216.222ff.232ff → Priesterschrift
- Schöpfungsmythos 207f
Schuld-Tatfolge-Zusammenhang 5ff → Tun-Ergehen-Zusammenhang
Schuld/schuldig 3.4ff.12f.30.38.46.52f.55.69.79f.83.96.102.107.283f.285.287.296ff.304f.316f.320.322f
Schulderkenntnis 315ff
Schuldopfertora 319f
Schuldtilgung 318.321
Selbsterlösung 38
Selbstvorstellungsformel 230f
Seth(/-tier) 285.287.290.295ff.300
Silo/silonisch 138[85].181.188[158].250[10].251ff[+23.27.33]
Sinai 138f.224ff
Sinaigeschichte 118.138f.216.222ff.226[55]
(Sint)Flut(-geschichte) 53.180.231.240.242.243[130]
Sonne 220.298f
Sonnengott 218 → (Amun-)Re; Šamaš
Sonnenhymnen, ägyptische 168f
Sozialgeschichte (Altisraels) 153ff.181f.213
Sphingen 264ff[+73].277.279
Staatenbildung 153.181f
Steinigung 11f
Stellvertretung(sgedanke) 7.10.16.30.34.36.38f.41.49.51ff.68f.98.102.146.283f.303ff
- Stellvertretung Christi 324[62]
Stilform der behobenen Krise 166[61].167ff.173.209
Strafe 8[8]
Sühne/sühnen 4.22.40f.64.66.68.81ff.93ff.103ff
- Sühnegeld 24f
- Sühneriten 289
- Sühnetod 21[71].40.320
Sünde(ntermini) 7.51ff.57f.63f.72f.77.83ff.106.288.291.296.300.307
Sündenbock(-Ritus) 283f.285ff.291ff.295f.299ff.319f.324[61]
Sündenvergebung 4.51f.55.59.62f.65.67
Sündopfer 93f

Tagzeitenlied 169f
Tempel 4.75f.79f.90[113].91f.94f.98.117ff.140ff.147.159.161.166.171ff.183.188.191[172].193[183].195f.198.211ff.243[130].250[10].251.261f.267ff → Heiligtum; Jerusalem, Heiligtum
- salomonischer 92.117f.221.249ff.256[+33].259.263.265.267ff.272.274[+99].276f
- zweiter 92.117
- Tempel/Schöpfung-Zusammenhang 214ff
- Tempelarchitektur 219[+21].220ff

- Tempelbauhymne 217f
- Tempelsteuer 23
- Tempelsymbolik 117.215.218f.220
Theodizee 304
Thron Gottes (Gottesthron) 118. 125ff.130[47].158f.166.172ff.181.187. 192.195.200.203.205.208ff.255. 259ff.268.272.274[99].276f.279
- Thron(besteigungs)motivik 163[+47f]. 172.203
- Thronbesteigung Gottes/JHWHs 148.153.155.163.165.173.176.179. 183ff.192.198ff.212
Thronbesteigungspsalmen 185.196. 213 → JHWH-König-Psalmen
Tiere 233.235.288
Tod Jesu 36[135].41.69.283f.324[62].326
Todesgeschick 34.38
Todesstrafe 12.25
Toledotformel 224
Tora 4.74.96
Torafrömmigkeit/-gehorsam 71.91ff. 98
Totenopfer 104.108.125
Totenreich 19 → Scheol
Totschläger 20[+70f].21f
Tötung eines Menschen durch ein Tier 11f
Transhumanz 294
Tun-Ergehen-Zusammenhang 38. 284.303f.315.321

Ugarit(-Texte) 9.16.207f.287f
Umkehr 4.31.38.73
Unheil(sgeschehen) 30.284.299.301
Unrecht(statbestand) 26.67
Unreinheit/unrein 70ff.287ff.300f → rein/unrein
Unterwelt 18f.221.241 → Scheol

Vätergott/Väterreligion 293f
Vergebung/vergeben 3.4.42.56f.63. 66.68f.83ff.94
Versöhnung 3.4.7.69
Versöhnungstag 66f.285.287f.293ff. 299
Verunreinigung 22.70ff
Völker 29.49.133.152.196.198f. 308ff.319
Völkerkampf 253[23].277
Völkerwallfahrt 277
Volkszählung 23[78]

Weisheit 134.145.171
Weltberg 217.221 → Gottesberg
Weltbild 97
Weltkönig(tum) 161.166f.196f.204
Weltordnung 93.98.218
Weltschöpfung 118.153.214ff.221. 237.239.245
Weltschöpfungsmythen(/-epen) 155. 185
Wergeld 8[8].13.20[70].25[86]
Wiedergutmachung 3.7.320
Wolke/Offenbarungswolke 214.227f. 244
Wüste/Steppe 285ff.290ff.292[7].293ff
Wüstendämon 285f.289.291.294 → Dämon, dämonisch
Wüstenheiligtum 214f.245 → אֹהֶל מוֹעֵד

Zadokiden 89.95
Zeit 232.241
Zeltheiligtum 139.227ff.237
Zentralisationsformel 127.128[36].129. 132.138[85]
Zion(stradition/-theologie) 72f.118ff. 122.124.126ff[+34].130[47].131[52].136. 140.143ff.161.172.175.188[158].191[172]. 192f.196.198ff.211.221.247ff
Ziqquratu(m) 216ff

Wortregister

Hebräisch

אֹהֶל 137[85].140[95]
אֹהֶל מוֹעֵד 139.229.269[85]
אמן nif. 175
אֲרוֹן 191.251[16].254.261
אָשָׁם 318ff

בַּיִת 174f
ברא 95f.210.233
ברך pi. 233.235

גאל 29
גֹּאֵל הַדָּם 21.37

דְּבִיר 266.271
דכא 320

הֲדֹם רַגְלָיו 261f.273
הַר קָדְשׁוֹ 273

זִכָּרוֹן 23f

חפץ/חֵפֶץ 317[+35].318[+37]

טהר q./nif./pi. 71ff
טָהוֹר/טְהֹ(וֹ)רָה 73f
טמא pi. 22

יהוה מלך 152.156f.162.164.176.186.195.200f[+219].278
מלך יהוה 152.187f.197f.200f[+219].203
יהוה צְבָאוֹת 195.251ff.253[+23].254ff
יסד 207.210
יעד nif. 139.230[+65]
ירד 192
ישׁב 152.179[+108.114].180.190[167].192[178].193.195.198.200.203.251[+16].262f.268.272
יֹשֵׁב הַכְּרוּבִים 188[158].195[+193].251ff.253[+23].254ff.256[33].257ff.264.268[+79].273.277f

כְּבוֹד יהוה 123[+23].124.138f.146.195.224ff.228ff.237[98]
כון nif./pol./hif. 172.175.207.210
כלה pi. 235
כִּסֵּא (כָּבוֹד) 127.174.193.195.260.263.268.272

כעס nif.	108
כפר pi./pu.	24.81ff
כֹּפֶר	7ff.12ff.20ff.28ff.37ff
	– alte Versionen: 14ff
	– semitische Äquivalente: 16ff
כִּפֻּרִים	24.277f→Versöhnungstag
נִסְלַח־כִּפֶּר-Formel	64
לבשׁ	162.164
מַבּוּל	178f.180
מַגֵּפָה	103.107
מִרְבָּר	292[+7].293
מוּט	211
מָכוֹן לְשִׁבְתְּךָ עוֹלָמִים	130[+47].131
מלא	237[98]
מֶלֶךְ	152.179.181.192[+172].198.200f
מלך יהוה	→ יהוה מלך
מֶלֶךְ הַכָּבוֹד	194[188].195
מְנוּחָה	261f
מִקְדָּשׁ	142[+105].238[100]
מְקוֹם (כַּפּוֹת) רַגְלַי	126f
מְקוֹם כִּסְאִי/מִקְדָּשִׁי	126.127
מָרוֹם/מְרוֹם קָדְשׁוֹ	174f.193
מִשְׁכָּן	137[85].140[95].141[103].142[+105].237[98].261f
משׁל	152
מִשְׁפָּט	308.309[20].312
נְבָלָה	46f
נטשׁ	133.136[76].137.141[99]
נֶפֶשׁ	21.23f.28f.30[108].33.37
נקם	27
נָשָׂא	63.307
נָשָׂא חַטָּאָה/עָוֹן/פֶּשַׁע	83ff.284
נָשָׂא פָּנִים	27.46f[+30f]
נָתַן תַּחַת	306f
סלח	83ff
עֶבֶד	46.47[29]
עֵדוּת	174[94]
עֲזָאזֵל	285ff.290ff
עזב	133.135.136[76].137.141[99]
עזר hitp.	162.164
עלה	152.187.189.190[+165ff].191[+172f].192[+178].193.195[191].196ff.200ff
עֹלָה	46.53[65]
עֶלְיוֹן	187.191[+172f].198.200f
עמד	104.106.210
עמד בַּפֶּרֶץ	106ff.112[38f].113[44f]
עָנָן	138.231
פגע	63.64[121].312[+34]
פדה	9.13.32f.38
פִּדְיוֹן נַפְשׁוֹ	12ff.24
פלל pi.	104f.106f.108.112[36].113[46.49]

פלל על/בעד hitp. 46f.51
פֶּרֶץ 107

צַדִּיק 309[20]
צדק hif. 309[20]
מַצְדִּיקֵי 309[20]

קדשׁ pi. 139.230.235f.238[100]
קֹדֶשׁ 193
קנא pi. 103f
קרב 133f

רִיב 309[20]
רֹכֵב בָּעֲרָבוֹת 268[79]

שָׂעִיר 286f.292

שׁבת 235f.237[98]
שׁוּב q./pol. 311
הֵשִׁיב חֵמָה מִן 105.107
שֹׁחַד 25.27
שׁכן q. 22.121ff.137[+85].138ff.193.228ff.238
שׁכן pi. 128
שְׁכִינָה 119ff
שַׁלְמֹנִים 25
שֵׁם 128f.131.137[85]

תַּבְנִית 139.229[62]
תְּרוּמַת (לְ)יהוה 23f

Aramäisch

bdyl 51ff
gzr 57ff
šbq pe./ethpe. 51f.55ff

Griechisch

ἄλλαγμα 10.14.34
ἀντάλλαγμα 306
ἀντίλυτρον 306
ἀποπομπαῖος/ἀποπομπή 286.300
δόξα 146
δῶρα 10.14
ἐξιλάσκεσθαι 104f
ἐξίλασμα 10.14
λύτρον/λύτρα 10.15.29[106].34.36[+135].39
ὁ διεσταλμένος εἰς ἄφεσιν 286.300
περικάθαρμα 10.15[+40].36[135].306
σκηνή 142[107]
ψυχή 34ff.39

Nachweis der Erstveröffentlichungen

Auslösung des verwirkten Lebens. Zur Geschichte und Struktur der biblischen Lösegeldvorstellung
Zeitschrift für Theologie und Kirche 79 (1982) 25–59; Verlag J.C.B. Mohr (P. Siebeck), Tübingen

Sündenvergebung »um Hiobs willen«. Fürbitte und Vergebung in 11QtgJob 38,2f und Hi 42,9f LXX
Zeitschrift für die Neutestamentliche Wissenschaft und die Kunde der älteren Kirche 73 (1982) 251–280; Verlag W. de Gruyter, Berlin/New York

Enderwartung und Reinheitsidee. Zur eschatologischen Deutung von Reinheit und Sühne in der Qumrangemeinde
Journal of Jewish Studies 34 (1983) 31–62; South Western Printers Ltd., Caerphilly, South Wales

Psalm 106,28–31 und die Interzession des Pinchas
Vetus Testamentum 33 (1983) 237–248; Verlag E.J. Brill

»Ich will in eurer Mitte wohnen«. Struktur und Genese der exilischen *Schekina*-Theologie
Jahrbuch für Biblische Theologie 2 (1987) 165–193; Neukirchener Verlag, Neukirchen-Vluyn

Das Königtum Gottes in den Psalmen. Bemerkungen zu einem neuen Gesamtentwurf
Zeitschrift für Theologie und Kirche 86 (1989) 389–454; Verlag J.C.B. Mohr (P. Siebeck), Tübingen

Tempel und Schöpfung. Schöpfungstheologische Aspekte der priesterschriftlichen Heiligtumskonzeption
Jahrbuch für Biblische Theologie 5 (1990) 37–69; Neukirchener Verlag, Neukirchen-Vluyn

Keruben und Zion. Thesen zur Entstehung der Zionstradition
Ernten, was man sät (FS K. Koch), hg. v. *D.R. Daniels, U. Gleßmer* und *M. Rösel*; Neukirchener Verlag, Neukirchen-Vluyn 1991, 231–264

Azazel und der Sündenbock. Zur Religionsgeschichte von Leviticus 16,10.21f
Teil I: Bisher unveröffentlicht. Teil II: Die Hebräische Bibel und ihre zweifache Nachgeschichte (FS R. Rendtorff), hg. v. *E. Blum, Chr. Macholz* und *E.W. Stegemann*; Neukirchener Verlag, Neukirchen-Vluyn 1990, 97–110

Er trug unsere Sünden. Jesaja 53 und die Dramatik der Stellvertretung
Zeitschrift für Theologie und Kirche 90 (1993) 1–24; Verlag J.C.B. Mohr (P. Siebeck), Tübingen